秦漢時代的簡牘
畫像與政治社會

古月集

邢義田 —— 著

卷三：皇帝、官僚與社會

卷一　漢代的簡牘

簡牘研究

卷二　畫像石、畫像磚與壁畫

概說

個論

資料與評論

卷三　皇帝、官僚與社會

皇帝

政府與官僚

家、宗族、鄉里風俗與信仰

卷四　法制、行政與軍事

法制

行政

軍事

皇帝

中國皇帝制度的建立與發展

　　中國的皇帝制度大概是世界上，除了古埃及的法老之外，延續最久的一種君王制度。從秦朝到清朝，中國有整整兩千一百三十二年（西元前 221-西元 1911 年）的時間是在皇帝的統治之下。此期間，除了竊號自娛的，列名正史的皇帝就有三百五十位以上。[1] 這些「奉天承運」的真命天子，高居中國政治社會的頂端，以「天賦」的威權，君臨天下。所謂「天降下民，作之君，作之師」，[2] 他們不但是政治上治之理之的帝王，更是道德上教之化之的表率。三代以降，國化為家，皇帝又儼然是天下的家長，養育萬民的父母。儘管歷史上真正道德足式、愛民如子的皇帝寥寥可數，可是環繞皇帝而發展出來的制度和理念，長久以來已經成為傳統政治、社會和道德文化各方面統合的焦點。民初革命，取銷帝制，不僅導致政治體制的改變，也促使傳統社會失去重心，趨於崩解。[3] 帝制可於一夜之間灰飛煙滅，

1　中國歷史上有多少皇帝？因為計算標準的不同，不易有一致的數字。浦薛鳳曾統計分析從秦朝到清三百四十八位皇帝的繼承情形。參 Hsueh-Feng Poe, "348 Chinese Emperors- A Statistic-analytical Study of Imperial Succession-"《清華學報》新 13：1、2 合刊（1981），頁 53-132。本文的統計是根據張存武、陶晉生合編，《歷史學手冊》（臺北：食貨月刊社，1976），頁 87-128。

2　除了《孟子‧梁惠王下》，先秦典籍中也有類似或相關的的話。例如：《詩‧小雅‧綿蠻》：「道之云遠，我勞何如，飲之食之，教之誨之，命彼後車，謂之載之」；《春秋繁露‧仁義》：「《詩》云：飲之食之，教之誨之，先飲食而後教誨，謂治人也。」這是漢代大儒對詩經的詮釋，與治人有關。《尚書‧泰誓》：「天佑下民，作之君，作之師」；《國語‧晉語》：「民生於三：事之如一，父生之，師教之，君食之。非父不生，非食不長，非教不知。」

3　林毓生著，劉錚雲等譯，〈五四時代的激烈反傳統思想與中國自由主義的前途〉，收入周陽山編《五四與中國》（臺北：時報出版社，1979），頁 323-374。

兩千年來深入人心的帝王思想，卻是餘波盪漾，至今不息。要了解傳統的中國，就不能不一探傳統社會紐帶所繫的皇帝制度。

一 皇帝制度的出現

　　皇帝制度像歷史上許多其他的制度一樣，既非突然出現，也非一人所能獨創。司馬遷曾以十分戲劇化的手法記述皇帝制度的建立。以下就從這戲劇性的一幕說起，再追尋它的來龍去脈。

　　這一幕在《史記‧秦始皇本紀》裡，是從秦王政詔令群臣議尊號開始。秦王政二十六年（西元前 221 年），一位不到四十歲的少壯國君在完成統一天下，「自上古以來未嘗有」的大功業以後，下令群臣商議一個和其功業相稱的尊號。於是丞相、御史大夫和廷尉這一班重臣找來通曉古今的博士一起商量，決定建議秦王稱「泰皇」。因為泰皇是古代三皇 —— 天皇、地皇、泰皇中最尊貴的一個。可是這位天下的新主人不願襲用舊號，於是自出心裁，刪去「泰」字，在「皇」下加一帝字，合而為「皇帝」（圖 1.1-2）。[4]為求不同於過去，也為示新王朝的永

圖 1.1　秦始皇泰山刻石中的「皇帝」二字

圖 1.2　湖南益陽兔子山出土秦二世詔書簡中的「始皇帝」三字

4　皇帝一名可能也非全無來歷。據近年出土文獻證明為先秦古籍的《鶡冠子‧王鈇》裡有「素皇內帝」一詞，如果去除素內二形容詞，即存皇帝二字，雖然其意義和後來的皇帝不一定相同。又《尚書‧呂刑》明白有皇帝一詞。2015 年在荊州夏家台 106 號楚墓出土〈呂刑〉殘文，可證〈呂刑〉成篇在先秦，非後世所偽。

遠長存，他廢除傳統的諡法，以世代稱呼代代相承的皇帝。由於他是第一位皇帝，稱為始皇帝；他的子子孫孫則稱二世、三世，「至於萬世，傳之無窮」。[5]

皇帝名號的擬訂當然是皇帝制度建立重要的一環。此名一立，兩千年因襲不改。「皇」字原義從金文上看是煌煌、光輝、盛美、偉大的意思，用為名詞在天皇、地皇、泰皇中則是君主的尊稱。「帝」字原指天帝或上帝，是宇宙萬物至高的主宰神。皇帝連稱意即「煌煌上帝」，師訇簋和《尚書·呂刑》裡出現的「皇帝」都是這個意思。[6]帝原來既然是神的尊稱，用以稱人君，顯然有神格化人君的用意。傳世文獻如《獨斷》另有一說，秦王政用皇帝作為人間君主的稱號，是合三皇之「皇」與五帝之「帝」而成。據說這是因為他自以為「德兼三皇，功過五帝」。[7]

人君稱帝不是秦始皇的創舉，戰國時代已經如此。戰國時，諸侯紛紛僭越稱王。到了晚期，爭霸的諸王覺得稱「王」已不夠響亮，秦昭襄王於是約齊湣王共同稱帝，一為西帝，一為東帝。[8]此後又有游說以秦為西帝，趙為中帝，燕為北帝的國際外交活動。[9]諸王稱帝的事雖然為時甚短，「帝」則顯然已經由天上降到人間，變成一個超越「王」的人間尊號。[10]《管子·兵法篇》曾有「明一者皇，察道者帝，通德者王，謀得兵勝者霸」之說。皇與帝的尊貴性在王、霸者之上。戰國君主稱帝，還沒有稱皇的。由此看來，秦王政以「皇帝」為號並非憑空創造，只是在已有的帝號上加上更尊貴的皇字，使自己顯得更神聖，更偉大。

5　《史記·秦始皇本紀》（中華書局新校標點本，本文所用二十五史概為此本，不另注明）。

6　顧頡剛先生認為皇帝即皇天上帝的簡稱。參《顧頡剛讀書筆記》卷 8 下（臺北：聯經出版公司，1990），頁 6320-6322。

7　蔡邕，《獨斷》（臺北：新興書局，《漢魏叢書》本，1966）卷上；又參西嶋定生，〈皇帝支配の成立〉，《岩波講座世界歷史（4）》（東京：岩波書店，1973），頁 223。

8　《戰國策·齊策四》。

9　《戰國策·燕策一》。

10　雷海宗，〈皇帝制度之成立〉，《清華學報》，9：4（1936），收入韓復智編，《中國通史論文選輯》（臺北：東昇出版社，1972 年增訂版），頁 271-286。

秦始皇帝還作了兩件影響深遠的決定。一是採用戰國以來流行的五德終始說，強化秦得天下的正當性和神聖性；二是推行郡縣制度，奠下帝制中國中央集權式官僚政治的基本規模。

秦國到秦王政統一天下已經是一個有數百年傳統的國家。秦王政相信秦之所以能興起、兼併六國是賴祖先神靈的護佑。他在詔書中一再強調宗廟之靈，例如議帝號詔中說：「寡人以眇眇之身，興兵誅暴亂，賴宗廟之靈，六王咸服其辜」；[11] 在議封建時又說：「天下共苦戰鬥不休，以有侯王，賴宗廟，天下初定」。[12] 秦併天下後，丞相王綰建議「昭明宗廟」，始皇於是在渭南作極廟為祖廟。極廟乃象天極，天極在天之中，謂之中宮，為天帝所居。[13] 他的這一套作法和想法有非常古老的淵源，殷商即是以祖廟所在為天下的中心。[14] 秦併六國，置祖廟於天下之中，似乎有意以此證明他們得以王天下的根據和憑藉。

不過這一套花樣對秦國以外的六國後人很難有說服力。在六國人的眼中，秦本是不得參與中原盟會的西陲小國，一向以「夷翟遇之」。[15] 如今秦人憑藉武力，霸有天下，要想東方各地人民心悅誠服接納秦人的統治不是一件簡單的事。舉例來說，楚國的郢在秦昭襄王二十九年（西元前 278 年）就被秦軍占領，改為南郡。但是過了五十年，南郡的太守還在一篇發布給郡內縣、道官吏的文告裡抱怨百姓不遵法令。[16] 楚人反抗秦治十分激烈，所謂「楚雖三戶，亡秦必楚」就是流行在楚地的諺語。秦末，起兵反秦者也以楚地為多。[17]

在戰國末期，自以為最具資格統一天下的是齊國。齊自威王（西元前

11　《史記・秦始皇本紀》。

12　同上。

13　西嶋定生，〈皇帝支配の成立〉，頁 224；《史記・天官書》。

14　邢義田，〈天下一家——中國人的天下觀〉，收入《中國文化新論——根源篇——永恆的巨流》（臺北：聯經出版公司，1981），頁 435-436。

15　《史記・秦本紀》。

16　《睡虎地秦墓竹簡》（北京：文物出版社，1978），頁 15-16。

17　參陳蘇鎮，《漢代政治與春秋學》（北京：中國廣播電視出版社，2001），頁 10-35。

355-320 年在位）兩敗魏師以後，成為東方的強國，再經宣王和湣王兩代的經營，已經成為與秦東西對峙的兩強。秦昭襄王因此約齊湣王稱帝，兩分天下。就在威、宣王齊國最盛的時代，有齊國人騶衍大力宣傳五德終始之說，認為金、木、水、火、土五德轉移，當運者得興。勢大氣盛的君王無不認為自己承運當興，騶子之徒因此紅極一時，備受齊王以及其他國君的禮遇，其說也因而流行於東方齊、魏、趙、燕各國。[18] 但是事實證明當運的不是這些國家。齊湣王稱帝不久即一敗塗地，遭燕、趙、魏、秦、韓、楚六國圍攻，幾乎亡國。齊國一敗，其餘各國也先後為秦所亡。

真正逢運當興的是秦國。秦王政要贏得東方人承認秦得天下的正當性，這種本在東方流行的德運說自然是一個很便利的工具。據《史記》說，秦始皇曾親自推算五德之運，認為周得火德，秦代周德，水以剋火，故秦為水德。應興之德，必有符瑞。周得火德，有赤烏之符。於是利用昔秦文公出獵，獲黑龍的故事，以為水德之瑞。[19] 為了配合水德又有一連串的改制。如以十月為歲首，衣服、旄旌、節旗色皆尚黑。數以六為紀，符、法冠皆六寸，而車輿六尺，六尺為步，車乘有六馬。因水德尚嚴苛，於是「凡事皆決於法，刻削毋仁恩和義，然後合五德之數」。[20] 秦始皇利用東方人相信的理論來贏取東方人的支持，緩和他們的反抗是十分明顯的策略。[21]

秦始皇除了採用五德終始之說宣傳秦得天下的正當性，也沿用了淵源古老的天命說。五德終始以證明秦乃「承運」而興，再加上天命，秦始皇才是真正奉天承運的帝王。天命說最遲在殷商時期已有。據說商紂王即曾自恃天命而拒諫。周人曾利用天命宣傳周之所以代殷而有天下。秦始皇雖

18　《史記・孟子荀卿列傳》。

19　《史記・封禪書》。

20　《史記・秦始皇本紀》。

21　《漢書・郊祀志》：「自齊威、宣時，騶子之徒論著終始五德之運。及秦帝而齊人奏之，故始皇采用之。」有些學者認為秦尚水德是漢朝人製造的故事，這一意見並不足信。見栗原朋信，《秦漢史の研究》（東京：吉川弘文館，1960），頁 47-73。

然創用皇帝尊號，並沒有放棄帶有宣傳天命意味的「天子」稱號，他的玉璽上據說即有「受命于天」四個字。這方玉璽在秦亡以後，落入劉邦之手，成為漢代的傳國璽。[22]

劉邦以一介布衣而有天下，非常需要天命和五德終始這類神話來說服世人。他曾宣稱：「吾以布衣提三尺劍取天下，此非天命乎？」[23] 漢代人似乎也都相信劉邦是憑藉天命而起（圖2）。張良說：「沛公殆天授」。韓信以為「陛下所謂天授，非人力也。」陸賈也說：「五年之間，海內平定，此非人力，天之所建也。」[24] 褚先生補《史記・三代世表》說的最明白：

> 黃帝策天命而治天下，德澤深後世，故其子孫皆復立為天子，是天之報有德也。人不知，以為汜從布衣匹夫起耳。夫布衣匹夫安能無故而起王天下乎？其有天命然。

他的話反映出漢代人深信劉邦以一介匹夫能有天下，確乎是承應天命。[25]劉邦大概從一開始，就有意製造斬白蛇為赤帝子承奉天命一類的神話。[26]此外，漢繼秦而興，漢應為水德、土德或火德的問題，在漢代更是爭論得不亦樂乎。[27] 其後中國的皇帝幾乎無不製造奉天命，承德運的神話以神化

22　《史記・秦始皇本紀》始皇死，群臣議其廟，曰：「今始皇為極廟……天子儀當獨奉，酌祠始皇廟……」云云，是以天子儀事始皇廟；又《史記・李斯傳》謂李斯於獄中上書曰：「……立秦為天子」。此句亦見於北京大學藏簡《趙正書》。《趙正書》有另一句說：「而王為天子」；《史記・禮書》謂：「叔孫通頗有所增益減損，大抵皆襲秦故。自天子稱號下至佐僚及宮室官名，少所變改。」這裡特別提到天子稱號未改，可知秦時皇帝也用天子稱號。關於秦玉璽文字，參《史記・秦始皇本紀》張守節《正義》引韋曜《吳書》，其文曰：「受命于天，既壽永昌」；同樣的璽文又見魏收《魏書・世祖紀》，另可參《漢書・元后傳》。《趙正書》見北京大學出土文獻研究所編，《北京大學藏西漢竹簡（參）》（上海：上海古籍出版社，2015）。

23　《史記・高祖本紀》。

24　以上各見《史記》本傳。

25　《西京雜記》（臺北：新興書局《漢魏叢書》本，1966）的成書年代雖有爭議，其中一個故事應有所據，頗可反映漢初一般人的想法。卷三謂：「樊將軍噲問陸賈曰：『自古人君皆云受命於天，云有瑞應，豈有是乎？』賈應之曰：『有之。夫目瞤得酒食，燈火華得錢財……小既有徵，大亦宜然……』」

26　這一類神話在沈約的《宋書・符瑞志》中記載了很多。

27　《漢書・任敖張蒼傳》。

圖 2　建和二年漢司隸校尉楊君頌有「高祖受命」四字

自己,並宣傳王朝的神聖性和正當性。[28]

　　郡縣制的推行是皇帝制度成立的另一塊基石。司馬遷借用一場辯論,戲劇化地寫出這重要的一幕。[29] 帝號議定以後,丞相王綰建議行封建。他的理由是東方初定,燕、齊、楚地距離遙遠,如不分封諸子為王,則不足以鎮撫這些地區。秦併六國之初的情勢,與周人興起代殷不無類似之處。二者都以一西陲小邦,由西向東,攫取天下。周行封建,就是以新征服的土地分封給宗室功臣子弟,以達樹藩屏周的目的。秦初觀察到這種形勢的不只王綰一人。齊人博士淳于越在另一場廷議中也曾指出,殷周能享國千餘歲,乃在「封子弟功臣自為支輔」。他說:「事不師古而能長久者,非所聞也。」[30] 不過廷尉李斯反對。春秋戰國以來的亂局對秦初的人來說記憶猶新。他指出周所分封的諸侯不但不能共輔周室,反而「相攻擊如仇讎」,

28　參看《冊府元龜》(臺北:中華書局,1971)卷 21,〈帝王部‧徵應〉,頁 220-232。

29　以下見《史記‧秦始皇本紀》。

30　同上。

「更相誅伐,周天子弗能禁止。」[31] 因此他主張利用郡縣制,透過層級的官僚,置編戶齊民於皇帝的直接統治之下。這樣使「天下無異意」,才是「安寧之術」。經過這一場辯論,秦始皇採納李斯的主張,分天下為三十六郡。郡置守、尉和監。郡下有縣;縣置令、長。

　　大體而言,秦初以皇帝為首的官僚制度基本上是戰國時代列國政治體制的延續、調整和擴大。就延續而言,以君王為中心,專職分層的中央集權政治已經是戰國諸邦政治體制的基本型態。[32] 各國君王集軍政大權於一身,其下有總攬一切的宰相以及漸趨系統化和職有專司的文武官員;在地方上則有君王直接任命的郡縣令長。這些大小官員大部分不再是憑藉宗法血緣身分的封建世卿,而是以才學干祿的平民俊秀,其榮辱升黜皆在君王手中。

　　就秦國而言,在秦統一以前,丞相、御史大夫、廷尉、國尉、將軍等已經是各有專司的王國官員。從李斯的〈諫逐客書〉可知秦之興起多賴游學干祿、身懷道術的布衣客卿,而這些客卿官員的榮辱又全繫之於秦王。在地方上,秦是最早置縣的國家之一。秦有縣制,早在春秋之世。這些縣的性質,並不完全清楚。但據說縣有「懸」的意思,指懸而在外的土地和治理者,也可以說是國君外派的代表或國君的分身。商鞅變法時,集小都鄉邑為縣,縣置令、丞。這些縣毫無疑問聽命秦王,是秦集權統治機器的一部分。[33] 後來秦疆日擴,新獲得的土地必置郡。惠文王十年(西元前 328 年)從魏獲上郡;後九年伐蜀,置蜀郡;十三年攻楚漢中,置漢中郡;昭襄王二十九年(西元前 278 年)攻楚取郢為南郡;三十年取楚巫郡及江南為黔中郡;三十五年,初置南陽郡;其後莊襄王又置三川郡、太原郡;秦王政置東郡、穎川郡和會稽郡。可見郡和縣制本來都是秦一統天下以前的舊制。舊有的郡縣在秦的擴

31　同上。

32　齊思和,〈戰國制度考〉,《燕京學報》,24(1938),收入韓復智編,《中國通史論文選輯》,頁 191-222。

33　西嶋定生著,杜正勝譯,〈中國古代統一國家的特質——皇帝統治之出現〉,收入杜正勝編,《中國上古史論文選集》下冊(臺北:華世出版社,1979),頁 734-735。

張過程中，應曾隨統治形勢的變化而持續調整。縣原本或大於郡，郡、縣也不必然相統屬，而都直接聽命於秦王，後來縣才一步步變成郡的下轄單位。一統天下以後，郡縣應又曾有一番制度上的統一規劃，以因應新局面的需要。唯大體而言仍是舊制的延續、調整和擴大。

就擴大而言，秦將原來一個西陲王國的制度，擴而大之，成為一個帝國的制度。秦王原為中國一隅之君，如今成為全天下獨一無二，大權在握的皇帝。他的旨意經由層層的官僚組織帶到郡縣鄉里每一個角落。一位曾任職南郡安陸地方，官不過治獄的小吏喜死後，小心翼翼地將自己用過的法律文書置於墓中陪葬。他的墓中有一篇被稱為《為吏之道》的小冊子，教人如何做一位帝國的好官吏。好官吏的第一個要件就是「中（忠）信敬上」（圖3）。[34] 而他保存的一份南郡太守的文告，也不斷告誡地方的小吏要如何謹守「聖王」制作的法度。這些楚地墓中的文書，不禁令人感受到發自咸陽宮中，無遠弗屆的赫赫帝威。這位名為喜的小吏還將自己從軍、任官、生子等私人的經歷與國家對外攻戰以及君主繼立等軍國大事合寫成一大事編年。[35] 喜在編年最後的一件記事竟然是：「廿八，今過安陸」（圖4）。將個人出仕、從軍和生子的生命史與帝國的命運交織成篇，似乎反映了他對有幸參與帝國創建的驕傲。咸陽的皇帝何其遙遠？遙遠的皇帝如能來到小地

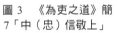

圖3　《為吏之道》簡
7「中（忠）信敬上」

圖4　《編年紀》簡
35「今過安陸」

34　《睡虎地秦墓竹簡》，頁283。

35　這種大事編年有一個特別的名稱叫「葉書」，很可能是當時陪葬習俗的一部分，迄今已在不少其它的墓中發現。葉書之名見於湖北荊州紀南松柏一號漢墓出土的木牘上。木牘今藏湖北荊州博物館。不久前在荊州胡家草場漢墓中又發現類似的大事編年，名之為「歲紀」。可見名稱不必一律。

方安陸，又是何等大事？「廿八」是始皇二十八年（西元前 219 年），「今」即今上。[36] 按始皇二十八年曾東巡泰山，回程南下渡淮水、赴衡山，自南郡由武關歸咸陽。始皇顯然是在由南郡趨武關的路上經過安陸的。這件大事以後，這位小吏在所餘的兩年生命裡，不覺再有其它可紀念的事情，空無任何記事。由此不難想像「今過安陸」對他一生具有的意義。秦始皇曾頻頻巡行天下，所到之處，「天威不違顏咫尺」的形象不知在多少百姓的心中就這樣建立起來了。

和皇帝制度相關的還有一套極為複雜的宮室、輿服、宗廟、陵寢和禮儀制度。這些制度無非用來顯示和維護帝王至高無上的權威和形象。

秦始皇盛修宮室，據說單在關中就有三百所。他曾倣建各國宮室於咸陽之北阪，「自雍門以東至涇、渭，殿屋複道周閣相屬」。[37] 三十五年（西元前 212 年），他嫌先王宮殿太小，又修著名的阿房宮，動員徒工達七十萬人。[38] 據說此宮綿延三百餘里，宮中「五步一樓，十步一閣」。為了修建這無數的亭臺樓閣，蜀地的樹木被砍光，山都成了禿山。因為規模太大，「一日之內，一宮之間，而氣候不齊」。[39] 可惜阿房宮不及建成，秦就滅亡，如今只剩若干斷垣殘壁了（圖 5）。它的壯麗偉大，後人多半憑藉杜牧的〈阿房宮賦〉想像、嘆息。詩人作賦，不免誇張渲染，但是宮室不大，無以重天子之威。漢初蕭何為高祖營建未央宮，務求壯麗。高祖罵他花錢太多，蕭何說：「天子以四海為家，非壯麗無以重威，且無令後世有以加也。」[40] 可見宮殿除了實用，更有象徵的意義。據《史記‧秦始皇本紀》，秦始皇營建咸陽宮前殿阿房，即象徵天象而設計，「周馳為閣道，自殿下直抵南山，表南山之顛以為闕。為復道，自阿房渡渭，屬之咸陽，以象天極，閣道絕漢抵營室也。」《三輔黃圖》則說秦咸陽宮「因北陵營殿，端門四達，

---

36 傅振倫，〈雲夢秦簡牒記考釋〉，《社會科學戰線》，4（1978），頁 206。

37 《史記‧秦始皇本紀》。

38 同上。七十萬人中有部分擔任修驪山。

39 杜牧，〈阿房宮賦〉，《全唐文》，卷 748。

40 《史記‧高祖本紀》。

圖 5　阿房宮前殿遺址

以則紫宮，象帝居；渭水貫都，以象天漢；橫橋南渡，以法牽牛」。以帝
王宮殿象徵天象，用意顯然在於強調天子的神聖、至尊和偉大。[41]

　　在宮室之中，朝廷之上，為顯示帝王的尊嚴和威儀，君臣之間有一定
的禮節。秦廷之禮，今不可知，但顯然十分繁苛。劉邦在稱帝之初，頗不
耐煩繁文縟節，將之簡化，結果弄得群臣在廷上「飲酒爭功，醉或妄呼，
拔劍擊柱」。[42] 一位曾待詔秦廷的博士叔孫通雜採古禮和秦儀，為漢廷又立
了一套朝儀。儀成試行，「自諸王以下莫不振恐肅敬」，高祖大悅曰：「吾
乃今日知為皇帝之貴也。」[43]

41　何清谷校注，《三輔黃圖校注》（西安：三秦出版社，1998），頁 21；《文選》（臺北：文津出
　　版社，1987），卷 1，班固〈兩都賦〉謂西都長安：「其宮室也，體象乎天地，經緯乎陰陽，
　　據坤靈之正位，倣太紫之圓方。」可參。
42　《史記‧叔孫通傳》。
43　同上。

皇帝之貴也表現在外出的排場上。漢代皇帝外出，車駕次第，叫做鹵簿。鹵簿又有大駕、法駕、小駕之別。要之，出入警蹕（警戒清道），「鸞旗在前，屬車在後」，威風凜凜，浩浩蕩蕩，不可一世。隨漢成帝赴甘泉行郊祠的揚雄曾在〈甘泉賦〉中描寫皇帝車駕的氣勢：「於是乘輿（指皇帝）乃登夫鳳皇兮翳華芝，駟蒼螭兮六素虯……流星旄以電燭兮，咸翠蓋而鸞旗。敦萬騎於中營兮，方玉車之千乘……」。[44] 漢代天子的這一套幾乎全承襲秦朝舊制而來。《續漢書‧輿服志》說：「秦滅九國，兼其車服，故大駕屬車八十一乘，法駕半之。屬車皆皁蓋赤裡，朱轓，戈矛弩箙，尚書、御史所載。最後一車懸豹尾，豹尾以前比省中。」這種排場威風的程度不在漢帝車駕之下。安陸的小吏固然曾為秦始皇出巡的威勢所震懾，膽大之徒如項羽，看到了不禁想要取而代之；[45] 劉邦見之，也要喟然而嘆：「大丈夫當如此也！」（圖6）[46]

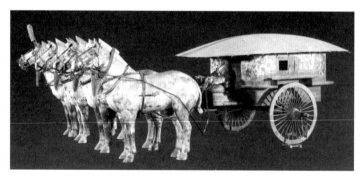

圖6　秦始皇陵出土銅車馬，採自袁仲一《秦始皇陵考古發現與研究》。

皇帝之貴還表現在許多與皇帝有關的用語上。如秦、漢的皇帝自稱曰「朕」，漢臣稱皇帝為「陛下」。賈誼曾解釋這樣稱呼的道理是：「人主之尊譬如堂，群臣如陛，眾庶如地」（《漢書‧賈誼傳》），陛級多則堂高，高者難攀，則其尊不可及也。皇帝所居曰「禁中」、「省中」，行幸所在曰「行

44　《漢書‧揚雄傳》。
45　《史記‧項羽本紀》。
46　《史記‧高祖本紀》。

在」，印曰「璽」（圖7）。本來諸侯和士大夫的印都可稱作璽，現在成了皇帝專用的術語。這類突顯皇帝獨特地位的術語還有很多，詳見蔡邕《獨斷》，這裡不細說。其他還有例如避諱的制度，任何人都不得冒犯皇帝的名諱，否則都在「大不敬」之列。凡此種種無不在製造皇帝神聖不可侵犯的地位。秦漢天子這套作法為此後千百年的帝王立下了先例。

圖7 「皇帝信璽」封泥，陳介祺舊藏，今藏東京國立博物館。

秦始皇為後世帝王立下的另一個先例是預修陵墓。預修陵墓大概不是由他創制，不過他的驪山規模之大，無疑空前。根據實地調查，其陵寢有內外兩城，二城略呈長方形，外城牆東西約 940 公尺，南北約 2,165 公尺；內城牆東西約 580 公尺，南北 1,355 公尺。近年用高光譜遙感和地球物理技術探知在地下 35 公尺處還有未坍塌，用細泥夯成南北寬約 145 公尺，東西長約 170 公尺的地宮。始皇陵除了陵墓本身，周邊還有象徵各官署以及供應始皇地下生活需要的各種陪葬坑，例如百戲和苑囿。其中最引人注目的是 1974 年，在陵墓東側發現龐大的兵馬俑坑。這些和真人大小相若或更高大的武士陶俑，從一、二、三號坑出土的已有一千四百多個（圖8），拖曳戰車的陶馬近四百件。根

圖8 秦始皇陵出土帶彩武士俑

據推算，如果陶俑全部挖出來，單是一號坑就有六千個以上。其餘金、銀、銅、石的飾物和兵器更是不計其數。[47] 而這一切只不過是秦始皇陵旁

---

47 〈臨潼縣秦俑坑試掘第一號簡報〉，《文物》，11（1975），頁 1-18；袁仲一，〈秦始皇陵東側

的一個小坑而已。[48] 司馬遷說驪山陵中充滿了「宮觀、百官、奇器、珍怪」，並以水銀為百川江河大海，「機相灌輸，上具天文，下具地理」。[49] 考古工作如果繼續下去，應能證實司馬遷所說，說不定還能看見屍骨不朽的秦始皇！[50]

圖 9 漢景帝陽陵出土帶彩武弁頭像

漢代皇帝也都預修陵墓，有些陵墓規模太大，如成帝之昌陵，興修數年不成，天下為之虛耗。也有看得開的如文帝，刻意薄葬，治霸陵，陵中皆瓦器，不以金銀為飾。漢代陵園制度的特色在於它不僅是帝王安息之所，更是漢家天子控制天下豪強的一種手段（圖 9）。從漢初開始，徙齊田、楚昭、屈、景，及諸功臣家於高祖的長陵，後世徙吏二千石、高貲富人及豪傑兼併之家於諸陵，其目的在所謂的「內實京師，外銷姦滑」，[51] 這是漢初以來所謂強幹弱枝政策的一部分（圖 10）。[52]

第二、三號俑坑軍陣內容試探〉，《中國考古學會第一次年會論文集》（1980），頁 315-322；陝西省考古研究所、始皇陵秦俑坑考古發掘隊編，《秦始皇陵兵馬俑坑一號坑發掘報告 1974-1984》上下（北京：文物出版社，1988）；陝西省考古研究所、秦始皇兵馬俑博物館編，《秦陵二號銅車馬》（西安：《考古與文物》編輯部，1983）。

48 秦始皇陵又有許多新的發掘和發現，可參例如陝西省考古研究所、秦始皇兵馬俑博物館編，《秦始皇帝陵園考古報告》（北京：科學出版社，2000）；陝西省考古研究所、秦始皇兵馬俑博物館，〈秦始皇陵園 K0007 陪葬坑發掘簡報〉，《文物》，6（2005），頁 16-38。

49 《史記‧秦始皇本紀》。

50 秦始皇陵屢遭盜掘和破壞，據《史記‧高祖本紀》，項羽即曾掘始皇帝冢，收其財物。又據《漢書‧楚元王傳》：「其後牧兒亡羊，羊入其鑿，牧者持火照求羊，失火燒其臧椁。自古至今，葬未有盛如始皇者也，數年之間，外被項籍之災，內離牧豎之禍，豈不哀哉。」但始皇陵在漢代並未盡毀。五胡十六國時，石季龍曾「使掘秦始皇冢，取銅柱鑄以為器」（《晉書‧載記》「石季龍」條）。近年對始皇陵本身作了探測，未展開較全面的發掘，始皇屍身是否仍在，仍有待證實。

51 《漢書‧主父偃傳》。

52 好並隆司，〈漢代皇帝支配秩序の形成—帝陵への徙遷の豪族〉，《東洋史研究》，35：2

宗廟是天下繫於一姓的重要象徵。秦始皇
相信他得天下有賴宗廟之靈，而所得的天下乃
嬴姓的天下，須傳之子孫，使列祖列宗永享血
食。如前文所述，在他的時代，曾於咸陽修極
廟為祖廟。秦二世更進一步採儒家天子七廟、
諸侯五廟、大夫三廟之說，毀襄公以下諸先公
先王廟，並尊始皇廟為帝者祖廟。[53] 漢代秦而

圖 10　「陽陵令印」封泥

有天下，當然得另立劉氏的宗廟。劉邦為示天
下劉氏之代起，曾令天下郡國諸侯王皆立太上皇廟。元帝永光四年（西元前
40 年）有一封詔書頗能道出高祖當初立廟的用心：

> 往昔天下初定，遠方未賓，因嘗所親以立宗廟，蓋建威銷萌，一民之至權
> 也。[54]

元帝時天下已定，劉氏一姓的地位已固，又因朝中儒臣建議改革禮制，乃
罷郡國廟，改行宗廟迭毀之制。[55]

二　天下為家

以上這些制度固然在象徵和鞏固皇帝的權力和地位，一個更基本的作
用則在宣傳，昭告天下已為一家一姓所有，一切的權力與地位已由一家一
姓自天而承受。所謂「家天下」乃是瞭解整個皇帝制度的根本關鍵（圖
11）。

（1976），頁 39-70。

53　《史記‧秦始皇本紀》。

54　《漢書‧韋玄成傳》。

55　參湯志鈞、華友根、承載、錢杭，〈西漢禮制建設之一——「廟議」〉，《西漢經學與政治》（上
　　海：上海古籍出版社，1994），頁 239-288。

自三代以來，家天下已經成為中國一個牢不可破的傳統。[56] 秦始皇欲傳帝位二世、三世以至萬世，固已視天下為一姓所有，漢高祖在尊父為太上皇的詔書裡說：「父有天下，傳歸於子，子有天下，尊歸於父，此人道之極也。」[57] 他又曾對太子說：「堯、舜不以天下與子，而與它人，此非為不惜天下，但子不中立耳。人有好牛馬尚惜，況天下耶？」[58] 此外，他對嘗視己為無賴的父親說：「始大人常以臣無賴，不能治產業，不如仲力。今某之業所就孰

圖 11　西安長安城遺址出土「漢并天下」瓦當，北京中國國家博物館藏 2012 年作者攝。

與仲多？」[59] 可見他明明白白將天下視同田地、牛馬一般的私產。當他在殿上公開這樣對父親說話時，最堪注意的是當時殿上群臣的反應。他們似乎都認為這是當然之事，「皆呼萬歲，大笑為樂」。

　　大體而言，自秦漢以後，天下歸天命所鍾的一姓所私有已不只是帝王一人的信念，而是一種深入人心的一般想法。呂氏之亂時，奉代王入主的宋昌說：「一呼，士皆左袒為劉氏，叛諸呂，卒以滅之，此乃天授，非人力也。」[60] 可見兵士都以為天命應在劉氏，呂氏終不能奪。景帝時，竇嬰說：「天下者，高祖天下，父子相傳，漢之約也。」[61] 他很明白認為天下為高祖父子所有。因此，當漢哀帝想要效法堯舜禪讓，將帝位傳給內寵董賢時，就有人提醒他：「天下乃高皇帝天下，非陛下之有也。陛下承宗廟，

56　《禮記・禮運》：孔子曰：「大道既 ，天下為家」，又說：「聖人耐以天下為一家。」

57　《漢書・高帝紀》。

58　傅唐人編，《古文苑》（臺北：鼎文書局，1973），卷 10，頁 263。

59　同上。

60　《史記・孝文本紀》。

61　《史記・魏其武安侯列傳》、《漢書・竇嬰傳》。

當傳子孫於無窮，統業至重，天子亡戲言！」[62] 還有一次，哀帝派遣使者請一位楚地的名士龔舍為太守。使者想請龔舍到衙門裡拜受官印，這位名士說：「王者以天下為家，何必縣官？」[63] 他的意思是說天下都是皇帝家的，為皇帝當差，在那兒受印都一樣，何必非縣衙門不可？哀帝時的輔政大臣師丹曾明白地說：「天下者，陛下之家也。」[64] 換言之，國為家有，天子既代表一家，也擁有一國，家國混而不分，漢朝人乾脆稱天子為「國家」。[65] 新莽之末，群雄紛冒劉氏之名起兵，所謂「假號雲合，咸稱劉氏，不謀同辭」，[66] 這是因為當時人相信天下終是劉家之物。劉秀能再興漢室，實大大得力於這種普遍的心理。[67]

當然從先秦到兩漢，也有很多「天下為公」的議論。這些議論大抵可分兩類。一類出於現實的政治目的。如呂不韋的賓客即鼓吹：「天下非一人之天下也，天下之天下也。」（《呂氏春秋·貴公》）又說：「誅暴而不私，以封天下之賢者，故可以為王伯。」（《呂氏春秋·去私》）有不少學者相信，這些話實際是為呂不韋代秦而鋪路。[68] 又如西漢成帝時，谷永亦倡：「天生烝民……為立王者以統理之……去無道，開有德，不私一姓，明天下乃天下之天下，非一人之天下也。」[69] 谷永之言一方面在警懼好微行的成帝，

62　《漢書·佞幸傳》。

63　《漢書·龔舍傳》。

64　《漢書·師丹傳》

65　例如：《漢書》〈息夫躬傳〉、〈司馬相如傳〉、〈張湯傳〉、〈張安世傳〉、〈杜延年傳〉、〈司馬遷傳〉、〈東方朔傳〉、〈傳贊〉、〈朱雲傳〉、〈梅福傳〉、〈陳湯傳〉、〈龔勝傳〉、〈王尊傳〉。兩漢書中「國家」一詞除指天子，也有和今天「國家」一詞相似又不全同的涵意。

66　《後漢書·班彪傳》。

67　類似的想法也見於《論衡·須頌》：「漢，今天下一家也，先帝，今上民臣之翁也。」〈書虛〉：「聖人以天下為家，不別遠近，不殊內外，故遂止葬。」〈驗符〉：「宣帝時鳳皇下彭城。彭城以聞。宣帝詔侍中宋翁一。翁一曰：鳳皇當下京師……宣帝曰：方今天下合為一家，下彭城與京師，等耳。……今左右通經者，論難翁一。翁一窮，免冠叩頭謝。」可見天下一家幾已成君臣共識。翁一不通竅，宣帝下令圍剿，不容諸儒有不同的意見。

68　如蕭公權，《中國政治思想史》（臺北：聯經出版公司，1982），頁358-359。

69　《漢書·谷永傳》。

另一方面則不無討好外戚王氏之嫌。成帝即因為谷永「黨於王氏」,「不甚親信也」。[70] 王莽篡漢前夕,禪讓傳賢之論更是喧天價響。這一類言論骨子裡其實並不是真正反對家天下,只是藉「天下為公」作幌子,持一家物與一家罷了。

另一類則出於政治理想或道德的良心,認為王者雖有天命,但天命有德,無德則易位,天下非一姓所能專有。這一類言論在漢代可以劉向為代表,他說:

> 王者必通三統,明天命所授受者博,非獨一姓也。孔子論《詩》,至於「殷士膚敏,祼將於京」,喟然歎曰:「大哉天命,善不可不傳于子孫,是以富貴無常;不如是,則王公其何以戒慎,民萌何以勸勉?」……自古及今,未有不亡國者也。……世之長短,以德為效,故常戰栗,不敢諱亡。孔子所謂「富貴無常」蓋謂此也。[71]

「天命無常,唯德是依」的論調可上溯至周人,常見於先秦儒,墨諸子。[72] 孔、孟發揚光大,成為此後懷有政治理想之士對抗專制帝王重要的思想依據。[73] 這一派雖然憧憬三代以上禪讓傳賢、天下為公的景況,但是自從孔子感嘆:「丘未之逮也,而有志焉」(《禮記・禮運》),後來的人就只能在「家天下」的現實格局中,就「天命有德」一點極力發揮。對此,孟子說得很明白:

> 萬章問曰:「人有言,至於禹而德衰,不傳於賢而傳於子,有諸?」孟子曰:「否,不然也。天與賢則與賢,天與子則與子。……舜、禹、益相去久遠其子之賢不肖,皆天也,非人之所能為也。莫之為而為者,天也;莫之

---

70 同上。

71 《漢書・楚元王傳》。劉向類似的看法還見《新序・節士》、《說苑》〈君道〉、〈至公〉。

72 如《逸周書・殷祝》:「湯曰:『此天子位,有道者可以處之。天下非一家之有也,有道者之有也。』」《六韜・武韜》:「天下者非一人之天下,乃天下之天下也」;〈順啟〉:「天下者,非一人之天下,惟有道者處之。」上海博物館藏楚簡《容成氏》亦大力鼓吹古聖先王「不授其子而授賢」,湖北荊門郭店一號楚墓出土簡《唐虞之道》等旨意相似,可參。

73 參《漢書・鮑宣傳》、《白虎通》卷下:「王者所以存二王之後,何也?所以尊先王,通天下之三統也。明天下非一家之有,謹敬謙讓之至也。」

致而致者，命也；匹夫而有天下者，德必若舜禹，而又有天子薦之者，故
仲尼不有天下。……孔子曰：『唐虞禪，夏后殷周繼，其義一也。』」[74]

「天與賢則與賢，天與子則與子」一語無異默認自禹傳子以來「家天下」
的現實。不過天所命必是德若舜、禹者，無其德則不居其位。對這種言
論，帝王有時也不能不加敷衍。秦始皇巡行天下，刻石立碑，所宣傳的不
外「皇帝之德」。秦末，群臣推劉邦為帝，劉邦也要說：「吾聞帝賢者有
也。」[75]

　　實則天下一旦定於一姓，這些「賢者有也」的話都被既得天下者視為
大逆不道。孟子「聞誅一夫紂矣」的高論當然更在禁忌之列。最好的例子
是發生在漢景帝時的一場辯論。[76] 有一位黃生認為湯武非受命，而是弒
君。齊人博士轅固生力辯湯武為天下人心所歸，即得天命之證。黃生於是
搬出「冠雖敝，必加於首，履雖新，必關於足」，君臣上下必各守其分的
道理。轅固生被逼打出王牌：果然如此，難道說漢高祖代秦即天子之位，
是違反君臣之分，胡作非為嗎？一旁聆聽的景帝立即阻止了辯論，以「學
者無言湯武受命，不為愚」做結論。司馬遷記述這個故事以後，接著加了
一筆：「是後學者莫敢明受命放殺者。」這一筆點出了皇帝制度下的政治空
氣。堅持「聞誅一夫紂矣」高論的董仲舒，[77] 在武帝一朝始終不得重用，
甚至幾乎被殺。昭帝時，眭弘認為漢家堯後，有傳國之運，主張漢帝宜
「求索賢人，禪以帝位」，[78] 結果以妖言惑眾，大逆不道之罪伏誅。宣帝
時，又出了一個不知死活的蓋寬饒，引用韓氏《易傳》，說什麼「五帝官
天下，三王家天下，家以傳子，官以傳賢，若四時之運，功成者去，不得

74　《孟子・萬章上》（臺北：世界書局，《四書集注》甲種本，1973）。

75　《史記・高祖本紀》。

76　《史記・儒林傳》。

77　蘇輿，《春秋繁露義證・堯舜不擅移，湯武不專殺》（臺北：河洛圖書出版社，1974），頁
　　154-156。蘇輿引黃東發之議，更引五證，以明此篇非董子之文，而是轅固生難黃生語，後
　　人誤采入此書。是耶？非耶？以此篇為轅固生難黃生語，並無真正證據，而從董子在武帝朝
　　的命運觀之，其曾持此論，致遭「另眼」看待，也不無可能。

78　《漢書・眭弘傳》。

其人則不居其位」，[79] 因而遭控「意欲求禪，大逆不道」，被迫自殺。可見在皇帝看來，禪讓傳賢乃大逆不道之言，父子相傳，天下繫於一家才是正理！

三 皇權的運作

　　明瞭了皇帝制度「家天下」的本質，才能掌握兩千年中，圍繞皇帝所發生種種有關權力運作與轉移的現象。從理論上說，皇帝從天受命，即擁有了天下和治理天下的一切權力。但是實際上天下這份龐大的「家產」非其一人所能獨治，治理之權必須分派出去，由一群幫手分頭掌理。於是在秦漢形成了一個龐大而有系統的官僚組織，幫助皇帝管「家務」。[80] 漢高祖曾下過一個很有意思的詔書，其中有一段是這樣說的：

> 今吾以天之靈，賢士大夫定有天下，以為一家，欲其長久，世世奉宗廟亡絕也。賢人已與我共平之矣，而不與吾共安利之，可乎？賢士大夫有肯從我游者，吾能尊顯之。布告天下，使明知朕意。[81]

在定天下「以為一家」之後，高祖的口氣不是就像一位一家之主在招募一群人幫他管家嗎？

　　那麼，皇帝的家務事是如何管法？《漢書·陳平傳》中有一段膾炙人口，討論君臣權責的故事。有一次漢文帝問右丞相周勃決獄和錢穀的事，周勃愧不能答。又問左丞相陳平，陳平答稱各有官員主其事。文帝又問：是什麼官員主其事呢？陳平回答：陛下如果要知道決獄的事情，應該去問廷尉；錢穀之事則應找負責的治粟內史。文帝於是又問：如果各種事情都有人專司其責，那麼君主管啥？陳平拱了拱身說：惶恐，惶恐！陛下不知

79　《漢書·蓋寬饒傳》。

80　秦漢以後政府中的丞相、御史大夫以及所謂的九卿原皆出於君王之私臣。參錢穆，《秦漢史》（臺北：三民書局，1969 年三版），頁 255-257。

81　《漢書·高帝紀》。

在下不成材，任命不才為宰相。宰相是要上佐天子理陰陽，順四時，下遂萬物之宜，外鎮撫四夷諸侯，內親附百姓，使卿大夫各得適任其職。照陳平的說法，一切內政外交都由宰相負責，皇帝只須任命一位可靠的宰相，就可以垂拱而治了。漢代以後表達類似主張的不可勝數。魏晉時連胡人君王也持同樣看法。氐秦苻堅以人主應「勞於求才，逸於得士」為由，委任大政於王猛就是著名的例子。[82] 唐代名臣魏徵諫太宗以十思，總結為君王「選賢任能，固可以無為而治，又何必勞神苦體以代百司之任哉？」[83] 唐代大詩人，官拜刑部尚書的白居易在所撰《策林》中論「君不行臣事」，謂：「故王者但操其要，擇其人而已，將在乎分務於群司，各令督責其課，受成於宰相，不以勤倦自嬰。」宋代大儒程頤曾對哲宗說「天下治亂繫宰相」，他們的的意思基本上和陳平一樣。[84]

他們的君主無為和宰相負責制，實際上是先秦以來儒、法兩家共具的政治理想，[85] 而由宰相統領百官並總理政務的體制，大體而言也構成了傳統官僚政治的主要結構。在實際運作上，皇帝多半和以宰相為首的群臣，透過廷議或朝議，一起商量著辦，但皇帝的詔書有時會被駁回或遭到消極抵抗。君臣之間的信任和合作並不容易建立，權力也難以維持平衡。有能力的皇帝手握大權，豈肯輕易退讓或將權力信託他人而使自己被架空？他總要將權力抓在自己的手上，最少也要交給自己信任的人。如果能有這樣

---

82 按苻堅所說不見於《晉書・載記》而見於《資治通鑑》卷 103，〈晉紀〉25「簡文帝咸安元年」條。《通鑑》應另有所本。

83 《資治通鑑》卷 194，〈唐紀〉十「太宗貞觀十一年」夏四月條。

84 白居易，《白氏長慶集》白氏文集卷 62〈三十八君不行臣事─委任宰相〉。程頤，《河南程氏文集》，卷 6〈論經筵第三札子〉。又見《續資治通鑑長編》卷 373 哲宗元祐元年三月辛巳。

85 例如：孔子說：「無為而治者，其舜也與，夫何為哉？恭己正南面而已矣。」（《論語・衛靈公》）又說：「天何言哉？四時行焉，百物生焉，天何言哉？」（《論語・陽貨》）法家政治的終極理想亦在君主無為，如《管子・白心》：「名正法備，則聖人無事」；又謂：「故至安之世，法如朝露，純樸不散。心無結怨，口無煩言。」（《韓非子・大體》）《韓非子》更有〈解老〉、〈喻老〉之篇發揮老子之義。儒法兩家對君王或天子所事，還可參《尉繚子・治本》和《荀子・王制》，不俱引。雖然如此，儒、法兩家對達到無為的途徑的看法卻不必一致。參見蕭公權，《中國政治思想史》，頁 264。

信得過的總宰，君臣可以和諧共治；如果缺少互信，在秦漢政治制度的發展上，一個常見的現象就是相權的被分削或剝奪。[86]

基本上，宰相的職權並沒有什麼制度上的保障，它幾乎完全基於一些成文或不成文的傳統，尤其重要的是皇帝的信任與尊重。所謂傳統主要是指前朝或漢人所謂的祖宗故事。號稱以孝治天下的漢代皇帝，一般謹守先例故事，如此宰相、三公或尚書所為，只要合乎先例故事，通常受到尊重。儘管如此，如果一旦失去皇帝的信任，傾刻即可從青雲墜入丘壑。揚雄〈解嘲賦〉對此有極妙的形容：「當塗者入青雲，失路者委溝渠；且握權則為卿相，夕失勢則為匹夫。」[87] 當塗與失路，每在皇帝的信任與否，而不一定在於與皇帝的親疏。因才招忌的曹植曾無限感慨地說：「權之所在，雖疏必重；勢之所去，雖親必輕。」[88] 這種臣下權勢隨皇帝寵信程度而轉移的基本形勢，從西漢到東漢，甚至到後世都沒有基本的不同。[89]

文帝時，宰相申屠嘉有兩個故事正好可以作例子。[90] 申屠嘉是大漢創業的從龍功臣。有一次他上朝，文帝的寵幸鄧通恃其寵，在文帝身旁怠慢無理。申屠嘉認為他破壞朝廷禮制，下朝回府後，傳檄召鄧通問罪，不來則斬。鄧通大恐，向文帝求救。文帝心愛寵臣，但又不願傷丞相執法，於

---

86 關於皇帝與宰相之間的權力關係以及君權如何受到限制，祝總斌先生曾有深刻的觀察。詳見所著，〈試論我國封建君主專制權力發展的總趨勢〉，收入其論文集《中國古代政治制度研究》下編（西安：三秦出版社，2006），頁 16-42，又可參其《兩漢魏晉南北朝宰相制度研究》（北京：中國社會科學出版社，1990）。

87 《漢書‧揚雄傳》。

88 《三國志‧陳思王植傳》。

89 白居易，《白氏長慶集》白氏文集卷一〈寄隱者〉有句：「由來君臣間，寵辱在朝暮」的意思類似。本文前引苻堅委大政於王猛，即因苻堅充分信任王猛。石勒信任張賓、北魏創業的前三世主重用崔浩也是例子。如果不信任，也曾出現「宰相無常官」的現象。南朝宋文帝元嘉年間，「是時宰相無常官，唯人主所與議論政事，委以機密者，皆宰相也。」（《資治通鑑》卷 120，文帝元嘉三年條、《南史‧王華傳》）。中國歷史上君臣防嫌猜疑的例子遠多於相互信任。較新較詳細的研究請參侯旭東，《寵—信—任型君臣關係與西漢歷史的展開》（北京：北京師範大學出版社，2017）。由西漢之實即足以見後世。

90 《漢書‧申屠嘉傳》。

是要鄧通去受審，不過答應派個使者替他求情。鄧通來到相府，免了冠，光著腳，磕頭向丞相謝罪。申屠嘉毫不領情，罵道：「夫朝廷者，高皇帝之朝廷也，通小臣，戲殿上，大不敬，當斬。史今行斬之！」鄧通在下磕頭討饒，血濺了一地。文帝算算時間，丞相大概已使鄧通吃夠了苦頭，才派人向丞相說情，饒了他一命。

像文帝這樣尊重宰相職權的皇帝實不多見。大部分的情形是皇帝寵信誰，誰的權就大。申屠嘉的另一個故事可以為證。文帝死後，景帝繼立，申屠嘉仍為丞相，可是景帝不信任他，「所言不用」，反信任一位內史鼂錯，於是鼂錯「貴幸用事」。[91] 申屠嘉為此嫉恨鼂錯，剛巧鼂錯為了出入方便，將內史官寺所在的門向南再開了一個，這個門竟然開在太上皇廟的外牆上。申屠嘉得知，奏請誅錯。景帝對鼂錯大加袒護，辯說：這是我教他這樣幹的，錯無罪。申屠嘉直嘆沒有先斬後奏，回到家裡，一氣之下，竟然嘔血而死。

從上述申屠嘉的兩個故事，不難推想不單是宰相的職權，整個官僚系統是否能夠客觀和合理的運行，端視皇帝是否信任與尊重。客觀合理的制度可以因皇帝的私心而完全崩潰。哀帝時，師丹和丞相孔光建議限田，但是因為哀帝對內寵董賢賜田踰制，外戚丁、傅兩家作梗，限田制未實行即失敗。[92]

由於皇帝「私天下」的心理作祟，皇帝對客觀權力運作系統的扭曲破壞主要有下列兩種情形：一是將權力交給自己近側或有私人關係的人，前者主要是宦官，後者則有外戚。這些人最容易贏得皇帝的信任。東漢王符曾說過一句十分透闢，卻又不敢直指當代的話：「自春秋之後，戰國之制，將相權臣必以親家。」[93] 豈止春秋戰國，漢代也是「必以親家」！要不，就是對誰也不放心，皇帝大權獨攬，事必躬親。不論在那種情形下，漢高

91　同上。

92　《漢書・食貨志》；又《漢書・王嘉傳》：「賜賢二千餘頃，均田之制從此墮壞。」

93　《潛夫論・思賢》

祖口中與共天下的賢士大夫常不免淪為執行皇帝意志的工具。

秦皇、漢武都是歷史上大權獨攬的皇帝。在秦始皇的時代，因「天下之事無大小皆決於上」，秦始皇忙到「衡石量書」，日夜不得休息的程度。他對自己的勤於政事，十分得意，在會稽刻石中說：「皇帝并宇，兼聽萬事，遠近畢清」，當時「博士雖七十人，特備員弗用，丞相諸大臣皆受成事，倚辦於上」。[94] 武帝即位時不過十六歲，朝廷大事都還在竇太后的干預之下。建元六年（西元前 135 年），武帝的母舅田蚡為相，「權移主上」，大小官吏都由他任命。二十二歲的少年皇帝大感不耐，說道：你委任官吏有完沒完？我也想派個官兒呢！[95] 從此以後，武帝對丞相大加摧折，終其世，前後竟有六位丞相獲罪而死。[96] 其不死者如公孫弘，是因他懂得皇帝不欲他人分權的心理，「每朝會議，開陳其端，令人主自擇，不肯面折庭爭」。[97] 瞭解武帝好權心理的還有大將軍衛青。元朔六年（西元前 123 年），衛青率數路兵馬征匈奴，其中右將軍蘇建的一支全軍覆沒。蘇建隻身逃歸，論罪當斬。衛青說：「雖然我身為大將軍，有權斬將，皇上對我又尊榮寵信有加，但是我也不敢擅自專誅於千里之外。還是將他解交天子，由天子親自定他的罪吧！這樣一來，我立了一個人臣不敢專權的典範，不是很好嗎？」[98] 公孫弘和衛青這類人物，正是歷史上專制帝王所喜歡的。

不過武帝也有不失可愛之處。他還懂得尊重像汲黯這樣當面罵自己「內多欲而外施仁義」[99] 的直臣。據說大將軍衛青見武帝時，武帝肆無忌憚地蹲在廁所裡；[100] 公孫弘求見，武帝連帽子都懶得戴。可是如果是汲黯來

---

94 《史記・秦始皇本紀》。

95 《史記・魏其武安侯列傳》。

96 這六位丞相是竇嬰、李蔡、莊青翟、趙周、公孫賀和劉屈氂。他們被殺的經過可參看徐復觀《周秦漢政治社會結構之研究》（香港：新亞研究所，1972），頁 225-227。

97 《史記・平津侯主父列傳》。

98 《漢書・衛青霍去病傳》。

99 《史記・汲黯傳》。

100 《史記・汲黯傳》：「大將軍青侍中，上距廁而視之。」裴駰《集解》引如淳曰：「廁音側，謂床邊，踞床視之，一云溷廁也。廁，床邊側。」按《史記・酈生陸賈傳》：「酈生至，入

見，武帝不整衣冠不敢見。有一次武帝坐在武帳裡，汲黯前來奏事，武帝遙遙望見，因未戴好頭冠，竟避到帳後，叫人代可汲黯所奏。

握權獨斷的武帝喜歡「游宴後庭」，[101] 於是找來一批親近的私臣就在後庭裏贊書奏，辦起公事來，並常以宦官居中傳達，因而形成後來所謂的中朝或內朝。[102] 外朝的丞相從此常失去參與決策的機會，僅能奉命辦事而已。隨侍武帝左右的除了他「俳優畜之」的文章詞賦之士如東方朔、吾丘壽王、司馬相如、枚皋、主父偃，還有宦官和外戚。這些宦官和外戚，因有皇帝的信任，權傾內外。武帝死，遺詔以外戚大將軍霍光輔政。霍光對丞相車千秋說：「今光治內，君侯治外」，[103] 實際上是「政事一決大將軍光」。漢元帝寵信宦官石顯，以為「中人無外黨，精專可信任，遂委以政，事無大小，因顯白決，貴倖傾朝」。[104] 兩漢外戚、宦官之禍，論者已多，要之這一切都是皇帝專權和委任近側親信的結果。由於權力徇私而行，缺少真正超然獨立的體制和絕對依法行政的觀念，客觀合理的權力運作系統就一直不容易在中國建立起來。

四 皇權的繼承與轉移

天下既然為私有，皇權與帝位的繼承當然是由一姓包辦。熱衷於傳賢禪讓理想的漢人曾流傳一個秦始皇有意禪讓的故事。據說始皇兼併天下以後，有一次仰天而嘆：「吾德出於五帝，五帝禪賢，我想學學他們。可是

謁，沛公方倨床。」瀧川資言《考證》謂：「張文虎曰：『倨，《索隱》本作踞』，愚按《漢書》亦作踞，與《黥布傳》合。」可見「踞廁」是「踞廁」，「踞床」是「踞床」，「廁」非「床側」甚明。《漢書‧汲黯傳》顏師古注亦以「廁」為「溷」說為是。

101 《漢書‧蕭望之傳》。
102 《漢書‧劉輔傳》引孟康曰。
103 《漢書‧車千秋傳》。
104 《漢書‧佞幸傳》。

有誰可做我的後繼者呢？」結果博士鮑白令之罵了他一頓，說他自私自利，修宮室、竭民力，像桀紂一樣，又有何德何能可行五帝之事？秦始皇聽了以後，「面有慚色」，也就打消了傳賢的念頭。[105] 其實秦始皇一開始就打算將嬴氏的天下由一世、二世，永遠地傳下去。禪讓在秦以後除了成為懷古之士的夢想，在現實政治中已淪為異姓革命和政權轉移的粉飾。[106] 以下先從同姓繼承必不可少的立儲制以及為建儲提供最大可能的後宮制說起。

傳統中國是一夫一妻制的社會，不過一妻之外卻又允許蓄妾。帝王們在宗廟不可無人繼承的堂皇理由下，除正后一人，當然可以光明正大地擁有無數姬妾。殷周後宮之制不可詳考，《禮記・昏義》及《周禮・天官冢宰・九嬪》鄭玄注所述都可能只是後人的附會。漢初承秦制，有皇后、夫人、美人、良人、八子、七子、長使和少使八等。武帝時後宮大增，又添倢伃、娙娥、傛華、充依等新名目；元帝再加昭儀，其餘還有五官、順常、無涓、共和、娛靈、保林、良使、夜者，分為十四等，可謂洋洋大觀。這些姬妾嬪妃比照官吏也有爵位等差，如昭儀位比丞相，爵比諸侯王，其最低下者不過斗食。[107] 東漢後宮名目大減，只剩下皇后、貴人、美人、宮人以及采女。[108]

名目的多少和皇帝妃嬪的數目沒有必然的關係。秦始皇廣建宮室，據說皆以美人充之，最後落入那些焚秦宮室項羽將校的手中。從漢高祖到景帝，宮女都不過十餘人，武帝增至數千。[109] 東漢後宮陣容最龐大的大概是桓帝，僅采女即達五、六千人。[110] 西漢后妃頗多出於微賤，甚至有婢女和歌舞伎之流（圖12-13）。其著名者如武帝的皇后衛子夫原是平陽公主家的歌

---

105 劉向，《說苑》（臺北：新興書局《漢魏叢書》本），卷14。
106 尾形勇，〈中國古代における帝位の繼承〉，《史學雜誌》，58：3（1976），頁54-68。
107 以上見《後漢書・外戚傳》序。
108 《後漢書・皇后傳》。
109 《漢書・禹貢傳》。
110 《後漢書・荀爽傳》。

圖 12　陪葬墓出土侍女俑，
採自《漢陽陵考古陳列館》。

圖 13　七盤舞舞伎，採自《東平后屯漢代壁畫墓》。

女（謳者）；成帝所寵幸的趙飛燕原在陽阿主家為歌舞伎，高祖之薄姬曾在後宮織室中充婢女。昭帝以後，皇帝與高官權貴之女結親者增多。東漢時更有定法，每年八月派中大夫、掖庭丞和相工，在洛陽鄉里中檢尋良家童女，凡年十三以上，二十以下，姿色端麗，合相法的，就被送進後宮，由皇帝再加挑選，「乃用登御」。[111] 其結果秦漢的皇帝除未成年即夭逝的，大部分都能有子嗣，多者如秦始皇有二十餘子，景帝十四子，光武十一子，但也有一無所出的昭帝、成帝和桓帝。眾多的皇子是保證天下得在一姓之內延續的必要條件。但是諸皇子中能有名分繼承大統的則是所謂的太子。

太子之制淵源久遠，立嫡立長的原則亦早成傳統。[112] 嫡長子是無可爭論的身分。以嫡長為太子繼承君位，是一項避免繼承鬥爭的經驗原則。但是秦漢兩朝二十八個皇帝中以嫡長太子身分繼立的只有三人，即西漢的惠帝、元帝和成帝。[113] 東漢一朝竟無一人是嫡長繼承。不過兩漢共有十二位皇帝不論是否嫡長，是以太子的身分繼承為帝，可見太子制的重要。

通常皇帝即位以後，即預立太子。不過，創立皇帝制的秦始皇並沒有這樣做。他有二十餘子，扶蘇為長。奈何始皇不喜歡扶蘇，秦國過去也沒有堅強的長子繼承傳統。再加上他亟盼成仙不死，雖然預修了陵墓，卻可能因為諱言身後事，遲遲沒有確立扶蘇太子的名分。直到死前，召扶蘇回咸陽會葬，才表明他擬以扶蘇繼位。可是為時已晚，宦者趙高和丞相李斯為鞏固自己的權位，偽造詔書，賜扶蘇死，而以少子胡亥為太子，繼位為二世（圖14）。[114] 趙、李所為在秦代大概是一公開的秘密。劉邦有感於秦的

---

111 《後漢書·皇后紀上》。

112 《左傳》襄公卅一年、昭公廿六年。

113 關於西漢的皇位繼承參陶師天翼，"The System of Imperial Succession During China's Former Dynasty（206 B.C-9 A.D.），" *Paper on Far Eastern History*, 18（1987）, pp. 171-191.

114 北京大學藏漢簡《趙正書》有不同說法，謂始皇死前即已立胡亥為太子，並無趙高和李斯偽造詔書一事。此說並不可靠。湖南益陽兔子山也出土了所謂秦二世詔木牘，有「朕奉遺詔」之語，宣稱自己奉遺詔而即位。這樣的詔書多半是政治宣傳品，不一定符合真相，不能盲信。詳見拙文，〈趙高與秦朝的終結——談傳統帝制的一個結構性悲劇〉，本書卷三，頁269-279。

教訓，在稱王時即以長子為太子。當劉邦部將在氾水之陽推他為皇帝時，他即冊立長子為皇太子，也就是後來的惠帝。[115]

影響皇位繼承人選的因素極其複雜，最後能登上天子寶座的幾乎都有一段曲折的過程。繼位人選固然有以嫡以長和無嫡長則以賢的原則，事實上這些原則的約束力並非絕對。以秦漢兩代而言，大部分的皇帝都因其他的考慮而產生，而對人選最具決定性影響的除了皇帝本人，還有功臣以及圍繞在皇帝近側的外戚和宦官。

皇帝本人毫無疑問是決定儲貳的最高權威。他如果不遵守原則的約束，但憑一己好惡，他人也無可如何。漢高祖曾有意廢太子，另立愛子趙王如意。太子的母親呂后急了，找張良想辦法，張良說：「皇上想

圖 14　湖南益陽兔子山出土秦二世詔木牘局部「朕奉遺詔」四字

就其所愛，更立太子，乃是骨肉之間的事，像我這樣的臣下外人，就是有一百個去說，又有什麼用！」不過最後還是張良出了主意，請來「商山四皓」（圖 15），才促使高祖放棄了易立太子的打算。[116]

圖 15　朝鮮樂浪彩篋塚出土彩篋上有「南山四皓」

115　《漢書‧高帝紀下》。
116　《史記‧留侯世家》。

宣帝不喜太子「柔仁好儒」，有意以所幸張倢伃好生的淮陽王代之，但終以太子出於糟糠之妻而不忍廢。其廢不廢幾乎全在皇帝一念之間。西漢景帝、東漢光武帝、章帝和安帝都曾因好惡行廢立。光武帝原以郭皇后子為太子，但心中愛戀的卻是那位以美著稱的陰麗華。據說光武帝少時曾發願「娶妻當得陰麗華」，後來終於如願以償。郭皇后被廢，其子亦廢；陰麗華成了陰皇后，她的兒子也成了皇太子。[117]

真正左右兩漢皇位繼承的，通常是皇帝背後成群結黨的外戚和宦官。漢代外戚得勢，自呂后已開其端。呂后除力保自己的兒子繼高帝登上皇位，更於惠帝死後，連立惠帝的兩個幼子恭和弘為少帝，而由自己臨朝稱制。昭帝死時，因無子嗣，輔政的外戚霍光一手決定由武帝孫昌邑王劉賀入繼大統（圖16）。昌邑王繼位不到一個月，又被霍光以「荒淫」罪名廢為海

圖 16 江西南昌海昏侯墓出土劉賀玉印

昏侯，另立宣帝。西漢外戚勢力最盛的當屬成、哀以後的王家，終於演成王莽篡漢的結局。東漢光武鑑於西漢之失，有意壓抑外家，明帝「因設外戚之禁，編著甲令」，[118] 奈何東漢皇帝命多不永，權歸母后。東漢臨朝的太后多達六位。皇帝幼時，任由母后及外戚擺布，稍長即感不耐，勾結宦官為援，於是宦官走進皇位鬥爭的舞台。和帝曾賴宦官鄭眾之助，消滅圖謀加害自己的外家竇氏。安帝所廢的太子劉保也因宦官孫程等發動政變，擊敗外戚閻氏，而得立為順帝。外戚和宦官輪流控制東漢末期的皇帝與政局，以迄涼州軍閥董卓殺入洛陽，皇帝才成為軍人控制的傀儡。

秦始皇得天下，劉邦代秦和劉秀再建漢室，基本上依賴的都是武力。軍事的成功是擁有天命的確證，所以劉邦說：「吾以布衣提三尺劍取天下，此非天命乎？」提三尺之劍即以武力取天下，於是才有資格要求天下歸

---

117 《後漢書・皇后紀上》。
118 同上。

服，建立一姓的統治。天下由一姓轉入另一姓，靠武力是一個基本方式。不過王莽與曹丕卻為赤裸裸的武力披上一件美麗的外衣——禪讓。[119]

禪讓傳賢一直是傳統士大夫的夢想。此說初興於戰國，在秦漢之時與五德終始論結合，成為影響兩漢一股絕大的力量。前有眭弘和蓋寬饒請昭帝及宣帝禪讓，後有哀帝有意讓位董賢。王莽利用當時人的這種心理，將篡位粉飾成一派「順乎天，應乎人」的模樣。王莽用來妝點他奪權篡位的「古說」很多，禪讓是其中之一。有一個在長安讀書的人叫哀章，看透王莽想當皇帝的心理，造了兩個銅匱放在高祖的廟裡。一個上面寫著「天帝行璽金匱圖」，另一個是「赤帝行璽某傳予黃帝金策書」。「某」是指劉邦的「邦」字，金匱圖策無非是說：「高帝承天命，以國傳新皇帝。」王莽得到消息，跑到高廟「拜受金匱神嬗（禪）」。[120] 於是假藉高祖禪天下於己，坐在未央宮前殿，下書說：「赤帝漢氏高皇帝之靈，承天命，傳國金策之書，予甚祇畏，敢不欽受！」[121] 於是即真天子位，改火德為土德，國號曰新（圖 17.1-2）。

東漢之末，曹操挾天子以令諸侯，先稱魏公，再為魏王，「設天子旌旗，出入稱警蹕」，儼然是實際的天子。曹操死，曹丕繼位為魏王。據說獻帝「以眾望在魏」，乃召集群臣於高廟，將漢家天子符璽捧出，禪位給魏王。禪位的詔書大意是說：我在位已有三十二年，可是天下蕩覆，我仰觀天文，下察民心，知道五德之運已經輪到曹氏。大道之行，天下為公，選賢與能。唐堯不私於他的兒子，留下不朽的美名，我非常羨慕他，就學他的樣兒，禪位給魏王吧。[122] 魏王得知詔書，表演了三次推讓，每一次推讓之後，獻帝即再度下詔，群臣亦紛紛勸進，前後鬧了一個月，最後曹丕和王莽一樣「震畏天命」，不得不受禪，即了天子位（圖 18）。曹丕受禪為

---

119 參馮友蘭，〈中國政治哲學與中國歷史中之實際政治〉，《清華學報》，12：1（1973），頁 99-112。

120 《漢書・王莽傳上》。

121 同上。

122 《三國志・文帝記》裴松之注引袁宏《漢記》。

圖 17.1　青海海晏縣出土王莽的虎符石匱，
採自李零《入山與出塞》。

圖 17.2　居延簡 225.32
「〔新〕室以土德代火家」

圖 18　曹魏黃初元年皇帝受禪于漢氏碑拓片局部

易姓革命創立一個新的格局。這樣的禪讓大戲從南北朝到隋唐層出不窮。清朝的趙翼因而說：「自曹魏創此一局，而奉為成式者，且數十代，歷七、八百年，真所謂奸人之雄，能建非常之原者也。」[123]

五 皇帝制度的發展

自秦王政創皇帝名號到曹魏禪代，與皇帝相關的政治體制和權力轉移的模式可以說已大體完備，此後千餘年的皇帝制基本上都承襲秦漢成規，幾乎沒有根本性的變化。秦漢時代圍繞皇帝所發生的種種現象與問題，如外戚和宦官的干政，相權的被剝奪，在後代也不斷地出現。不過在這千餘年中，皇帝制度有幾件不可不注意的發展：一是外族不斷入主對皇帝制帶來一些不同的面貌；二是皇權日趨絕對化；三是皇帝成為傳統社會、政治、經濟、文化、道德、宗教等各環節統合的焦點。

從魏晉以後，外族不斷入主中國，或據華夏一隅，或為全中國的主人。他們雖然採用了皇帝制度，也為皇帝制度帶來了變貌。匈奴人劉淵是五胡十六國中最早在華夏大地上稱帝的。他先稱漢王，後即皇帝位。他自以為漢與匈奴曾約為兄弟，「兄亡弟紹，不亦可乎？」[124] 於是追尊蜀漢後主，立漢高祖以下三祖五宗神主而祭之，儼然以繼劉漢大統自居。他死後，諡號光文皇帝，廟號高祖，墓號永光陵，皇太子劉和繼位。在形式上，這一切可以說完全是中原皇帝制度的一套。但是在另一方面，他沒有放棄匈奴固有的組織和徽號。劉淵在即皇帝位以前曾為大單于，臨終以前又以第四子劉聰為大司馬、大單于並錄尚書事，更置單于臺於平陽以西，領各族種落。劉聰後來憑藉種落的力量，殺劉和，奪皇帝位。他即位後，又以劉義為皇太弟，領單于、大司徒。單于之下置「左右輔，各主六夷十

---

123 趙翼，《廿二史劄記》，卷 7，〈禪代〉條，頁 140-144。
124 《晉書‧劉元海載記》。

萬落，萬落置一都尉」。[125] 從這些地方可以看出，劉淵和劉聰入主中國以後，合併他們原有的單于部落制和中國的皇帝制，為後世「征服王朝」的兩元政制開了先河。[126] 他們以「皇帝」的身分統治中國，以「單于」之號領舊部（圖19）。

圖19　包頭召灣漢墓出土「單于天降」瓦當

這種方式也啟示了以後中國帝王可於「皇帝」以外再加其他的尊號。李唐太宗就是一個例子。太宗貞觀四年（西元630年），諸蕃君長共請太宗加號天可汗（乃高出眾可汗之可汗），太宗問群臣可否為大唐天子，再受可汗之號？群臣皆呼萬歲。[127] 從此以後，太宗賜書西北蕃國君長，並稱皇帝天可汗。據研究，唐朝的皇帝稱天可汗直到安史亂後（圖20）。西北地區諸國到十四世紀元、明之際，仍有用天可汗稱呼中國皇帝的。[128]

圖20　唐閻立本繪〈步輦圖〉，描繪唐太宗接見來迎娶文成公主的吐蕃使者，北京故宮博物院藏。

---

125 《晉書·劉聰載記》。
126 參陳寅恪，《魏晉南北朝史講演錄》（合肥：黃山書社，1987），頁108-109。
127 《資治通鑑》（臺北：世界書局，新校標點本，1974），貞觀四年三月條。
128 羅香林，〈唐代天可汗制度考〉，《新亞學報》，1：1（1955）。

外族入主也曾造成一些皇帝制度的「變體」。例如五胡十六國中，石勒、石虎稱「天王」，不稱皇帝，前秦苻健稱「天王大單于」，後涼呂光稱天王。[129] 又北周孝閔帝和明帝初即位不稱皇帝，號稱依《周禮》稱「天王」，到明帝武成元年（西元 559 年）八月才改稱皇帝。[130] 又如契丹人採行漢制遠始於太祖耶律阿保機；至耶律德光正式建國號大遼，始稱皇帝。在此以前耶律德光稱「天皇王」。遼朝的君王繼承因受契丹世選舊俗的影響，德光以後的世宗、穆宗和景宗就仍由推選方式產生。[131] 景宗以後，雖立太子，但無太子之名，而稱梁王。遼聖宗、興宗、道宗和天祚帝無不先封梁王，再為嗣君。[132] 元朝的皇位繼承受蒙古習俗的影響，實際上多由宗親大會推選或大臣擁立。[133] 元朝也採用中國預立太子之制，不過卻無關繼承，一位皇帝可同時有數子並稱太子。例如太祖有六子，其中兩子後為太宗和睿宗，其餘三子也俱稱太子。[134] 這些都是外族未盡依中國之制，因循故俗所造成皇帝制的變化。

外族王朝的統治對中國皇帝的專制化和殘暴化也有推波助瀾的作用。[135] 外族入主中國一方面必須調整組織，以適應統治中國的需要，另一方面還要維持部族原有的戰鬥力去從事征服，或鞏固他們優越的統治地位。為解決這些問題，他們通常會借助中國固有的統治方式和經驗，同時

---

129 參《晉書·載記》〈石勒〉下、〈石季龍〉上、〈苻洪〉、〈呂光〉。

130 《周書》〈孝閔帝紀〉、〈明帝紀〉、〈崔猷傳〉。據學者研究，號稱天王非必與《周禮》有關，反而是因為北朝君主信佛，自認係轉輪王或如來佛在世。顏尚文、劉淑芬、康樂、侯旭東等有不少相關研究，不能盡舉，請參周伯戡，〈姚興與佛教天王〉，《國立臺灣大學歷史學報》，30（2002），頁 207-242。

131 姚從吾，〈契丹漢化的分析〉，收入《大陸雜誌史學叢書》，第一輯第五冊（臺北：大陸雜誌社，1960），頁 265-266。

132 同上，頁 266。

133 趙翼，《廿二史箚記》，卷 29，〈元帝諸多由大臣擁立〉條，頁 667-669。

134 趙翼，《廿二史箚記》，卷 29，〈元帝子稱太子者不一〉條，頁 672-673。

135 本節參看陶晉生，〈金代女真統治中原對於中國政治制度的影響〉，收入《邊疆史研究——宋金時期》（臺北：商務印書館，1971），頁 112-118；《女真史論》（臺北：食貨出版社，1981），頁 39-46。

也將部族的舊俗帶入中國，結果竟使得王權趨於專制和殘暴。金人據華北，金太宗和熙宗曾採中國的三省制度，加強中央集權。熙宗天會十五年（西元 1137 年）廢傀儡劉豫，以行臺尚書代表中央，控制漢地。完顏亮（西元 1149-1161 年在位）時撤銷行臺尚書省，又廢中書和門下省，使金朝君主專制達於頂點。唐代的中書省因草擬政令，門下省因有封駁之權，對皇權構成相當的制衡作用。兩省一廢，皇權就難以約束了。金人和南方宋朝對三省制的破壞，都使得宋以後的皇權少有限制，而代表金主直接控制的行臺尚書省制為元、明朝廷所繼承，成為明清行省制的先河。

就殘暴化而言，盛行於元、明朝廷的廷杖，即對朝臣加以笞辱的辦法，在契丹和女真的部落習俗中可以找到淵源。杖笞官員原是契丹和女真的家常便飯，女真入主中國，將這個習慣一併帶來。據說在金主完顏亮的時代，上從宰相、御史、公主，下到和尚、廚子都可因不合君心而遭殃。有一位南宋的官員曾斥責這種辦法。他說：「官雖甚高，未免捶楚，成甚活路！」[136] 這樣屈辱士大夫的酷法卻大得元、明專制君主的欣賞。

不過，中原王朝之有廷杖並不始自外族入主。漢光武帝早已行之在先。起初遭殃的還只是侍候皇帝的近侍，漢明帝變本加厲，連九卿亦在捶撲杖笞之列。一直到順帝時，因左雄的建議，九卿才免受皮肉之苦。此後，從三國到隋、唐一直都有皇帝杖笞官員的情形，[137] 元、明以降，專制加劇，廷杖更成為家常便飯。

從宋代以後，皇帝日趨專制獨裁也並不完全由外族王朝所造成，最主要的原因還是中國政治社會本身自唐、宋以後發生變化。就社會而論，隨著科舉制度的興起和唐末世家大族的消亡殆盡，社會上已沒有足以和皇權

---

136 樓鑰，《攻媿集》（武英殿聚珍本），卷 111，〈北行日錄上〉，頁 24-2。

137 參《後漢書》〈申屠剛傳〉、〈虞延傳〉、〈鍾離意傳〉、〈左雄傳〉。漢代以後的例子參《顏氏家訓》卷四、《三國志》〈何夔傳〉、〈裴潛傳〉注引《魏略》；程樹德，《九朝律考》，卷 10，〈晉律考〉、〈晉鞭杖之制〉條；呂思勉，《兩晉南北朝史》，頁 1323-1324；《魏書》，〈高允傳〉、〈趙郡王幹傳〉、〈陳建傳〉；《太平御覽》，卷 650，〈杖〉條。又參顧炎武，《日知錄》，卷 29，〈職官受杖〉條；尚秉和，《歷代社會風俗事物考》，〈受杖〉條。

分庭抗禮的力量。宋代以後科舉出身的士大夫原是一群等待天子賜與「黃金屋」和「千鍾粟」的士人舉子。他們不再有南北朝和隋唐世族那樣的社會地位和財富。[138] 在這種情形下，帝王自然容易牢籠士人，肆意擺布。就政治制度而言，皇權的伸張又與三省的破壞、相權的分削、宰相的廢除以及特務、密摺等監視制度的發展相表裡。

唐初的三省制一直被認為是傳統君臣權力最完美的均衡分配，但是在唐朝中葉即因武后、安樂公主和太平公主等擅權而破壞；中葉以後，更因皇帝信用親近的翰林學士、宦官、樞密使等內廷官員而崩潰。宋代太祖和太宗鑑於五代禁兵之失，有意維持自五代以來軍政、民政和財政分立，又將軍政中的握兵權、調兵權和統兵權分開，而由中書門下和樞密使分為正副宰相，最終則統於皇帝一人。[139] 舉凡「進賢退不肖，四方邊奏，郡縣水旱，官吏能否，刑法枉直」等等，都要「日奉德音，動遵睿旨」。[140] 宋代宰相承中唐以後至五代的習慣，一般政事更須先以箚子請旨，「盡稟承之方，免差誤之失」。[141] 如此一來，「奏御浸多，或至旰昃」。[142] 宋太祖和明太祖都是「家天下」思想極濃的人，十分不放心他人分享權力（圖21）。朱元璋自左丞相胡惟庸涉嫌謀反被誅以後，乾脆廢除丞相，由皇帝直領六部。他甚至在祖訓裡明白警告「以後嗣君，毋得議置丞相，臣下敢以此請者，置之重典！」[143]

為防止軍民百官圖謀不軌，皇帝耳目所寄的特務組織在明代發達到了極點。太祖時有檢校，「專主察聽在京大小衙門官吏不公不法，及風聞之事，無不奉聞」。檢校都由皇帝親信出任，太祖嘗說：「有這幾個人，譬如

---

138 孫國棟，〈唐宋之際社會門第之消融〉，《新亞學報》，4：1（1958），頁 211-304。

139 參鄧小南，《祖宗之法——北宋前期政治述略》（北京：三聯書店，2006），頁 184-280。

140 同上，頁 221。

141 參周道濟，〈宋代宰相名稱與其實權之研究〉，收入《大陸雜誌史學叢書》第 1 輯第 5 冊，頁 6-13。

142 鄧小南，《祖宗之法——北宋前期政治述略》，頁 222。

143 轉引自孟森，《明史講義》（臺北：臺灣大學自印本，無年月），頁 69-70。

人家養了惡犬，則人怕。」[144] 洪武十五年（西元 1382 年）更置錦衣衛，刺探「不軌妖言」。據說有一次有一位名叫錢宰的官員下朝以後在家吟詩：「四鼓鼕鼕起著衣，午門朝見尚嫌遲，何時得遂田園樂？睡到人間飯熟時。」有人將他的詩句報告了朱元璋。第二天朱元璋對錢宰說：「昨天作的好詩，不過我並沒『嫌』呵，改作『憂』字如何？」[145] 成祖永樂中又置東廠，令宦官訪緝逆謀大奸；憲宗成化年間再設西廠。從此明代政治淪為特務宦官之治，不堪聞問。

滿清以外族入主，為鞏固其統治，對臣下的監視更是無所不用其極（圖 22）。清代鑑於明代宦官之禍，不敢依宦官為爪牙。皇帝或親自微行察訪，如雍正和乾隆；或密遣其親信偵伺。[146] 據說雍正時進士周人驥以禮部視學四川，行前有人推薦一僕隨之赴任。三年任滿，周人驥欲回京覆命，僕人說：「我亦欲回京覆命。」人驥大驚，問其故。僕人回說：「我實在是皇上的侍衛，特來偵伺你的。你三年之中操守廉潔，一無苟且，我將回去奏聞聖上。」人驥回京，果蒙褒旨。[147]

微行和密探偵察的範圍終嫌有限，康熙更訂定密奏之制，將全國的大小官員都化為皇帝的耳目。康熙時規定內外大臣可於請安摺內附加密奏，直接向皇帝密報風聞不法之事。雍正時將密奏與請安摺分開，並對密奏的傳遞訂定了嚴密的規定，務使皇帝能掌握群臣的一舉一動（圖 23.1-3）。為使軍國大小事皆在掌握之中，清朝有所謂奏摺制度。凡事都須皇帝硃批諭旨才能行。雍正批示奏摺，據說每至深夜二、三更天。[148] 透過以上種種辦法，中國皇帝的專制集權和對官僚的監視在清朝都可以說達到了頂峰。

---

144 吳晗，《朱元璋傳》（臺北：國史研究室，1972），頁 183-189。

145 同上，頁 186-187。

146 李岳端，《春冰室野乘》卷上（臺北：文海出版社，《近代中國史料叢刊》本），頁 25-26。

147 轉引自金兆豐，《清史大綱》（臺中：學海出版社，1970），頁 255-256。

148 黃培，〈說硃批諭旨〉，收入《大陸雜誌史學叢書》，第 1 輯第 7 冊，頁 73-78。

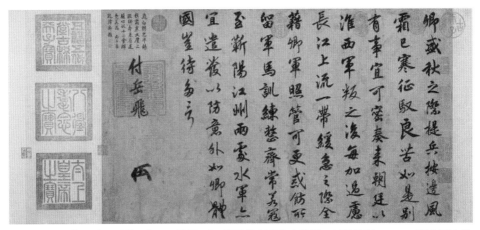

圖 21　宋高宗賜岳飛手勅：「……蘄陽、江州兩處水軍亦宜發遣，以防意外……」，臺北國立故宮博物院藏。

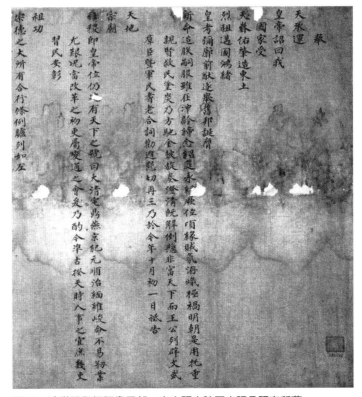

圖 22　清世祖登極詔書局部，中央研究院歷史語言研究所藏。

圖 23.1　雍正皇帝像 北京故宮藏

圖 23.2-3　陝西總督岳鍾琪奏摺及雍正批示及局部「密奏所擬將官中要用人員」，臺北國立故宮
博物院藏。

古月集：秦漢時代的簡牘畫像與政治社會
　　——卷三　皇帝、官僚與社會

六 皇帝與中國社會

　　皇帝在中國從一開始就不是一種單純的政治領袖。秦漢以後的皇帝就像封建制度下的周天子，是維繫整個政治、社會和文化秩序的樞紐。孔子說：「天下有道，禮樂征伐自天子出」。從今天的觀點看，「征伐」屬政治軍事範疇；「禮樂」屬社會文化範疇，這一切均出自天子。封建崩潰，天下秩序重建於皇帝制度之下，皇帝乃成為新秩序的核心。董仲舒說得好：「君人者，國之元，發言動作，萬物之樞機。」（《春秋繁露‧立元神》）他又說：

> 三畫而連其中謂之王，三畫者天、地與人也；而連其中者，通其道也。取天地與人之中以為貫而參通之，非王者孰能當是？（《春秋繁露‧王道通》）

理想中的君王不但主宰人間的秩序，更能協調貫通人與天地之間的關係，此陳平所謂佐天子理陰陽者也。因此，如果要認識皇帝在傳統中國社會裡的作用，必不能僅從政治一面去看。

　　皇帝角色的多面性從秦始皇開始已相當清楚。他不僅僅是併一海內，化天下為郡縣的君王，更是道德與文化各方面的領袖。所謂「作之君，作之師」，「君師者，治之本也」，[149] 秦漢以後的帝王不但代表政統，更兼掌道統。秦始皇兼併六國以後，焚詩書，坑術士，統一文字，「專隆教誨」、「大治濯俗」，就是希望做到「黔首改化，遠邇共度」，「遵卑貴賤，不踰次行」，「男女禮順，慎遵職事」。[150] 而秦行法治似也寓有道德目的。在湖北雲夢發現一篇秦王政二十年（西元前 227 年）四月二日的太守文告說：

> 凡法律令者，以教道（導）民，去其淫避（僻），除其惡俗，而使之之于為善殹（也）。[151]

文告中還說使民去惡就善乃是「聖王作為法度」的苦心所在。在這裡所說

---

149 《大戴禮記‧禮三本》（臺北：世界書局，王聘珍解詁本），頁 11 上。
150 以上見《史記‧秦始皇本記》。
151 《睡虎地秦墓竹簡》，頁 115。

的聖王當然就是指秦王政。此外從睡虎地出土的秦律看，裡面有很多關係道德倫理的規定，其中對「不孝」者加重治罪者尤其值得注意。寫於秦統一天下前夕的《呂氏春秋》，曾特別強調人主之孝，人臣之孝，又說「務本莫貴於孝」（〈孝行覽〉）。自皇帝制度建立以後，孝更是中國最被看重的道德項目。

　　漢代皇帝號稱以孝治天下，自惠帝起皆以「孝」入謚號。惠帝時舉民孝弟、力田者免除勞役；文帝時以為「孝弟，天下之大順也」，「廉吏，民之表也」，而立孝弟、廉吏之科。東漢以後，孝廉成為政府用人最主要的來源。皇帝以孝為治的理念更落實在地方官的職掌及教育中。漢代地方專掌教化的是三老。《續漢書‧百官志》說：「三老掌教化，凡有孝子順孫，貞女義婦，讓財救患及學士為民法式者，皆扁表其門，以興其善。」漢代最流行的一部經書是《孝經》，在地方學校設置最普遍的經師也是《孝經》師傅（圖 24）。[152] 東漢荀爽總括漢代為何鼓吹孝道時說：

> 臣聞火生於木，故其德孝。漢之謚帝稱孝，其義取此也。故漢制天下皆誦《孝經》，選吏則舉孝廉，盡以孝為務也。[153]

漢代皇帝大力鼓吹孝道，其實不全是為因應五德之運，而是繼承了先秦古老的傳統。戰國時，據說秦已以孝聞天下。[154] 經書如〈洪範〉以為「天子作民父母，為天

圖 24.1-2
《孝經‧孝治章》
殘簡 73EJT31:104AB
漢代肩水金關出土

---

152 《漢書‧平帝紀》；又參嚴耕望，《中國地方行政制度史》上編（《中央研究院歷史語言研究所專刊》之 45，1974），頁 252-256。

153 《太平御覽》，卷 545 引《荀氏家傳》。

154 《戰國策‧趙策四》：諒毅說秦王「曰：趙豹、平原君，親寡君之母弟也，猶大王之有華陽、涇陽君也。大王以孝治聞於天下……」秦對孝之重視又見睡虎地秦墓出土秦律有關不孝加重

下王」，秦漢皇帝即自認為是天下百姓的父母。小老百姓對父母當然要忠要孝。[155] 不忠不孝，罪在大逆。

可是如果皇帝不能像父母一樣，愛民如子，卻也萬萬不准百姓說什麼革命放殺。《大戴禮・虞戴德》說：「父之於子，天也；君之於臣，天也。有子不事父，有臣不事君，是非反天而到（倒）行邪？故有子不事父，不順；有臣不事君，必刃！」以君為天的話早見於《左傳》宣公四年和《鶡冠子・道端》等書，漢儒作了進一步發揮。孔安國《古文孝經訓傳》序說：「君雖不君，臣不可以不臣；父雖不父，子不可以不子。」這位孔子十二世孫宣傳這種片面不可逆的孝道，只知一味順應統治者，似乎忘了孔子「君君、臣臣、父父、子子」的道理。《漢書・霍光傳》裡田延年對漢代諸帝以「孝」字入諡號講過一句一針見血的話，他說：「漢之傳諡常為孝者，以長有天下，令宗廟血食也。」長有天下才是宣傳片面孝道的真正用意。也正因為如此，好說革命放殺的孟子才一直不為帝王所喜，朱元璋甚至想將他趕出孔廟呢！

在文化上，中國的學術、思想和文學，除了有些內部轉化的因素，在很大程度上是隨著帝王和統治上層的好惡而浮沉轉移（圖25）。就思想而論，漢初皇室本尚黃老，至武帝改尊儒學，武帝以後儒家竟蔚為思想的主流。漢末桓帝祠黃老浮圖，一般人也跟著崇道信佛。《後漢書・西域傳》說：「桓帝並祀佛、老，百姓稍有奉者，後遂轉盛。」兩晉南北朝時，北方後趙的石虎、石勒和後秦的姚興，南朝的宋明帝、齊明帝與梁武帝都以崇信佛法聞名。上有所好，下必甚焉，佛教因而大盛，中國思想主流的面貌也為之改變。佛教宗派的起伏盛衰，也常常基於帝王的好惡（圖26）。[156] 唐代又因皇室攀附道教李耳為李氏之祖，大力提高道教的地位。唐高宗以

治罪的規定，不俱引。

155 漢代鼓吹孝道之由，可參顧頡剛，《顧頡剛讀書筆記》（臺北：聯經出版公司，1990），卷9下，頁 7451-7455；渡邊信一郎，〈孝經の國家論—孝經と漢王朝〉，收入《中國貴族制社會の研究》（京都：京都大學人文科學研究所，1987）。

156 參湯用彤，《隋唐佛教史稿》（臺北：木鐸出版社，1983），〈緒言〉。

圖 25　乾隆三希堂王羲之快雪時晴帖，臺北國立故宮博物院藏。

前，道教在三教論講論席次的安排上始終居於儒、釋兩家之前。武后因曾
借助佛教《大雲經》稱帝，所謂「釋教開革命之階」，[157] 遂又升佛教於道
教之上。[158] 可是不論佛、道如何浮沉，秦漢以後的儒教思想一直到清朝，
大體上都是帝王支持的主流，因為又有那一家思想更能如此教忠教孝呢？

　　就學術教育而論，自秦漢以後，皇帝成為學術和教育最主要的贊助和

157　《舊唐書・則天皇后本紀》。

158　關於唐代皇帝如何利用佛、道，可參雷聞，〈論唐代皇帝的圖像與祭祀〉，《唐研究》，9
　　（2003），頁 261-282。

仲裁者。漢自武帝尊儒術，立五經博士，設立太學以後，儒經的研究乃成為學術的正統。在利祿引誘之下，漢代經師各逞異說，別為家學門派。到了宣帝時，皇帝不得不出面做一次經說整理的工作，召集群儒議論五經異同於石渠閣，由宣帝親自「稱制臨決」，將認可的門派立於學官（圖 27）。[159] 石渠議經之舉無異使皇帝由儒學的贊助者一躍而成為儒學的仲裁者。東漢章帝又再來一次白虎觀議經。因章帝本人好《古文尚書》和《左氏傳》，下詔「令群儒選高才生受學《左氏》、《穀梁春秋》、《古文尚書》、《毛詩》，以扶微學，廣異義焉」。[160] 靈帝為平息經學門派之爭，進一步詔令蔡邕和李巡領銜在洛陽太學刊刻標準本的儒家經典於石碑之上（圖28.1-2）。[161] 兩漢皇帝裁奪經學之舉為唐太宗所師法。太宗貞觀七年（西元 633 年）因儒學多門，章句繁雜，命國子祭酒孔穎達與諸儒撰《五經正義》；高宗永徽四年（西元 653 年）更將《五經正義》頒於天下，「令依此考試」。[162] 這是科舉制度拘限學術思想的濫觴。唐代本崇道教，貢舉人須試老子《道德經》。武后稱帝以後，罷《老子》，改考武則天自撰的《臣軌》。[163]

圖 26　唐太宗三藏聖教序

圖 27　未央宮出土「石渠千秋」瓦當拓本

159 錢穆，《兩漢經學今古文平議》（臺北：三民書局，1971），頁 195。

160 《後漢書·章帝紀》。

161 原碑見臺北國立歷史博物館，《國立歷史博物館館藏漢代文物特展圖錄》（臺北：國立歷史博物館，1997），頁 48-49。

162 《舊唐書·高宗本紀上》。

163 《舊唐書·禮儀志四》。

圖 28.1-2　熹平石經拓本，臺北國立歷史博物館藏。

　　皇帝以「御製文書」牢籠天下，武則天並不是第一人，其例已見於王
莽。王莽還是安漢公時，殺了自己的兒子，發憤作書八篇，以戒子孫。結
果大司馬護軍建議將這八篇書班下郡國，「令學官以教授。」王莽要公卿討
論此事。公卿會議的結論是「令天下吏能誦公戒者，以著官簿，比《孝
經》。」[164] 所謂「以著官簿，比《孝經》」，是說天下官吏凡能誦讀王莽的
八篇書，像誦讀《孝經》一樣，列入考績，作為升黜的依據。類似的事在
近代的中國，不是仍然十分眼熟嗎？

　　王莽以後有南朝梁武帝譯《阿育王經》，注《大品般若經》，大同八年
「武帝撰《孔子正言章句》，詔下國學，宣制旨義」。[165] 據說武帝「在國子
學講經，為諸經義疏。大臣蟻附，從帝說」。[166] 梁簡文帝也「雅《尚書》
學，昇坐說經」。[167] 此風一開，後來又有玄宗以《御注老子》策問士子。[168]
玄宗甚至以己意改《尚書》「無偏無頗」為「無偏無陂」，並「宣示國

164　《漢書・王莽傳上》「以著官簿」，顏師古曰：「用之得選舉也。」

165　《梁書・武帝紀》。另可參顏尚文，〈梁武帝注解《大品般若經》與佛教國家的建立〉，《佛
　　學研究中心學報》，3（1998），頁99-128。

166　《陳書・袁憲傳》。

167　《陳書・文學傳》，張正見條。

168　《舊唐書・玄宗本紀》。

學」！[169] 唐玄宗似乎特別喜歡這一套。敦煌出土文書中有名有「新集《孝
經》十八章皇帝感」的一首詩：[170]

> 新合《孝經》皇帝感
>
> 聊談聖德奉賢良
>
> 開元天寶親自注
>
> 詞中句句有龍光……
>
> 先注《孝經》教天下
>
> 又注《老子》及《金剛》……

從這首詩可以知道玄宗用以「教天下」的，除了自注的《孝經》（圖29），
還有自注的《金剛經》！這部玄宗御注的《金剛經》現在在北京房山石經
中還可以完整看到。[171]

有以上諸多前例，後代帝王紛紛以此為能事。宋太宗刻《禮記・儒
行》，神宗以王安石著《三經新義》課試；元以朱熹《四書集注》取士；
明永樂修《四書大全》、《性理大全》；清世祖御製《宗經衍義》，聖祖撰《性
理精義》，皆以為課試的標準。[172] 這些書籍，名為崇聖，實則尊君。唐代
皇帝以「聖人」為號，蓋道統、政統在於一身，非聖人而何？清康熙皇帝
說：「朕為天生聖賢作君作師，萬世道統之傳，即以萬世治統之所繫也。」
（圖30）[173] 歷代帝王獎掖學術者在此，而文人士子為利祿所誘，靡然從風，
能超然獨行，為學術留一分獨立尊嚴者少之又少。

就文學而言，漢賦、唐詩和宋詞的發展雖有其內在的因緣，若非各代
帝王好尚，也無由達其極致。漢代文學以賦為主流，全盛於武、宣、元、

---

169 開元十四年，玄宗以《洪範》「無偏無頗」聲不協，詔改為「無偏無陂」。見《新唐書・藝文
   志》「今文《尚書》十三卷」條。參顧頡剛，《顧頡剛讀書筆記》，卷8下，頁6247。

170 劉復，《敦煌掇瑣》（臺北：中央研究院歷史語言研究所專刊，1991重印），卷39，頁187。

171 趙超，《中國古代石刻概論（增訂本）》（北京：中華書局，2019），頁431。玄宗御注本
   原文電子檔可參中華電子佛典協會《漢文大藏經》房山石經第三冊 http://tripitaka.cbeta.org/
   F03n0100_001（2019.10.19上網）。

172 鄧嗣禹，《中國考試制度史》（臺北：學生書局，1967），頁338。

173 《十二朝東華錄》卷五，康熙十六年〈上親製日講義序〉。

圖29　唐天寶四載（745）玄宗親書其批注之《孝經》並刻
石，2011.9.4作者攝於西安碑林 石台孝經局部。

圖30　《大義覺迷錄》印本，臺北國立故宮博物院藏。

成之時。武帝好賦，也作賦，尤為
賦體文學大盛的關鍵。武帝為太子
時，聽說枚乘能賦，初即位，即以
安車蒲輪徵，枚乘竟老死途中。淮
南王劉安善屬文，能詞賦，與武帝
「宴見，談說得失及方技賦頌，昏莫
（暮）然後罷」。[174] 司馬相如透過狗
監，獻〈子虛賦〉，武帝獨而善之，
曰：「朕獨不得與此人同時哉！」[175]
立刻將司馬相如召入宮。一時辭賦

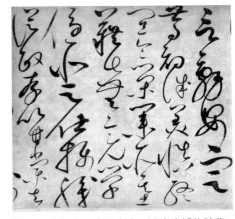

圖 31　宋徽宗草書千字文，遼寧省博物館藏。

之士如東方朔、枚皋、嚴助、吾丘壽王、主父偃等俱在武帝左右。難怪有
人要說漢賦乃宮庭文學。[176] 漢末，曹操、曹丕父子雅好詩文，文風為之一
變，因而有所謂「建安文學」的興起。鍾嶸《詩品》序說：

> 曹公父子篤好斯文，平原兄弟〔按：曹植封平原侯〕蔚為文棟，劉楨、王
> 粲為其羽翼。次有攀龍托鳳，自致於屬車者，蓋將百計。彬彬之盛，大備
> 於時矣。

建安才子於詩學有篳路藍縷之功。唐宋以後詩詞大興。唐代帝王好詩，玄
宗時科舉考試尚詩賦；詩於開元、天寶達於極盛，絕非偶然。詞的興起，
因素很多，不過五代十國之主頗多能詞之士，如後唐莊宗、蜀主王衍皆有
詞傳世，南唐後主更為大家。詞人騷客，麕集帝廷，如此帝王又領一代風
騷。及乎宋世，君臣鮮有不能詩詞者。宋真宗、仁宗、神宗俱曉聲律，徽
宗尤以詞名（圖 31）。士人奸佞以此干祿獻媚，詞之發達遂於有宋登峰造

174　《漢書‧淮南衡山濟北王傳》。

175　《史記‧司馬相如傳》。

176　劉大杰，《中國文學發達（展）史》（臺北，中華書局，1968），頁 116。徐復觀不贊成漢賦為
　　宮廷文學之說，但是又說：「今人（按：指劉大杰）有的視漢代文學為宮廷文學，也未嘗沒有
　　點道理。」見氏著〈西漢文學論略〉，收入《中國文學論集》（臺北：學生書局，1970），頁
　　369。

圖 32.1　北京清宮暢音閣戲台，2006　圖 32.2　暢音閣戲台旁戲曲人物壁畫局部，2006 年作者年作者攝。　　　　　　　　　　　　攝。

極。[177] 元、明文學以戲曲雜劇為代表，但是中國戲劇真正發展成為一種精緻的文化，卻有待滿清那班酷愛皮黃的皇族貴戚加以提倡（圖 32.1-4）。[178]

　　在思想、教育、學術、文學和社會的倫理道德上，高居社會金字塔頂端的皇帝都扮演了核心的角色。在經濟生活上，皇帝的核心角色是維繫受供養的統治階層與生產的被統治階層之間的關係。這也就是孟子所說的天下之通義──「治於人者食人，治人者食於人」。[179]

　　為了確保治人者受到供養，帝王對社會經濟生活大部分時候都積極干預。最具體的表現是自秦漢以後歷代所行的專賣制度和重農輕商的政策。在一個農業社會裡，農業生產一直被認為是生活資源真正的保證。為此，皇帝每年春天要行親耕籍田，皇后要行親蠶之禮。皇帝領著公卿大臣在田中表演幾下犁田，皇后則率公卿的夫人採桑養蠶，以勸天下農桑。唐代李白在他歌功頌德的〈明堂賦〉中曾讚嘆「帝躬乎天田，后親於郊桑，棄末反本，人和時康」。[180] 有水、旱、蟲災發生的時候，為民父母的天子要開

177　劉大杰，《中國文學發達史》，頁 567。

178　孟瑤，《中國戲曲史》第 3 冊（臺北：文星書店，1965），頁 535-537。

179　《孟子‧滕文公上》。

180　《李太白文集》（臺北：學生書局，1967），卷 24。

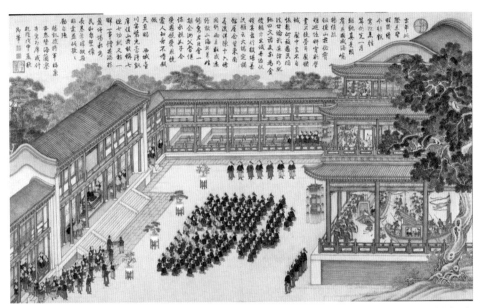

圖 32.3　乾隆御題「平定臺灣圖」十二幅之「賜宴諸將凱旋圖」有於暢音閣演戲的場面，採自網路。

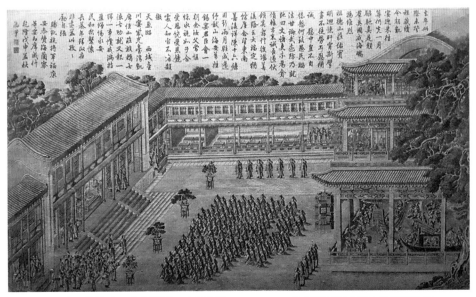

圖 32.4　同上　乾隆「平定臺灣圖」之銅版畫，2017.11.18 作者攝於臺北國立故宮博物院。

倉賑災，要舉行各種宗教儀式祈雨或止水，要減膳，甚至更戲劇化的像唐太宗要吞下幾隻蝗蟲，然後說：米穀是老百姓的命啊！你們蝗蟲要盜食米穀，就來吃我的腸肺好了。[181] 因為他深深知道如果老百姓沒了命，皇帝的命也保不住。

在講求德治的傳統政治裡，皇帝不被鼓勵好武。當皇帝還沒出現以前，春秋戰國時代的百姓已經有太多戰爭痛苦的經驗。向戍倡弭兵，墨子主非攻，孟子要大罵「善戰者，服上刑」，認為唯有不嗜殺人者能一統天下。結果統一天下的卻是以力服人的秦始皇。賈誼評論秦代速亡的一個原因是，取天下之道與守天下之道無異。[182] 漢初陸賈也以「居馬上得之，寧可以馬上治之乎？」[183] 勸漢高祖去弓馬，就詩書。從此以後四百年的漢代皇帝，除創業的光武帝，幾無一人親率兵馬，衝鋒陷陣，連好大喜功的漢武帝也要隱諱自己曾親征而敗於馬邑一事。[184]

在皇帝的教育裡，皇帝被教以不妄動干戈。有一次漢光武帝的太子問攻戰之事，光武帝引用衛靈公問陣，孔子不對的故事，訓誡太子這不是他該學的事。[185] 天子本人不可妄動干戈，但不可不知兵。臣子更要允文允武，擁有為天子服務的一切本事。唐太宗寫過一本書叫《帝範》，其〈閱武〉篇講的就是帝王該知道的用兵道理。有趣的是，這篇的第一句話強調「夫兵甲者，國之凶器也。土地雖廣，好戰則民彫，邦國雖安，亟戰則民殆，非保全之術」。[186] 太宗說的「保全」固然是保百姓，也是為了保帝位。《帝範》的最後一句話則說：「失易得難者，天之位也，可不惜哉！可不慎

---

181 《資治通鑑》，卷 192，貞觀二年條。

182 《史記·秦始皇本紀》，太史公曰。

183 《史記·酈生陸賈傳》。

184 《史記》和《漢書》完全不提武帝親征馬邑一事，但見於《新序》。相關考論參邢義田，〈漢武帝在馬邑之役中的角色〉，《中央研究院歷史語言研究所集刊》，63：1（1992），頁 1-31；修訂本見邢義田，《天下一家》，頁 136-159。

185 《後漢書·光武帝紀》。

186 唐太宗，《帝範》（臺北：藝文印書館，《粵雅堂叢書》三編，第 26 集）；又見《貞觀政要》（上海：上海古籍出版社，1991），卷 9 引《帝範》，頁 265。

哉！」[187]「可不惜哉」一語不禁使人想到劉邦以牛馬田產喻天下，完全顯露了幾千年來，帝王最關心的事畢竟是得來不易的這份家產，而敗亡家產最快的一條路就是大動干戈，窮兵黷武。

七 皇帝制度的結束及餘波

　　從「天下為公」或「天下為家」的角度看，中國歷史可劃分為三大階段。第一階段是三代以前，據孔子說那是一個天下為公的大同世界。這個世界是否確如其言，「選賢與能，講信修睦」、「人不獨親其親，不獨子其子」，我們不甚了了。但是在上古原始的社會裡，生存不易，眾人合作勝於單打獨鬥，曾有某種程度的共有土地，共耕、共養、共治，大概也不全是後人向壁虛構。[188]

　　第二階段自夏、商、周三代以迄清末，是「家天下」的時代。就「私」義言，秦漢以後的皇帝制度是三代以來以天命觀為基礎君王制的延續，只是規模更擴大，制度更周延。大體而言，皇帝制度經過兩千年的發展，已經成為一個與整個中國社會環環相扣的制度。這個制度固然並非建築在「公」的基礎上，卻也不能否認，以皇帝為核心的中國社會有廣設的學校和相當客觀的考試制度，一般的百姓在理論上有可能受教育，憑藉才智從「被統治者」變成「治人者」，也就是成為協助皇帝理天下的官僚，和皇帝分享權力和富貴。事實上，在近代以前，相對於其它主要的文明或國家，中國大概是世界上一個少有的，階級色彩較淡，最為開放流動的社會。「公」與「私」巧妙的配合，是中國皇帝制度延續兩千年的重要關鍵。

　　可是當「公」的成分愈演愈輕，「私」的成分愈來愈重的時候，皇帝

---

187 同上。

188 參見杜正勝，〈篳路藍縷──從村落到國家〉，《中國文化新論──根源篇──永恆的巨流》（臺北：聯經出版公司，1981），頁 58-63。

制度變得令人無法忍受。清初，黃宗羲在《明夷待訪錄》中曾對帝王之「私」發出最沉痛的斥責：[189]

> 古者以天下為主，君為客，凡君之所畢世而經營者，為天下也。今也以君為主，天下為客……屠毒天下之肝腦，離散天下之子女，以博我一人之產業……敲剝天下之骨髓……以奉我一人之淫樂……為天下之大害者，君而已矣。（〈原君〉）

第三階段是民國以後，理論上又進入天下為公的時代。1911 年，皇帝制度在近代西方民主浪潮的衝擊下，不得不隨民國建立而結束。從帝制中國到民主中國，不可不說是中國政治史上的又一大變局。變局的導火線是武昌新軍的革命行動，可是近代式革命行動導致的政權轉移，在政權轉移的語言裡，卻浸泡著濃濃的傳統思想。民國元年 2 月 12 日，宣統帝奉隆裕皇太后懿旨下詔退位（圖 33）。詔書是藉用「天命」和「天下為公」為退位找到下台階：

> 今全國人民心理多傾向共和……人心所嚮，天命可知，予亦何忍因一姓之尊榮，拂兆民之好惡。是用外觀之大勢，內審輿情，特率皇帝將統治權公諸全國，定為共和立憲國體，近慰海內厭亂望治之心，遠協古聖天下為公之義。[190]

詔書中既用了「天命」、「天下為公」等舊詞彙，也用了「共和」、「立憲」、「統治權」等新名詞，新舊雜陳，但這並不意味當時的中國人已真正認識什麼是將「統治權公諸全國」。清帝退位和民國的建立，也並不等於四萬萬五千萬人真的於一夜之間成為民國的主人，更不代表民國之人已能了解孫中山先生大聲主張的民權和天下為公。

　　「天下為家」的陰影仍然籠罩著這亞洲第一個民主共和國。民國之初，先有袁世凱洪憲帝制，後有張勳陰謀復辟。1917 年 5 月 1 日，陳獨秀

---

189 和黃宗羲類似的斥責已見於《後漢書‧逸民傳》，漢陰父老條：「請問天下亂而立天子邪？理而立天子邪？立天子以父天下邪？役天下以奉天子邪？習聖王宰世，茅茨采椽，而萬人以寧；今人之君，勞人自縱，逸遊無忌，吾為子羞之……。」

190 軍機處現月檔，轉引自李守孔，《中國近代史》（臺北：三民書局，1964），頁 754。

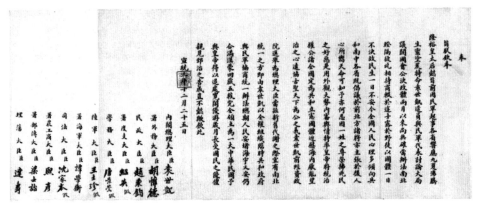

圖 33　宣統退位詔書，中國國家博物館藏。

在一篇〈舊思想與國體問題〉的講演稿裡發出這樣的感嘆：[191]

> 只因為此時，我們中國多數國民口裡雖然是不反對共和，腦子裡實在裝滿
> 了帝制時代的舊思想……袁世凱要做皇帝，也不是妄想。他實在見得多數
> 民意相信帝制，不相信共和。就是反對帝制的人，大半是反對袁世凱做皇
> 帝，不是真心從根本上反對帝制。

他的話一針見血。袁、張以後，帝王思想和「在余一人」的觀念仍然在許
多人的心裡作祟。近一百多年來，民主政治在中國舉步為艱，不能不從兩
千餘年帝制的陰影中尋求解答。

原刊《中國文化新論——制度篇》，原名〈奉天承運——皇帝制度〉（臺北：
聯經出版公司，1982）；修訂本刊《秦漢史論稿》（臺北：東大圖書公司，
1987），頁 43-84。

96.4.14 再訂，106.11.18 三訂

---

191 陳獨秀，《獨秀文存》（合肥：安徽人民出版社，1987），頁 102-103。

秦漢皇帝與「聖人」

　　先秦諸子好言聖人，一己有說多假聖人或古聖王之名而後發之。儒、墨諸子固不待言，即如法家言霸王，老氏尚無為，也都要說「聖人之治」如何如何。[1] 聖字原義為通，有通明睿知之意。[2] 到了戰國，諸子假言聖人，抬高其地位，對聖、聖人或聖王的描述各有所執，其意義為之趨於神聖和分歧。[3]

1　參《商君書》〈算地〉、〈開塞〉、〈壹言〉、〈靳令〉等篇；《韓非子》〈揚權〉、〈姦劫弒臣〉、〈外儲說右下〉、〈守道〉、〈說疑〉、〈詭使〉、〈六反〉、〈五蠹〉等篇以及《老子》各章。老子稱聖人參徐復觀，〈有關老子其人其書的再檢討〉，《中國思想史論集續篇》（臺北：時報出版公司，1982），附老子用「聖人」一覽表，頁 306-308。

2　《尚書·洪範》《孔氏傳》：「於是無不通謂之聖。」《說文》：「聖，通也。」《詩經·凱風》：「母氏聖善」，《毛傳》：「聖，叡也」；《鄭箋》：「叡作聖……母乃有睿知之善德。」《毛傳》及《鄭箋》皆根據〈洪範〉：「睿作聖」一句而來。另參顧頡剛，〈聖、賢觀念和字義的演變〉，《中國哲學》第一輯（1979），頁 80-96；蕭璠，〈皇帝的聖人化及其意義試論〉，《中央研究院歷史語言研究所集刊》，62：1（1993），頁 14-24。

3　《詩經》中的「聖」或「聖人」原沒有什麼神聖的意思。例如《小雅·正月》：「具曰予聖」，《毛傳》：「君臣俱自謂聖也。」《十月之交》：「皇父孔聖」，《毛傳》：「皇父甚自謂聖」；《鄭箋》：「專權足己，自比聖人。」《小宛》：「人之齊聖，飲酒溫克」，《鄭箋》云：「中正通知之人，飲酒雖醉，猶能溫藉，自持以勝。」《小旻》：「或聖或否」，《毛傳》：「人有通聖者，有不能者」。依據這些《傳》《箋》，君臣俱可曰聖，聖人不過是「中正通知之人」。到了戰國，聖字神聖化。孟子說：「充實而有光輝之謂大，大而化之之謂聖，聖而不可知之之謂神。」（《孟子·盡心下》）荀子說：「天者，高之極也；地者，下之極也；無窮者，廣之極也；聖人者，道之極也。」（《荀子·禮論》）聖人與天地相比，代表道之極至。〈儒效〉篇又說：「聖人也者，道之管也。」楊惊曰：「管，樞要也。」是則聖人又執道之樞要。《韓非子·揚權》篇說：「若地若天，孰疏孰親，能象天地，是謂聖人。」諸子連繫聖人與道、天、地，使聖之古義大為擴大延伸。從此，聖人乃能明乎道，通乎天地，不僅是一般的睿知通明

不過，各家幾乎不約而同，將理想中的君王稱之為
聖人或聖王。聖人或聖王在先秦成為政治上一個重要的
共同符號以後，不但諸子百家，爭霸的君王亦思假藉。
《商君書・弱民》說：「今當世之用事者，皆欲為上聖」，
《荀子・王霸》說：「夫貴為天子，富有天下，名為聖
王，兼制人，人莫得而制也，是人情之所同欲也」，即可
見其一斑（圖1）。

圖1　馬王堆《戰
國縱橫家書》223
「聖王」二字

一　秦始皇與「聖人」

秦始皇十分注意如何利用政治符號。他統一天下以後，即刻下詔，議
立新名號。經過再三斟酌，創號「皇帝」。他對名號的重視，於此可見。
「聖人」或「聖王」這個符號，他自然不會放過。早在稱帝前六年，亦即
秦王政二十年，秦的南郡郡守在一篇題為〈語書〉，下達縣、道的文告裡，
已經藉聖王之名，教訓莫用法令的人。文告說：

> 古者，民各有鄉俗，其所利及好惡不同，或不便於民，害於邦。是以聖王
> 作為法度，以矯端民心，去其邪避（僻），除其惡俗……今法律令已具矣，
> 而吏民莫用，鄉俗淫失（佚）之民不止，是即法（廢）主之明法殹（也）……[4]

從文告的日期以及以「端」代「正」，避秦王名諱，可以確知文告所說「今
法律令已具」以及「主之明法」都指秦王政的法律。南郡郡守將秦王政的
法律與古聖王法度相比，呼籲吏民遵守，似非出於偶然或隨意，而是刻意
假藉古聖王之名，加強今主法令的權威性。〈語書〉告誡地方官吏應如何
奉法以成「良吏」，不奉法遵上令的「惡吏」又將如何受罰。這樣的文告，

了。對這一變化，朱駿聲曾有精要的觀察：「春秋以前所謂聖人者，通人也」；「戰國以後所
謂聖人，則尊崇之虛名也。」見：朱駿聲，《說文通訓定聲》，收入丁福保，《說文解字詁林》
正補合編（臺北：鼎文書局，1983）第九冊，頁1087。

4　睡虎地秦墓竹簡整理小組，《睡虎地秦墓竹簡》（北京：文物出版社，1978），頁15。

應是根據秦王對被征服地區推行秦法的一般政策而來，而非出於郡守個人的主張，或針對特定的地方事務。

　　如此，〈語書〉藉用聖王法度比擬今法，很可能也是政策性的措詞。秦王政和六國君王一樣，追求所謂的霸王之業。他追求霸業的手段，絕不是儒家口中聖人所行的「王道」。〈語書〉所說聖王法度指法律令，要求吏民遵守的也是法律，可見所謂「聖王」實際上較接近法家所說「審於法禁」，「必於賞罰」的霸王。[5]然而，文告不稱霸王，必稱聖王，殊堪玩味。

　　自齊桓、晉文以來，即有所謂春秋五伯（霸）。戰國諸子講霸王之術的很多（圖 2），越王句踐曾號稱霸王（《史記·越王句踐世家》）；周太史儋見秦獻公，言周秦之分合，預示秦有霸王出焉（《史記·周本紀》）。一般認為此霸王者，即始皇。項羽後來甚至自稱西楚霸王。霸王對很多人而言，並非不是美號，而秦王不用。[6]孝公下詔變法，衛鞅曾說之以帝道和王道，孝公不聽；又說之以霸道，大悅。所謂霸道即富國強兵之道，《管子·兵法》說：「謀得兵勝者

圖 2　馬王堆帛書《戰國縱橫家書》131「王舉霸王之業」

5　王先慎，《韓非子集解·六反》（臺北：世界書局，1967）：「聖人之治也，審於法禁，法禁明著則官法；必於賞罰，賞罰不阿則民用。官官治，則國富，國富則兵強，而霸王之業成矣。」《商君書·畫策》謂：「聖王者不貴義而貴法，法必明，令必行，則已矣。」

6　北京大學藏簡《趙正書》提到始皇臨終曾召見李斯曰：「吾霸王之壽足矣」云云，似始皇以霸王自命。唯此書性質頗似戰國時流行的「語」類書，輯錄故事以供辯說，不求實錄，或類《漢書·藝文志》所謂小說家言，可靠性不比《史記》強。整理《趙正書》的趙化成先生指出「不能根據《趙正書》而輕易否定《史記》的相關記載」。參〈《趙正書》與《史記》相關記載異同之比較〉，《北京大學藏西漢竹簡（參）》（上海：古籍出版社，2015），頁 298。又可參《北京大學藏西漢竹簡（參）》說明，頁 187。據研究，《趙正書》成書於西漢早期，抄於武帝時期。此書通篇稱趙正為秦王，不稱始皇帝或始皇，可見其卑秦立場之一斑。書中不名其為聖主或聖王，而言其為下聖王一等的霸王，或亦與其立場有關。換一個角度看，《趙正書》所記即便屬實，始皇臨終對李斯自稱霸王應是私下的言語，反映始皇真正的自我定位，與公開宣傳和標榜的聖王不同。這種可能性似乎也不能排除。

「霸」。這是孝公以後秦一向的傳統，秦王政一統天下以後，偏偏不公開稱「霸」或「霸王」，這足以透露他對自己以什麼面目為天下之主，另有主張。

他的面目就是聖王。皇帝一號是用來形容這位前所未有的新聖王。從秦始皇東巡在各地留下的刻石，最能看出他如何宣揚自己是聖王。之罘刻石說：「大聖作治，建立法度」。這與前引〈語書〉「聖王作為法度」可謂一貫，只是將聖王改為大聖。同一刻石又說：「宇縣之中，承順聖意」；其東觀刻石曰：「聖法初興……後嗣循業，長承聖治」。所謂「大聖」即指始皇，「聖意」指其旨意，「聖法」乃其法度，「聖治」為其統治。始皇稱聖，還見於泰山刻石：「皇帝臨位，作制明法……遠近畢理，咸承聖志」，琅邪刻石：「皇帝作始，端平法度……聖智仁義，顯白道理」，會稽刻石：「秦聖臨國，始定刑名」，「聖德廣密，六合之中，被澤無疆」（俱見《史記》〈秦始皇本紀〉）。這些刻石非始皇親撰，乃誦功德的群臣所立。[7] 可是從現在可考的始皇刻石看，這位以武力得天下的霸主明顯避用「伯」或「霸」字，處處稱聖、稱皇帝，製造皇帝即聖人或聖王的印象，其用心可以說十分清楚。

換言之，刻辭的內容和措辭必曾得到始皇的同意。群臣稱他為大聖，他顯然也以大聖自居。大聖的依據在於功德。隨始皇巡行，議於海上的群臣曾比較他和三王五帝的功德，認為他有過之而無不及。琅邪刻石說他有功蓋五帝的「功」和存定四極的「德」。群臣的議論或因真心，或出阿諛，而始皇本人似乎也是如此自信。他下令議帝號的詔書說：「今名號不更，無以稱成功，傳後世」（〈秦始皇本紀〉），即充分流露出他的得意和自信。助始皇求仙的盧生曾說：「始皇為人天性剛戾自用，起諸侯並天下，意得欲從，以為自古莫及己。」（〈秦始皇本紀〉）這是接近始皇的人對始皇個性的觀察。在漢朝人的印象裡，秦始皇也是十分自負。文帝時，賈山說：「秦皇帝東巡狩，至會稽、琅邪，刻石著其功，自以為過堯、舜統。」（《漢書·賈山傳》）司馬遷也說：「始皇自以為功過五帝，地廣三王，而羞與之侔。」

7　顧頡剛據李斯獄中書以為係李斯手筆。參《顧頡剛讀書筆記》（臺北：聯經出版公司，1990）卷 7 上，頁 5175。

（〈秦始皇本紀〉太史公曰）《漢書·五行志》說始皇「自賢聖」，《論衡·感類》說：「始皇無道，自同前聖」，漢末蔡邕在《獨斷》裡說始皇創號皇帝，是因「自以德兼三皇，功包五帝」。這些記載一致認為始皇是「自以為」有大功德的聖人。這多少也意味著記載此事的作者們並不承認始皇真是聖人，始皇自以為是而已。

秦始皇自以為德兼三皇，功過五帝，敢與古聖王比高低，一方面顯現出他的個性，另一方面似乎是受到法家思想鼓舞的結果。法家有古今異俗，新故異備的進步觀念。他們不同於儒者，不主張法先王，以為世異則事異。這也就意味今不必不如古，今聖可以超越古聖。

可是儒門於「聖」，陳義極高。孔子以為「聖」甚至超過「仁」，連堯、舜都不一定能具備聖人的某些條件。《論語·雍也》篇說：「子貢曰：『如有博施於民，而能濟眾，何如？可謂仁乎？』子曰：『何事於仁，必也聖乎！堯、舜其猶病諸……』」孔子不敢以仁、聖自命，而且說「聖人吾不得而見之矣」（〈述而〉）。孔子的弟子顯然不同意師說。子貢認為孔子就是天縱的聖人（〈子罕〉）。宰我認為孔子「賢於堯、舜遠矣」（《孟子·公孫丑上》）。孟子同意子貢，也以為孔子乃出類拔萃，生民以來所未曾有之聖人（同上）。孟子推崇孔子至超邁古聖，生民以來未有的極高地位以後，儒門弟子如孟子之流雖立志學孔子，認為人人得為堯舜（《孟子·告子下》），他們頂多得聖人之一體或具體而微（《孟子·公孫丑上》），不可能如孔子集聖人之大成。孟子即曾感嘆自孔子以降百多年，竟不再有繼起的聖人（〈盡心下〉）。此後，儒生努力學做聖人，能得其一體即喜不自勝，若說超越古聖，則非敢妄想。

這種對古聖的謙卑態度和法家相去甚遠。韓非在〈五蠹〉篇裡說：「今有美堯、舜、湯、武、禹之道於當今之世者，必為新聖笑矣。」新聖二字十分要緊。這意味在古聖之後可有新聖，而新聖不必法古聖。韓非緊接著說：「是以聖人不期脩古，不法常可，論世之事，因為之備。」在同一篇裡，他又明白地說不期脩古的新聖人如果採取「無書簡之文，以法為教；無先王之語，以吏為師」的新法度，則必可「超五帝，侔三王」！後來始

皇在韓非同學李斯的襄助之下，的確將韓非的一套付諸實行。行新法的新
聖人，從法家的角度看，確乎超越古先聖王，當大聖而無愧。

聖人或聖王意義尊貴，是久為人知的舊符號，其權威性已無待證明。
秦始皇不斷東巡，一方面因為求仙，另一方面無疑是為了震懾新附未服的
東方。對東方百姓而言，他們熟悉的統治符號是「王」，六國君主皆稱王。
傳說中雖有三皇五帝，戰國時也有齊、秦稱過「帝」，唯為時太短。「皇帝」
二字連稱，對六國人而言，是新符號，其權威與意義尚不及聖人或聖王之
深入人心。這或許是秦始皇巡行東方，為什麼在刻石裡除了稱皇帝，還要
處處稱聖或稱大聖的道理。

此外，自戰國以來，諸子大力宣傳尚賢和唯聖王可以王天下，也應曾
影響到秦始皇如何選用名號。《墨子‧公孟》說：「昔者聖王之列也，上聖
立為天子，其次立為卿大夫……」，上海博物館藏楚簡〈容成氏〉歷述虞
夏商周以來的古帝王，中心思想在於鼓吹授賢不授子和禪讓之道，[8]《鶡冠
子‧泰錄》也主張：「上賢為天子，次賢為三公。」這裡雖說賢，實質上就
是聖。秦始皇宣傳的「聖」和諸子或齊、魯儒生所說的「聖」，儘管涵義
不完全一致，但是一般小民有多少能領會其中的差異呢？

在政治宣傳裡，符號表面的重要性往往更甚於實質。秦始皇對此或頗
有領會。據東漢末王朗《家傳》的記載：「會稽舊祀秦始皇，刻木為像，
與夏禹同廟。朗到官，以為無德之君，不應見祀，於是除之。」（《三國志‧
王朗傳》裴注引朗《家傳》）王朗於獻帝時任會稽太守。會稽有夏禹廟，不知
始於何時。據說夏禹東巡，至會稽而崩（《史記‧夏本紀》）。《漢書‧地理志》
會稽郡山陰條謂：「會稽山在南，上有禹冢。」《續漢書‧郡國志》同條謂：
「會稽山在南，上有禹冢、禹井。」兩書但說冢、井，不及廟。東漢時，會
稽郡治由吳移往山陰。王朗《家傳》所說會稽禹廟當是郡治所在的山陰禹
廟，孔靈之《會稽志》提到：「會稽山在縣東南……今禹廟在下，秦始皇

8　姜廣輝，〈上博藏簡〈容成氏〉的思想史意義——上海博物館藏戰國楚竹書（二）〈容成氏〉
　　初讀印象札記〉，簡帛研究網站 http://www.jianbo.org/Wssf/2003/jiangguanghui01.htm, 2003.1.9。

嘗配食此廟。」（《太平御覽》卷41，會稽山條引）即可證。再往前溯，始皇三十七年，「上會稽，祭大禹」（〈秦始皇本紀〉）。上會稽是上會稽山，祭大禹當是祭於山上的禹冢，而非山下的禹廟。這時或還沒有禹廟。司馬遷曾上會稽，探禹穴，也沒提到廟。

不論如何，始皇上會稽，祭大禹，並刻石於會稽，這些行動建立起他和夏禹以及會稽地方的關係。始皇離會稽，在歸途中病死。或許因此，可能也正如顧頡剛先生所說「會稽人民擁護秦始皇」，[9] 就將始皇與夏禹合併祭祀了。夏禹治水，功在萬民，是老牌聖人；秦始皇是會稽刻石裡說的「平一宇內，德惠脩長」的新聖人。地方百姓並不一定能分清古今兩「聖」差別何在，只因二人皆如此顯赫，都曾來到會稽，死後遂同受祀奉，甚至在漢世某時有了廟。

秦始皇此後終漢世與夏禹同廟，不能不令人驚異宣傳對地方官民的作用。始皇之世有一位任職南郡安陸，官不過治獄的秦吏喜死後，在墓中留下一份將自己從軍、任官、生子等私人經歷與國家對外攻戰，君王繼立等軍國大事交織而成的大事編年。編年中最後一件記事赫然是：「廿八，今過安陸」。[10] 「廿八」是始皇廿八年，今即今上。始皇二十八年東巡泰山，回程南下渡淮水，自南郡由武關歸咸陽。他顯然是在由南郡往武關的途中，經過安陸。咸陽的皇帝何其遙遠；遙遠的皇帝，竟然來到安陸，這是何等大事？這位秦吏的編年紀終於始皇三十年，但最後一件記事卻是廿八年的「今過安陸」。由此不難想像今過安陸一事留給他如何深刻的印象。秦始皇頻頻巡行天下，宣揚聖王功德，「聖人」的形象不知在多少官民心中就這樣建立起來了。[11]

秦始皇塑造自己的聖人形象，不單是依賴一個空洞的「大聖」符號，

9　顧頡剛，《顧頡剛讀書筆記》卷5上，頁3846。

10　前引《睡虎地秦墓竹簡》，頁7。

11　不僅在東方，在關中秦始皇似乎也一直以「聖人」的形象被百姓記憶著。《慶陽府志》謂：「秦直道俗名聖人條。秦以天子為聖，故名。」又陝西甘泉縣洛河上有「聖馬橋」，蓋始皇車馬所經。轉見王開，〈秦直道新探〉，《西北史地》，2（1987），頁11-21。

他還推五德終始，上泰山行封禪，證明自己是奉天承運的天子。不過，最具體的還是他在刻石裡所頌揚的種種功德。他「禽滅六國」，「振救黔首」，「建定法度，顯箸綱紀」，使「男樂其疇，女修其業」，「上農除末，黔首是富」。又「尊隆教誨」，「大治濯俗」，「防隔內外，禁止淫泆」，使「貴賤分明，男女禮順」（以上見〈秦始皇本紀〉所錄刻石文）。從這些內容看來，秦始皇打算塑造的形象，顯然不限於法家定義下的聖人，而是連強調富之教之和齊一風俗的儒家應該都可以接受的一位聖人。顧炎武說：「然則秦之任刑雖過，而其坊民正俗之意固未始異於三王也。」[12]

秦始皇的形象奈何與事實不合，他的「聖人」資格在漢代官方及儒生眼中一筆勾銷。陸賈為高祖論秦之所以亡，斥始皇「舉措暴眾」，「用刑太極」（《新語·無為》）；賈誼責秦「廢先王之道」，「先詐力而後仁義，以暴虐為天下始」（〈秦始皇本紀〉太史公曰引）。王朗斥始皇為「無德之君」。無德自然不合儒家的聖人標準。不合標準的自然被逐出禹廟。問題是逐出禹廟一事為什麼要到東漢末才發生？是過去的會稽太守不曾注意？還是漢人對秦始皇的評價並不一致？這個問題恐怕已不易圓滿回答。

首先，漢人雖然認定秦帝暴虐無道，但漢高祖本興滅繼絕之義，曾詔「與秦始皇守冢二十家，楚、魏、齊各十家，趙及魏公子亡忌各五家，令視其冢，復，亡與它事。」（《漢書·高帝紀下》）又秦二世迫於趙高，自殺而死。時人相信強死者化為厲鬼，能害人，秦二世或竟因此進入漢官方巫祠之列（《史記·封禪書》）。由此可見，漢代政府並不一定介意秦帝在地方受到奉祀。[13]「通經，拜郎中」出身的王朗將始皇逐出禹廟，很可能只是一介儒生的個人行動。漢人對秦始皇的態度或評價問題，在《史記》和《漢

12　顧炎武，《日知錄》卷17「秦紀會稽山刻石」條。

13　《太平御覽》（臺北：商務印書館，影印文淵閣四庫全書本）卷556引《九州志》曰：「度之鹽官有奉禪山者，始皇過此而美之，死因葬焉。有廟在平地，于今民祠之。」《九州志》不知作於何時，當在漢代以後。始皇返葬咸陽，其陵考古已得。《九州志》云始皇死，葬於奉禪山，顯然不確。但它說「有廟在平地，于今民祠之」應有所本。此始皇受民奉祀之又一證。

書》中還有幾段材料值得稍作討論。

第一例是賈誼對始皇和二世的評論。在賈誼看來，秦始皇與二世固然皆行暴虐，罪無可恕，相比之下，始皇仍稍勝一籌。因為始皇有一統天下的功勞，二世則毫無功德可言。〈秦始皇本紀〉太史公引賈生曰：

> 秦并海內，兼諸侯，南面稱帝。以養四海，天下之士斐然鄉風，若是者何也？曰：近古之無王者久矣。周室卑微，五霸既歿，令不行於天下，是以諸侯力政，彊侵弱，眾暴寡，兵革不休，士民罷敝。今秦南面而王天下，是上有天子也。

秦始皇結束兵革不休，久無王者的局面，這件功勞不但得到賈誼和司馬遷的肯定，也使他在《漢書‧古今人表》得到不同於桀、紂和秦二世的待遇。〈古今人表〉列夏桀、秦二世於下中，商紂於下下，秦始皇卻能和在《史記》中列入〈本紀〉的項羽，入〈世家〉的陳勝、吳廣並列於中下。其中關鍵在於始皇終究是結束分崩危亂的一統之君，不同於因無道而亡國的桀、紂與二世。能一統天下，必有天命。漢人相信聖人受命。今本《史記‧秦始皇本紀》卷尾附有一段以「孝明皇帝十七年十月十五日乙丑」開頭的話，其中提到：

> 周曆已移，仁不代母。秦直其位，呂政殘虐。然以諸侯十三〔瀧川資言《考證》：「十三下疑有奪文。」〕并兼天下，極情縱欲，養育宗親。三十七年，兵無所不加，制作政令，施於後王。蓋得聖人之威，河神授圖〔《正義》：「蓋者，疑辭也，言始皇之威，能吞併天下稱帝，疑得聖人之威靈，河神之圖錄。」〕，據狼、狐，蹈參、伐，佐政驅除〔《正義》：「狼、狐主弓矢星，〈天官書〉云參、伐主斬艾事，言秦據蹈狼、狐、參、伐之氣，驅滅天下」；《考證》：「中井積德曰：『狼參蓋以分野星次而言』。」〕距之稱始皇〔《正義》：「距之，上音巨，至也」；《考證》：「之猶於也」〕。

這些話據《正義》、《索隱》和梁玉繩的考證，應是後人將班固答孝明帝之問的別本附記於此，原出自班固手筆應屬可信。果如此，班固顯然承認始皇上應星宿，有圖有命，以聖人之威，并兼天下。所謂聖人之「威」，《正義》釋為「威靈」。從上下文「兵無所不加」，「據狼、狐，蹈參、伐，

佐政驅除」考之，此「威靈」應指武威或兵威。始皇和臣子率以武威自豪，[14] 班固《西都賦》也有「耀威靈而講武事」之句。班固說始皇得聖人之「威」，而非聖人之「德」。依儒家之見，禹、湯、文、武等古聖王取天下，在於功德，不在「兵無所不加」的威勢。武帝時，吾丘壽王謂：「昔秦之得天下也，以力而不以德。」（《藝文類聚》卷五十九）董仲舒在《春秋繁露‧為人者天》中也說：「聖人之道不能獨以威勢，成政必有教化。」因此，秦始皇縱有天命，以威勢取天下，若無德澤、教化以安養百姓，終不被承認是真正的聖人。

■二 漢代皇帝與「聖人」

秦漢以降，皇帝的地位無疑趨向神聖化。[15] 值得注意的是漢代天子幾乎沒有自稱大聖或敢以聖王自居的。漢代天子仰慕古聖，也不無追求，但在自命為聖人一事上，表現得遠較始皇謹慎和克制。通檢漢代詔令或其他御製文書，不難發現漢代天子使用「聖」字頗為小心。皇帝通常自稱「朕」，偶爾稱「我」、「國家」或「寡人」，不見自稱聖人、聖王或聖主的例子。哀帝曾聽信夏賀良之言，改元並建號曰「陳聖劉太平皇帝」，稱號中有一聖字大概是唯一的例外。不過，他很快就將這一「背經誼，違聖制（按：聖制承前經義而說，指古聖王之制）」（《漢書》〈哀帝紀〉、〈李尋傳〉）的稱號廢去。此外，和帝曾在章和二年四月戊寅詔中「申敕刺史、二千石，奉順聖旨，勉弘德化」（《後漢書‧和帝紀》）。其時和帝甫即位，僅十歲，竇太后臨朝。此詔旨在申明先帝「遺戒郡國罷鹽鐵之禁，縱民鑄煮，入稅縣官。」所謂「奉順聖旨」，非奉當今皇上之旨，而指奉先帝之旨。

14　東觀刻石：「武威旁暢，振動四極。」碣石刻石：「武殄暴逆，文復無罪……皇帝奮威，德并諸侯。」三十四年，僕射周青臣進頌曰：「自上古不及陛下威德」，此威德亦意指武威也。

15　蕭璠，〈皇帝的聖人化及其意義試論〉，《中央研究院歷史語言研究所集刊》，62：1（1993），頁 14-24。

漢帝在位時所下之詔，不稱「聖旨」，臣下以「聖旨」或「聖指」稱皇帝意旨的例子已經出現，但極少。這和後代情況不同。[16] 漢代詔令中「聖」字通常多用於兩種情況。一是與先帝有關者，如稱歷代祖先為「聖祖」（《後漢書·明帝紀》永平二年春正月辛未詔），先帝之德為「聖德」（《後漢書》〈明帝紀〉永平十七年五月戊子詔、〈順帝紀〉永建元年正月甲寅詔），先帝之恩為「聖恩」（〈明帝紀〉，中元二年夏四月丙辰詔），先帝傳下的大業為「聖緒」（《漢書》〈武帝紀〉元朔元年十一月詔、〈元帝紀〉、〈元后傳〉，成帝即位報王鳳書）或「聖業」（《漢書》〈宣帝紀〉、〈夏侯勝傳〉）。總而言之，皇帝在世一般不自稱聖，死後加入列祖列宗的行列，才真正取得神聖的資格。

不過，漢代臣子以「聖」稱當今天子的情形很多。這和皇帝自稱聖的意義不同，下文將再談到。另一種情況是堯、舜、禹、湯、文、武、周公、孔子這些久經認可的古聖先賢，才明確地被稱為聖人或聖王。值得注意的是，漢代詔令對先帝雖用了「聖恩」、「聖祖」、「聖緒」、「聖德」諸詞，卻從不曾直接稱先帝為「聖人」、「聖主」或「聖王」，其中仍有分際。

對絕大部分漢代皇帝而言，古代聖王是仰慕和模仿的對象，非可並駕或超越。他們在詔令中，不論真心假意，有所舉措，多半依經據典，以取法聖王為說。文帝詔除肉刑即引據《詩經》。武帝以後，引據經典以緣飾政治更蔚為風氣。章帝元和二年二月改行四分曆，甲寅詔曰：「今改行四分，以遵於堯，以順孔聖奉天之文」（《續漢書·律曆志中》）便是典型的例子。

法聖王而無法超越似乎是漢代天子早有的自我認識。自文帝以降，漢帝幾無不以災異為憂，常常在詔令中思過罪己，自責「不敏不明」、「不德」、「無德」。[17] 京房曾問元帝曰：「陛下視今為治邪？亂邪？」上曰：「亦

16　漢代可以找到一二用「聖旨」或「聖指」一詞的例子：《漢書·陳湯傳》：「劉向上疏曰：副校尉湯承聖指，倚神靈……」；《後漢書·蔡邕傳》：「邕上封事曰：臣伏讀聖旨……」。以上為僅見之例。在蔡邕的語言裡，「聖旨」也用以指儒經之旨，見其所著〈玄文先生李休碑〉。三國以降聖旨指帝王之言趨於普遍。

17　參趙翼，《廿二史箚記》（臺北：華世出版社，1977），卷2，「漢詔多懼詞」條，頁41。

極亂耳，尚何道！」（《漢書・京房傳》）又元帝在永光元年報于定國的詔書裡說：「能毋過者，其唯聖人。」（《漢書・于定國傳》）唯聖人無過，而天子不斷自責過失，自責有過的君王如何敢以無過的聖人自居？明帝為太子時，報少傅桓榮書中有云：「五經博大，聖言幽遠，非天下之至精，豈能與於此。」（《後漢書・桓榮傳》）漢代天子雖貴為天下之主，卻非天下之至精。五經乃聖人之言，其權威自宣、元以降逐步樹立，天子不敢贊一詞，也不得不伏首。今人謂漢世於「政統」之外，另浮現出一具超越性的「道統」，不可謂無理。這和西方漢學家喜歡說的「儒教的勝利」（the victory of Confucianism）意思相通。

不過這裡要從一個比較的角度看問題。清代趙翼曾從詔令「懼詞」說明兩漢繼體守文之君以小心謹畏為家風。[18] 這種家風多少表現在對古聖先王謙卑的態度上。這是兩漢君主和秦始皇大不相同的一個地方。

漢室小心謹畏的家風不能說全是尊儒為道統的結果，這正如同秦始皇自以為德兼三皇，功過五帝不能說完全是受法家思想的鼓舞。大致說來，小心謹畏是傳統農民的普遍個性。秦王政承秦數百年王業，頗染上層貴族驕氣，已少有這種下層農民的個性。這種個性卻可在草野出身的劉邦身上找到蹤跡。劉邦得天下後，曾將天下比作田產或牛馬（《漢書・高帝紀下》、《古文苑》卷十），一心一意想將這份產業傳之子孫。他對太子說：「人有好牛馬尚惜，況天下耶？」為此，他和呂后不惜將異姓王一一剗除。維護家產如此小心翼翼，正流露出他們的謹畏。劉邦得天下，也曾十分得意，問自己的父親：「今某之業所就孰與仲多？」他的問話固然是在答覆其父早年對他的責難，也十足反映一個鄉野草莽在得意時，是以那一類事務作比較。劉邦對古聖先賢不是全然無知。在創業的過程裡，他曾親赴曲阜，以太牢祠孔子。他以牛馬喻天下時，曾提到堯、舜。但是他大概不知什麼道統；不曾想過要和堯、舜等古聖王比高低而已。

當然劉邦的小心謹畏，在來源上和其子孫大不相同，與再造漢室的劉

18　同上。

秀也不一樣。劉秀出身儒生，長於王莽之世。儒家本有古聖先王不可超越一說，孔子本人即不敢自居聖人，劉秀不會不知。王莽以周公再世的姿態，被吹捧為當世聖人，曾遊太學的劉秀，對此感受不可能不親切。王莽這樣被當世儒生頌揚的「聖王」，尚且保不住天下，對劉秀來說，教訓又不可謂不鮮活。他代莽而有天下，豈能不記取古聖的經典和眼前的教訓？

他不僅不敢以聖人自居，甚至下詔禁止臣僚稱他為聖人。《東觀漢記》建武七年春正月詔：「群臣奏事，無得言聖人。」寥寥數語，沒說明不得言聖人的理由，但透露出當時臣僚或沿莽世之習，以聖人稱君主。[19] 光武刻意要避免。同年三月癸亥發生日食，光武為之「避正殿，寢兵，不聽事五日」，並下詔曰：

> 吾德薄至災，譴見日月，戰慄恐懼，夫何言哉！今方念怨，庶消厥咎。其令有司各修職任，奉遵法度，惠慈元元。百僚各上封事，無有所諱，其上書者，不得言聖。（《後漢書·光武帝紀下》）

所謂上書「不得言聖」應即是三月詔書所說的「無得言聖人」。在這個詔書裡清楚看到光武的小心謹畏，誠惶誠恐的心情，也看到他因「德薄至災」，禁人言聖的理由。這次下詔禁止臣下上書言聖是因為發生災異；災異過後，是否又准許臣下稱他為聖人呢？禁令不知是否曾解除，但桓譚、戴憑明確稱光武之朝為「聖朝」（《後漢書》〈桓譚傳〉、〈儒林傳〉「戴憑」條），第五倫直呼光武為「聖主」（《後漢書·第五倫傳》），耿純稱之為「聖帝」（《後漢書·耿純傳》）。可見禁歸禁，臣下言談之間以「聖」稱當朝，仍十分普遍。明帝永元二年十月幸長安，祠高廟，會見郡縣吏時，據說有一位縣三老，身懷章奏，大言七項歡喜之事，其七曰：「天下太平，德合於堯，臣七驩喜。」明帝令其上殿並說：「屬者所言我堯，削章！不如飽飯。」（《東觀漢記》卷二）明帝明顯不喜這些阿諛虛言。永平六年，廬江太守獻寶鼎，

---

19 鄧禹嘗稱光武為天下聖人。《後漢紀·光武帝紀》有不見於《後漢書》的一段：「初戰昆陽破王莽四十萬眾，天下聞之莫不震靡。公之武，眾所服也……公之文，眾所安也，聰明神武，所謂天下聖人也……。」

明帝又因而重申禁令。其夏四月甲子詔說：

> 先帝詔書，禁人上書言聖，而閒者章奏頗多浮詞。自今若有過稱虛譽，尚
> 書皆宜抑而不省，示不為諂子蚩也。(《後漢書·明帝紀》)

明帝明白表示先帝早有不得言聖的禁令，臣子稱皇帝為聖人是「過稱虛譽」
的諂媚。為免為諂媚之臣所笑，他甚至下令尚書不得轉達這類奏章。其心
態與秦始皇自詡大聖相去何其遙遠！可是這顯然並不能禁止好諛擅媚的臣
下。永平十三年，明帝耕藉田，賜觀者食，有一諸生上前舉手曰：「善哉！
文王之遇太公也。」明帝為此，慎重其事親手書板曰：「生非太公，予亦非
文王也。」(《東觀漢記》卷二) 如果說東漢之時有什麼超越皇帝的象徵符號，
一個大概是能降災異和奪天命的「天」，另一個或許就是非天子所敢僭稱
的「聖人」了。

　　光武和明帝對聖人的敬畏顯然超過以前的皇帝。他們的詔令適足以證
明過去的皇帝雖不自稱聖人，卻允許臣僚上書言聖。又從明帝重申禁令可
知，光武以後，臣子以聖稱天子的情形應該依然如故。兩漢臣下以「聖
主」、「聖上」、「聖帝」、「聖皇」、「聖朝」稱天子的例證極多。以昭帝時
的鹽鐵辯論來說，不論在朝的御史、大夫或四方輻輳而來的文學賢良，不
但以「聖主」稱堯、舜 (《鹽鐵論·毀學》)，也以「聖主」稱漢帝，包括當
朝的昭帝 (同上，〈地廣〉、〈相刺〉、〈國疾〉、〈結合〉)。稱「聖帝」的例子見《漢
書》〈東方朔傳〉、《後漢書》〈耿純傳〉、〈文苑傳〉杜篤〈論都賦〉等。「聖
皇」見揚雄〈甘泉賦〉、張衡〈南京賦〉等。班固〈典引篇〉稱漢為「聖
漢」，高祖、光武為「二聖」，今上章帝為「聖上」(《後漢書·班彪傳》)。
傳為胡廣或崔瑗所作的〈侍中箴〉甚至以「皇矣聖上，神君天處」開頭
(《古文苑》卷十六)。「聖朝」見《漢書》〈江充傳〉、〈金日磾傳〉、〈龔勝
傳〉、《藝文類聚》卷五十五引馮衍說鄧禹書等。其餘恭維皇帝「躬親仁
義，體行聖德」(《史記·三王世家》)、「聖德聰明」(《漢書·孔光傳》)、「躬
大聖之德」(《後漢書·魯恭傳》)，或稱皇帝為「明主」的例子更是多得不勝
枚舉。

　　臣子以「聖」稱皇帝有多方面的意義，一是指皇帝有聖人般的德性，

如「躬親仁義」，「躬大聖之德」；一是指皇帝的聰明睿知，如「聖德聰明」、「明主」；此外，還有皇帝神聖的意思，如稱皇帝的身體為「聖躬」以及前引「皇矣聖上，神君天處」，都有濃厚皇帝具有神聖性的意味。稱皇帝為「聖主」、「聖上」、「聖帝」、「聖皇」或「聖朝」則應兼具以上各義。據蔡邕《獨斷》，臣民稱天子的正式稱呼是「陛下」，百官小吏又稱天子為「天家」，親近侍從官稱之「大家」。[20] 兩漢文獻和石刻中還有「國家」、「朝家」、「乘輿」、「車駕」、「縣官」、「主上」、「皇上」、「上」、「宮車」、「真人」種種不同的稱呼。[21] 在眾多的稱呼中，冠以「聖」字者意味著恭維，也意味著期待，但並不一定表示臣下因而承認當世天子就是他們心目中的聖王。這一點下文將再談到。

此處先論皇帝對這一類恭維和期望的態度。概略說來，漢代天子的態度並不一致，心情也很複雜。前文曾經提到他們對古代聖王多有一份嚮往，也思仿效。武帝詔賢良對策，詢以三皇五帝之道；董仲舒答以「偏得天下之賢人，則三王之聖易為，而堯、舜之名可及也。」（《漢書‧董仲舒

---

20 「天家」稱天子用例見《後漢書‧宦者傳》曹節條。「大家」稱天子不見它例，《後漢書‧列女傳》謂和帝數召曹世叔妻班昭入宮，「令皇后諸貴人師事焉，號曰大家」。又沖帝母號虞大家，見《後漢書‧皇后傳》虞夫人、陳夫人條。

21 「朝家」見《後漢書‧應劭傳》；「皇上」見鮮于璜碑；「宮車」見《漢書‧翟方進傳》；「真人」見張衡《南京賦》：「方今天地之睢剌，帝亂其政，豺虎肆虐，真人革命之秋也。」（《文選》卷四，李善注：「真人，光武也。《文子》曰：『得天地之道，故謂之真人。』」）按《莊子‧大宗師》：「何謂真人？…登高不慄，入水不濡，入火不熱。是知能登假於道者也若此。」《史記‧秦始皇本紀》始皇三十五年，盧生說始皇曰：「……真人者，入水不濡，入火不熱，陵雲氣，與天地久長。今上治天下，未能恬淡。願上所居宮毋令人知，然后不死之藥殆可得也。」於是始皇曰：「吾慕真人，自謂『真人』，不稱『朕』。」《說文》：「真，仙人變形而登天也。」段注：「此真之本義也。」可見真人類仙人，始皇使博士為仙真人詩，可證。皇帝自稱為真人，有特殊意義，非一般稱呼。《史記‧秦始皇本紀》末附孝明皇帝十七年十月十五日曰：「真人翔霸上」，以真人稱高祖劉邦，或許是因為始皇晚年稱真人，故真人亦成皇帝之號。但張衡稱光武為真人，指其中興劉漢之革命事業，與始皇稱真人意義不同。參顧炎武，《日知錄》卷廿「破題用莊子」條；吉川忠夫，《六朝精神史研究》（東京：同朋舍，1984），第二章〈真人と革命〉，頁 84-109。其餘「國家」、「乘輿」、「縣官」、「主上」等習見兩漢書，不贅舉。

傳》）武帝又曾問東方朔：「先生視朕何如主也？」朔對曰：「自唐虞之隆，成康之際，未足以諭當世。臣伏觀陛下功德，陳五帝之上，在三王之右」，又曰若得古賢人某某任某某職。武帝聞之大笑（《漢書‧東方朔傳》）。武帝固然是因為東方朔詼諧，故意設問逗樂，但是他對古聖的嚮往，以及東方朔對皇帝的恭維和期待都昭然可見。東漢崔駰曾說：「昔孝武皇帝始為天子，年十八，崇信聖道，師則先王，五、六年間，號勝文、景。」（《後漢書‧儒林傳》「孔僖」條）崔駰接著批評武帝「及後恣己，忘其前之為善」。換言之，他承認武帝於即位之初，師則先王，崇信聖道，尚能符合一個儒者對君王的期望。

宣帝是除哀帝以外，唯一可考曾自我稱聖的西漢皇帝。宣帝師法武帝，博徵高才，一時之間，人才薈萃。蜀人王褒「有軼才」，亦應徵至京師。宣帝詔王褒「為聖主得賢臣頌其意」（《漢書‧王褒傳》）。宣帝此詔所說的聖主，顯然是指自己。武、宣二帝又喜因瑞應而改元，武帝的元狩、元鼎，宣帝的神爵、五鳳、甘露、黃龍皆是。依照漢人理論，瑞應是因太平而生，能致太平則為聖人。他們接納郡國獻瑞，並因而改元，其心理不言可喻。祥瑞之事，兩漢不絕於書，尤盛於東都。即使在災異連年，兵荒馬亂的桓、靈之世，祥瑞也屢見於郡國（《東漢會要》卷十五「祥瑞」條）。這些明明是地方的迎合諂媚，天子卻樂於藉此粉飾太平。他們接受帶聖字的稱號，以及比為堯、舜的恭維，在心理上多半也是如此。《漢書‧鮑宣傳》附載有名薛方者為郡掾祭酒，王莽以安車徵，不至。「方因使者辭謝曰：『堯、舜在上，下有巢由；今明主方隆唐虞之德，小臣欲守箕山之節也。』使者以聞，莽說其言，不強致。」王莽對唐堯虞舜一類的恭維十分受用，其他的皇帝也很少例外。

在這一點上，光武帝的態度和他們形成鮮明的對比。他禁人言聖，已如前述。他用建武一號三十餘年未曾改元，直到晚年才因封禪而改元中元，但是他又拒絕郡國上符瑞。光武禁止臣僚稱他為聖人，並不表示他對聖人無所嚮往，而是不敢以此自居。晚年行封禪，拒獻瑞，反映出他對自己是否為聖人一直有一種欲迎還拒的矛盾。行封禪意味著皇帝自以為夠格

為聖人。武帝登泰山，神秘其事，儀、文俱不傳。據漢人的記述，武帝似偏向藉封禪而登僊，成為得道能僊的聖人。光武赴泰山行封禪，百官從行，儀式公開，其用意在於應天命，以告成功。光武深信讖緯符命，夜讀《河圖會昌符》有感，在屢拒群臣建議之後，終於同意行封禪禮以應符命。他在封禪刻石裡連篇累牘引述圖緯符書，其中《河圖提劉予》云：「九世之帝，方明聖，持衡拒，九州平，天下予。」刻石結尾又說：「後有聖人，正失誤，刻石記。」（《續漢書‧祭祀上》）所謂「九世之帝」，自高祖算起至光武為九世；[22]「方明聖」指光武為明聖之帝。光武謂「後有聖人」，無異暗示其為今之聖人。然而就在行封禪後，同年夏，京師與郡國有醴泉、赤草、甘露之瑞，群臣奏言宜效孝宣帝據以改元，並「令太史撰集，以傳來世」。光武拒絕。〈光武帝紀〉接著說光武「常自謙無德，每郡國所上，輒抑而不當，故史官罕得記焉」。可見即使到了晚年，光武對聖人一事，仍然處在既想又不真敢的心理狀態。他在應允親定封禪刻石的詔書裡有幾句話說：「今予末小子，巡祭封禪，德薄而任重，一則以喜，一則以懼。喜於得承鴻業，帝堯善及子孫之餘賞，蓋應圖籙，當得是當。懼於過差，執德不弘，信道不篤，為議者所誘進，後世知吾罪深矣。」（《續漢書‧祭祀上》注引《東觀書》）詔書每多表面辭令，然而「一則以喜，一則以懼」以及「後世知吾罪深矣」數句，個人相信應是光武心理真實的寫照。

光武和武帝、宣帝或王莽所追求的聖人，在內涵上也頗有不同。光武嚮往的主要是儒家定義下的聖人；[23] 武、宣和王莽除了渴慕堯、舜、禹、湯，對方士口中能羽化成仙的「聖人」也無限神往。武帝時，方士公孫卿引申公之言曰：「漢之聖者在高祖之孫且曾孫也……封禪七十二王，唯黃帝得上泰山封。」又曰：「漢主亦當上封，上封則能僊登天矣。」武帝聞之曰：「嗟乎！吾誠得如黃帝，吾視去妻子如脫躧耳。」（《史記‧封禪書》）申

---

22 蔡邕《獨斷》卷下：「故《河圖》曰赤九世會昌，謂光武也。」
23 《後漢書‧桓譚傳》說：「是時〔光武〕帝方信讖，多以決定嫌疑……譚復上疏曰：『……臣譚伏聞陛下窮折方士黃白之術，甚為明矣；而乃欲聽納讖記，又何誤也……。』」從「窮折方士黃白之術」可知光武排拒神仙之術。

公所說的「聖者」乃能升僊如黃帝者，這也是最令武帝神往的。前文提及宣帝詔王褒頌聖主得賢臣，王褒委婉勸諫應該仿效堯、舜、禹、湯、文、武之君，「何必偃卬詘信若彭祖，呴噓呼吸如僑、松，眇然絕俗離世哉！」〈王褒傳〉接著說蓋「是時，上頗好神僊，故褒對及之」。可見宣帝在成仙一事上，與武帝同好。[24] 他們心目中的聖人都不單純是儒生口中的古聖王。王莽也不例外。他曾因聽人說：「黃帝以百二十女致神僊」，遣使者分行天下，博采淑女上名；又因有人說黃帝建華蓋以登僊，他也仿造華蓋車，輓者皆呼「登僊」(《漢書‧王莽傳》)。從戰國以來，黃帝成為各家附會的箭垛。他在漢代不但是儒家的聖人，也是道家方士的聖人。葛洪《抱朴子》謂：「得道之聖人，則黃、老是也；治世之聖人，則周、孔是也。(圖3、4) 黃帝先治世而後登仙，此事偶有能兼之才者也。」(《抱朴子內篇‧辯問》) 葛洪所說雖是後話，用來理解武、宣和王莽對「聖人」的追求卻不無幫助。總之，他們和光武相比，追求的顯然不只是治世的聖人，而是「治世」與「得道」兼而有之的聖人。

三 漢代的「聖人名單」

聖人在漢代的意義和在先秦時一樣，都並不一致。[25] 此處不擬討論漢代對聖人各種不同的看法，只擬指出當時不少儒生在誰為聖人的問題上，似乎逐漸有了大體上的共識。例如《韓詩外傳》列有十二聖，但只點出了十一聖之名 (黃帝、顓頊、帝嚳、堯、舜、禹、湯、文、武、周公、仲尼)。鹽鐵之議時，文學認為「鄒衍非聖人」，商鞅是「反聖人之道」(《鹽鐵論》〈論鄒〉、〈申韓〉) 對文學而言，所謂聖人很明確必須是以禮樂教化為依歸，施德澤於

---

24 宣帝好神仙又參《漢書‧楚元王傳》「劉向」條。

25 例如《呂氏春秋》〈求人〉、〈察今〉有七十一聖之說。其所說聖人較儒生所承認者寬泛。〈尊師〉又有十聖六賢說。

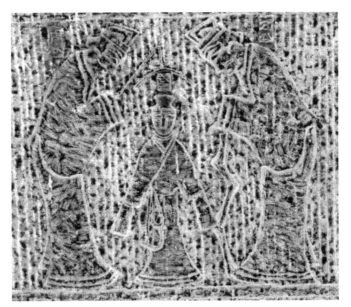

圖 3　周公、召公輔成王畫像石

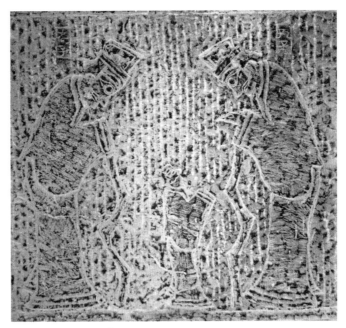

圖 4　孔子見老子畫像石

民者。他們稱孔子為「大聖」（同上，〈國疾〉），周公為「至聖」（同上，〈殊路〉）。劉向曾列舉黃帝、堯、舜、禹、湯、文、武、周公、仲尼九人為「明聖」（《漢書·楚元王傳》），又曾提到和《韓詩外傳》相同的十一聖（《新序·雜事五》）。王莽在封古聖人的後裔時，列舉有「聖德」之古聖有黃帝、少昊、顓頊、嚳、堯、舜、夏禹、皋陶、伊尹九人（《漢書·王莽傳中》）。（圖5）

到了東漢，《白虎通德論》和《漢書·古今人表》中出現兩份頗具代表性的聖人名單。前者是諸儒在白虎觀議經的結果，代表

圖5　山東嘉祥武氏祠夏禹畫像

了當時主要經師派別的意見；後者出自蘭臺令史及其後繼者之手，於漢王室的立場多所體現。兩者所列聖人皆十四名，不同者僅有一人。〈古今人表〉依上智、下愚與中人之義分人物為九等，上上為聖人，其次為仁人，再次為智人。列入聖人一等的十四名是：太昊帝宓羲氏、炎帝神農氏、黃帝軒轅氏、少昊帝金天氏、顓頊帝高辛氏、帝堯陶唐氏、帝舜有虞氏、帝禹夏后氏、帝湯殷商氏、文王周氏、武王、周公、仲尼。〈古今人表〉所列智人以上都屬上智，唯未明白說何者為仁人，如何可為聖人，又為何此十四人入選為聖人。白虎觀議經諸儒對這個問題有清楚的交代。《白虎通德論·聖人》一開始就為聖人下了定義：

> 聖人者何？聖者，通也，道也，聲也。道無所不通，明無所不照，聞聲知情，與天帝合德，日月合明，四時合序，鬼神合吉凶。《禮別名記》曰：「五人曰茂，十人曰選，百人曰俊，千人曰英，倍英曰賢，萬人曰傑，萬傑曰聖。」（卷六，四部叢刊本）

依他們看來，聖人乃是與天地、日月、四時、鬼神合德、合明、合序或合吉凶者，能通道照明，聞聲知情，萬萬人中才有一人。諸儒接著引據經傳，說明為何這些人為聖人。他們雖然提到文王至仁（圖6），為百姓所

親，湯有聖德，皋陶為舜陳道，旁施象刑，孔子立德澤，故得為聖人。有趣的是他們所說的聖人除了施禮樂教化，有德澤於民之外，又「皆有表異」，如「帝嚳駢齒」，「舜重瞳子」，「禹耳三漏」，「皋陶鳥喙」，「湯臂三肘」，「文王四乳」，「周公背僂」，「孔子反宇」，在狀貌形體上不同於常人。他們甚至說「聖人所以能獨見前睹，與神通精者，蓋皆天所生也。」（《白虎通德論‧聖人》）

換言之，聖人不但在形體上異於常人，在天生秉賦上也有超乎常人之處。這種說法較早的淵源可推到戰國楚簡〈子羔〉篇和《荀子‧非相》篇等。〈子羔〉殘簡已有「仁而劃於背而生，生而能言，是禹也」的說法。[26]〈非相〉篇則提到聖人體貌異於常人，《淮南子》諸儒及董仲舒承之。[27] 東漢初，桓譚說：「聖人天然之姿，所以絕人遠者也」（《文選》卷二十，〈皇太子讌玄圃宣猷堂有令賦詩〉李善注引），也是指體貌而言。至於聖人天生特異的秉賦，〈子羔〉說禹「生而能言」，王充說：「儒者論聖人，以為前知千歲，後知萬世，有獨見之明，獨聽之聰，事來則名，不學自知，不問自曉，故

圖6　武氏祠周文王及伯邑考、〔武〕王發、周公旦、蔡叔度等九子畫像。

26　馬承源主編，《上海博物館藏戰國楚竹書（二）》（上海：上海古籍出版社，2002），〈子羔〉篇簡10，頁193。
27　《荀子‧非相》：「仲尼之狀，面如蒙倛；周公之狀，身如斷菑；皋陶之狀，色如削瓜；閎夭之狀，面無見膚；傅說之狀，身如植鰭；伊尹之狀，面無須麋；禹跳，湯偏；堯、舜參牟子。」（梁啟雄《簡釋》本）《春秋繁露》卷7（蘇輿《義證》本），〈三代改制質文〉：「舜形體大上而員首，而明有二童子……禹生發於背，形體長，長足骭，疾行，先左隨以右……湯體長專小〔盧云：專讀曰團〕，足左扁而右便……文王形體博長，有四乳而大足……」《淮南子‧脩務》指出聖人異相和他們是某一特定道德的化身有關。

稱聖則神矣。」(《論衡‧知實》)不學自知,不問自曉,這種意義下的聖人,有賴於先天異秉者顯然多於後天的學習或作為。聖人或出自天縱,非學而可至,或循聖人之道即可為聖人,是漢儒兩種對聖人重要的看法。本文不擬對此進一步申論,以免駢枝。[28]〈古今人表〉和《白虎通德論》在聖人名單上的一人出入,卻值得進一步追究。

《白虎通德論》提及的十四名聖人沒有少昊金天氏,而有〈古今人表〉所無的皋陶。這個差別看似很小,卻頗微妙。白虎觀議經在章帝建初四年,稍後班固受命撰集《白虎通德論》。當時班固的《漢書》尚未完成,尤其是〈古今人表〉等八表,據《後漢書‧列女傳》和袁宏《後漢紀》都說是到和帝時,才由班昭和馬續補成。[29]換言之,〈古今人表〉成於《白虎通德論》之後,而且非完成於班固之手。兩者反映了微妙的不同立場。漢世經師為了配合漢家德運,曾創造少昊金天氏以象金德之說。(《漢書‧律曆志下》引劉歆《世經》)傳古文經學的賈逵即曾對章帝說:

> 五經家皆言顓頊代黃帝,而堯不得為火德。《左氏》以為少昊代黃帝,即圖讖所謂帝宣也。如令堯不得為火,則漢不得為赤。其所發明,補益實多。
> (《後漢書‧賈逵傳》)

古文家抬出少昊,是為劉氏堯後以火德相繼之說鋪排經書上的證據。章帝本人頗好經古文學,對古文經支持不遺餘力(《後漢書‧賈逵傳》)。然而古文經的說法並不為一般經師所接受,所謂「五經家皆言顓頊代黃帝」即為明證。[30]白虎觀議經諸儒不顧為漢室撐腰的古文家說,去一少昊,增一皋陶,這不但反映當時經學家派的內部問題,更意味當時經師不認為聖

---

28 關於這個問題,《淮南子》〈脩務〉、《論衡》〈知實〉和〈實知〉兩篇曾有長篇討論,可參。

29 袁宏《後漢紀》卷十九:「馬續博覽古今。同郡班固著《漢書》百篇,其七表及〈天文志〉有錄無書,續盡踵而成之。」《後漢書‧列女傳》「曹世叔妻」條:「兄固著《漢書》,其八表及〈天文志〉未及竟而卒,和帝詔昭就東觀臧書閣踵而成之……時《漢書》始出,多未能通者,同郡馬融伏於閣下,從昭受讀,後又詔融兄續繼昭成之。」

30 參顧頡剛,〈五德終始說下的政治與歷史〉,《古史辨》第七冊(臺北:明倫出版社,1970,據樸社出版重印),頁571-580;呂思勉,《呂思勉讀史札記》(上海:上海古籍出版社,1982),「儒家之三皇五帝說」、「少昊考」條,頁26-30,47-55。

「人」，必皆聖「王」，其不屈從當權所好，十分具有意義。漢代儒師的獨立性，從此一人之出入，透露出消息。

〈古今人表〉去皋陶，增少昊，使列名的聖人清一色成為聖王。這樣的作法，已不易判定是出自班固原意，還是續成者作了更動。〈古今人表〉的十四位聖人中，從太昊到文、武王是有位的帝王，自不必說。孔子無位，但他憲章文武，為漢制作，在漢代被尊為素王，遂得列名王統。周公也稱王。《荀子‧儒效》早已說周公曾「履天子之籍」。籍者，位也。河北定縣八角廊四十號漢墓出土古籍《儒家者言》有「周公旦聶（攝）天下」殘句，[31]《韓詩外傳》卷三說「周公踐天子之位七年」，《史記‧魯周公世家》謂：「周公恐天下聞武王崩而畔，周公乃踐阼，代成王攝行政當國。」《說苑》卷七說同。王莽作〈大誥〉，群臣奏請王莽居攝，都以周公居天子位為說（《漢書》〈翟方進傳〉、〈王莽傳〉）。可見周公稱王說流傳甚久，漢代經師一般也這樣相信。[32] 如此，〈古今人表〉明白有一個唯王者是選的聖人標準。

唯王者為聖人，強調了天命的重要性，顯然較合乎漢代帝室的立場。從班固其他的著作考察，他本人的立場可能和一般經師沒有兩樣。他寫《典引篇》，稱皋陶為「前聖」（《後漢書‧班彪傳》）。同篇中被稱為前聖的還有伊尹、周公和舜的典樂者——夔。前文提到王莽詔封古聖人之後，所謂古聖有伊尹和皋陶。《論衡‧講瑞》說：「五帝三王、皋陶、孔子，人之聖也。」[33] 可見皋陶和伊尹都是當時儒生承認的聖人，少昊則否。換言之，漢儒承認的聖人，不限於王者，還包括古代王者的輔佐。如此，〈古今人表〉唯王者是選就更顯然是有意的安排了。

《白虎通德論》和〈古今人表〉儘管有上述微妙的差異，可是二者不

---

31 李均明、何雙全編，《散見簡牘合輯》（北京：文物出版社，1990），簡526，頁46。

32 參顧頡剛，〈周公執政稱王〉，《文史》，23（1984），頁1-30。

33 王充接著說：「十二聖相各不同」。五帝三王加皋陶、孔子共十人，未足十二之數。同書〈指瑞〉篇也有十二聖之說。其十二聖完整名單見〈骨相〉篇，即黃帝、顓頊、帝嚳、堯、舜、禹、湯、文、武、周公、皋陶、孔子。

約而同皆以孔子為最後的聖人，這一點也值得注意。孟子曾稱許伯夷、伊尹、柳下惠為聖人，孟子自己也一心學孔子作聖人，然而孟子、伯夷、伊尹和柳下惠都在白虎觀議經諸儒決選的聖人名單之外。〈古今人表〉列孟子下聖人一等的仁人。荀子影響後世儒者甚大，但是荀子的聖人地位同樣未獲承認。《荀子・堯問》為荀卿弟子所作，弟子早就曾抱怨：「今之學者，得孫卿之遺言餘教，足以為天下法式表儀。所存者神，所過者化。觀其善行，孔子弗過，世不詳察，云非聖人，奈何！」在〈古今人表〉裡，荀子也僅與孟子同列。漢儒自陸賈以降，都不同意孟、荀為聖人，但是同意孟子所說孔子乃聖人之集大成，孔子以降未再見聖人的看法。[34] 桓譚曾說：「夫聖人，乃千載一出，賢人君子所想思而不可得見者也。」（《文選》卷卅七，〈劉越石勸進表〉注引桓子《新論》）千載一出的聖人在孔子以後，真的不可得見了嗎？

四 漢世有無「聖人」？

漢世有無聖人這個問題最少有兩層意義：一是有沒有應運而生的聖王？二是漢世學為聖人的士子儒生有沒有夠格被稱為聖人的？孔子以降，固然聖人未曾得見，卻不表示聖人從此不可能再出現。五百年必有王者興和人皆可為堯、舜之說，使漢世儒生受到極大的鼓舞。如無天命，成為聖王固不可能，成為聖人可以說是漢儒普遍的夢想。孔子以後，尤其漢代以來，究竟有沒有聖人的問題，對漢儒而言，是一個相當核心和切己的問題。這個問題從西漢中期以後，隨著儒生勢力的抬頭，王莽的出現，以及劉秀以一介儒生，中興漢室，曾激起不少的討論。

漢代第一位可考被稱為聖人的是叔孫通。叔孫通率弟子為漢訂朝儀，儀成受賜五百金，通悉以賜弟子諸生，並代弟子求官，高祖一律用為郎。

---

34 陸賈《新語・道基》言先聖、中聖、後聖，即以孔子為最後的聖人，孟、荀都未入列。

弟子諸生都歡喜地說：「叔孫生誠聖人也。」（《史記‧叔孫通傳》）叔孫通為聖人只是弟子一時興奮之言。漢世並沒有其他儒者承認他是聖人，似乎也不曾引起議論。

自叔孫通以後，一直要到西漢中晚期，才見劉向和劉歆將董仲舒提出來討論。劉向認為董仲舒有「王佐之才，雖伊、呂無以加」。前文曾提到漢儒以為聖人非必王者，王佐亦可為聖人。董仲舒屬於這一類。但是劉歆卻不同意，認為「伊、呂乃聖人之耦，仲舒非其比」。向、歆父子不同調，劉向曾孫劉龔則同意劉歆（以上俱見《漢書‧董仲舒傳》贊）。可見劉家幾代人都曾對這個問題表示意見。此外，曾有人請教揚雄：公孫弘和董仲舒誰比較近乎聖人？揚雄否定了二人：「仲舒欲為而不可得者也，弘容而已矣。」（《法言》卷十七）

在劉向、劉歆的時代，另一位引起爭議的聖人是王莽。王莽自以為是周公再世，曾仿周公作《大誥》（《漢書‧翟方進傳》）。當時成千上萬擁戴王莽的儒生相信他是真的再世周公，當然也就是活聖人。元始元年群臣奏請賜王莽號安漢公，理由是「莽功德比周公」（《漢書‧平帝紀》）。這位再世周公依循古法，以《周禮》、《王制》等為藍本，企圖炮製出理想中的聖王世界。他和當時的儒生一樣，相信聖王之世是否可以實現，關鍵在於是否行聖王之道。如棄霸道，行王道，遠古的黃金盛世必可再現。這種信念，董仲舒早在武帝之世已經提出。他說：「漢得天下以來，常欲善治而至今不可善治者，失之於當更化而不更化。」（《漢書‧董仲舒傳》）他所謂的更化，簡單地說，就是更秦刑罰之治為禮樂教化，更霸道為王道。宣帝時，王吉的上疏也很有代表性。他說：

> 陛下躬聖質，總萬方，帝王圖籍日陳于前，惟思世務，將興太平……欲治之主不世出，公卿幸得遭遇其時……今俗吏所以牧民者，非有禮義科指可世世通行者也，獨設刑法以守之……孔子曰：「安上治民，莫善於禮」，非空言也。王者未制禮之時，引先王禮宜於今者而用之。臣願陛下承天心，發大業，與公卿大臣延及儒生，述舊禮，明王制，歐一世之民濟之仁壽之域，則俗何以不若成、康，壽何以不若高宗？（《漢書‧王吉傳》）

王吉奏疏是針對宣帝時「以刑餘為周召，以法律為詩書」的政治局面而發的。宣帝曾自言「漢家自有制度，本以霸、王道雜之」（《漢書·元帝紀》）。這種治術在儒生看來，已注定漢家天子不可能成為真正的聖王。如要成就成、康盛世，必得改弦更化。

王莽就是深具這種信念的一位儒生，其作為無非在於「復古更化」四字。當他為攝皇帝時，曾在詔書裡說：「王道粲然，基業既著，千載之廢，百世之遺，於今乃成，道德庶幾於唐虞，功烈比齊於殷周」（《漢書·翟方進傳》）。他標榜起千載之廢，王道粲然於今，即是以「王道」去改變漢室「霸、王道雜之」的治術傳統。揚雄在《劇秦美新賦》裡與王莽同調，指責漢室於「秦餘制度，項氏爵號，雖違古而猶襲之。是以帝典闕而不補，王綱弛而未張」；他頌揚新莽能「胤殷周之失業，紹唐虞之絕風」，使「帝典闕者已補，王綱弛者已張」（《文選》卷四十八）。能繼殷周唐虞之業，紹其典常綱紀者，自然非聖王不可。一時之間，王莽似乎真的是一位使王道復興的聖人或聖王了。

莽政奈何失敗，天下儒生為之夢碎。可是，這並沒有稍減東漢儒生討論聖人問題的興趣。他們深深覺悟到要辨識真聖人，並不容易。王充曾藉桓譚和揚雄之言，譏諷世儒見聖而不能知：

> 桓君山謂揚子雲曰：「如後世復有聖人，徒知其才能之勝己，多不能知其聖與非聖人也。」子雲曰：「誠然。夫聖人難知。知能之美若桓、揚者，尚復不能知，世儒懷庸庸之知，齎無異之議，見聖不能知，可保必也。」（《論衡·講瑞》）

揚雄是否為聖人即為一例。桓譚讚譽揚雄備至，謂揚子雲「察達聖道，明于死生」（《太平御覽》卷五五六引桓子《新論》），又說「揚子之書，文義至深，而論不詭〔師古曰：詭，違也〕於聖人。」（《漢書·揚雄傳》）《意林》「桓譚」條有一段桓譚與張子侯的對話：「張子侯曰：『揚子雲西道孔子也，乃貧如此。』吾應之曰：『子雲亦東道孔子也。昔仲尼豈獨是魯孔子，亦齊、楚聖人也。』」（又見《新論·啟寤》）張衡也極力推崇揚雄說：「吾謂《太玄》，方知子雲妙極道數，乃與五經相擬，非徒傳記之屬。」（《後漢書·張衡傳》

注）桓譚和張衡都將揚雄比擬為孔子，王充則將劉向、歆父子，揚雄、桓譚比擬為文、武、周公（《論衡·超奇》），不過這些是就他們的「精思著文」而言。他比擬《太玄》為《春秋》，曰：「陽成子長作《樂經》，揚子雲作《太玄經》，造於助思，極窅冥之深，非庶幾之才，不能成也。孔子作《春秋》，二子作兩經，所謂卓爾蹈孔子之跡，鴻茂參貳聖之才者也。」（《論衡·超奇》）陽成子長即陽城子張，名衡，與桓譚同時為祭酒。漢儒模仿聖人作經的不少，劉歆即曾作《世經》。王充說：「孔子之《春秋》，素王之業也；諸子之傳書，素相之事也。」（《論衡·超奇》）漢儒作書而名曰經，是不甘僅為素相，意在承素王之業。自素王觀念一出，「聖人」和「聖王」的界限似乎就不是那麼截然劃分了。

王充提到的「貳聖」是另一個值得注意的觀念。古聖不可並駕或超越，然可為聖人之亞次，東漢亞聖、次聖、貳聖之說十分流行。桓譚《新論》謂：「昔顏淵有高妙次聖之才」（《文選》〈應休璉與曹長思詩〉注引）；〈楚相孫叔敖碑〉：「楚相孫君……懷絕氏（世）之才，有大賢次聖之質」（《隸釋》卷三）；趙岐《孟子題辭》謂孟子乃「命世亞聖之大才者也」，又說孟子著書為「大賢擬聖而作者也」。擬聖作書，故為聖人之亞。[35] 禰衡作〈顏子碑〉云：「亞聖德，蹈高蹤」（《藝文類聚》卷廿）亞亦次、擬之意。孔融嘗作〈聖人優劣論〉、〈汝潁優劣論〉。〈汝潁優劣論〉蓋甲乙汝南和潁川之士；〈聖人優劣論〉文殘不全，僅見論堯為聖之「最優」或與「諸聖同」的部分（《文選》卷廿，殘文輯錄見《全後漢文》卷八十三）。既有最優，當亦有其次，惜詳不可知。

現在回到揚雄是否為聖人的問題。桓譚、張衡、王充都極推崇他，視其為聖人之亞；不過，批評揚雄的也不少，班固在〈揚雄傳〉贊裡就說：

> 諸儒或譏以為雄非聖人而作經，猶春秋吳、越之君，僭號稱王，蓋誅絕之罪也。

班固贊引諸儒之說，其實也就是班固自己的看法，認為揚雄並非聖人，卻

---

35 擬聖一詞已見《莊子·天地》、《淮南子·俶真》。

敢僭號作經，罪在誅絕。儒生對揚雄之不滿，竟至於如此。漢儒一般認為經乃聖人所制，非人人可作。如此，劉歆作《世經》，亦必有人不以為然。班固在〈楚元王傳〉贊裡曾作一綜合性論斷：

> 自孔子後，綴文之士眾矣。唯孟軻、孫況、董仲舒、司馬遷、劉向、揚雄，此數公者，皆博物洽聞，通達古今，其言有補於世。傳曰：「聖人不出，其間必有命世者焉。」豈近是乎？

班固的論贊當是針對時人議論漢世何人為聖人而發的。司馬遷也在受議論之列。班固對司馬遷的評論是「先黃老而後六經」，「是非頗繆於聖人」（《漢書·司馬遷傳》贊）。在他看來，司馬遷和其他人一樣，並不夠格為聖人，頂多近乎所謂的命世者罷了。

儘管如此，東漢儒生以聖人自居，或以聖人相標榜的風氣卻很盛。前文提到桓譚和張衡比擬揚雄為孔子。其它比擬孔子的例子還很多。明帝即曾自比孔子。有一次明帝臨辟雍講經，謂先師子桓郁曰：「我為孔子，卿為子夏，起予者商也。」（《後漢書·桓郁傳》李賢注引《東觀記》）當時明帝講自製的《五行章句》，復令桓郁說之，遂用《論語》繪事後素之典。明帝自作章句，比擬孔子，意味著在帝王事業之外，還有聖人事業。類似今人所謂漢世於「政統」之外別有「道統」，政統在於一家一姓，不容他人置喙；道統之傳，在於學聖，則人人有望。換言之，帝王事業唯劉氏自專，聖人事業則人人可為，即使帝王也不勝嚮往。

這樣就可理解為何明帝不敢言聖，卻敢於比擬孔子。這其實是當時儒生的風尚—相互以孔門弟子或孔子標榜。例如，明帝時，曾從桓郁受《尚書》的楊震，即以「關西孔子」知名（《後漢書·楊震傳》）。順帝時，一位年方二十的郡督郵迎新太守曰：「郡中瞻望明府如仲尼，謂非顏回不敢以迎孔子。」（《後漢書·朱穆傳》李賢注引《謝承書》）這位太守謙言非仲尼，卻稱許這位郡督郵可謂顏回。明帝入辟雍講經，應是標榜服膺孔教，承認儒門道統在劉家政統之上；他擺出儒門經師的姿態應是以經師之身為榮而暫時放下了帝王之尊。

這種標榜風氣在桓、靈以後似乎更盛。《後漢書·獨行傳》中有一位

書生向栩，有弟子名為「顏淵」、「子貢」、「季路」、「冉有」，可見他老實不客氣以孔子自居。在和林格爾一位東漢末護烏桓校尉的墓室壁畫上，可以看見墓主夫婦畫像與孔子以及孔門弟子像出現在同一面牆面上。畫中夫婦二人，正襟危坐，畫像較大；孔子、孔門弟子和其他貞婦孝子之類都畫的較小，成為二人的陪襯（圖7）。[36] 這種大小陪襯畫法的用意，一方面顯示墓主對古聖先賢的服膺，另一方面也多少意味墓主渴慕與古聖先賢並列齊驅。漢末碑銘中更有明白與孔聖比誇的。蔡邕作太尉李咸碑云：「操邁伯夷，德追孔父」（《藝文類聚》卷四十六）；袁博拜鉅鹿太守，其碑云：「刑政不濫，紲培克，采儁桀，猶仲尼之相魯。」（《北京圖書館藏中國歷代石刻拓本匯編》，袁博殘碑）彭城姜肱碑：「拔乎其萃，出乎其類，生民之傑也」（《文選》注引《蔡中郎集》，《全後漢文》卷七十六）。

經師授徒，動輒數千，此亦足以與孔聖比誇。例如，漢成揚令唐扶頌：「依陵亳廟，造立授堂四□，童冠摳衣受業，著錄千人，朝益莫習，衍衍闇闇，尼父授魯，曷以復加！」（《隸釋》卷五）又如封丘令王元賓碑：「門徒雲集，盛於洙泗」（《隸釋》卷十九）。碑文浮誇自不待言。不過東漢人敢於誇言「盛於洙泗」，「尼父授魯，曷以復加」，適足以見經師「有為者亦若是」的氣勢。這種氣勢亦見於孔子十九世孫泰山都尉孔宙碑。碑曰：「天姿醇皼，齊聖達道」；又曰：「躬忠恕以及人，兼禹、湯之皋己」（《隸釋》卷七）。聖人子孫敢言「聖」尚有可說，又竟然以人臣與古帝王禹、湯相比，並不多見。「皋己」乃帝王用語，人臣如何能用？歐陽修讀碑至此，

圖7　和林格爾漢墓墓主夫婦壁畫局部摹本

36　《和林格爾漢墓壁畫》（北京：文物出版社，1973）。

斥其「不類」（《隸釋》卷廿附《集古錄》）。他說這是「漢世近古，簡質猶如此」。易言之，宋世不同於漢代，宋代士大夫絕不敢如此僭越。

漢人標榜古聖先賢以孔子、孔門弟子或古聖王輔佐皋陶、伊尹、呂尚、周公、召公等較為普遍。堯、舜、禹、湯、文王、武王多用以稱頌皇帝，用來比擬人臣的情形極少。王莽敗後，赤眉入關中。光武勑令大司徒鄧禹進兵，曾說：「司徒，堯也；亡賊，桀也」云云（《後漢書·鄧禹傳》）。是時光武甫稱帝，鄧禹手握重兵。他以堯稱鄧禹，情況不同於一般士大夫之相互標榜。其次一個例子是前文提到王充以文、武、周公比擬劉向、歆父子、揚雄和桓譚。王充《論衡·超奇》一篇旨在論文章著述優劣，有儒生、通人、文人、鴻儒之分。他說：「夫通覽者世間比有，著文者歷世希然。」而近世之劉、揚、桓之著文可比古之文、武、周公。這種比法在漢代似絕無僅有。

一般而言，自景帝時黃生與轅固生辯論湯、武革命，景帝以「學者無言湯武革命，不為愚」作結以後（《史記·儒林傳》），湯、武革命一事在漢代有相當的禁忌性。司馬遷曾說：「是後學者莫敢明受命放殺者」。司馬遷這話可和武帝時河間獻王的一個故事相參證：

> 孝武帝時，獻王朝，被服造次必於仁義，問以五策，獻王輒對無窮。孝武帝艴然難之，謂獻王曰：「湯以七十里，文王百里，王其勉之。」王知其意，歸即縱酒聽樂，因以終。（《史記·五宗世家》河間獻王條集解引《漢名臣奏》）

武帝藉「湯以七十里，文王百里」暗示了他對一個有才德諸侯王的疑懼，而河間獻王亦心知其意。武帝引用典故的寓意漢代人十分熟悉。《戰國策·楚策》云：

> 客說春申君曰：「湯以亳，武王以鄗，皆不過百里以有天下。今孫子〔荀卿〕，天下賢人也，君籍之以百里勢，臣竊以為不便於君。何如？」春申君曰：「善」，於是使人謝孫子。

稍早的《韓詩外傳》和較後劉向的《孫卿書錄》、應劭的《風俗通義·窮通》都有這個故事。在這種情況下，商湯、文、武大概不是一般人敢於隨意比

擬。元帝在給淮陽憲王欽的璽書裡曾責備說：「有司奏王，王舅張博數遺王書，非毀政治，謗訕天子，褒舉諸侯，稱引周、湯，以謬惑王，所言尤惡，悖逆無道……」（《漢書·宣元六王傳》）張博為淮陽憲王舅，為求外家富貴，數以書信鼓動淮陽憲王入朝，伺機取太子而代之。[37] 事洩，張博諸人棄市。細查〈宣元六王傳〉所錄張博書信，信中提及「大王即有周、邵之名」。周、邵為王佐，漢臣以此相互稱譽的極多。[38] 信中又有「湯、禹所以成大功」，「禹治鴻水，百姓罷勞」之句。這些稱引為政敵中書令石顯所利用。其時元帝有疾，不親政事，事無大小皆委決於顯（《漢書·佞幸傳》）。石顯逞其刀筆，將張博信中的「周、邵」、「禹、湯」誣為「稱引周、湯」，將原來王佐輔政之義曲解為行湯、武革命，立陷張博於悖逆無道之罪。在家天下的時代，比擬有革命意味的湯、武，實為天子所難容。儒生可以標榜孔聖，因為孔子「無位」，畢竟不同於有位的帝王。孔宙碑敢言「兼禹、湯之皋己」，在漢碑中絕無僅有。這或許多少是仗恃孔聖及其子孫在漢代特殊的地位吧。

漢世無論君臣都對聖人充滿嚮往。漢世究竟有無聖人？漢代儒生士人都感關切。[39] 漢代皇帝貴為天子，理論上擁有一切的權力，可是評斷誰為聖人之權，事實上卻在士子儒生手上。

從上文可知，對董仲舒、揚雄諸人是否為聖人，儒生意見並不一致。

37　張博鼓動淮陽憲王書信的語意頗為隱晦。可以窺見他有意鼓動淮陽憲王取太子而代之的一句是「而梁、趙之寵必歸大王」。如淳曰：「梁王，景帝弟，欲為嗣。趙王如意幾代惠帝也。」同信又謂：「今陛下春秋未滿四十，髮齒墮落，太子幼弱，佞人用事」云云，則其旨意略可窺見。

38　例如《漢書·谷永傳》谷永與王譚書云：「君侯躬周、召之德」，又謂大將軍王音「任周、召之職」；〈蕭望之傳〉鄭朋奏記蕭望之曰：「將軍體周、召之德」；《後漢書·謝夷吾傳》班固薦謝夷吾曰：「有周、召之風」；〈皇甫規傳〉申屠蟠曰：「今大將軍梁冀，河南尹不疑，處周、邵之任。」又董仲舒〈詣丞相公孫弘記室書〉云：「君侯以周、召自然休質，擢升三公」（《古文苑》卷十）。

39　例如《論衡·實知》：「王莽之時，勃海尹方年二十一，無所師友，性智開敏，明達六藝。魏都牧淳于倉奏：『方不學，得文能讀誦，論義引五經文，文說議事，厭合人之心。』帝徵方，使射蜚蟲，筮射無非知者，天下謂之聖人……不學自能，無師自達，非神如何？」

可是對漢世皇帝是否為聖人或聖王，儒生的意見卻是一致的。儒生對王莽一度存有幻想，不久即告破滅。漢代皇帝口碑最好的應屬文帝。司馬遷和班固一致以「仁」相許（《史記·孝文本紀》史公曰；《漢書·文帝紀》贊）。這最多是承認了文帝是仁人，而非更高一級的聖人。漢世無聖帝，殆為儒生的定論。第一位公開說漢帝不是聖人的是公孫弘。公孫弘以對策第一，待詔金馬門，其上疏有這樣一段：

> 陛下有先聖之位而無先聖之名，有先盛之民[40]而無先聖之吏，是以勢同而治異。先世之吏正，故其民篤；今世之吏邪，故其民薄……夫使邪吏行弊政，用倦令治薄民，民不可得而化，此制之所以異也。（《漢書·公孫弘傳》）

他說武帝有「先聖之位而無先聖之名」，又說他用邪吏，故治異於先聖，明白否定了當今天子的聖人地位。[41] 武帝對公孫弘直率的說法，並不以為忤，反問他：「自視孰與周公賢？」可見武帝即位之初，崇信聖道，詔求賢良，並沒有真正自以為是聖人。從這裡也可以知道，漢世臣子稱天子為「聖主」、「聖上」、「聖帝」、「聖朝」，比天子為堯、舜，是帶有期望意味的恭維，也可以說是一種朝臣之禮。章奏中的辭令並不代表他們對皇帝品質真正的看法。

他們真實的看法在王充《論衡》〈宣漢〉、〈恢國〉、〈驗符〉、〈須頌〉諸篇有十分明白的記錄。王充在這幾篇裡原本企圖證明漢世皇帝是超越五帝三王的聖人，無意間卻透露出當時儒生的想法正好相反。〈宣漢〉篇一開始就說：

> 儒者稱五帝三王制天下太平。漢興以來，未有太平。彼謂五帝三王致太平，漢未有太平者，見五帝三王聖人也。聖人之德，能致太平。謂漢不太平者，漢無聖帝也。

漢儒一般從漢世無太平，證明漢帝不是聖帝！王符《潛夫論》也說：

---

40 百衲本及王先謙補注本皆作「有先聖之民」，新校標點本作「有先聖之名」。按下文有「其民篤」，「其民薄」之句，可知此處應作「有先聖之民」。新校標點本，誤。

41 董仲舒在天人三策中也明白表示武帝非堯舜之匹。

三代於世，皆致太平。聖漢踐祚，載祀四八，而猶未著者，教不假〔汪繼
培箋：當作修〕而功不考，賞罰稽而赦贖數也。(〈考績〉)

王符雖然不能免俗稱「聖漢」，然而漢世太平「未著」，則漢帝並非真正聖
帝。這是儒生真正普遍的看法。奏章言聖只是禮儀敷衍，十分明白。又
《漢書·古今人表》評等人物，有古人而無今人。其中一個大原因顯然是
史臣企圖迴避漢天子是否列入「聖人」這個嚴重而又尷尬的問題。梁玉繩
謂：「若表今人，則高祖諸帝悉在優劣之中，非班所敢出也。」(王先謙《漢
書補注》引) 其說誠是。[42]

五 餘論

聖人的涵義複雜，在中國歷史上的意義也是多方面的。這篇小文不過
是就秦漢皇帝和「聖人」這一政治符號之間的關係，作些初步討論。雖也
略及其他，值得進一步追究的還很多。例如：聖人涵義的變化、聖人和聖
王概念的異同、聖人是否可學以及如何成為聖人等等。討論這些問題都不
能局限在秦漢時期，牽涉的方面也遠較本文為廣泛。

限於篇幅，這裡僅略略補充一二前文未盡之處。第一、前文提及武
帝、宣帝和王莽追求的聖人是兼具「治世」與「得道」二義的聖人。這種
情形，已有秦始皇為前例。始皇自三十五年開始自稱真人，不稱朕；三十
六年，使博士為仙真人詩，令樂人歌弦之。根據戰國道家的觀點，真人乃
在聖人之上，能超脫於生死之外，所謂「不知說生，不知惡死」(《莊子·
大宗師》)，「上與造物者遊，而下與外死生，無終始者為友」者也。(《莊子·
天下》) 始皇自以為超邁三王五帝。三王五帝是古聖人，如果自以為聖人，

42　清代學者敬惲謂：「孟堅為漢人，于漢之君臣將如何而差等之？是故次古人即以表今人也。哀
平之閒，蓋多故矣，孟堅于身無事功而為弒與被弒被滅者，列之第九等之愚人而有事功者列
之第八等，所以著哀平王莽之罪也」云云，其詳可參《大雲山房文薰》初集卷二「古今人表
書後」條 (四部叢刊初編上海涵芬樓景印同治八年刻本)，頁40。承何漢威兄見示，謹謝。

不過與古聖人相等。如要超越他們，則必稱真人或神人。從另一意義上說，始皇一生求仙，到了晚年，真正令他醉心的就是這種得道成仙的聖人。這和早年「崇信聖道」，「及後恣己」的武帝頗為類似。

其次，近世學者多強調秦始皇和法家的關係。法家和秦建國的關係不容否認。不過其他各家發生的作用也不宜忽視。事實上，始皇為鞏固新統一的天下，頗兼採各家主張。換一個角度看，是他無法自外於當時各家合流，共締一統的大思想環境。以儒家為例，二十八年，始皇第一次東巡，即與魯諸儒生議刻石，又議封禪。他企圖塑造的聖人形象是自功德立論，基本上這是儒家論聖人的立場。而他在石刻中臚列的功德，最少在表面上頗多符合儒家的要求。三十七年，他南遊雲夢，望祀虞舜於九疑山，又上會稽，祭大禹。舜、禹都是儒家盛讚的古聖人，而始皇於焚書坑儒之後猶敬禮之。瀧川資言《考證》指出：「祀虞舜，祭大禹，始皇未嘗不重古聖人也。」（〈秦始皇本紀〉）這是始皇晚年的事。秦二世即位，行事多效始皇。巡行、刻石之外，他又因群臣議立天子七廟。這是儒家主張的禮制。如果秦始皇真是全面反儒，二世在即位之初，應當不致如此去做。始皇與二世除了兼採儒、法，推五德終始以改制，是採五行家之說；夷城池，銷兵器則是實現以墨家及宋鈃、尹文等（《莊子‧天下篇》）為主的弭兵理想；行重農輕商，也是體現當時普遍流行的看法（如銀雀山漢簡《守法守令篇》），不單是執行法家的主張。總之，秦政體現的思想有它的複雜性，單純從「儒法對立」去理解，是得不到真相的。

原刊《國史釋論——陶希聖先生九秩榮慶祝壽論文集》（臺北：食貨出版社，1988），頁 389-406；95.12.11 修訂，105.2.6 除夕前一日再訂

漢武帝在馬邑之役中的角色

元光二年六月，因王恢之議，漢以三十萬眾，五將並出，伏馬邑，計誘單于。是役，因單于察覺脫走，漢眾無功而退。王恢坐首謀不進，下獄自殺。此事見諸《史》、《漢》。《漢書·韓安國傳》並詳載韓安國與王恢於朝中辯論和戰一事。此一辯論不見於《史記》，卻見於《新序》。因《新序》所載與《漢書》十分接近（參本文附錄一），過去學者多為辯論吸引，除據以考證班固嘗採《新序》著《漢書》，幾無人注意《新序》有一《史》、《漢》所無，卻十分重要處，即「孝武皇帝自將師，伏兵於馬邑，誘致單于」十六字。[1]

此十六字，語意清楚，謂武帝嘗親率兵，埋伏馬邑，誘陷單于。此句傳世各本皆同，無版本問題。句首言「自將師」，書一「自」字，為武帝親自將師，不可能有別解。因漢代皇帝除打天下之高祖與光武，從無領兵親征者。如《新序》所言不虛，武帝乃唯一例外。漢代皇帝與軍事之關係如何，倘欲深論，則武帝是否曾親赴馬邑一事，不可不辨。其中首要問題

1 　《新序·善謀下》，頁 17 上。經查下列著作，皆不曾提及此一差異。盧文弨，《群書拾補》；孫詒讓，《札迻》；王先謙《漢書補注》；錢大昭，《漢書辨疑》；錢大昕，《廿二史攷異》；沈欽韓，《漢書疏證》；瀧川龜太郎，《史記會注考證》；梁玉繩，《史記志疑》；王鳴盛，《十七史商榷》；趙翼，《廿二史箚記》；楊樹達，《漢書窺管》；王叔岷，《史記斠證》；陳直，《史記新證》、《漢書新證》；蔡信發，《新序疏證》；梁榮茂，《新序校補》；蒙傳銘，〈新序校記〉；盧元駿，《新序今註今譯》；趙仲邑，《新序詳註》；張維華，〈論漢武帝〉；凌稚隆，《史記評林》、《漢書評林》；吳汝煜，《史記論稿》；聶石樵，《司馬遷論稿》；劉乃和編，《司馬遷和史記》。唯一提到的是石光瑛校釋，陳新整理，《新序校釋》（北京：中華書局，2001），頁 1398。

當在《新序》所載是否可信？《新序》與《漢書》之關係如何？又此事為何不見於《史》、《漢》？

一　《新序》與《漢書》的關係

先說《新序》與《漢書》之關係。劉向輯《新序》、《說苑》多錄漢代史事，其與《史》、《漢》重出並見者頗多。班固採擇劉向處，古今學者多能檢證。《西京雜記》卷六謂「班固所作，殆是全取劉書，有小異同耳。」近人王利器〈漢書材料來源考〉一文舉證尤備。[2] 唯王氏所舉，除一二短例，並未逐一細審兩者間之出入。今將王氏所舉《說苑》、《新序》例與《漢書》一一核對，發現二者異同有以下幾類：

第一，僅文字小異，內容與詳略幾全同者。如《說苑‧善說》與《漢書‧吾丘壽王傳》述吾丘壽王說周鼎事（參附錄二）、《說苑‧正諫》與《漢書‧枚乘傳》錄枚乘諫吳王前書（參附錄三）、《說苑‧權謀》與《漢書‧霍光傳》敘茂陵徐生事（參附錄四）。此外，《漢書‧路溫舒傳》錄溫舒尚德緩刑疏，較《說苑‧貴德》所載多三百三十餘字（參附錄五），唯相同部分僅文字小異而已。

第二，《說苑》、《新序》略，而《漢書》詳者。如前條路溫舒之疏，胡建殺北軍監軍御史事（參附錄六），于定國諫殺孝婦事（參附錄七），丙吉於宣帝微時有恩事（參附錄八），又枚乘諫吳王，先後有二書，《說苑》僅錄其一，武帝輪臺詔，《新序》節大要二十餘字，《漢書‧西域傳》幾詳載全文。此條王利器未輯。

第三，敘事雖同，而敘事場合不同者。如《太平御覽》六八二引《新序》述昌邑王以二千石綬、黑綬、黃綬佩左右賤人，龔遂以諫。《漢書‧霍光傳》是於群臣　迫昌邑王去位奏疏中提及授綬事。又枚乘諫吳王書，

2　王利器，〈漢書材料來源考〉，《文史》，21（1983），頁 1-20。

《說苑》謂上於吳王反後，《漢書》謂上於吳王謀逆之時；亂起後所上為另一書，《說苑》未錄。

第四，事同而出入頗多者。如于定國身世，《漢書・于定國傳》謂為東海郯人，其父于公為縣獄史、郡決曹；〈貴德〉篇作東海下邳人，其父為縣獄吏決曹掾。又其傳謂「始定國父于公，其閭門壞，父老方共治之，于公謂曰：少高大閭門」云云，師古曰：「閭門，里門也。」〈貴德〉則云：「于公築治廬舍，謂匠人曰：為我高門。」再如胡建事，《漢書》謂在武帝天漢中，〈指武〉篇作昭帝時，前書謂其為守軍正丞，後者謂守北軍尉。楊王孫病且死，《漢書》謂祁侯與王孫書以諫，〈反質〉篇謂祁侯親「往諫」。祁侯所諫與王孫所答，《漢書》有較〈反質〉篇詳細處，也有四十餘字全不同者（參附錄九）。

第五，《新序》詳，而《漢書》簡略或刊落者。如《太平御覽》卷七一〇引《新序》謂：「昌邑王徵為天子，到滎陽，置積竹刺杖二枚。龔遂諫曰：積竹刺杖者，驕蹇少年柱也。大王奉大喪，當挂竹杖」。《漢書・昌邑王傳》但云：「賀到濟陽，求長鳴雞，遂置積竹杖。」長鳴雞不見於《新序》，滎陽、濟陽亦有異。此二事可分歸第二、四類為例。《新序》多載龔遂諫昌邑王事，除王利器所考二例，見於《太平御覽》者至少尚有龔遂諫以冠賜儒及奴一例（卷五百引），而為《漢書》所無。再者，即武帝自將師伏兵馬邑事，載於《新序・善謀》，而不見於《漢書》。

概觀以上五類，除第一類可曰班本之於劉，其餘則不無可商。蓋據王利器先生考證，司馬遷之後，續《史記》之好事者有褚少孫以下十六家。其在班氏父子之前者，至少有褚少孫、劉向、劉歆、馮商、揚雄、陽成衡、史岑七家。諸家採錄前朝與當代之事，難免詳略互見，述事有異同。劉向所載，他家非必無；劉向略或竟刊落者，亦可詳見於他家。惜他家之作，除一二因附見《史》、《漢》而傳，幾已全佚，無法逐一與《漢書》比勘。否則，更易確定《漢書》與劉書之關係。《漢書》除本之於《史記》，太初以後，本於劉向、歆父子者最多，殆無疑義。然則班氏博採，除非確知某事獨見於《新序》或《說苑》，似不宜因略見班書與二書同，遽斷前

者本之於後者，蓋留心前朝大事與文獻者，非只劉氏。一事數錄，同出一源，實難言班必本於劉也。又孟堅為蘭台令史，得睹中秘，前朝遺文，雖經莽末之亂，並未全泯。[3] 據秘府，參諸家，班氏大可以他處之所詳補劉書之所略，故路溫舒疏奏得增三百三十餘字，枚乘諫吳王兩書得並載於史，又丙吉於宣帝舊恩得詳而言之。前第四類舉班、劉史實之異，尤須注意。蓋班固廣採博擇，於不同處如非別有所本，即另有勘考斟酌。此等歧異處，最足以證班、劉敘事雖近似，卻非班「本之於」劉。如班非本於劉，本於何者？除王利器文曾鉤稽之私人著述外，當以秘書為主，[4] 幾無可疑。

王利器先生有一意見極精要，曰：「《新序》所載事與《史》、《漢》合者，或劉氏採諸《史記》，非班氏採諸劉也。《說苑》內所載事與《史》、《漢》同者，亦當作如是觀。」[5] 以本文所論馬邑事為例，正是如此。《史》、《漢》俱言韓安國率五將赴馬邑，此班本乎史遷，非本於劉。為何《史》、《漢》同辭，劉說獨異？而何者為可信？愚意《新序》或為實錄，而《史》、《漢》有所諱也。然《新序》所據失實，史、班並不取，亦非全不可能。因少異源確證，實難一言而斷。以下所論，不過據理而推，非敢言必。

曰《新序》或為實錄，可得而言者有二：今本《新序》雖殘，然為劉向所校輯，應無可疑。《史記·商君列傳》《索隱》以為劉歆所撰，盧文弨曾舉證駁小司馬之非。[6] 近人羅根澤則疑劉向係「校」而非「撰」或「著」《新序》、《說苑》二書。[7]《漢書·楚元王傳》謂：「向采傳記行事，著《新序》、《說苑》五十篇，奏之。」漢人於撰著與編校之別，不若今人嚴格，

3　《後漢書·儒林傳》：「初，光武遷還洛陽，其經牒秘書載之二千餘兩，自此以後，參倍於前。」從此可知，前漢典籍頗有存者。

4　班氏家有藏書，為秘書之副，受賜於成帝時，參《漢書·敘傳上》。固後為蘭臺令史，出入秘府，所見當更多。

5　王利器，〈漢書材料來源考〉，《文史》，21（1983），頁5。

6　盧文弨，《群書拾補》（臺北：商務印書館叢書集成初編本），頁441。

7　張心澂，《偽書通考》（臺北：明倫出版社，1971），頁637-639。

其所謂撰著者，以今人言之，常為編次董理，非自有新意，撰為篇章也。〈楚元王傳〉謂向「著」《新序》、《說苑》，實指採取已有之傳記行事。從而可知，《新序・善謀下》謂武帝「自將師伏兵於馬邑」為見諸載記，而為向所採擇者。劉向採擇，例經校讎。武帝時事，著記當存；如《新序》所述，有違著記，劉向理應刪削刊落；既未刊落，當是向以為尚屬「可觀」。所謂「可觀」，《漢書・藝文志》曰：「諸子十家，其可觀者九家而已。」其不可觀者蓋「街談巷議，道聽塗說」之小說家者流。此亦即《說苑》敘錄所說「別集以為百家後」之「淺薄不中義理者」。[8] 易言之，〈藝文志〉歸《說苑》、《新序》於儒家，自劉向、歆及班固觀之，二書合乎義理，非淺薄之道聽塗說，其有可取之意甚明，此其一。

又〈善謀〉下篇所錄皆漢世謀之善者，共十四事。以與《史》、《漢》比勘，除詳略、字句間有不同，史實幾無出入。以馬邑事一節而言，全節旨在稱述韓安國之謀。劉向將（1）王恢與韓安國之議，（2）馬邑之伏，與（3）武帝下輪臺詔，從安國息兵安民之本謀三事連綴為一。以（1）而言，《史記》未載，〈善謀〉必據朝議著記而成，此猶桓寬之錄鹽鐵議，班固之記白虎觀議經也；以（3）而言，《史記》亦未錄。〈善謀〉僅節抄原詔大意，其詳則見《漢書・西域傳》。不論詳略，〈善謀〉與《西域傳》原皆本之詔令舊檔，殆無可疑。如（1）、（3）皆非依傍《史記》而本於著記舊檔，則〈善謀〉述馬邑之伏，遂及武帝自率師事，亦以本諸舊檔最為可能。武帝時內有禁中起居注之制，外有太史，一言一動，皆在著記。[9]《漢書・藝

8　《說苑・敘錄》云：「除去與新序復重者，其餘者〔盧文弨案：疑衍〕淺薄不中義理，別集以為百家後〔文弨案：疑有脫文〕，令以類相從，一一條別篇目，更以造新事，十萬言以上，凡二十篇，七百八十四章，號曰新苑，皆可觀。」此段文字顯有脫誤，其云「淺薄不中義理，別集以為百家後」，蓋指在《新序》與《說苑》之外之「不可觀」者。余嘉錫《四庫提要辨證》（北京：中華書局，1974，頁 346-347）、徐復觀《兩漢思想史》（臺北：學生書局，1979，頁 64）、嚴靈峰〈劉向說苑敘錄研究〉（《大陸雜誌》，56：6（1978），頁 37），皆以為〈藝文志〉小說家末所列〈百家〉三十九卷即《說苑》敘錄所說之百家後。

9　禁中起居注事見《抱朴子・論仙篇》、《隋書・經籍志》起居注條、《史通・史官建置》、《通典・職官三》等；司馬談、司馬遷為太史令，皆嘗隨武帝巡幸。

文志》春秋類有漢《著記》百九十卷（師古曰：若今之起居注）。此等著記，隨事成篇，非供刊布，較少忌諱，其可信應在《史》、《漢》等二手著作之上。劉向校書中秘，得而見之，用以校《新序》，此或《新序》較近乎實錄者也，此其二。

《漢書・韓安國傳》除增韓安國與王恢和戰之議約一千二百言，餘幾全襲《史記・韓長孺傳》。此千餘言與《新序・善謀》所錄，除文字小異，大抵相同。班固引用文字，例有增刪修潤，雖襲《史記》之文，亦不能免。因而謂此班本於劉，或無大謬。唯班在蘭臺，得睹秘府，韓、王之議，著記倘存，則班亦非必本於劉也。如今著記典冊不傳，何者為是，誠難確言。要之，武帝自率師馬邑事，班從史遷而刊落，未從劉向，皎皎然可知。

班從史遷，不從劉，係因劉誤不可從，抑或仍有所諱？以愚臆度，二者皆有可能，唯似以後者可能性較大。謂二者皆可能，蓋劉向校《新序》並非全然無誤，[10] 武帝自率師馬邑事失實之可能，不能全然排除。一般而論，劉向言漢時事，多經查考，其信實深得東漢人讚譽。應劭長於掌故，曾於《風俗通義》卷二論文帝、宣帝之優劣，即據劉向言，駁傳言之非。班固亦推崇劉向。《漢書・東方朔傳》傳末謂：「凡向所錄朔書，具是矣，世所傳他事皆非也」，又贊曰：「劉向言少時，數問長老賢人通於事及朔時者，皆曰朔口諧倡辯，不能持論，喜為庸人誦說，故令後世多傳聞者」云云。劉向既曾親詢知東方朔事者，則其於武帝事，自亦可探訪耆舊，以得其實。因此，劉向謂武帝嘗率師馬邑，應非無中生有。班不用劉，其原因似須於他處著眼。

10　參余嘉錫，《四庫提要辨證》，頁 548-549；蒙傳銘，〈新序校記〉，《新亞書院學術年刊》，12（1970），頁 22、27、29。

二 《史記》、《漢書》書法

　　司馬遷、班固撰述漢史，於前朝及當代之事難免因顧忌而隱諱。史遷因李陵事，得罪武帝，身受奇辱，憤而著書。其於當朝天子，頗多不滿，時有抨擊。惜〈今上本紀〉失傳，本紀中，史遷如何落墨，不可知。《西京雜記》與《魏志·王肅傳》有武帝見《史記》，怒削景及己〈紀〉之說。此說之不可據，顧頡剛先生於《法華讀書記》曾明辨之，並謂：「史公〈自序〉曰：『天下翕然，大安殷富，作〈孝景本紀〉；漢興五世，隆在建元，作〈今上本紀〉，可知〈紀〉中必不作毀謗語，祇殘缺失傳爾，豈削之哉！』」[11] 是否必不作毀謗語，實不敢言，唯他處之抨擊，正如下引明帝所言，以「微文譏刺」為特色。[12] 此迫於時勢，不得不耳。〈匈奴列傳〉之太史公曰：「孔氏著《春秋》，隱、桓之閒則章，至定、哀之際則微，為其切當世之文而罔襃，忌諱之辭也。」史公既師《春秋》，必遵當世則微之法。班固為蘭臺令史之先，嘗因私撰國史，繫獄京兆，命幾不保。後明帝閱其所撰，招在蘭臺，得續成書。明帝於史臣書漢家事十分在意。嘗命班固等論史遷微文譏刺之非，謂：「司馬遷著書成一家之言，揚名後世。至以身陷刑之故，反微文刺譏，貶損當世，非誼士也。司馬相如汚行無節，但有浮華之辭，不周於用，至於疾病而遺忠，主上求取其書，竟得頌述功德，言封禪事，忠臣效也。至是賢遷遠矣。」（《典引》序）明帝以為著史不可貶損當世，以歌功頌德為忠臣，其旨昭昭然。班固伏誦「聖論」，因作《典引》之篇，以頌漢德。[13] 又據《後漢書·明帝紀》及《論衡·佚文篇》，知

11　顧頡剛，《顧頡剛讀書筆記第五卷》（臺北：聯經出版公司，1990），頁3394。

12　參李長之，《司馬遷之人格與風格》（臺北：開明書店，1974），頁256-257、283-284、335、369-377。又據《太史公自序》，《史記》有〈今上本紀〉，惜不傳。

13　其事詳見《史記·秦始皇本紀》後附「孝明皇帝十七年十月十五日乙丑」為首之一段，及《文選》卷四十八錄班固《典引》序：「臣固言：永平十七年，臣與賈逵、傅毅、杜矩、展隆、郗萌等，召詣雲龍門，小黃門趙宣持秦始皇帝本紀問臣等曰：太史遷下贊語中，寧有非耶？臣對：此贊賈誼過秦篇云，向使子嬰有庸主之才，僅得中佐，秦之社稷未宜絕也。此言非是。即召臣入，問：本聞此論非耶？將見問意開寤耶？臣具對素聞知狀。詔因曰：司馬遷

同年，因芝草生殿前，神雀集京師，班固與百官各上《神雀頌》。[14] 於此可見時主所施壓力與班固身為史臣之難違時勢。此就時勢與二人切身遭際設想，有不便直書武帝親征失敗之處。

其次，或謂劉向既已言武帝赴馬邑，班固在後，何須更為之諱？劉向校書，係纂輯舊文，舊文自有是非，不可全責校書者。班固撰史蘭臺，踵繼史遷，為一代之國史，其輕重與斟酌，自與劉向不同。余嘉錫《四庫提要辨證》謂：「向所定著之群書，如後人之為編詩文集，但收拾之，無所放失，其文之美惡，編者固不與。即向自撰之《新序》、《說苑》，本傳明云采之傳記，則其書亦但如後人之撰總集。《隋志》、《舊唐志》凡總集皆題為某人撰，文之美惡，固當負責。至於用事之錯謬，則作文者之事，非撰集者之事也。惟太史公、班固之書雖多采他人之作，然既以敘事為主，又已筆削改竄，乃可以此責之耳。」（頁 549）余先生說實獲我心。又《漢書·藝文志》以《太史公》百三十篇入《春秋》，乃經；以劉向所序六十九篇「自注：《新序》、《說苑》、《世說》、《列女傳頌圖》也」入儒家，乃諸子，輕重差異甚明。王充謂：「孔子之《春秋》，素王之業也，諸子之傳書，素相之事也」（《論衡·超奇》)，即可見《春秋》與諸子書分量之不同。劉校舊籍，如非過謬，即加輯錄，是其書每一事，錄數說，不妄裁斷；班

著書成一家之言，揚名後世，至以身陷刑之故，反微文刺譏，貶損當世，非誼士也。司馬相如涊行無節，但有浮華之辭，不周於用，至於疾病而遺忠，主上求取其書，竟得頌述功德，言封禪事，忠臣效也。至是賢遷遠矣。臣固常伏刻誦聖論，昭明好惡，不遺微細，緣事斷誼，動有規矩，雖仲尼之因史見意，亦無以加。臣固被學最舊，受恩浸深，誠思畢力竭情，昊天罔極。臣固頓首頓首。伏惟相如封禪，靡而不典；楊雄美新，典而亡實，然皆游揚後世，垂為舊式。臣固才朽不及前人，蓋詠雲門者難為音，觀隋和者難為珍。不勝區區。竊作典引一篇，雖不足雍容明盛萬分之一，猶啟發憤滿，覺悟童蒙，光揚大漢，軼聲前代，然後退入溝壑，死而不朽。」安作璋《班固與漢書》（濟南：山東人民出版社，1979）一書頁 61 以為《典引》作於章帝之世，似誤。

14 《後漢書·明帝紀》永平十七年「是歲甘露仍降，樹枝內附，芝草生殿前，神雀五色翔集京師」。《論衡·佚文篇》：「永平中，神雀群集。孝明詔上爵頌〔劉文典曰：《御覽》五百八十八引正作神爵頌。《後漢書·賈逵傳》：「帝敕蘭臺給筆札使作神雀頌。百官頌上，文皆比瓦石，唯班固、賈逵……五頌金玉，孝明覽焉。」

修國史，自視甚高，其〈敘傳〉謂：「凡《漢書》，敘帝皇，列官司，建侯王，準天地，統陰陽，闡元極，步三光，分州域，物土疆，窮人理，該萬方，緯六經，綴道綱，總百氏，贊篇章。函雅故，通古今。」所謂準天地，統陰陽，闡元極，步三光，窮人理，該萬方，何異於史遷之「究天人之際」？所謂函雅故，通古今，即明明為史遷之「通古今之變」，所謂緯六經，綴道綱，總百氏，贊篇章，亦「成一家之言」之意。則其企圖何止修史，可謂百三十篇後又作一經！此或劉向可說，班固寧從史遷而不言。蓋以史為經，必嚴義理。史遷作《太史公書》，以繼《春秋》為志職，所師者《春秋》筆法。〈公羊傳〉曰：「《春秋》為尊者諱，為親者諱，為賢者諱」（閔公元年）。此一義理，史、班皆奉為圭臬。武帝親赴馬邑事不見於《史》、《漢》，蓋為尊者諱乎？

再者，班固於史遷之同情及其個人立身哲學亦須注意。班書〈司馬遷傳〉贊曾云：「嗚呼，以遷之博物洽聞，而不能以知自全，既陷極刑，幽而發憤，書（師古曰：言其報任安書，自陳己志，信不謬。）亦信矣。跡其所以自傷悼，〈小雅·巷伯〉之倫。夫唯〈大雅〉：『既明且哲，能保其身』，難矣哉！」班固於史遷之陷極刑，感慨極深，除全錄其報任安書，以明其志，亦不無同為史臣，處境相類，自傷自憐之意。班又謂遷「不虛美，不隱惡」，「不能以知自全」，是憫其憤筆譏刺，觸怒當道，未能明哲保身。明哲保身者，班之立身哲學。則其於史遷竟亦諱言處，自以隨而諱之為上策。

馬邑事詳見《史記·韓長孺傳》。傳中於武帝角色甚為隱諱，僅藉詳述王恢事後遭遇，譏刺武帝藉口首謀，必欲其死，以為替罪。馬邑事在元光二年（西元前 133 年），距史遷作書約僅三十年，[15] 武帝仍當朝，傷痛未平，忌諱猶深，史臣何敢明言？韓安國本反對興兵，不意反以護軍將軍之名，護諸將，伏馬邑。如《新序》可從，則此顯以領軍之責，加諸安國，意在迴護武帝。安國代君受過，史公未能伸其冤，史公之不得已，唯隱約

---

15 司馬遷始作《史記》於太初元年（西元前 104 年）。參鄭鶴聲，《司馬遷年譜》（臺北：國史研究室，1973），頁 69-70；李長之，前引書，頁 99-101；朱東潤，《史記考索》（臺北：開明書店，1969），頁 230。

中可見。《史記・韓長孺傳》太史公曰：「余與壺遂定律曆，觀韓長孺之義，壺遂之深中隱厚，世之言梁多長者，不虛哉！」太史公以「義」與「長者」稱許長孺。按傳中所記，長孺善遇曾辱其身之獄吏，有長者寬厚之風；長孺為梁孝王中大夫，為孝王說竇太后，釋景帝、太后與孝王間嫌隙，又勸孝王出公孫詭、羊勝，以安梁國，此皆明其為臣之義。然此類事，所在多有，似不足以特加稱許。長孺以御史大夫為護軍將軍，統諸將，隨武帝赴馬邑；馬邑無所得，長孺擔負統軍之名，以脫武帝之責。代君受過，亦不足為奇，蓋依封建禮法，功歸於上，過歸於己，乃為臣之義。董仲舒謂：「春秋君不名惡，臣不名善；善皆歸於君，惡皆歸於臣。」（《春秋繁露・陽尊陰卑》）然長孺暗受冤屈而不能張，則為難能。史公知其冤，欲伸之，又格於為君諱之義，反曲筆以領軍馬邑之責加諸長孺，其中無奈，盍可盡言？遂著一「義」字，供後人玩味。王恢亦為替罪，史公於恢則少同情。蓋用兵域外，禍及生民，史公一向反對。其譏刺武帝征戰，書中處處可見。王恢倡議用兵，無異幫凶，自史公言之，是何可忍？故於王恢竟無一辭之贊。

然《春秋》筆法於隱諱之外，尚有微言一義。班書承統，亦不免微言。[16] 細繹《史》、《漢》韓安國二傳，則知班固雖從史遷，有所諱，亦有意刺武帝，張王恢之冤。《漢書》韓傳敘安國與王恢之議後，有《史記》所無之「上曰：善，乃從恢議」七字。此七字意圖甚明：王恢雖首謀，武帝若不從，即無馬邑之事；從其議，則何能卸責？《史記》太史公曰於王恢無一辭之贊，班書則贊曰：「若王恢為兵首而受其咎，豈命也虖？」班將其冤歸之於命，同情之意，溢於言表。然格於國史，終不得明書武帝自率師伏馬邑也。

又或謂高祖征匈奴，敗於平城，士卒歸者不過什三，高祖幾不得脫，漢人於此無所諱；馬邑之圍，未損兵折將，無所獲而已，又何須深諱？斯問，誠然。必臆度之，或與高祖、武帝二人心態有關。高祖創天下，征戰無數，或勝或敗，已為常事，與群臣論得天下，亦不諱言「戰必勝，攻必

---

16 參徐復觀，前引書，頁477、503、505-506、532-535。

取」，已不如韓信（《漢書‧高祖本紀下》）。沙場老將於得失之間，或較能淡然處之。而高祖於平城以何計脫困，亦有恥不欲人知，史臣不得言者。武帝則不然。一則武帝血氣正盛，元光二年不過二十四歲，患得患失之心必較高祖為甚。二則自平城之敗，漢室子孫引為奇恥大辱，必報之而後快。文帝嘗欲親征，阻於群臣和太后（《漢書‧文帝紀》十四年）。武帝即位，亦以雪恥為志職。元光二年，自率將軍五，師三十萬，伏馬邑，一無所獲，大覺難堪。其難堪於責王恢之言可以概見，武帝曰：「首為馬邑事者恢，故發天下兵數十萬，從其言，為此。且縱單于不可得，恢所部擊，猶頗可得，以尉士大夫心，今不誅恢，無以謝天下。」（《史記‧韓長孺傳》）恢固以死代罪，安國亦被護諸將之名，頂武帝率師之責。武帝不甘失敗，自元光末至元狩四年，幾年年出師，大敗匈奴。元封元年，且勒兵十八萬，出長城，登單于臺，親向單于挑戰；太初四年，武帝詔：「高皇帝遺朕平城之憂，高后時單于書絕悖逆，昔齊襄公復九世之讎，《春秋》大之。」（《漢書‧匈奴傳》）其少年氣盛，必欲復仇之心，昭然若揭。則其當年嘗親赴馬邑，實甚可能。

三 結論

易言之，《新序》謂武帝「自將師伏兵於馬邑」，或非虛言，《史》、《漢》失載，非不明事實，蓋為尊者諱也。如愚說可取，則漢代四百年，除開國之高祖、光武，武帝為唯一嘗親征之天子。如反是，則除開國，漢天子親征者竟無一人。[17] 何者為是，幸大雅垂教焉。

79.10.23 四稿；96.5.16 稍有改訂

---

17 元封元年，武帝曾率十八萬騎，自雲陽，北歷上郡、西河、五原，出長城，北登單于臺，至朔方，臨北河，並遣使單于邀戰。（《漢書‧武帝紀》）此行似為親征，實則前一年秋，已遣公孫賀出九原，趙破奴出令居，「皆二千餘里，不見虜而還」（同前），匈奴早已遠遁。武帝之巡不過耀武揚威，為該年四月之封禪作準備，非真欲一戰也。《史記‧封禪書》云：「其來年冬，上議曰：古者先振兵澤旅，然后封禪。乃遂北巡朔方，勒兵十餘萬，還祭黃帝冢橋山，釋兵須如。」從此清楚可見，其北巡與封禪之關係。

後記

　　秦漢馬邑的位置，迄今仍待確認。據高一萍分析傳世文獻和近代考古調查，認為秦漢馬邑城即在今朔州市朔城區，平朔考古隊在此區內曾發現漢代磚瓦，其範圍和遺存和北齊所遺土牆基本相合。參高一萍，〈秦漢馬邑考釋〉，《通化師範學院學報》5（2018），頁 134-138。其說和明代〈馬邑城圖說〉的文字說明部分（圖 1）謂明洪武十六年所修的馬邑城「西至朔州城四十里」相合。我利用谷歌地球找到明馬邑城，其西十四五公里即現代的朔州市。

112.1.23

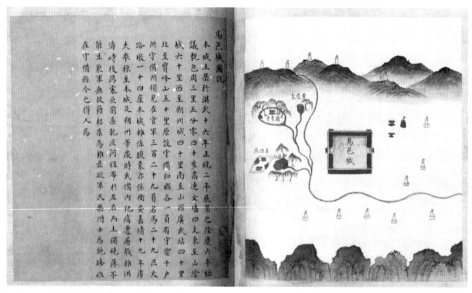

圖 1　明「馬邑城圖說」　明代馬邑城修於洪武十六年，城址在北緯 39°21' 10.71"、東經 112°63' 35.78"，漢代馬邑應在此附近，採自李孝聰、陳軍主編《中國長城志—圖志》，頁 212。

附錄一：馬邑之議──《新序》、《漢書》記載對照表

	《新序卷十・善謀下》 四部叢刊景宋本，頁 14 上-17 上	《漢書卷五十三・竇田灌韓傳》 北宋景祐刊本，頁 15 下-19 下
1	孝武皇帝時大行王恢數言擊匈奴之便可以除邊境之害欲絕和親之約御史大夫韓安國以為兵不可動孝武皇帝召群臣而問曰朕飾子女以配單于幣帛文錦賂之甚厚今單于逆命加慢侵盜無已邊郡數驚朕甚閔之今欲舉兵以攻匈奴如何大行臣恢再拜稽首曰善陛下不言臣固謁之臣聞全代之時比未嘗不有彊胡之敵內連中國之兵也然尚得養老長幼樹種以時倉廩常實守禦之備具匈奴不敢輕侵也今以陛下之威海內為一家天下同任遣子弟乘邊守塞轉粟輓輸以為之備而匈奴侵盜不休者無他不痛之患也臣以為擊之便	明年鴈門馬邑豪聶壹因大行王恢言匈奴初和親親信邊可誘以利致之伏兵襲擊必破之道也上迺召問公卿曰朕飾子女以配單于幣帛文錦賂之甚厚單于待命加嫚侵盜無已邊竟數驚朕甚閔之今欲舉兵攻之何如大行恢對曰陛下雖未言臣固願效之臣聞全代之時北有彊胡之敵內連中國之兵然尚得養老長幼種樹以時倉廩常實匈奴不輕侵也今以陛下之威海內為一天下同任又遣子弟乘邊守塞轉粟輓輸以為之備然匈奴侵盜不已者無它以不恐之故耳臣竊以為擊之便
2	御史大夫臣安國稽首再拜曰不然臣聞高皇帝嘗圍於平城匈奴至而投鞍高於城者數所平城之厄七日不食天下歉之及解圍反位無忿怨之色雖得天下而不報平城之怨者非以力不能也夫聖人以天下為度者也不以己之私怨傷天下之公義故遣劉敬結為和親至今為世利孝文皇帝嘗屯天下之精兵於嘗谿廣武無尺寸之功天下黔首約要之民無不憂少孝文皇帝悟兵之不可宿也乃為和親之約至今為後世利臣以為兩主之足以為效臣故曰勿擊便	御史大夫安國曰不然臣聞高皇帝嘗圍於平城匈奴至者投鞍高如城者數所平城之飢七日不食天下歌之及解圍反位而無忿怨之心夫聖人以天下為度者也不以己私怒傷天下之功故迺遣劉敬奉金千斤以結和親至今為五世利孝文皇帝又嘗壹擁天下之精兵聚之廣武常谿然終無尺寸之功而天下黔首無不憂者孝文寤於兵之不可宿故復合和親之約此二聖之足以為效矣臣竊以為勿擊便
3	大行曰不然夫明於形者分則不過於事察於動者用則不失於利審於靜者恬則免於患高帝被堅執銳以除天下之害蒙矢石沾風雨行幾十年伏尸滿澤積首若山死者什七存者什三行者垂泣而倪於兵夫以天下未力厭事之民而蒙匈奴飽佚其勢不便故結和親之約者所以休天下之民高皇帝明於形而以分事通於動靜之時蓋五帝不相同樂三王不相襲禮者非故相反也各因世之宜也教與時變備與敵化守一而不易不足以子民今匈奴縱意日久矣侵盜無已係虜人民戍卒	恢曰不然臣聞五帝不相襲禮三王不相復樂非故相反也各因世宜也且高帝身被堅執銳蒙霧露沐霜雪行幾十年所以不報平城之怨者非力不能所以休天下之心也今邊竟數驚士卒傷死中國槥車相望此仁人之所隱也臣故曰擊之便

	死傷中國道路槥車相望此仁人之所哀也臣故曰擊之便	
4	御史大夫曰不然臣聞之利不什不易業功不百不變常是故古之人君謀事必就聖發政必擇語重作事也自三代之盛遠方夷狄不與王朔服色非威不能制非強不能服也以為遠方絕域不收之民不足以煩中國也且匈奴者輕疾悍亟之兵也畜牧為業弧弓射獵逐獸隨草居處無常難得而制也至不及圖去不可追來若風雨解若收電今使邊鄙久廢耕織之業以支匈奴常事其勢不權臣故曰勿擊為便	安國曰不然臣聞利不十者不易業功不百者不變常是以古之人君謀事必就祖發政占古語重作事也且自三代之盛夷狄不與正朔服色非威不能制疆弗能服也以為遠方絕地不牧之民不足煩中國也且匈奴輕疾悍亟之兵也至如猋風去如收電畜牧為業弧弓射獵逐獸隨草居處無常難得而制今使邊郡久廢耕織以支胡之常事其埶不相權也臣故曰勿擊便
5	大行曰不然夫神蛟濟於淵而鳳鳥乘於風聖人因於時昔者秦繆公都雍郊地方三百里知時之變攻取戎辟地千里并國十二隴西北地是也其後蒙恬為秦侵胡以河為境累石為城積木為塞匈奴不敢飲馬北河置烽燧然後敢牧馬夫匈奴可以力服也不可以仁畜也今以中國之大萬倍之資遣百分一以攻匈奴譬如以千石之弩射口潰疽必不留行也則北發月月氏可得而臣也臣故曰擊之便	恢曰不然臣聞鳳鳥乘於風聖人因於時昔秦繆公都雍地方三百里知時宜之變攻取西戎辟地千里并國十四隴西北地是也及後蒙恬為秦侵胡辟數千里以河為竟累石為城樹榆為塞匈奴不敢飲馬於河置邊墜然後敢牧馬夫匈奴獨可以威服不可以仁畜也今以中國之盛萬倍之資遣百分之一以攻匈奴譬猶以疆弩射且潰之癰也必不留行矣若是則北發月氏可得而臣也臣故曰擊之便
6	御史大夫曰不然臣聞善戰者以飽待飢安行定舍以待其勞整治施德以待其亂按兵奮眾深入伐國墮城故常坐而役敵國此聖人之兵也夫衝風之衰也不能起毛羽強弩之末力不能入魯縞盛之有衰也猶朝之必暮也今卷甲而輕舉深入而長驅難以為功夫橫行則中絕從行則迫脅徐則後利疾則糧乏不至千里人馬絕飢勞以遇敵正遺人獲也意者有他詭妙可以擒之則臣不知不然未見深入之利也臣故曰勿擊之便	安國曰不然臣聞用兵者以飽待饑正治以待其亂定舍以待其勞故接兵覆眾伐國墮城常坐而役敵國此聖人之兵也且臣聞之衝風之衰不能起毛羽彊弩之末力不能入魯縞夫盛之有衰猶朝之必莫也今將卷甲輕舉深入長敺難以為功從行則迫脅衡行則中絕疾則糧乏徐則後利不至千里人馬乏食兵法曰遺人獲也意者有它繆巧可以禽之則臣不知也不然則未見深入之利也臣故曰勿擊便
7	大行曰不然夫草木之中霜霧不可以風過清水明鏡不可以形遯也通方之人不可以文亂今臣言擊之者固非發而深入也將順因單于之欲誘而致之邊吾伏輕卒銳士以待之陰遮險阻以備之吾勢以成或當其左或當其右或當其前或當其後單于可擒百全必取臣以為擊之便於是遂從大行之言	恢曰不然夫草木遭霜者不可以風過清水明鏡不可以形逃通方之士不可以文亂今臣言擊之者固非發而深入也將順因單于之欲誘而致之邊吾選梟騎壯士陰伏而處以為之備審遮險阻以為其戒吾埶已定或營其左或營其右或當其前或絕其後單于可禽百全必取上曰善迺從恢議

| 8 | 孝武皇帝自將師伏兵於馬邑誘致單于單于既入塞道覺之奔走而去 | 陰使聶壹為間亡入匈奴謂單于曰吾能斬馬邑令丞以城降財物可盡得單于愛信以為然而許之聶壹迺詐斬死罪囚縣其頭馬邑城下視單于使者為信曰馬邑長吏已死可急來於是單于穿塞將十萬騎入武州塞當是時漢伏兵車騎材官三十餘萬匿馬邑旁谷中衛尉李廣為驍騎將軍大僕公孫賀為輕車將軍大行王恢為將屯將軍太中大夫李息為材官將軍御史大夫安國為護軍將軍諸將皆屬約單于入馬邑縱兵王恢李息別從代主擊輜重於是單于入塞未至馬邑百餘里覺之還去語在匈奴傳塞下傳言單于已去漢兵追至塞度弗及王恢等皆罷兵 |

附錄二：吾丘壽王說周鼎事

《說苑·善說》，頁4下-5下	《漢書·吾丘壽王傳》，頁16上-下
孝武皇帝時汾陰得寶鼎而獻之於甘泉宮群臣賀上壽曰陛下得周鼎侍中虞丘壽王獨曰非周鼎上聞之召而問曰朕得周鼎群臣皆以為周鼎而壽王獨以為非何也壽王有說則生無說則死對曰臣壽王安敢無說臣聞夫周德始產于后稷長於公劉大於大王成於文武顯於周公德澤上洞天下漏泉無所不通上天報應鼎為周出故名曰周鼎今漢自高祖繼周亦昭德顯行布恩施惠六合和同至陛下之身逾盛天瑞並至徵祥畢見昔始皇帝親出鼎於彭城而不能得天昭有德寶鼎自至此天之所以予漢乃漢鼎非周鼎也上曰善群臣皆稱萬歲是日賜虞丘壽王黃金十斤	及汾陰得寶鼎武帝嘉之薦見宗廟　於甘泉宮群臣皆上壽賀曰陛下得周鼎壽王獨曰非周鼎上聞之召而問之曰今朕得周鼎群臣皆以為然壽王獨以為非何也有說則可無說則死壽王對曰臣安敢無說臣聞周德始乎后稷長於公劉大於大王成於文武顯於周公德澤上昭天下漏泉無所不通上天報應鼎為周出故名曰周鼎今漢自高祖繼周亦昭德顯行布恩施惠六合和同至於陛下恢廓祖業功德愈盛天瑞並至珍祥畢見昔秦始皇親出鼎於彭城而不能得天祚有德而寶鼎自出此天之所以與漢迺漢寶非周寶也上曰善群臣皆稱萬歲是日賜壽王黃金十斤後坐事誅

附錄三：枚乘諫吳王前書

《說苑・正諫》頁 21 上-23 下	《漢書・枚乘傳》，頁 21 下-26 上
孝景皇帝時吳王濞反梁孝王中郎枚乘字叔聞之為書諫王其辭曰君王之外臣乘竊聞得全者全昌失全者全亡舜無立錐之地以有天下禹無十戶之眾以王諸侯湯武之地方不過百里上不絕三光之明下不傷百姓之心者有王術也故父子之道天性也忠臣不敢避誅以直諫故事無廢業而功流於萬世也臣誠願披腹心而效愚忠恐大王不能用之臣誠願大王少加意念惻怛之心於臣乘之言夫以一縷之任係千鈞之重上懸之無極之高下垂之不測之淵雖甚愚之人且猶知哀其將絕也馬方駭而重驚之係方絕而重鎮之係絕於天不可復結墜入深淵難以復出其出不出間不容髮誠能用臣乘言一舉必脫必若所欲為危如重卵難於上天變所欲為易於反掌安於太山今欲極天命之壽弊無窮之樂保萬乘之勢不出反掌之易以居太山之安乃欲乘重卵之危走上天之難此愚臣之所大惑也人性有畏其影而惡其者卻背而走無益也不如就陰而止影滅絕欲人勿聞莫若勿言欲人勿知莫若勿為欲湯之冷令一人炊之百人揚之無益也不如絕薪止火而已不絕之於彼而救之於此譬猶抱薪救火也養由楚之善射者也去楊葉百步百發百中楊葉之小而加百中焉可謂善射矣所止乃百步之中耳比於臣未知操弓持矢也福生有基禍生有胎納其基絕其胎禍何從來哉泰山之溜穿石引繩久之乃以挈木水非石之鑽繩非木之鋸也而漸靡使之然夫銖銖而稱之至石必差寸寸而度之至丈必過石稱丈量徑而寡失夫十圍之木始生於蘗可引而絕可擢而拔據其未生先其未形磨礱砥礪不見其損有時而盡種樹畜長不見其益有時而大積德修行不知其善有時而用行惡為非棄義背理不知其惡有時而亡臣誠願大王熟計而身行之此百王不易之道也吳王不聽卒死丹徒	枚乘字叔淮陰人也為吳王濞郎中吳王之初怨望謀為逆也乘奏書諫曰臣聞得全者全昌失全者全亡舜無立錐之地以有天下禹無十戶之聚以王諸侯湯武之土不過百里上不絕三光之明下不傷百姓之心者有王術也故父子之道天性也忠臣不避重誅以直諫則事無遺策功流萬世也乘願披腹心而效愚忠唯大王少加意念惻怛之心於臣乘言夫以一縷之任係千鈞之重上縣無極之高下垂不測之淵雖甚愚之人猶知哀其將絕也馬方駭鼓而驚之係方絕又重鎮之係絕於天不可復結隊入深淵難以復出其出不出閒不容髮能聽忠臣之言百舉必脫必若所欲為危於累卵難於上天變所欲為易於反掌安於太山今欲極天命之壽敝無窮之樂究萬乘之執不出反掌之易以居泰山之安而欲乘累卵之危走上天之難此愚臣之所大惑也人性有畏其景而惡其跡者卻背而走愈多景愈疾不知就陰而止景滅絕欲人勿聞莫若勿言欲人勿知莫若勿為欲湯之倉一人炊之百人揚之無益也不如絕薪止火而已不絕之於彼而救之於此譬猶抱薪而救火也養由基楚之善射者也去楊葉百步百發百中楊葉之大加百中焉可謂善射矣然其所止洒百步之內耳比於臣乘未知操弓持矢也福生有基禍生有胎納其基絕其胎禍何自來泰山之霤穿石單極之統斷幹水非石之鑽索非木之鋸漸靡使之然也夫銖銖而稱之至石必差寸寸而度之至丈必過石稱丈量徑而寡失夫十圍之木始生如足可搔而絕手可擢而拔據其未生先其未形也磨礱底厲不見其損有時而盡種樹畜養不見其益有時而大積德累行不知其善有時而用棄義背理不知其惡有時而亡臣願大王孰計而身行之此百世不易之道也吳王不納乘等去而之梁從孝王游景帝即位御史大夫晁錯為漢定制度損削諸侯吳王遂與六國謀反舉兵西鄉以誅錯為名漢聞之斬錯以謝諸侯枚乘復說吳王曰昔者秦西舉胡戎之難北備楡中之

關南距羌笮之塞東當六國之從六國乘信
陵之籍明蘇秦之約厲荊軻之威并力一心
以備秦然秦卒禽六國滅其社稷而并天下
是何也則地利不同而民輕重不等也今漢
據全秦之地兼六國之眾脩戎狄之義而南
朝羌笮此其與秦地相什而民相百大王之
所明知也今夫讒諛之臣為大王計者不論
骨肉之義民之輕重國之大小以為吳禍此
臣所以為大王患也夫舉吳兵以訾於漢譬
猶蠅蚋之附群牛腐肉之齒利劍鋒接必無
事矣天子聞吳率失職諸侯願責先帝之遺
約今漢親誅其三公以謝前過是大王之威
加於天下而功越於湯武也夫吳有諸侯之
位而實富於天子有隱匿之名而居過於中
國夫漢并二十四郡十七諸侯方輸錯出運
行數千里不絕於道其珍怪不如東山之府
轉粟西鄉陸行不絕水行滿河不如海陵之
倉脩治上林雜以離官積聚玩好圈守禽獸
不如長洲之苑游曲臺臨上路不如朝夕之
池深壁高壘副以關城不如江淮之險此臣
之所為大王樂也今大王還兵疾歸尚得十
半不然漢知吳之有吞天下之心也赫然加
怒遣羽林黃頭循江而下襲大王之都魯東
海絕吳之饟道梁王飭車騎習戰射積粟固
守以備滎陽待吳之飢大王雖欲反都亦不
得已夫三淮南之計不負其約齊王殺身以
滅其跡四國不得出兵其郡趙囚邯鄲此不
可掩亦已明矣大王已去千里之國而制於
十里之內矣張韓將北地弓高宿左右兵不
得下壁軍不得大息臣竊哀之願大王孰察
焉吳王不用乘策卒見禽滅

附錄四：茂陵徐生事

《說苑・權謀》，頁 12 上-13 上	《漢書・霍光傳》，頁 19 下-20 上
孝宣皇帝之時霍氏奢靡茂陵徐先生曰霍氏必亡夫在人之右而奢亡之道也孔子曰奢則不遜夫不遜者必侮上侮上者逆之道也出人之右人必害之今霍氏秉權天下之人疾害之者多矣夫天下害之而又以逆道行之不亡何待乃上書言霍氏奢靡陛下即愛之宜以時抑制無使至於亡書三上輒報聞其後霍氏果滅董忠等以其功封人有為徐先生上書者曰臣聞客有過主人者見直堗傍有積薪客謂主人曰曲其堗遠其積薪不者將有火患主人默然不應居無幾何家果失火鄉聚里中人哀而救之火幸息於是殺牛置酒燔髮灼爛者在上行餘各用功次坐而反不錄言曲堗者向使主人聽客之言不費牛酒終無火患今茂陵徐福數上書言霍氏且有變宜防絕之向使福說得行則無裂地出爵之費而國安平自如今往事既已而福獨不得與其功惟陛下察客徙薪曲之策而使居燔髮灼爛之右書奏上使人賜徐福帛十匹拜為郎	初霍氏奢侈茂陵徐生曰霍氏必亡夫奢則不遜不遜必侮上侮上者逆道也在人之右眾必害之霍氏秉權日久害之者多矣天下害之而又行以逆道不亡何待廼上疏言霍氏泰盛陛下即愛厚之宜以時抑制無使至亡書三上輒報聞其後霍氏誅滅而告霍氏者皆封人為徐生上書曰臣聞客有過主人者見其竈直突傍有積薪客謂主人更為曲突遠徙其薪不者且有火患主人默然不應俄而家果失火鄰里共救之幸而得息於是殺牛置酒謝其鄰人灼爛者在於上行餘各以功次坐而不錄言曲突者人謂主人曰鄉使聽客之言不費牛酒終亡火患今論功而請賓曲突徙薪亡恩澤燋頭爛額為上客耶主人迺寤而請之今茂陵徐福數上書言霍氏且有變宜防絕之鄉使福說得行則國亡裂土出爵之費臣亡逆亂誅滅之敗往事既已而福獨不蒙其功唯陛下察之貴徙薪曲突之策使居焦髮灼爛之右上迺賜福帛十匹後以為郎

附錄五：路溫舒尚德緩刑疏

《說苑·貴德》，頁 8 上-10 上	《漢書·路溫舒傳》，頁 27 下-30 下
孝宣皇帝初即位守廷尉吏路溫舒上書言尚德緩刑其詞曰陛下初即至尊與天合符宜改前世之失正始受命之統滌煩文除民疾存亡繼絕以應天德天下幸甚臣聞往者秦有十失其一尚存治獄吏是也昔秦之時滅文學好武勇賤仁義之士貴治獄之吏正言謂之誹謗遏過謂之妖言故盛服先王不用於世忠良切言皆鬱於胷譽諛之聲日滿於耳虛美薰心實禍蔽塞此乃秦之所以亡天下也方今海內賴陛下厚恩無金革之危飢寒之患父子夫婦勠力安家天下幸甚然太平之未洽者獄亂之也夫獄天下之命死者不可生斷者不可屬書曰與其殺不辜寧失不經今治獄吏則不然上下相驅以刻為明深者獲公名平者多後患故治獄吏皆欲入死非憎人也自安之道在人之死是以死人之血流離於市被刑之徒比肩而立大辟之計歲以萬數此聖人所以傷太平之未洽凡以是也人情安則樂生痛則思死捶楚之下何求而不得故囚人不勝痛則飾誣詞以示之吏治者利其然則指道以明之上奏恐卻則鍛鍊而周內之蓋奏當之成雖皋陶聽之猶以為死有餘罪何則成鍊之者眾而文致之罪明也是以獄吏專為深刻殘賊而無極偷為一切不顧國患此世之大賊也故俗語云畫地作獄議不可入刻木為吏期不可對此皆疾吏之風悲痛之辭也故天下之患莫深於獄敗法亂政離親塞道莫甚乎治獄之吏此臣所謂一尚存也臣聞鳥鷇之卵不毀而後鳳凰集誹謗之罪不誅而後良言進故傳曰山藪藏疾川澤納污國君含垢天之道也臣昧死上聞願陛下察誹謗聽切言開天下之口廣箴諫之路改亡秦之一失遵文武之嘉德省法制寬刑罰以廢煩獄則太平之風可興於世福履和樂與天地無極天下幸甚書奏皇帝善之後卒為臨淮太守	宣帝初即位溫舒上書言宜尚德緩刑其辭曰臣聞齊有無知之禍而桓公以興晉有驪姬之難而文公用伯近世趙王不終諸呂作亂而孝文為大宗繇是觀之禍亂之作將以開聖人也故桓文扶微興壞尊文武之業澤加百姓功潤諸侯雖不及三王天下歸仁焉文帝永思至惠以承天心崇仁義省刑罰通關梁一遠近敬賢如大賓愛民如赤子內恕情之所安而施之於海內是以圄圉空虛天下太平夫繼變化之後必有異舊之恩此賢聖所以昭天命也往者昭帝即世而無嗣大臣憂戚焦心合謀皆以昌邑尊親援而立之然天不授命淫亂其心遂以自亡深察禍變之故迺皇天之所以開至聖也故大將軍受命武帝股肱漢國披肝膽決大計黜亡義立有德輔天而行然後宗廟以安天下咸寧臣聞春秋正即位大一統而慎始也陛下初登至尊與天合符宜改前世之失正始受命之統滌煩文除民疾存亡繼絕以應天意臣聞秦有十失其一尚存治獄之吏是也秦之時羞文學好武勇賤仁義之士貴治獄之吏正言者謂之誹謗遏過者謂之妖言故盛服先生不用於世忠良切言皆鬱於胷譽諛之聲日滿於耳虛美薰心實禍蔽塞此乃秦之所以亡天下也方今天下賴陛下恩厚亡金革之危飢寒之患父子夫妻勠力安家然太平未洽者獄亂之也夫獄者天下之大命也死者不可復生䌷者不可復屬書曰與其殺不辜寧失不經今治獄吏則不然上下相敺以刻為明深者獲公名平者多後患故治獄之吏皆欲人死非憎人也自安之道在人之死是以死人之血流離於市被刑之徒比肩而立大辟之計歲以萬數此仁聖之所以傷也太平之未洽凡以此也夫人情安則樂生痛則思死捶楚之下何求而不得故囚人不勝痛則飾辭以視之吏治者利其然則指道以明之上奏畏卻則鍛鍊而周內之蓋奏當之成雖咎繇聽之猶以為死有餘辜何則成鍊者眾文致之罪明也是以獄吏專為深刻殘

賊而亡極媮為一切不顧國患此世之大賊
也故俗語曰畫地為獄議不入刻木為吏期
不對此皆疾吏之風悲痛之辭也故天下之
患莫深於獄敗法亂正離親塞道莫甚乎治
獄之吏此所謂一尚存者也臣聞烏鳶之卵
不毀而後鳳皇集誹謗之罪不誅而後良言
進故古人有言山藪藏疾川澤納汙瑾瑜匿
惡國君含詬唯陛下除誹謗以招切言開天
下之口廣箴諫之路掃亡秦之失尊文武之
惪省法制寬刑罰以廢治獄則太平之風可
興於世永履和樂與天亡極天下幸甚上善
其言遷廣陽私府長內史舉溫舒文學高第
遷右扶風丞時詔書令公卿選可使匈奴者
溫舒上書願給廝養暴骨方外以盡臣節事
下度遼將軍范明友大僕杜延年問狀罷歸
故官久之遷臨淮太守治有異迹

附錄六：胡建殺北軍監軍御史事

《說苑·指武》，頁6下-7下	《漢書·胡建傳》，頁2下-4下
孝昭皇帝時北軍監御史為姦穿北門垣以為賈區胡建守北軍尉貧無車馬常步與走卒起居所以慰愛走卒甚厚建欲誅監御史乃約其走卒曰我欲與公有所誅吾言取之則取之斬之則斬之於是當選士馬日護軍諸校列坐堂皇上監御史亦坐建從走卒趨至堂下拜謁因上堂走卒皆上建跪指監御史曰取彼走卒前拽下堂建曰斬之遂斬監御史護軍及諸校皆愕驚不知所以建亦已有成奏在其懷遂上奏以聞曰臣聞軍法立武以威眾誅惡以禁邪今北軍監御史公穿軍垣以求賈利買賣以與士市不立剛武之心勇猛之意以率先士大夫尤失理不公臣聞黃帝理法曰壘壁已具行不由路謂之姦人姦人者殺臣謹以斬之昧死以聞制曰司馬法曰國容不入軍軍容不入國也建有何疑焉建由是名興後至渭城令死至今渭城有其祠也	胡建字子孟河東貧亡車馬常步與走卒起居所以尉薦走卒甚人也孝武天漢中守軍正丞得其心時監軍御史為姦穿北軍壘垣以為賈區建欲誅之迺約其走卒曰我欲與公有所誅吾言取之則取斬之則斬於是當選士馬日監御史與護軍諸校列坐堂皇上建從走卒趨至堂皇下拜謁因上堂走卒皆上建指監御史曰取彼走卒前曳下堂皇建曰斬之遂斬御史護軍諸校皆愕驚不知所以建亦已有成奏在其懷中遂上奏曰臣聞軍法立武以威眾誅惡以禁邪今監御史公穿軍垣以求賈利私買賣以與士市不立剛毅之心勇猛之節亡以帥先士大夫尤失理不公用文吏議不至重法黃帝李法曰壁壘已定穿窬不繇路是謂姦人姦人者殺臣謹桉軍法曰正亡屬將軍將軍有罪以聞二千石以下行法焉丞於用法疑執事不諉上臣謹以斬昧死以聞制曰司馬法曰國容不入軍軍容不入國何文吏也三王或誓於軍中欲民先成其慮也或誓於軍門之外欲民先意以待事也或將交刃而誓致民志也建又何疑焉建繇是顯名後為渭城令

附錄七：于定國諫殺孝婦事

《說苑・貴德》，頁 13 上-14 下	《漢書・于定國傳》，頁 5 下-6 上、9 上
丞相西平侯于定國者東海下邳人也其父號曰于公為縣獄史決曹掾決獄平法未嘗有所冤郡中離文法者于公所決皆不敢隱情東海郡中為于公生立祠命曰于公祠東海有孝婦無子少寡養其姑甚謹其姑欲嫁之終不肯其姑告鄰之人曰孝婦養我甚謹我哀其無子守寡日久我老累丁壯奈何其後母自經死母女告吏曰孝婦殺我母吏捕孝婦孝婦辭不殺姑吏欲毒治孝婦自誣服具獄以上府于公以為養姑十年以孝聞此不殺姑也太守不聽數爭不能得於是于公辭疾去吏太守竟殺孝婦郡中枯旱三年後太守至卜求其故于公曰孝婦不當死前太守強殺之咎當在此於是殺牛祭孝婦冢太守以下自至焉天立大雨歲豐熟郡中以此益敬重于公于公築治廬舍謂匠人曰為我高門我治獄未嘗有所冤我後世必有封者令容高蓋駟馬車及子封為西平侯	于定國字曼倩東海郯人也其父于公為縣獄史郡決曹決獄平羅文法者于公所決皆不恨郡中為之生立祠號曰于公祠東海有孝婦少寡亡子養姑甚謹姑欲嫁之終不肯謂鄰人曰孝婦事我勤苦哀其亡子守寡我老久累丁壯奈何其後姑自經死姑女告吏婦殺我母吏捕孝婦孝婦辭不殺姑吏驗治孝婦自誣服具獄上府于公以為此婦養姑十餘年以孝聞必不殺也太守不聽于公爭之弗能得乃抱其具獄哭於府上因辭疾去太守竟論殺孝婦郡中枯旱三年後太守至卜筮其故于公曰孝婦不當死前太守彊斷之咎黨在是乎於是太守殺牛自祭孝婦冢因表其墓天立大雨歲孰郡中以此大敬重于公始定國父于公其閭門壞父老方共治之于公謂曰少高大閭門令容駟馬高蓋車我治獄多陰德未嘗有所冤子孫必有興者至定國為丞相永為御史大夫封侯傳世云

附錄八：丙吉於宣帝微時有恩事

《說苑・復恩》，頁 5 下-6 上	《漢書・丙吉傳》，頁 8 上-下，9 下-10 下
邴吉有陰德於孝宣皇帝微時孝宣皇帝即位眾莫知吉亦不言吉從大將軍長史轉遷至御史大夫宣帝聞之將封之會吉病甚將使人加紳而封之及其生也太子太傅夏侯勝曰此未死也臣聞之有陰德者必饗其樂以及其子孫今此未獲其樂而病甚非其死病也後病果愈封為博陽侯終饗其樂	丙吉字少卿魯國人也治律令為魯獄吏積功勞稍遷至廷尉右監坐法失官歸為州從事武帝末巫蠱事起吉以故廷尉監徵詔治巫蠱郡邸獄時宣帝生數月以皇曾孫坐衛太子事繫吉見而憐之又心知太子無事實重哀曾孫無辜吉擇謹厚女徒令保養曾孫置閒燥處吉治巫蠱事連歲不決後元二年武帝疾往來長楊五柞宮望氣者言長安獄中有天子氣於是上遣使者分條中都官詔獄繫者亡輕重一切皆殺之內者令郭穰夜到郡邸獄吉閉門拒使者不納曰皇曾孫在他人亡辜死者猶不可況親曾孫乎相守至天明不得入穰還以聞因劾奏吉武帝亦寤曰天使之也因赦天下郡邸獄繫者獨賴吉得生恩及四海矣曾孫病幾不全者數焉吉數敕保養乳母加致醫藥視遇甚有恩惠以私財物給其衣食吉為人深厚不伐善自曾孫遭遇吉絕口不道前恩故朝庭莫能明其功也地節三年立皇太子吉為太子太傅數月遷御史大夫及霍氏誅上躬親政省尚書事是時掖庭宮婢則令民夫上書自陳嘗有阿保之功章下掖庭令考問則辭引使者丙吉知狀掖庭令將則詣御史府以視吉吉識謂則曰汝嘗坐養皇曾孫不謹督笞汝安得有功獨渭城胡組淮陽郭徵卿有恩耳分別奏組等共養勞苦狀詔吉求組徵卿已死有子孫皆受厚賞詔免則為庶人賜錢十萬上親見問然後知吉有舊恩而終不言上大賢之制詔丞相朕微眇時御史大夫吉與朕有舊恩厥德茂焉詩不云虖亡德不報其封吉為博陽侯邑千三百戶臨當封吉疾病上將使人加紳而封之及其生存也上憂吉疾不起太子太傅夏侯勝曰此未死也臣聞有陰德者必饗其樂以及子孫今吉未獲報而疾甚非其死疾也後病果瘉

附錄九：祁侯所諫與王孫所答事

《說苑・反質》，頁 15 上-16 下	《漢書・楊王孫傳》，頁 1 上-2 下
楊王孫病且死令其子曰吾死欲倮葬以反吾真必無易吾意祁侯聞之往諫曰竊聞王孫令葬必倮而入地必若所聞愚以為不可令死人無知則已矣若死有知是戮尸於地下也將何以見先人愚以為不可王孫曰吾將以矯世也夫厚葬誠無益於死者而世競以相高靡財殫幣而腐之於地下或乃今日入而明日出此真與暴骸於中野何異且夫死者終生之化而物之歸者歸者得至而化者得變是物各反其真其真冥冥視之無形聽之無聲乃合道之情夫飾外以誇眾厚葬以矯真使歸者不得至化者不得變是使物各失其然也且吾聞之精神者天之有也形骸者地之有也精神離形而各歸其真故謂之鬼鬼之為言歸也其尸塊然獨處豈知哉厚裹之以幣帛多送之以財貨以奪生者財用古聖人緣人情不忍其親故為之制禮今則越之吾是以欲倮葬以矯之也昔堯之葬者空木為槾葛藟為緘其穿地也下不亂泉上不泄臭故聖人生易尚死易葬不加於無用不損於無益謂今費財而厚葬死者不知生者不得用謬哉可謂重惑矣祁侯曰善遂倮葬也	楊王孫者孝武時人也學黃老之術家業千金厚自奉養生亡所不致及病且終先令其子曰吾欲贏葬以反吾真必亡易吾意死則為布囊盛尸入地七尺既下從足引脫其囊以身親土其子欲默而不從重廢父命欲從之心又不忍迺往見王孫友人祁侯祁侯與王孫書曰王孫苦疾僕迫從上祠雍未得詣前願存精神省思慮進醫藥厚自持竊聞王孫先令贏葬令死者亡知則已若其有知是戮尸地下將贏見先人竊為王孫不取也且孝經曰為之棺椁衣衾是亦聖人之遺制何必區區獨守所聞願王孫察焉王孫報曰蓋聞古之聖王緣人情不忍其親故為制禮今則越之吾是以贏葬將以矯世也夫厚葬誠亡益於死者而俗人競以相高靡財單幣腐之地下或迺今日入而明日發此真與暴骸於中野何異且夫死者終生之化而物之歸者也歸者得至化者得變是物各反其真也反真冥冥亡形亡聲迺合道情夫飾外以華眾厚葬以鬲真使歸者不得至化者不得變是使物各失其所也且吾聞之精神者天之有也形骸者地之有也精神離形各歸其真故謂之鬼鬼之為言歸也其尸塊然獨處豈有知哉裹以幣帛鬲以棺椁支體絡束口含玉石欲化不得鬱為枯臘千載之後棺椁朽腐迺得歸土就其真宅繇是言之焉用久客昔帝堯之葬也窾木為贏葛藟為緘其穿下不亂泉上不泄殠故聖王生易尚死易葬不加功於亡用不損財於亡謂今費財厚葬留歸鬲至死者不知生者不得是謂重惑於戲吾不為也祁侯曰善遂贏葬

徵引書目（依於正文出現先後為序）

1. 《史記》瀧川龜太郎《會注考證》本，標點本

2. 《漢書》百衲本，王先謙《補注》本，標點本

3. 《新序》四部叢刊本

4. 《說苑》四部叢刊本

5. 王利器〈漢書材料來源考〉《文史》21（1983），1-20

6. 《太平御覽》景印文淵閣四庫全書本（商務）

7. 盧文弨《群書拾補》，叢書集成初編（商務）

8. 張心澂《偽書通考》（明倫出版社，1971）

9. 《文選》李善注標點本（文津出版社，1987）

10. 《論衡》劉盼遂《集解》本（世界書局，1976）

11. 《春秋公羊傳》十三經注疏本（大化書局，1982）

12. 錢大昭《漢書辨疑》（《四史辨疑》，鼎文書局，1977）

13. 錢大昕《廿二史攷異》（叢書集成初編，商務）

14. 沈欽韓《漢書疏證》（光緒二十六年浙江書局刊本）

15. 梁玉繩《史記志疑》（《四史辨疑》）

16. 王鳴盛《十七史商榷》（《史學叢書》，藝文印書館）

17. 趙翼《廿二史箚記》（杜維運考證本，華世出版社，1977）

18. 楊樹達《漢書窺管》（世界書局，1961）

19. 王叔岷《史記斠證》（史語所專刊，1983）

20. 陳直《史記新證》（天津人民出版社，1979）

21. 陳直《漢書新證》（天津人民出版社，1979）

22. 蔡信發《新序疏證》（師範大學國文研究所博士論文，1975）

23. 梁榮茂《新序校補》（水牛出版社，1971）

24. 蒙傳銘〈新序校記〉《新亞書院學術年刊》12（1970），19-73

25. 趙善詒《說苑疏證》（華東師範大學出版社，1985）

26. 盧元駿《新序今註今譯》（臺灣商務印書館，1984）

27. 趙仲邑《新序詳註》（中華書局，1997）

28. 石光瑛校釋，陳新整理《新序校釋》（中華書局，2001）

29. 張維華〈論漢武帝〉《漢史論集》（齊魯書社，1980）

30. 余嘉錫《四庫提要辨證》（中華書局，1974）

31. 徐復觀《兩漢思想史》（學生書局，1979）

32. 嚴靈峰〈劉向說苑敘錄研究〉《大陸雜誌》56：6（1978），37-42

33. 《史通》浦起龍《通釋》本（世界書局，1962）

34. 《通典》《十通》本（商務，1987重印）

35. 李長之《司馬遷之人格與風格》（開明書店，1974）

36. 鄭鶴聲《司馬遷年譜》（國史研究室，1973）

37. 朱東潤《史記考索》（開明書店，1969）

38. 安作璋《班固與漢書》（山東人民出版社，1979）

39. 《春秋繁露》蘇輿《義證》本（河洛圖書出版社，1974）

40. 吳汝煜《史記論稿》（江蘇教育出版社，1986）

41. 聶石樵《司馬遷論稿》（北京師範大學出版社，1987）

42. 劉乃和編《司馬遷和史記》（北京出版社，1987）

43. 顧頡剛《顧頡剛讀書筆記》（聯經出版公司，1990）

附記

拙稿既成，了無自信，先後呈阮芝生先生、勞貞一先生、嚴歸田先生指教。承三位先生不棄，分別賜書，多所斧正。諸先生議論宏通，妙意紛陳。伏思所論，益知武帝親赴馬邑事之難有定論。為不掠他人之美，更便同好討論，特錄三先生書教如下。寫作期間，與同儕好友蕭璠、劉增貴、廖伯源諸兄論辯再三，獲益無窮。切磋之樂，樂何如之。在此謹向諸先生好友致謝。

阮芝生先生書：

大作〈漢武帝在馬邑之役中的角色〉讀來甚有興味。武帝親征一事，粗查手邊李唐《漢武帝》、朱煥堯《漢武帝》、張維華《論漢武帝》、福島吉彥《漢武帝》諸書，均未言及，兄可謂讀書得間也。竊謂武帝親征事，新序所言當為實錄，而史、漢或有所諱。蓋此是何事，只有漏寫、不寫，決不至憑空捏造，無中生有也。除開國征戰外，帝王本無親征之理，然在武帝則屬事所或有。馬邑之謀時，漢家國力已復，武帝年方廿四，熟讀春秋，故欲為國家除患，替祖宗報讎。觀其詔書，揭然可見。況元封元年帝亦曾親率十八萬騎出長城乎！然馬邑之謀，師勞無功，武帝大失顏面，私心恨恨，故欲誅王恢以謝天下，罪安國以掩己羞也。有此忌諱，故知而不寫，不敢正面寫，尚合情理，若無親征之事，而於事後推測、虛構，此人活得不耐煩乎？況是劉向！

尚有三點小意見奉聞，唯兄裁之：

（1）史公原有〈今上本紀〉，武帝怒而削之，是必有許多文字觸怒於他。史記「微文刺譏，貶損當世」，當不致於故意淹沒不道。故若謂史公「諱」親征之事，則未可必。

（2）春秋有三諱之義，然「諱」是不顯言，是側面講，繞彎講，輕聲講，而非湮滅事實，顛倒是非，甚至有「諱深譏切」之說。

（3）注 19、20 之文字若能擇取精要，併入正文（按：部分已納入正文），似可更添聲色。79.5.9

勞榦先生書：

關於馬邑之役問題，武帝是一個主謀的人，這是不成問題的。至於新序與漢書歧異之處，卻是一個難以充分解答的死結。這不僅是漢書史料來源的問題，而且牽涉到新序以前的各種著作。王利器對於這些史料都認為係班固鈔劉向，這是很粗略的看法。在寄來文稿第三頁中，即很清楚指明班固以前，補史記的人已有褚少孫等十六家，而在班固以前的至少有褚少孫、劉向、劉歆、楊雄、馮商、陽成衡、史岑七家。至於班氏得窺中秘書，在此七家以外更多，大文已曾論列。再加上漢世別傳甚多，在後漢書章懷注及三國志裴松之注所引不少。此種風氣當源自西漢。現存在太平廣記中的東方朔別傳倘若加以比較，就看出漢書據此傳，而非此傳鈔自漢書，那就已佚的當更不少。從寄來說苑和新序與史記、漢書的對照表看來，兩書對於史記部分是採取史記不成問題，對於漢書部分是各有詳略，各有誤正，應屬於說序和新序所取的材料與漢書取自同源，而非漢書採取新序和說苑。尤其是漢書各篇敘述都是一貫下去，不可分割。如其把新序和說苑採取部分刪去，可能就不成文理。這也可見漢書是別有所採的。王利器認為漢書直接採自說苑及新序，此層尚可商榷。

新序所說只是一個「孤證」。在史記和漢書中，找不到一點漢武帝「親征」的消息出來。史記是一部在作者生前不準備公開的書，對漢高帝平城之圍，一點也不諱飾，對武帝迷信及心理不正常在封禪書中描寫的十分露骨，也毫不掩飾。至於馬邑之役，只是單于逃走，漢兵並未挫敗，比平城之役輕鬆的多，似乎史記無諱飾的必要。而況漢書成於東漢，東漢皇室乃長沙定王之後，並非孝武子孫，更不必為此事諱莫如深。如其劉向不加諱飾，班固更不必諱飾。我想漢書為史書，史筆必需謹嚴，新序為子書，作子書者不必那樣嚴格。譬如馮唐故事在正史中要考訂詳明，而在子書的王充論衡，就連馮唐姓名都不知道，而隨便的說下去。在此不必苛責劉向，但審核史料，子書標準就要差些。79.11.28

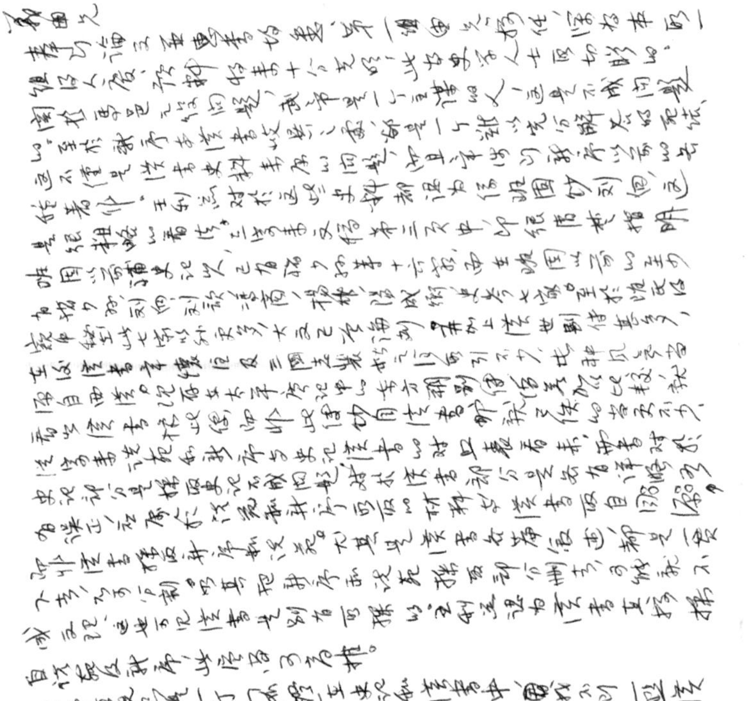

圖 2 勞榦 79.11.28 原信

嚴耕望先生書：

　　大著論武帝馬邑事亦已拜讀。所論入情入理，應可謂幾於定論，而仍只作一項意見提出，深得嚴謹之義……在大著所作推論中，我想仍可增加一句，即劉向著新序說苑當在成帝世。西漢末年，朝廷政治氣候似較開放。向編集舊聞，固不妨能存真像。明帝刑名察察，顯言為臣者當「頌述功德」班固此時撰史，自必兢兢業業，況史遷已不書武帝親征，若班固加此一筆，則更罪加一等。其從史遷諱之，固宜。兄台思之，以為然否？80.4.10

漢武帝生命中的幾個女人

⋯⋯

我的淚，濕透了寒涼的秋，

夫人啊，如桂枝零落，玉殞香消。

我的心神，隨夫人而飄搖，

魂靈落寞，精神出竅。

疼惜你

年華未半，青春正好，

託身幽冥，如此之早。

心疼你

不再歸來，離我如此之遙。

我的思念，隨你徘徊徜徉，

想著你的窈窕⋯⋯

漢武帝十六歲登基，七十一歲死，在位足足五十四年（西元前 141-87 年）。

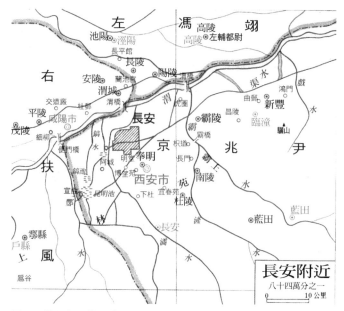

圖1 漢長安及其周邊 採自譚其驤《中國歷史地圖集》二

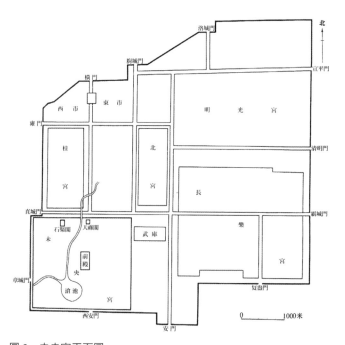

圖2 未央宮平面圖

古月集：秦漢時代的簡牘畫像與政治社會
—— 卷三 皇帝、官僚與社會

這五十四年多彩多姿，後人歌頌或撻伐的不勝其數。近世為武帝寫傳的也很多。大部分側重他的政治、軍事成就，或偏重他如何求仙，如何多欲，如何殘害百姓。很少人置其事功於一旁，只將他當作一個有血有肉的「個人」，去咀嚼他面對的人生和生命中的悲歡情愁。

作為一個「個人」，皇帝大概是傳統社會中，生活在一個最奇特環境裡的個人。最奇特，是因為他們的生活環境不同於一般平民。他們不像平民，不隸屬於鄉或里，沒有可以走動的街坊鄰居，甚至沒有屬於個人的私密空間。西漢時，渭水邊的長安宮城，東漢時洛陽城內重重疊疊的宮和殿，城外專供皇帝打獵遊憩的林園、再加上須要按時前去上祭的祖陵，就是兩漢二十幾位皇帝一生最主要的活動範圍（圖1-3）。除了極少數例外，他們很少能夠隨興之所至，離開這個警衛森嚴的框框。在框框之內，和皇帝一起生活起居的，不是一般的夫妻和子女，而是成群的嬪妃宮女（圖4.1-2）和不成男人的男人——宦官。

除了生活環境的「框框」，更可怕的是一道道行為、情感和心靈的「框框」。漢代的皇帝被認為身膺天命，理論上是天下的樞機，法律的源頭，也是道德的標竿。因為皇帝一舉一動「動見觀瞻」，從身為太子起，身旁即有太子太傅、太子少傅等一群教師宿儒，將無數的條條框框灌輸給未來的皇帝。一旦登上天子之位，朝堂之上又有無數的大臣，隨時提醒皇帝不得走出框框。從很多角度看，皇帝是在重重疊疊，內在和外在的「框框」中討生活。他們較一般人受到更多的限制，遭遇到更大規範的壓力。

譬如說，為了家族傳承，一般人受到「不孝有三，無後為大」的壓力。身繫天下大統的皇帝，這方面的壓力就遠在一般子民之上。為了完成這無比重大的使命，可以想見，皇帝很難像一般人，依據自己的愛恨作生命伴侶的抉擇，而常被迫變成一具生殖機器，與了無感情的一群女人同床共枕。皇帝畢竟也是人，畢竟也有愛恨悲歡。男人生命中的悲歡情愁，往往因女人而起。長於深宮，妃嬪如雲的皇帝能有怎樣一個屬於自己的感情世界呢？

武帝七十多年的生命中，有不少女人和他生命交織。這篇小文打算利

圖3　未央宮前殿 A 區遺址，採自《漢長安城未央宮發掘報告》。

圖 4.1　陽陵出土彩色陶俑，採自《中國陵墓雕刻全集 —— 西漢》。

圖 4.2　西安理工大學一號西漢墓壁畫中觀賞樂舞的成排貴婦，採自《西安西漢壁畫墓》。

用極為有限的材料，說說武帝從生命開始到生命的終結，幾位在他身旁女人的故事。這些女人或曾左右武帝的命運，或曾令他魂飛神馳，或曾逼他作出義斷情絕的事。透過這些故事，大家不妨去想像一下：一位皇帝的感情糾纏以及常人難有的孤獨和內心掙扎。

一 母親——再嫁婦人的再嫁女兒

武帝出生在深宮之中。出生時適逢文帝駕崩不久，父親剛剛以太子的身分即位為景帝。母親是王夫人。[1] 王夫人有一段不尋常的家世。王夫人的父親叫王仲。大概沒有什麼來頭，《史記・外戚世家》和《漢書・外戚傳》都只說他是扶風槐里人。母親叫臧兒，是開國功臣燕王臧荼的孫女。臧兒為王仲生了一男兩女，王夫人是長女，其妹叫兒姁。王仲後來過世，臧兒改嫁長陵田氏，生了後來有名的田蚡、田勝。臧兒改嫁時，她原有的一男二女不知是不是跟著來到田家。我們也不知在何時，臧兒將長女，也就是武帝的母親王夫人，嫁給一位叫金王孫的人，並為金王孫生下了一女。這是武帝母親的第一次婚姻。

後來臧兒因為卜卦，知兩女當貴，想依賴兩女求得下半生的富貴，竟向金王孫索回女兒。金氏怒，不肯，寧可將自己的妻子送進太子宮。為何做母親的人有權，可以索回已經出嫁且生子的女兒？又是什麼理由，一個做丈夫的人保不住自己的妻子？是因為他入贅女家，仰仗女家的鼻息？還是因為岳母臧兒是開國功臣的孫女，有無比的威勢？金王孫又在什麼情況下，竟然選擇割捨妻子，送她入深宮？其中細節，史書一無交代，千百年後的我們已很難得知。

不過，或可想像一下武帝母親的心情。她在入宮以前，應曾面臨一場自己母親與丈夫以及丈夫與自己之間的緊張和衝突。其中的愛恨必然十分曲折，其中的淚水，則已湮沒無痕。她或許深覺無奈，或許也曾抗爭；但她更可能從母親臧兒的婚姻，看慣在男人懷抱中輾轉的人生，同情起母親的主張：人生但求富貴，生張熟李，又有何妨？

可以確定的是，司馬遷和班固都不覺得有必要為一個女人的心情留下隻字片語。他們只記述了結果：武帝的母親在一個再嫁婦人的主使下，硬生生離棄自己的男人，投入了另一個男人的懷抱。大家要注意那是一個儒

---

[1] 《漢書・外戚傳》稱其為王夫人，〈武帝紀〉稱其為王美人，難定孰是。

家倫理尚未嚴格建立的年代。女人有時身不由己，有時卻也有後世女人所缺的自由，譬如說可以一嫁再嫁，甚至五、六嫁而不受嫌棄。[2]

武帝的母親經過這一番人生的洗禮，應不再是稚嫩的女子。她知道應該如何獵取富貴，滿足自己，也成全母親。入宮後，她深得太子愛幸，生了三女一男。這個男孩就是後來的武帝劉徹。據說她身懷武帝時，曾夢見太陽入其懷中。後宮妃嬪懷孕，常有這類夢兆。從某個角度看，這是她們用以引起重視的招數罷了。她將夢兆告訴太子。太子說：「這是貴的徵兆啊。」

奈何太子大概已聽過太多這類鬼話，即位為景帝，並沒有特別恩寵這位生下貴子的王夫人。太子妃薄氏仍然坐上皇后的位子。薄皇后終因無子，失去寵幸。幾年後，景帝立栗姬男為太子，王夫人四歲的兒子仍然只成為膠東王。

武帝劉徹原本的命運可能只是歷史上的一位膠東王。可是他的姑姑——館陶長公主扭轉了歷史的發展。館陶長公主名嫖，是景帝的姊姊。她和劉徹的祖母竇太后可以說是左右武帝前半生最重要的兩個女人。

這位館陶長公主對弟弟景帝的內宮生活有極大的影響力，許多後宮嬪妃因為公主的穿針引線，才得到景帝的恩幸。館陶長公主的夫婿叫陳午，生有一個女兒，據說名叫阿嬌。長公主有意將阿嬌，許配給栗姬子，也就是當時的太子為妃。可是栗姬深妒這位長公主的勢力，不許。公主無法，改求王夫人。王夫人深知以自己兒子的處境，要想出人頭地，不能沒有長公主這樣的人物為奧援，答應了婚事。《漢武故事》曾有金屋藏嬌的故事，說的就是阿嬌。《漢武故事》成書甚晚，金屋藏嬌之事多半是後世的加油添醋或民間的小道傳言。[3]

景帝六年九月，薄皇后因無子，失寵被廢。身為太子母的栗姬本是繼任皇后的優勢人選。可是長公主天天在弟弟跟前詆毀栗姬，為王夫人的兒

2　請參楊樹達，《漢代婚喪禮俗考》第一章第六節論改嫁改娶；劉增貴，《漢代婚姻制度》第二章第六節論再嫁之俗。

3　魯迅對此書早有考證論斷，請參《中國小說史略》（臺北：風雲時代出版社，1992 年第五版），頁 37-39。

子說好話。景帝對王夫人的兒子本有好的印象，而對栗姬本有不悅。因為景帝曾要求栗姬在自己百年後，代為照顧後宮諸姬所生的子女（圖5），栗姬不但拒絕，還出言不遜。經過姊姊的挑撥，景帝心意變得動搖。

在這關鍵時刻，王夫人再施一計，暗中唆使朝中大臣向皇帝進言，依「母以子貴」的原則，請立栗姬為皇后。景帝大怒，認為立后之事，豈是臣子所該插手過問！這位可憐的大臣因此被殺，七年正月太子也遭連累，廢為臨江王。栗姬想要面見景帝，景帝不見，竟憂鬱而死。四月，景帝終於立王夫人為皇后，其子劉徹為皇太子。這時劉徹剛好七歲。

圖5　四川德陽黃許出土哺乳陶俑，採自《長江流域古代美術》。

從四歲為膠東王到七歲為太子（圖6），幼年時期的武帝，是否能感受到幾個女人的明爭暗鬥？是一個有趣的問題。依據今天許多專家對幼兒成

圖6　陝西靖邊漢墓壁畫中的七歲小兒項託，採自《壁上丹青——陝西出土壁畫集》。

長的了解，幼兒對環境的感受極為敏銳，其敏銳的程度往往超過成人所能想像。可惜，現在已沒有足夠的資料去評估武帝的童年經驗對其人格所造成的影響。

可以確知的是：母親王氏的異父弟弟田蚡，也就是武帝的舅舅，喜歡儒術。當時竇太后的從兄子竇嬰也喜儒術。他們兩人推薦曾從魯申公學《詩》，曾為武帝老師的王臧為郎中令，趙綰為御史大夫，共同推動武帝即位後第一波振興儒術的措施。武帝七歲為太子，王臧任太子少傅。這正是武帝開始學習成長的階段。王臧教給武帝的，可想而知必是以申公《詩》為主的儒學。[4] 第一波的興儒雖然因竇太后好黃老而失敗，武帝本人還是受到儒家的影響，造成漢初思想主流從黃老走向儒學的大轉向。

武帝是一個精力充沛，很有個性和才華，感情也極為豐富的人。十幾歲的武帝對母親的身世原來並不完全知情。不過，他對母親的改嫁似乎並不介意，甚至有一份深深的情意。他即位後，尊母親臧兒為平原君，追尊已過世的祖父王仲為共侯，以兩百戶人家守護他在槐里老家的陵園，又封母親王家和外祖田家的人為侯，舅舅田蚡和田勝則成了武安侯和周陽侯。

前文提到武帝的母親在入太子宮以前，曾為前夫金王孫生有一女。這個女兒名叫俗，未隨母入宮，流落在民間。武帝一直不知道自己有這樣一位異父同母的姊姊。即位後不久，他身旁的寵幸韓嫣才告訴他。武帝一聽，大驚，怪韓嫣為何不早說。他先派人前去打探確鑿，隨即駕車，北出橫城門，親自到渭水之北——長陵邑的小市去接姊姊。當時市里的里門已關閉，武帝強迫開門，將車一直開到姊家的門口求見。家中人大為驚恐，姊姊嚇得躲在內室的床下。後來被扶出來見武帝。武帝下車，哭泣著對姊姊說：「大姊，為什麼要這樣深藏起來呢？」載著她一起回到母親所居的長樂宮。母女得見，不勝悲悽，相對涕泣。武帝賜給她湯沐邑，號修成君，又賜錢千萬，奴婢三百人，公田百頃和長安城中只有王侯或有大功者

4　王臧任太子少傅有多久，不可考。可以確知的是他任太子少傅後，曾被免職。武帝即位時，他已不是太子少傅。參《漢書‧儒林傳》申公條。

才有的甲第房宅。姊姊的兩個孩子，男的封為侯，女的嫁給諸侯，都作了妥善的安排。十幾歲的武帝，在此顯露出他的親情。當然自己的母親以再嫁之身，一步步費盡心血，使自己登上皇位。武帝對母親的身世和親人的遭遇，除了同情回報，又豈能有丁點怨尤？

　　武帝的母親在兒子即位後，成為太后，享受了二十五年的清福，才於元朔三年死去，葬於景帝的陽陵（圖 7.1-2）。

圖 7.1　景帝陽陵及王皇后陵相對位置，谷歌地球截圖，北緯 34°26″47.17″、東經 108°56′50.60″。

圖 7.2　陽陵旁王皇后陵　2011 年作者攝於陽陵

像武帝母親這樣深宮中的女人，能夠得到恩幸，生子，登上后座，最後成為太后，有些甚至成為太后太皇，幾乎都曾經歷一段極為艱辛漫長的道路。後宮中滿是爭寵的女人，明爭暗鬥，無所不用其極。白居易〈後宮詞〉說得好：「雨露由來一點恩，爭能遍布及千門；三千宮女燕脂面，幾箇春來無淚痕？」[5] 一個飽經淚水洗禮，幸運走過這一歷程的女人，無不練就一套險中求生的本事。而在這樣一群鈎心鬥角的女人中間，皇帝如何寄託他真實的感情？個中況味，實非常人所能想像。在帝國繼嗣不可無人的壓力下，皇帝有時被迫割捨心愛的女人，將自己化為求子的機器，和心渴如焚，一無情愛的女人共枕。這心情又當如何？後人可憐白頭宮女，又豈曾想像過身為皇帝的心頭孤寂、無奈和落寞？

■ 祖母——眼盲心不盲的竇太后

武帝年幼即位，母親王太后依照漢代開國以來呂后的成例，未嘗不可臨朝稱制。可是，這時還有一位輩分更高的竇太皇太后。按照漢代社會的倫理習慣，家中如果父親在，通常父親是當然的家長，擁有家中最高的權力。父死，不論子女是否成年，母親通常繼父居於家長的地位。此外還有一個輩分的原則，亦即不分男女，在一家之中，如果輩分高，即使女子亦較輩分低的男性有較高的地位和權力。〈孔雀東南飛〉裡廬江小吏的母親、民間故事楊家將裡的佘太君和《紅樓夢》裡的賈母都是例子。這位景帝的母親，雖然因病失明十幾二十年，卻先後以母親、祖母的身分，宰制兒子景帝十六年和孫子武帝即位之初六年的政治，共達二十二年之久。

竇太后可以說是一位極為幸運的女子。她是清河人，幼年時家境並不好，一兄一弟在四、五歲時曾因家貧被迫輾轉出賣，入山燒炭。她則在呂太后時以良家子選入宮。後來呂太后出宮人以賜諸侯王。竇氏本想被分送

---

5   白居易，《白氏長慶集》（臺北：藝文印書館，1971），卷19，頁471。

到趙國，以求離老家近。但是陰錯陽差，被分到代國去。那知代王偏偏喜歡這位竇姬，先為代王生了一個女兒嫖，再生一個兒子。她當然更想不到這位代王，以高祖中子的身分，後來竟有機會在功臣和諸呂的鬥爭中，入繼大統，成為文帝。

代王本有王后，育有四男。竇姬即使生子，本不見得有出頭的機會。可是這位王后早死。代王入繼為帝以後，王后的四個兒子，不知是何緣故，竟然先後病死。[6] 竇姬的兒子劉啟成為文帝諸子中最年長的。文帝入繼數月後，公卿請立太子。竇姬的兒子幸運成為太子，自己隨即也成了皇后。

竇皇后的幸運還不止如此。她後來因病失明，文帝移幸邯鄲慎夫人和尹姬。這真是無法形容的重大打擊。皇帝如果因此得子，失明的竇后不但可能失寵，兒子的太子地位也極可能受到挑戰而動搖，所有的榮華富貴可隨之消逝於瞬間。幸運的是，這兩位新寵都沒能生下兒子。竇后保住后座，兒子平穩登位，自己才成了太后。

雖說幸運，這樣的位子得來畢竟不易。既有其位，即很難不珍惜因此而有的權力和影響力。竇太后好黃帝、老子之學。黃、老之學重清靜無為。可是她顯然並不想無為清靜地享清福，反要施展她的影響力，推銷她主張的政治哲學。她強迫景帝和竇家的子弟都必須讀《老子》，遵崇其術（圖 8.1-2）。景帝即位時已是三十二歲的人，雖已可自作主張，但所謂的文、景之治，基本上是依循著黃、老清靜的哲學。武帝初即位，受到幾位主張儒術重臣田蚡、竇嬰及師傅王臧等人的影響，不聽老祖母的話，企圖改弦易轍，結果被老祖母狠狠修理了一頓。

在進一步討論這一事件以前，我們先看看竇家在當時朝中的勢力。景

6　據《漢書》高后、文帝紀，高后八年七月崩，八月功臣陳平、周勃等人剷除諸呂，迎代王。代王於閏八月即帝位。兩個月後即文帝元年十月。這時仍以十月為歲首，到正月時有司即請立太子。從文帝即位到立太子不過五、六個月。又據《漢書·外戚傳》：「及代王為帝後，王后所生四男更病死。文帝立數月，公卿請立太子」云云，是王后四男先後死在代王為帝後的短短五、六個月之間。為何在這麼短的時間之內，四人竟先後病故？是染上時疫？還是另有隱情？今已難以知道。

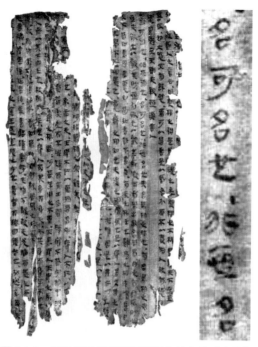

圖 8.1-2　長沙馬王堆西漢初墓出土的帛書《老子》甲本（部分）及「名可名也非常名」句，採自《長沙馬王堆漢墓帛書集成》。

帝三年，吳、楚七國反，景帝以竇太后從兄子竇嬰為大將軍，破七國，封為魏其侯，「游士賓客爭歸之」，每朝議大事，「列侯莫敢與亢禮」（《漢書·竇田灌韓傳》）。武帝時，更以竇嬰為丞相。過去研究漢代外戚的學者常喜歡將外戚當作一個利害一致的利益集團，似乎只要是同一族的，必然就結合在一起，一致對外，謀取宗族或家族集體的利益。

事實上，並非完全如此。竇太后和竇嬰的關係就是例子。太后和這位從姪的關係十分微妙，有合作，也有好幾次意見衝突。竇嬰最後丟官，勉強保住性命而已。而從他們在事件中採取的立場，也很難說必然以外戚的利益為依歸。第一次衝突是竇嬰阻擋了竇太后有意以梁孝王為景帝繼承人的念頭。竇太后很喜歡自己的另一個兒子梁孝王，也就是景帝的弟弟。孝王來朝，和景帝等人一起喝酒，甚為歡樂。這時景帝還沒有立太子，酒酣

古月集：秦漢時代的簡牘畫像與政治社會
——卷三　皇帝、官僚與社會

耳熱之後，景帝對弟弟說：「百年之後，這個位子就傳給你。」竇太后在旁一聽這話，十分歡心。其時也在一旁的竇嬰卻端著酒杯對景帝進言：「這天下，是高祖的天下。照漢家既有的規矩，應是父子相傳。皇上豈得傳位給弟弟梁王！」竇太后因此深恨竇嬰。奪去竇嬰進出宮門的門籍，不准他再進宮朝請。竇嬰也不滿擔任一個小小詹事的職位，乾脆稱病去職。

在這個事件中，兩人很難說都是站在外戚竇氏的利益上說話，或者說何者的立場對竇氏更有利。可以確定的是他們同為外戚，一位看重自己的好惡，一位卻強調漢室劉家的規矩。後來到景帝三年，吳、楚等七國反，景帝在宗室中尋找可以擔任平亂大任的，發現竇嬰還算最有能力，要召見他。竇嬰以才幹不足推託。竇嬰推託，一大原因可能是自己和竇太后之間的芥蒂。在危急的情勢下，竇太后也感覺過去對從姪的處置不無過分之處，不再反對。景帝才得又力促竇嬰出任大將軍，赴滎陽，擊破七國。

第二次是景帝四年，立栗姬子為太子，竇嬰成為太子的師傅。景帝七年廢栗太子，竇嬰力爭不可廢，失敗。這一回竇嬰是站在和景帝姊姊館陶長公主對立的一邊。失敗後，竇嬰又稱病，退居到長安城外藍田縣的南山下。他明顯杯葛，門下賓客以為不智。在賓客的勸說下，他才又朝請如故。

在栗姬子被廢的事件中，我們不知道竇太后的立場。竇太后和竇嬰之間的關係卻始終十分微妙。竇嬰於事件後，失去職位。景帝後元元年（西元前 143 年）丞相死，竇太后曾好幾次在景帝面前說話，希望起用竇嬰補丞相之缺。可是三十二歲即位（西元前 156 年），這時已四十五歲的景帝已經是一位成熟的皇帝，自有一套知人任事的想法，他認為竇嬰多輕薄，不夠持重，不再聽從母親的話。結果選擇了當時任御史大夫的建陵侯衛綰繼劉舍為丞相。

天下的權力畢竟在皇帝的手裡。以太后或太皇太后為首的外戚只有在皇帝年幼無知，或長而無能的情況下，才有控制皇帝和攬權的可能。終景帝之世，竇嬰雖有平七國之亂的大功，終因廢太子事件，沒有再獲得權位。

景、武之世，朝中握權的外戚，除了竇家的人，還有王皇后的親人。皇后的哥哥蓋侯王仲，好酒，似乎沒有什麼才學，未曾在朝中發生什麼作用。倒是皇后的異父弟弟田蚡，曾學雜家「盤盂諸書」，[7] 頗有能力和口才，甚得皇后器重。田蚡門下，賓客雲集。他也大力向新即位的武帝薦舉人才，權傾一時。不久丞相衛綰病免，武帝議置丞相、太尉。田蚡聽從門客的獻策，透過竇太后，向武帝建言以竇嬰為丞相，自己謙居太尉。

新（田氏）舊（竇氏）外戚可以彼此合作，也可以相互對抗，而合作的時候卻不一定是為了外戚共同的利益。田蚡和竇嬰都喜歡儒術。他們聯合起來，推薦趙綰為御史大夫，王臧為郎中令。又到魯國迎接《詩經》大師申公，準備遵儒禮，設立明堂，建立喪服之制，以興太平。他們其它的措施則顯然損及外戚集團的利益，並導致田、竇和以竇太后為首外戚集團之間全面的決裂。首先，他們竟然清理門戶，將宗室諸竇中品行不良的除去屬籍。漢代編民皆納入戶籍。宗室成員則入宗室之籍，由宗正管理，享有宗室才有的特權（例如免稅役、奉朝請、犯罪上請、受賞賜、出入宮門……）。除籍等於除去他們身為宗室外戚的身分和特權。其次，將外戚封為列侯，但要他們離開長安，各就其國。可是這些列侯多娶公主為妻，不願離開京師。外戚大為反彈，紛紛向竇太后抱怨。

前文說過竇太后本好黃老之術，田蚡、竇嬰和趙綰等人卻推行儒家的一套，心中早已不悅。更糟糕的是武帝即位第二年，御史大夫趙綰奏請不要再凡事上奏東宮的竇太后。這等於剝奪她長久以來左右朝政的權力。竇太后勃然大怒，將趙綰、王臧、田蚡、竇嬰全部免職。

十六、七歲的武帝甫登權力的舞台，即目睹身邊最親近的人上演了這一場火辣辣的權力鬥爭。鬥爭的雙方，一邊是自己的祖母，一邊是自己的師傅和舅舅。武帝自幼受儒學的薰陶，原本也想除舊布新而和師傅、舅舅

---

7 《漢書‧竇嬰傳》注引應劭曰：「黃帝史孔甲所作也。凡二十九篇，書盤盂中，所以為法戒也。諸書，諸子書也。」孟康曰：「孔甲盤盂二十六篇，雜家書，兼儒墨名法者也。」晉灼曰：「案藝文志，孟說是也。」

站在同一邊。但是祖母的權威，顯然還不是少小的他所能反抗，眼睜睜看著自己支持的人馬紛紛下台。

　　武帝活在祖母的陰影下，還可從另外兩件事看出來。一件事是武帝救不了被太后賜死的寵臣韓嫣。韓嫣是弓高侯韓穨當的孫子。武帝為膠東王時，和武帝一起學書受教育。兩人極為相好。韓嫣人很聰明，擅長騎射，武帝成為太子後，兩人益為親密，甚至常常共臥同眠。武帝對他賞賜極厚，官至上大夫。有一次，江都王入朝，從武帝獵於上林苑（圖9）。武帝車駕沒出發前，先打發韓嫣帶著數十百騎先去探看獵物的情形。江都王望見韓嫣的人馬，以為是武帝來到，要跟隨的人退下，自己伏在道旁進謁。韓嫣不理他，驅馳而過。江都王後來知道是韓嫣，認為奇恥大辱，大怒。向皇太后哭訴，抱怨不如不當諸侯王，入宮當個寵臣算了。太后因此深深不滿韓嫣。後來韓嫣進出只有宮女出入的永巷，手腳不規矩，姦亂宮女。太后大怒，賜韓嫣死。武帝為他求情，太后不允，韓嫣竟因此命喪黃泉。

圖9　西安理工大學西漢墓壁畫中的射獵圖，採自《西安西漢壁畫墓》。

武帝即位不久，就喜歡微服，帶著期門武士到長安郊外馳射、打獵、取樂。《漢書・東方朔傳》說，他「北至池陽，西至黃山，南獵長楊，東游宜春」，因「迫於太后」，才不敢跑得更遠。史書上說他迫於太后，可見老祖母的威力。

建元六年，竇太后一死，武帝即從祖母的陰影下解脫。一度想要將阿城以南，盩厔以東，宜春以西的田地全買下來，納入供他狩獵的上林苑。武帝是一個隨興所至，不喜歡受到束縛的人。少年時期雖貴為天子，卻受到祖母的拘束和左右，這一經驗似乎令他終生難忘。他晚年決定先殺鉤弋夫人，再讓幼子即位，想來與他的少年經驗不無關係吧。這事將於後文再談。

就在建元六年竇太皇太后死後，改元元光的幾年間，獨立自主的武帝開始在政治、軍事上展開抱負。元光元年五月，詔求賢良，《漢書・武帝紀》謂「於是董仲舒、公孫弘等出焉」。二年六月，從王恢之議，計誘匈奴單于於馬邑，功敗垂成。三年春，黃河改道，河水從頓丘東南入渤海。五月，黃河於濮陽潰決，水淹十六郡。武帝發卒十萬救河。而這幾年中，宮廷之內，外戚竇嬰和丞相田蚡的賓客鬥得你死我活，不可開交。[8] 竇嬰漸漸失勢。四年冬，竇嬰得罪棄市。春三月，丞相田蚡也因患渾身疼痛的怪病而過世。

三 姑姑——私養男人的竇太主 (館陶長公主)

前文已經說過館陶長公主如何將自己的女兒嫁給尚未登位前的武帝，如何幫助武帝的母親成為景帝的皇后，武帝成為太子。武帝命運的轉變，全拜這位姑姑之賜。武帝即位後，長公主的女兒自然成為皇后。這位陳皇后仗恃己母對丈夫的功勞，專擅後宮，驕貴無比。武帝和她的結合原本是

8　詳見《漢書・竇田灌韓傳》，不細述。

一場政治婚姻。年輕幹練，情感豐沛的武帝怎可能將感情專注在這樣的一個女人身上？

陳皇后一直未能生子。這給了武帝光明正大，另尋佳人的理由。那個時代，整個後宮的目的就在為生產帝嗣創造最可能的環境。奈何陳皇后控制了後宮，成群的妃嬪無人能夠親近皇帝。結果武帝靠著姊姊平陽公主衝破重圍。陳皇后可以強迫武帝不近後宮，卻沒有辦法限制武帝不去看望武帝的姊姊。

武帝有三位親姊姊——平陽公主、南宮公主和隆慮公主。武帝即位幾年都沒有兒子。大姊平陽公主就在家中招養良家女子十餘人，調教打扮，等待時機。大約在建元末或元光初年的一個三月，武帝出城，到西南方的霸上，行除災的祓禮，回程到大姊家。[9] 這一切都在安排之中。大姊將所畜的女子喚出。弟弟一一看過，都不中意。少頃，開始飲宴，歌女進場侍宴（圖10）。沒有想到武帝看中其中一位，她就是出身貧賤的衛子夫。

圖10　徐州西漢王陵出土舞俑，採自《中國陵墓雕刻全集—西漢》。

武帝藉口更衣，由子夫服侍，子夫即在更衣室中得幸。武帝看上子夫，完全是因為她的姿色。武帝歡欣之餘，賞賜大姊黃金千斤。大姊奏請

9　這個時間已難確知，大約在建元末或元光初年。

將衛子夫送入宮。子夫入宮前,身為主子的平陽公主撫著她的背說:「去吧!好好注意餐食。一朝富貴,不要忘了我。」

衛子夫得幸入宮的消息傳到陳皇后的耳中,陳皇后大吵大鬧,幾度以死要脅。她暗中用婦人媚道,企圖挽回丈夫的心。又請人暗中以巫蠱祝詛之術,想要咒死丈夫的新歡。皇后明纏暗鬥,武帝大怒。元光五年(西元前130年)七月,徹查一切,終將施蠱的女巫梟首於市,株連三百餘人,又賜皇后策:「皇后失序,惑於巫祝,不可以承天命。其上璽綬,退居長門宮。」長門宮是竇太主的園邑所在。這等於將皇后交還她的母親。武帝終於擺脫了他的第一個女人。

這一場風波對武帝的感情打擊不小。一方面是感情的挫折,一方面是帝嗣無人,周遭有形無形的壓力日增。一年多,他沒有再親近衛子夫,並準備將「不中用」的宮人放出宮去。

武帝親自挑選將被放出的宮人。這時衛子夫才又見到了有一幸之恩的武帝。子夫哭泣著請求出宮。楚楚哀憐的子夫,終於使武帝回想起在大姊家中歡愉的一幕。愛苗重燃,子夫再度得幸,懷孕。這大大滿足了久久無子的武帝。子夫立獲寵幸。子夫的哥哥衛長君、弟弟衛青都入宮成了侍中。衛子夫先生了三個女兒,到元朔元年(西元前128年)生下兒子劉據。二十九歲的武帝終於得子,大為高興,正式立衛氏為皇后。[10]

武帝廢去陳皇后,身為皇后之母的竇太主有何反應呢?《史記》和《漢書》一無記述。只有司馬光在《資治通鑑》中稍稍提到。[11] 在一片株連聲中,流言甚多,有些顯然對竇太主不利。竇太主又慚愧又害怕,來見武帝叩頭請罪。武帝發表一篇大道理,說:「皇后所為不軌於大義,不得不廢。太主當信道以自慰,勿受妄言以生嫌懼。后雖廢,供奉如法,長門無異上

---

10 《漢書·外戚傳》謂:「上憐之,復幸,遂有身,尊寵。召其兄衛長君、弟青侍中。而子夫生三女,元朔元年生男據,遂立為皇后。」據此,衛子夫是先生三女,再一舉得子而後為皇后。據《漢書·武帝本紀》,元光五年(西元前130年)七月廢后到元朔元年(西元前128年)三月立衛氏為后,只有兩年的時間,換言之,衛子夫為武帝生女必在廢后之前。

11 中華書局新校標點本《資治通鑑》卷18,武帝元光五年,頁591。

宮也。」竇太主收回被廢的女兒，保住了富貴，更引起我們注意的是這位年踰五十的竇太主自己正陶醉於一場迷人的黃昏之戀。

竇太主原嫁開國功臣堂邑侯陳嬰的孫子陳午。元光六年，陳午死。五十餘歲的竇太后耐不住寡居的日子，看上一個美少年董偃。[12] 董偃的母親以賣珠寶為事。十三歲起，董偃即隨母出入竇太主家。太主左右的人見其面貌姣好，向主推薦。太主一見，甚喜，就將他留在家中，對董母說：「我來當他母親，幫你養他吧。」太主教他識字、算術、相馬術和騎射，也教他讀了些書。到十八歲成年，董偃出則為太主執轡駕車，入則成為太主的入幕之賓。

看在竇太主是當今天子姑姑的份上，長安城中的公卿不得不與董偃這樣一位十幾二十歲的人物酬酢周旋，稱他一聲「董君」。竇太主也有意令他廣結善緣，不惜所費。她交代管帳的，董君在外花錢，一天之內超過黃金百金，錢滿百萬，帛過千匹，才須先告訴她。

董偃成為竇太主的內寵，身分不明不白，長安城中的貴戚幾乎無人不知。消息如果傳到當今天子的耳中，今上會有什麼反應？難以逆料。董偃的一個好友名叫爰叔。爰叔是景帝朝名臣爰盎的姪兒。[13] 他提醒董偃「私侍漢主」，乃「挾不測之罪」。因而教他一套請竇太主奉獻園地給皇帝，以博歡心而能保全地位的方法。又教他如何能和今上見上一面，使他的身分能公開「合法化」。

竇太主先裝病不朝。武帝親自到太主居處看望。武帝問姑姑有何需要。五十幾歲的姑媽於是說：「小妾幸蒙陛下的厚恩和先帝的遺德，能夠

12　竇太主和董偃的戀情發生在陳午生前或死後，說法不一。據《通鑑考異》引《漢武故事》及《東方朔傳》（《資治通鑑》卷18，頁591-592），以為在元光五年廢后以前，竇太主已使武帝與董偃見於太主家中。但是據《漢書‧外戚傳》於元光五年廢陳皇后事後，云：「明年，堂邑侯午薨，主男須嗣侯。主寡居，私近董偃。」則董偃事發生在元光六年陳午死，竇太主寡居以後。本文取《漢書》之說。董偃出入太主家已久，但見武帝當在陳午死後。此從武帝主動願見「主人翁」一事可知，詳下文。

13　景帝時，爰盎獻計殺晁錯，平七國之亂，景帝命為太常。他也是大將軍竇嬰的好友，詳見《漢書》本傳。

奉朝請之禮，備臣妾之儀，列為公主，受到湯沐邑租稅收入的賞賜。隆恩如同天地，妾死無以回報。唯恐一旦不勝灑掃，像狗、馬一樣，先填屍於溝壑，內心將不勝悔恨。衷心希望陛下有時能將天下大事暫擱一旁，養精遊神。從宮中回駕時，枉駕一過小妾之地，讓小妾有機會獻杯水酒，為陛下祝福，為左右之人添些歡樂。這樣萬一不幸而死，又有何恨！」武帝這時展現出他的親情，說道：「太主何須擔憂？病一定會好。我一定會來看你，只怕跟從的人太多，累害太主破費。」竇太主用此一計，達到邀約武帝再來看她的目的。

不久，病好，入朝請安。武帝花錢千萬，大擺筵席，和姑姑歡飲。幾天後，武帝信守諾言，到長安城外的長門宮來看姑姑。竇太主穿上僕人的衣服，親自為武帝引路，登階就坐。尚未坐定，武帝就說：「願意見見主人翁。」主人翁就是主人的意思。姑丈已過世，姑姑就是這家的主人。武帝有此一問，應是對姑姑的事已有耳聞，有意成全罷了。太主一聽，知道武帝已洞察自己的心事，下殿，除去簪珥首飾和鞋子，光著腳以罪人的姿態，頓首說道：「小妾無狀，有負陛下，身當伏誅。陛下不以法相加，該死該死。」武帝特為其下詔免罪。於是太主才又戴上首飾，穿上鞋子，到大堂的東廂將董君帶領出來。董君戴著綠色的幘巾，兩手臂戴著護臂，裝扮成一個屠夫的模樣（圖11），走在太主之前，一起跪伏在殿下。太主代他報上進謁者的名字說：「館陶公主胞人臣偃昧死拜謁。」接著叩頭謝恩。

武帝為之起身，下詔賞賜衣冠。衣冠是身分的象徵，賞賜衣冠等於是承認了他「準姑丈」的身分，也正式公開化了

圖11　河南濟源沁北電廠十號漢墓出土屠宰陶俑，2011 作者攝於河南博物院。

姑姑這位地下情人。董偃於是起身，換上御賜的衣冠，參加一場太主備下的酒宴。竇太主親自侍奉酒食。酒宴之間，大家稱呼董偃為「主人翁」而不名，賓主極盡歡樂。那些跟隨武帝而來的將軍、列侯從官，都得到太主的金帛禮物。

從此，「董君貴寵，天下莫不聞」。武帝是一位被朝臣批評為「多欲」的皇帝。他和姑姑一樣耐不住宮中寂寞枯燥的生活，喜歡打獵、鬥雞、走馬等一切遊戲之事。董君深通此道，一同與武帝「游戲北宮，馳逐平樂」。武帝大樂，藉著請姑姑飲宴，有一次將這位不到三十歲的「姑丈」請進了內宮的宣室。武帝萬萬沒有想到，此舉引起一位執戟守衛，官拜中郎的東方朔的不滿（圖12-13）。

漢代郎官要任守衛，中郎尤為親近，守衛內廷。東方朔拿著戟，擋住董偃的去路，說道：「董偃有三項死罪，怎可進入？」武帝問道：「這話從何說起？」東方朔回答：「董偃竟然私侍公主，這是第一罪；敗壞男女之化，擾亂婚姻之禮，這是第二罪；陛下還年輕，正專心於六經，留神於國家大事，以三代唐虞之盛世為目標，董偃不能尊經勸學，反以狗馬、奢侈

圖12　徐州獅子山楚王陵的郎官俑，採自《古彭遺珍》。

圖13　徐州北洞山楚王陵「郎中」俑線描圖

為能事，極盡耳目之欲，行枉邪之道，驅淫辟之路。他是淫亂之首，國家和陛下的大賊、惡鬼。這是第三罪。陛下是否記得歷史上宋恭姬救母不逃，遭火焚死，諸侯反而敬畏的故事嗎？陛下為何如此呢？」東方朔是一位言語詼諧，又敢犯顏直諫的郎官，深得武帝的喜愛。這一回他不再幽默，板起臉孔訓人。武帝一聽，久久說不出話來。最後施出緩兵之計說：「宴席已經設下，我以後再改吧。」東方朔說：「不可。宣室是先帝所設重要的正室，是辦正經大事的地方。如果不防犯，一些不正經的事就會漸漸喧賓奪主。齊桓公為弄臣豎貂、易牙所害，魯僖公殺慶父，魯國才得到安寧，周公誅管、蔡，周室才享平安，都是教訓啊！」

面對引經據典，教訓自己的東方朔，武帝有所醒悟，說道：「說得好！」下詔將酒宴搬到北宮去，引領董偃從「東司馬門」進入，更將東司馬門改名為「東交門」。這還不算，不久又賞賜東方朔黃金三十斤，感謝他的直言進諫。這樣的君主和大臣，今天看來，真是唯古有之，今已不存了。根據《漢書‧東方朔傳》的記載，武帝對董偃的恩寵，竟從此日衰。董偃不過三十歲就死了。如何而死，史無明文。

董君死後，竇太主失去了生趣，幾年後也就過世。武帝將這位扭轉他一生命運的姑姑和董君一起合葬於霸陵。他這樣做，等於是將東方朔的話拋諸腦後，將裝點國家門面的儒家禮法也擱於一旁。班固在此用上春秋筆法，於記敘此事之後說：「是後，公主貴人多踰禮制，自董偃始。」他將這一筆帳明明白白都算在武帝的頭上。

然而，如果換一個角度看，武帝的情意不是再一次濃烈地流露出來了嗎？武帝以天子之尊，通常並不輕意為親情，拋下國法。有一回武帝姊姊隆慮公主的兒子殺人。隆慮預先以錢為子贖罪。武帝卻堅持不可違背先帝法令，流著淚准許廷尉判處姊姊的兒子死罪。然而，現在為了讓姑姑和自己心愛的人相會於黃泉，他終於置國法、禮法於不顧。真情摯愛在他心目中的分量，不難從此推想。

四 李夫人——武帝深愛的女人

武帝一生擁有無數女人，為他生下皇子的也有好幾位。[14] 不過，從史書的記載看來，讓武帝動真情，思念不已，為之寫詩作賦的似乎只有一位李夫人。[15]

李夫人像衛子夫一樣，原本也是一位歌女，漢代時稱為「倡」。她的父母兄弟都是倡。哥哥李延年因犯罪曾受腐刑，在宮中當狗監，為皇帝養狗（圖14）。但他精於音律，善歌舞，

圖 14　景帝陽陵出土陶犬，採自《漢陽陵》。

武帝愛之。據說，他為當時的樂曲，創造出許多變化。聽者莫不感動。有一次他為武帝邊舞邊歌，歌曰：「北方有佳人，絕世而獨立，一顧傾人城，再顧傾人國。寧不知傾城與傾國，佳人難再得。」武帝聞之，大為嘆息：「世上可有這樣的佳人？」武帝的大姊平陽公主於是提到延年的妹妹正是一位佳人。武帝召見，一見傾心。結果生下一男，就是後來的昌邑哀王。

14　武帝共有五子：衛皇后生戾太子；趙婕妤生孝昭帝；王夫人生齊懷王閎；李姬生燕剌王旦、廣陵厲王胥；李夫人生昌邑哀王髆。詳見《漢書·武五子傳》。

15　《漢書·外戚傳》中對武帝和李夫人之間的愛情有非比尋常的長篇記述。但是〈外戚傳〉中的李夫人是不是《史記·封禪書》所說的王夫人，是一個聚訟至今，難以定論的問題。本文在沒有更多新證據的情形下，不擬多作無益的考證，暫採《漢書·外戚傳》的記載，一探武帝的真情世界。《漢書》雖較《史記》晚出，但班固寫〈外戚傳〉，多有秘府典據，其於李夫人事未襲《史記》，想是有所正謬。又〈外戚傳〉於李夫人家族事，首尾甚備，當是有所本而言，似不可能將王夫人事全誤為李夫人。較可疑的是方士少翁以方術使武帝見李夫人一事，時間不合，《史記》所記較有可能。相關討論始於《通鑑考異》，可參《資治通鑑》卷19，胡三省注引《考異》，頁 647；又可參王叔岷，《史記斠證》第四冊（臺北：中央研究院歷史語言研究所專刊，1982），頁 1196-1197。

圖 15　山東東平后屯東漢墓壁畫中的舞女，採自《山東東平后
屯漢代壁畫墓》。

　　這位李夫人不幸短命而死。或許正因為短命，來不及煩膩，留給武帝
的只有無限的哀思。據說，李夫人病重，武帝親自去探病。李夫人用被褥
蒙住自己，不讓武帝見到自己病後不堪的面容。武帝說：「夫人病得如此
之重，不知是否還能好。容我一見，談談對哀王和兄弟有什麼託付，不是
很好嗎？」李夫人說：「婦人容貌不修飾好，不可以見君父。妾不敢以現
在委靡不堪的樣子見帝。」武帝答說：「夫人只要一見，我將加賜千金，給
予夫人兄弟高官。」夫人說：「高官在帝，不在於是否一見。」武帝又苦
求，非見不可。李夫人鐵下心腸，不再答話，低低哭泣起來。武帝無奈，
悻悻然離去。

　　李夫人的姊妹都來怪她，為了兄弟的前程，何不和皇帝見上一面。李

夫人頗有智慧地說出她的心事：「我不想和皇帝見面，正是為兄弟們著想。我能從卑賤得幸於皇上，完全是因為我的姿色容貌。以色事人者，色衰則愛弛，愛弛則恩絕。皇上之所以如此思念我，無非是想念我的姿色罷了。如果他見到我已如殘花敗柳，姿色不再，必會討厭唾棄我，怎可能還有心思用我的兄弟呢？」

李夫人在深宮之中，深深知道一個卑微的女人在武帝眼中的價值。她和衛子夫先後為平陽公主所薦，衛子夫稱后達三十八年，是侍奉武帝最久的皇后。衛子夫的孩子貴為太子，武帝卻因子夫「色衰」，而失去了對她的興趣。《漢書‧外戚傳》說子夫色衰失寵，「趙之王夫人，中山李夫人有寵，皆早卒。」褚少孫補《史記‧三王世家》說：「王夫人者，趙人也，與衛夫人並幸武帝，而生子閎。」王夫人與衛夫人大約同時得幸，而李夫人得寵在她們之後。李夫人見到武帝如何對待她們，對武帝的「唯色是求」必頗有體會，才決心不讓武帝一見。

但是唯色是求的皇帝，就必然沒有真情嗎？李夫人只看見生前的種種，沒有看見死後武帝對她無盡的思念。首先，李夫人死後，武帝以皇后之禮安葬她。在一個重視禮法的時代，武帝這樣作，可以說是不惜因情逾法。《漢書‧外戚傳》說：「其後，上以夫人兄李廣利為貳師將軍，封海西侯，延年為協律都尉。」武帝也心誠意至地完成她生前託付兄弟的心願。

更為人知的是武帝因思念李夫人而作的詩、賦。武帝才華橫溢，深愛文學辭賦。除了豢養一批辭賦高手如司馬相如之流，有時也自己作賦。《漢書‧藝文志》錄有「上所自造賦二篇」（師古曰：「武帝也」），內容已不可知。〈外戚傳〉錄有武帝悼李夫人賦一篇。這一篇可以說是武帝真情的見證：

……秋氣憯以淒淚兮，桂枝落而銷亡，神煢煢以遙思兮，精浮游而出疆。託沈陰以壙久兮，惜蕃華之未央，念窮極之不還兮，惟幼眇之相羊……燕淫衍而撫楹兮，連流視而娥揚，既激感而心逐兮，包紅顏而弗明。驪接狎以離別兮，宵寤夢之芒芒。忽遷化而不返兮，魄放逸以飛揚。何靈魂之紛紛兮，哀裴回以躊躇……

這樣哀感悲悽的句子，誰能說只是一位才子皇帝的文字遊戲，而非真摯愛

情的流露？武帝沉迷於神仙長生之術，有相當大一部分時間離遠長安，駐蹕於甘泉宮（圖16）。他一邊期待神仙（圖17），一邊念念不忘李夫人，「圖畫其形於甘泉宮」（《漢書‧外戚傳》）。人不可得，以畫為伴。這樣的深情，如果李夫人地下有知，能不心動？

　　據《漢書‧外戚傳》記載，武帝思念李夫人不已。有一個方士叫少翁，號稱能讓武帝和李夫人的神靈相見。於是他在晚上設了帷帳，點上燈燭，備下酒肉，要武帝在另一個帷帳中等候。不久，武帝果然看見一個像李夫人的女子坐在帷帳之中，又起而徐徐輕移蓮步。可是他不得離帳，看個仔細。方士的花招讓武帝於彿彷之間見到了魂牽夢盼的佳人，然而這更增添了他相思之苦。千萬的相思化為他另一首千古傳唱的詩篇：

　　　　是邪？非邪？立而望之，偏何姍姍其來遲！

他要求樂府的樂工將詩編成歌來唱。長安宮中，甘泉山上，因而一度迴盪著武帝如泣如述的歌聲。這個淒美的故事，《史記‧封禪書》說是發生在王夫人的身上。李夫人耶？王夫人耶？千百年後，這一公案甚難了斷。不過，從少翁在元狩四年左右，即因詐術為武帝識破而被殺，李夫人之死遠在少翁被殺之後，《漢書‧外戚傳》確有記載錯誤的可能。我們對以上這個故事不能不有所保留。

圖16　甘泉宮北城牆遺跡，採自《甘泉宮志》。

圖17　山東沂南北寨漢墓神仙畫像
作者摹本

可以確定的是：武帝深愛李夫人。當時親近武帝的人，似乎都知道李夫人才是今上真情之所寄。《西京雜記》這部專記西漢軼聞的書曾經記載，武帝曾送給李夫人象牙製的席子；有一回武帝和李夫人在一起，偶爾拿起李夫人的玉簪來搔頭，從此以後，宮人搔頭都用玉，玉價為之貴了好幾倍。不僅宮人知道武帝和李夫人之間的感情，霍光是另一位見證。

霍光是霍去病的同父異母弟，武帝晚年託孤，受遺詔輔政的大將軍。自霍去病死後（元狩六年），霍光擔任奉車都尉光祿大夫，「出則奉車，入侍左右，出入禁闥二十餘年，小心謹慎，未嘗有過，甚見親信。」（《漢書・霍光傳》）他在武帝身旁二十餘年，目睹武帝最後二十年經歷的一切。霍光自元狩六年（西元前 117 年）以後出入內廷，而李夫人得幸的時間約在元鼎、元封年間（西元前 116-105 年）。[16] 他可以說曾目睹武帝和李夫人之間的一切，十分清楚武帝的心事。《漢書・外戚傳》有一段容易被人忽略，卻十分重要的記載說：「武帝崩，大將軍霍光緣上雅意（師古曰：「緣，因也；雅意，素舊之意。」），以李夫人配食，追上尊號曰孝武皇后。」「緣上雅意」四字十分重要，這明明指出霍光追尊李夫人，以她配食一事，是根據武帝的心意。這個心意不必然是武帝生前有所交代，而很可能是霍光依據平素對武帝真情的了解。他有意效法武帝當年合葬竇太主與董君的用心，成全有情人於地下。於是追尊李夫人為孝武皇后，使她以皇后的身分和武帝一起長眠地下，同享後世子孫的祭祀。[17]

16　《漢書・外戚傳》謂：「〔衛〕皇后立七年，而男立為太子。後色衰，趙之王夫人，中山李夫人有寵，皆蚤卒。」衛皇后子立為太子在元狩元年（西元前 122 年），此後皇后色衰愛弛，此當為元狩年間事。又李廣利為大將軍在太初元年（西元前 104 年），此在李夫人死後，故李夫人得幸時期應在元狩末，元鼎、元封年間。

17　過去學者討論王夫人或李夫人的問題，似乎都遺漏了《後漢書・陳球傳》中的一條資料。靈帝熹平元年，竇太后崩，宦官和朝臣爭論安葬之禮。宦官曹節等提到「武帝黜廢衛后，而以李夫人配食」云云。可見《漢書》中的相關記載禁得起考驗，為後世所接受。

五 鉤弋夫人──家國祭品

鉤弋夫人是最後一位進入武帝生命的女人，也是武帝晚年心靈極度掙扎下可憐的犧牲品。元狩年間，衛皇后失寵以後，長安宮的內外陷入幾股勢力的鬥爭。征和元年，使者江充假藉搜查巫蠱之名，大肆殺戮政敵，最後逼迫太子和衛皇后聯手起兵造反，大戰長安，死者數萬。征和二年（西元前 91 年）七月失敗，皇后、太子雙雙自殺。等到武帝覺悟這是一場錯誤，家庭的悲劇已無可挽回。[18] 征和二年以後，武帝思子心切，他在極度的悲痛中，度過最後幾年的日子。

除了喪子之痛，武帝晚年更面對著征服死亡的失敗。他一輩子夢想著長生，東奔西跑，服食求仙，被方士一次又一次的欺騙。元鼎四年（西元前 113 年），武帝四十四歲，已有「歡樂極兮哀情多，少壯幾時兮奈老何」的感嘆。[19] 到了太始、征和年間，不死之夢漸漸破滅，衰老和死亡的恐懼與日俱增。頑強的他不死心，仍舊留在離長安三百里外的甘泉宮，等待神仙的出現。這時他已是一個極度不安、恐懼和猜疑的老人。[20] 當時在甘泉宮陪伴他度過最後一段歲月的正是鉤弋夫人。

鉤弋夫人姓趙，是河間人，也是昭帝的母親。她和武帝的姻緣頗具傳奇性。據說有一次武帝巡狩，經過河間，有望氣的人說此地有奇女子。武帝遣使去找，找來一位女子，兩隻手都緊緊握拳不肯鬆開。武帝親自去

---

18 這一場家庭悲劇牽涉到複雜的政治鬥爭，其詳可參 Michael Loewe, *Crisis and Conflict in Han China*, 1974, pp. 37-90；蒲慕州，〈巫蠱之禍的政治意義〉，《中央研究歷史語言研究所集刊》，57：3（1986），頁 511-537。

19 元鼎四年武帝行幸河東，祠后土，與群臣飲，歡甚，作〈秋風辭〉。辭見《文選》，卷 45，頁 2025-2026。

20 勞榦先生相信武帝晚年的性格可能曾受到服食丹藥的影響，變得急燥易怒多疑。這些現象曾出現在許多後世服食丹藥者的身上。請參勞榦，〈對於「巫蠱之禍的政治意義」的看法〉，《中央研究院歷史語言研究所集刊》，57：3（1986），頁 542-543。據《資治通鑑》卷 22，征和四年武帝悉罷方士候神仙者，並曾感嘆「天下豈有仙人」，似乎已放棄對神仙的夢想。不過從武帝於在位的最後兩年，即後元元年、二年都還行幸甘泉宮看來，他對神仙似未放棄最後一絲的希望。

掰，手即刻就伸開了。因這一奇異，武帝看上她，帶回長安，稱她為「拳夫人」。她的家世並不好。父親過去因犯法，受宮刑，曾為中黃門，後來就死在長安。

她甚得武帝寵愛，從夫人晉位為僅下皇后一級的婕妤。因為所居為鉤弋宮，她又稱為鉤弋婕妤。太始三年生一子，號為「鉤弋子」。據說她懷孕達十四個月才生下孩子，十分奇特。武帝認為這是一種異兆，因為聽說古代的聖王堯也是經十四個月才生下來。他將鉤弋所住的宮門命名為「堯母門」。

這件事在當時的政壇上曾經引起很大的震動。因為衛皇后失寵以後，其子的太子地位就已經搖搖欲墜。鉤弋婕妤得寵生子，武帝命其門曰堯母門，這不明明說鉤弋子是期待中的堯，武帝在太子之外已有了其他可能傳位的人選？鉤弋子長到五、六歲，身體十分強壯魁梧，也很聰明。武帝常說他像自己。又因為他的出生不同於常人，武帝特別疼愛，心中暗暗有意傳位給他。但是想到他的母親年紀很輕，少子即位，必然受到母親的挾持左右，大政有潰亂的危險，因此一直猶豫不決。武帝的猶豫導致太子、皇后和其他幾個兒子的不安和較勁，終於釀成一場藉巫蠱以滅政敵的家庭和政壇慘劇。

衛太子死後，武帝的兒子還活著的有燕王旦、旦的弟弟廣陵王劉胥、昌邑哀王劉髆及鉤弋子。後元元年，昌邑哀王不知什麼緣故死去（圖18.1-2）。燕王旦自以為以排行應為太子，曾上書求入長安為宿衛。燕王旦是一

圖 18.1-2　山東鉅野紅土山劉髆墓玉璧出土情形及玉璧之一　作者 2016 年攝於山東省博物館

個十分博學聰明的人，但是他和弟弟都目無法度，做過不少不該做的事。武帝不喜歡他們，一怒將燕王旦求入宿衛的使者殺了。

　　武帝能考慮傳位的只剩鉤弋子。他為了少子即位後的政局穩定，不能不先有一番布置，並去掉他認為的隱憂。鉤弋夫人是他曾經愛過的女人，但是在家國安危的壓力下，他鐵下心腸，捨棄了佳人。

　　就在甘泉宮，衰弱不堪的武帝進行著他最後的布置。《漢書·外戚傳》僅簡單地說：「鉤弋婕妤從幸甘泉，有過見譴，以憂死，因葬雲陽。」（圖19.1-2）《資治通鑑》卷二十二有較詳細的記載。《通鑑》將這一段斷義絕情的事繫於武帝死前的一年，即後元元年七月，武帝到甘泉宮去的時候。武帝先已看中奉車都尉、光祿大夫霍光「忠厚可任大事」，要黃門的畫工畫了一幅周公輔成王朝諸侯圖送給霍光（圖20），明白要他像周公一樣輔佐幼主。

　　幾天以後，武帝召來鉤弋夫人，加以譴責。夫人惶恐不明究裡，脫去簪珥，叩頭。武帝說：「左右帶她下去，送掖庭獄！」掖庭獄屬少府，是專收有罪宮人的地方。可憐的鉤弋夫人回頭望著武帝，武帝狠著心說：「快走！你不能活著！」最後將她賜死。隔了不久，武帝趁空問左右的人：「外間可有什麼議論？」武帝會有此一問，顯然他也知道鉤弋夫人並沒有要命的過錯，擔心他人議論紛紛。左右的人老實答道：「有些人說『且立其子，何去其母乎？』」武帝表明心機地說：「不錯，這就不是你們這些笨人懂得了的事。過去國家之所以會亂，就是因為主少母壯。女主獨居，驕奢淫

圖 19.1　陝西甘泉宮東南十公里的鉤弋夫人雲陵，谷歌地球截圖，北緯 34°53'08.89" 東經 108°34'37.05"。

圖 19.2　雲陵 採自《甘泉宮志》

亂，沒有人能禁止。你們沒有聽說過呂后的事嗎？因此我不得不先除去這禍害。」

《通鑑》所記，有些不見於《史記》或《漢書》。司馬光等人寫《通鑑》時，還可見到一些《史》、《漢》以外的漢代材料，以上所記當是別有所本。值得注意的是武帝雖然只提到呂后，但是大家不妨想想，武帝即位初期，竇太后主宰一切，竇太主驕奢淫逸，必然是令武帝終生

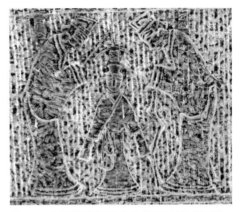

圖20　山東嘉祥漢畫像上的周公輔成王圖，2011 作者攝於嘉祥武氏祠。

無法忘懷的親身經驗。呂后之後，因諸呂之亂，呂家已成眾矢之的，武帝可以公開地抨擊他們。但是標榜儒術的武帝，或礙於一個孝字，或因曾受大恩於祖母和姑姑，對祖母和姑姑終究不便點名批判。武帝即位時十六歲，而這時的鉤弋子不過八歲。他完全無法放心地將八歲的幼主交託給鉤弋夫人。為防患於未然，武帝狠下心腸，犧牲了鉤弋夫人。

武帝並非無情之輩。在家國安危的重壓下，私人的情愛一下子變得如此渺小。衛子夫一回頭，曾挽回武帝的心；當鉤弋夫人回頭的一剎那，大家不妨想想：如果我們是武帝，心頭應曾如何碎裂和掙扎？

六　結語：可憐生在帝王家

要談武帝的親情或愛情，當然還有一些其它的故事，例如武帝和他奶媽之間的關係。因為篇幅有限，我只選擇了和武帝有關的五個女人。

從他母親和祖母的身世可以看見，後世如明、清時所理解的禮教，在漢代對婦女並沒有形成有力的束縛。再嫁甚為普遍，再嫁並不影響為妃為后。母親或輩分高的祖母在政治上可以有極大的權力。在孝道至高的情形

下，身為皇帝的人也不得不對母親或祖母低頭。

他的姑姑竇太主在丈夫死後，可以主動追求屬於自己的愛情。她的愛情可以得到皇帝的支持以及當時官宦階層，最少表面上的容忍。這種情況恐怕也和明、清以降大大不同。

身為皇帝雖然姬妾無數，但是傳宗接代的壓力遠遠超過任何其他的人。皇帝可以有自己的愛情追求，但是他的真情並不一定為人所接受或肯定。李夫人不能相信武帝的真情，即為一例。在王朝傳承和政治穩定的考量下，由於母親權力過大，可能也由於武帝不能忘懷早年受制於祖母的經驗，臨終為了確保年幼的太子不為母黨左右，竟不惜先殺掉心愛的鉤弋夫人，個人的愛情轉瞬間可以蒸發，隨風而逝。

武帝是歷史上的雄主。雄主面對著常人難以想像的內在和外在的壓力。就一個有血有肉，有情有愛的個人而言，皇帝常常被迫在個人情愛和外在環境的要求之間作一取捨，娶所不樂，殺其所愛，其中痛苦與掙扎劇烈的程度，或許應是關心兩性史的朋友，可以深入探究的另一個問題。歷史上的可憐人，豈是只有白頭宮女？

原刊《歷史月刊》，121（1998），頁 68-81。

105.10.16 訂，107.1.26 再訂

揮別孤獨
——漢武帝的最後一夜

絕對的孤獨

是絕對權力的尾巴。

漢武帝一生自陷於孤獨,也力圖走出孤獨,直到人生的最後一夜……

後元二年（西元前 87 年）的正月,七十一歲的武帝在甘泉宮接見來朝的諸侯王,賞賜宗室以後,二月揮別令他心碎的地方。他沒有一路回長安,而來到長安西邊扶風的五柞宮。他這時大概已病重不支,不得不停下了腳步。二月十二日,自知不起,立皇子弗陵為太子。十四日,駕崩。

駕崩前一日,雪花飄飄,五柞宮一片死寂。宮中三人才能合抱的五株大柞樹,被大雪壓得喘不過氣……

宮內,太子和受遺詔輔政的霍光、金日磾、上官桀、桑弘羊等人靜靜地跪著,等著……

搖曳的火光下,武帝雙目緊閉,無力一語,心思卻如迴光反照,出奇地明亮。五十四年的歲月,此刻如此清晰地在他眼前一幕幕浮起……他看見自己一步步登上泰山絕頂,幾天後又頹喪地下山……

已經不知多少次,武帝被方士鼓動起成仙的希望,又從希望的高峰重重摔下。回想起登泰山,他第一次感受到在兩種絕棄之間的孤獨。

時間是元封元年（西元前 110 年）。這年,武帝獨登泰山,尋訪神仙。

為了掩人耳目,頭一年,他親率大軍出塞,向匈奴挑戰,匈奴聞風遁去。太祖高皇帝兵敗平城的奇恥大辱從此洗雪。帝國之內,風調雨順,祥瑞紛見,太平之世終於出現。武帝宣告仿照古聖王的作法,親率文武百

圖1　1990年作者登泰山途經五大夫松石牌坊所攝

官，到泰山行祭告天地的封禪大典。大典的儀節到底應該如何，那班號稱知儀懂禮的儒生，吵了幾年，一路上還在吵吵嚷嚷，商量不出一個結果。

武帝看在眼裡，歡喜在心裡。他不願也不能表露自己的心思。他們吵嚷，給了他最好的藉口，將他們拋在山下，獨自跟隨秦始皇的腳印，登上泰山……

秦始皇是武帝心底的老師。別的不說，單是如何操持權力，如何不讓左右臣子窺探自己的心意，始皇那幾手，就令武帝完全折服。長生的重要只有掌握一切權力之後的人，才能體會。長生不死，權力才能永遠在握啊！他完全理解始皇的心思。那班迂儒那裡明白？尊儒術，黜百家，立五經博士，都是為了應付這些迂儒罷了。能看穿他心思的僅有那位名叫汲黯的老頭子。說話不留餘地的汲老夫子曾揭穿武帝行事好「緣飾以儒術」。他是武帝的痛，但這老頭那能明白掌權者心底真正的飢渴呢？

泰山曲折的路上，幾十年前始皇帝的腳印，早已不易分辨。四十七歲的武帝舉步拾階而上，在草泥間彷彿見到依稀的印痕。隨著印痕，長生的希望就在山巔。始皇似乎就在那兒，等著他的到來。武帝三步化作兩步地登上了絕頂。唯一跟著他的小內侍——霍去病的兒子霍子侯，被他遠遠拋在山腰的雲霧之間。

群山盡在眼底。武帝極目望去，雲天一線，終於來到上天的邊緣。他

圖 2.1　山東滕州市出土漢畫像石上乘坐鹿車的泰山君，1992 年作者攝　照片顏色反轉。

心底默念：「雲天之上的眾仙，應該就在某處看著我吧。眾仙啊！泰山君啊（圖 2.1-3）！生死在諸位的手上。我來到山巔，諸位的腳下，請鑒察我赤誠的心，最有資格加入仙班的人，看見了嗎？我衷心禱祝，請現身傳授長生的祕訣或不死之藥吧！」

圖 2.2　「泰山君」榜題

　　依著方士的指示，武帝不斷祝念，舉目覓尋，側耳傾聽。從日中到黃昏，從黃昏到月出，從月出到天明……泰山頂上的風吹拂著，流雲聚散，月光灑滿枝頭。露水濕了衣裳。濕了又乾，乾了又濕。期待中的眾仙，杳然無息。

　　幾天之後，武帝兩眼紅腫，氣若游絲，不得不黯然下山。回眸山巔，一種從未有過的孤寂之感，悄悄襲上心頭……

　　一切都在算計之中。只有他可以登頂，獨蒙神仙的青睞。神仙意味著是生命、永恆、不死。尤其是泰山君，據說主生也主死。如今眾仙絕棄了他，等於拒他於長生門外。而山下那群等待他的文武臣工又是他日夜想要絕棄的對象。在兩種絕棄之間，上天不能，下山不願，他陷入了椎心刺骨，無以名狀的孤獨。

　　打登極以來，武帝從祖母竇太后那兒學會如何獨攬大權。未央宮內外滿是伺機奪權的人。他發現一條真理：愈親近的，愈發不可信任。為了不

圖 3.1 內蒙古赤峰市寶山二號遼墓出土有「西王母」和「漢武帝」等榜題的壁畫，採自巫鴻《寶山遼墓——材料與釋讀》。

圖 3.2 前圖局部，存世最早　　圖 3.3 前圖局部，
有漢武帝榜題的漢武帝畫像。　　西王母右手握著仙丹。

被偷奪，他將自己隱藏在一切窺伺之外，不向任何人透露心事。如此，權力在握，卻也無比孤獨和寂寞。能了解這份孤獨和寂寞的，大概就是秦始皇帝吧。想來好笑，這份奇特的孤獨，竟是像他們這類「人間至尊」才有的特權。登山之時，以始皇為知己；下山途中，孤獨刻骨銘心地襲來。不過一想到始皇未蒙神仙眷顧，被絕棄的不僅是自己，又有了些些許許的寬慰。

走下山腳，一群方士迎上前來，篤定地說：「陛下登山數日，峰頂祥雲環繞。」左右群臣隨之大呼萬歲。武帝心知肚明，不動聲色。心裡想著：「眾仙不在泰山，就在崑崙。下回該往西走，西王母也許正在崑崙等著我……」（圖3.1-3）

武帝為了求仙尋藥，多少年來，聽信方士，來回奔走於東邊的泰山和西方的甘泉。征和四年（西元前89年）三月第五次，也是最後一次幸泰山，行封禮，失望而回。六月西向甘泉，也是同樣的失望。然而一次次的心灰，終未意冷。

後元元年（西元前88年）正月，再幸甘泉宮。甘泉宮在長安西北三百里的甘泉山腰上。據說黃帝曾以甘泉為都，在此修圜丘之禮。方士公孫卿曾侃侃而談黃帝乘龍升天的事，武帝聽後，心癢癢地說：「如果真能像黃帝一樣升仙，我甘願像脫去鞋子一樣，甩掉我的妻兒子女！」最後依齊方士少翁之言，修建甘泉宮。宮中宮觀無數，分以望仙、仙人、延壽、招仙、通天、群神等為宮觀之名，宮觀的壁上畫滿雲氣和神物，少翁說「物類相招」，這樣就能招來神仙（圖4）。懷著一絲成仙希望的武帝，終日徘徊在招仙閣和仙人觀之間，最後不得不低頭，眾仙的確絕棄了他。

甘泉宮是武帝的希望之宮，也是傷心之地。在這裡，他躲過了太子在長安發動的叛亂。元狩年間，衛皇后失寵以後，未央宮的內外陷入幾股勢力的鬥爭。征和元年，使者江充假藉巫蠱，大肆殺戮政敵，逼迫太子和衛皇后聯手起兵，大戰長安，死者數萬。征和二年七月皇后、太子雙雙自殺。等到武帝覺悟這是一場錯誤，悲劇已無可挽回。在甘泉，武帝悲痛太子，也思念著這一輩子真正心愛的女人——李夫人。少翁曾以法術，讓他

圖4 甘泉宮 通天台遺跡，採自《甘泉宮志》。

圖5 漢墓石刻常見半掩門的仙女，成都王暉石棺檔頭畫像，2002 年邢幼田攝。

看見了李夫人的身影。彷彿中的身影平添了他的相思之苦。在甘泉，他為李夫人畫像、作賦。「忽遷（仙）化而不返兮，魄放逸以飛揚。何靈魂之紛紛兮，哀裴回以躊躇……」，武帝將自作的賦譜成曲，讓相思的歌聲迴盪在甘泉的山裡雲間。

心灰意冷之餘，不得不將仰望的視線轉向這個世界，布置自己死亡之後的權力轉移。在甘泉最後的一年裡，武帝殺了他最後的女人──鉤弋夫人。鉤弋夫人為他生下皇子弗陵。五六歲的弗陵聰明強壯，武帝覺得很像自己，深為疼愛，有意傳位。可是這心思被其他幾個兒子察覺，引起他們的不安和較勁，終於釀成征和年間的悲劇。

弗陵和母親鉤弋夫人陪伴著武帝來到甘泉。前面說過，從大漢開國以及自己登極以來的體驗，武帝得出最親近的人最不可信任的結論，母后尤其是皇權的大敵。為了太子不受母后挾持，他畫了一幅周公輔成王圖給奉車都尉、光祿大夫霍光，要他和桑弘羊、上官桀等人受遺詔輔佐太子。幾天以後，賜死鉤弋夫人。

五柞宮裡的武帝，心思已漸由明亮清澈轉向虛幻模糊。彷彿中，李夫人在雲端向他招手。他覺得自己飄浮了起來，慢慢地，慢慢地飛升。天門近了，門後的夫人，露出半張臉，面貌依然姣好，微微笑著（圖5）。來了，我來了……夫人的懷抱溫暖如昔，終於不再孤獨寂寞……

原刊臺灣大學《文火》，6（2004），頁 10-11。

93.10.3 成稿/107.1.26 補圖

母權・外戚・儒生
——王莽篡漢的幾點解釋

歷上古至秦漢，外戚僭貴未有如王氏者也。雖周宣
甫、秦穰侯、漢武安、呂、霍、上官之屬，皆不及也。
——《漢書・楚元王傳》

　　始建國元年正月一日，也就是西元 9 年 1 月 15 日，王莽在滿朝文武的面前，親自握著五歲小皇帝的手，不勝歔欷地說：「當年周公攝政，終能歸還大政，而我卻迫於天命，不能如願，無法像周公一樣還政了。」說完，哀嘆良久。小皇帝孺子由師傅攙扶，下了殿，北面向王莽稱臣。從此，漢家天下結束，新朝開始。百官公卿目睹這改朝換代的一幕，據說「莫不感動」（圖 1.1-2、2）。

　　「莫不感動」是《漢書・王莽傳》裡的措詞。《漢書》寫於王莽失敗後的東漢，依照傳統成王敗寇的寫史成規，東漢史臣對王莽絕難恭維，但是在描述王莽篡漢的這一刻，竟然不能不據史直書，承認他的「盜篡」也曾一度頗得人心，令人「感動」。當時在場的百官，除了王氏子弟，還有不少劉家的宗室，名儒劉歆就是其中的佼佼者。在王莽篡漢的意圖漸漸明顯以後，有劉氏宗人和其他的人曾起兵反抗，可是都得不到有力的響應，迅速失敗。因為那時天下的人，包括不少劉家的子弟，多認為劉家氣數已盡，天下不得不讓給再世的周公——王莽。王莽在一派「順乎天，應乎人」的氣氛下，迫使舊朝換了新天。

　　漢代兩百年江山，根深柢固，要取而代之，豈是易事？上述動人的一

圖 1.1　青海出土王莽虎符石匱　　圖 1.2　「西海郡　　圖 2　王莽詔書殘簡
　　　　　　　　　　　　　　　　　　　虎符石匱」　　　　「〔新〕室以土德代火家」

幕，並不是王莽一人自導自演，完成於片刻之間。他成功的因素很多，其
中有一時的因緣際會，也有許多非一人一時的長遠背景。約略來說，一方
面是秦漢以來，王朝專制政治結構下外戚享有特殊的地位，另一方面是
宣、元以後，儒生士大夫所深信天人災異和五德終始的那一套政治理念，
為兼具外戚與儒生身分，既有理想又通權謀的王莽，製造了機會。王莽的
篡漢當然並不是從這兩方面就可以完全解釋，不過我們不妨從這兩方面說
起。

　　從漢初呂后開始，經昭、宣時期的霍氏，到成、哀以後的王氏，外戚
干政一直是西漢政治的顯著現象。西漢的天子和朝臣對此相當警惕，也頗
為防範。自呂后專權引發呂氏之亂以後，功臣集團即因顧忌齊國跋扈的外
家，改擁文帝入繼大統。此後，武帝殺昭帝生母趙婕妤，成帝預立定陶王
為太子，都是為了預防出現主少母壯，主為母制的局面。東漢有鑑於王莽
篡奪，對外戚的防範更加嚴厲。可是，防範不僅失敗，問題更加嚴重。其

中當然有偶然的因素。東漢自和帝以後，偏偏多少主，使得外戚有機可趁。不過，根本上，還是一個政治和社會倫理結構上的問題。

一 母系社會遺痕？父系社會中的母權？

曾有學者試圖從母系社會說明漢代外戚的地位，認為外戚權高和漢初還保有母系社會遺風有關。[1] 他們相信中國的上層社會，自商周以降，雖然已依父系社會的原則，建立了一套以男性為中心的封建禮制，但是下層社會，一直到漢初，依然不乏母系社會的痕跡。由於劉邦和呂后都來自社會下層，漢初帝室仍保有若干母系社會的遺俗。例如外家不為異姓，同稱宗室，皇子或從母姓（栗太子、衛太子、史皇孫等），或以母為宗（《史記‧五宗世家》）、母舅甚受尊重、長公主權大等。這個說法十分有趣。漢初宗室的一些現象，的確不易從以父系為原則的封建禮制去理解。不過上述的現象不一定只見於所謂的母系社會，而所謂的遺痕，在漢宗室中逐漸消失以後，外戚權重的情形反而愈演愈烈，這顯然不是從「母系遺痕」可以說明的。

反之，秦漢以後，從父系和以家族為中心的社會結構照樣可以解釋外家的權力。關鍵在於當時社會倫理中母親的地位和權力。封建禮法十分強調男尊女卑，漢儒甚至認為女子有「三從」之義。事實上，封建禮法本行於先秦封建諸侯國的貴族上層，所謂「刑不上大夫，禮不下庶人」，只有尊周的封建貴族才行嚴格的父系宗法制。禮崩樂壞之後，許多封建法不但不行於民間，甚至貴族們也不見得都嚴格遵行。再者，所謂千里不同風，百里不同俗，司馬遷的《史記‧貨殖列傳》和班固的《漢書‧地理志》無不三致其意。因此先秦諸子，尤其是儒家諸子為鼓吹「齊風俗」，不得

1　例如牟潤孫，〈漢初公主及外戚在帝室中之地位試釋〉，收入臺灣大學編，《傅故校長斯年先生紀念論文集》（臺北：國立臺灣大學，1962），頁 1-20。

不藉舊禮殘文，融合理想，重新建構一套自天子以至庶人都可遵行的倫理和喪服制度。這套制度能真正落實在中國的社會裡，其實經歷了一段極其漫長的過程。在此之初，現實社會裡的女性，尤其是母親的權力和地位，明顯要遠比「儒禮」允許的為高。[2]

其次，漢儒普遍主張陰陽相輔相成，相濟相合。董仲舒雖說過一些男尊女卑的話，他強調的是一主一輔，而不是一方絕對宰制另一方。所謂「夫婦為人倫之始」，夫婦而有子女，構成最基本「家」的人倫關係。子女對父母，無分軒輊；人倫上要求的孝道，基本上都是父母同等，並不因為父母而有差別。父母死，除了為示「一尊」，視父在或不在而有別，原則上守喪皆三年，就是明證。在社會的現實裡，男性固為中心，但從江陵張家山漢墓出土的漢初法律看，財產繼承不限男性，女兒也有一定的繼承權。男女在家中的地位，輩分原則十分重要。也就是說女子如果輩分高，在一家之中，亦較輩分低的男性有較高的地位和權力。在漢代，不論子女是否成年，不論子男是否取得法律上「為後」的資格和繼承權，母親通常在父親死後，實質上成為家中最高的權威。西漢河南太守嚴延年的母親（《漢書‧酷吏傳》）以及長詩〈孔雀東南飛〉中焦仲卿母親的權威，都是大家熟悉的例證。

1984 年還有一個有趣的發現，可以證明母親在家產上的支配權。該年在江蘇儀徵胥浦一○一號西漢墓中，發現一份平帝元始五年九月十日簽署的遺書，稱為〈先令券書〉和一份分配家產的文件（圖 3）。[3]券書中記載墓主朱夌臨終前請來縣、鄉、里的地方官吏作見證，說明六名子女和自己三任丈夫的關係；三個月後，又在鄰里和親屬的見證下，口述一份分配家中田產的文件。朱夌是一女性，曾有三任招贅的丈夫，寡居，育有三男三

<hr>

2　其詳參見拙文，〈秦或西漢初和姦案中所見的親屬倫理關係〉，收入柳立言主編，《傳統中國法律的理念與實踐》（臺北：中央研究院歷史語言研究所，2008）。參本書卷三，頁 571-623。

3　關於這份文書的解讀，現在有一篇最佳的考證，參李解民，〈揚州儀徵胥浦簡書新考〉，收入長沙市文物考古研究所編，《長沙三國吳簡及百年來簡帛發現與研究國際學術研討會論文集》（北京：中華書局，2005），頁 449-457。

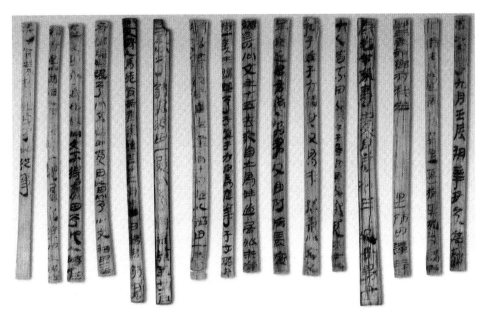

圖3　儀徵胥浦一〇一號西漢墓出土先令券書冊，採自《儀徵出土文物集粹》。

女。如果依「夫死從子」之義，理論上分配家產的應是子，而不是母。事實卻不然。遺囑中作主分配田產的是母親。這位母親不但將已分給兩個女兒的稻田和桑田收回，轉給貧無產業的幼子，還限定他「不得移賣田予他人」。研究這份遺書的學者一致判定這位母親的夫婿都是招贅而來，因而她對財產才有這麼大的發言權。這話十分有理。此外，這兩份文件也證明墓主朱夌的繼承人是長女以君。她雖育有三男三女，只有未分田產，另立門戶的以君，始終和母親同居，案漢律規定，以君自然成了家戶的繼承者。[4]

　　然而，在另外一個例子裡，「出嫁」的母親照樣掌握財產。《隸釋》所收〈金廣延母徐氏紀產碑〉甚殘，然殘文仍明白記著立碑的徐氏是「永壽元年出門，託軀金掾季本」。[5]「出門」就是出嫁，嫁給一個任掾職，名叫

4　參李解民，上引文，頁456。
5　洪适，《隸釋》（北京：中華書局景印洪氏晦木齋刻本，1985），卷15，頁10下-11下。

金季本的人。當立為後嗣的子男金恭和從孫金廣延相繼死亡，她不得不將產業再作安排，並刻石為記。從這些例證可知，漢代社會固然以父系為中心，父親有至尊的地位，繼承也以男性為主，但當父親過世，家中如果沒有輩分較高的長者如祖父母，母親依輩分和人子「孝而無違」的倫理，取得事實上（即使不一定是法律上）在所有家人之上的權力和地位。這種倫理結構下的母權似乎正是漢代宮廷中母后權力的社會基礎。

二 「家天下」政治結構中的皇后和母后

在「家天下」的時代，家、國不分，「國」一樣被看成是「家」的私產。劉邦得天下後，曾要父親大人比較他的產業和哥哥的誰多。就是大家熟知的例子。秦漢統一以後的帝國，在規模和結構上自然比一個家大而且複雜得多，可是中國人長久以來即將「國」看成是「家」的擴大。無論在權力結構和倫理要求上，基本上認為二者是相通的，所以才有齊家、治國、平天下這樣的說法。漢代的君臣也常將國事當作家事來看待。漢高祖曾有個求賢詔說：「今吾以天之靈，賢士大夫定有天下，以為一家，欲其長久，世世奉宗廟亡絕也。賢人已與我共平之矣，而不與吾共安利之，可乎？賢士大夫有肯從我游者，吾能尊顯之。」他的口氣就像是一家之主在招募管家。後漢時，李固對策有一段話就更明白了：

> 今與陛下共理天下者，外則公卿尚書，內則常侍黃門，譬猶一門之內，一家之事，安則共其福慶，危則通其禍敗。（《後漢書・李固傳》）

所謂「譬猶一門之內，一家之事」，正印證了錢賓四先生對秦漢官僚富於家臣性質的觀察。家臣對主子盡忠，就如同子女對父母盡孝。家、國相當，忠、孝之理相通，因此漢朝才有「家有孝子，官有忠臣」、「忠臣出於孝子之門」這類的話（揚雄《少府箴》、《後漢書・韋彪傳》）。漢代天子號稱以孝治天下，以「孝」字入諡號，並於郡國學校遍設《孝經》師，都是同樣這種「家天下」政治結構下的產物。

說明了家和國在結構和倫理上相通的現象，也就不難理解外戚在漢代政治上特殊的地位。凡皇帝內眷的家人總名之為外戚。皇帝內眷甚多，通常能有勢力的是皇后和她的家人。皇帝和皇后猶如一家之內的父母，有至尊的地位。父在，則父為至尊；父亡，則母為至尊。外戚握權雖然形式和途徑不盡相同，主要是依附於皇后和母后。一旦皇帝崩逝，少主即位，母后以太后身分臨朝，往往依恃自己的父兄為奧援，控制朝政。高祖崩，惠帝以十六歲即位，尊母呂后為太后。太后宰制一切，惠帝無奈，不聽政，日飲為樂，七年而崩。惠帝死，呂太后立惠帝後宮子為帝，自己臨朝稱制，起用呂氏子弟為相，封王封侯，開啟有漢一代外戚干政的先河。

三 外戚與皇帝

　　呂后於高祖之後，能以極專制跋扈的姿態，宰制朝政以迄病歿，除了前述結構性的背景，更重要的一點恐怕是呂后本人是一位十分能幹強悍的婦人，協助劉邦定天下，對漢代開國有特殊的貢獻和地位。西漢臨朝稱制的太后有好幾位，唯有呂后列入《史記》和《漢書》的〈本紀〉（圖4）。呂家兄弟對漢開國也有汗馬功勞，《漢書・外戚傳》說：「呂后為人剛毅，佐高帝定天下，兄二人皆為列侯，從征伐。」呂氏子弟從征伐，不能說沒有理由要求分享富貴。

圖4　長沙馬王堆漢墓帛書《五星占》所列漢初曆譜在漢高祖元年、孝惠帝元年之後接續排列高皇后（呂后）元年。

然而要說他們「欲危劉氏」，則不免冤枉。高祖死後，朝廷中最大的矛盾不在呂、劉兩家之間，而在呂后與功臣集團之間。[6]高祖在位時，誅殺功臣，呂后常為主謀。韓信和彭越之死使功臣對呂后深懷疑懼。陳豨反叛失敗後，高祖召盧綰，盧綰就說：「往年春，漢族淮陰；夏，誅彭越，皆呂后計。今上病，屬任呂后。呂后婦人，專欲以事誅異姓王者及大功臣。」遂稱病不行。高祖一死，他即亡奔匈奴，呂后憂懼功臣不事少主，竟秘不發喪，陰謀盡殺諸將，呂太后臨朝當權期間，陳平和周勃等人面從心違，而太后亦深知這些「心常鞅鞅」的功臣是各懷鬼胎。因此臨終前預為布置，以呂氏子弟為將相，掌握南北軍，並要他們在她死時，「必據兵衛營，慎毋送喪，為人所制」。結果不出所料，太后一死，功臣集團即起而擁劉，以呂氏「欲為亂」為名，劃除諸呂。

外戚政治權勢的基礎其實十分脆弱，一方面須依附於皇后或母后，一旦皇后失寵被黜或母后亡故，即失靠山；另一方面在於有可供控制的幼弱之主。如果幼主成年，立后，必有一批新外戚取代原先外戚的地位，而新主如果精明強幹，外戚不過如朝臣一般，當走狗供驅使而已。關於前者，呂氏興衰可為例證。至於後者，可以武帝為例。武帝也是十六歲即位。即位時，上有母親為太后，祖母竇氏為太皇太后。竇太后輩分最高，居東宮，主宰一切。武帝凡事須奏聞東宮。當時太皇太后的從兄子竇嬰任丞相，太后的同母弟田蚡為太尉。竇嬰、田蚡和皇帝同好儒術，引用趙綰和王臧等人，欲設明堂，興禮制。這使得好黃老的竇太后大為不悅。後來趙綰議請勿奏事東宮，剝奪竇太后過問政事的大權，太后益發震怒，不但罷黜趙綰、王臧，丞相和太尉都丟了官，武帝的尊儒事業也不得不中輟。竇嬰失歡於太皇太后，即無靠山，他和武帝的關係又不及田蚡親近，《漢書》

6　傅樂成，〈西漢的幾個政治集團〉，收入氏著《漢唐史論集》（臺北：聯經出版社，1977），頁 1-35。近年李開元先生更進一步分析，呂后利用外戚呂氏、以審食其為代表親近呂氏的功臣和張卿為首的宦官，從她所居的長樂宮發號施令，對抗以未央宮為中心的皇帝和軍功受益集團。參李開元，《漢帝國的建立與劉邦集團——軍功受益階層研究》（北京：三聯書店，2000），頁 195-209。

說：「蚡雖不任職，以王太后故親幸，數言事，多效，士吏趨勢利者皆去嬰而歸蚡。」他們兩人地位的起落即反映出新舊外戚取代的關係。後竇太后死，竇嬰不免一誅。田蚡則炙手可熱，繼為丞相。不過這時武帝已二十二歲，對田蚡的「權移主上」頗感不耐。有一回，田蚡薦舉官吏，大小靡遺，武帝斥道：「你委任官吏有完沒完？我也想派個官兒呢？」又有一回，田蚡向武帝求考工之地，擴建家宅，武帝大怒道：「你將武庫拿去好了！」從此武帝將權力抓在自己的手裡，田蚡「乃退」。

在「家天下」和權力「在余一人」的政治格局裡，皇帝是一切政治權力的來源。嚴格而言，漢代外戚或宦官干政的根本癥結是皇帝幼弱，無力自行作主，或雖能作主，卻信任縱容這些身邊的親信。武帝初即位，因年少受制於兩宮太后和外戚；一旦年長，決意收回權力，無論外戚和外宦都俯首貼耳，為其所用。例如衛皇后家的衛青和霍去病，一為大司馬大將軍，一為大司馬驃騎將軍，唯武帝之命是從；武帝喜好游宴後宮，任用宦官，終其一朝，不見宦官干政之事。可見政治權力愈集中，掌權者的能力和意志力愈是左右政局的關鍵。有了這樣的認識，即不難理解為何王氏一門能主宰西漢末四十年的政治。

四 成帝與王氏的興起

成帝即位時，比惠帝或武帝都大，已十九歲。他遵循故事，以母為太后，母舅王鳳為大司馬大將軍領尚書事。王氏人丁旺盛，王鳳共有四姊妹，八個兄弟，另有叔父一家（參文末「王氏世系表」）。這是王家能接續掌權的重要本錢。偏偏成帝是一位優柔寡斷、謙讓又不喜專權的人，讓王鳳和其兄弟有了用事的機會。有一次，成帝讀劉歆的詩賦，很欣賞他的才華，差人取衣冠，打算請他做中常侍。左右的人說：「還沒告訴大將軍呢？」成帝說：「這是小事，那須先知會大將軍？」左右皆叩頭爭之。於是成帝找王鳳談，王鳳認為不可，成帝也就作罷。當時王氏子弟滿布朝

廷,成帝的五位舅舅同日封侯,外朝對王氏的專權極力指責。成帝一度想以他人代王鳳,但終因「少而親倚鳳,弗忍廢」。後更因王鳳之言,續以其堂兄王音為大司馬車騎將軍。

王氏一門就在成帝的縱容之下,不但權傾一時,更競以奢華相尚。有一次成帝到王商和王立的家,親眼看到他們擅自打穿帝城,驕奢僭上的情形,不禁大怒,欲誅諸王。王音、王商和王根都因此自行請罪。成帝在關鍵一刻,又「不忍誅」,放過他們,繼續以商為大司馬衛將軍,根為大司馬驃騎將軍,莽為大司馬。

王氏能接續掌權,成帝本人優柔寡斷,耽於酒色和無心問事也都是原因。成帝無子,立定陶王為太子,後即位為哀帝。哀帝時年二十,以祖母為恭皇太后,立祖母從弟女傅氏為皇后,母丁氏為太后,從此丁、傅兩家成為新貴。王太皇太后詔王莽就第,避帝外家。哀帝自小知王氏驕盛,心懷不滿,也就順水推舟,允王莽就第,更藉故將王根和王商薦舉的官員一律免除。可見真正的權力在皇帝手中,只要皇帝成年,願意作主,外戚無從過於囂張。武帝成年後,奪回政治上的主動地位,田氏和竇氏都不能如何,就是好例子。

按道理,外戚王氏可能就此過氣,可是幾個可以說偶然的因素又使王氏復興,邁向權勢的高峰。一是太皇太后王氏仍健在,哀帝不敢對王氏趕盡殺絕;甚至迫於眾議,將就國的王莽和王仁召還京師,使王氏有伺機再起的機會。二是哀帝本人不像成帝一樣柔弱。他雖也任用外家,據《漢書》說驃騎將軍丁明和孔鄉侯傅晏,不是遭哀帝免職,就是因罪削封戶。更可巧哀帝母丁太后和祖母傅太后都先哀帝而死,使丁、傅兩家在哀帝一朝短短六年中未能形成真正龐大的勢力。哀帝崩,無子,雖然皇后仍在,可是在她之上,還有年七十餘的數朝國母——王太皇太后。這位老太太在哀帝崩逝的關鍵時刻,採取了斷然的行動,使王氏重返歷史舞臺。《漢書·王莽傳》有一段十分簡要精彩的記述:

> 哀帝崩,無子,而傅太后、丁太后皆先薨,太皇太后即日駕之未央宮收取璽綬,遣使者馳召莽。詔尚書:諸發兵符節、百官奏事、中黃門、期門兵

皆屬莽……太后拜莽為大司馬，與議立嗣。

王太皇太后在宮日久，深知權力的基礎在於象徵皇帝的璽綬和實質支撐一切的兵權。哀帝一死，她毫不遲疑召回王莽，並將兵權交給他，穩穩掌握了權力轉移的關鍵，使王家從此復活。

五 外戚政治與王莽篡漢

王莽篡漢並不是外戚政治和權勢發展必然的結果。兩漢四百年有無數的外戚，其權勢盛大者如西漢以來的呂氏和霍氏，不過是以劉氏姻戚的身分，分享一些榮華富貴。他們或許過於驕奢，或多不法，但多忠於漢室，並沒有取而代之的意思。這也是漢家天子不斷重用外家親戚的原因。

王莽的姑媽王太后就是絕好的例證。他再度起用王莽為大司馬，並不是只顧王家的富貴，而是出於對劉氏江山安危的考慮。當時，帝崩無子，而哀帝曾有意傳位的是他的男寵董賢，時任要職大司馬。如果董賢乘虛而入，不但王氏不保，劉家天下亦為之變色。因此，王莽受命後第一件事就是奪取董賢印綬，迫其自殺。當然保住了劉氏江山，也就穩住了王家的富貴。

王氏子弟一般來說，安於富貴，並無非分之想。因此，王莽為安漢公、野心日顯以後，若干行動踰越了外戚的本分，王家的父兄如紅陽侯王立、平阿侯王仁，甚至王莽自己的兒子王宇都起來反對。王莽為了個人目的，不惜打擊本家，藉故迫令他們一律自殺。王太皇太后對王莽越軌，也始終反對。在莽篡位前，她曾以「漢家老寡婦」的心情，拒絕交出傳國璽，並大罵他的幫凶王舜；篡位後，她至死奉漢正朔，表示對漢室的忠心。

換言之，王莽固然以外戚的身分和長久以來漢室對外家的信任，有了接近和掌握權力的機會，王舜和王邑等王氏子弟也有與王莽同路的，可是他的篡位並不是王家人普遍的願望。在王家人看來，王莽可以如周公輔政，如霍光握權，卻不應取而代之。因此，王莽篡漢不單純是外戚支持或外戚權勢發展的結果。他的成功還有許多其他條件的配合。

六 王莽的另一面：理想與野心兼具的儒生

王莽是外戚中的異數。他由攝政而篡漢，另有許多個人和時勢的因素所促成。先說個人。王莽的父親王曼早死，姊妹成為皇后，他是兄弟中唯一沒有封侯的。後來才被追封為新都哀侯。王莽因此原本十分落魄，《漢書‧王莽傳》用「孤貧」二字形容他。當時他的堂兄弟無不仗恃父輩封侯的權勢，「乘時侈靡，以輿馬聲色佚游相高」，只有王莽「折節為恭儉」。

王莽的特殊表現和他以儒生自居大有關係。他曾受禮經，「師事沛郡陳參，勤身博學，被服如儒生。事母及寡嫂，養孤兄子，行甚敕備」（《漢書‧王莽傳》）。根據〈王莽傳〉的描述，他在驕縱的外戚子弟當中，是最中規中矩和合乎讀書人規範的。因此，從成、哀以來，儒生士大夫普遍攻擊外戚，獨對王莽極有好感。永始元年，他封新都侯，有很多「當世名士」如戴崇、金涉和陳湯等上書，為他說話。

〈王莽傳〉有時不免將王莽描繪成偽君子，專以虛偽的善行，騙取時人的好感。王莽有野心，使手腕，用心計，大抵不能否認。但是他的許多作風可能更接近當時的清流。例如，他在成帝末當了大司馬以後，益發克己儉約。有一回母親生病，公卿列侯都遣自己的內眷來探病。王莽的妻子出迎，衣著簡樸到「衣不曳地，布蔽膝」的程度，貴夫人們以為她是婢僕使女。後來一問知是王夫人，皆驚。這固然可以說是過於造作，也未始不是清流本色。看看自昭帝鹽鐵之議以來，賢良文學對漢代上層社會僭越奢華風氣的攻擊，就知當時有一批抱持道德理想的清流人物。他們在元、成以後，本於經義，以直言敢諫、嚴以律己著稱。《漢書‧王貢兩龔鮑傳》中都是這類人物。王吉因妻撿鄰家棗以食之而出妻；龔勝居諫官，認為制度奢泰，宜以儉約，《漢書》謂「其言祖述王吉、貢禹之意」，又謂「自成帝至王莽時，清名之士，琅邪又有紀逡王思，齊則薛方子容，太原則郇越臣仲、郇相稚賓，沛郡則唐林子高、唐尊伯高，皆以明經，飭行顯名於世」。其中唐尊「衣敝履空，以瓦器飲食」，郇越和郇相都盡散家財，以濟

九族。這些當世清流的作風，應該可以說是以一種不免矯枉過正的簡樸，來抗議奢靡的時代風尚，而這正為王莽所師法。

簡樸不過一端。王莽在許多方面都是富於理想和呆氣十足的書生。也正因為如此，他才能贏得當時勢力日漸龐大，理想性又高的儒生士大夫集團的支持。比較而言，外戚或宦官依附於現實權力，安於富貴，較少理想和改革的色彩。霍光秉政是「因循守職，無所改制作」（《漢書·循吏傳》序），大將軍王鳳輔政，亦「循故事而已」（《後漢書·杜欽傳》）。儒生則富理想，敢於批評。改絃更張之說自董仲舒已發其端；元帝時，貢禹將政治風氣的敗壞歸咎於長期以來的因循苟且，力主「承衰救亂，矯復古化」。「古化」是復古更化，也就是以經書中理想的古代聖王世界為藍圖，進行改革。在經濟上，貢禹主張徹底廢除錢幣（圖5.1-2），揚雄倡言恢復井田；政治上，劉向和谷永等人則繼昭、宣時的眭弘、蓋寬饒，高倡天下為公，禪讓傳賢。號稱周公所作的《周官》雖然沒有立於學官，倡古文經學者如劉歆，卻視為寶典。他們相信《周官》是周公致太平之書。周公制禮作樂，成就周初聖王之治，如果實行《周官》之制，必可再造遠古的盛世。這樣一種帶有濃厚理想色彩，非必切合實際的思想空氣，是不分今古文經或師承家學，而普遍瀰漫在當時儒生士大夫的圈子裡。

王莽飽受這種風氣的薰陶，滿懷理想。在篡位前掌權的期間，已迫不

圖 5.1　王莽錢「大泉五十」、「泉貨」，作者藏。

圖 5.2　茂陵附近出土「一刀平五千」莽錢

及待將許多名儒時彥的改革意見以及《周官》中的制度實行起來。例如，他先請他最重要的幫手劉歆當了羲和官。羲和就是《周官》裡的官名。然後興建明堂、辟雍，封周公和孔子後，制車服，養生送終、嫁娶、奴婢田宅、器械之品，議南北郊禮，更官名及十二州界等等，不一而足（圖6）。[7]

其中關係儒生切身利害，最能贏得他們衷心擁戴的殆為擴大太學規模和廣徵天下通經異能之士。成帝末年時，太學生已有三千人。平帝時，王莽奏起明堂、辟雍、靈臺，為學者築舍萬區，作市常滿倉，立《樂經》，增博士員，一經各五人，博士弟子員額也加以放寬。接著又徵天下通一藝，教授子弟十一人以上的，以及通逸《禮》、古文《尚書》、《毛詩》、《周官》、《爾雅》、天文、圖讖、鐘律、月令、兵法、《史篇》文字的人，前後數千。王莽徵他們到京師，打算讓他們互相攻錯，訂正乖謬，統一異說。當時經學家派之間，因師承不同，立說各異，有些能立於學官，有些被排擠在外，為了利祿，彼此競爭非常激烈。王莽大事包容，使許多人將希望寄託在他的身上。因此，據說為了王莽不接受新野田地的封賞，鬧到天下

圖6　江蘇連雲港市連島羊窩頭出土始建國四年界域刻石，2010.7.11 作者攝於連雲港市博物館。

7　王莽得勢後一連串改革的詔令殘文可見於居延簡 210.35、EPT4.45、EPT10.43、EPF22.44-45、EPF22.826 等。又可參饒宗頤、李均明編，《新莽簡輯證》（臺北：新文豐出版公司，1995），頁 178-183。

　古月集：秦漢時代的簡牘畫像與政治社會
　　　── 卷三　皇帝、官僚與社會

有四十八萬七千人為他上書！王莽在成千上萬的儒生心目中，創造了一個再世周公的形象。太平盛世是否能夠來臨，經書中的理想能否實現，似乎就在於王莽是否能有天下。當王莽的野心日益明顯，當然會有人不齒其所為，也有人反對他，但絕大部分的人都為他的魔力所征服了。

七 禪讓傳賢的時代空氣

王莽能吸引多數士人支持，終致篡位，另外一個有利的因素是昭、宣以後流行的禪讓傳賢以及漢家氣數已盡的說法。漢代經學自董仲舒以降，天人災異與三統五德之說蔚為主流。武帝末年對外征伐失敗，內有巫蠱之禍，漢初以來積聚的財富也在幾十年的窮兵黷武之中消耗殆盡，一切似乎都呈現出衰象。昭帝時就有眭弘根據大石自立等等的災異，推論漢家有傳國之運，宜求索賢人，禪以帝位。宣帝時有蓋寬饒引《韓氏易傳》「家以傳子，官以傳賢，若四時之運，功成者去」之說，倡言「不得其人則不居其位」。眭、蓋兩人都因妖言惑眾，遭殺身之禍。

可是漢家歷運中衰之說並未因此中止。成、哀之際，習《洪範》災異的名儒李尋也認為「漢家有中衰阨會之象」。大司馬驃騎將軍王根和哀帝都很看重他，召他待詔黃門，隨時指點如何避災轉運。和李尋路數相近的還有甘忠可和夏賀良之流，認為漢家逢天地之大終，當更受命。哀帝受他們的刺激，一度改元並改號稱「陳聖劉太平皇帝」以厭勝，甚至有意將帝位禪讓給他的男寵董賢。董賢當然非士流所屑。哀帝一死，王莽就迫他自殺。

誰可以承運而得大位呢？自然是篤於儒術，符瑞所宗的王莽（圖7-8）。這一點不但當時許多書生相信，劉家宗室子弟也這麼認為。在他居攝即真的過程裡，宗室泉陵侯劉慶和廣饒侯劉京都是勸進的要角。劉歆雖無意於王莽居攝稱帝，然而迫於形勢，也不得不出任新朝的「國師公」，繼續為一場儒家理想的大實驗服務。

王莽在幾乎不動干戈的情況下，拿下劉家江山，確乎是各種因緣湊

合。班固在〈王莽傳〉贊裡痛詆莽為亂臣賊子，但也不能不承認他在成、哀之際，勤勞奉公，直道而行，動見稱述。而漢室偏偏中微，國統三絕，王太后壽考，為數朝宗主，莽遂因「天時」成其盜篡。班固認為王莽成事是因「天時」，而「非命之運」，也就是諷刺他巧遇時機，並非真有天

圖7　臺北國立故宮博物院藏王莽新嘉量

命。這當然是漢家史臣不能不有的結論。「天時」之說，不無道理。天時之外，還應加上外戚之「地利」和士大夫之「人和」。這些，班固不便說。

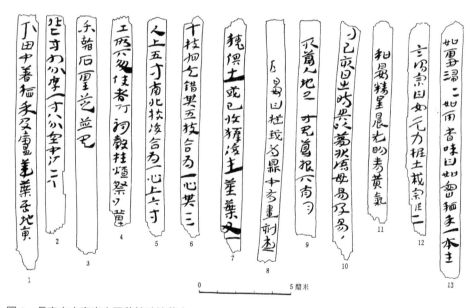

圖8　長安未央宮出土王莽符瑞簡摹本

原刊《歷史月刊》，14（1989）；95.12.24 改訂

王氏世系表

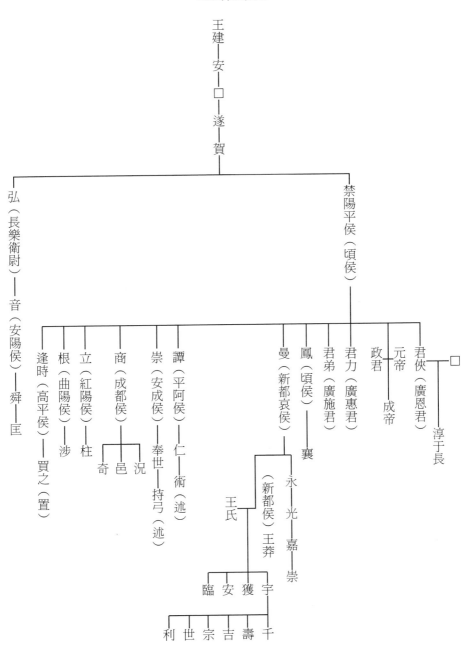

東漢光武帝與封禪

　　東漢光武帝建武三十年（西元 54 年），也就是羅馬皇帝尼祿（Nero，西元 54-68 年在位）登基的那一年。歐亞大地上的東西兩帝為世界帶來一治一亂。

　　建武三十年，東漢朝堂上的群臣建言光武帝應到泰山去行封禪之禮。在群臣看來，這是一統天下的帝王一生中最重要的儀式。它象徵著奉天承運的帝王沒有辜負上天的託付，太平盛世降臨人間。這一年，光武六十歲，在位已整整三十年。他以百姓怨氣滿腹，民心未厭，不敢欺天，齊桓公欲行封禪，管仲非之為由，嚴詞拒絕。

　　不過兩年後，光武夜讀《河圖會昌符》，為應合讖緯，終於同意行封禪。當漢代朝廷正要進行象徵太平盛世的盛典，羅馬帝國卻在尼祿統治下，由最初的兩年善政一轉進入既恐怖又瘋狂的黑暗年代。

　　就在光武行封禪的西元 56 年，尼祿的師傅塞尼卡（Seneca）出任執政（consul）。塞尼卡和尼祿的母親——婀格蕊匹娜（Agrippina）以及禁衛軍首領布魯斯（Burrus）一起輔助剛即位，十八、九歲的小皇帝實行了不少拉攏人心的善政。其中之一是將被毒死，但深得軍心的先帝，也就是尼祿的父親——克勞底烏斯（Claudius，西元 41-54 年）封為神。毒殺他的就是尼祿的生母婀格蕊匹娜！封神是羅馬皇帝崇拜重要的一環，也是皇帝死後希望得到的榮譽。由元老院封神的皇帝可有神廟和祭司團，並享受每年生日時對其「神靈」（genius）的崇拜。[1] 心狠手辣的婀格蕊匹娜為遮掩罪行，搖身一

1　　M. Beard, J. North, S. Price, *Religions of Rome*, vol.1（Cambridge: Cambridge University Press, 1998）, pp. 206-210; vol. 2, 9.2, 10.5, 10.6; Ittai Gradel, *Emperor Worship in Roman Religion*（Oxford: Clarendon Press, 2002）, pp. 109-139; John Scheid, *An Introduction to Roman Religion,*

變成為克勞底烏斯崇拜儀式的主祭。幾年後，她和塞尼卡先後被不甘受控制的尼祿殺害。當羅馬政局漸漸陷入恐怖瘋狂，東漢朝野卻沉醉在封禪後太平盛世的假象和驕傲之中。[2]

秦漢兩代想要行封禪禮的皇帝不少，真正成為事實的只有秦始皇、漢武帝和漢光武帝三位。[3]傳說中，封禪是華夏古代聖王所曾舉行最重要的一種典禮。在理論上，任何膺天命，致天下太平的天子，都應該在受命後，將成功治理的成績，到東方的聖山——泰山，透過「封天」和「禪地」的儀式，向天地報告，此謂之「封禪告成功」。有趣的是秦始皇和漢武帝行封禪，在最後實行的階段，都隱密其事，不准群臣參加。沒有人知道儀式到底如何進行。

唯一君臣一體參與，過程全部公開，留下記錄的是光武帝。另一有趣之處或許是因為秦皇和漢武封禪禮儀本身無可考，後世都將討論的重點集中在他二人的動機上；光武封禪，不論儀式或動機，反而都很少受到關注。[4]本文打算就從眾人忽略的馬第伯《封禪儀記》說起，談談光武帝封禪

---

2 王充即為一位相信太平盛世已於光武明章之世來臨，當代已超邁古代的一位學者。參其《論衡》〈齊世〉、〈宣漢〉、〈恢國〉諸篇。

trans. by J. Lloyd（Edinburgh: Edinburgh University Press, 2003），pp. 159-165；邢義田編譯，《古羅馬的榮光——羅馬史資料選譯（II）》（臺北：遠流出版社，1998），頁 646-649。

2 王充即為一位相信太平盛世已於光武明章之世來臨，當代已超邁古代的一位學者。參其《論衡》〈齊世〉、〈宣漢〉、〈恢國〉諸篇。

3 想封禪而未成的有文帝和王莽。2001 年在長安桂宮遺址出土的帶銘玉牒提到「封賣（禪）泰山」和「新室」，有些學者認為是封禪玉牒，有些懷疑。參劉慶柱，〈考古發現的惟一封禪重器：漢長安城遺址出土玉牒〉，《文物天地》，3（2002），頁 11；畢庶金，〈考古發現的惟一封禪重器質疑〉，《文物天地》，11（2002），頁 57；李學勤，〈新見古器銘文札記（二篇）〉，收入李學勤，《中國古代文明研究》（上海：華東師範大學出版社，2005），頁 203-205。李先生指出王莽始建國四年曾有意於次年東巡狩，因文母皇太后患病而中止。玉牒所云「封賣泰山」當即東巡狩之事，與秦始皇二十八年東行封禪相似。不論如何，王莽封禪畢竟未成事實。比較詳細全面的討論可參馮時，〈新莽封禪玉牒研究〉，《考古學報》，1（2006），頁 31-58。

4 我曾利用中國期刊全文數據庫，檢索 1915 年以後至今可能和《封禪儀記》相關的碩、博士論文和期刊論文。結果僅得個位數的論文。大約有兩篇碩士論文和一篇期刊論文是從山水遊記的角度提到《封禪儀記》，認為它是中國山水遊記之祖。另有兩篇碩士論文和一篇博士論文提到光武帝的封禪，但所論十分簡略。馮時曾因討論王莽的封禪玉牒，比較詳細徵引過

過程和儀式的意義，以應《法國漢學》「皇帝崇拜」專號的徵稿。

一 為人忽略的《封禪儀記》

《史記・封禪書》、《漢書・郊祀志》、《續漢書・祭祀志》和《續漢書・禮儀志》羅列著例如上陵、養老、大儺、郊祀或和宗廟、社稷、明堂等有關的儀典。這些儀典，各書所記，詳略不同。以封禪而言，《續漢書》較為詳細，不過細緻的程度有些部分不如應劭《漢官》所引的馬第伯《封禪儀記》。《封禪儀記》流傳下來的並非全璧，卻按日程記錄了漢光武帝從洛陽到泰山行封禪的經過、參加的人員和儀式的內容。

馬第伯為何許人，幾無可考。僅知道他是一位曾跟從光武參加封禪的官員。《水經注》卷二十四汶水條引馬第伯書云：「光武封泰山，第伯從登。」[5] 應劭《漢官》引馬第伯《封禪儀記》曾提到光武一行到奉高縣時，始齋，太尉和太常齋山虞，「馬第伯自云：『某等七十人先之山虞，觀祭山壇及故明堂』」。可見馬第伯應該是這七十人之一，是太尉或太常之所屬，負責安全或儀典。從他有心地記錄下封禪的儀式和過程，推想他有可能是以禮儀為職掌的太常的屬官。這樣一份由親身參與者所作的記錄，在漢代傳世史料中是少有的。

《封禪儀記》僅部分保留在漢末應劭《漢官》或《漢官儀》的摘引中。洪邁《容齋隨筆》卷十一「漢封禪記」條說：「應劭《漢官儀》載馬第伯《封禪儀記》……今應劭書脫略，唯劉昭補注東漢志僅有之，亦非全篇也。」所謂劉昭補注東漢志是指梁代劉昭為范曄《後漢書》作注。因范書無志，他將司馬彪《續漢書》的八篇志併入，並作注。《封禪儀記》或稱《封禪儀》

《封禪儀記》，比較王莽與光武封禪儀制之不同。真正以《封禪儀記》為主，以光武封禪為重點的書或期刊論文尚未得見。

5　段熙仲點校，陳橋驛復校，《水經注疏》（南京：江蘇古籍出版社，1989），頁 2061。

即見於今本《後漢書》〈祭祀志〉劉昭注引。後人也曾輯補此書，例如《漢官六種》中孫星衍校集的《漢官儀》和嚴可均《全上古秦漢三國六朝文》，而以近人周天游點校《漢官六種》中的孫星衍校集《漢官儀》本最為可用。《封禪儀記》可貴，惜殘。幸有《續漢書‧祭祀志》可以補充。以下即以周天游點校本為據，參酌《續漢書‧祭祀志》等，談談在漢代人眼中，一代帝王最重要的封禪儀式。

■二 《封禪儀記》中的光武封禪

　　建武三十二年正月廿八日（西元 56 年 3 月 3 日），漢光武帝率領百官侍從，浩浩蕩蕩從洛陽宮出發。

　　二月九日己卯（西元 56 年 3 月 14 日），十二天後抵達魯國。《封禪儀記》沒有記載從洛陽到魯行經的路線，一部分應是沿著秦始皇和漢武帝東巡泰山曾走過的路，一部分則有不同。不同的部分主要是因為光武先到魯國，而秦皇和漢武都沒有經魯到泰山。從洛陽到魯，約有四百六十餘公里。嚴耕望先生研究唐代洛陽和兗州（在曲阜西鄰，即漢之魯國）間的里程和路徑說：「兗州西至洛陽，必取道曹、汴、鄭無疑。即由洛陽東行二百八十里至鄭州，又一百四十里至汴州（今開封），又二百四十里至曹州（今曹縣西北五十里韓集東地），又三百七十里至兗州（今滋陽西二十五里）。」[6] 全線合計為唐里一千零三十里；唐里較漢里略大，約合漢里一千數十里，或 469 公里左右。十二天走完，平均一天走近 40 公里，約合九十三漢里。這是十分驚人的前進速度。[7]

　　漢人徒步一日約八十里，負重車行一日五十里，郵人行書一日一夜為

6　嚴耕望，《唐代交通圖考》第 6 卷（臺北：中央研究院歷史語言研究所，2003），頁 1987。

7　可供參照的是唐玄宗開元十三年從東都洛陽到泰山行封禪，十月辛酉發東都，十一月丙戌到泰山，前後為二十六日。見《資治通鑑》卷 212，開元十三年條。由此可見光武之速，光武至魯國用十二日，再一日由魯國至泰山，共十三天，恰為玄宗速度的一倍。

二百里，軍隊輕兵兼行一日一夜也是二百餘里。[8] 光武和百官出巡，不可能像郵人行書或軍隊行軍一般，也不可能不乘車；如果不是晝夜兼程趕路，幾乎不可能在十二天內從洛陽走到魯國。猜想其中部分行程或是沿河或渠而行。順河、渠而下要快速得多。東漢建武二十四年，大司空張純在洛陽城南，成功地「穿陽渠，引洛水為漕，百姓得其利」。[9] 可見當時洛陽有洛水和陽渠可以通航，光武東巡是否曾利用此一水路惜無確證。秦末有一項記錄，記錄某人乘馬兼行船，平均「日行八十五里」。[10] 日行八十五里，十二天剛好可走一千零二十里。武帝元封元年封禪後，曾免除「行所巡至」的博、奉高、蛇丘、歷城和梁父民田租。這些地方除歷城，全在汶水沿線。光武行封禪後，也曾免博、梁父和奉高縣百姓的田租，應可證明和武帝所行路線應有部分雷同。但是不是曾捨陸路而順水行船？惜無明文。[11] 抵魯後，光武遣守謁者郭堅伯將刑徒五百人修治登泰山的道路。

　　二月十日（西元 56 年 3 月 15 日），魯國遣宗室諸劉及孔氏、瑕邱丁氏上壽受賜。他們又隨光武進謁孔子宅，接受光武賞賜的酒肉。建武五年，光武在彭城和下邳一帶征戰，十月回師，曾幸魯，使大司空祠孔子（《後漢書・光武帝紀上》，頁 40）。建武三十年二月，光武曾再度幸魯（《後漢書・光武帝紀下》，頁 80）。因此這一次應是他第三度到魯，不過應是第一次親謁孔子宅。

8　參《張家山漢墓竹簡（二四七號墓）》（北京：文物出版社，2001），頁 170：「郵人行書，一日一夜行二百里」（〈行書律〉簡 273）；頁 188：「傳送重車重負日行五十里，空車七十里，徒行八十里」（〈徭律〉簡 413）。軍隊輕兵兼行一日一夜二百餘里之例見《後漢書・段熲傳》，頁 2149-2150。

9　《後漢書・張純傳》，頁 1195。關於張純通穀水事又可參《後漢書・王梁傳》和《水經・穀水注》。

10　參《張家山漢墓竹簡（二四七號墓）》頁 223：「行道六十日，乘恆馬及船行五千一日卅六里，率之，日行八十五里」（〈奏讞書〉簡 127）。

11　北魏孝文帝太和十九年（495）孝文帝曾赴魯城祠孔子，回程自泗入河，泝河還洛陽。當時逆流而上，黃河多險，時人以為非萬乘所宜。參《魏書・高祖孝文帝紀下》、《魏書・成淹傳》和《資治通鑑》卷 140，齊明帝建武二年條。唯順水而下不但快速，風險也較逆水行船為小。光武應有可能順水而下。

二月十一日（西元 56 年 3 月 16 日），從魯啟程，向東北不遠的泰山進發。

二月十二日（西元 56 年 3 月 17 日），在泰山郡治奉高住宿。這一天，派遣虎賁郎將先行上山，再三檢查道路。發現道路仍有不妥，加派治道徒一千人，作最後的整修。

二月十五日（西元 56 年 3 月 20 日），光武帝和參加儀式的人員開始齋戒。光武在泰山郡守府第，隨行的諸王在府中其它宅舍，諸侯在縣廷中進行齋戒。隨行諸卿、校尉、將軍、大夫、黃門郎、百官、宋公、衛公、褒成侯、東方諸侯、雒中小侯在城外汶水上行齋戒儀式。太衛和太常這兩位掌管安全和儀式的官員則特別在山虞行齋戒。山虞之官不見於《漢書·百官志》，卻見於《周禮·地官·司徒》。疑此職為曾有意東巡行封禪的王莽所置（圖 1），光武承之。《風俗通義》卷十〈山澤〉五嶽條謂：「岱宗廟（按：即泰山廟）在博縣西北三十里，**山虞長**守之。」如此，山虞一職至東漢末似乎仍然存在。

古代凡行禮必先齋戒。[12] 以上這一份參加齋戒的名單，正透露了誰參加了光武的封禪大典。參加者明顯分為四大類：第一類是自洛陽出發的皇帝和劉氏宗親諸侯，包括所謂的「洛中小侯」；第二類是自洛陽隨行的文武百官和衛隊，包括諸卿、校尉、將軍、大夫、黃門郎、百官等；[13] 第三類是沿途加入的東方

圖 1　長安未央宮遺址出土王莽「封壇（禪）泰山」殘石

12　以主禮儀為職的太常，因此不免「一歲三百六十日，三百五十九日齋」（應劭《漢官儀》上、《後漢書·儒林傳》周澤條）。

13　從行百官可考的甚少，有太尉趙憙、子趙塨，行司徒事鄧禹，視御史大夫張純，博士曹充、

諸侯，包括分封為王或列侯，在東土如青州、兗州、徐州等地的光武諸子及功臣子弟（王的部分，參下文附表一）。第四類是自成一類，身分極為特殊，由孔子後人襲封的褒成侯。參加人數共有多少，不見記載。僅說封禮完成下山時，百官擁擠於途，須數百人維持秩序，隊伍「連延二十餘里」，可見人數可觀。

馬第伯可能因為是太常的部屬，作為先遣人員，特別和其他官員共七十人先到山虞，觀察祭山之壇和故明堂宮、郎官等行郊禮之處。又在山虞幕府觀覽所修治的石器，看到武帝所遺，祭壇上使用的巨石兩枚。形狀廣而平滑，圓周長九尺。此石太重，用五輛車都無法拉上山，因此被放置在山下「為屋」（為屋意義不明，或指為一屋存放巨石），號稱五車石。另有祭壇所用「四維距石」四枚，四維應指四方形之石，長一丈二尺，寬二尺，厚約一尺半。石檢長三尺，寬六寸，狀如封篋。長檢有十枚。另有一石，名曰立石，高一丈二尺，寬三尺，厚一尺二寸。此外，還有一枚刻有紀功德的文字。[14]

山虞幕府無疑在泰山山腳下。馬第伯等在此觀覽後，騎馬上山，道路往往十分陡峭，不能不下馬，有時牽馬步行，有時再上馬。步或騎程約各一半，至山上名叫中觀的地方，即將馬匹留下。中觀距山下平地有二十漢里（約合 6.3 公里）。馬第伯接著用後世山水游記的筆法，描繪了從中觀至天關，又自天關至天門等處所見石、雲、索道和林泉之勝。他們「行十餘步一休，稍疲，咽唇燋，五六步一休」，十分辛苦地自「早食」時（依漢代十六時制，[15] 約指早上 7：30-9：00）上山，脯（餔）後（即下餔，約指下午 4：30-6：00）抵達天門。

馬第伯除了描寫這一段行程中的山石林泉，重要的是記錄了許多秦始

五官中郎將梁松、太僕行衛尉事馮魴和太常某等。

14　《封禪儀記》原文對諸石的描述，不是很清楚，和《太平御覽》、《藝文類聚》所引有出入，疑傳本此處有錯簡。參周天游，《漢官六種》，頁 176。

15　參張德芳，〈懸泉漢簡中若干「時稱」問題的考察〉，《出土文獻研究》第六輯（上海：上海古籍出版社，2004），頁 216。

皇和漢武帝封禪時遺留下來的文物。例如汝南人楊通在路上得「銅物形狀如鍾，又方柄有孔，莫能識，疑封禪具也」。又說「東上一里餘」，不知是由何處算起一里餘，「得木甲。木甲者，武帝時神也」。在得木甲處東北百餘步，就是行封禮的地點。這裡南面有秦始皇所樹立的石和闕，其北二十餘步即漢武帝行封禮之地。[16] 由此可知，秦皇和漢武行封禮幾乎是在泰山上的同一個地點。武帝行封禮之處有圓臺，高九尺，方圓約三丈，臺階兩處。臺上有壇，壇約一丈二尺見方，壇上又有方石，石之四角有距石，四邊有闕。馬第伯一行人因見沿途有據說是武帝封禪時供奉於道旁的錢帛和梨棗等物。百官為了求福，學樣在壇上供奉錢、帛、梨、棗，向壇朝拜祈求。拜畢，未撤供品。後來上山的光武看見，十分不滿，責備大家：「封禪大禮，千歲一會，衣冠士大夫何故爾也！」他們日入（約下午 6:00-7:30）開始下山，回到天門，已是人定時分（約晚上 10:30-12:00）。

據馬第伯記述，泰山道路盤旋而上，經小天門、大天門，有五十餘個盤旋。自下到秦皇和漢武行封禪之處（原文作「自下至古封禪處」）共計四十里（約合十二、三公里）。所謂「自下」，語意曖昧。據《初學記》〈地部〉引《封禪儀記》，說是「泰山東上七十里至天門」。因此四十里應該僅是指天門到封禪處之間的距離。

二月十九日（西元 56 年 3 月 24 日），漢光武帝和百官來到山虞。光武宿於山虞之亭，百官只能野宿。據說這一天山上的雲氣狀若宮闕，百官都曾看見。

二月二十一日（西元 56 年 3 月 26 日），行夕牲禮。這時天清無雲，朝東南方極望，有極濃厚的白氣沖天而上，廣達一丈。據說這應合了《瑞命篇》「岱嶽之瑞，以日為應」的記載。

二月二十二日辛卯晨（西元 56 年 3 月 27 日），行祭天禮。祭天時，日高

---

16 按周天游校本標點作：「東北百餘步，得封所，始皇立石及闕在南方，漢武在其北。二十餘步，得北垂圓臺……」，疑亦可作「東北百餘步得封所。始皇立石及闕在南方，漢武在其北二十餘步，得北垂圓臺……」。

二或三丈，祭天燔柴的煙飄向正北。禮畢，光武乘坐由人挽抬的輦上山，泰山郡為貴臣、諸公、王、侯準備了輦三百乘，但乘輦的很少，卿、大夫和百官則步行而上。到中觀稍作休息，又接著上山。不久，來到武帝曾行封禪之處。

封禮儀式十分簡單。群臣就行禮的位子後，虎賁持戟護於臺下，光武登上封天祭臺。封禮開始，光武北面，尚書令南面跪，奉玉牒檢進。掌禮的太常讚曰：「請封。」光武親封，畢，退復位。太常命驪騎二千餘人打開壇上沉重的石檢，尚書令將玉牒置入其中，再封上石檢。檢有數道，南有三檢，東、西方各二檢，以金為繩。檢上置封泥處用石和泥混合紅、白、黑三色的石泥，依各色應屬的方位加封。太常又贊曰：「請拜。」皇帝再拜。禮成，群臣皆呼萬歲。萬歲之聲，據說震動山谷，有青氣上沖於天，遙望不見其端頂。據說這也是「瑞命之符」。

關於封禮所用物品和過程，《續漢書・祭祀志》有幾處較《封禪儀記》為詳細和完整，補充如下：

第一，光武同意行封禪後，朝臣曾據漢武帝元封時封禪故事，討論封禪儀式所用的物品。有司所奏使用的玉牒、石檢等用品規格，《續漢書・祭祀志》所載十分詳細：

> 有司奏當用方石再累置壇中，皆方五尺，厚一尺，用玉牒書藏方石。牒厚五寸，長尺三寸，廣五寸，有玉檢。又用石檢十枚，列於石傍，東西各三，南北各二，皆長三尺，廣一尺，厚七寸。檢中刻三處，深四寸，方五寸，有蓋。檢用金縷五周，以水銀和金以為泥。玉璽一方寸二分，一枚方五寸。方石四角又有距石，皆再累。枚長一丈，厚一尺，廣二尺，皆在圓壇上。其下用距石十八枚，皆高三尺，厚一尺，廣二尺，如小碑，環壇立之，去壇三步。距石下皆有石跗，入地四尺。又用石碑，高九尺，廣三尺五寸，厚尺二寸，立壇丙地，去壇三丈以上，以刻書。

對比之下，《封禪儀記》所記檢數和封泥的作法頗有出入。光武認為這樣用石，工程浩大，又要趕在二月行禮，一度要求改用武帝用過的封石和空檢，重新加封即可。但虎賁中郎將梁松認為「登封之禮，告功皇天，垂後

無窮，以為萬民」，「今因舊封，竄寄玉牒故石下，恐非重命之義。受命中興，宜當特異，以明天意」。光武只好同意，但要求泰山郡和魯國的石工採用完整的青石就好，不必五色俱備。

第二，《續漢書·祭祀志》明確提到二十二日辛卯晨，是在泰山下南方行燎祭禮，並提到「群神皆從，用樂如南郊」。又接著提到光武帝是在食時（約上午 9:00-10:30）乘御輦登山，並於日中（約下午 12:00-1:30）稍後到山上行封禮之處，更衣準備。早晡（疑當十六時制之餔時，約下午 3:00-4:30）時，即位於壇。

第三，《續漢書·祭祀志》對封禮的進行有如下的描述：「早晡時即位于壇，北面。群臣以次陳後，西上，畢位升壇。尚書令奉玉牒檢，皇帝以寸二分璽親封之，訖，太常命人發壇上石，尚書令藏玉牒已，復石覆訖，尚書令以五寸印封石檢。事畢，皇帝再拜，群臣稱萬歲。命人立所刻石碑，乃復道下。」所謂皇帝以一寸二分璽親封之，是以皇帝之璽在檢的封泥槽中用印。整個玉牒和石檢方式無疑是模仿漢代官府習用的公文木檢和木牒而來（圖2）。換言之，封禪禮是天子借用公文牘牒加封檢的形式，將得天下，至太平，來祥瑞的種種功德寫在玉牒上，分向天、地報告。所謂命人豎立石碑，應是指二月光武在奉高遣侍御史和蘭臺令史率工匠預先上山所刻的石碑。石碑應和秦始皇巡行各地的刻石類似，有意要公諸於世，

圖2　目前保留形制最完整的加封木檢及牘牒，採自《新疆維吾爾自治區絲路考古珍品》。

古月集：秦漢時代的簡牘畫像與政治社會
——卷三　皇帝、官僚與社會

預想中的觀者是當世和後世天下的百姓。這和給天地的玉牒不同。玉牒內容既不見於記載，也不見在儀式中宣讀，其與碑上所刻是否相同？不可知。不論如何，石碑內容公開，也完整地保留在《續漢書‧祭祀志》中，很能反映光武個人和群臣行封禪的理據和心態，可以說是了解光武封禪最重要的一篇文獻。後文將再討論。

二月二十二日封禮完成後不久，光武詔百官依序先下山，自己殿後。下山隊伍綿延二十餘里。其時天色已晚，點起火炬，一直走到第二天才全下了山。因一天之內上山又下山，百官之中有些人年老氣衰，走不動，即藉路邊岩石臥息。第二天一早，光武曾令太醫慰問百官。得知眾人平安，光武說：「昨天上下山，眾人要前行，迫於在前者而不得前；欲暫息，又為在後者所踐踏。朕乘坐輦，不感勞倦，百官露臥山石，渴唯飲水，竟沒有一人摔跌或得病，這豈不是天意嗎？」

二月二十三日（西元 56 年 3 月 28 日），群臣上壽，光武賞賜備辦大典的百官。賜畢，向預定行禪地禮的地點前進，暮宿三十里外的奉高縣。

二月二十四日（西元 56 年 3 月 29 日），抵九十里外的梁甫（父），行夕牲禮。一日行九十里，大約是在特別整修過的道路上輕車兼行吧。

二月二十五日（西元 56 年 3 月 30 日），在梁陰行禪地禮。《續漢書‧祭祀志》說：「禪，祭地于梁陰，以高后配，山川群神從，如元始中北郊故事。」關於平帝元始北郊故事，可在《漢書‧郊祀志》平帝元始五年，大司馬王莽與群臣議禮的奏書中見到。[17] 可見光武雖代新莽而有天下，在封禪這樣具有天命維新象徵意義的儀式上，並不能盡革莽制。其實光武保留莽制之處不止一端，禪地禮採元始北郊故事是其一例而已。

光武行封天禮以高帝配天，禪地禮以高后配地。據《後漢書‧光武帝紀》李賢注引《續漢志》：「禪祭地于梁陰，以高后配，山川群神從祝焉。

17　周天游《漢官六種》校本引《北堂書鈔》設官部有「陽者祭天，陰者祭地。始元舊禮，以高帝配天，高后配地」之語，以為高帝配天，高后配地乃始元舊禮。按：始元為昭帝年號。查昭帝時，於禮制興革少有可考。疑此「始元」為「元始」之訛。

其玉牒文秘，刻石文辭多，不載。」可見禪地和封天一樣有玉牒之文，惜因辭多未載，不得傳於後世。

殘存的《封禪儀記》止於行禪地禮，沒有說光武如何或何時回京師洛陽。《後漢書·光武帝紀》說在四月癸酉（西元 56 年 5 月 8 日），「車駕還宮」。如果比較來去行程，可以發現赴泰山時，可以說是兼程趕路，不過十二、三天即到目的地。回程明顯放慢腳步，足足用了三倍時間——一個月零八天。途中做了些什麼、路徑如何，一無記載。

回到洛陽，光武有一連串後續行動：四月己卯（西元 56 年 5 月 14 日），大赦天下，免除嬴、博、梁父和奉高縣百姓當年應繳的田租和芻藁，又改年號為中元。這是光武在位唯一一次改元。此外，他將行封禪一事祭告宗廟。《祭祀志》說：「以吉日刻玉牒書函藏金匱，璽印封之。四月乙酉（西元 56 年 5 月 20 日），使太尉行事，以特告至高廟。太尉奉匱以告高廟，藏于廟室西壁石室高主室之下。」劉昭注引《尚書·虞典》曰：「歸，格于藝祖，用特。」按「特」指祭祖禰，用牡牛一隻。祭告宗廟之後，整個和封禪相關的儀式才算全部完成。

■三 封天石碑裡的「意底牢結」(ideology)

秦始皇、漢武帝和東漢光武帝行封禪，可以說是秦漢史上最富政治象徵意義的儀式活動。先秦典籍中早有種種相關的傳說，秦皇和漢武受到鼓動，起而行之。在行封禪之前，群臣為了儀典，辯論不休，在最後登泰山行禮的關鍵時刻，秦皇和漢武卻都不准群臣上山，為他們所行的儀式和整個封禪活動的意義留下神秘難解的謎團，引發無窮的揣測。光武封禪是唯一的例外。其所以如此不同，牽涉到許多複雜的因素，有些已難以明白，有些則尚可推知一二。

以下我們看看封天石碑裡到底說了什麼以及背後的「意底牢結」。要點大約有四：

1. 封禪禮的參加者和缺席者

碑銘開始說：「維建武三十有二年二月，皇帝東巡狩，至于岱宗，柴，望於山川，班于群神，遂覲東后。從臣太尉憙（趙憙），行司徒事特進高密侯禹（鄧禹）等。漢賓二王之後在位。孔子之後褒成侯，序在東后，蕃王十二，咸來助祭。」

這裡值得注意的不僅是誰成為參加大典的代表，更有趣的是什麼人在這樣具有象徵意義的大典中缺了席。

首先從臣甚多，碑銘僅以三公中的太尉和行司徒事為百官的代表，獨漏司空。這是一個十分難以理解的遺漏，是一時疏忽或有意不提？按理三公為百官之首，既然提及太尉和行司徒事，不應不提司空。封禪是何等重要的典禮，立碑又是何其重大的事？碑銘要公諸於世，傳之永久，內容必然字斟句酌，不容任何疏忽。當時明明有司空在位，而且是重臣——張純。

張純的高祖父張安世封富平侯，純少襲爵土。王莽時，張純為九卿，建武初，先來詣闕，故得復國，更封武始侯。因他歷事先朝，明習故事，朝廷每有疑議，輒訪問之，自郊廟冠婚之禮，多所正定。他任事周密，光武甚為看重，可於一日之內，數度引見。自建武二十三年，張純以太僕代杜林，任大司空。二十七年，改大司空為司空。身為司空的張純不但曾於建武三十年上書建言行封禪，更因深通禮儀，與博士桓榮等議立辟雍、明堂等。《後漢書・張純傳》摘錄了他請行封禪的奏書，但接著說「中元元年，帝乃東巡岱宗，以純視御史大夫從」（頁1197）。所謂「視御史大夫」，是視同御史大夫。東漢初已無御史大夫一職，為何要司空以「視御史大夫」的身分從行？光武時，司空為三公之一，雖無實權，地位尊崇。三公秩皆萬石，月俸六萬錢。所謂視御史大夫，不知是視為西漢初之御史大夫，還是成哀時的御史大夫？漢初御史大夫為丞相之副貳，秩二千石，銀印青綬；成帝綏和元年，更御史大夫為大司空，金印紫綬，祿比丞相。哀帝時又改大司空為御史大夫，元壽二年復為大司空。御史大夫和大司空或司空的待遇、地位頗不相同。光武此舉是為了模仿武帝時故事或有其它隱情，啟人疑竇。

張純於二月從封泰山，四月癸酉（5月8日）光武回到洛陽。據袁宏
《後漢紀》及《後漢書・張純傳》，張純三月丙辰（4月21日）死，諡曰節
侯，可見他應死在回洛陽的路上。張純臨終遺命：「司空無功於時，猥蒙
爵土，身死之後，勿議傳國。」《後漢紀》文字稍異而義同，不俱引。他
為何要說「司空無功於時」？他曾建議行封禪，上元封舊儀和刻石文，曠
世大典終得實現。他又親自從行，參與盛會，豈可說無功於時？更難解的
是據《文心雕龍・封禪》說「及**光武勒碑**，則**文自張純**」。[18] 這一說法不見
於它書，應有所本。果如所言，為封禪石碑撰文是何等的大功？張純臨終
遺言卻說「無功於時」，明明是說反話，背後必有難言的隱衷。純將死，
光武詔問嗣者，純長子根常病，家人上奏以小子奮為嗣。奮因父遺命固不
肯受。帝竟以奮違詔，勑收下獄，奮惶怖，乃襲封。張奮為何堅持不受？
光武為何要對他採取如此嚴厲的手段，迫其襲封？其中應有一段今天已難
查考的故事。[19] 依據從西漢韋玄成以來類似讓爵的事例來看，通常視讓爵
為具謙德的美事，不但不會強迫受爵，更不會獲罪。[20] 我懷疑張純或曾因
某事令光武不悅。光武不但不讓他堂堂正正地以司空身分隨行，更在如此
重要，公諸於世的碑石上故意不提他的名字。[21] 這對張純來說，必是莫大

18　劉勰著，黃叔琳校注，《文心雕龍註》（香港：香港商務印書館，1969），頁 394。

19　周天游先生在《後漢紀校注》卷八校注中曾引《東觀記》，注意到張奮在上書中曾說：「根不
　　病，哀臣小稱病，令翕移臣。臣時在河南家廬，見純前告翕語，自以兄弟不當蒙爵土之恩，
　　願下有司。」周先生加按語說：「按此文怪誕，子直呼其父之名，尤謬。」（頁 232）兄弟讓
　　爵，東漢常見；光武因此以奮違詔，收下獄，則屬僅見。事之怪誕，或亦在於此。

20　例如劉愷讓爵於弟，和帝許之。《後漢書・劉般傳》：「愷……以當襲般爵，讓與弟憲，遁逃
　　避封。久之，章和中，有司奏請絕愷國，肅宗美其議，特優假之，愷猶不出。積十餘歲，至
　　永元十年，有司復奏之。侍中賈逵因上書曰：『孔子稱「能以禮讓為國，於從政乎何有？」
　　竊見居巢侯劉般嗣子愷，素行孝友，謙遜絜清，讓封弟憲，潛身遠跡。有司不原樂善之心，
　　而繩以循常之法，懼非長克讓之風，成含弘之化，前世扶陽侯韋玄成，近有陵陽侯丁鴻、鄳
　　侯鄧彪，並以高行，絜身辭爵，未聞貶削，而皆登三事。今愷景仰前脩，有伯夷之節，宜蒙
　　矜宥，全其先功，以增朝尚德之美。』和帝納之，下詔曰：『故居巢侯劉般嗣子愷，當襲
　　般爵，而稱父遺意，致國弟憲，遁亡七年，所守彌篤。蓋王法崇善，成人之美，其聽憲嗣
　　爵。遭事之宜，後不得以為比。』」

21　這不禁使我想起羅馬皇帝奧古斯都在親撰的《功業錄》中故意不提他敵人的名字，使他們失

　古月集：秦漢時代的簡牘畫像與政治社會
　　　　—— 卷三　皇帝、官僚與社會

的羞辱。張純或以此為恨，因而託言「司空無功於時」，作出「勿議傳國」
或「爵不當及子孫，其勿紹嗣」（《後漢紀》，周天游校注本，頁 231），令光武
難堪的遺命。光武不甘，竟以下獄為手段，迫其子襲爵。

「漢賓二王之後」是指光武建武二年封周後姬常為周承休公，五年封
殷後孔安為殷紹嘉公，十三年改封常為衛公，安為宋公，「以為漢賓」，位
在三公之上（《續漢書·百官志》，頁 3629-3630）。

又有「蕃王十二」，這是指東漢初以來宗親及光武諸子至建武三十二
年尚在王位者之十二人。據宋代熊方《補後漢書年表》及清代錢大昭《後
漢書補表》，[22] 其時在位的王剛好有十二人。可見這些王都參加了封禪大
典。其名可表列如下：

附表一：參與光武封禪十二蕃王表

	建武三十二年在位王名	始封	與光武帝的關係
1	節王劉栩	建武 19 年	光武叔父趙孝王劉良子
2	魯哀王劉興	建武 19 年	光武仲兄魯哀王劉仲子
3	太原殤王劉石	建武 19 年	光武長兄齊武王劉縯孫
4	沛王劉輔	建武 20 年	光武子
5	楚王劉英	建武 17 年	光武子
6	濟南安王劉康	建武 17 年	光武子
7	東平憲王劉蒼	建武 17 年	光武子
8	阜陵質王劉延	建武 17 年	光武子
9	廣陵王劉荊	建武 17 年	光武子
10	中山王劉焉	建武 17 年	光武子
11	琅邪孝王劉京	建武 17 年	光武子
12	東海恭王劉彊	建武 19 年	光武子

去傳名後世的機會。參邢義田編譯，《古羅馬的榮光——羅馬史資料選譯》（臺北：遠流出版
社，1997），頁 262-282。

22 據開明書店，《二十五史補編》（臺北：開明書店，1967 台一版）。

以上百官的代表、居賓位的二王、宗親諸侯王及列侯共同象徵著郡國內的臣屬者。有沒有齊民百姓的代表呢？有，孔氏世襲的褒成侯。建武十三年光武封孔志為褒成侯，志卒，子損嗣（《後漢書‧孔僖傳》，頁2563）。孔志死的時間不可考，因此無法確知光武封禪時參加大典的是志或損。總之，褒成侯一方面代表著孔子的後人，也象徵著儒門不替。光武以一介儒生而有天下，一生宗奉儒學，儒門的倫理和政治理想是帝國存在和正當性最重要的意底牢結。光武到魯行曠世之盛典，不可沒有孔子後人參與，用以號召天下的士子儒生。

為了召示這一點，光武在登泰山前，曾親赴孔子宅，賞賜孔氏族人酒肉。褒成侯則是孔氏一族的代表。他不僅象徵儒門和孔氏一族，更是天下編戶齊民的代表。天下百姓多矣，不可能都來參加盛典。天下歸劉氏，劉氏自然是天下第一家族；孔氏承素王，有德無位，無疑可為編戶之第一家，是平民百姓最具象徵意義的代表。

最令人意外的缺席是竟然沒有提到歸順的四夷或鄰邦使者。在秦漢人的觀念中，天下太平意味著四合之內，八荒之外，無不賓服。漢武帝在行封禪之前，曾親率大軍出關向匈奴單于叫陣，單于懼而遠遁，如此漢武才足以宣示天下無不賓服。張純建議光武行封禪，在奏書裡列舉光武夠格行此大禮的理由時，不僅指出其平海內之亂，更舉出「夷狄慕義」這一點：

> 陛下受中興之命，平海內之亂，修復祖宗，撫存萬姓，天下曠然，咸蒙更生，恩德雲行，惠澤雨施，黎元安寧，**夷狄慕義**。（《後漢書‧張純傳》，頁1197）

所謂「黎元安寧，夷狄慕義」，黎元指黎民百姓，黎元與夷狄對舉，也就是說四海之內，八荒之外無不賓服。光武封禪碑銘中也明顯套用了「書同文，車同軌，人同倫」，「舟輿所通，人迹所至」（《中庸》等古籍和秦始皇石刻）這樣象徵天下一家，無不歸心的話。事實上，碑銘中卻不曾提到任何郡國以外，足以象徵「舟輿所通，人迹所至」的代表。為何如此？令人難解。建武二十四年曾有呼韓邪單于款塞稱臣，其下諸王侯布列於北地、朔方、五原、雲中、定襄、雁門和代郡，二十五年又有烏桓大人率眾九千餘

圖 3 　東漢人印象中的「胡王」，顏娟英攝於嘉祥
孝堂山石祠。

人內徙塞內，布列遼東、遼西、右北平和漁陽、上谷等地（圖 3）。[23] 如為
宣示天下無不賓服，在封禪這樣的典禮中，不該少了他們。缺少「四夷」
代表，是否因為光武刻意低調、省費或有其它理由？待考。從封禪儀式的
「意底牢結」來看，四夷的缺席是光武封禪禮中令人覺得最難以理解的一
點。[24]

2. 得天下和封禪的圖讖依據

　　碑銘接著說：「《河圖赤伏符》曰：『劉秀發兵捕不到，四夷雲集龍鬥野，
四七之際火為主。』《河圖會昌符》曰：『赤帝九世，巡省得中，治平則封，誠
合帝道孔矩，則天文靈出，地祇瑞興，帝劉之九，會命岱宗，誠善用之，姦偽
不萌。赤漢德興，九世會昌，巡岱皆當。天地扶九，崇經之常。漢大興之，道

23　參邢義田，〈東漢的胡兵〉，《國立政治大學學報》，28（1973），頁 143-144。

24　麟德二年至乾封元年（665-666）唐高宗和開元十三年（724）唐玄宗在泰山封禪，從行者除
　　百官貴戚，還明確有大批「東自高麗西至波斯」，「四夷酋長」各帥其屬扈從，可供對照。參
　　《資治通鑑》卷 201、212，麟德二年、乾封元年、開元十三年條。

在九世之王，封于泰山，刻石著紀，禪于梁父，退省考五。』《河圖合古篇》曰：『帝劉之秀，九名之世，帝行德，封刻政。』《河圖提劉子》曰：『九世之帝，方明聖，持衡矩，九州平，天下予。』《雒書甄曜度》曰：『赤三德，昌九世，會修符，合帝際，勉刻封。』《孝經鈞命決》曰：『予誰行，赤劉用帝，三建孝，九會修，專茲竭行封岱青。』河雒命后，經讖所傳。昔在帝堯，聰明密微，讓與舜庶，後裔握機。」

以上六種圖讖，其中四種和《河圖》有關，另兩種和《河圖》、《孝經》有關。其中《河圖赤伏符》是光武起兵得天命最重要的符徵，亦見於《後漢書·光武帝紀》。其它幾種主要都是預言自劉邦以後第九世之帝，也就是光武，將封禪於泰山和梁父。又《祭祀志》說光武有感於《河圖會昌符》之文，「乃詔〔梁〕松等復案索《河》、《雒》讖文言九世封禪事者。松等列奏，乃許焉」。由此可知碑銘中所列，乃是梁松等從《河》、《雒》讖文言九世封禪事中摘出。

須要解釋的是《續漢書·祭祀志》在不同處引用《河圖會昌符》同樣的一段，卻互有出入。《祭祀志》說光武夜讀《河圖會昌符》曰：「赤劉之九，會命岱宗，不慎克用，何益於承，誠善用之，姦偽不萌。」和碑銘相較，一作「赤劉」，一作「帝劉」，又碑銘無「不慎克用，何益於承」兩句。為何會有這樣的出入？我猜想赤劉、帝劉或因「赤」、「帝」隸書字形近似，傳抄有訛；碑銘少了兩句是因碑銘引用《河圖會昌符》文字較引它書為長而稍有刪節。

應合圖讖應該是光武最後由拒絕轉而決定行封禪的關鍵因素。他早年遊學長安，讖緯正蔚為顯學，耳濡目染之餘，不能不受影響。王莽頗藉圖讖以篡漢室，光武及群雄起事也多假借。這些事大家都熟悉，無須多說。王莽篡漢立新的十五年間，曾三度打算封禪，長安桂宮四號建築遺址出土的新室封禪玉牒頗可證明他曾作準備，奈何因故，沒有實現。王莽以聖王自居，欲行聖王之典而未成，這對繼莽而起的劉秀應曾造成相當的刺激或影響。劉秀猶豫頗久之後，終於決定要去完成這項曠世之典，又企圖利用圖讖和傳諸萬世的碑石，宣揚聖王終於出世，太平已經到來。

3. 撥亂反正，恢復天下秩序

碑銘接著又說：「王莽以舅后之家，三司鼎足冢宰之權勢，依託周公、霍光輔幼歸政之義，遂以簒叛，僭號自立。宗廟墮壞，社稷喪亡，不得血食，十有八年。楊、徐、青三州首亂，兵革橫行，延及荊州，豪傑并兼，百里屯聚，往往僭號。北夷作寇，千里無煙，無雞鳴狗吠之聲，皇天睠顧皇帝，以匹馬受命中興。年二十八載，興兵起是（「是」疑作「事」。起事一詞已見於《漢書·孔光傳》，多見於《三國志》），以中次誅討（「中」疑衍），十有餘年。罪人則斯（「斯」疑衍）得。黎庶得居爾田，安爾宅。書同文，車同軌，人同倫，舟輿所通，人跡所至，靡不貢職。建明堂，立辟雍，起靈臺，設庠序。同律、度、量、衡。修五禮，五玉，三帛，二牲，一死，贄。吏各修職，復于舊典。在位三十有二年，年六十二。乾乾日□，不敢荒寧，涉危歷險，親巡黎元，恭肅神祇，惠恤耆老，理庶遵古，聰允明恕。」

光武得天下的正當性不但建築在應合圖讖這樣抽象且理想的基礎上，更重要是有撥亂反正，重建天下秩序的具體事功。

從撥亂反正來說，劉秀遭逢王莽簒漢，劉氏宗廟不得血食，兵革橫行，民不聊生的時代。他因此興兵，誅討十餘年，使得天下回歸劉氏。以重建秩序而言，他宣稱凡舟車所通，人跡所至的世界，都因他而回到「書同文，車同軌，人同倫」的理想境地。這是儒家經典所倡和秦始皇曾標榜過的。他更進而如儒生所期待於聖王者，建明堂、立辟雍、起靈臺、設庠序、修五禮（「同律、度、量、衡。修五禮，五玉、三帛、二牲、一死，贄」等語出自《尚書·堯典》）。總結而論，他在位三十二年，遵古而治，終使天下一切「復于舊典」，也就是說恢復了天下曾經有過的美好秩序。碑銘這一段的整個精神即在於說明其撥亂世，復漢舊，建禮制，行教化的成就和功德。依照漢儒的理論，只有能如此者，才夠資格行封禪禮，向上天告成功。值得注意的是碑銘中雖提到「北夷作寇，千里無煙」（圖4），卻完全沒說他是否曾綏靖了作寇的「北夷」。如前文指出，光武在整個封禪禮的背後，似乎刻意壓低「八荒之外」的象徵意義，而將他在意的天下限於「四海之內」。

圖4　內蒙古和林格爾東漢護烏桓校尉墓壁畫描繪被俘髡頭的胡人魚貫進入參加獻俘的儀式，羅豐先生提供照片。

4. 缺乏典據的禮儀

　　封禪是兩漢儒生士大夫一貫的主張。有趣的是從秦始皇到漢武帝，儒生們都無法說清楚「封天」和「禪地」之禮應如何舉行？《管子·封禪》對古代聖王行封禪言之鑿鑿，《管子》一書在漢世也很流行，好依附經典立說的漢儒卻無法從其中或從其它認可的典籍裡找到可以依循的禮儀典範。光武行封禪，所採儀典可以說是雜湊武帝封禪舊儀和其它祭典而成。碑銘最後一段為封禪儀典之無據和借用它禮提出辯解。碑銘的原文說：

> 「皇帝唯慎《河圖》、《雒書》正文，是月辛卯，柴，登封泰山。甲午，禪于梁陰。以承靈瑞，以為兆民。永茲一宇，垂于後昆。百寮從臣，郡守師尹，咸蒙祉福，永永無極。秦相李斯燔詩書，樂崩禮壞。建武元年已前，

文書散亡，舊典不具，不能明經文，以章句細微相況八十一卷，明者為驗，又其十卷，皆不昭晢。子貢欲去告朔之餼羊，子曰：『賜也，爾愛其羊，我愛其禮。』後有聖人，正失誤，刻石記。」

莽末赤眉入長安，搶掠燒殺，的確曾造成西漢舊典的重大損失。以封禪儀而論，《漢書·藝文志》著錄的封禪舊典有：

1. 《古封禪群祀》二十二篇
2. 《封禪議對》十九篇（原注：武帝時也。）
3. 《漢封禪群祀》三十六篇
4. 《封禪方說》十八篇（原注：武帝時。）

前三者《藝文志》歸之禮家，第四項歸之小說家。班彪和班固等編寫《漢書》時，最少還曾見到部分自武帝時留下和封禪相關的資料。光武時，司空張純曾奏上元封舊儀和刻石文。光武本人一度為省費，甚至想利用武帝封禪遺留下來的石材。可見不論是舊儀記錄或實物並非一無所存，所謂「建武元年以前，文書散亡，舊典不具」，僅是部分的事實。

武帝舊儀明明有跡可循。問題的關鍵在於武帝之典於儒禮多有不合；捨此，又沒有更多的經典可據。光武欲行聖王之典，立一代宏規，在他想來，不能沒有經典上的依據，否則典禮的正當性和權威性就會貶損。為此，碑銘特別說明「以章句細微相況八十一卷，明者為驗，又其十卷，皆不明晢」。君臣上下曾花了極大極細的功夫企圖一字一字從經典找出可以為據的東西，可惜皆不明晰。他將舊典不明的責任歸之於李斯焚詩書，又無奈地採用了部分前朝南北郊的儀典和音樂。無奈之餘，他謙卑地希望後世聖人能正其失誤，並引孔子「我愛其禮」之語，為封禪的儀典形式辯護——雖少典據，精神和用心還是完全合乎禮的。

以上碑銘立於泰山之上，用以昭告天下百姓和後世，和秦始皇的刻石一樣，是百分之百的政治宣傳品。不過，細思之，其背後的根本用意應不在於宣揚漢室中興的正當性。光武建號已三十多年，群雄早已掃平，其建號稱帝的正當性早已無人可以挑戰。如果要宣揚漢室重建的正當性，應在起兵之時或掃平群雄後不久，不應在稱帝三十多年以後。劉秀成長於王莽

之世，其時儒生普遍相信五百年必有王者出。[25] 自孔子後，已歷五百餘年，王莽因而一度自視，也被視為再世的周公。他趁勢而起，瞬間而亡，

---

[25] 漢代以後，儒者很關注五百年一出的聖人應應驗在何時和何人的身上。現在可考，最早提出來談論的是賈誼。今本《新書·數寧》有一段說：

> 臣聞之，自禹已下五百歲而湯起，自湯已下五百餘年而武王起。故聖王之起，大以五百年為紀。自武王已下過五百歲矣，聖王不起，何怪矣？及秦始皇，似是而卒非也，終於無狀。及今，天下集於陛下，臣觀寬大知通，竊曰足以操亂業握危勢，若今之賢也，明通以足，天紀又當，天宜請陛下為之矣。然又未也者，又將誰須也？

所謂「五百年為紀」是孟子之後，戰國以來術數家相當流行的看法。《史記·天官書》說：

> 夫天運，三十歲一小變，百年中變，五百載大變，三大變一紀，三紀而大備，此其大數也。為國者必貴三五，上下各千歲，然后天人之際續備。

《索隱》云：「三五謂三十歲一小變，五百歲一大變。」五百年是大數，所謂「大以五百年為紀」，是自禹以下，每約五百年即有聖王出。武王以下的新聖王是誰呢？賈誼說「及秦始皇，似是而卒非」。始皇一統天下，易服改制，顯然一度曾以新聖姿態出現。但他的作為，與儒家心目中的聖王相去過遠，賈誼一類的儒生實無法承認他就是五百年一出的王者。如果五百年必有王者興之語可信，那麼，五百年應如何計算？誰才是這真正的王者呢？現在可考的資料固然有限，這個問題在數術流行的漢代曾大受關注，應該沒有問題。從孟子開始到司馬遷，這五百年的計算一直有不小的彈性，使得漢代的有心人可以利用此說，大作文章。第一，聖王繼起的間隔不必整五百年。孟子明白說「自堯舜至於湯，五百有餘歲」，自湯至文王，自文王至孔子，也各五百有餘歲（〈盡心下〉）。其次，據以計算的起訖也不一樣。孟子自堯舜算起，賈誼自禹起算；孟子說由文王至於孔子，五百有餘歲，司馬談則說「自周公卒五百歲而有孔子」（《史記·太史公自序》）。孟子和司馬談都將孔子當作聖人或聖王計算，但賈誼說「自武王已下過五百歲矣，聖王不起，何怪矣？及秦始皇，似是而卒非是。」從周武王算到秦始皇，並不將孔子計算在聖王之列。因為計算並無定則，賈誼遂可假「天紀又當」，聳動文帝去行王政，以當此王者。賈誼雖為儒生，思想來源極為駁雜。其以聖王五百年一出之說鼓動文帝，並不是賈誼自出心裁，而是當時黃老數術之士的說法。《法言·重黎》「或問黃帝終始」李軌注：「世有黃帝之書，論終始之運，當文帝之時，三千五百歲，天地一周也。」黃帝之書，李軌注《法言》時尚得見。而此所謂黃帝之書，顧頡剛先生認為即褚少孫所引之《黃帝終始傳》（《顧頡剛讀書筆記》卷六，頁4453）。依其說，秦及漢初受黃帝終始之說影響的人，早就在討論誰是應運而生的聖王。董仲舒曾以此說武帝，司馬談則以為武帝「接千年之統」。千年之統是兩個五百年。第一個五百年自周公卒後有孔子；孔子之後，又五百年，應有新的聖人應運而生。這種想法一直鼓動著漢世的儒生。東漢孔廟禮器碑謂：「聖人不世，期五百載」，漢末三國時期的曹植比較劉邦、劉秀兩高祖之功業，即以「應五百之顯期」形容光武。參趙幼文，《曹植集校注》卷一，〈漢二祖優劣論〉（臺北：明文書局，1985），頁104。

眾儒為之夢碎。時儒與光武在這樣的空氣下，難免受到鼓動：這應五百年之運而生的聖人究竟應該是誰？前文提及光武對被稱為聖人或聖王的猶豫態度，到晚年為應合圖讖，終於跨出一步，做了理論上只有聖王才夠格做的事。[26] 他行封禪是以儀式象徵並證明天下太平，自己是致太平的聖主；立碑則在昭告天下，期待當世和後世的承認。這或許才是光武封禪和立碑真正的用意。

四　後世諸儒眼中的封禪和對光武封禪的評論

　　當代和後世諸儒如何看待光武和他的封禪之舉呢？意見趨於兩極。一極傾向於認為漢世超邁前代，瑞應歷歷可徵，光武封禪，正是太平聖主所當為。這可以建武時的太尉趙憙、司空張純等群臣為代表。同時稍後的王充也持同樣的態度。[27] 另一極則認為三代以降，聖王不再，自文武周公孔子之後，世衰道微，雖云五百年必有王者出，驗之實際，則不可得。秦皇、漢武和光武皆非聖王，相繼封禪，不過欺世盜名。建武群臣不以禮匡君，建言封禪，媚主背道，去管仲遠矣。這可以王充筆下的當世儒者、章帝時白虎觀議經諸儒、活躍於東漢中期以寫《潛夫論》著名的王符和東晉的袁宏為代表。

　　東漢以降，在儒生士大夫看來，古代聖王封禪的意義十分單純明確：凡王者受命易姓，即應改制應天下；太平功成，即應封禪以告太平。建武時，太尉趙憙上言：「自古帝王，每世之隆，未嘗不封禪。陛下聖德洋溢，順天行誅，撥亂中興，作民父母，修復宗廟，救萬姓命，黎庶賴福，海內清平。功成治定，群司禮官咸以為宜登封告成，為民報德。百王所同，當

26　邢義田，〈秦漢皇帝與「聖人」〉，收入陶希聖先生九秩榮慶祝壽論文集編輯委員會編，《國史釋論》（臺北：食貨出版社，1988），頁389-406。

27　光武行封禪之年，王充三十歲，參黃暉，《論衡校釋》（北京：中華書局，1990），附《王充年譜》，頁1223。

仁不讓。宜登封岱宗，正三雍之禮，以明靈契，望秩群神，以承天心也。」
（《續漢書・祭祀志》劉昭注引《東觀紀》）趙憙的話可以代表當時朝臣，也可
以代表像王充這樣太學生的意見，而與武帝以來的方士之說不同。儒生和
方士之見最大的不同是儒生將封禪單純看成是易姓之主，致太平告成功之
禮，方士則將封禪和登仙聯繫在一起。秦皇、漢武和王莽行封禪，都曾受
到方士之說的鼓動，甚至主導。[28] 光武本人和朝臣則明確站在「純儒」的
立場思考封禪一事。光武本人信圖讖，卻明白反對神仙黃白之術。[29] 這使
得光武的封禪在性質、過程和儀式上都和前朝諸帝所行有了極大的區別。

　　東漢儒生對古聖封禪總結性的意見則見於《白虎通》。議經諸儒所論
和前引趙憙之說基本一致：「王者易姓而起，必升封泰山何？報告之義也。
始受命之日，改制應天，天下太平功成，封禪以告太平也。所以必於泰山
何？萬物之始，交代之處也。必於其上何？因高告高，順其類也。故升封
者，增高也。下禪梁甫之基，廣厚也。皆刻石紀號者，著己之功迹以自効
也。」[30] 不過，他們對封禪儀式所用之封，究竟應用金泥銀繩或石泥金繩，
存在分歧，而以「或曰」並陳兩說。如果注意前引《封禪儀記》和《續漢
書・祭祀志》相關記載的一個差異，竟然也在於封泥是用金銀泥或石泥。
陳立為《白虎通》作疏證，認為「石泥金繩，或是漢制，《白虎通》作于
肅宗之世，故多緣漢制以證經義也」。[31] 其實光武封禪到底是用石泥或金銀
泥，《封禪儀記》說是用「石泥」，《續漢書・祭祀志》說是「以水銀和金
以為泥」，記載有異，今已難以判定何者真正合乎漢制。

　　拋開封繩和用泥的歧異，值得注意的是，參加白虎觀議經的諸儒大事
議論經書中的聖人、封和巡狩之制，頻頻引據圖緯，卻對秦漢以來諸帝
的封禪絕口不作評論。若論及漢世諸帝，即不能不面對漢世是否太平，漢

28　王莽封禪玉牒有「……延壽，長壯不老」之句。王莽之好仙，詳見《漢書・王莽傳》。
29　《後漢書・桓譚傳》：「臣譚伏聞陛下窮折方士黃白之術，甚為明矣，而乃欲聽納讖記，又何
　　誤也？」
30　陳立，《白虎通疏證》（北京：中華書局，新編諸子集子，1994），卷6，頁278-279。
31　同上，頁280。

帝是不是聖王或聖人的問題。漢世儒學本在經世，白虎觀的諸儒卻刻意迴避了這個難以面對的問題。

迴避應該說是表面，骨子裡等於間接否認了漢帝聖王或聖人的資格。這一方面可以從《白虎通》為聖人所下的定義，論列古聖和班固《漢書·古今人表》表列古今聖人時，不約而同以孔子為最後的聖人看出來，[32] 另一方面王充以下的一段話也透露了玄機：

> 儒者稱五帝三王致天下太平，漢興已來，未有太平。彼謂五帝三王致太平，漢未有太平者，見五帝三王聖人也。聖人之德，能致太平。謂漢不太平者，漢無聖帝也。（《論衡·宣漢》）

漢無太平，也無聖帝，則何得封禪？王充寫《論衡》〈宣漢〉、〈恢國〉、〈驗符〉、〈須頌〉等篇，原本力圖證明漢世臻至太平，皇帝是超越五帝三王的聖人，無意之間卻透露出當時不少儒者的想法和王充正相反。「漢無聖帝」反映了當時儒者心底的想法。[33] 王充無意中洩漏的消息，其後也見於王符的《潛夫論》：

> 三代於世，皆致太平。聖漢踐祚，載祀四八，而猶未著者，教不假〔汪繼培箋：當作修〕而功不考，賞罰稽而赦贖數也。（〈考績〉）

王符雖然隨俗稱「聖漢」，謂「聖漢踐祚，載祀四八」，「載祀四八」指的正是建號稱帝三十二年的漢光武！然而太平「未著」之語，無異直斥光武非聖。這是儒生真正的看法。朝堂之上，百官歌功頌德，稱仁稱聖，附和封禪，只是禮儀敷衍。漢亡之後，不必敷衍，東晉的袁宏說到光武封禪，就不客氣嚴加批判：

> 崇其壇場，則謂之封，明其代興，則謂之禪。然則封禪者，王者開務之大禮也。德不周洽，不得擬議斯建，功不弘濟，不得髣髴斯禮。曠代一有，

---

32 詳參邢義田，〈秦漢皇帝與「聖人」〉，本書卷三，頁 67-100 曾說道：「白虎觀議經諸儒不顧為漢室撐腰的古文家說，去一少昊，增一皋陶，這不但反映當時經學家派的內部問題，更意味當時經師不以為聖『人』必皆聖『王』，其不屈從當權所好，十分具有意義。」

33 同上，頁 67-100。再如《論衡·宣漢》：「光武之時，氣和人安，物瑞等至。人氣已驗，論者猶疑。」論者即指其時之士子儒生也。

其道至高。故自黃帝、堯、舜，至于三代，各一封禪，未有中修其禮者
也。雖繼體之君，時有功德，此蓋率復舊業，增修前政，不得仰齊造國，
同符改物者也。夫神道貞一，其用不煩，天地易簡，其禮尚質。故藉用白
矛，貴其誠素，器用陶匏，取其易從。然則封禪之禮，簡易可也。若夫石
函玉牒，非天地之性也。（《後漢紀校注》卷八，頁230）

袁宏認為封禪是王者大禮，「德不周洽，不得擬議斯建，功不弘濟，不得
髣髴斯禮。曠代一有，其道至高。」他像王符一樣，認為至高的封禪只有
三代以上的聖君才夠資格，三代以下已不足論，何況光武？光武非聖而
封，用石函玉牒，更是違逆天地之性！

　　與袁宏約略同時代的司馬彪在《續漢書・祭祀志》論曰中對光武封禪
也有不以為然的評論：

……自上皇以來，封泰山者，至周七十二代。封者，謂封土為壇，柴祭告
天，代興成功也。禮記所謂「因名山升中于天」者也。易姓則改封者，著
一代之始，明不相襲也。繼世之王巡狩，則修封以祭而已。自秦始皇、孝
武帝封泰山，本由好僊信方士之言，造為石檢印封之事也。所聞如此。雖
誠天道難可度知，然其大較猶有本要。天道質誠，約而不費者也。故牲
（有）〔用〕犢，器用陶匏，殆將無事於檢封之閒，而樂難攻之石也。且唯
封為改代，故曰岱宗。夏康、周宣，由廢復興，不聞改封。世祖欲因孝武
故封，實繼祖宗之道也。而梁松固爭，以為必改。乃當夫既封之後，未有
福，而松卒被誅死。雖罪由身，蓋亦誣神之答也。且帝王所以能大顯于後
者，實在其德加於民，不聞其在封矣。言天地者莫大於《易》，《易》無六
宗在中之象。若信為天地四方所宗，是至大也。而比太社，又為失所，難
以為誠矣！

五 結論

　　漢光武帝的封禪是歷史上第一次儀式、過程和參加人員都有較清楚記

錄，也是全程公開的封禪禮。相對於秦皇、漢武所為，這樣的封禪卻意外地長期遭到忽視。本文利用殘存的馬第伯《封禪儀記》和《續漢書・祭祀志》，大致討論了漢光武帝在位三十年後，行封禪的過程、特色、背後的思想、意義以及後世的評論。

　　光武封禪從洛陽出發到回京，來回約一千漢里，共花了兩個多月，六十六天左右的時間。王侯百官從行，東方諸侯加入，人數眾多，耗費極大。為此，沿途供役的百姓更不知凡幾。可惜總人數和總花費都無可考。光武此行的一大特色是先赴魯國，謁孔子宅，賜孔氏子弟酒肉。參加人員的一大特色是由孔氏襲封的褒成侯代表孔氏，也代表天下齊民百姓參加了封禪。另一特色是四夷竟然在最具象徵「天下太平」意義的儀式中缺席。司空張純以「視御史大夫」的身分參加，又未能以三公列名封天石碑，其中緣由，猶待追索。

　　總結來說，封禪可以說是古代帝王最具政治象徵意義的儀式。光武帝在晚年行封禪，真正的用意似乎不在於宣示漢室再建的正當性，而在昭示天下自己乃應運而生，致天下於太平的聖王。這是漢世皇帝和儒生共有的夢想。王莽、劉秀為圓此夢，有意封禪，結果一成一敗。不論成敗，評說聖王的權力，卻始終操之在士大夫儒生的手上。

97.6.24/98.6.9

東漢的皇帝登基儀式

　　新皇登基在漢代，從儀式上說，是「大喪」禮的一部分。大喪指先帝駕崩，新皇繼立，安葬先帝的一連串儀式。這些儀式在悲傷中有著安慰，許多時候更夾雜著不安與緊張。悲傷的當然是今上崩逝，國有大喪；安慰的是繼承得人，天下更新。緊張的是先皇既逝，繼承者待登基，一時無主，意欲爭位者可能暗中伺機動手。吸收前朝這一段權力過渡期缺乏定制的教訓，東漢建立起一套縮短權力真空期的防危機制。依據《續漢書・禮儀志》和《後漢書》各本紀的記載，東漢新皇在先帝駕崩的當日即依制登基於柩前。這一刻，可以說是悲喜交集。

　　今上登遐，首先由皇后詔三公典喪事。朝中百官都換上白衣，頭著白幘而不冠。洛陽的城門和宮門都關閉。宮中擔任侍衛的虎賁和羽林等皆持兵器加強戍衛，宮外則有北軍五校環宮屯守，以防不測。例如當東漢桓帝駕崩時，據〈武榮碑〉的記述，擔任京師戍衛的執金吾丞武榮，曾屯守玄武門。

　　三公依小斂之禮，檢視遺體。遺體沐浴潔淨之後，纏以十二重的緹繒，以珠玉為飯唅，外著金鏤玉柙。所謂飯唅，是置於死者口中的珠玉。金鏤玉柙是以黃金縷線將長一尺，寬二寸半的玉片連綴成衣。這種玉柙也叫玉衣，這幾十年來自漢墓中已發現不少（圖1）。準備停當的遺體接著被安置在尸床上。床下有供寒尸，也就是為降低溫度，廣八尺，深三尺的大冰盤。皇后、皇太子、其餘皇子以及百官都須依禮哭喪。當日夜晚，以竹使符通告諸侯王和郡國二千石官員。竹使符一到，大家都要伏哭盡哀。

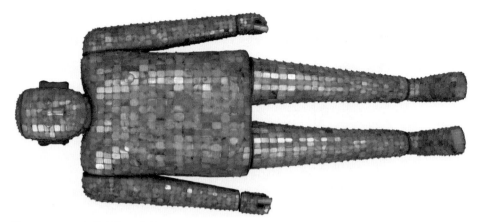

圖 1　1994-95 年徐州獅子山楚王陵出土金縷玉衣，長 175，寬 68 公分，採自徐州市博物館編，《古彭遺珍》，中國社會科學出版社，2005。

　　小斂與大斂禮行禮於何宮何殿已不可考。大致上依據的是《禮記‧喪大記》中「小斂於戶內，大斂於阼」的規矩。〈禮儀志〉謂「大斂於兩楹之閒」，「三公升自阼階，安梓宮內珪璋諸物」。皇帝的棺木稱梓宮，由東園的工匠自新皇登位就開始準備了。帝棺有一丈三尺長，高寬各四尺。表裡赤色，繪有日、月、鳥、龜、龍、虎、連璧、偃月等圖案。珪和璋是斂尸的玉器（圖 2.1-2.3）。據鄭玄說，這類玉器還有琥、璧、璜、琮。這些不同形式的玉放置在遺體不同的部位，「蓋取象方明神也。」大斂的儀式，宗室、諸侯、百官都參加，各有各一定行禮的位置和進退的秩序，不多細說。由東園匠和武士下釘，去牙，闔棺之後，太常上太牢奠，太官食監等次奠。這時太常，大鴻臚傳哭，自皇后以至群臣又得大哭一遍。

圖 2.1-3　山東巨野紅土山西漢昌邑哀王劉髆（海昏侯劉賀之父）墓鋪放棺底的玉璧，2016.8.17作者攝於山東省博物館。

剛哭完，大家就得稍稍改換另一種心情，在柩前參加新帝即位的儀式。太子於帝崩當日即位，是光武懲西漢皇位繼承之失，用心良苦的設計。西漢時，帝崩至新帝即位之間常有數日至數十日的間隔。間隔最長的如哀帝崩，平帝即位相間達六十四天之久。在這六十四天之內，主宰一切的是太皇太后為首的外戚王氏。王莽復出掌權，即在此時。莽奪劉家天下，對光武而言，是最深刻不過的教訓。光武為此曾立下不少壓抑外戚的規矩。太子柩前當日即位，可減少外戚及其他勢力干擾繼承的機會。他死後，明帝同日即位。章、和、殤三帝也都如此。但是東漢皇帝多年少即位，終不免母后臨朝，外戚干政的局面。

柩前即位的儀式，先由三公奏《尚書·顧命》。據說這一篇是周成王將崩，命召公和畢公率諸侯輔佐康王的遺命。三公先奏此篇，意思自然是要文武百官輔弼新主，也意味著禮制有著經典的依據。值得注意的是東漢禮儀沒有承繼西漢用周公輔成王的典故。武帝死前曾繪一幅「周公輔成王圖」給大將軍霍光，命霍光、桑弘羊等輔佐將登位的昭帝。按理說漢世崇奉「故事」，大可如武帝故事。但在光武帝和東漢大臣眼中，這是一個失敗的教訓。外戚霍光從此掌握大權，最後外戚王莽又以周公輔政之姿奪了劉家天下。莽既敗亡，周公典故當然不能再用，不得不另找經典篇章為據。

接著奏請太子在柩前即皇帝位，以母后為皇太后。在古代家天下的大傳統下，父皇不在，母后或仍在世的祖母，也就是太皇太后，暫代子、孫取得無可爭議的最高地位。先帝一旦駕崩，新帝未即位之前，先帝的未亡人——皇后，以天下之母的身分成為暫時的權力中樞。整個皇位轉移的過程名義上都是在母后或太皇太后的掌握下進行。三公之奏獲准之後，群臣皆除去白衣白幘，換上吉服，準備參加即位大典。

即位大典的重頭戲是太尉將象徵皇帝權位的傳國玉璽和璽綬授給皇太子。其儀如下：「太尉升自阼階，當柩御坐北面稽首，讀策畢，以傳國玉璽綬東面跪授皇太子，即皇帝位。中黃門掌兵以玉具、隨侯珠、斬蛇寶劍授太尉，告令群臣，群臣皆伏稱萬歲。」如果繼位者並沒有皇太子的身分，只是由皇后及外戚擇定的諸侯王子，則須先由侯國入宮齋戒，並封

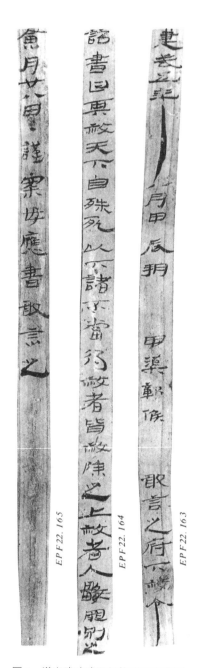

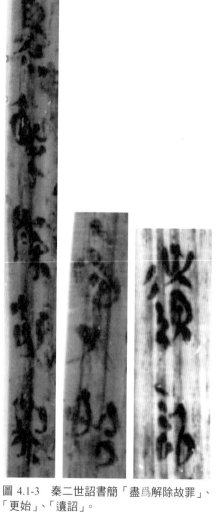

圖3　漢光武建武五年赦天下詔書簡

圖 4.1-3　秦二世詔書簡「盡爲解除故罪」、「更始」、「遺詔」。

古月集：秦漢時代的簡牘畫像與政治社會
　　——卷三　皇帝、官僚與社會

侯，然後即位。例如，安帝先封長安侯，質帝先封建平侯。漢代的傳國璽曾因王莽遣人爭奪，被王太皇太后摔缺了一角。玉具可能是經書裡說的玉鎮；隨侯珠乃「山淵之精」（《淮南子·說山》），是古來相傳與和氏璧齊名的寶珠，曾先後為楚國和秦始皇所有。斬蛇劍則據說是開國主劉邦斬白蛇起事時的用劍，代表天命。[1] 這些都象徵著為天地大寶的天子之位，已在儀式中從一人傳給了另一人，人間一個新的時代隨之來臨。皇帝即位後，通常會宣布大赦，表示與民更始（圖3）。自湖南益陽兔子山遺址出土秦二世所頒始皇遺詔簡中提到「以元年與黔首更始，盡為解除故罪」（圖4.1-3），[2] 又《史記·六國年表》提到秦二世「元年十月戊寅，大赦罪人」，可知漢世皇帝登位，宣布赦令應承秦制而來。

即位儀式到此並未真正完全結束。大家還得脫下吉服，換上喪服，為先帝服喪並行安葬的儀式。在安葬以前，皇帝另外一件要做的大事是拜謁高祖廟和光武廟。這通常在即位後數日之內行之。謁告過開國的祖先，新天子才算完成承天地，繼祖業的所有手續。

後記

本文僅據近年出土文物，稍稍鋪敘文獻中的登基儀式。關於兩漢登基儀式的轉變和意義，自西嶋定生以降，中日學者曾有極多研究和辯論，都暫不涉入。

原刊《國文天地》，56（1990），頁22-23。

105.10.17 補改

1　這些象徵政權的寶物在漢亡以後，輾轉群雄之手，也陸續亡失。玉具、隨侯珠不知所終；據《晉書·張華傳》，斬蛇劍最後在晉惠帝五年因武庫大火而毀。傳國璽輾轉流傳至隋唐，五代十國以後有多種傳說，真偽和蹤跡無法確考。

2　故罪之釋據陳偉意見，參陳偉，〈秦二世元年十月甲午詔書校讀〉，武漢大學簡帛研究中心簡帛網，2015.6.14發布。

從比較觀點談談秦漢與羅馬帝國的「皇帝」

　　提到皇帝，我們腦海中浮現的通常就是中國皇帝的影像。從秦始皇創「皇帝」之號，到 1911 年清宣統帝退位，中國足足有二千一百餘年的時間在皇帝的統治之下。兩千年的帝制使一般中國人對皇帝產生了一種刻板印象。以為皇帝受有天命（圖1），是真龍的化身，神秘而又至高無上。他的地位和權力，在一家一姓之內，由父傳子，萬世一系。對小老百姓而言，真龍天子如天邊之雲，遙不可及。俗話說天高皇帝遠，表示出中國人對皇帝的距離感。一般百姓覺得，除了完糧納稅，帝力於我何有哉？

圖1　春秋時代秦公簋銘文「天命」二字拓本

　　這樣的印象，粗略來說，並沒大錯。但是如果將這樣的印象投射在對羅馬帝國「皇帝」的認識上，以為羅馬皇帝也是如此，就不合適了。以下我們對約略同時代的兩個大帝國——秦漢和羅馬——的統治者，在名號、權力性質與來源、權力轉移的形式、與被統治者的關係以及主要形象上作些比較，以說明秦漢和羅馬「皇帝」各自具有的特色。這些特色明白顯示，它們是不同思想文化型態和社會結構下的產物。

一　名號

　　先說說名號。秦漢與羅馬皇帝名號意義的差異，已清楚顯示它們是不

同社會和文化傳統下的產物。大家都知道秦王政統一中國後，自創名號曰皇帝。皇字原有光輝、美麗、偉大的意思，用為名詞如天皇、地皇則是一種尊稱。帝字原指天帝、上帝，是宇宙萬物的主宰神。皇帝連稱意即煌煌上帝。秦王政以此為名號，有神格化自己的用意，以人間上帝自居。他還自以為德兼三皇，功過五帝，因此將皇、帝兩字連為一詞。

此外，他利用自殷周以來的天命說，以及戰國時流行的五德終始說，宣傳自己是奉天承運的真命「天子」。天子原本是周代君王的稱號。強調的是為天之子，受命於天。秦始皇的玉璽上即有「受命于天」四個字。這方玉璽在秦亡以後，落入劉邦之手，成為漢代的傳國璽。從這裡可以知道，漢代開國者不但繼承了有濃厚神聖意味的皇帝稱號，也沿用了宣傳天命的天子一名。這些名號的共同特點在強調統治者與天的關係，而不是與被統治者的關係。羅馬帝國統治者的名號正好相反。

我們通常將凱撒養子烏大維（Octavius）擊敗群雄，在西元前 27 年（漢成帝河平二年）被元老院尊稱為奧古斯都（Augustus），作為羅馬帝國時代的開始，也將奧古斯都視為羅馬皇帝的第一人。羅馬人用的拉丁文中並沒有與英文 emperor 或中文「皇帝」真正相當的名詞。今天在中文裡常稱羅馬帝國的統治者為「皇帝」，是從英文翻譯來的，與奧古斯都所用頭銜的原意並不相符。

他的頭銜是什麼呢？正式的有 Augustus、Imperator 和 Caesar；非正式的為 Princeps。所謂非正式，即非用於正式文件上，而為元老院所賜，並為奧古斯都所自稱的名號。奧古斯都在死前，曾親自寫了一份〈功業錄〉（*Res Gestae Augusti*），記述自己對羅馬的貢獻（圖 2.1-2）。在這份文件裡，奧古斯都即自稱 princeps。它的意義是「第一公民」。他自稱公民，表示他和羅馬其他的公民基本上並無不同，只是公民中的第一人而已。因為根據羅馬共和城邦時代的傳統，城邦的事務是由全體公民參與，城邦的主權屬於全體公民及代表公民的元老院。

羅馬元老院與人民（Senatus Populusque Romanus，簡稱 SPQR）就成為一特定名詞（圖 3-4），象徵羅馬的主權。任何羅馬統治者的權力都必須由元老

圖 2.1-2　拉丁文和希臘文《功業錄》殘石舉例

圖 4　羅馬錢幣上有 SPQR 字樣，
作者藏。

圖 3　羅馬凱旋門上有 SPQR 字樣刻銘

圖 5　有「CAESAR... PRINCIPIS」字樣獻給奧古斯都原繼承人盧休斯・凱撒（Lucius Caesaer）的紀念石碑殘文，2016.11.27 作者攝於德國 Rheinisches Landesmuseum Trier。

院和人民賦予才算合法。烏大維與群雄爭霸，是以恢復共和為號召。等他獨掌大權以後，至死不忘宣傳他是如何恢復了共和。阿諛又期盼重振共和時代權威的元老院，遂尊奧古斯都為第一公民。奧古斯都也樂於如此自稱，以顯示他絕不是一位羅馬公民擔心的專制君王（rex）。第一公民的稱號，強調的是為公民之首，與公民的關係，是一典型城邦公民社會下的產物，與中國強調天之子的「天子」稱號大相逕庭。「第一公民」一號從奧古斯都一直沿用到三世紀末戴克里先（Diocletianus）以前（圖 5）。這以前的帝國體制通常即被稱之為「第一公民制」（Principate）。

其次談談正式的名號。Caesar 原是奧古斯都養父凱撒的私名，以後變成羅馬「皇帝」名號的一部分。奧古斯都以 Caesar 為名，因為他是凱撒的養子。依照羅馬人的觀念和法律，養子和親生子有相同的權利和地位。烏大維在爭霸期間即打著凱撒的旗號，接收凱撒遺留下來的一切財產和「威望」（auctoritas）。這種威望在羅馬政治上極為重要，這裡無法詳說。總之，奧古斯都以後，羅馬「皇帝」不論是否與凱撒家族有關，慣例都將 Caesar 放在自己的名號裡，沾一點這種威望的光。

Imperator 原意為勝利的將軍。共和時代凡在戰場上贏得勝利的最高統帥，在戰場上或在戰役結束後，或在進入羅馬城的凱旋式上，都可被歡呼為勝利的將軍。奧古斯都以羅馬共和的保護者自居，強調自己如何率領羅馬人，擊敗危害共和的敵人。軍事上的勝利保證了共和的繼續存在。為了

顯示他這一項對羅馬最偉大的貢獻，他將 Imperator 放在他正式名號的第一字。此後相沿，這個字竟變成皇帝的專用頭銜，別人都不許再稱「勝利的將軍」。

名號中唯一具有神聖色彩的是 Augustus。拉丁文中 augusta 一字可指所有珍貴神聖的東西，與 sanctus（神聖）同義。augustus 與 auctoritas 源於相同的字根，也意味著權威和影響力。此外，這一字又與 augurium（占卜）有關。據羅馬人的傳說，羅姆盧斯（Romulus）依據神聖的占卜，建立了羅馬城。以奧古斯都稱烏大維，意味他是繼羅姆盧斯之後，羅馬的第二位建立者，因而擁有至高神聖的權威。我們知道羅馬人在進入帝國時代以前，早已深受希臘化文化和觀念的影響。東方希臘化王國的統治體制和觀念，雖與羅馬傳統的共和體制格格不入，但在長期濡染之下，也終於在「第一公民制」中留下了印記，具有神聖意味的奧古斯都名號就是印記的證明。

不論如何，奧古斯都這一名號是代表公民的元老院所賜，不是皇帝自創。它仍然顯現「全體羅馬公民」才是一切權力和榮銜的來源。羅馬人沒有類似中國那樣的天命觀念，想像不出他們的統治者可以或須要在全體公民之外尋找權力的依據。

■二 權力的來源和性質

由於依據不同，秦漢和羅馬皇帝權力的性質也大異其趣。秦漢天子自天受命，也就是自天接受了無所不包治理天下的權力。這個權力不證自明，不須經過任何形式人間機構（如元老院、公民大會等）的賦予或認可。在權力的性質上，它是無所不包，完整不可分割，無所謂增減，也不意味任何單一特定的職權。有一次丞相陳平回答漢文帝的詢問，說丞相的責任在「上佐天子理陰陽，順四時，下育萬物之宜，外鎮撫四夷諸侯，內親附百姓，使卿大夫各得任其職焉」（《史記・陳丞相世家》）。換言之，從上理陰陽四時，下至使卿大夫各任其職，原本都是皇帝的責任，由丞相來輔佐。董

仲舒也曾說：「君人者，國之元，發言動作，萬物之樞機」（《春秋繁露‧立元神》）。要成為萬物的樞機，能育化萬物之宜，自然須要無所不包的權力。在這種情形下，我們也就無法在傳統文獻裡，找到任何有關皇帝「權力」明確的規範或界定。秦漢皇帝有些專斷有為，有些疏於理政，但他們所擁有的權力，本質上其實都一樣。

和秦漢天子相比，羅馬皇帝的權力雖然極大，卻不是人人相同，也不是無所不包。第一，皇帝任何合法的權力，最少在形式上必須由元老院賦予和認可，以法律（lex）訂定，絕非「天授」。帝國基督教化以後，皇帝聲稱他們的權力來自上帝，這已經完全不是羅馬人原來的傳統，此處暫時不談。第二，皇帝的權力基本上是沿襲共和的形式，集合若干個別職位的職權（potestas, imperium），加上皇帝個人的威望（auctoritas）而構成。個人的威望有大有小，前後皇帝擁有的個別職權也不相同。總體而言，皇帝的權力是共和傳統下公職職權的集合與累積，具有不完整性，累積性，行政性和可分割性。但在歷史的發展過程裡，羅馬皇權有逐漸擴大以至無所不包的趨勢。

羅馬皇權的這些特性，可從目前唯一殘存的韋斯巴息安皇帝權力法（lex de imperio Vespasiani）說起（圖 6）。此法列舉元老院通過賦予韋斯巴息安皇帝（西元 69-79 年在位）的各項權力。因存本殘缺，無法知道列舉的全貌。但從可考的部分，已足以看出韋斯巴息安除獲得過去皇帝已有的權力，還享有新增的部分，例如擴大羅馬城界域的權力，即為奧古斯都等早期的皇帝所不曾擁有。奧古斯都的權力主要基於保民官的權力（tribunicia potestas）和資深執政的權力（imperium proconsulare）。前者使他有權召集元老院和公民大會開會並提議案，也有權否決（intercessio）任何其他官員的決定；後者則使他像各省的省督一樣有權掌管省中一切的行政、

司法、財政和軍事。奧古斯都又不同於一般省督。他有一種較高的權力（imperium maius），使他的資深執政之權不限於一省，而及於帝國各省。這一權力的重要意義等於使他掌握了帝國所有軍事、司法、行政和財政的大權。由於這些職權，羅馬的皇帝必須親自領軍作戰，聽訟問案，處理很

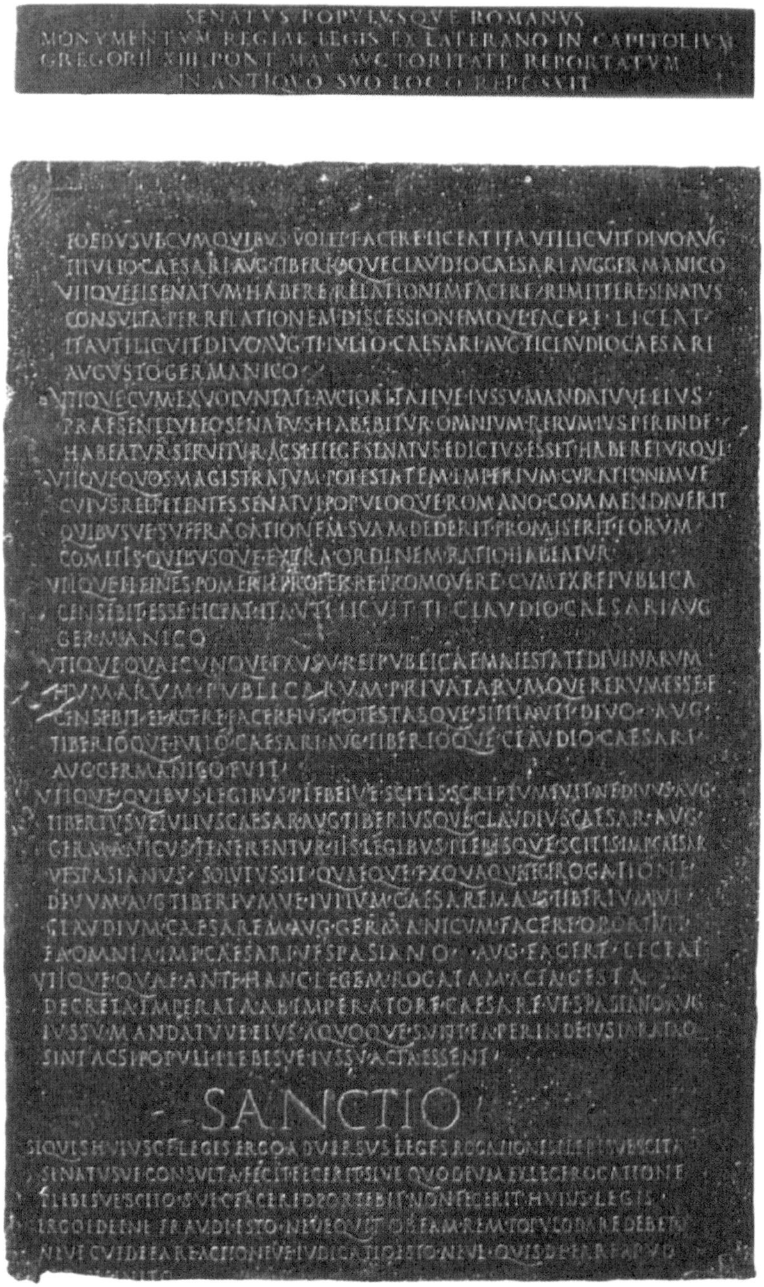

圖 6　韋斯巴息安皇帝權力法銅牌殘件

多行政和財務上的工作。根據中國的治術，君主應勞於擇人，逸於治事，凡錢糧決獄之事，責成有司，情形頗不同於羅馬。

羅馬皇權實質上雖然等於終身，但形式上仍由元老院依共和的傳統，一年一年賦予。據奧古斯都自己的記述，到他寫《功業錄》時（西元 14 年），他是第十三次出任執政（consul），第三十七次任保民官，而從他獲奧古斯都封號至死（西元前 27 年-西元 14 年），共有四十一年。換言之，他並不是年年擔任這些職位，擁有這些職權。再如他到西元前 13 年任大祭司（pontifex maximus）一職，才開始有權負責國家祭典，決定曆法和宗教儀式。從以上不難看出羅馬皇權的非整體性。

羅馬皇權的可分割性則指同一職權可由一人以上同時分享。依據共和的傳統，以執政為例，是由兩人同時擔任，保民官則可有二人或以上。為防止獨裁，二人可相互否決對方的決定。因此當奧古斯都任執政時，同時有另一位執政。他任保民官時，依他自己的說法，曾五度有另一位保民官共享職權。不過由於奧古斯都擁有的威望和提名權，他的同僚常僅僅是虛有其名。重要的是這一事實顯示出羅馬人以為權力可以分割，即使皇權也不例外。這也是為什麼羅馬帝國自戴克里先以後，可能出現由兩位「奧古斯都」，兩位「凱撒」同時分治的設計和局面，而相信天無二日，地無二王的中國，則必將一切權力定於一尊，集於一人之手。

三世紀以前的羅馬皇帝，在理論上以及皇帝所欲樹立的形象上，大體尚能尊重法律超越皇帝的原則（leges super principem），在法定的權限內行使權力。這與秦漢皇帝的權力，除了理論上受天的約束，超越人世一切有形的組織或法律的情形，大不相同。不過三世紀以後，尤其自戴克里先稱帝始，受到東方波斯王朝的感染，羅馬「王朝」的氣息日益濃厚。羅馬皇帝的權力與作風已和專制君主無異。所謂「第一公民」的精神漸漸成為歷史的陳跡，皇帝已以帝國的「主子」（dominus）自居。他們的地位和權力也就凌越法律之上，和中國的皇帝相接近了。

三 皇帝權力和地位的轉移

　　孔子說：「大道既隱，天下為家」。自三代以來，家天下已經成為中國一個牢不可破的傳統。秦始皇打算將帝位傳之二世、三世以至萬世，固已視天下為一姓所有，漢高祖在尊父為太上皇的詔書裡，也說：「父有天下，傳歸於子，子有天下，尊歸於父，此人道之極也。」（《漢書·高帝紀下》）據說他還曾對太子說：「堯、舜不以天下與子，而與它人，此非為不惜天下，但子不中立耳。人有好牛馬尚惜，況天下邪?」（《古文苑》卷十）他明明白白將天下比為牛馬，當作私產看待。既然天下為一家一姓的私產，皇帝的權力和地位自然由父而子，世世相傳。為了皇權和帝位的轉移，秦漢帝國都有太子和後宮的制度。後宮眾多的姬妾，旨在為生產子嗣提供的最大可能。結果秦漢皇帝除未成年即夭折的，大部分都有子嗣。多的如秦始皇有二十餘子，景帝十四子，光武十一子，但仍有一無所出的，如昭帝、成帝和桓帝。眾多的皇子保證了天下得在一姓之內轉移。他們之中能有名分繼承大統的則是太子。兩漢總共有十二位皇帝是以太子的身分繼位為帝。這種制度的特點在將天下視為一家的私產，在理論上，其轉移只有皇室家人夠格決定，家人以外如朝廷重臣可有意見，卻無資格干涉。

　　羅馬皇帝的權力和地位，理論上來自元老院和全體羅馬人民的付託，絕不是一家的私產。因此，其轉移理論上也要由元老院和羅馬人民來決定。奧古斯都雖然大權在握，生前費盡心血安排自家子弟為繼承人，但為保持共和傳統的面紗，他不但沒有如王朝的君主廣立後宮，任命太子，甚至臨終前，在《功業錄》裡還要說他將國家從自己的手中轉置於羅馬元老院和人民的掌管下。

　　大體上說，由於共和傳統和王朝制的扞格，羅馬帝國一直不曾建立起一套真正制度化的皇權轉移方式。其結果是權力轉移淪為實力的鬥爭，誰能獲得軍隊的支持，誰就能奪得大位。這種情況自奧古斯都一死即已如此。奧古斯都的繼承者提比留斯（Tiberius）在軍團和禁衛軍的支持下登上

帝位，再由元老院追認其合法性。其後，軍隊先行擁
立，元老院事後追認，就成為羅馬帝位轉移最主要的
模式。難怪二世紀的羅馬史家塔西佗（Tacitus）要感嘆
羅馬世界，是在兵士的手中。西元 193 年，禁衛軍甚
至在營區拍賣帝位給兩位競爭者，而由裘里阿魯斯
（D.Julianus）以允諾每人二萬五千銀幣的代價得標，成

圖 7　裘里阿魯斯錢幣

為羅馬史上僅在位六十六天的皇帝（圖 7）。戴克里先曾企圖以能力而非以
血緣關係為標準，選定兩位凱撒（co-Caesares）做為兩位奧古斯都（co-
Augusti）退位時的繼承人。但是他的理想完全為爭奪成性的軍隊所粉碎。
如果說槍桿子出政權，那麼羅馬帝國可以說是最典型的例證。

四 皇帝的角色與人民

在羅馬，皇帝和一般人民一起坐在劇場
裡，觀看馬戲和鬥獸。但是因為他是第一公
民，他入場時，全體觀眾為他歡呼；馬戲或鬥
獸等表演結束時，由他根據全場的手勢和呼
聲，決定表演者的賞罰，甚至比武者的生死。
與民同樂是第一公民的信條。奧古斯都在他的
《功業錄》裡，津津樂道他為羅馬人民提供了
多少場的馬戲和賽會。尼祿（Nero）這位自命天
才的皇帝，甚至親赴雅典參加奧林匹克競技
會，為觀眾吟唱詩歌。康摩多斯（Commodus）
則沉迷於比武和賽馬，親自下場比武、賽馬或
鬥獸，以博滿場的喝采（圖 8）。

圖 8　康摩多斯扮成大力士赫拉
克利斯石像

比較而言，羅馬皇帝和人民是親近的。人民除了可在劇院和競技場上
見到皇帝，他們也可寫信給皇帝，或在路上將皇帝攔下，提出他們的要

求。在帝國後期編輯的法律彙編裡，我們可以看到可能是奧古斯都答覆一位邊遠村夫有關用水權的回信（*Digest*, VIII.3.35）。西元二、三世紀間的史家卡·笛歐（Cassius Dio）曾記載哈德良皇帝（Hadrianus）的一個小故事。據說有一次哈德良在旅途中，有一婦人攔路有所要求。哈德良先答以無暇停留，婦人說：「那麼，你就不要當皇帝。」哈德良聞言，為之停車，傾聽她的要求（*Dio*, LXIX.6.3）。為了爭取民心，羅馬皇帝甚至經常到公共澡堂中和平民大眾一起洗澡，裸裎相對，「肝膽相照」。哈德良皇帝就是其中著名的一位。這對中國皇帝來說，完全不可思議。

在羅馬人的觀念中，一個好的皇帝要具有勇敢（virtus）、仁慈（clementia）、公正（iustitia）和虔敬（pietas）的德性。勇敢則能成為戰爭的勝利者，人民的保護者（圖9）；仁慈和公正則能謀人民的福祉，維護司法的正義；虔敬則能事奉眾神，以蒙神佑。四者之中，又以勇敢為第一義。這是為什麼羅馬皇帝總喜歡在自己的名號中加上「日耳曼的征服者」（Germanicus）、「非洲的征服者」（Africanus）或「不可被征服的」（Invictus）

圖 9　圖拉真皇帝紀功柱上著戎裝的圖拉真（Trajan, 107-113）正向環繞的士兵訓話

等徽號。

　　和羅馬皇帝相比，秦漢天子和「天」的關係，無疑比和百姓的距離更接近。大致說來，秦漢皇帝多在深宮之中，偶有巡行，目的多半在封禪、郊祀和上陵等與天地或宗廟有關的祭祀活動。有些特別喜歡活動的皇帝如秦始皇和漢武帝，經常出巡，目的卻在個人的求仙。也有不少皇帝喜歡微服出行。始皇微行，曾遇強盜，可見微行時是不暴露身分的；武帝率期門武士微行，在於享受射獵之樂；成帝微行，乃為犬馬聲色，都不在訪求民隱，與民接近，或與民同樂。皇帝出巡時，沿途警戒，閒雜人等，一概清除，謂之「警蹕」。百姓頂多可以遙遙望見壯觀的車馬隊伍。劉邦和項羽都曾有這樣的經驗。從秦始皇陵出土的銅馬車看來（圖 10.1-3），車廂窗門

圖 10.1　始皇陵出土銅車馬

圖 10.2　秦陵出土銅馬車的車廂

圖 10.3　銅馬車車廂內部有可開可閉的窗

可開可閉，乘坐者可自車廂中開窗外望，窗閉則外人無法看見車內的人。秦始皇出巡時應是乘坐在這種隱蔽而不是敞篷外露的車。這正是為什麼張良在博浪沙以力士刺秦王，會誤中副車吧。

事實上，皇帝對秦漢的百姓而言的確是遙遠而又神秘。漢初陸賈得以一介齊民，入宮見高祖，是僅見的特例。照漢代的制度，百姓也可以上書皇帝。不過像文帝那樣答覆緹縈救父的請求，也找不出第二個例子。一般而言，平民上書，大概多由主管臣民上書的民曹尚書代為處理，能到天子手中的相當有限。東漢王符的《潛夫論》和《太平經》的作者都曾抱怨民意難以上達，民怨常不得疏解。皇帝通常不親小事，不與白衣平民會面。按照秦漢時的政治哲學，天子不但和一般平民，甚至和百官都要保持一定的距離。因為「天威」不容測度，保持距離才能增加真龍天子高不可測的權威和神秘性。趙高曾勸秦二世「天子稱朕，固不聞聲」，於是二世常居禁中，公卿難得一見。漢代的皇帝自武帝以後，也多於禁中決事，只有能入「內朝」的官員和宦官之類，才有較多一睹龍顏的機會。

《尚書・洪範》說：「天子作民父母，為天下王」；孟子曾引《書》曰：「天降下民，作之君，作之師」；《荀子・禮論》謂禮有三本，「君師者，治之本也」。這些古書裡的話已經為中國此後理想中的君王描繪出一個標準形象，也就是說天子應為天下百姓的父母兼君、師，對百姓不但要如父母之養子女，更要以君、師的身分治之教之。這其中和羅馬觀念最大的不同處，顯然是教化的部分。羅馬的統治者似乎從未想到他們對帝國的子民有教化的責任。在三世紀初以前，羅馬人一直未放棄他們是征服者，各省人民為被征服者的心態。在文化上，羅馬人自認不如希臘人，貴族和有錢人多聘請希臘教師，學習希臘文化，因此也不曾想到他們有什麼資格教化他人。而羅馬人期望的統治者主要是一位勇敢的英雄，並不是一位可以起「風吹草偃」作用的道德師表。

中國這種強調教化的文化傳統，對秦漢天子的實際角色影響不小。秦始皇統一天下後，以法為教，焚詩書，坑術士，一文字，「專隆教誨」，「大治濯俗」，更要「黔首改化」，「男女禮順」，「尊卑貴賤，不踰次行」（以上

見始皇刻石文）。漢代天子在儒生的建議下，建立了兩種影響深遠的制度。一是太子教育，二是京師設立太學，地方置郡國學，由國家負責教育官員和百姓。另一深具象徵意義的大事是漢代天子曾先後兩次召集群儒議經，而由皇帝「稱制臨決」。若不是作之君，作之師的傳統，這樣的事是不會發生的。

　　相比之下，秦漢皇帝最不被鼓勵的角色就是成為「勇敢的征服者」。秦皇、漢武以干戈為事，勞民傷財，在秦漢兩代一直不受歡迎。而秦漢兩代的皇帝，除了漢高祖和光武帝以武力定天下，漢武帝或曾親赴馬邑誘陷單于，其餘都沒有親領軍隊作戰的例子。這大概是困於軍旅的羅馬皇帝，不能想像也很羨慕的情況吧。以寫下《沉思錄》著名的哲學家皇帝奧利留（Marcus Aurelius）來說，他在位十九年（西元 161-180 年），即有十四年因率軍抵抗蠻族，被迫在多瑙河畔的軍營中度過。後來還有不少皇帝因兵馬倥傯，甚至不曾踏入羅馬城一步。

五 皇帝與社會文化傳統

　　大致說來，羅馬雖由小小城邦發展成以地中海為內海的大帝國，城邦社會和共和文化的特質仍被頑強地保留下來。極具王朝野心的奧古斯都，不但以恢復羅馬本身的共和傳統為號召，也大體保持了整個地中海世界以城市為基本單元的社會結構。城邦社會成員的基本身分是公民，城邦公民的關係基礎在法律。而法律是經城邦公民共同同意，約定成俗的結果，對全體公民有一致的約束力。羅馬帝國的「第一公民」，因代表全體公民的元老院的承認和賦予權力而有「合法」地位。他在名號、統治權力和地位上的特質都和這一城邦社會文化傳統有密不可分的關係。

　　反觀中國，自有文字可考的時代開始，以血緣為基礎的家族王朝即已取得政治社會結構的絕對優勢。像希臘或羅馬那樣，以法律為基礎的城邦結構和公民文化從不曾出現。中國在血緣和擬血緣的單一基礎上，幾乎一

直保持著一個個人—家—國—天下的一元化政治社會結構。在這個結構裡，天下國家基本上都是家的延伸和擴大。因此家中以父為長，以父子為核心的角色結構和倫理關係，也反映在天子臣民的關係上。殷、周如此，秦、漢也不例外。至於天降下民，天也就為民生君，這樣原始的天命觀，恐怕三代以前已經出現。它和古埃及法老即神的觀念有很大的距離，和不屬城邦傳統，古代兩河流域的君權神授論反而較為近似。

參考書目：

1. 邢義田，〈中國皇帝制度的建立與發展〉，《秦漢史論稿》（臺北：東大圖書公司，1987），頁 43-84；收入本書卷三，頁 11-65。

2. 邢義田（譯），〈奧古斯都的功業錄〉，《慶祝王任光教授七秩嵩慶中西歷史與文化研討會論文集》（臺北：文史哲出版社，1988），頁 281-302；收入《古羅馬的榮光》（臺北：遠流出版公司，1998），頁 262-282。

3. 邢義田（譯），〈韋斯巴息安皇帝的權力〉，《西洋史集刊》，第一期（1991），頁 181-184；收入《古羅馬的榮光》（臺北：遠流出版公司，1998），頁 308-311。

4. Fergus Millar, *The Emperor in the Roman World*（Ithaca: Cornell University Press, 1984）. 邢義田書評見：《新史學》創刊號（1990），頁 163-169；收入《古羅馬的榮光》（臺北：遠流出版公司，1998），頁 312-318。

原刊《人文及社會學科教學通訊》，1：4（1990），頁 12-23。

89.9.22; 105.12.16 增訂；111.3.15 三訂

附錄一：米拉著《羅馬世界中的皇帝》讀後

作者：Fergus Millar

書名：*The Emperor in the Roman World*（*31 B.C.- A.D. 337*）

頁數：656 頁

出版：Cornell University Press，1977 初版，1984 二版，1992 再刷及普及版

秦始皇東巡，張良與力士擊之於博浪沙，誤中副車；漢五年，齊戍卒婁敬見高祖，議改都關中，高祖從其議；文帝十三年，齊太倉令女緹縈至長安上書，書奏，文帝為之廢肉刑；東漢章帝幸竇憲第，崔駰在憲所，帝聞而欲召見，憲以為帝不宜與白衣會。以上數事，乍看似乎互不相干，若問：古來天子號稱為民之父母，民得見「父母」乎？如何而得上通天子？古人以為天子角色為何？與社會各階層關係若何？實際又如何？則不僅以上數事，相關之事例尚不計其數。若進而問：秦漢天子除在京師，更去何處？巡行之久暫與目的何在？天子離京，政事如何決行？力士擊秦皇，為何誤中副車？是百姓可遙睹巡行車騎，「父母」竟隱而不可見乎？若婁敬以一介平民，見天子，議國事，此為特例或經常？如為特例，民意何由上達？緹縈上書，緣何程序？竇憲為何以為天子不宜與白衣會？天子常赴貴臣之家，亦臨平民居處否？連串問題，細細追問，系統整理，則古來天子與齊民之關係，可大為明白。

米拉著《羅馬世界中的皇帝》所論正是羅馬皇帝與人民之關係。介紹此書理由有三：一則此書可為今日西方古典研究水準與成績之代表，其研究方法與態度，頗稱典型，有堪借鑑處；再則，其論題對中國古史研究有啟發性，以上略提若干問題，已見一斑。三則此書便於閱讀，西方古典研究著作率皆引證拉丁和希臘文資料，於今日讀者構成嚴重障礙。此書正文將引證之古典文字一律譯成英文，讀者當易於接受。

作者嘗執教於牛津和倫敦大學，2002 年退休，英國皇家學院院士，

《羅馬研究學報》（*Journal of Roman Studies*）主編之一（1975-1979），英國古典協會主席（1992-1993），亦當今羅馬史研究領袖之一。作者於是書序言曾自道其方法與態度。要點有三：第一，了解古代社會，宜以古人所遺記載及其特有之活動模式（specific patterns of action）為依據。如欲知何為羅馬皇帝，須依時人所記，自皇帝所為與如何而為觀之。其次，以統治言，最基本之活動形式乃人與人之交通往來。因而自何人與何人言，與何人通書信，所為為何，最能見皇帝之功能與角色。第三，盡可能以古人之態度與期盼作為今人認識古人之基礎。易言之，不宜以今日之觀念硬套古人之行為。總結而言，作者是以羅馬本身之資料為據，盡可能設身處地，以羅馬人之觀念與活動模式，理解羅馬皇帝。

再者，作者於序言強調，他刻意避免閱讀社會學著作，甚至拒讀希臘和羅馬以外其它國家或社會君王之歷史。他承認如此，必有損失。如：問題不克察覺，或無由更深更廣追究問題。然作者堅信，若反其道而行，自社會學入手，損失更重。蓋借社會學觀念，必多先入為主之見，甚易「污染」（作者原用語 contaminate）羅馬證據之呈現，遂亦難真正進入古人之世界。如此反有損此書對社會比較研究之價值。

作者強調證據，強調設身處地，「同情地了解」和還古人本來面目之態度與方法，自有其西方史學傳統之來歷與意義，此處不擬深論。[1] 簡單而言，今日史家是否可能真正設身處地，進入古人世界，即可引發無窮爭辯。個人於此亦非毫無疑慮。然其說於近數十年之中國史學界不無清涼作用。近百年來，中國史學遭到馬克斯及無數其它理論「污染」，至今仍多強調以社會學方法治史者，其成果如何，已無須多言。倘以成果檢驗真理，則米拉一書之成績，實遠過甚多以理論為標榜者。此書初版已十二年，再版之外另出普及版。個人深信在未來若干時日內，其必為論羅馬皇帝者不可不讀之鉅著。

1　可參 R. G. Collingwood, *The Idea of History* 以及余英時對柯靈烏史學之評介，收入余著《歷史與思想》（臺北：聯經出版公司，1976），頁 167-246。

閱是書，深覺作者引證細膩，論證嚴謹。此亦近代西方古典研究多有之特色。作者為力求以羅馬人言羅馬事，引證原文之處較一般著作為多。書中每一論證皆有事例為據。作者徵引事例，率詳細交代事例產生之歷史情境，以免斷章取義。因而初讀，或覺瑣碎。細讀則知作者論旨，已在細緻之情境交代中呈現。

又可注意者為材料之取捨。本書引證豐富，凡可用之文獻，草紙文書或碑刻，無不採擇（參所附徵引資料表）。唯一不用者為錢幣。羅馬皇帝幾無不造幣。幣上造像、頭銜，各式文字與圖像應是了解皇帝形象極佳之一手資料。然而作者早於舊作中指出錢幣之不足為確證。[2] 錢幣傳世甚多，惜其如何發行、如何流傳、錢幣之銘文與圖案如何決定，種種關鍵問題皆無法明白。因不能確定錢幣與某皇帝之關係，作者寧捨棄不顧。曾有不少羅馬史名學者徵引錢幣失當，入門書竟引為前車之鑑者。[3] 可見作者引證審慎，不無理由。利用史料，須慧眼；割捨史料，則須魄力。近人論史多喜盡力網羅，材料稀少之古史尤然。不論可靠與否，必求備而後彌縫立說。結果每多徵引看似宏富，基礎實則脆弱之論述。此書作者取材，為求嚴謹，不惜割捨，值得學習。

全書除序論和結論，以第二、三部分為主體。第二部分有四章，分論帝國中心自羅馬移往康士坦丁堡之意義，皇帝之隨員、助理與顧問，皇帝之財富，皇帝之功能及其社會意義。第三部分亦四章，論皇帝與帝國構成分子之關係；以皇帝與元老、騎士階級，與諸省議會及各類職業團體，與平民，以及與教會四部分為主。

全書重點在理出帝國前四世紀，皇帝與人民及社群（以城市為主）接觸之模式（patterns of contact）。作者相信此為了解羅馬帝國為何之關鍵。其要旨約略如下：

2　F. Millar, *The Roman Empire and its Neighbours*（London, 1967），pp. 70-72.

3　參 M. Crawford ed., *Sources for Ancient History*（Oxford, 1983），pp. 225-230；詳細討論可參 A.H.M. Jones, "Numismatics and History" in *The Roman Economy*（New Jersey, 1974），pp. 61-81.

第一，上述模式之來源有二：一是羅馬共和時代，由元老政治形成之傳統；二是希臘化時期希臘王朝統治之形式與理念。而羅馬皇帝與人民關係發展之趨向，是共和傳統之實質影響日漸淡薄，東方式專制君主之色彩日益濃厚。帝國中心自羅馬移往康士坦丁堡即上述趨向之象徵。

　　第二，皇帝於私人住所處理公務，以及皇帝身旁隨員、助理與顧問之組成，皆淵源自共和時期元老之處理「家務」。三世紀以降，漸漸成形之官僚體，多有自皇帝近侍脫胎而來者。然而羅馬人觀念中，皇帝平日之要務—司法仲裁，卻主要淵源於希臘化時代之觀念，即君王須維護世間之正義。

　　第三，羅馬皇帝角色特點之一乃在其被動性（passivity）。作者自羅馬人對皇帝之期望，皇帝經常巡行及隨員組成之限制，以及皇帝所遺文書（詔令甚少，以各種形式之批答、回信或判決為多）各方面論證，皇帝甚少主動採取影響全帝國之措施。通常於地方社群或個人要求之後，作出回應。作者認為皇帝與人民接觸之最主要模式即「要求與回應」（petition-and-response）。

　　第四，羅馬皇帝與各階層人民，無論在羅馬或行省，透過文字或面對面，有廣泛接觸機會。據載，皇帝不辭瑣細，甚至親自批答邊村小民用水權利之請求。比較而言，仍以上層社會之元老、騎士或專業學者（修辭文法家，法學家，哲學家等）機會較多。平民則以在競技場或劇院有最多與皇帝直接接觸之機會。平民於此，期盼皇帝聆聽其要求並得恩賜。

　　第五，皇帝樂於傾聽百姓要求，盡可能滿足人民或社區金錢、土地、榮譽、地位或特權，亦即須慷慨好施（liberalitas），乃羅馬人受希臘化時代君王角色觀念之影響。皇帝好施之先決條件為其收入。皇帝自各式途徑，擁有大量私產。其所有權與利用形式（如以產業出租收息）無異一般平民，與帝國公產亦有劃分。惜相關文獻頗多混淆難解；三世紀以後，公私產分界趨於模糊。

　　第六，皇帝與基督教會之關係，基本無異一般社群與皇帝之關係模式。教會內遇人事或教義爭執，亦若一般羅馬人，求皇帝裁斷。依作者分析，所謂皇帝干預教會，實多為對教會要求之回應。帝國初期迫害基督

教，本非出於一貫之政策。

作者有意省略羅馬皇帝與附庸國及鄰邦之關係，亦不言與軍隊之關係。蓋作者已有《羅馬帝國及其鄰邦》（1967）之作。此書十七章，有十三章由作者執筆，末四章由他人合作。作者曾專章論皇帝與帝國行政，其觀點於此舊作早已形成。舊作亦有專章論軍隊。新著遂未見申論。而其弟子坎貝耳（J.B. Campbell）襲師之觀點，另成《皇帝與羅馬軍隊》（The Emperor and the Roman Army, 31 BC - AD 235, Oxford, 1984）一書。若三書合觀，則可更全面掌握「羅馬世界中的皇帝」。

以上述要旨之第一點言，其說乃論羅馬帝國發展者之通識。然共和與希臘化文化二傳統於影響羅馬帝國發展之輕重，史家權衡多有不同。即以皇帝之於司法言，本書作者強調希臘化時代君王理念與模式之重要，一再描述羅馬皇帝如何以東方君王為典型，仲裁曲直，以符民望。牛津大學法學教授，亦米拉之友，奧諾雷（Tony Honoré）卻以為以法律維持社會正義乃共和之老傳統。羅馬皇帝有事於司法與立法、改革法律，實循共和之舊；若非蓄意違逆眾意，即受共和模式之約束。奧氏甚而強調，羅馬後期，隨侍皇帝之法學家，曾「防止皇帝淪為東方式之君主」。[4] 此二學者皆極嚴謹，所論不同若此；歷史解釋之不易，此或可為一例。

羅馬帝國官僚體制之發展遠不及秦漢中國。中外學者於此皆無異辭。然以羅馬帝國之龐大，其統治機構，相對而論，何得如此簡單?而秦漢中國之官僚體，自中央至地方，又為何如此龐大？誠古代史耐人尋味之大問題。本書作者謂羅馬皇帝多被動行事，頗有啟發性。蓋此與期望於中國皇帝者，正好相反。先秦諸子言治術，其道多端。除道家，幾無不傾向積極干預百姓之生活。秦漢以降，聖君賢相之論，漸為主流。理想之君相不僅治天下，且須教、養天下，所謂「天降下民，作之君，作之師」，君而為萬民師，非羅馬人所曾期望於統治者。又先秦以來，幾無人相信百姓有自治之能力。為政固盼以民意、民利為本，然民之真利大利何在，唯聖王知

4　Tony Honoré, *Emperors and Lawyers*（London, 1981），pp. viii, 5-23.

之。百姓但知趨利避害，可與樂終，不可與慮始，可使，卻不可使知之。如此，聖明天子不得不若父母，主動積極肩負起治之、教之、養之之龐大責任，亦不得不組織眾多官僚，共理天下。

若更深論，則社會結構似更為關鍵。羅馬帝國之構成在無數高度自主自治之城市。羅馬遣吏至地方僅及行省一級，省下之城市及城市所轄之鄰近農村，幾全由城市自行推選官員治理。地方之宗教、經濟、教育、建設、遊藝文化活動幾皆由城市自主。[5] 地方事務既無勞中央，羅馬皇帝之責，簡言之，不過是透過元老院打造貨幣，供帝國內外貿易和賦稅之用，又以軍隊與法律維繫帝國整體之秩序與安全。地方如無紛亂或要求，中央極少干預。一個由自治城市組成之社會，自然無須太過主動之皇帝，亦不須一「大有為」之中央，羅馬帝國之統治組織遂無須龐大。對照之下，秦漢社會大不相同。蓋自周代封建崩潰，爭霸之列國無不走上軍國主義的道路，將廣大農村人口納入嚴密控制之郡縣鄉里制中，自中央至地方逐漸形成一高度集權之統治機構。社會不見自治之城市，亦少有全然自主之聚落。幾乎一切有待聖君與賢相，所謂「在余一人」，所謂「一人有慶，兆民賴之」。秦漢一統，承此格局，統治機構遂難免日趨複雜與龐大。本書作者嘗從羅馬皇帝經常巡行，隨員有限，檔案不便諸因素解釋其角色之被動性，亦曾言及城市自治之重要意義（參其書頁266-271）。若對照秦漢中國而觀之，則知城市自治自主一點應較其餘因素為基本。

本書作者據羅馬皇帝所遺文書之種類、性質及數量，判定皇帝角色之被動。秦漢詔令見於記載的不少，簡牘、石刻亦有可考。若將詔令仔細整理並分類，辨清何者由皇帝主動提出，何者出於百官奏議而由皇帝批可，又有無其它情況。若能理出眉目，對了解秦漢皇帝之實際角色將大有助益。米拉無意於比較研究，然私意以為他山之石，仍可以攻錯。社會歷史文化之特色，必賴比較對照，方得突顯。問題探索，亦因攻錯，而開出新路。中國帝制二千年，秦漢為之始。秦漢皇帝與社會關係若何，不容治史

5　參邢義田編譯，《古羅馬的榮光》（臺北：遠流出版公司，1997）。

者忽視，而《羅馬世界中的皇帝》正是他山之石。

原刊《新史學》，創刊號（1990），95.12.25 稍作改訂

附米拉著作簡目：

A Study of Cassius Dio（1964）.

The Roman Empire and its Neighbours（published in German 1966; English translation 1967; English 2nd edition 1981）.

The Emperor in the Roman World（1977; 2nd edition 1992）.

Sources for Ancient History（1983）

Caesar Augustus: Seven Aspects（1984; co-edited with Erich Segal）.

The Roman Near East（*31 BC - AD 337*）（1993）.

The Crowd in Rome in the Late Republic（1998）.

The Roman Republic in Political Thought（2002）.

The Roman Republic and the Augustan Revolution（2002）.

Government, Society and Culture in the Roman Empire（2004）.

A Greek Roman Empire: Power and Belief under Theodosius II（*408-450*）（2006）.

Rome, the Greek World, and the East: The Greek World, the Jews, and the East. Vol. 3.（2006）.

Religion, Language and Community in the Roman Near East: Constantine to Muhammad（2013）.

Empire, Church and Society in the Late Roman Near East: Greeks, Jews, Syrians and Saracens（2015）.

附錄二：遙遠的參照：秦漢與羅馬帝國

1. 秦漢與羅馬帝國的統治形式

俗話說：「羅馬不是一天造成的。」秦漢王朝，同樣的，也不是突然冒出來。

秦在一統中原以前，華夏大地早已經歷商、周，甚至更早的夏代的統治，累積了上千年的政治文化傳統。從周人行封建到春秋戰國封建崩潰，諸國爭霸，秦也從封建諸侯一變而為爭霸的列國之一。秦一統後的統治體制，有些是戰國時秦制的延續和擴大，有些是秦始皇的創新，更有些部分繼承了周制。例如秦在征服過程中，劃分新征服的土地為郡縣，不再分封諸侯，一統天下後，進一步將郡縣制擴大到了全帝國。這可以說是戰國秦制的延續和擴大。不過，很顯然秦始皇覺得自己的成就超越了三皇五帝，周天子的「天子」名號不足以彰顯自己的偉大，因而創造了「皇帝」這一新頭銜（圖1）。這是創新。此外，他承用某些周以來的傳統。比如沒有放棄自周以來的天命觀，也沒有放棄周以來天子的稱號。他相信自己像周人一樣擁有天命，是應老天爺之命得到天下，因而並不覺得自己統治的正當性是來自被統治的齊民百姓。這種天命觀又為劉邦所繼承（圖2），從此主宰了中國最根本的意識形態和政治格局達兩千年。

正因為如此，古代中國就出現不了羅馬帝國那樣的統治形式。羅馬帝國繼承的是一個地中海世界存在已久的城邦傳統。這個傳統主要是由希臘城邦建立起來的。他們基本上相信，城邦的公民就是城邦的主人，管理城邦

圖1　陳介祺舊藏皇帝信璽封泥

圖2　石門頌石刻拓本局部「高祖受命」

的正當性來自於所有公民的同意和承認。城邦的管理者應由公民推選，管理規則或法律須由富於管理經驗者組成的長老會議提出，並經全體公民組成的公民大會同意。這種對統治正當性或權力來源的看法和政治體制，造成了古代地中海城邦世界和古代中國根本性的不同。

羅馬人後來統一了地中海世界，由小小的城邦化為龐大的帝國，但保守的羅馬人仍頑強地維持著共和城邦的傳統。羅馬在共和時代已經有公民大會和元老院。組成元老院的元老們是羅馬公民中的上層階級，實際控制著對內和對外的政治。共和時代羅馬所有的法律和政策都必須由元老院提出和同意（圖3）。

圖3　羅馬銅幣上有代表羅馬公民和元老院主權的「SPQR」（四個字母分見中央圓形的四角）

奧古斯都以後，皇帝的身分仍須經元老院認可，才具合法正當性，皇帝的權力也由元老院制定的法律來規範。在古代中國，完全看不到這樣的情況。秦漢帝國和羅馬帝國看起來都是大一統帝國，但背後的政治文化傳統和對權力正當或合法性的認識可以說南轅北轍。

2. 人治 vs. 法治：權力運作的特色

秦自商鞅變法後，號稱以「法」治國，實際上秦王或皇帝說了算。所謂以法治國，是指用嚴刑峻法治理官員和百姓，皇帝和太子卻在法律之上。所謂「太子犯法，與民同罪」，只是有此一說，不曾真正實現過。人治才是秦漢甚至秦漢以降中國政治的特色，和講究法律的羅馬帝國形成強烈的對比。

在秦漢中國壓根就沒不可改變的制度或法律。皇帝說的就是法律。漢武帝時，管司法的廷尉杜周曾說過這樣的話：「三尺安出哉？前主所是著為律，後主所是疏為令。」律令書寫在三尺長的竹木簡上，官吏辦事必得尊之奉之，皇帝自己高高站在律令之上。皇帝如此，其他握權的層層官僚有樣學樣，也往往製造一些自己不見得必遵，他人必須遵守的條條框框。

這叫條教。法律不是由社會成員的主體所制訂,沒有一體適用性,也沒有真正的超越性,這些可以說是傳統中國「法」的特色。這個特色從秦漢一直保持到今天。

此外,司馬遷清楚告訴我們,秦始皇每天從早到晚,要看完一定量的公文才肯休息,國家大小事經他核定才算數,丞相不過是「備員」或擺飾而已。秦漢一統天下,為人類歷史建立起第一個空前龐大的官僚體系;這個體系的一大特色即在沒有任何個人或制度性的設計能夠制約皇帝的權力。平心而論,這是中國傳統政治設計上的一個弱點。傳統中國雖有「天命有德」、「災異示警」和「祖宗之法」等等道德勸諫或警告性的論說,卻不曾建立起足以制約皇權的制度。理論上,皇帝有自天而來至高無上和無限的權力。他要如何施展,就看他要怎麼做。如果他禮賢下士,決策時願意和丞相或周邊大臣商量,就像余英時先生說的宋神宗願意跟王安石「共商國是」,這時丞相和大臣們才能說得上話;如果像秦皇、漢武這樣的人,一個人說了算,其他人都只能成為司馬遷所說的「備員」而已。儘管有人認為丞相和大臣們可以用種種方法削弱或制衡皇帝的專制,例如某些官員有權批駁皇帝的詔書,或以御史、州刺史之制等等達成統治集團內部的監督和制衡,但這些制度通常不夠堅強,或者說缺乏真正超越人事的制度性保障。

制度和法律在中國社會中始終沒有真正超越性的地位,事隨人轉或因人設事是較為通常的現象。人治和法治之別,可以說是秦漢和羅馬帝國一個重要的不同。最少三世紀初以前,羅馬的法學家還認定「法律超越皇帝」(leges super principem),[1] 而皇帝享有的權力須由元老院以法律的形式一條條明訂並頒授給皇帝。由元老院通過「皇帝權力法」,是羅馬帝制中一項頑強的制度,至今還有一塊一世紀刻在銅牌上的「韋斯巴息阿魯斯皇帝權力法」殘件傳世。

即使到三、四世紀以後,帝國重心東移,康士坦丁大帝仍然要在新都

---

1   Pliny the Younger, *Panegyrius*, 65.1:"non est princeps super leges, sed leges super princepem."

康士坦丁堡另立一個橡皮圖章式的元老院，象徵一個古老傳統的延續，也象徵著統治者對制度的尊重。羅馬大政治家和法學家西塞羅認為通用於萬國的法律源於自然和理性，超越某人或某邦國，這種對法律的認識，襲自希臘城邦，使法律的超越性獲得彰顯和保障。

3. 嚴密 vs. 鬆散：官僚機器和人力物力控制

羅馬帝國的統治機器相對於秦漢中國來說比較鬆散，羅馬沒有像中國那麼龐大的官僚體系。根據《漢書·百官公卿表》的記載，西漢末期有官吏十二萬多人，可是羅馬帝國一直到西元三世紀，在日爾曼蠻族入侵和軍隊需索不斷增加等等的壓力下，才建立起比較龐大的官僚體系。在此之前基本上是城市自治。羅馬中央除了擔任皇帝秘書的奴隸，沒有三公九卿，沒有分工明確的六部，連最基本的全國性財稅和人口數字都沒有具體統一的記錄。各省和各城市自有人口登記和查核（census）。例如《新約·路加福音》第二章第一至第七節記載敘利亞省的約瑟和馬利亞即因須要接受人口查核和登記而回家鄉伯利恆城，耶穌即在此時此城誕生。奧古斯都曾要求各城查人口，卻沒有要求上報羅馬，很可能只是上報到各省總督。各城鎮只要按時向各省總督繳納一定的稅額就可以。因為缺乏全國性的統計，到今天沒有人能說清楚羅馬帝國一年能收多少稅，有多少人口或多少可耕種或不可耕種的土地。

羅馬早期有惡名昭彰的包稅制。共和末期，化征服的土地為行省，各個行省要收多少稅，採用拍賣的方式決定。參加拍賣的主要是羅馬公民中騎士階級的人。他們可以承包某個行省的稅收。假設馬其頓省的上繳稅收底線是六百萬，拍賣時有意承包者競相出價，他出八百萬，你出一千萬，沒人比你高，這個省就包給你收稅。承包人拚命搜刮，最好能收到一千萬以上，除了上繳一千萬，多出來的可以進包稅商的荷包。沒有公民權的行省老百姓因此受盡剝削。羅馬政府利用剝削來的錢建設羅馬城，讓城中公民免費看馬戲和吃麵包。奧古斯都以後漸漸改變這種狀況，派遣省督和稅務官員去行省，向城鎮徵收定額的稅，不再無限制地壓榨。但我們在《路

加福音》3：12-13、18：11-13 和 19：1-9 看到第二位羅馬皇帝台伯留斯（Tiberius，西元 14-37 年）在位的時代，耶穌在耶露沙冷等地曾遇到不少被人呪罵的稅吏。加倍勒索和貪得無厭的稅吏仍然是羅馬進入帝國時代以後令各省人民痛恨的人物。

　　秦漢中國的記錄則清清楚楚，全國有多少開墾和未開墾的土地，有多少男女人口，有多大的稅收和支出（圖4-5）。

圖 4　居延漢簡 81.10　圖 5　安徽天常漢墓出土「戶口簿」
局部「戶籍」二字　木牘局部

　　這是因為全帝國一百零三個郡、一千幾百個縣都必須「上計」，也就是地方須將每年人口、土地、財稅和司法等等情況層層上報。中央根據上報的數字，考核地方官員的優劣。近年在安徽、湖北、湖南，甚至今天的朝鮮（漢代的樂浪郡）出土一批又一批秦漢時期寫在竹木簡牘上的地方行政文書。這些新資料一再證明秦漢上計制度通用於全帝國，可以和《漢書·地理志》等文獻記載的數字相印證。地方官不免偷懶和造假，但整體而言，統計嚴密可靠的程度，在近世以前，可以說全世界獨一無二，證明秦漢是一個曾用數目字管理的帝國。

4. 民兵 vs. 職業常備軍：帝國防衛與政策

　　秦漢與羅馬帝國軍隊的性質完全不同。羅馬共和末，軍隊走向常備職

業化，而漢代軍隊的基本性質比較像民兵。中國歷朝歷代，除了女真人的遼和金、蒙古人的元和滿洲人的清，多採取以兵農合一為特色的民兵制。漢代規定成年男子必須為天子當兵，在地方上當一年正卒，到邊塞當一年戍卒或到京師當衛卒。國家另有需要時，比如要征匈奴，中央任命將軍，臨時徵召地方百姓參軍；仗打完，將歸於朝，兵歸於農。這是百姓徭役的一部分。當兵除了有點口糧，沒有工資。百姓苦哈哈，不覺得當兵是一種光榮，打起仗來多求保命，談不上賣力（圖6）。

圖6　四川新津堡子山出土，漢代佩刀持盾陶俑。

　　羅馬軍隊職業化之前，原本是以公民軍為主，也就是所有成年男性公民都有義務執干戈以衛城邦。打完仗即種田的種田，牧羊的牧羊。可是共和中晚期，羅馬爭霸地中海的戰事越來越長，比如跟迦太基的戰爭，一個戰役常常數年不能結束，士兵被迫長期服役而漸漸職業化了。到了奧古斯都建立帝國之後，就徹底成了職業化軍隊。羅馬也從徵兵轉向了募兵。共和時期許多羅馬公民覺得當兵是光榮，是個好職業。在征服戰爭中可以分得戰利品；如果跟對了軍頭，可以分享更多的財富。蘇拉、凱撒和安東尼都是著名的軍頭。他們為了爭奪政治權力自己招募軍隊，軍隊效忠他們私人，而不再效忠羅馬城邦。這樣的軍隊已失去過去公民軍的性質，也談不上什麼義務了。

　　職業化的羅馬士兵要服役二十至二十五年，等於從年輕一直當兵到老。訓練非常嚴格，機動性高，戰鬥力非常強。他們按月領餉，隨著年資和功勞，可以升遷或得獎賞。如果能夠活到退伍期限，可以得到土地、公民權和退伍金等等回報（圖8-10）。作為一個長期存在的部隊，他們自身有很多需要，會自備工匠做很多雜務。但他們不像漢代的軍隊亦兵亦農——「三時務農而一時講武」。他們一年到頭忙著軍事訓練和戰鬥任務。總之，它是一個長期性，有年資、升遷和獎懲的職業。

　　羅馬軍隊的一大問題是不事生產，構成帝國財政上極大的負擔。古代農業社會的生產力有限，要靠巨大的勞動力投入來維持。國家如果養一批

圖 7　西元一世紀羅馬士兵浮雕像，2016.11.19 作者攝　圖 8　羅馬禁衛軍士兵石刻
於柏林舊博物館。

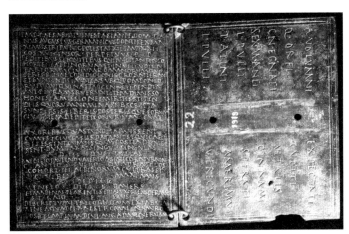

圖 9　羅馬士兵退伍證，
銅版上列舉出退伍享有
的權益。

圖 10　陝西靖邊楊橋畔東漢墓壁畫
中的農人

從比較觀點談談秦漢與羅馬帝國的「皇帝」　　251

人不生產而專門消耗，這會對財政造成極為沉重的擔子。羅馬帝國皇帝靠槍桿子掌權，最傷腦筋的事就是應付軍隊的一般開銷和無厭的需索。羅馬的禁衛軍和地方軍團不斷擁立和篡弒皇帝。很多皇帝自己就曾是軍團司令，被擁立登位。因為職業化、服役時間長，軍隊成了一個極為強固有力的利益團體，羅馬社會沒有其它足以跟軍隊抗衡的利益團體，羅馬軍隊因而可以在羅馬政治史上扮演舉足輕重的角色。今天大家說槍桿子出政權，羅馬是最典型的例子。

這樣的情形卻不見於秦漢。只有到了東漢晚期，因為長期跟匈奴和羌人作戰以及黃巾之亂，才製造出一批長期擁有軍隊的軍閥。像董卓、孫權這樣的人掌握了軍隊，最後導致漢代結束。但在漢代四百年大部分時期，軍隊多半臨時徵召，大將也是臨時任命，打完仗軍隊就解散，將和兵之間沒有長久強固的聯繫。這當然有好處。秦漢皇帝不喜歡將和兵長期黏在一起，形成對皇權的威脅。

5. 齊民 vs. 公民：百姓的地位和角色

對絕大部分傳統中國的老百姓來說，很難想像自己有什麼所謂的「政治權利」。即便像孟老夫子這樣主張民權的人，鼓吹「民為貴，社稷次之，君為輕」、「天視自我民視，天聽自我民聽」，好像強調了老百姓的重要性。可是，說到底孟老夫子還是把人分成兩類：一類是勞心者，治理眾人；一類是勞力者，只配被統治。他主張百姓有權去推翻桀、紂這樣的暴君，但在他眼中，一般百姓缺乏聖人般的真知灼見，只可樂終，不可慮始，並沒有能力成為統治的主體，只配勞動生產以供養治人者（圖10），等待聖王帶給他們太平的日子。

孟老夫子當然還說過人人皆可為堯舜，奈何像堯舜這樣的聖王五百年才會出現一次。聖王沒出現的日子，怎麼辦？他沒給答案。除了他，先秦諸子也都沒有想過：老百姓可不可以依據自己的好惡，以制度性的手段更換他們不喜歡的統治者? 可不可以不像周革商命那樣，人頭落地，血流漂杵？先秦諸子雖然主張仁民愛物，以民為本，但壓根不認為凡民百姓有能力自治或治

古月集：秦漢時代的簡牘畫像與政治社會
── 卷三 皇帝、官僚與社會

圖 11-12　雅典廣場出土流放政要之投票用陶片（ostraka）

人，也壓根沒有公民治國或公民權的概念。千百年來的中國百姓只是不停完糧納稅，做個逆來順受的羔羊而已。

　　羅馬人很早就接觸到位於義大利半島南部希臘人所建的殖民城邦，學習了希臘公民治理城邦的觀念。城邦公民是政治權力的主體，有權參加城邦管理，投票選舉官員，也有權放逐他們。西元前六到五世紀的雅典就曾發展出一套陶片流放制，只要有六千公民投票，不受歡迎的執政者就會被逐出雅典十年（圖 11-12）。羅馬人在共和晚期可能受到希臘流放制的啟發，元老院可以投票（圖 13），宣布某人為「公敵」（hostis publicus），置公敵於羅馬法律保護之外。公敵如果不自動離

圖 13　羅馬共和時代為紀念實行秘密投票制發行的錢幣

開羅馬，流亡他地，人人得而誅之，財產也會被暫時充公。這個辦法在共和晚期雖然淪為政客和軍頭政爭的工具，不論如何，公民大會或流放制，這些理論上用以保障公民權益的制度，是孟子和所有先秦政治思想家都不曾想過或提出過的。背後意識形態的不同，由此可以看得明明白白。

6. 統一 vs. 寬容：文化政策

　　秦漢和羅馬帝國在處理異民族和異文化的態度上有同有異。就其同者

而言，秦建立郡縣制，由中央任命郡縣的太守和縣令以外，還有另外一種制度，凡是地方上雜居有蠻夷的，就不設郡，而設置「道」。凡道中蠻夷可以保留原來的治理方式和風俗習慣，他們甚至不用像郡縣的百姓那樣繳納租稅，象徵性或定額進貢一些地方特產即可。此外還有所謂的屬邦，凡臣屬於秦的國家，為屬邦，只要順服，因其故俗而治，秦對其內部幾不加干涉。這種「道」和「屬邦」的設置，意味著程度不同的寬容，不要求百分之百的同化，這跟羅馬帝國有相似的地方。

雖說羅馬帝國征服了地中海世界，實際上羅馬人採取相當寬容的統治政策。地中海各地本來有很多城邦或城市，羅馬人對他們的統治很大程度上是象徵性的。羅馬把除了義大利之外的地方都劃分成行省，派元老去各省當省督。省督基本上只負責收稅、治安和司法秩序。其它方面各省城市鎮都有市鎮議會，由議會選出的官員管理各自的城鎮。這些城鎮只要如數納稅，敬拜皇帝，原來的習俗和信仰等等都不會受到干擾。因為統治不干涉地方城鎮內部，羅馬帝國在三世紀以前從沒有建立，也沒必要建立像秦漢帝國那麼龐大，由中央到地方層層節制的官僚體系。

就其異而言，羅馬人不曾像秦始皇一樣統一文字。羅馬人自己用拉丁文，行政命令用拉丁文抄發到各地，但沒有要求帝國百姓都用拉丁文。這就是為什麼羅馬帝國建立幾百年，西半邊帝國多用拉丁文，東半邊的希臘化王國舊地仍以用希臘文為主，埃及則繼續使用埃及文和希臘文。此外，應該一提，羅馬的貴族自知沒有太多文化，不像中國的統治者有非常強烈的文化優越感。羅馬人因此不認為自己是文化上的教化者，而是樂於接受別人的教化。他們自始至終賣力地學習希臘文和希臘文化。羅馬詩人何瑞斯（Horace）曾說過一句有名的話：「野蠻人（即羅馬人）征服了希臘，卻又成了希臘的俘虜。」這點跟秦漢中國正相反。

7. 秦漢和羅馬帝國對後世的影響

秦漢影響後世中國極為深遠。儘管秦始皇本人的歷史形象很負面，他的一些作為，比如說統一文字，毫無疑問對維繫中國長久的一統起了決定

性的作用。修長城當然耗竭民力，但保證了中國農耕地帶的安全，歷朝歷代都靠著長城抵禦北方的遊牧民族，一直到抗戰時期，西北軍大刀隊還依靠長城抵抗日本人（圖14）。秦統一後，消除戰國以來各國間的關津壁壘，大修直道和馳道，把很多過去割裂的道路聯繫起來，成就一個全帝國性的道路系統，這就好像羅馬人在帝國內大修道路一樣；羅馬帝國之內「條條大路通羅馬」（圖15），秦漢帝國之內也是條條大路通咸陽、長安或洛陽。歐洲一直到中古，甚至到近代前期，還在使用不少羅馬時代修築的道路。秦漢時代的道路有不少一直沿用到明、清（圖16）。

　　此外，前面提到過，秦帝國的官僚體系是從春秋戰國時期發展擴大而來，

圖14　長城上的抗日軍隊，1937 年美聯社新聞照片。

圖15　存留至今敘利亞 Tall Aqibrin 的羅馬古道，採自維基百科，36° 11'11.13" N, 36° 46'51.5" E。

圖16　清末足立喜六走過的函谷關古道，攝於 1906 至 1910 年間，採自足立喜六《長安史蹟の研究》。

已經經過了長期的試驗。秦在征服過程中，以法為治，提高效率，體系趨於完善。秦一統中國後的官僚制度，相對於當時世界上的其它統治體系來說，無疑是最嚴密、最龐大，也最有效率。漢制承秦，但漢人記取秦朝短命而亡的教訓，刻意去除了秦制中的嚴苛，增多了合乎人性的成分。尤其是在儒生士大夫成為官僚的主流以後，大力強調仁民愛物，以鄉舉里選、辟徵等等不同的方式，賢良方正和孝廉等等的名目，制度性地吸收社會菁英進入統治階層，大大緩和了社會上下層之間潛在的利益衝突和矛盾。因為這些改進，自秦漢以來的政治體制才能大體維持了兩千年。長遠來看，秦的統一有不可否認的功勞。不過，當時的百姓付出的代價太過高昂則是無庸懷疑的事實。秦十餘年就被推翻，這絕對合乎情理和正義。今天某些人可以輕易不付代價地頌揚秦政，可是不也應該自問：如果活在秦始皇時代的是自己，願意嗎？

羅馬人沒有像秦漢一樣，留下可長可久的官僚體制。羅馬帝國崩潰後，沒有人再能用羅馬人的方式統一地中海世界。不過羅馬人建立的和平（pax Romana）和寬容的文化宗教政策提供了基督教成長的溫床，也成就了超越邦國，以羅馬教皇、主教團為首的教會體系。基督教會從此主宰歐洲上千年，這個影響不可謂不大。此外，羅馬自共和時代以來，經無數皇帝、律師和法學專家不斷努力，建立起從理論到實務兼具，十分完善的法學、法典以及司法體系，奠下西方法治的基礎。這個貢獻無與倫比。

據 101.6.17 上海《東方早報》訪問稿改寫，101.11.13/111.3.13 修訂

中文參考書目：

1. 邢義田譯著，《西洋古代史參考資料（一）》（臺北：聯經出版公司，1987）。

2. 邢義田編譯，《古羅馬的榮光——羅馬史資料選譯》I、II（臺北：遠流出版社，1997）。

3. 邢義田，《天下一家：皇帝、官僚與社會》（北京：中華書局，2011）。

4. 邢義田，《治國安邦：法制、行政與軍事》（北京：中華書局，2011）。

政府與官僚

有容乃大
──從秦代李斯諫逐各國賓客說起

太山不讓土壤，故能成其大；

河海不擇細流，故能就其深。

──李斯〈諫逐客書〉

秦王政九年（西元前 238 年）四月己酉，秦王二十一歲，行冠禮，帶劍，成人。

秦王成年親政，決定擺脫兩個和自己母親關係曖昧的男人──長信侯嫪毐和相國呂不韋的束縛，獨立主政。嫪毐懼而謀亂，失敗被殺。其黨羽被殺者二十餘人，受牽連而流放到蜀地的達四千餘家。第二年，相國呂不韋因嫪毐一案，免職。

這一場驚心動魄的政治鬥爭，反映的不僅是秦王政與母親以及母親情人之間的矛盾，更反映秦國「本土派」和以呂不韋為首的「外來勢力」之間的衝突。

1. 「唯才是用」乃能成大業

長久以來，秦國大量重用東方來的謀士，使得本土與外來者之間一直存在著或隱或現的矛盾。早在秦孝公用衛國來的商鞅變法時，即遭到本土重臣甘龍、杜摯等人的反對，展開過要不要變法的激烈辯論。結果本土派大輸，商鞅相秦，大事改革十年，大大得罪了本土的宗室貴戚。孝公一死，商鞅在「欲反」的罪名下被殺。呂不韋以陽翟大賈入秦為相，大事招

養賓客三千人。這些主要來自東方六國的賓客，在相國的支持下，反客為主，代謀秦之大政，也大大引起秦本土人士的猜忌和不滿。

呂不韋一旦失勢，本土人士即思利用機會對東方之士進行反撲。機會湊巧，就在這時發生了一件外國間諜案。當時韓國恐懼秦向東攻伐，派遣水工到秦國游說，開鑿涇水，為渠三百里，東注於洛，以利灌溉。開渠灌溉看來好像有利秦的農業，韓國其實是企圖藉此消耗秦國的人力、物力，延緩秦國向東用兵。這個陰謀不知為何敗露了。秦國的大臣及宗室乘機控告到秦國來的人都是為各國進行陰謀的間諜，請秦王驅逐所有的東方賓客。

這時來自楚國，位為客卿的李斯也在被驅逐的名單中。為了自保，也為了拯救在秦的各國賓客，李斯向秦王上了有名的〈諫逐客書〉。李斯據秦國的歷史，從繆公用戎人由余開始，列舉孝公、惠王、昭王時助秦富強稱霸的各國才士，強調「泰山不讓土壤，故能成其大；河海不擇細流，故能就其深。」秦王被李斯說服，取消逐客令，恢復李斯的官職，並重用他。經二十餘年，秦終於在東方賓客的協助下，滅了六國。

秦為何能繼周之後，統一天下？古今學者有過無數的議論。主客觀的因素當然很多，其中有一點大家都承認的是：秦能夠不分國籍族群，廣用人才。當時中原各國用人雖然也不限本國，比較來說，秦的傳統包袱較輕，長期營造了一個較各國更為開放的政治環境。這個開放的環境，在丞相呂不韋蓄養來自各國的門客三千人時，可以說達到最高峰。接著而來的呂不韋失勢和「逐客」事件，使得開放的環境一度逆轉。但是秦王政在李斯的勸諫下，看清問題，停止逐客，不分族群國籍，唯才是用，終於在異國將相的輔翼下，完成一統大業。總體來說，秦在興起的過程中，吸引和利用外來人才可以說是各國中比較多，也最為成功。

2. 先秦的征服體制

秦因廣用人才而興起，很多人早就說過。不少學者也注意到秦始皇新建的帝制，在中國政治制度上中央集權化的意義。這裡我想特別強調的一

點是：秦曾對周代封建制作了極具意義的轉化——將一個征服體制轉化為非征服或者說開放的體制，奠下此後中國成為一個較為流動開放社會的基礎。

先說明一下什麼是征服體制。這是指以武力從事征服的人群，為確保自己的優勢和特權而建立起來的一套統治體制。它通常是以較嚴格的「征服者—被征服者」的身分區分，保障征服者在各方面的優勢作為體制建立的根本出發點。舉例來說，在阿利安人征服印度，羅馬人征服地中海，女真人、蒙古人和滿洲人征服華夏中原所建立的體制中，都可以看見上述共通的特點。

古代白種的阿利安人征服印度以後，建立起嚴格的種姓階級制度，將膚色黑褐的被征服者，打成低賤骯髒的下層階級，世世代代不得翻身（圖1）。斯巴達人征服鄰近地區，將被征服者化為類似農奴的黑勞士（helots），世代替專事戰鬥的斯巴達公民從事農業生產。羅馬人征服地中海世界，也以征服者自居，對被征服的行省人民大事剝削。羅馬人透過包稅商，將帝國一切的負擔幾乎都加在行省人民的身上。羅馬人為了保持自己統

圖1　印度婆羅門祭司石像

治的優勢和特權，規定只有羅馬公民不必付稅，有權為死刑上訴，有權參加正規的軍團，更能享受免費的麵包。這種代表特權的公民身分，羅馬人遲遲不肯開放給帝國所有的非公民（直到西元212年才普施公民權）。

征服中國的契丹、女真、蒙古人（圖2）和滿洲人，曾用分治、階級或圈地等不同的手段，保持自己在軍事、政治、經濟或社會上的優勢，而使中國和其他被征服的人民居於被剝削的地位。契丹人設置頭下軍州，將俘虜來的人口化為貴族的奴隸；女真人將自己的猛安謀客戶徙入中原，強占土地，使華北的宋朝百姓化為女真戰士的佃農；蒙古人將治下之民分為蒙古、色目、漢人、南人高下有別的四等；滿清入關，王公貴族和八期軍大肆圈占漢人的土地都是例子。

圖 2　征戰中的蒙古騎兵

　　周代的封建原本是和上述征服制有共同特徵的一種制度。周人在征服的過程裡，隨著擴張和控制區域的擴大，以宗室和功臣子弟為首的封國，一波一波地建立在新征服的土地上。周人宣傳自己如何有天命，如何順天應人革去殷商的命，又以宗法確立封國世襲的制度。兩周青銅禮器銘文中經常以子子孫孫永寶用作結尾，清楚反映了他們的心態。這些措施和宣傳無非在確保征服者不可動搖的統治地位。大大小小的封君，因戰功或其它功勞從周天子獲得土地、人民和統治的權力。例如 2003 年在陝西寶雞市眉縣常興鎮楊家村出土的「逨盤」銘文記載者單氏家族八世為周文王至宣王服務換來的賞賜和榮耀，要子孫永遠寶用這銅盤重器（圖 3.1-2）。封君居住在封國的城邑中，可以享有代代相承的統治權，名之為「君子」。那些被征服的人，居住在城外，被稱為「野人」或「小人」，只能在君子的土地上勞動再勞動，直到生命的結束。根據封建的「禮法」，君子和小人之間有不可踰越的身分上的鴻溝。這和世界許多征服體制中，征服者與被征服者之間身分不可跨越，在本質上幾乎沒有兩樣。

圖3.1　西周逨盤 2011.8.30，作者攝於寶雞青銅器博物館。

圖3.2　逨盤銘文拓本，採自維基百科。

　　在這種以「征服者─被征服者」為基本結構的體制下，征服與被征服者之間不可避免會有緊張和衝突。體制能否長久維持，一方面要看征服者是否能夠維繫征服集團內部的一致，一方面也要看能否化解和被征服者之間的緊張和衝突。周人維持了八百年的江山。他們鼓吹天命，鼓吹制禮作樂，為赤裸裸的武力征服披掛上一層美麗的外衣，相當有效地使大部分的被征服者安於被統治的命運，但是卻不能使分封的兄弟甥舅之國不起內訌。周代封建制的崩潰，有一大部分可以說是源於統治者內部的鬥爭。

圖4　秦跪射俑

　　秦和周曾經扮演十分類似的征服者的角色。他們興起的形態，有不少相類之處。第一，周和秦原本都在中原的西部邊陲；第二，兩國的文化本來就比較低落，周從商吸收文化，秦則吸收周的文化；第三，它們都憑藉武力，以小搏大，擴張、殖民、征服，最後成為中原華夏的主人（圖4）。

3. 非征服體制的建立

　　秦以西方小國逐步進行征服期間，秦和六國的關係自然十分緊張。秦曾不可避免地採取了若干措施以保持秦人軍事的優勢，壓制被征服者。這些措施可惜只有些許蛛絲馬跡保留下來。舉例來說，商鞅變法以後，隨著征服戰爭的擴大，秦國領土日廣，卻缺少足夠的人力去開墾。於是曾有人建議，以免除租稅的辦法，招誘三晉的人民專事農墾，而讓秦國的人民專事戰鬥。這是古代中外征服者常常採用的辦法。可是，我們不確實知道秦是否真的這樣做過。

　　比較明確的是，秦在征服六國的過程裡，獲得新地或新城之後，常會強迫原有居民遷出，而將秦民遷入。例如，昭襄王二十一年，魏國獻出安邑，秦將安邑原來的居民全部遷出，而用賜爵和赦罪的辦法，招募秦民遷入。這顯然有不信任被征服的臣民，而以秦人鞏固占領區的用意。湖北雲夢睡虎地四號秦墓出土的兩封家信中，曾提到以「故民」充實新城的事。有學者認為這是指昭襄王二十八年，白起取鄢、鄧兩地後，徙秦故民充實新獲得的楚地。除了故民以外，在例如嶽麓書院所藏秦司法上讞案例簡中還看到秦王政廿五年（即統一六國前一年），在一案件中提到「秦人」、「荊（楚）邦人」或「荊人」。秦或荊人如果逃亡被捕，捕獲他們的人會因為所捕人犯的身分而賞金不同：捕得秦人，可得賞金七兩，捕得荊人僅得三兩。睡虎地秦律曾針對母親如果不是秦人時，子女算不算秦人有所規定。這些都證明秦人和非秦人在法律上一度曾被區別對待。秦在征服他國後，要求被征服的人民遵守秦有身分區別的法律，自然引起很多不安和反抗。睡虎地秦墓所出有名的南郡守騰〈語書〉就明白提到秦統治南郡數十年，當地人還不遵守法令。這種情況使秦有理由採取周人的封建成法，確保自己的統治地位。

　　不過，秦人在興起和擴張的過程裡，充分認識到周制的優點和缺點。他們繼承了周人的天下和天命觀，藉以宣揚自己征服和統治天下的正當性。一統天下後更進一步揚棄了周人行分封，保障征服集團特權的老辦法。秦始皇一方面承繼了秦本身的傳統，但為爭取被征服之民的認同，也

為了顯示秦為天下之主，逐步縮小秦人和非秦人的差異，最終改稱天下百姓為黔首，將之悉數納入編戶而成所謂的「編戶齊民」。編戶齊民不分秦民和非秦民。如此一來最少在理論上，將一個在擴張階段實施的征服體制轉變成全民都有了參與帝國治理機器的開放體制。

一統天下後，一部分秦人雖因軍功仍享有較高的爵位和例如免除繇賦等的特權，一般的秦國老百姓不再因是「秦人」而有什麼身分上的特權。他們與六國之民同樣地納稅、服徭役。其次，更重要的是除了六國的公族，也沒有人因民族、國籍或身分，喪失分享政治權力的機會。不論是秦的宗室，秦國的「故民」或六國人民，大體上都有相同的出任大大小小職官的機會。楚人李斯為帝國的丞相，亭長劉邦和一批隨他起兵的楚人如蕭何都原本是秦的地方小吏。不少學者稱秦始皇的新制為「編戶齊民」制，很有道理。所謂編戶者，皆盡納入民戶之籍；齊者，等齊無差等之意。如果我們對照中外歷史上征服者建立的體制，就更能體會「齊民」一詞中「齊」字所蘊含打破征服與被征服者界限的深刻意義，雖然事實上仍會因傳統社會地位、爵位和財富等等原因不能真正齊一平等。

由於這一新體制在結構上的合理開放性，秦雖十餘年而亡，其後兩千年中國雖不斷改朝換代，卻不再有體制上根本性的大改變。從世界史的角度看，在近代以前，中國社會的流動開放，沒有嚴格意義的階級，是其他文明社會遠遠不如的。秦始皇以後，一個基於才學，不因身分、民族、階級、膚色、國別、財富而差異的平等開放社會，正式在中國出現。一個征服體制能成功轉型，是秦始皇不朽的貢獻。

4. 「求同存異」的治國策略

中國是在漫長的歲月裡，由多民族、多文化，求同存異，逐漸形成一個大文化和政治體。近幾十年的考古發現，已經證實在今天中國這塊大地上，從東到西，從北到南，原本有著無數的人群，不相統屬，各自經營著各有特色的文化。今天對考古成果稍有認識的人，已經沒有人能堅持中華民族源於黃河中游，從一個中心向四周擴散發展的舊說。

古代的中國人其實早就注意到各地的差異,「百里不同風,千里不同俗」一類的話在先秦古籍裡隨處皆是。不過,長久以來,中國的統治者就將「齊一風俗」當作施政的一個主要目標。經過戰國時代的分崩離析,剛剛統一天下,以聖人自居的秦始皇,更將「齊一風俗」當作自己責無旁貸的任務。於是天下甫定,他就展開了一連串統一貨幣、統一文字、統一度量衡、毀燒詩書而以吏為師的活動。這些秦始皇的統一大業,大家早已耳熟能詳,無須多說。

　　大家往往沒注意秦在齊一風俗以「求同」的同時,也採行了若干制度以「存異」。較明顯的是秦始皇對各地原本存在的各種信仰或祭祀,大多兼容並包,並沒有以秦人本身的鬼神或信仰為「正統」,也沒有將其他的神祇打壓成異端。例如,秦始皇規定祭祀的名山大川,自殽山以東有太室、恆山、泰山、會稽山、湘山和濟、淮二水;自華山以西,也就是秦國原本所在的關中,有華山等七山和黃河等四水。始皇自己禮祀的八神—天主、地主、兵主、陰主、陽主、月主、日主、四時主原本都是齊地的神。關中受到敬拜的則有雍的日、月、參、辰、南北斗、熒惑、太白、歲星、填星、二十八宿、風伯、雨師、四海、九臣、諸布、諸嚴、諸逑之屬百餘廟;隴西一帶有湖的周天子祠,下邽的天神,灃、滈的昭明、天子辟池,杜、亳的三社主之祠、壽星祠等數十祠。這些由太祝歲時奉祀;較偏遠的神祠由各地人民自行奉祀。

　　從某方面說,秦始皇的做法有些像羅馬人將被征服地區的神祇都請進羅馬的萬神廟(圖5),象徵著征服者保護諸神,也保護各地區的人民;另一方面也在展現秦對各地信仰的尊重,不將秦人信仰的神祇或儀典強加在普天下人的身上。秦始皇這種對信仰和神祇包容的做法,可以說是為後世中國立下了重要的典範。

　　秦統一天下,是從政治的意義上,將過去戰國七雄分治的土地和人民統一在一個奉皇帝號令,由郡、縣、鄉、里層層分治的體制之下。實際上在這些土地上以及周邊地區,民族和文化並不完全一樣。秦雖將郡縣的制度推行到全帝國,但是當時已注意到在少數地方,民族文化風俗不同,並

圖 5　羅馬的萬神廟

不適合採用郡縣制。於是產生兩種特別的形式：一是「屬邦」，一是「道」。屬邦是歸順於秦的外邦，道是略與縣同級的地方行政單位，凡行政轄區內有「蠻夷」的稱為道。這些歸順的外邦或蠻夷，基本上可能像漢代的屬國一樣，保有自己的某些習俗，進貢些地方特產，卻不必像郡縣的編戶同樣納稅、服徭役或僅在某些不同的條件下為宗主國服務。

　　秦時有多少道，現在已不得而知。漢承秦制，西漢時可考的道約有三十個。根據馬王堆漢墓出土的西漢初地圖，有些道如冷道、營道應該在秦代就已經存在了。雲夢睡虎地秦墓出土的秦律中雖有《屬邦律》一條（圖6），陝西三原等地雖曾出土呂不韋所造，有「屬邦」銘刻的銅矛，可惜我們不清楚秦有多少屬邦，和秦的關係究竟如何。近年湖北江陵張家山漢初墓出土的《二年律令》和湖北荊州胡家草場漢初墓出土的多種《蠻夷律》，透露了許多道之下蠻夷歸附後的各種待遇。這些待遇可能因時因地因種落強弱而差別很大，不能一概而論。彈性大正是道和屬邦制存在的價值。相當明確的是秦漢政府都沒有將歸順

圖6　雲夢睡虎地秦律十八種，「屬邦」二字。

的蠻夷直接納入郡縣編戶的體系。在秦以郡縣制一統天下的同時，在求同中確實曾顧慮到「存異」的需要。這一體制特點為漢代所繼承，也為後世羈縻州和土司等制立下先例。

　　秦朝統一中國的時間雖然短暫，但是在制度和治國的策略上，卻留下足令後人深思的典範。不分國別、種族，不分階級、身分，開放政權，唯才是用，追求一統，卻不忘寬容存異，不過是其中幾點而已。

原刊《歷史月刊》，94（1995），頁 26-30；111.2.26 訂補

趙高與秦朝的終結
——談傳統帝制的一個結構性悲劇

> 望夷宮中鹿為馬，秦人半死長城下
> ——王安石《臨川集》卷四〈桃源行〉

宦官弄權和秦、漢兩代的衰亡有分不開的關係。

這不是歷史偶然，也不是命運作弄，而是中國傳統帝制權力結構下必然的結局。秦漢以後，統治大權握於皇帝一人之手。在一人專制的格局下，唯有英明的「聖王」在位，有效掌握大權，才不會出差錯。但是理想中的堯舜，千年難得一出。在上者除了開國之君，後繼者長於深宮，不諳世事，一般多庸庸碌碌。庸主在位，大權難免旁落；誰圍繞在庸主身旁，得到他的信任，誰就有狐假虎威，弄權干政的機會。宦者趙高和秦始皇、秦二世的關係可以說是一統帝制下，這一結構性悲劇最早的見證。

秦王政二十六年（西元前 221 年），不到四十歲的秦王統一了天下。他為了彰顯自己遠邁古人的功業，改號稱皇帝。由於是第一個皇帝，又稱始皇帝。秦始皇將統治天下的大權，緊緊抓在自己的手裡。據說天下的事，無論大小，都必須由他決定。他每天從早到晚批閱章奏，不完成一定的數量，絕不休息。那些博士、丞相和朝中的大臣，據《史記‧秦始皇本紀》說，不是「備員弗用」，就是「皆受成事，倚辨於上」。

秦始皇精明強幹，精力充沛。儘管如此，他在朝廷內外，仍必須有些親信為輔佐，幫他傳達旨意並將旨意落實在具體的施政上。始皇信任的人有在外領軍的蒙恬，在內的上卿蒙毅、丞相李斯和身旁的宦者趙高。這些

人在始皇的控制之下，像一群俯首貼耳，唯命是聽的鷹犬。他們除了協助始皇締造帝國，不敢有絲毫越軌的行動。可是到始皇得病將亡的一刻，局面立刻改變。趙高為了個人的利益禍福，說服李斯，聯手竄改遺詔，更立胡亥，為中國史上不斷重演的悲劇揭開了第一幕。

這一幕的總策劃，據《史記‧李斯列傳》，很清楚是宦者趙高。趙高出身卑賤。據說他的父親因犯罪，受宮刑；他的母親也被沒入為官家的奴婢。後來他的母親和他人私通，生下他們幾個兄弟，仍姓趙，卻都受了宮割。《史記‧蒙恬列傳》說他們兄弟「皆生隱宮」。據說，受宮割的人必須隱於蔭室中，調養百日，所以行宮割手術的地方就稱為隱宮。

以上是根據傳世文獻長久以來的通說。可是自從湖南雲夢睡虎地秦墓出土了大批秦代法律竹簡以後，我們知道傳世文獻裡說的隱宮的「宮」實為「官」字之誤，應作隱官。曾遭受肉刑（但不一定是宮刑），其後獲得赦免的人，會在隱官繼續為公家服勞役。因此不少學者指出趙高只是生在隱官，卻不是曾遭閹割的宦官。幾年前北京大學公布了北大所購藏，據判斷抄寫於漢武帝時期的《趙正書》簡冊。《趙正書》稱趙高在被胡亥任命為郎中令以前是一位「隸臣」（圖1），簡單說就是一個公家的奴僕或奴隸，並沒有說趙高是閹宦。看來傳統的說法或許有誤。

圖1　《趙正書》「隸臣高」三字

不過我們要明白漢世有點像今天，一般人對政治和宮闈內幕非常好奇而有各式各樣的小道傳言，真假很難分別。《文心雕龍‧史傳》曾指出：「俗皆愛奇，莫顧實理。傳聞而欲偉其事，錄遠而詳其跡，於是棄同即異，穿鑿傍說，舊史所無，我書則傳。」《趙正書》的說

圖2　陝西西安相家巷出土秦封泥「宦者丞印」

法是據何而來，不清楚，也不一定可靠；司馬遷說趙高是「宦者」（圖2），則必然是廣蒐了各種材料，斟酌考訂後的結果。班固說太史公書乃「實錄」，充分肯定他取材上的審慎。二千多年來也沒有誰能否定司馬遷審訂材料的功夫。寫於武帝時期的《趙正書》有不少說法包括始皇臨死前即已立胡亥為太子，李斯和趙高並沒有竄改詔書等等，司馬遷活在武帝時期，廣蒐各種資料，幾乎不可能不知道。他很顯然沒採信這些說法。

　　趙高原本是不是宦官，或僅僅是一位身分低賤的隸臣？《趙正書》的確帶來討論的可能，不過並不能真正動搖《史記》記載的可靠性。因為我們知道趙高掌權頗久，凡不利於己的記載必被隱藏、竄改或銷毀，但也不免有漏網的記錄、傳言和難以盡毀的記憶。司馬遷曾訪問過很多耆宿前輩，挖掘他們的記憶。《史記》和《趙正書》的記載何者可信，並不難判斷。《趙正書》只能歸入《漢書‧藝文志》所說「道聽塗說」的小說家流。

　　此外，大家都知道太史公講究《春秋》筆法，下筆嚴謹，措詞用字多經斟酌。當今的研究指出漢代所謂的「宦皇帝者」是指皇帝身旁服務的人員，宦官和非宦官都有。睡虎地秦律〈法律答問〉有一條「可（何）謂宦者顯大夫？宦及智（知）於王，及六百石吏以上，皆為顯大夫。」這一條清楚證明宦者應泛指仕宦者，非專指宦官。又肩水金關漢簡有一條說：「爵左庶長、中都官及宦者吏千石以下至六百石」云云（EJT26:32）也可證宦者指一般官吏。儘管如此，司馬遷稱趙高為宦者，可否因此說趙高是一般官吏？或「宦者」是「宦皇帝者」的省稱，因而趙高不是閹宦呢？在下結論前，似乎須要再查查太史公在《史記》書中如何使用「宦者」一詞。稍一查考，不難發現最少有四點值得注意：

　　第一，凡先秦典籍提到春秋戰國時著名的「寺人」（《周禮‧天官‧冢宰》：「寺人，掌王之內人及女宮之戒令」），如《左傳》所說齊國的寺人貂（豎刁、豎刀），或晉國的寺人披或《國語》所說晉國的寺人勃鞮，在《史記‧晉世家》中稱寺人勃鞮為「宦者勃鞮」，在《史記‧齊太公世家》中稱「自宮以適君」的豎刁為「宦者豎刁」。《左傳》僖公二年「寺人貂」條，杜預注：「寺人，奄官豎貂也。」先秦的寺人，在漢代人的認識裡毫無疑問是指被宮

或自宮的閹官。尤其可注意的是司馬遷在《晉世家》明確提到宦者乃「刀鋸之餘」,「刑餘之人」:

> 懷公故大臣呂省、郤芮本不附文公,文公立,恐誅,乃欲與其徒謀燒公宮,殺文公。文公不知。始嘗欲殺文公宦者履鞮知其謀,欲以告文公,解前罪,求見文公。文公不見,使人讓曰:「蒲城之事,女斬予袪。其後我從狄君獵,女為惠公來求殺我。惠公與女期三日至,而女一日至,何速也?女其念之。」**宦者曰:「臣刀鋸之餘**,不敢以二心事君倍主,故得罪於君。君已反國,其毋蒲、翟乎?且管仲射鈎,桓公以霸。**今刑餘之人以事告而君不見**,禍又且及矣。」

「刀鋸之餘」和「刑餘之人」都是指遭受肉刑者,刀鋸用在宦者身上則指宮割。《史記·袁盎鼂錯列傳》曾提到一個文帝時,袁盎指宦者趙同乃「刀鋸餘人」的故事:

> 袁盎常引大體忼慨。**宦者趙同以數幸**,常害袁盎,袁盎患之。盎兄子種為常侍騎,持節夾乘,說盎曰:「君與鬥,廷辱之,使其毀不用。」孝文帝出,趙同參乘,袁盎伏車前曰:「臣聞天子所與共六尺輿者,皆天下豪英。今漢雖乏人,陛下獨奈何**與刀鋸餘人**載!」於是上笑,下趙同。趙同泣下車。

由此可知宦者指遭刀鋸之痛的閹宦,不是一般官吏,《史記》全書一致,沒有第二義。《史記》也曾用「宦人」一詞。《史記·李斯列傳》二世曰:「何哉?夫高,**故宦人也**,然不為安肆志,不以危易心,絜行脩善,自使至此,以忠得進,以信守位,朕實賢之,而君疑之,何也?」司馬遷筆下秦二世所說的宦人與宦者意思一樣,都指同一人趙高。

第二,當司馬遷提到漢朝的人和事,宦者一詞指涉的仍是宦官。例如《史記·外戚世家》中著名的故事:

> 竇太后,趙之清河觀津人也。呂太后時,竇姬以良家子入宮侍太后。太后出宮人以賜諸王,各五人,竇姬與在行中。竇姬家在清河,欲如趙近家,請其主遣宦者吏:「必置我籍趙之伍中。」宦者忘之,誤置其籍代伍中。

這位誤事的宦者顯然服務於太后宮。竇姬侍太后,在被遣出宮之列。她想

被遣送回離老家清河較近的趙地，請求主持遣送的宦者置她於「趙之伍中」。那知這位宦者卻忘了。竇姬有機會求他，可見他必然是一位為太后服務的內侍。這樣的人只可能是閹人。再如《史記・齊悼惠王世家》中的故事：

> 齊有宦者徐甲，入事漢皇太后。皇太后有愛女曰脩成君，脩成君非劉氏，太后憐之。脩成君有女名娥，太后欲嫁之於諸侯，宦者甲乃請使齊，必令王上書請娥。皇太后喜，使甲之齊。是時齊人主父偃知之使齊以取后事，亦因謂甲：「即事成，幸言偃女願得充王後宮。」甲既至齊，風以此事。紀太后大怒，曰：「王有后，後宮具備。且甲，齊貧人，急乃為宦者，入事漢，無補益，乃欲亂吾王家！且主父偃何為者？乃欲以女充後宮！」……主父偃方幸於天子，用事，因言：「齊臨菑十萬戶，市租千金，人眾殷富，巨於長安，此非天子親弟愛子不得王此。今齊王於親屬益疏。」乃從容言：「呂太后時齊欲反，吳楚時孝王幾為亂。今聞齊王與其姊亂。」於是天子乃拜主父偃為齊相，且正其事。主父偃既至齊，乃急治**王後宮宦者**為王通於姊翁主所者，令其辭證皆引王。王年少，懼大罪為吏所執誅，乃飲藥自殺。

皇太后身旁的徐甲因「貧」乃為宦者，這是說他成為宦者，不是因為犯罪遭宮刑而是太窮，無以生存，才不惜一切，自宮以進。此外我們知道漢代仕宦有一定的財產規定，韓信年輕時因貧不得推擇為吏就是著名的例子。徐甲貧窮，不夠格為吏，只好走最低賤的一條路求活命。因此他不可能是能行人道的正常男人。主父偃急治「後宮宦者」，這位宦者服務後宮，也不可能不是閹人。再如《史記・樊酈滕灌列傳》中的故事：

> 先黥布反時，高祖嘗病甚，惡見人，臥禁中，詔戶者無得入羣臣。羣臣絳、灌等莫敢入。十餘日，噲乃排闥直入，大臣隨之。上獨枕一宦者臥。噲等見上流涕曰：「始陛下與臣等起豐沛，定天下，何其壯也！今天下已定，又何憊也！且陛下病甚，大臣震恐，不見臣等計事，顧獨與一宦者絕乎？且陛下獨不見趙高之事乎？」高帝笑而起。

樊噲等重臣因高祖不見群臣，不顧一切闖入宮，見高祖以一「宦者」當枕

頭而臥，不覺心直口快，以趙高為例，警告高祖。可見樊噲心中的趙高是像在內寢侍人的閹宦。司馬遷記錄這一幕開國功臣的故事，必有所據，用宦者稱閹宦應該也是當時人共同的語言。以上僅舉三例，以證司馬遷筆下的宦者指宦官，沒有例外。

無獨有偶，班固筆下漢元帝時有一個類似的故事。《漢書·京房傳》記載京房勸元帝不要信用宦官石顯，說道：「齊桓公、秦二世亦嘗聞此君而非笑之，然則任豎刁、趙高，政治日亂，盜賊滿山，何不以幽厲卜之而覺寤乎？」在京房口中，石顯與歷史上弄權的豎刁、趙高並列，京房所認知的趙高只可能是和豎刁、石顯一樣的閹人。京房這麼說，班固這麼記，沒有異議，顯然通兩漢，大家都認定趙高是前朝的一個閹宦。

儘管秦代和漢初「宦者」都可泛指仕宦於皇帝身旁的人，但司馬遷本《春秋》筆法，遣辭用字自有斟酌，不必然全同於秦漢律法或當時的用語。例如漢初律令中有「宦皇帝者」一詞，司馬遷卻從來不用！「宦者」在當時明確可指一般仕宦為官的，司馬遷卻刻意用以指稱宦官。這一點范曄明確知道。他以續補太史公和班固書為職志，深知史遷和班固筆法。班固將漢世閹宦納入《漢書·佞幸傳》，范曄則將閹宦全歸入《後漢書·宦者列傳》。他在〈宦者列傳〉的序裡清楚說西漢襲秦制，置中常侍官亦引用士人，自光武中興「宦官悉用閹人」。他對什麼是宦者、宦官，認識極明確，而且無疑承續了司馬遷的措詞用語而將閹宦的列傳命名為〈宦者列傳〉。

第三，司馬遷本人因曾為李陵辯護得罪武帝，遭受宮刑。他自認這是他一生最悲憤而難言的奇恥大辱。對同樣遭受宮割的閹宦，他必然心有戚戚，甚至不無同情。下筆前必會小心查考筆下人物的身分，以免誣陷他人而置他人於和自己一樣最不堪的境地。當他提到過去和當代的「宦者」，幾乎不可能將未受宮割和受過宮割的，將一般士人為吏的和閹人混為一談，或將「宦皇帝者」省稱為他筆下的「宦者」。

第四，如前所說趙高出身低賤，掌權後不免試圖掩蓋不想讓世人知悉的身世，甚至偽造身世。越掩蓋越變造，越撲朔迷離，流言和揣測也越

多。《趙正書》說趙高自稱隸臣不無可能就是小道流言。另外一個可能，隸臣是趙高自己巧為遮掩真實身分，刻意散播的說法。湖北江陵張家山漢初墓出土的《二年律令・雜律》簡 193 說「強與人奸者，府（腐）以為宮隸臣」。現在學者都同意《二年律令》絕大部分襲自秦律。睡虎地秦簡《法律答問》簡 188：「可（何）謂宮更人？宮隸有刑，是謂宮更人。」什麼是宮更人呢？受過肉刑宮割的隸臣，叫宮更人。可見所謂「宮隸臣」應指受過宮或腐刑的隸臣，這正是趙高的真實身分！趙高將「宮隸臣」說成是「隸臣」，僅僅一字之差，卻輕輕掩蓋了自己原本所犯的強奸罪，也遮掩了他曾因而受過腐刑。趙高深通獄法，不可能不知如何玩弄法律名詞。「宮隸臣」成了「隸臣」，很可能就是他自己的傑作。司馬遷細察眾說，發現趙高其實不是一般的隸臣而是宮隸臣，和自己一樣都屬於更抬不起頭，最令人難堪的一群，因而以春秋之筆明確說他是宦者。今人對趙高是不是閹宦，頗有些引人注目的新議論。為了澄清，不免多說了兩句。以下要說的仍以《史記》為準。

趙高身分雖賤，無疑是一位機遇特殊，也極厲害的人物。不知是什麼機緣使他能深通獄法，竟然使秦始皇聽到他的名聲而將他提拔成為中車府令（圖 3）。中車府令負責掌理皇帝的車乘。他顯然十分能幹，能得到始皇的賞識。有一次趙高犯了大罪，始皇下令將他交給上卿蒙毅治罪。蒙毅據法論死。可是始皇欣賞趙高的辦事能力，不但赦免，還恢復了他的職務。

圖 3 「中車府丞」封泥，採自《秦封泥集》2000。

又因始皇特別寵愛第十八個兒子胡亥，令趙高教導這位愛子如何斷獄，趙高也曲意奉承，得到胡亥的歡心。這些背景都是趙高日後在沙丘策動陰謀的關鍵。

始皇三十七年十月，秦始皇展開他一生最後一次的出巡──前往會稽。親信的蒙毅、李斯、趙高和愛子胡亥都從行。回程經平原津（今山東德州附近），始皇得病。蒙毅受命往代（今河北蔚縣東北代王城），向山川之神求

禱。七月，始皇西行到沙丘平臺（今河北廣宗附近），病重難支。始皇自知不起，給長子扶蘇一信，要他自上郡回咸陽會葬。書信封好交給趙高，信還來不及發出，始皇即病亡。始皇死時，只有最親近的胡亥、趙高、李斯和五六個得幸的宦官知道。胡亥和李斯原本都沒有異心，只有趙高立即覺察到自己是在命運轉折的關口。始皇有子二十餘人，卻未確立太子。趙高手中握有始皇給長子扶蘇的書信，如果發出，回咸陽後，帝位必由扶蘇繼承。扶蘇剛毅勇武，必用他親信的蒙恬為丞相，而其弟蒙毅正是論趙高死罪，為趙高所怨恨的人。更重要的是和趙高關係親善的是胡亥。胡亥才能淺薄，比扶蘇容易玩弄控制。

趙高為了個人的利益，於是先說服胡亥，再逼李斯聯手，竄改給扶蘇的書信，賜扶蘇死；又詐作詔書，立胡亥為太子。扶蘇得父書，自殺。胡亥回咸陽，立為二世皇帝。趙高擁立有功，擢為郎中令，掌理宮中防衛，常在胡亥左右，成為帝國幕後真正的主人。

在「不孝有三，無後為大」觀念深重的傳統社會裡，對一個正常的男人而言，大概沒有什麼比宮刑或腐刑可以造成更深的心理和身體的打擊。死刑即結束一切，一了百了。受宮刑則要以殘缺之身，忍受社會的卑視和自己對自身那一份揮之不去的羞辱自卑。一個人的生命本藉子嗣而延續，閹宦卻必須面對一個沒有延續意義的生命。在咸陽幽幽的深宮裡，除了皇帝、皇后，成千以夫人、美人、良人、八子、長使、少使為名的姬妾和無數的宮女，還有就是這一大群不能人道，身心俱殘的閹宦。在王朝繼統不可無人的堂皇理由下，皇帝夜夜周旋在妃嬪之間，而被剝奪了基本人道的閹宦，無能為力地在旁侍候著。

他們天天面對這樣強烈的對比和殘酷的事實，要維持心理的平衡何其困難。為了彌補身心的創傷，很容易自覺或不自覺地轉而在其他的追求上尋求滿足。其他的追求不外是富貴和權力。在過度自卑羞辱，心理不平衡的狀態下，他們貪財弄權，有時比正常人更為凶猛，甚至帶有報復的意味。趙高任郎中令以後，一舉一動猶如宦官刻意的復仇——大秦皇帝使他遭受身心之辱，秦就要付出亡國的代價。

郎中令趙高利用接近皇帝的便利和皇帝的信任，一方面蒙蔽既無能力，又貪圖逸樂的秦二世，另一方面極力掃除他奪權路上的一切障礙。他首先騙取二世的同意，殺了蒙毅，復己之仇。又大事誅殺秦公子十二人於咸陽市，磔死十位公主於杜。為了怕二世得知他大事殺戮報復，又哄騙二世不上朝，居禁中，不與大臣見面。一切由他居中用事。

趙高真正最大的敵人是忠心耿耿的丞相李斯。這時因修阿房宮，築直道和馳道等等，徵斂無度，陳勝、吳廣已經起兵，關東群雄隨之大起。李斯想要進諫，趙高故意在二世正享樂之時，讓李斯進謁，並誣指李斯子三川郡守李由私通群賊。李斯於是上書直言趙高將如田常劫國，並抨擊趙「故賤人也，無識於理，貪欲無厭，求利不止，列勢次主，求欲無窮」。可憐的二世，深信趙高，回答說：「趙君為人精廉彊力，下知人情，上能配合朕；我不依靠他，又依靠誰呢？」二世害怕李斯對趙高不利，私下將李斯上書事密告趙高，並由趙高負責治李斯與子通賊謀反。當二世二年七月論李斯具五刑，腰斬咸陽市，關東已是起兵群雄的天下了。

李斯一死，二世以趙高為中丞相。按理說，如果趙高不是閹人，二世大可任他為丞相，或左右丞相（圖 4.1-2），而不是全無來歷的中丞相。二世長於宮中，受教於趙高，當然清楚師傅的真實身分。那時在宮內服務的近侍又稱中人。《漢書·百官公卿表》：「將行，秦官，景帝中六年更名大長秋，或用中人，或用士人。」師古曰：「中人，奄人也。」二世特在趙高頭銜前加一「中」字，以示區別。這明顯有意提醒趙高雖因丞相一職而掌外

圖 4.1-2　相家巷出土秦「右丞相印」封泥

朝大權，在皇帝眼中他仍不過是服侍皇帝的一個宮中賤人。趙高即便深感屈辱，心中暗恨，不敢不接受這一前所未有的奇特名號。宦官任事宮內，丞相總領百官於外朝，趙高以宦官領丞相，集內外大權於一身，權力的滋味太過誘人，名號的屈辱只能暫時吞下。趙高是中國歷史上第一個當丞相的宦官。對趙高個人而言，當上丞相應該是他最志得意滿的一刻。但是他不以此為滿足，繼續他未完的復仇——奪取秦的天下。

這時秦朝百官已多數是趙高布置的人馬。趙高為了測驗自己的威勢，故意獻鹿給二世，說是獻馬。二世問左右：「這不是鹿嗎？」左右懼於趙高之威，或默而不言，或曲意說：「是馬。」趙高將那些默而不言的藉故一一剷除。關於趙高殺二世及秦亡的經過，可能因為有太多不同的傳聞，《史記》的〈秦始皇本紀〉和〈李斯列傳〉記載頗有差異。據〈李斯列傳〉，指鹿為馬的鬧劇發生後，二世大驚，自以為心神迷惑，召來太卜詢問。太卜說是因二世齋戒不明，才會如此。二世於是入上林齋戒，行獵中不慎又誤殺行人。趙高勸二世避宮禳災。二世為之避居望夷之宮。這一切其實都是設計好的陷阱。

僅僅過了三天，趙高偽稱山東群賊大至，逼迫二世自殺。就在望夷宮中，趙高奪下二世的皇帝玉璽，佩在自己的身上。一個殘廢的閹宦竟企圖登上最高的天子大位，那些平日屈服在趙高淫威之下的百官，無論如何都無法接受這種有違天道的事，無人願意跟隨趙高。趙高捧著玉璽，想要上殿，不知為何，殿卻一再像是要崩塌的樣子。這是天意，趙高不得不認命。老天和群臣都不允許一個廢人登上天子之位。天子須理陰陽，順四時，一個不通陰陽之道的人，是絕不合適擔任調理天地、四時、陰陽之氣的工作。趙高只好找來二世的弟弟（一說是二世的兄子）子嬰，為子嬰佩上皇帝之璽。

子嬰知道秦的天下已經壞在趙高手中，避不聽事，小心翼翼等待時機，準備除此心腹大患。他終於找到另一個宦者韓談為幫手，利用趙高進謁的機會，將趙高刺殺，夷其三族。趙高雖死，秦的天下已無可挽回。子嬰登位不過三個月（一說四十六天），沛公劉邦的軍隊就從武關到了咸陽。

子嬰投降。項羽入關，殺子嬰，秦亡。

我們並不知道趙高是不是真的有意復仇。唐代為《史記》作《索隱》的司馬貞認為趙高本是趙國的諸公子，因亡國之痛，誓欲報仇，於是自宮以進，終而殺秦子孫，消滅秦的天下。司馬貞的說法為後設之詞，並不可信。不過趙高近在帝側，弄權亡國，預示了秦漢以後，一人專制的權力結構有它不可避免的內在危險性。

按照先秦諸子的理想設計，天下須定於一，天下之主必有專制獨享之權。有權的明君應勞於擇人，而佚於治事。換言之，君主之責在擇賢，不在事必躬親。君主將治理之事，交給有理想、有知識的士大夫之後，理論上就可不親庶務，垂拱而治了。事實上，這個理想從秦統一天下就已破滅。一個有權力又有能力的天子，很難默默垂拱，任由他人代勞。秦始皇和漢武帝都是精明強幹，凡事躬親的典型。一旦在位的皇帝能力不如秦皇、漢武，他們就很難有效執行「擇賢」的任務，也難以擺脫其他人的干擾，更不見得願意將權力交出。結果，皇權常常被他們身旁的宦官或外戚所竊取。三代以降，王朝世襲，因大統不可無人承繼，勢必多畜後宮，以廣子嗣。於是產生一大批外戚。為了照料天子與廣大後宮的生活，宮中又勢必有一群「無安全之虞」的服務人員——去勢的宦者。這些最接近權力核心的人，不是有寵無德，就是身心俱殘，因較少篡奪大位的可能，最容易得到皇帝的信任。多少歷史悲劇就在這難以克服的結構性缺陷下，一次又一次地上演。

原刊《歷史月刊》，65（1993），頁 40-43。

105.10.16 修訂於海德堡，111.2.21 再訂

青雲、溝渠、芒刺、腐鼠
——漫談漢代的君臣關係

> 漢家承秦之制
>
> 並立郡縣
>
> 主有專己之威
>
> 臣無百年之柄
>
> ——《漢書‧敘傳》

漢景帝二年，丞相申屠嘉罷朝回舍，吐血而死。

他的死是兩千年帝制中國，無數官僚命運的寫照。死因很簡單。申屠嘉曾隨高祖打天下，是四朝元老、兩朝的丞相，竟然鬥不過內史晁錯，當今天子眼前的紅人。官僚的生死榮辱往往繫於天子一念之間，申屠老丞相的一生可以作個註腳。

1. 當塗者入青雲

申屠嘉行伍出身。曾追隨劉邦打過項羽、黥布。惠帝時為淮陽守。文帝因他是開國元勳，封為關內侯，拜御史大夫。不久丞相出缺，元老舊臣無堪任者。申屠嘉雖然不學無術，為人尚頗廉直，於是文帝又拜他為丞相。在丞相任上，申屠嘉曾有一段極風光的回憶。可能就是這段回憶，使他更嚥不下後來的怨氣而一命嗚呼。

原來文帝有個內寵，叫鄧通，貴幸無比。文帝常常到鄧通家燕飲，賞賜動輒鉅萬。文帝甚至將一座銅山賞賜給鄧通，准他自鑄銅錢，鄧氏錢竟

然一時布天下（圖1）。鄧通仗恃上寵，文帝上朝時，他隨侍在旁，慢無人臣之禮。申屠嘉看不過去，有一回上朝奏完事，建議整肅朝廷之禮。文帝知其所指，對鄧通大加祖護。申屠嘉大怒，決心試試元老和丞相的威風。

下朝回府後，以檄書召鄧通赴丞相府問罪，不來則斬，鄧通大恐，向文帝求救。文帝心愛寵臣，然又不願傷丞相執法，於是要鄧通且去，再派使者替他求情。鄧通只得免冠、赤腳，到相府向申屠嘉磕頭謝罪。申屠嘉毫不領情，罵道：「夫朝廷者，高皇帝之朝廷也。通小臣，戲殿上，大不敬，當斬。史今行斬之！」申屠丞相搬出高皇帝，端足開國元老的架勢，鄧通在下沒命磕頭，鮮血濺滿一地。文帝算算時辰，鄧通大概已經吃足了苦頭，才派人前來求情說：「此吾弄臣，君釋之。」丞相怒氣稍歇，這才饒了鄧通一命。

申屠嘉能擺這個威風的關鍵在文帝的態度。文帝是兩漢口碑最好的皇帝。他能不私佞幸，尊重丞相，按轡徐行於細柳，俯遵將軍之令，這在兩漢四百年間，幾乎僅見。我們知道，自秦漢統一帝國形成以後，皇帝擁有理論和實際上絕對的權力，將相的權力多賴皇帝的信任與尊重，本沒有多少制度上的保障。揚雄在《解嘲賦》裡曾有極妙的形容：「當塗者入青雲，失路者委溝渠；且握權則為卿相，夕失事則為匹夫。」文帝能尊重一位元老級的丞相，才使申屠嘉有了顯威風的機會。如果文帝像繼位的景帝一般，申屠嘉只有活活氣死。

2. 失路者委溝渠

景帝即位，申屠嘉雖然仍舊是丞相，景況卻大異於前。原來少年的景帝，銳意改革，提拔新秀，對一般有功勳卻不學無術的老臣失去了興趣。

景帝提拔的新秀是自己太子時代的家令——晁錯。晁錯有「智囊」之號，景帝任他為內史。西漢京師長安和周圍一大片近畿之地屬中央直轄，即由內史掌管。景帝對晁錯言聽計從，申屠嘉有所進言，景帝多「不用」。申屠嘉和爰盎等一干老臣因此對晁錯無不嫉恨，時思報復。機會終於來了。晁錯因內史府門向東，出入不便，於是向南鑿開鄰近太上皇廟的外牆，再開一門。申屠嘉得知，以錯「穿宗廟垣」，奏請誅錯。晁錯得到風聲，連夜入宮向景帝求援。景帝替晁錯申辯，說他開的牆是外牆，不是真正宗廟的牆，甚至乾脆說：「我使為之，錯無罪！」景帝態度如此，申屠嘉這位四朝元老除了後悔沒有先斬後奏，完全無可奈何。申屠嘉在文、景兩朝不同的際遇，充分顯現皇帝的意念是一切的關鍵。

晁錯因景帝恩寵，貴幸一時，又因景帝一念，斬首東市。他的故事又何嘗不是天子懸生死，朝臣命在旦夕的另一註腳？景帝原先聽信晁錯之計，大削諸侯之地，激起七國之亂。正當亂事不可收拾之際，爰盎獻計，殺晁錯以謝諸侯。景帝聞計，默然良久，終於說：「吾不愛一人謝天下。」晁錯就這樣輕輕送命，死時連身上的朝服還來不及換掉。景帝後來雖然悔恨失計，已無法重起這位「智囊」於地下了。

3. 威鎮主者不畜

申屠嘉和晁錯的故事已足以顯示漢代皇帝手握生殺榮辱的大權。皇帝們養在深宮，耳聞目染之下，如果不太笨，對權力也多少培養出一份「職業性」的敏感，頗知自己的權力是什麼，該如何去保護它。武帝即位不過十六歲，朝廷大事受制於竇太后。建元六年，武帝的母舅田蚡為相，「權移主上」，大小官員都由他任命。少年皇帝大感不耐，說道：「君除吏已盡未？吾亦欲除吏。」從此以後，武帝對丞相大加摧折，終其世，前後竟有六位丞相獲罪而死。宣帝時，丞相黃霸也曾失了分寸，向皇帝推薦太尉人選。宣帝令尚書將黃霸狠狠教訓了一頓，大意是說丞相的職責在宣明教化，通達幽隱，使獄無冤刑，邑無盜賊。至於任命何人為將，何人為相，則是天子的事，「君何越職而舉之？」宣帝要黃霸說個道理出來。黃霸嚇

的免冠謝罪，從此「不敢復有所請」。

　　漢代並不是不准臣下薦舉人才，但臣子的言行不可讓皇帝覺得權力受到威脅。丞相公孫弘能從武帝刀下逃過，就是因為懂得天子不想讓他人分權的心理。他的作法是「每朝會議，開陳其端，令人主自擇，不肯面折庭爭。」這是傳統官僚做官的大道理，也是無數頭顱換來的經驗。宣帝時，張安世為車騎將軍，其手下問他：「將軍為明主股肱，而士無所進，論者以為譏。」安世回答說：「明主在上，賢不肖較然，臣下自修而已，何知士而薦之？」他匿名跡，遠權勢，保住了一世的富貴（圖 2.1-2）。張安世如此明哲保身，當然是從親見霍氏滅門慘劇中得到了教訓。霍氏自霍光受武帝遺詔，輔立昭、宣二帝以來，權傾一時。宣帝少年微賤時，對霍家的驕縱已有不滿。即位以後，因霍光有援立之功，隱忍不發。待霍光一死，終將與霍氏相連者數千家趕盡殺絕。《漢書‧霍光傳》有個故事說：

> 宣帝始立，謁見高廟，大將軍霍光從，驂乘，上內嚴憚之，若有芒刺在背。後車騎將軍張安世代光驂乘，天子從容肆體，甚安近焉。及光身死，而宗族竟誅。故俗傳之曰：「威震主者不畜，霍氏之禍萌於驂乘。」

如何不成為芒刺，如何不功高震主，對漢代外戚而言，似乎特別的困難。外戚因母、后近在帝側，容易得到親信而分嘗權力的滋味。一旦嘗了權力的滋味，即不易適可而止，禍亦隨之。

圖 2.1　陝西西安南郊鳳棲原張安世及家族墓

圖 2.2　張安世墓出土張字銅印

西漢霍氏是一例，東漢的竇氏又是一例。章帝時，竇憲恃皇后為內援，寵貴日盛，不可一世，竟以賤價強買沁水公主的園田。沁水公主是明帝的女兒，受其逼迫，竟敢怒而不敢言。後來章帝車駕經過這一片田地，問竇憲是誰的土地。竇憲暗喝眾人不得回答。章帝終於知道真相，大怒，痛責竇憲說：「今貴主尚見枉奪，何況小人哉！國家棄憲如孤雛腐鼠耳。」章帝雖沒將竇憲如孤雛腐鼠一般的拋棄，但從此不再用他。竇憲沒能得到教訓，到和帝時，竇氏一門終於敗亡。

4. 上下一日百戰

漢朝人是將國比作家，國是家的擴大；家有父子，則國有君臣。君臣之間的關係，在理論上猶如父子。父子之間講孝，君臣之間講忠。漢朝人相信忠臣出於孝子之門。揚雄《少府箴》就說：「家有孝子，官有忠臣。」漢代大力宣揚《孝經》，意義在此。雖然漢光武帝曾經宣稱君臣之間「義為君臣，恩猶父子」，事實上，父子與君臣之間本質畢竟不同。父母子女的關係基礎是血緣和親情，君臣之間卻是權力與利害。這一點韓非老早就曾點破。漢代君臣恩猶父子的情形甚少，如韓非所說「上下一日百戰」，相互猜疑的例子倒是俯拾皆是。

劉邦和蕭何之間就是最好的說明。蕭何是炎漢開國第一功臣，劉邦對他的疑心也最重。在劉邦還是漢王，與項羽對峙的時期，蕭何在關中為劉邦籌措軍糧兵源，劉邦即不放心，常常遣使者勞問蕭丞相。有一位鮑生就勸蕭何，漢王遣使勞問，實有疑君之心。為安漢王之疑，不如遣人為質。於是蕭何將兄弟子孫能持兵器者悉數送到漢王處。漢王大悅。劉邦當上皇帝以後，陳豨、韓信、黥布相繼造反，高祖親自領軍平亂，對留守的蕭何益發放心不下。在漫天疑雲之中，蕭何被迫不得不聽謀士之計，強買民田自汙，以安上心。高祖最怕他人收買民心。罷軍歸來，看到民眾遮道上書，控告蕭相國強買田宅，反而高興。

後來蕭何因長安地少人多，建議高祖將上林苑的空地，開放給貧民耕種。高祖大怒曰：「相國多受賈人財物，為請吾苑！」竟將垂垂老矣的蕭

何關了起來。幾天以後，有一位王姓衛尉問高祖，相國犯了什麼大罪。高祖說：「我聽說李斯當秦始皇的丞相，有善歸主，有惡歸己。蕭相國居然收受商賈錢財，代求我的上林苑，以討好民眾。」王衛尉說：「他在職務上代民請命，是好宰相該做的事。陛下奈何疑心他一定收了好處呢？當陛下與楚霸王對陣，領兵討平陳豨、黥布之亂時，相國坐鎮關中，如果相國稍有異心，關中即非陛下所有。相國不貪圖此大利，反會收受商人幾個小錢嗎？」高祖聽了仍然不快，過了好幾天，才差人將蕭何放了出來。伴君如伴虎，稍一不慎，粉身碎骨。在高祖的年代，蕭何以第一功臣能全屍而終，真正不是容易的事。

蕭何這一套送人質、自我作踐以及劉邦提示「有善歸主，有惡歸己」的為臣之道，此後為無數官僚奉為金科玉律。劉秀打天下時，手下大將寇恂、耿弇等人唯恐猜疑，紛紛遣子入侍。東漢明帝察察為明，法憲嚴峻。北海靖王劉睦不惜謝絕賓客，恣意聲色犬馬。有一年歲末，遣使進京朝賀。劉睦召來使者說：「朝廷設問寡人，大夫將何辭以對？」使者說：「大王忠孝慈仁，敬賢樂士，臣雖螻蟻，怎敢不據實以對？」劉睦說：「哎呀，子危我哉！這是我年少時的勾當。你應該回答說我承襲爵位以來，志意衰惰，聲色是娛，犬馬是好。」使者受了這番指示，才進京而去。北海靖王知道自己雖是當今皇上的親姪兒，唯只有如此委屈，才堪保全性命。

5. 善歸於君　惡歸於臣

不自伐功勞，歸功於上則是進可加官，退可自保的另一法門。宣帝時的渤海太守龔遂就是例子。龔遂幹了幾年太守，宣帝徵遂赴京師。跟隨同去的議曹王生獻計說：「如果天子問起如何治理渤海，你不可直說，應曰：『皆聖主之德，非小臣之力也。』」龔遂果以王生之言，答天子之問。宣帝很高興，覺得他懂得謙讓，笑問說：「這套話是那位長者教你的？」龔遂老實回答：「臣非知此，乃臣議曹教戒臣也。」結果宣帝將龔遂拜為水衡都尉，拜王生為水衡丞，「以褒顯遂云」。

歸功於上，歸過於己的為官原則，在漢代甚至有經學上的理論根據。

董仲舒先發其端，東漢白虎觀議經的諸儒承繼於後。董仲舒根據他君為陽，臣為陰，善為陽，惡為陰的理論，主張「《春秋》君不名惡，臣不名善；善皆歸於君，惡皆歸於臣。」白虎觀諸儒除了沿用董仲舒君臣陰陽善惡的比附，甚至找出《墨子·尚賢篇》，發揮「寧樂在君，憂感在臣」的忠僕家奴理論。真是什麼樣的時代，有什麼樣的哲學。漢朝人覺得他們是處在什麼樣的時代呢？

6. 用之則為虎　不用則為鼠

漢朝人當然不知漢代以後兩千年的歷史發展，他們只能透過與前世的比較，發抒對時代的感受。從比較中，感受流露最深刻的莫過於東方朔的〈答客難〉和揚雄的〈解嘲賦〉。兩人都是才思敏銳的奇才。東方朔懷才求進，武帝但以倡優畜之。朔憤恨難忍，設客難己，聊以自慰。其文一字一淚，值得摘引：

> 東方先生喟然長息，仰而應之曰：「是固非子之所能備也。彼一時也，此一時也。豈可同哉？夫蘇秦、張儀之時，周室大壞，諸侯不朝，力政爭權，相禽以兵，并為十二國，未有雌雄，得士者彊，失士者亡，故談說行焉。身處尊位，珍寶充內，外有廩倉，澤及後世，子孫長享。今則不然。聖帝流德，天下震慴，諸侯賓服，連四海之外以為帶，安於覆盂，動猶運之掌，賢不肖何以異哉？遵天之道，順地之理，物無不得其所；故綏之則安，動之則苦；尊之則為將，卑之則為虜；抗之則在青雲之上，抑之則在深泉之下，用之則為虎，不用則為鼠……使蘇秦、張儀與僕並生於今之世，曾不得掌故，安敢望常侍郎乎？故曰時異事異。」（《漢書·東方朔傳》）

東方朔身懷蘇、張之才，卻不得如蘇、張恣意周流，取合諸侯，所謂今「連四海之外以為帶，安於覆盂，動猶運之掌」，這段文字道盡在大一統的時代裡，士大夫無所逃於天地的窒息感。約百年後，揚雄的感受竟然全相類似。其《解嘲賦》亦千古奇文，不可不讀。其中片段如下：

> 夫上世之士，或解縛而相，或釋褐而傅；或倚夷門而笑，或橫江潭而漁；或七十說而不遇，或立談間而封侯……是以士頗得信其舌而奮其筆，室隙

踏瑕而無所詘也。當今縣令不請士，郡守不迎師，群卿不揖客，將相不挽
眉；言奇者見疑，行殊者得辟，是以欲談者宛舌而固聲，欲行者擬足而投
跡。鄉使上世之士處乎今，策非甲科，行非孝廉，舉非方正，獨可抗疏，
時道是非，高得待詔，下觸聞罷，又安得青紫？（《漢書‧揚雄傳》）

從戰國到秦漢，士大夫的境遇確實是一落千丈。戰國諸雄並立，游士擇木
而棲，君臣講究相對的關係。到了秦漢，四海歸一，君臣懸隔。君主有專
己之威，臣下「言奇者見疑，行殊者得辟（師古曰：辟，罪法）」，任何敏銳
的心靈無不感到空前的壓迫。武帝時，博士賈山曾有幾句話，頗可用來形
容這種形勢：「雷霆之所擊，無不摧折者；萬鈞之所壓，無不糜滅者。今
人主之威，非特雷霆也，勢重非特萬鈞也……震之以威，壓之以重，則雖
有堯舜之智，孟賁之勇，豈有不摧折者哉？」其所以感覺君威如萬鈞雷
霆，一個重要的原因是這時的士人不再是封建世襲的貴族，其衣食富貴除
主上的垂憐恩寵，別無依憑，班固謂之「臣無百年之柄」。無柄之臣面對
雷霆之君，豈不摧折？思古想今，豈不令今人心有戚戚焉？

7. 陛下焉能貴臣，焉能賤臣？

如果因而認為漢代是一個「一人專制」，完全壓迫窒息的時代，也不
完全正確。和後代相比，漢代天子還算是比較能尊重自古出世隱逸的傳
統。漢代士人可以仕，可以隱，可以投牒以進，也可以棄官而去。張良功
成，飄然掛冠，未見獲罪；太史公寫史，也可以以〈伯夷列傳〉為列傳第
一。如果喜歡，士人亦不妨將仕與隱合而為一。東方朔戒子，以「首陽為

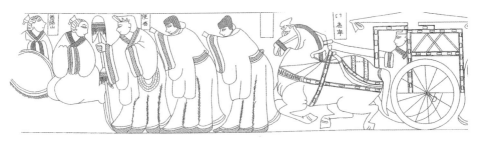

圖 3　有「首陽山」、「使者」、「使者車」等榜題的曹魏畫像石摹本，採自《曹操高陵》。

拙（圖3），柱下為工」。據說老子為周柱下史，隱於朝，終身免患。漢人師其遺義，深宮大內的學士竟得以東觀為道家的蓬萊山！在君臣關係絕對化，緊張化的漢代，漢家天子對隱逸出世的尊重，無異開啟了一道心靈和身體都有選擇的活門。

據說西漢成帝時有一位高人成公，自隱姓名，常誦經，不交世利，時人號曰成公。成帝出遊，特去拜訪他，成公不屈節。成帝曰：「朕能富貴人，能殺人，子何逆朕？」成公曰：「陛下能貴人，臣能不受陛下之官，陛下能富人，臣能不受陛下之祿，陛下能殺人，臣能不犯陛下之法。」上不能折，使郎二人就受《政事》十二篇（《高士傳》卷中「成公」條）。據《後漢書‧逸民傳》，光武不強以周黨為官，認為「伯夷、叔齊不食周粟，太原周黨不受朕祿，亦各有志焉」。

東漢士人不應徵召或自行辭官是常見的事。但順帝時，有一位隱於壺山之陽的隱者樊英，順帝策書備禮徵之，固辭不就。順帝切責郡縣，強迫就道。英不得已到京，稱病不起。順帝又強輿入殿，猶不以禮屈。順帝大怒，對英說：

> 「朕能生君，能殺君，能貴君，能賤君，能富君，能貧君。君何以慢朕命？」英曰：「臣受命於天。生盡其命，天也；死不得其命，亦天也。陛下焉能生臣，焉能殺臣！臣見暴君如見仇讎，立其朝猶不肯，可得而貴乎？雖在布衣之列，環堵之中，晏然自得，不易萬乘之尊，又可得而賤乎？陛下焉能貴臣，焉能賤臣！臣非禮之祿，雖萬鍾不受；若申其志，雖簞食不厭也。陛下焉能富臣，焉能貧臣！」（《後漢書‧方術傳》）

順帝和樊英的態度以及兩人之間針鋒相對的問答，將漢代天子與臣民之間的緊張作了最戲劇化的突顯。《管子‧國蓄》曾說：「故予之在君，奪之在君，貧之在君，高之在君，故民之戴上如日月，親君如父母。」這話或可商榷。君能生殺予奪，百姓或敬或畏，卻不一定愛戴如日月，親君如父母。但《管子》和順帝所說異曲同工。最後化解這種緊張的是順帝。順帝知其不能屈，使樊英就太醫養疾，並按月送他羊、酒（圖4）。順帝雖然不是頂出色的皇帝，和後世成千上百的統治者相比，他的這一行動證明漢代

畢竟是還算可愛的一個時代。

圖 4　羊酒壁畫　採自《望都漢墓》

原刊《歷史月刊》，2（1988），頁 66-71。

106.11.11 補訂

允文允武：漢代官吏的一種典型

一 引言：制度、心態與典範

穆穆魯侯，敬明其德
敬慎威儀，維民之則
允文允武，昭假烈祖
靡有不孝，自求伊祜
—《魯頌・泮水》—

　　隨著周代封建制的逐步瓦解，春秋戰國列國制的出現，到秦漢一統帝制的建立，中國古代的政治體制曾經經歷了一波波重大的變化。對這些變化，上世紀以來的學者作了深入的研究。一般來說，大家比較注意的是制度的改變以及與制度變化相應的社會、經濟和思想等方面的條件。如果我們進一步問：在較高的文化、價值或心態的層次上，是否也發生了同樣幅度的改變？答案就不再是那麼明晰。例如大家都注意到春秋戰國以降新官僚體制下文武分化的現象，也談論了很多與之相應的社會、經濟和思想等環境的改變。然而這個新浮現的官僚體是否逐漸有了屬於自己的一個「次文化」？或者說形成了一些與過去封建體制不同，本身獨有的內在規範、價值或心態？文、武官吏是否有了不同的為官之道？有了諸如「文臣不愛錢，武臣不惜命」或「文七條」、「武七條」之類不同偏重的道德規範？[1]

---

[1] 參王曾瑜，《岳飛和南宋前期政治與軍事研究》（鄭州：河南大學出版社，2002），頁 274-275。承柳立言兄檢示，謹謝。宋真宗所作「文七條」和「武七條」，參鄧小南，《祖宗之

或有了某種與封建士大夫不同的群體或個人自覺？談論的人和較系統的研究就少得多。[2]

以下試圖說明在秦漢的「新」帝制中，仍可見到許多深層核心的封建文化、價值或心態不僅未曾隨兩周之覆亡，春秋戰國的變局而灰飛煙滅，甚至繼續發生著深刻的影響。這是一個牽涉極廣的大問題，不是一篇小文所能處理。本文只擬討論其中一個方面，即源出封建時代以「允文允武」作為官員品質典範的理想，最少到東漢末年仍持續未衰。

過去有不少學者以為中國自秦以降就沒有了「兵的文化」，或者說武士蛻化為文士，或者說變得重文輕武。當兵馬倥傯的打天下階段過去以後，武人漸漸退位。官僚體系漸漸轉由文官主導，文官自西漢中期以後甚至取得了較武將優越的政治地位，整個政治文化變得重文輕武。[3]這些說法都有理由，也不難理解。可是，如何看待政治文化中文武傾向的轉變還不無可斟酌之處。

所謂武士蛻化為文士，變得重文輕武，都是相對的語言。如果相對於周代封建制下的士，漢代儒士「文」的氣味確實變重。封建武士要接受

法──北宋前期政治述略》（北京：三聯書店，2006），頁178-181。

2　目前所見以余英時《中國知識階層史論》（臺北：聯經出版公司，1980）、閻步克《士大夫政治演生史稿》（北京：北京大學出版社，1996）討論得較為深入。除了傳統文獻，雲夢睡虎地秦墓所出〈為吏之道〉、〈語書〉和郭店楚簡〈忠信之道〉等都是討論這個問題的好材料，有待繼續深入。

3　雷海宗，《中國文化與中國的兵》（臺北：里仁書局，1984），頁15-59，107-121；顧頡剛，〈武士與文士之蛻化〉，《史林雜識初編》（北京：中華書局，1963），頁85-91；臧知非，〈秦漢兵制研究〉，《徐州師範學院學報（哲學社會科學版）》秦漢斷代史專題研究（1991）指出：「劉秀鑒於戰亂之患，為矯前朝尚武之風，對戰功賞賜甚少，奉行重文輕武的治國方針，對功臣宿將，給予高爵而不典權，『退功臣而進文吏，戰弓矢而散馬牛』……」，頁75。永田英正企圖論證從漢武帝開始在秩級制度上有文官重於武官的現象，他稱之為「文官優位制」，參所著〈中國古代における文官優位制について〉。《日本歷史學協會年報》，11（1996），頁6-10。又于迎春先生在其書《秦漢士史》（北京：北京大學出版社，2000）中曾專立一章討論游士的沒落，以見「漢初社會由武向文的轉化」，頁33-60。

禮、樂、射、御、書、數文武兼具的六藝教育。[4] 這是大家都熟悉的。但《史記‧孔子世家》有一個似乎被大家遺忘的故事：

> 冉有為季氏將師，與齊戰於郎，克之。季康子曰：「子之於軍旅，學之乎？性之乎？」冉有曰：「學之於孔子。」

克敵致勝的冉有曾從孔子學軍旅之事！更為詳細的記載見於《孔子家語‧正論》：

> 季孫謂冉有曰：「子之於戰，學之乎？性達之乎？」對曰：「學之。」季孫曰：「從事孔子，惡乎學？」冉有曰：「即學之孔子也。夫孔子者，大聖無不該，文武並用兼通。求也適聞其戰法，猶未之詳也。」

過去大家談孔子對文武的態度，率皆徵引《論語》「去食去兵」和「軍旅之事未之學也」等語，以證孔子重文輕武或主張偃武修文，有意無意之間忽略了《史記‧孔子世家》、《孔子家語》和《論語》中其它的話。其中一大原因是《孔子家語》被認為是後世偽書，不足信。可是近二三十年出土文獻已證明《孔子家語》之所本，頗有出於先秦者，而《史記‧孔子世家》之言也必有來歷。冉有說大聖無不該，文武兼通，他又嘗聞孔子戰法，這迫使我們不得不重新評估孔子對文武的態度。孔子早期學生中有子（季）路以勇武稱，返魯所授生徒則有這位嘗聞孔子戰法的冉有（求）。他們二人偏偏獨占孔門弟子四科中的政事一門！冉有稱「猶未之詳也」，是自謙，實則深得其教，否則豈能與子路並列政事一門？孔子身為封建貴族的後人，顯然並不是未學軍旅，不是僅知俎豆而已。《論語》〈述而〉、〈子路〉等篇裡都有一些話可以證明孔子曾對弟子談及軍旅之事的重要原則；[5] 相較

4　關於周代貴族子弟文武兼備的教育及對武士蛻化為文士說的評論，可參余英時，〈古代知識階層的興起與發展〉，《中國知識階層史論》，頁 24-29。河南信陽長台關戰國楚簡《申徒狄》有殘文云：「……□□教書三歲，教言三歲，教射與御……」亦可見戰國教育內容之一斑。參李零，《簡帛古書與學術源流》（北京：三聯書店，2004），頁 180。

5　例如《論語‧述而》有一段記載：「子路曰：『子行三軍，則誰與？』子曰：『暴虎馮河，死而無悔者，吾不與也。必也臨事而懼，好謀而成事者也。』」還有一段說：「子之所慎：齊、戰、疾。」這是孔子自言所慎所懼之事乃在齋戒、戰事和疾病。這些都是弟子所記，孔子言及軍旅之事的重要原則。子路篇論善人教民七年可以即戎，又說不教民戰，是謂棄之等，不

於軍旅，孔子更重視禮樂和仁德則是事實。

如果說六藝中的射和御代表封建武士教養中「武」的部分，那麼漢代士人駕御戰車或許不如周代武士，蓋戰爭形式已大為不同。漢代士人一般能騎馬、射箭，知曉兵書，並不輕視武事。這從西漢中晚期至東漢末墓葬和祠堂中普遍存在的狩獵畫像看得最清楚（詳後文）。

騎射之風到南北朝而未替，但輕武隱隱然已在士族之間成為趨勢。例如晉代葛洪在《抱朴子》內篇序裡說：

> 少嘗學射⋯⋯意為射既在六藝，又可以禦寇辟劫，及取鳥獸，是以習之。
> 昔在軍旅，曾手射追騎，應弦而倒，殺二賊一馬，遂得免死。又曾受刀楯
> 及單刀雙戟，皆有口訣要術，以待取人，乃有秘法，其巧入神⋯⋯晚又學
> 七尺杖術，可以入白刃，取大戟。然亦是不急之末學，知之譬如麟角鳳
> 距，何必用之？此已往，未之或知。[6]

像葛洪這樣詳述自己習武過程和能力的，除了下文將提到的曹丕，資料並不多見。[7] 在葛洪的認識裡，很清楚以為「射」乃六藝之一。這也是古代一般儒生的看法。他不厭其詳細述自己從小到老如何學習騎射刀戟棒杖，更知口訣秘法，言語之間不無得意；另一方面卻以「不急之末學」和「此已往，未之或知」為結語，可見六藝的這一部分對他而言，無論如何是次要的。

同樣的態度也見於北齊的顏之推。他評論江南和河北風氣時，曾提到葛洪，並說：

> 弧矢之利，以威天下，先王所以觀德擇賢，亦濟身之急務也。江南謂世之
> 常射，以為兵射，冠冕儒生，多不習此；別有博射，弱弓長箭，施於準
> 的，揖讓昇降，以行禮焉。防禦寇難，了無所益。離亂之後，此術遂亡。
> 河北文士，率曉兵射，非直葛洪一箭，已解追兵，三九讌集，常縻榮賜。
> 雖然，要輕禽，截狡獸，不願汝輩為之。[8]

再多引。

6   王明，《抱朴子內篇校釋》（增訂本）（北京：中華書局，1985），頁378。

7   例如《晉書》〈王濟傳〉、〈王湛傳〉提到他們叔侄皆好馬術、相馬和騎射，但沒有更多描述。

8   王利器集解，《顏氏家訓·雜藝》（臺北：明文書局影印，1982），頁519。

他說弧矢以威天下，乃「先王所以觀德擇賢」，是以《易·繫辭傳》和《禮記·射義》為典據。[9] 所謂晉身之急務，是指現實中北朝胡人尚武，漢人世族欲仕宦顯達，不可不知兵，此「河北文士，率曉兵射」之一大緣故。但這並不表示河北文士看重此技。顏之推在家訓《誡兵》篇便自述顏氏之先「世以儒雅為業」，「秦漢魏晉下逮齊梁，未有用兵以取達者」，其有好武知兵者，無不受誅或見殺，他明確要子孫誡兵。西魏、北周時世族子弟李禮成的故事也可以反映當時風氣之一斑：「魏大統中〔禮成〕釋褐為著作郎……周受禪，拜平東將軍，散騎常侍。于時貴公子皆競習弓馬，被服多為軍容。禮成雖善騎射，而從容儒服，不失素望。」（《隋書·李禮成傳》，頁 1316）貴公子云云，可以指胡人，也可指漢人子弟。競習弓馬和穿軍服是在北朝胡人政權之下，受胡人影響而有的風氣（圖 1.1-2）。李禮成為隴西狄道人，六世祖乃涼王李暠，祖延實為魏司徒，父彧，侍中。李暠據《魏書》本傳是漢前將軍李廣之後，禮成可以說是與顏之推約略同時的漢人士族子弟。他善騎射，一方面印證了顏之推所說，一方面他「不從時尚」，卻「不失素望」，也正反映了時尚之外的另一種價值觀點。[10]

「不失素望」的「素望」是指相對於皇室，素族或清流世族之人望。[11] 清流世族對騎射和武人的觀點，可以從稍早魏孝明帝時清河張仲瑀和崔亮的行動和言論見之。孝明帝時，光祿大夫張彝次子仲瑀上封事，「求銓別

9　《易·繫辭下傳》：「弧矢之利，以威天下，蓋取諸睽」；《禮記·射義》：「故天子之大射，謂之射侯。射侯者，射為諸侯也。射中則得為諸侯，射不中則不得為諸侯。」《漢書·食貨志》：「學于大學，命曰造士。行同偶能，則別之以射，然後爵命焉。」本文引廿五史概用中華書局點校本，十三經用十三經注疏本，不另注明。

10　閻步克曾從北朝制度演變角度詳論北魏、西魏、北齊、北周軍號和散官雙授制，指出以上諸朝「以軍事立國，文武不分，『選無清濁』的特色」。見閻步克，《樂官與史官》所收〈西魏北周軍號散官雙授制度述論〉、〈周齊軍階散官制度異同論〉兩文（北京：三聯書店，2001），頁 403-448、449-477，引文見頁 428。

11　參周一良，《魏晉南北朝史札記》（北京：中華書局，1985），〈南齊書札記〉「素族」條，頁 217-219；唐長孺，《魏晉南北朝史論拾遺》（北京：中華書局，1983），〈讀史釋詞〉「素族」條，頁 249-253；祝總斌，〈素族、庶族解〉，收入氏著《中國古代史研究》上編（西安：三秦出版社，2006），頁 212-224。

圖 1.1　北齊婁叡墓道西壁中層出行圖局部

圖 1.2　北齊婁叡墓道西壁中層出行圖線描圖，採自《文物》10（1983），圖 63。

選格，排抑武人，不使預在清品」。這真正表露了清流世族對武人的態
度。[12] 結果虎賁、羽林近千人焚其屋宇，毆擊父子三人，長子被生投於煙
火而死，次子「傷重走免」，彝「僅有餘命」。（《魏書‧張彝傳》）寧太后為
息事寧人，令武官得依資入選。吏部尚書清河崔亮遂創停年格以限之。時
人不解其意。崔亮在給外甥的書信中曾這樣解釋道：「又羽林入選，武夫
崛起，不解書計，唯可曠弩前驅，指蹤捕噬而已……吾近面執，不宜使武
人入選，請賜其爵，厚其祿。既不見從，是以權立此格，限以停年耳。」
（《魏書‧崔亮傳》）在胡人政權之下，武人當道，世族清流為求對抗，不惜
立下「賢愚同貫，涇渭無別」（同上）的銓選辦法。武人、武夫之語也流露

12　參周一良，〈北朝的民族問題與民族政策〉，收入《魏晉南北朝史論集》（北京：中華書局，
　　1963），頁 122。

出他們對不解書計，唯堪彎弓使弩者的輕蔑。[13]

再回頭看顏之推。他批評江南冠冕不知兵射，其博射又「了無所益」，但是他竟不願顏家子弟像當時的貴公子「要輕禽，截狡獸」。[14] 如果對照一下葛洪曾因可取鳥獸以學射，以及東漢地方官吏墓葬和祠堂中大量存在「要輕禽，截狡獸」的畫像（圖2-3），就可以察覺到從兩漢到兩漢以後，作為社會主流的士族或世族對所謂「武」的價值評斷已悄悄變化，不論江南或河北。[15]

13　武夫一詞出《國風‧周南》，原無輕蔑之意。參《後漢書‧桓榮傳》李賢注引《謝承書》光武時桓弟子何湯為開陽門侯故事。《魏書》此處之武夫、武人和劉歆視絳、灌之屬為「介冑武夫」則同有輕蔑之意（《漢書‧楚元王傳》）。

14　《顏氏家訓‧勉學》又曾批評當時士大夫「或因家世餘緒，得一階半級，便自為足，全忘修學」，有些「射不能穿札，筆則才記姓名，飽食酒醉，忽忽無事，以此銷日，以此終年」，又謂「世人但見跨馬被甲，長矟彊弓，便云我能為將，不知明乎天道，辯乎地利，比量逆順，鑒達興亡之妙也」。〈誡兵〉篇又謂「習五兵，便乘騎，正可稱武夫爾」。顏之推認為知兵，不僅在於弓馬，亦須明天道地利、逆順興亡，即明兵法；但知弓馬者，武夫而已。同篇又說「每見文士，頗讀兵書」，是河北文士也有讀兵書者。

15　江南士大夫雖不習兵射，然江南有「試兒」之俗，男猶用「弓矢紙筆」（《顏氏家訓‧風操》）。《南齊書‧張欣泰傳》：「竟陵人也。父興世，宋左衛將軍。欣泰少有志節，不以武業自居。好隸書，讀子史，年十餘，詣吏部尚書褚淵。淵問之曰：『張郎弓馬多少？』欣泰答曰：『性怯畏馬，無力牽弓。』淵甚異之。」這個故事似乎透露，當時或有以「武業自居」的。吏部掌銓選，問以弓馬；張欣泰答以不勝弓馬，吏部尚書反覺奇異，可見南朝似非全不講武。其詳可參周一良，〈南齊書丘靈鞠傳試釋兼論南朝文武官位及清濁〉，收入《魏晉南北朝史論集》，頁94-116。唯北齊劉晝認為：「今代之人，為武者則非文，為文者則嗤武，各執其所長而相是非，猶宮笑角，以白非黑，非適才之情，得實之論也。」他認為文武「未可偏無」，「文以讚治，武以凌敵，趨舍殊律，為績平焉」。據其傳，劉晝少孤貧，不在世族之倫，其論或已非時論之主流。參傅亞庶，《劉子校釋》（北京：中華書局，1998），〈文武〉，頁293-294、540-541。又《劉子》〈兵術〉、〈閱武〉篇俱謂兵術武備之不可廢。此外，劉勰北人而仕於南，曾謂：「文武之術，左右惟宜，郤縠敦書，故舉為元帥，豈以好文而不練武哉？孫武兵經，辭如珠玉，豈以習武而不曉文也。」（王利器，《文心雕龍校證‧程器》，臺北：明文書局，1982，頁292。）唐代杜牧註《孫子》序謂：「兵者，刑也。刑者，政事也。為夫子之徒，實仲由、冉有之事也。不知自何代何人分為二道曰文、武，離而俱行，因使縉紳之士不敢言兵，或恥言之。苟有言者，世以為粗暴異人，人不比數。嗚呼，亡失根本，斯最為甚。」（《資治通鑑》卷244，文宗太和七年，臺北：世界書局，1969，頁7892。）

圖 2.1-2　西安理工大學出土西漢壁畫墓 M1 墓室東壁中部騎射圖摹
本及手握獵物的射手原壁畫局部

圖 3　陝西米脂黨家溝漢墓門楣畫像石上的射獵圖

古月集：秦漢時代的簡牘畫像與政治社會
　　——卷三　皇帝、官僚與社會

觀念、風氣或心態的轉變一般來說，常常沒有制度那麼容易。秦漢制度上雖然官分文武，觀念、風氣和心態並未亦步亦趨隨之同步轉變。這些年讀漢畫和漢碑，使我有機會重新去認識這個問題，並深深感覺到漢代的士大夫和封建時代的貴族相近，以文武兼備為典型，而在漢代社會的一般價值裡，崇俠尚武仍是一個相當顯著的特色。以下試著結合文獻和考古材料，提出一些與前賢或許不盡相同的看法。

戰國以後中央集權官僚制的一個主要特色即在官分文武。《尉繚子·原官》謂：「官分文武，王之二術也。」楊寬先生在《戰國史》中總結性地說道：

> 春秋、戰國間，各國經過了新興地主階級的政治改革，就出現了中央集權
> 的官僚政治，在國君之下，有一整套官僚機構作為統治工具。這個官僚機
> 構，是以相和將為其首腦的。這個官僚組織的重要特點，就是官分文武。[16]

秦漢建立一統帝國，延續著戰國以來「官分文武」的趨勢，使帝國職官在文武分化上甚至有了進一步的發展。漢初，叔孫通定朝儀，「功臣、列侯、諸將軍吏以次陳西方，東鄉；文官丞相以下陳東方，西鄉」（《漢書·叔孫通傳》）。漢初功臣和列侯基本上都是從龍軍功之士，和諸將軍同屬武官，列在西側朝東；丞相以下為文官，列在東側朝西。朝廷之上以文武別眾官，分列東西，沒有比這樣的朝儀更能說明漢初中央職官之分為文武。

數十年前，勞榦先生曾利用居延出土漢簡進一步指出，不只是中央朝臣，一般地方的吏也明白分為文吏和武吏。[17] 漢簡記錄的人事資料中，邊吏分別注明其為「文」或「武」（圖4-5）。在1972-4年出土的居延漢簡中又有一條新證據，可以說明官吏中，武吏是一種特殊的身分：

大守府書：塞吏、武官吏皆為短衣，去足一尺

告尉謂：第四守候長忠等，如府書，方察不變更者

● 一事二封　七月庚辰，掾曾，佐嚴封　　　　　　　　　（《居延新簡》EPT51:79）

16　楊寬，《戰國史》（上海：上海人民出版社，1981），頁203。

17　勞榦，〈史記項羽本紀中「學書」和「學劍」的解釋〉，收入《勞榦學術論文集》甲編下冊，（臺北：藝文印書館，1976），頁895-906。

此簡所謂「塞吏、武官吏」無疑都是武吏。須更衣之長度，證明他們與其它的吏有別。為短衣去足一尺的規定還可參看《漢書》〈朱博傳〉和〈蓋寬饒傳〉。從文獻和出土簡牘來看，秦漢之世確實繼續著戰國以來的趨勢，上有將相，下有文武吏；從中央到地方，文武分化，明白確鑿，迄今不見異議。

如果進一步問：漢代文、武官吏其資格如何決定？標準為何？不同資格的吏是否即擔任不同的職務？是否有不同的升遷途徑？能否相互遷轉？薪俸是否有別？又是否有不同的專業品德要求？如果說漢代社會重文輕武，這樣的價值和心態對制度造成了什麼影響？對這一連串的問題，過去雖曾有零星的討論，較成系統的似乎還不多。[18]

---

18 這些年談漢代官制者於此用力似乎不多，福井重雅論官吏登用，完全沒有談文武吏的問題。安作璋、陳乃華談官吏任用也不及文武之別。閻步克談到文武吏之別，不過將他們歸為一類，未進一步深入。參福井重雅，《漢代官吏登用制度的研究》（東京：創文社，1988）；安作璋、熊鐵基，《秦漢官制史稿》（濟南：齊魯書社，1984（上冊）、1985（下冊））；安作璋、陳乃華，《秦漢官吏法研究》（濟南：齊魯書社，1993）；閻步克，《士大夫政治演生史稿》（北京：北京大學出版社，1996），頁 14-17。其〈文吏、武吏、儒吏〉一文曾對文武之分簡略提到，見《周一良先生八十生日紀念論文集》（北京：中國社會科學出版社，1993），頁 27-32。利用新出土尹灣漢簡對西漢末軍吏在職十年得補諸長吏作了研究的則有廖伯源氏，見氏著《漢代仕進制度新考》，《簡牘與制度》（臺北：文津出版社，1998），頁 38-43；于琨奇，〈尹灣漢墓簡牘與西漢官制探析〉，《中國史研究》，2（2000），頁 35-47。卜憲群，〈漢代的文吏與儒生〉，《秦漢史論叢》第七輯（北京：中國社會科學出版社，1998）；黃留珠，〈簡牘所見秦漢文吏的若干問題〉《秦漢歷史文化論稿》（西安：三秦出版社，2002），頁 274-290。

圖 4
居延簡 13.7

圖 5
居延簡 179.4

如果將這些問題考慮進去,不得不說漢代只能算是一整部中國官僚發展史的早期,文武分化雖已較戰國時成熟,但離較明確的分化還十分遙遠。[19] 從中央到地方,職務或分文武,文武官員的遷轉和爵秩並沒有分成兩個系統。所謂文與武的內涵儘管與時推移,不是一成不變,從官員的理想品質來看,兩漢四百年無疑仍然以允文允武為典型,並未全然脫離封建時代建立起來的典範。

■二 漢代的官吏典型

過去學者多半認為東漢是儒家倫理和價值全面建立的時代。受儒說影響的東漢政府重文輕武,光武帝甚至廢除關係地方軍隊訓練至重的都試,東漢武力因而不振。本文打算就從東漢晚期說起,以倒溯的方式,分析以下這五個方面:(1)官吏的養成教育,(2)仕宦過程,(3)官宦生涯實況,(4)衣冠佩飾,以及(5)死後的讚頌。這五方面環環相扣,從教育養成、仕宦歷程和仕宦中的實際狀況,到人生結束,最後如何為後人留下記憶。出仕者一生的歷程在兩漢四百年官僚文化中隱隱然有大體的模式可循,這就是所謂的典型或典範。在強調社會階序,或者說重禮的漢代,車馬衣冠是官僚身分和地位的重要象徵。如果文武有輕重或差異,不難從衣冠看出端倪。分析以上五端,本文的一個結論是:兩漢固然重文,但非輕武。文武兼修才是官員的典型,才受到肯定和頌讚。

一、官吏養成中的文武教育

漢末三國,呂蒙失學,老來讀書一事,大家都很熟悉。這裡請特別注意孫權建議他讀些什麼書:

初,〔孫〕權謂蒙及蔣欽曰:「卿今並當塗掌事,宜學問以自開益。」蒙曰:

---

19 關於宋代文武之明確分途,參鄧小南,前引書,頁 174-183。

「在軍中常苦多務，恐不容復讀書。」權曰：「孤豈欲卿治經為博士邪？但當令涉獵見往事耳。」卿言多務，孰若孤？孤少時歷《詩》、《書》、《禮記》、《左傳》、《國語》，惟不讀《易》。至統事以來，省三史，諸家兵書，自以為大有所益。如卿二人，意性朗悟，學必得之。寧當不為乎？宜急讀《孫子》、《六韜》、《左傳》、《國語》及三史。……」蒙始就學，篤志不倦，其所覽見，舊儒不勝。（《三國志·呂蒙傳》裴注引《江表傳》）

呂蒙是汝南人。在一個兵荒馬亂的年代，憑著戰功，被孫權拔擢為橫野中郎將。孫權認為他和蔣欽二人，當國重任，不能胸無點墨。建議他讀兵書《孫子》、《六韜》之外，為了「見往事」，還要讀《左傳》、《國語》和三史（《史記》、《漢書》和《東觀漢記》）。在孫權看來，這可以說是一個當國者必讀的「最低國學書目」。他並不要呂蒙像博士一般廣治群經。但呂蒙好學不倦，所閱不限於最低書目，據說博覽群籍到「舊儒不勝」的地步。孫權也曾提到自己早年和用事後所讀的書。他出身權貴豪門，呂蒙則非名門冑裔，但在孫權的建議下，兩人一樣，基本上都接受了包含文與武兩類成分的教育。

呂蒙和孫權所受的教育在當時並不特殊。孫權的兒子孫和「好文學，善騎射」，更常言「當世士人宜講脩術學，校習射御，以周世務。」（《三國志·吳主五子傳》及裴注引《吳書》）東漢牟融「修經傳諸子，書無大小，靡不好之，雖不樂兵法，然猶讀焉」。[20] 曹丕更曾詳細敘述自己從小接受的各式教育：

余時年五歲，上以世方擾亂，教余學射，六歲而知射。又教余騎馬，八歲而能騎射矣。……夫文武之道，各隨時而用，生于中平之季，長于戎旅之間，是以少好弓馬，于今不衰，逐禽十里，馳射常百步……余又學擊劍，閱師多矣，四方之法各異，唯京師為善。……上雅好詩書文籍……余是以少誦詩、論，及長而備歷五經、四部、史、漢、諸子百家之言，靡不畢覽。（《三國志·文帝紀》裴注引《典論》帝〈自敘〉）

---

20 周叔迦輯撰，周紹良新編，《牟子叢殘新編》（北京：中國書店，2001），頁 1。

曹丕自幼習弓馬騎射，據他說是因為遭逢亂世，不得不爾。不過習武並不一定都因時局。曹丕弟曹植以詩名，從其詩中可知其時代並重文武。他在〈白馬篇〉中讚揚幽、并邊州少年：「抑手接飛猱，俯身散馬蹄」，其〈名都篇〉形容洛陽貴游子弟及他自己的騎射本事：「鬥雞東郊道，走馬長楸間；馳騁未及半，雙兔過我前；攬弓捷鳴鏑，長驅上南山；左挽因右發，一縱兩禽連；余巧未及展，仰手接飛鳶；觀者咸稱善，眾工歸我妍。」他在〈求自試表〉中更誇稱自己能「突刃觸鋒，為士卒先」，又說自己「昔從先武皇帝，南極赤岸，東臨滄海，西望玉門，北出玄塞，伏見所以行軍用兵之勢」，[21] 頗敢於自詡兵略和勇氣。約略和曹丕同時，曹操手下有一武將賈逵。賈氏世為河東著姓，逵少孤家貧，他「自為兒童，戲弄常設部伍，祖父習異之，曰：汝大必為將，率口授兵法數萬言。」（《三國志‧賈逵傳》）這是和自幼的喜好有關。同傳裴注引《魏略》又說：「始，逵為諸生，略覽大義，取其可用。最好《春秋左傳》。及為牧守，常自課讀之，月常一遍。」可見賈逵年少時兼習兵法與經書，因此河東計吏到許，向曹操推薦他時，在薦書裡即說逵「其才兼文武，誠時之利用」（《三國志‧賈逵傳》裴注引《孫資別傳》）。

「才兼文武」或「文武兼資」一類的話常見於兩漢舉薦官員的薦書。許多人因文武兼修而被拔擢，甚至有人以此自薦。他們在議論中也經常指出國家並用文武，才是長治久安之策。亂世重武，不難想見，但非全然如此。以下舉些例子，以見一斑：

1. 建安初，〔路粹〕以高才與京兆嚴像擢拜尚書郎。像以兼有文武，出為揚州
   刺史。　　　　　　　　　　　　　　　　　　（《三國志‧王粲傳》裴注引《典略》）

2. 東漢末，荊州牧有請牟融出仕，「曰：『……君文武兼備，有專對才。今欲相
   屈之零陵桂陽，假塗於通路，何如？』牟子曰：『被秣伏櫪，見遇日久，烈
   士忘身，期必騁效。』遂嚴當發。」　　　　　（《牟子叢殘新編》《牟子理惑論》）

21　參趙幼文，《曹植集校注》（臺北：明文書局，1985），頁 411、484-485；蕭統，《文選》（臺
　　北：文津出版社，李善注本，1987），頁 1679。

3. 馮岱字德山,性〔忼〕慨,有文武異才。既到官〔陳留太守〕,〔符〕融往相
   見,薦范冄為功曹,韓卓為主簿,孔佃為上計吏。

                                                      （《後漢書·符融傳》李賢注引謝承書）

4. 潁少便弓馬,尚遊俠……長乃折節好古學……永壽二年,桓帝詔公卿選將有
   文武者,司徒尹頌薦潁,乃拜為中郎將。   （《後漢書·段潁傳》）

5. 〔陽球〕漁陽泉州人也,家世大姓冠蓋。球能擊劍,習弓馬,性嚴厲,好申
   韓之學……。   （《後漢書·酷吏傳》）

6. 中平元年,四方兵起,詔選故刺史、二千石有文武才用者,徵〔趙〕岐拜議
   郎,車騎將張溫西征關中,請補長史、別屯安定。   （《後漢書·趙岐傳》）

7. 盧植……少與鄭玄俱事馬融,能通古今學……學終辭歸,闔門教授……建寧
   中,徵為博士,乃始起焉。憙平四年,九江蠻反,四府選植才兼文武,拜九
   江太守,蠻夷賓服……中平元年,黃巾賊起,四府舉植,拜北中郎將……發
   天下諸郡兵征之。   （《後漢書·盧植傳》）

8. 〔陳〕珪子登字元龍,學通古今,處身循禮,非法不行。性兼文武,有雄姿
   異略,一領廣陵太守。   （《後漢書·陳球傳》李賢注引謝承書）

9. 〔護羌校尉龐參為羌所敗,失期,下獄〕,校書郎中馬融上書請之曰:……
   竊見前護羌校尉龐參文武昭備,智略弘達,既有義勇果毅之節,兼以博雅深
   謀之姿……得在寬宥之科……。書奏,赦參等。   （《後漢書·龐參傳》）

10. 初舉孝廉。順帝末,江淮賊起……州郡不能禁。或說大將軍梁冀曰:朱公叔
    兼資文武,海內奇士,若以為謀士,賊不足平也。冀亦素聞穆名,乃辟之,
    使典兵事,甚見親任。   （《後漢書·朱穆傳》）

11. 尚少喪父,事母至孝,通《京氏易》、古文《尚書》。為吏清絜,有文武才
    略。   （《後漢書·度尚傳》李賢注引《續漢書》）

12. 滕撫……初仕州郡,稍遷為涿令,有文武才用。太守以其能,委任郡職,兼
    領六縣,風政修明,流愛于人。在事七年,道不拾遺……順帝末……廣陵賊
    張嬰……據廣陵,朝廷廣求將帥。三公舉撫有文武才,拜為九江都尉,與中
    郎將趙序助馮緄合州郡兵數萬人共討之。   （《後漢書·滕撫傳》）

13. 〔馬〕寔……扶風茂陵人也。晝誦經書,夜習弓兵,希慕名流,交結豪

古月集：秦漢時代的簡牘畫像與政治社會
       ——卷三 皇帝、官僚與社會

傑……山陽王暢知名當時……西羌之難，王暢薦寔於執事，由是為匈奴中郎
　　將。　（《後漢紀·順帝紀》〔周天游校注本，天津古籍出版社，1987〕下卷，漢安二年）

14. 光武……問於鄧禹曰：諸將誰可使守河內者？禹曰：……寇恂文武備足，有
　　　牧人御眾之才，非此子莫可使也。乃拜恂河內太守，行大將軍事。

（《後漢書·寇恂傳》）

15. 翁歸少孤，與季父居。為獄小吏，曉習文法，喜擊劍，人莫能當……後去吏
　　　居家。會田延年為河東太守，行縣至平陽，悉召故吏五、六十人。延年親臨
　　　見，**令有文者東，有武者西**。閱數十人，次到翁歸，獨伏不肯起。對曰：**翁**
　　　歸文武兼備，唯所施設。功曹以為此吏倨傲不遜。延年曰：何傷？遂召上辭
　　　問，甚奇其對，除補卒史，便從歸府……。　　　　　　（《漢書·尹翁歸傳》）

16. 朱雲……長八尺餘，容貌甚壯，以勇力聞。年四十乃變節從博士白子友受
　　　《易》，又事前將軍蕭望之受《論語》，皆能傳其業……元帝時，琅邪貢禹為
　　　御史大夫，而華陰守丞嘉上封事言：治道在於得賢。御史之官，宰相之副，
　　　九卿之右，不可不選。平陵朱雲兼資文武，忠正有智略，可使以六百石秩試
　　　守御史大夫，以盡其能……。　　　　　　　　　　　　　　（《漢書·朱雲傳》）

17. 賈捐之與他人共薦楊興，奏曰：竊見長安令興……其下筆屬文則董仲舒，進
　　　談動辭，則東方生，置之爭臣，則汲直；用之介冑，則冠軍侯，施之治民，
　　　則趙廣漢，抱公絕私，則尹翁歸，興兼此六人而有之……國之良臣也，可試
　　　守京兆尹。　　　　　　　　　　　　　　　　　　　　（《漢書·賈捐之傳》）

18. 趙禹曰：……今有詔舉將軍舍人者，欲以觀將軍而能得賢者文武之士也。今
　　　徒取富人子上之，又無智略……於是趙禹悉召衛將軍舍人百餘人，以次問
　　　之，得田仁、任安，曰：獨此兩人耳，餘無可用者。……有詔召見衛將軍舍
　　　人，此二人前見，詔問能略，相推第也。田仁對曰：提枹鼓立軍門，使士大
　　　夫樂死戰，丘不及任安。任安對曰：夫決嫌疑，定是非，辯治官，使百姓無
　　　怨心，安不及仁也。武帝大笑曰：善。使任安護北軍，使田仁護邊田穀於河
　　　上。　　　　　　　　　　　　　　　　　　　　　　　　（《史記·田叔列傳》）

文武一詞在漢代可以有很多不同的意義，不過在以上的例子中，所謂文武
的「武」是指兵法、戰陣、將帥之道及弓馬射御之事；「文」則主要指兩

類內容：一是經書，二是文法吏之文法，基本上是指司法獄訟，也就是以上第 18 例中所謂「決嫌疑，定是非，辯治官，使百姓無怨心」之事。經書和法律是漢代施政的兩大準據。漢代為吏，以知書明律為基本，進一步則須通明經義。[22] 不論儒生或文吏，他們又須兼習兵法或弓馬射御。馬寔「晝誦經書，夜習弓兵」，皇甫嵩「好詩書，習弓馬」都是典型的例子。大儒馬融雖自認為「臣託儒者，不便武職」，當他看到征西將軍馬賢征羌不力，竟自願效力疆場，上書順帝「請兵五千」。[23] 通今古文的經學大師盧植以文武才略，兩度受舉，率兵平九江蠻和黃巾賊。為《孟子》作注的大儒趙岐因文武才，被車騎將軍召為長史，屯兵安定。另一大儒鄭玄遍注群經，注中頻頻引述兵法（參附錄：兩漢人徵引兵法輯鈔）。

　　能文能武不僅見於東漢末，也見於莽末東漢初。助光武得天下的大將耿純，其父王莽時為濟平尹，純則學於長（常）安，除為納言士。李賢注：「王莽法古置納言之官，即尚書也。每官皆置士，故曰納言士也。」可見耿純所學當是所謂文法之事。但是他後來屢立戰功而封高陽侯。建武二年，他平真定王之亂，還京師，自請曰：「臣本吏家子孫，幸遭大漢復興，聖帝受命，備位列將，爵為通侯。天下略定，臣無所用志，願試治一郡，盡力自效。」帝笑曰：「卿既治武，復欲修文邪？」迺拜純東郡太守。在郡數年，因事坐免，「百姓老小數千隨車駕涕泣……帝謂公卿曰：『純年少被甲冑為軍吏耳，治郡迺能見思若是乎？』」（《後漢書・耿純傳》）治軍為武職，治民為文職。光武因而有以上的評論。

　　光武出身太學生，卻知兵法戰陣，指揮若定，以得天下。耿純的軍事修養如何而來，傳無明文。那時的儒生很可能普遍具有兵法和弓馬射御的知識和能力，除非有非比尋常之處，一般在傳記中不會特別提上一筆。[24]

22　拙著，〈秦漢的律令學〉，《秦漢史論稿》（臺北：東大圖書公司，1987），頁 247-316。本書卷四，頁 11-78。

23　《後漢紀》卷 19 順帝紀下，周天游校注本（天津：天津古籍出版社，1987），頁 527。

24　班超是另一個例子。班超為班彪少子，涉獵書傳，後為蘭台令史。《後漢書・班超傳》除了說他涉獵書傳，為官寫書外，完全沒提他是否通兵書或武事，但明帝十六年竇固征匈奴，超

再看東漢中前期的王充。他在《論衡》裡曾對舞文弄墨的文吏大加撻伐，卻並沒有站在儒生的立場，貶斥武吏或要求偃武修文。和他同時或稍後的桓譚或王符也都是如此。王符甚至以外患為慮，有勸將、救邊之議。東漢儒生既然如此，即不好說「武」在當時是如何受到輕視。

不過文武相非互輕，確實存在。《淮南子‧氾論》指出隨著漢初以來時局的變化，曾出現「文武相非」的情況：

> 高皇帝存亡繼絕，舉天下之大義，身自奮袂執銳，以為百姓請命于皇天，當此之時，天下雄儁豪英，暴露于野澤，前蒙矢石而後墮谿壑，出百死而給一生，以爭天下之權，奮武屬誠，以決一旦之命。當此之時，豐衣博帶而道儒墨者，以為不肖。逮至暴亂已勝，海內大定，繼文之業，立武之功，履天子之圖籍造劉氏之貌冠，總鄒魯之儒墨，通先聖之遺教，戴天子之旗，乘大路，建九斿，撞大鐘，擊鳴鼓，奏咸池，揚干戚。當此之時，有立武者見疑，一世之間而文武代為雌雄，有時而用也。今世之為武者，則非文也；為文者，則非武也，文武更相非，而不知時世之用也。此見隅曲之一指，而不知八極之廣大也。故東面而望不見西牆，南面而視不 北方，唯無所嚮者，則無所不通，國之所以存者，道德也。[25]

這是一段十分珍貴的陳述，反映出自漢初定天下到《淮南子》寫作的「今世」，也就是武帝時代，蒙矢石爭天下的「為武者」與豐衣博帶而道儒墨的「為文者」之間勢力起伏，所謂「時世之用」的變化。在《淮南子》的作者看來，文武相非，都是只見隅曲之一指，只有無所指向，才能無所不通。這可以意味著打破文武之隅曲，會通二者，也可意味著歸本於道德，二者皆不用。

《淮南子》記述的是淮南王劉安及賓客的議論；就實際情況說，武帝無疑兼重文武，並不將董仲舒等儒重文輕武之論放在眼裡。[26]《漢書‧東

為假司馬，即初露鋒芒，多斬首虜，後以「能」，受任出使西域，可見他必然能文能武。

25　《淮南子》（劉文典《淮南鴻烈集解》本，臺北：商務印書館，1968），卷 13，頁 12 上下。

26　例如《春秋繁露‧服制像》（蘇輿義證本，臺北：河洛圖書公司）：「夫執介冑而後能拒敵者，故非聖人之所貴也……故文德為貴而威武為下……。」

方朔傳》有兩段值得注意的材料。東方朔在上奏中曾這樣敘述自己求學的歷程：

> 朔初來，上書曰：「臣朔少失父母，長養兄嫂。年十三學書，三冬文史足用。十五學擊劍，十六學詩書，誦二十二萬言。十九學《孫》、《吳》兵法，戰陣之具，鉦鼓之教，亦誦二十二萬言。凡臣朔固已誦四十四萬言。又常服子路之言，臣朔年二十二，長九尺三寸……可以為天子大臣矣……」

東方朔之言雖為求售而誇大，但其所學不外一「文」（文史、詩書）一「武」（擊劍、兵法、戰陣、鉦鼓之教）兩大類，十分清楚。這在當時應該有一定的代表性。例如在同一傳中就有另外一個例子：

> 初，〔武〕帝姑館陶公主號竇太主……近幸董偃。始偃與母以賣珠為事。偃年十三，隨母出入主家。左右言其姣好，主召見，曰：「吾為母養之。」因留第中，教書、計、相馬、御射，頗讀傳、記。

董偃像東方朔一樣並非出身華貴。但要留在竇太主身邊，躋身上流，就要接受和東方朔類似的文武兼具，包括書寫、算術、射箭駕車、相馬術，甚至經書傳記的教育。大體來說，這和封建貴族以六藝為內容的教育相去不遠。

東方朔自認身兼文武之才，上書自薦。上書中說有他這樣的才具，「可為天子大臣」。這反映出一種對天子大臣資格的看法。這種看法不但當時的人能夠接受，甚至認為這才是大臣的上選。武帝徵天下文學賢良方正之士，上書者以千計，多報聞而已，唯東方朔受到賞識，「令待詔公車」。前引第 14 例，河東太守選屬吏，在數十名文吏與武吏中，獨以知曉文法和喜好擊劍，「文武兼備」的尹翁歸除補卒史，也是同樣的情形（圖 6）。

東方朔為郎，曾執戟戍衛宮中。以當時的郎吏制度而言，一旦為郎，除了在中央各府寺見習，一項重要的工作即隨侍皇帝，出則驂乘，入則宿衛。驂乘宿衛不能不知弓馬。郎是西漢培養和選拔官吏最重要的途徑之一，其訓練明顯兼有文武兩方面（圖 7）。[27]

27　參嚴耕望，〈秦漢郎吏制度考〉，《嚴耕望史學論文選集》（臺北：聯經出版公司，1991），頁

圖 6　漢代畫像中以戟、弓箭、鉤鑲對戰的畫面，2010.6.30 作者攝於山東省博物館。

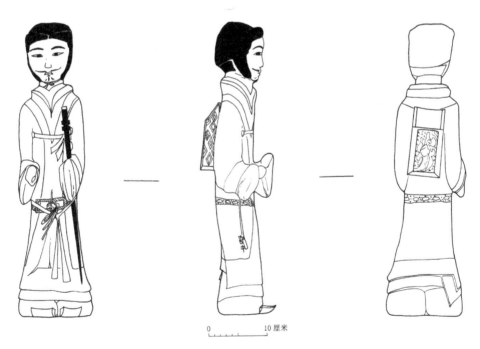

0　　　　　　10 厘米

圖 7　徐州北洞山漢墓出土佩劍郎中陶俑

還必須一說的是東方朔少學《孫》、《吳》兵法並非孤例。兩漢人物傳記中直接提到嘗習兵法、兵書，或習經書兼及兵書者至少還有張良、趙充國、馮奉世、王孫慶、馮異、耿秉、竇固、馮緄、徐淑、郗慮等人可考。[28] 實際上論兵之書並不限於所謂的兵書，先秦諸子和秦漢著作中也多有論兵的篇章。漢人讀書只要涉獵稍廣，即必然能夠具備若干兵法上的常識。

單以兵書而言，漢世兵書種類極多。《漢書・藝文志》分兵書為兵權謀、兵形勢、兵陰陽、兵技巧四大類，凡五十三家，七百九十篇，圖四十三卷。又說：「漢興，張良、韓信序次兵法，凡百八十二家，刪取要用，定著三十五家。諸呂用事而盜取之。武帝時，軍政楊僕捃摭遺逸，紀奏兵錄，猶未能備。至于孝成，命任宏論次兵書為四種。」這一段話表明，兵書從漢初以來即不斷整理，終西漢一代始終受到重視。王莽時，徵天下明兵法者達六十三家「數百人」之多（《漢書・王莽傳下》；《後漢書・光武帝紀》）。近數十年來漢墓及邊塞出土不少兵書，目前所知最少有以下這些：[29]

1. 湖南長沙馬王堆漢初墓。墓中出土古籍甚多，其中有定名為《天文氣象雜占》、《刑德》者，以星象占問將帥吉凶，應與兵陰陽有關。[30]

2. 湖北江陵張家山漢初二四七號墓出土兵書《闔廬》、《伍子胥》，屬兵陰陽。

3. 河北定州八角廊中山懷王墓出土簡有《太公六韜》。

4. 山東臨沂銀雀山一號墓出土《孫子兵法》、《孫臏兵法》、《尉繚

329-384。黃留珠在論漢代仕進制度的特色，也特別強調了郎官尚武的特色，參所著〈試論兩漢仕進制度的特點〉，《秦漢歷史文化論稿》（西安：三秦出版社，2002），頁 409-410。

28 分見《史記》〈留侯世家〉、《漢書》〈趙充國傳〉、〈馮奉世傳〉、〈翟方進傳〉子翟義條、《後漢書》〈馮異傳〉、〈耿國傳〉、〈竇固傳〉、〈馮緄傳〉、〈徐璆傳〉注引謝承書、〈孔融傳〉。

29 總體討論參見李零，《簡帛古書與學術源流》第十一講兵書類，頁 356-397。

30 參顧鐵符，〈馬王堆帛書天文氣象雜占簡述〉，《文物》，2（1978），頁 1-4；魏啟鵬，〈帛書《天文氣象雜占》的性質和纂輯年代〉，《馬王堆漢墓研究文集》（長沙：湖南出版社，1994），頁 80-85；陳松長，〈帛書刑德略說〉，《簡帛研究》第一輯（北京：法律出版社，1993），頁 96-107。

子》、《六韜》、《管子》等。

5. 青海大通上孫家寨漢墓出土引用《孫子》之軍令殘文。

6. 安徽阜陽縣雙古堆一號漢墓出土《刑德》竹簡。釋文尚未發表，從整理小組舉例可知與馬王堆所出之《刑德》相類，屬兵陰陽之作。[31]

7. 敦煌、居延邊塞出土簡中的兵書殘文（如《敦煌漢簡》541、610、1409-1412；《居延漢簡》40.29、《居延新簡》EPT65:318）。

　　出土兵書的遺址範圍十分廣泛，包括今湖南、湖北、河北、安徽、山東、青海和漢帝國的西北邊塞。遺簡的主人或是高貴的諸侯王，或是內郡和邊塞低下的官兵吏卒。青海大通上孫家寨出土《孫子》的一一五號墓，時代在王莽前後，墓主身分無法確知。有趣的是在墓主的腰間發現殘存的鐵刀，槨中還出土了弩機構件、玉鼻塞、銅印（「馬良私印」）和石硯。[32] 從其它出土類似文物而墓主身分清楚的漢墓看（如：時代相去不遠的江蘇連雲港尹灣東海太守功曹史師饒墓），一一五號墓墓主很可能是地方官吏。以出兵書《闔廬》、《伍子胥》的湖北江陵張家山二四七號墓而言，墓主則無疑是漢初地方的小吏。[33]

　　兵書的名目不但有傳世習見的，也有不少失傳已久或為我們所不知者。以孫子兵法而言，司馬遷曾經提到「世俗所謂師旅，皆道《孫子》十三篇。吳起兵法世多有，故弗論」。[34] 換言之，這兩種兵法書在司馬遷的時代普遍流傳，普遍到他覺得可略而不論。再如孫臏兵法失傳已久，卻在臨沂銀雀山漢墓出現。銀雀山孫臏兵法簡〈客主人分〉章有「兵有客之分，

---

31 阜陽漢簡整理組，〈阜陽漢簡簡介〉，《文物》，2（1983），頁 21-23；陳偉武，《簡帛兵學文獻探論》（廣州：中山大學出版社，1999），頁 5。

32 青海省文物考古研究所，《上孫家寨漢晉墓》（北京：文物出版社，1993），頁 30-32 及圖 23。

33 張家山 247 號漢墓竹簡整理小組，《張家山漢墓竹間（二四七號墓）》（北京：文物出版社，2001），前言，頁 1。

34 《史記‧孫子吳起列傳》，太史公曰。

有主人之分……客倍主人半，然可敵也」之句（圖 8）。此句亦見於《漢書·陳湯傳》。陳湯與元帝議論是否發兵救段會宗，陳湯曾引兵法曰：「客倍主人半，然後敵。」此句不見於它本兵書，可見陳湯很可能是引自孫臏兵法。

如果我們再注意一下兩漢士人在章奏議論中徵引兵書的情形，就更可以證實兵法是漢代士人普遍具備的知識。據我初步輯鈔漢代文獻，不計〈藝文志〉所錄，兩漢人在議論中引用過的兵法最少就有：《司馬法》、《孫子兵法》、《孫臏兵法》、《司馬穰苴兵法》、《太公兵法》、《黃帝理法》、《太公六韜》、《黃石公記》（《黃石公三略》）、《吳起兵法》、《魏公子兵法》、《闔廬》等。徵引過兵法的人物，除去皇帝，還有主父偃、罪正閎、長史安、陳湯、韓信、成安君、司馬遷、張良、郭圖、宋昌、晁錯、韓安國、趙充國、何武、黃生、嚴尤、馮異、朱勃、隗囂、楊賜、虞詡、許涼、伍宕、皇甫嵩、董卓、公孫瓚、高彪、王充、王符等人（參附錄：兩漢人徵引兵書輯鈔）。

兵書在漢代和經書一樣，不單單是作為「研究」的對象，而是經世致用的依據。漢代士人熟讀兵書，一旦為官為吏，或用於議論，或化為實際的行動。要勝任實際的武事，不能不有一定的軍事素養。漢代文獻只提到西漢時在中央為郎，須任宿衛；地方上每年秋後都試，郡縣守長須校閱射御戰陣等訓練的成果。實際如何訓練，幾乎全無資料。可是稍觀漢墓畫像，即知漢承古風，不論中央或地方，訓練的一個方式應該就是狩獵。

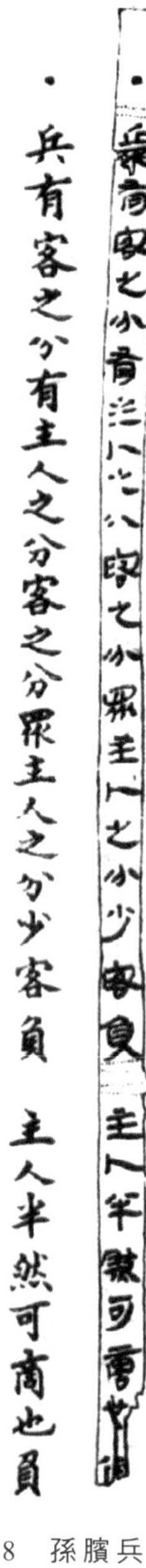

漢代壁畫、畫像磚或畫像石墓中最常見的一種畫像主題正是狩獵。狩獵畫像或者單獨出現，或者與交戰圖

圖 8　孫臏兵法簡 257 正摹本及釋文，據張震澤，《孫臏兵法校理》，頁 253。

圖9　山東長清孝堂山石祠狩獵與胡漢交戰畫像線描圖，劉曉芸摹本局部。

一起出現（圖9）。曾有些學者認為這些狩獵圖僅是反映當時的娛樂，[35] 也有人認為狩獵是為供應祭祀用的犧牲，[36] 但也有學者指出應和軍事訓練有關。[37] 狩獵圖和其它的漢畫一樣，可以有多重多樣的寓意，其和胡漢交戰圖一起出現的，應和軍事訓練相關才說得通。[38] 封建時代蒐狩以講武，秦漢以降則「三時務農，一時講武」，[39] 從中央到地方「寄戎事之教於田獵」的風氣依舊。[40] 西漢長安上林苑是供漢天子田獵遊樂之地，但也供馳射，「講習戰陳」；[41] 燕王旦謀反時，「勒車騎，發民會圍，大獵文安縣，以講

35　艾延丁、李陳廣，〈試論南陽漢代畫像中的田獵活動〉，《漢代畫像石研究》，頁219-225。

36　土居淑子，《古代中國の畫像石》（東京：同朋舍，1986），頁47-48。

37　徐衛民，〈秦漢園林特點瑣議〉，《秦漢史論叢》，頁249；信立祥，《漢代畫像石綜合研究》，頁137-139。不過信立祥認為原義為軍事訓練的狩獵圖在東漢晚期已不獨立存在，失去原義，而以樹木射鳥圖的形式成為祠主受祭圖的一部分，見其作，頁139。

38　參拙著，〈漢代畫像胡漢戰爭圖的構成、類型與意義〉，《國立臺灣大學美術史研究集刊》，19（2005），頁63-132；收入本書卷二，頁335-412。

39　《續漢書·禮儀志中》，李賢注引《魏書》。

40　《月令》季秋之月，「天子乃教於田獵，以習五戎」，〈守法守令〉：「上使民之壯者，吏將以獵，以便戎事」這類說法在漢代無疑居於指導地位。參《銀雀山漢墓竹簡（一）》（北京：文物出版社，1985），〈守法守令〉簡947，頁146。漢制見《後漢書·禮儀志中》，〈貙劉〉條。

41　《漢書·匈奴傳》：「文帝中年赫然發憤，遂躬戎服，親御鞍馬，從六郡良家材力之士，馳射上林，講習戰陳。」

士馬」。[42] 燕王旦之所以能利用圍獵掩護訓練兵馬，是因為其習見於地方；如果不常見，豈不引人注意，敗露陰謀？文獻明載西漢郡縣於八月行都試，校閱射御戰陣。東漢以後，都試雖廢，但地方官吏似仍經常行獵。這其中不無遊樂的成分，但不能說沒有習武的意義。東漢崔寔的《四民月令》是一部指導地方一年行事的書。其八月「可上角弓弩，繕治，檠正，縛撅弦，遂以習射」，其九月要「繕五兵，習戰射，以備寒凍窮厄之寇」。[43] 這裡雖沒有明說習射或習戰射是採取什麼方式，私意以為就是狩獵。東漢以地方吏為主的墓或祠堂畫像中，狩獵圖如此之多，絕非偶然。其中不少又和胡漢交戰圖同時出現，這樣的安排似乎只有從「寄戎事之教於田獵」才比較好理解。

二、仕宦可文可武——以將軍、護羌校尉為例

前文提到秦漢從中央到地方，官分文武。到底如何分？我們知道的其實不多，研究也還很不夠。姑不論文武職掌、俸祿秩級和地位的差別，單從官員一生仕宦的經歷，是否可以分出文武各自不同的宦途前程呢？如果能夠將兩漢文獻和碑刻中人物的仕宦歷程資料，較全面和系統地作些分析，不難得出答案。

這篇小文僅能以前賢的研究為基礎，以舉例的方式，略言一二。廖伯源先生曾蒐集兩漢將軍的資料，深入討論將軍一職的職掌和變化。[44] 就文武言，將軍無疑屬武職，西漢諸將軍金印紫綬，與丞相同。漢初叔孫通定朝儀，諸將軍（與功臣、列侯）等「軍吏」和「文官」丞相，分領文武兩班。廖伯源論西漢將軍變化之大勢，以武帝崩殂為分界，此前將軍為征伐將軍，領軍出征或宿衛；此後將軍領尚書事，為中朝之主腦，代丞相握朝政

42　《漢書·武五子傳》。

43　參繆啟愉輯釋，《四民月令輯釋》（北京：農業出版社，1981），頁 85、94；藤田勝久，〈四民月令の性格について—漢代郡縣の社會像—〉，《東方學》，67（1984），頁 1-14。

44　請參廖伯源，〈試論西漢諸將軍之制度及其政治地位〉、〈東漢將軍制度之演變〉，收入《歷史與制度》（香港：香港教育圖書公司，1997），頁 138-203、204-308。

之實權。廖氏指出「自昭帝朝至西漢末，朝廷之權力地位影響最為顯著者，不再是丞相，而是將軍領尚書事」，[45] 將軍既領兵又領尚書事掌朝政，其為文為武，界線變得模糊。單以所謂的征伐將軍而言，武帝以前的固以征伐為事，但漢初功臣諸侯當道，出將入相實為常事，曹參、周勃即為其例。文、景時，灌嬰、周亞夫既為太尉，又可為丞相。文武之分，對漢初功臣或功臣後人之仕宦而言，並沒有太多意義。[46] 再者，西漢從事征伐者，又非必將軍。武帝建元六年擊閩越，大行王恢將兵出豫章，大司農韓安國出會稽；征和三年御史大夫商丘成隨貳師將軍等擊匈奴。大行掌諸歸義蠻夷，大司農掌穀貨，御史大夫為丞相之副，皆屬丞相之文官，受命領兵出征，未聞加將軍之號。[47] 武帝以後，昭帝始元元年以水衡都尉（掌上林苑）呂破胡，始元四、五年又以大鴻臚（掌諸歸義蠻夷）田廣明先後擊益州蠻；元鳳元年以大鴻臚田廣明，執金吾（掌徼循京師）馬適建擊武都氏，也都沒有加將軍號。[48] 可見西漢中央高官雖分文武，但還說不上是絕對的。

東漢將軍之設置，廖伯源指出有簡單化和制度化的趨勢。他曾統計從建武十三年至靈帝中平六年，主持軍事任務的領兵官一四九人任中，具將軍頭銜的僅卅九人任，其餘一一〇人任是以其它官銜（護羌校尉、使匈奴中郎將、護烏桓校尉、西域都護、西域長史等）領兵執行任務。[49] 不論這些人是否有將軍號，以他們擔任的官職來看，無疑都是武職。

值得分析的是這些人又有多少只任武職，而不任文職呢？稍一查考不難發現，不論曾任將軍、護羌校尉、使匈奴中郎將、護烏桓校尉或西域都護的，其仕宦歷程常是文武兼有。姑以東漢若干資料較全的度遼將軍為例，看看他們的出身和仕宦歷程：

---

45 同上，〈試論西漢諸將軍之制度及其政治地位〉，頁 182。

46 李開元分析漢初開國功臣及其後人在政治上的特殊地位，特名之為軍功受益階層，參《漢帝國的建立與劉邦集團——軍功受益階層研究》（北京：三聯書店，2000）。

47 廖伯源，〈試論西漢諸將軍之制度及其政治地位〉，頁 185。

48 同上，附表 4〈西漢時期軍事行動之領兵長官表〉，頁 202-203。

49 廖伯源，〈東漢將軍制度之演變〉，頁 272-273。

(1) 宋漢　父由，元和間為太尉，「以經行著名，舉茂才」，西河太守，永建元年為東平相、度遼將軍，遷太僕，拜太中大夫。　　　　　　　　　　　　　　　　（《後漢書·宋弘傳》，頁905）

(2) 馬續　馬援族孫，「七歲能通論語，十三明尚書，十六治詩，博觀群籍，善九章籌術，順帝時為護羌校尉，遷度遼將軍」。　　　　　　　　　　　　　　　　　　　　（《後漢書·馬援傳》）

(3). 張奐　「父惇為漢陽太守。奐少遊三輔，師事太尉朱寵，學歐陽尚書。初牟氏章句浮辭繁多，四十五萬餘言，奐減為九萬言。後辟大將軍梁冀府，乃上書桓帝，奏其章句。詔下東觀。」議郎、安定屬國都尉、使匈奴中郎將、武威太守、度遼將軍、大司農、護匈奴中郎將、少府、再拜大司農、太常，「奐閉門不出，養徒千人，著尚書記難三十餘萬言。」　　　　　　　　　　　　　　　　（《後漢書·張奐傳》）

(4) 橋玄　「七世祖仁，從同郡戴德學，著禮記章句四十九篇，號曰橋君學。成帝時為大鴻臚。祖父基，廣陵太守；父肅，東萊太守。玄少為縣功曹」，孝廉、洛陽左尉、齊相、上谷太守、漢陽太守、司徒長史、將作大匠、度遼將軍、河南尹、少府、大鴻臚、司空、司徒、尚書令、光祿大夫、太尉、太史大夫。　　　　　　　　　　　（《後漢書·橋玄傳》）

(5) 陳龜　「家世邊將，便習弓馬……永建中，舉孝廉」，五原太守、使匈奴中郎將、京兆尹、度遼將軍、尚書。

　　　　　　　　　　　　　　　　　　　　（《後漢書·陳龜傳》）

(6) 种暠　「仲山甫之後也。父為定陶令……始為縣門下史」，主簿、孝廉、辟太尉府、侍御史、益州刺史、涼州刺史、漢陽太守、使匈奴中郎將、遼東太守、議郎、南郡太守、尚書、度遼將軍、大司農、司徒。　　　（《後漢書·种暠傳》）

(7) 李膺　「祖父脩，安帝時為太尉；父益，趙國相。」初舉孝廉、青州刺史、漁陽太守、蜀郡太守、護烏桓校尉「鮮卑數犯

塞，膺常蒙矢石，每破走之，虜甚憚懾。以公事免。還居
綸氏，教授常千人……永壽二年，鮮卑寇雲中，桓帝聞膺
能，乃復徵為度遼將軍」，河南尹、司隸校尉、長樂少
府。　　　　　　　　　　　　　　　　　（《後漢書‧黨錮傳》）

　　以上七人出身背景各有不同，或世為邊將，或為地方吏，或名門士族
之後，或為書生，而他們在出任度遼將軍前後，所歷各職文武皆有，可文
而後武，也可武而後文，看不出文武異途或重文輕武的現象。宋漢、馬續
和張奐都是經生，李膺更是太學生心目中的「天下楷模」（《後漢書‧黨錮
傳》）。在他們的傳記中完全不見他們曾有過任何與「武」有關的教育，可
是事實證明他們上馬殺賊，下馬草露布，既能文也能武。一些太過平常，
但重要的歷史的線索，如經生讀兵書，習弓馬，很可能就這樣在不經意之
中為史臣所刪削了。

　　再以可考的東漢護羌校尉三十二人為例（參附錄二：東漢護羌校尉表）。
其中五人除校尉一職外，別無它職可考；由太守、相轉任的有十七人；由
軍吏、邊郡長史、司馬等武吏出身的有三人（任尚、田晏、夏育）；曾任孝廉
的最少有三人（龐參、第五訪、段熲）。又其中最少有三人傳中明言或「學文」
（第五訪），或「好古學」（段熲），或「以詩、易教授，門徒三百餘人」（皇
甫規），而他們的官歷並不局限在武職之中。例如孝廉出身的龐參，在任護
羌校尉以前曾任謁者、漢陽太守，其後曾任遼東太守、度遼將軍，最後任
大鴻臚和太尉錄尚書事。第五訪曾任新都令、張掖太守和南陽太守，最後
才出為護羌校尉，死於任上。段熲任職甚多，在任護羌校尉之前，曾為憲
陵園丞、陽陵令、遼東屬國都尉、議郎、中郎將，其後又任議郎、并州刺
史、再任護羌校尉、破羌將軍、侍中、執金吾、河南尹、諫議大夫、司隸
校尉、太尉、潁川太守、太中大夫。我們知道他還歷任御史中丞和少府，
但是在仕途的那一段，待考。皇甫規既曾任度遼將軍和使匈奴中郎將等武
職，也曾任文職的尚書，這和前述度遼將軍陳龜、种暠的經歷相似。東漢
尚書秩卑而權重，超過位尊而無權的三公。皇甫規和陳龜皆先任度遼將軍
再為尚書，种暠是先尚書而後為度遼將軍，可以說仍然是出將入相的格

局。

　　以上粗略舉例，以見兩漢中央要員雖分文武，但官員遷轉並無明顯各別的途徑，而不同的出身，也不必然走上或文或武相異的宦途。以下要談一談地方吏在實際為吏的生涯中，是否也是文武欠分明呢？

三、地方文武吏都從軍作戰

　　漢代地方郡縣守長之職亦文亦武，郡守甚至又稱郡將，這是大家都知道的。[50] 他們統兵作戰的具體例子在漢代文獻中甚多。以下僅從出土畫像較多的東漢時期，舉一些文獻中的例子，說明東漢不論文吏或武吏，在實際的吏職生涯中，為拒外患或除內憂，都不免親冒鋒鏑，參與作戰。應劭任太山太守時，黃巾三十萬人入郡界，應劭「糾率文武，連與賊戰，前後斬首數千級」（《後漢書・應奉傳》）。他糾率的文武，就是郡中的文武屬吏。這一類屬吏奮不顧身的英勇行動，在史冊中備受頌揚：

1. 「〔周〕嘉仕郡為主簿。王莽末，群賊入汝陽城，嘉從太守何敞討賊。敞為流
　　矢所中，郡兵奔北，賊圍繞數十重，白刃交集。嘉乃擁嘉，以身扞之……」

（《後漢書・獨行傳》）

2. 「延平中（西元 106 年），鮮卑數百餘騎寇漁陽。太守張顯率吏士追出塞……
　　顯拔刀追散兵，不能制，虜射中顯。主簿衛福，功曹徐咸遽赴之，顯遂墮
　　馬。福以身擁蔽，虜并殺之……」

（《後漢書・獨行傳》；又見《後漢書・烏桓鮮卑列傳》）

3. 「建光元年（西元 121 年）春……遼東太守蔡諷等將兵出塞擊之……蔡諷等追
　　擊於新昌，戰歿。功曹耿耗、兵曹掾龍端、兵馬掾公孫酺酺以身扞諷，俱沒
　　於陳。」　　　　　　　　　　　　　　　　　　（《後漢書・東夷列傳》高句麗條）

4. 「建光元年秋……雲中太守成嚴擊之，兵敗。功曹楊穆以身捍嚴，與俱戰
　　歿。」　　　　　　　　　　　　　　　　　　　　（《後漢書・烏桓鮮卑列傳》）

50　山西夏縣王村東漢壁畫墓的榜題中有「安定太守裴將軍」一條，太守而稱將軍進一步證實太
　　守一職亦文亦武的性質，參〈山西夏縣王村東漢壁畫墓〉，《文物》，8（1994），頁40。

5. 「永和六年（西元 141 年），西羌大寇三輔……郡將知〔皇甫〕規有兵略，乃命為功曹，使率甲士八百與羌交戰，斬首數級，賊遂退卻。」

（《後漢書‧皇甫規傳》）

6. 「漢中太守鄭勤移屯褒中。……時羌復攻褒中，鄭勤欲擊之。主簿段崇諫……勤不從。出戰，大敗，死者三千餘人。段崇及門下吏王宗、原展以身扞刃，與勤俱死……」

（《後漢書‧西羌傳》，詳見《華陽國志》卷二〈漢中志〉，劉琳校本，頁 112，任乃強校注本，頁 70）

7. 「〔張〕忠子秘，為郡門下議生。黃巾起，秘從太守趙謙擊之。軍敗，秘與封觀等七人以身扞刃，皆死於陳。謙以得免。詔秘等門閭號曰七賢。」李賢注引謝承書：「秘字永寧，封觀與主簿陳端，門下督范仲禮，賊曹劉偉德，主記史丁子嗣，記室史張仲然，議生袁秘等七人擢刃突陳，與戰並死。」

（《後漢書‧張忠傳》）

8. 「李磐字文寺，嚴道人也。為長章表主簿。旄牛夷叛，入攻縣，表倉卒走。鋒刃交至，磐傾身捍表，謂虜曰：『乞煞我，活我君』，虜乃煞之，表得免。太守嘉之，圖像府庭。」 （《華陽國志》卷十上）

　　從這些例子裡，可以看見為賊所圍和出塞抗胡的太守，也看見奮不顧身，在太守身旁隨同作戰的屬吏主簿、功曹、兵曹掾和門下諸吏。武氏祠前石室的戰爭圖中有榜題「尉卿車」、「功曹車」、「主記車」、「主簿車」、「賊曹車」和「游徼車」。其中賊曹車上的人正和車旁的持刀者格鬥（圖10）。這幅圖充分反映了郡縣守令統領一郡一縣之武力，其屬下諸吏不分文（主記、主簿）武（尉、賊曹、游徼），到了戰時都是郡縣守長的軍事參謀和隨軍作戰的軍官。以下再舉兩例以見他們如何作戰：

9. 「朱遵字孝仲，武陽人也。公孫僭號，遵為犍為郡功曹，領軍拒戰於六水門。眾少，不敵。乃埋車輪，絆馬，誓必死。為述所殺。光武嘉之，追贈復漢將軍。」 （《華陽國志》卷十中）

10.「彭脩……後州辟從事。時賊張子林等數百人作亂。郡言州，請脩守吳令。脩與太守俱出討賊。賊望見車馬，競交射之，飛矢雨集，脩障扞太守，而為

圖 10　史語所藏武氏祠七女為父報仇畫像拓本

　　流矢所中，死。」　　　　　　　　　　　　　　　　（《後漢書‧獨行傳》）

　　郡功曹為求必死，埋車輪絆馬；縣令隨太守討賊，都乘坐馬車，敵矢為之雨集。這不禁使我想到東漢戰爭畫像中常見的車馬和如雨的飛矢（圖11.1-2），也使我想到前文提到的幾例，雖沒有記述這些官員是否乘坐馬車，但從畫像可以知道，這些官員不論平時或戰時都是乘車的。此外，稍一歸納即不難發現上述列入史冊的例子有一個十分明顯的類似之處，即特別留意屬吏如何奮不顧身保衛陷於危難的官長，歌頌他們為主君犧牲生命的忠義精神。這不禁使我聯想到東漢墓葬或祠堂中比比皆是的以歌頌俠義為主的歷史故事畫像。荊軻、專諸和豫讓都是「臨危一死報君王」的忠義典型。

四、百官無不佩劍

　　漢代文武分途，衣冠自亦有別。從《續漢書‧輿服志》看來，服的主要分別不在衣，而在冠幘的形式和顏色。冠幘清楚有文武之別。孫機先生綜合文獻和考古出土的實物和圖像資料已有很好的論述，這裡不再重複。[51]

51　參孫機，《漢代物質文化資料圖說》（北京：文物出版社，1991），頁 229-243；《中國古輿服

圖 11.1　山東滕縣萬莊出土戰爭畫像線描圖，原見《山東漢畫像石選集》圖 313。

圖 11.2　上圖原石局部 對戰的人馬之間空隙處有相對的飛矢，2010.6.6 作者攝於山東省博物館。

衣則不分文武，基本上都是上下相連的深衣（或稱作袍）。《禮記・深衣》謂深衣「可以為文，可以為武，可以擯相，可以治軍旅。完且弗費，善衣之次也」。[52]

　　文武吏的衣袍並不是全無差別，差別在衣之長短。一般文吏衣長，武吏為便於行動，較短。前引居延簡殘文要求武官吏「為短衣，去足一尺」，即是一例。衣去足一尺，裡面穿的袴就會露出來。這種衣之長短有時並非完全以文武為別，和流行風氣也有關係（《漢書・朱博傳》）。漢代陶俑或畫像人物的衣袍，有的武人衣長蔽足，[53] 文士儒生衣長或及足背，[54] 有時或在足背之上而露出了袴。[55]

　　這裡要強調的是漢代官吏從上到下不分文武都佩刀劍。以佩飾刀劍作

論叢（增訂本）》，〈進賢冠與武弁大冠〉（北京：文物出版社，2001），頁 161-183。

52　關於深衣的考證參孫機，《中國古輿服論叢》，頁 139-150。

53　同上，圖版 58-13，頁 235。

54　同上，圖版 62-3，頁 249。

55　山東大汶口漢墓孔子及諸弟子像即為其例，見《中國畫像石全集（1）》（濟南：山東美術出版社，鄭州：河南美術出版社，2000），圖 228。

為身分象徵，無疑是封建時代遺留下來的習慣。《晉書‧輿服志》謂：「漢制：自天子至于百官，無不佩劍。」《論衡‧謝短》說：「佩刀於右，帶劍於左。」《春秋繁露‧服制象》更曾為佩刀佩劍附會上一層神秘的意義：「劍之在左，青龍之象也；刀之在右，白虎之象也。」佩刀帶劍之制過去談的人較少，[56] 這裡稍作徵引。

兩漢承秦制，中央或地方官吏都佩刀或佩劍。[57] 武帝時蘇武使匈奴，為恐屈節受辱，曾「引佩刀自刺」。（《漢書‧蘇武傳》）司隸校尉蓋寬饒上諫，不聽，下有司，饒「引佩刀自剄北闕下」。（《漢書‧蓋寬饒傳》）元帝時，蕭育為茂陵令，課考第六，欲請，扶風怒令其詣後曹，蕭不甘受辱，按佩刀曰：「蕭育杜陵男子，何詣曹也！」（《漢書‧蕭望之傳》）可見使者、縣令佩刀。王尊為東平王相。東平王不法，尊諫；王欲殺之，佯謂尊曰：「願觀相君佩刀。」尊舉掖，顧謂傍侍郎：「前引佩刀視〔示〕王，王欲誣相拔刀向王邪？」（《漢書‧王尊傳》）可見刀佩於腋下腰間，唯不知佩於左或右，依《春秋繁露》和《論衡》的說法則應在右側。王莽時，鮑永為郡功曹，拔刀截馬，阻太守謁見止於傳舍中的侍中。（《後漢書‧鮑永傳》）和

---

56 參孫機，〈玉具劍與璲式佩劍法〉，《中國聖火》（北京：遼寧教育出版社，1996），頁 15-43。

57 《史記‧秦本紀》簡公六年：「令吏初帶劍。」《正義》：「春秋官吏各得帶劍。」湖北雲夢睡虎地秦簡《日書》甲種云：「毋以酉台寇（始冠），帶劍」（簡 112 正 2），山東臨沂銀雀山漢初墓出土日書也大量提到冠和帶劍的時日吉凶。由於兩墓的墓主都是地方官吏，配合〈秦本紀〉簡公六年的記載，我們幾乎可以推定：第一，從秦到漢初，官吏才可帶劍，一般平民是不允許帶劍的。第二，帶劍與始冠成年密切相關。秦漢一般二十始冠。當時在始冠以前即開始為吏的情形很多。這樣的年少之吏，尚不得帶劍。第三，由這一項內容也可以推知過去幾十年各地不斷出土的日書，主要的使用者其實是地方官吏，而不是許多人想像中的平民。關於銀雀山日書簡中之冠和帶劍，參吳九龍，《銀雀山漢簡釋文》（北京：文物出版社，1985），簡 0244、0798、0837、0927、2470、4941；葉山（Robin Yates）原著，劉樂賢譯，〈論銀雀山陰陽文獻的復原及其與道家黃老學派的關係〉，收入謝桂華主編，《簡帛研究譯叢》第二輯（長沙：湖南人民出版社，1998），頁 101、103、109。原文 "The Yin-yang Texts from Yinqueshan: An Introduction and Partial Reconstruction, with notes on their significance in relation to Huang-lao Daoism," *Early China*, 19（1994），pp. 75-144. 關於年少為吏，參邢義田，〈東漢察舉孝廉的年齡限制〉，收入《秦漢史論稿》，頁 139-141。

帝時，另一位郡功曹周章，為阻太守乘車去見免官就國的大將軍竇憲，曾拔佩刀絕馬靾。（《後漢書・周章傳》）

以上為佩刀之例。佩劍的例子更多。《晉書・輿服制》說漢制天子百官無不佩劍，只是籠統而言。細究起來，恐怕只有在朝會和謁見奏事較正式的場合才佩劍以顯示身分和威儀，日常坐曹辦事，尤其文吏不一定帶劍。《史記・張丞相列傳》提到這樣一個故事：宣帝時丞相魏相「以文吏至丞相，其人好武，皆令諸吏帶劍，帶劍前奏事。有不帶劍者，當入奏事，至乃借劍而敢入奏事」。因為魏相好武，才要諸吏帶劍奏事，無劍者可借劍。可見文吏一般本不帶劍，奏事也不一定帶劍。但是在須要顯示威儀的場合，例如從官長出巡，佩劍則不可少。《續漢書・輿服志》謂：「公卿以下至縣三百石長，導從置門下五吏：賊曹、督盜賊、功曹皆帶劍，三車〔為〕導；主簿、主記兩車為從。」[58] 公卿至三百石縣長出巡，這是須要展示官威的場合，前導和後從車上的屬吏應該都佩劍，〈輿服志〉之文有所省減。三國吳主孫權曾下令諸將曰：「夫存不忘亡，安必思危，古之善教。昔雋不疑漢之名臣於安平之世，而刀劍不離身，蓋君子之於武備，不可以已。」（《三國志・孫權傳》）在孫權眼中，刀劍不離身關乎君子武備，不僅僅是禮儀擺飾而已。

從考古實物和漢代畫像上，我們可以清楚看到屬吏佩刀或帶劍應是通制。例如〈輿服志〉提到功曹帶劍，據前文所引兩例可知功曹也佩刀。江蘇連雲港尹灣六號西漢末墓可以旁證功曹帶劍佩刀之制。六號墓墓主師饒為東海郡功曹史，遺骨身側正有一刀一劍，而隨葬的〈君兄衣服疏〉牘上記錄的也是一刀一劍（圖12）。[59] 這些刀劍應是他身前佩帶之物。功曹史僅為功曹之下的百石屬吏。《續漢書・百官志五》注引〈漢官儀〉謂鼓吏「赤幘行縢，帶劍佩刀，持楯被甲」，如此小吏都佩刀劍，其長官就更不用說

58　此處標點參蔣英炬，〈用武氏祠畫像校正《後漢書》一處標點錯誤〉，《考古》，10（1983），頁957。又從「兩車為從」的文氣推之，疑原文「三車導」似應作「三車為導」。

59　連雲港市博物館等，《尹灣漢墓簡牘》（北京：中華書局，1997），頁129，尹灣漢墓6號墓平面圖，頁172。劍長105.5公分，刀長101公分。

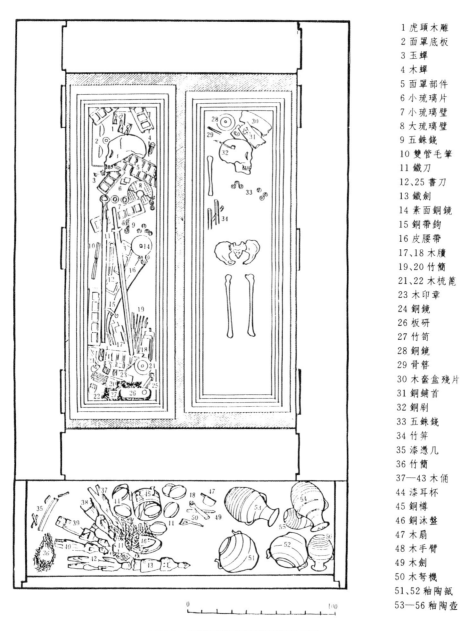

1 虎頭木雕
2 面罩底板
3 玉蟬
4 木蟬
5 面罩部件
6 小琉璃片
7 小琉璃璧
8 大琉璃璧
9 五銖錢
10 雙管毛筆
11 鐵刀
12、25 書刀
13 鐵劍
14 素面銅鏡
15 銅帶鉤
16 皮腰帶
17、18 木牘
19、20 竹簡
21、22 木梳篦
23 木印章
24 銅鏡
26 板研
27 竹笥
28 銅鏡
29 骨簪
30 木奩盒殘片
31 銅鋪首
32 銅刷
33 五銖錢
34 竹笄
35 漆憑几
36 竹簡
37—43 木俑
44 漆耳杯
45 銅博
46 銅沐盤
47 木扇
48 木手臂
49 木劍
50 木弩機
51、52 釉陶瓿
53—56 釉陶壺

圖 12　尹灣西漢師饒墓墓葬平面圖

了。[60]

　　另一個例子是王莽時代樂浪太守掾王光墓。1916 年日本學者在平壤貞柏里發掘到墓主身分清楚的王光墓。據考古報告，當西棺揭開時，在葬者的左側腰間找到一柄殘長 98 公分的鐵劍、兩枚指環和兩方木印；右側發現殘長 21.5 公分的刀鞘。[61] 另在木槨北室發現銜勒、鑣和馬面等馬具，殘鐵刀、鐵劍和銅弩臂各一。[62] 黃楊木所製之印一為兩面印，印文分別是「臣光」和「樂浪大守掾王光之印」，另一枚為「王光私印」。這明確證明了墓主身為太守屬吏的身分。

　　《宋書‧禮志》云：「漢制：自天子至于百官，無不佩刀。司馬彪〈志〉具有其制。漢高祖為泗水亭長，拔劍斬白蛇；雋不疑云：『劍者，君子武備』；[63]張衡〈東京賦〉：『紆黃組，腰干將』。然則自人君至士人，又帶劍也。自晉以來，始以木劍代刃劍。」漢代百官帶劍佩刀之制原載於司馬彪書，彪書如未佚失，我們當能更清楚知道當時的制度。

　　其它在兩漢墓中出現刀劍、弩機等銅鐵兵器的極多，[64] 由於墓主身分不能確認，不能多說。以下再舉一個東漢壁畫的例子。在河北望都一號東漢墓描繪屬吏的壁畫上，除了門下五吏，我們還清楚看見門下史、門亭長、門下游徼、仁恕掾、追鼓掾等凡弓身站立或有榜題可辨的，無不佩劍（圖 13）。[65] 這表明刀劍在漢代不僅僅為了實用，更重要的是一種「治人者」的身分象徵。這種象徵方式明顯是封建時代貴族的遺留。[66]

60　河北滿城中山王劉勝墓出土金縷玉衣，其身側右配雙劍，左佩刀。這雖是諸侯王之例，其他官長當類似。參社科院所、河北省文物管理處編，《河北滿城漢墓發掘報告》（北京：文物出版社，1980），頁 31，圖 17。

61　朝鮮古蹟研究會，《樂浪王光墓》（漢城：朝鮮古蹟研究會，1935），頁 12。

62　同上，頁 31-32。

63　《宋書‧禮志》提到雋不疑之說，當據本文前引《三國志‧孫權傳》而來。

64　參蒲慕州，《墓葬與生死》（臺北：聯經出版公司，1993），頁 145、168-173。

65　北京歷史博物館、河北省文管會，《望都漢墓壁畫》（北京：中國古典藝術出版社，1955），圖版 3-22。

66　孫機即指出「自先秦以迄漢、晉，男子法服盛裝時均須佩劍」。《中國聖火》（瀋陽；遼寧教

圖 13　河北望都漢墓屬吏圖摹本

　　總結以上的觀察，或許可以說，漢代的官僚體制雖然已大大不同於周代封建，文武已分為二，但畢竟還是在發展的初期，在制度上文武分化還不是完全嚴密隔絕；相對於後代而言，漢代保留的封建色彩仍然比較濃厚。這種較濃厚的封建色彩，更主要表現在以下要說的價值認同和心態上。

五、死後哀榮：以允文允武為典型

　　與漢代墓葬相關的墓室、祠堂、碑、神道、闕等等無疑是一個整套的設計。要理解這一整套設計的功能和目的，我認為不能離開安頓死者和安慰生者這一基本點。所謂安頓死者，是指如何使死者平安和如其所願地進入死後或不朽的世界；所謂安慰生者，是指如何使生者適當地表達他們和死者的關係，並使在生死兩界的人保持一種他們所共同期待的互動和關係。墓和祠堂、隨葬品和碑刻、壁畫和磚石雕飾等無非都是為了這一基本目的而服務。關於這一點過去已有學者十分適切地提出過，無須多說。[67]這裡要強調的是文字性的墓碑、題記和圖像性的壁畫或磚石雕飾，在功能

育出版社，1996），頁 15。西周佩劍甚短，東周以降變長。其詳可參楊泓，〈劍和刀〉，《中國古兵器論叢（增訂本）》（北京：文物出版社，1986），頁 115-130；成東、鍾少異，《中國古代兵器圖集》（北京：解放軍出版社，1990），頁 47-116。

67　請參蔣英炬，〈關於漢畫像石產生背景與藝術功能的思考〉，《考古》，11（1998），頁 90-96。

上基本一致，都在於幫助、保護、紀念或讚頌死者，也同時安慰生者。

　　以我在另一篇論文所談的胡漢戰爭圖來說，此圖有多重寓意，出現在祠堂也出現在墓室中。它是以一種格式化的圖像語言來讚頌死者，也是以一種格式化的形式象徵死者能在眾神的協助下掃除障礙，順利升仙或進入死後世界。就前者而言，它和講經圖、養老圖等都在表現死者符合文武兼備的典型。如果我們稍稍檢查一下東漢中晚期的碑刻，就可以發現兩者背後觀念和價值的一致性。以下先徵引若干漢碑中的文字以見一斑：

1. 衛尉衡方「長以欽明，耽詩悅書……拜議郎右北平太守，尋李廣之在邊，恢魏絳之和戎，戎戰士伕，費省巨億……遷潁川太守，修清滌俗，招拔隱逸……遷大醫令、京兆尹，舊都餘化，詩人所詠……」（《隸釋》卷八，建寧元年〈衛尉衡方碑〉，頁 1 上-2 上；參高文《漢碑集釋》，頁 318）

2. 泰山都尉孔宙「天姿醇嘏，齊聖達道。少習家訓，治嚴氏春秋……除都昌長，祗傳五教，尊賢養老……遷元城令。是時東岳黔首，猾夏不□□□祠兵，遺畔未寧，乃擢君典戎，以文脩之。旬月之間，莫不解甲服罪……」（《隸釋》卷七，延熹六年〈泰山都尉孔宙碑〉，頁 4 上下；參高文《漢碑集釋》，頁 257）

3. 武都太守李翕「天姿明敏，敦詩悅禮……幼而宿衛，弱冠典城。有阿鄭之化，是以三剖符守，致黃龍、嘉禾、木連、甘露之瑞……政約令行，強不暴寡，知不詐愚，屬縣趨教，無對會之事。徼外來庭，面縛二千餘人……」（《隸釋》卷四，建寧四年〈武都太守李翕西狹頌〉，頁 8 下-9 上；參高文《漢碑集釋》，頁 369）

4. 武都太守李翕「……降茲惠君。克明俊德，允武允文……」（《隸釋》卷四，建寧五年〈李翕析里橋郙閣頌〉，頁 12 上；參高文《漢碑集釋》，頁 392）

5. 司隸校尉魯峻「秉仁義之操，治魯詩，兼通顏氏春秋，博覽群書……遷九江太守，〔闋〕殘酷之刑，行循吏之道……有黃霸、召信臣在潁南之歌……延熹七年二月丁卯拜司隸校尉……其銘曰……棠棠忠惠，令

德孔　，命〔闕〕時生，雅度宏綽。允文允武，厥姿烈違。內懷溫潤，外撮強虐⋯⋯」（《隸釋》卷九，熹平元年〈司隸校尉魯峻碑〉，頁 4 下-5 下；參高文《漢碑集釋》，頁 403-404）

6. 武都太守耿勳「敦詩說禮，家仍典軍，壓難和戎，武慮慷慨⋯⋯老者得終其壽，幼者得以全育，甘棠之愛，不是過矣⋯⋯興利無極，外羌且〔闕〕等，怖威悔惡，重譯乞降⋯⋯其辭曰⋯⋯勤恤民　，拯厄救傾，匪皇啟處，東撫西征。赤子遭慈，以活以生⋯⋯愷悌君子，民賴以寧⋯⋯」（《隸續》卷十一，熹平三年〈武都太守耿勳碑〉，頁 2 下-3 下；參高文《漢碑集釋》，頁 414-415）

7. 東牟侯相嚴訢「治嚴氏春秋馮君章句眾書淵〔闕〕靡不〔闕〕覽。君體性慈⋯⋯忠公清白，好善博愛，有文有武，〔闕二字〕兼備⋯⋯長典十城，所在若神⋯⋯」（《隸續》卷三，和平元年〈嚴訢碑〉，頁 5 下）

8. 北海相景君「伏惟明府，受質自天。孝弟淵懿，帥禮蹈仁⋯⋯尅己治身，寔柔寔剛，乃武乃文。遵考孝謁，假階司農，流德元城，興利惠民，強衛改節，微弱蒙恩，威立澤宣，化行如神⋯⋯（《隸釋》卷九，漢安二年《北海相景君銘》，頁 9 下，參高文《漢碑集釋》，頁 60-61）

9. 雁門太守鮮于璜「治禮小戴，閨族孝友⋯⋯遷度遼右部司馬，慰綏朔狄，邊宇艾安⋯⋯以延平中拜安邊節使，銜命二州，受莢秉憲，彈貶貪枉，清風流射，有邵伯述職之稱。⋯⋯永初元年拜雁門太守⋯⋯聲教禁化，猷風之草。時依郡烏桓，狂狡畔戾，君執以威權，征其後伏⋯⋯〔碑陰〕⋯⋯出司邊方，單于怖畏，四夷稽顙⋯⋯到官視事，七年有餘，民殷和睦，朝無顧慢⋯⋯」（碑立於延熹八年，高文《漢碑集釋》，頁 293-295）

10. 故太尉喬公廟碑「三孤故臣門人，相與述公言行，咨度禮則，**文德銘於三鼎**，**武功勒於鉦鉞**，官簿第次，事之實錄，書於碑陰。俾爾昆裔，永有仰於碑陰。」（四部叢刊本《蔡中郎集》卷一，頁 4 下）

這些碑的主人都是東漢中晚期的地方官，和絕大部分東漢畫像墓的主人身分相似，時代相近。雖然這些碑主的墓室或祠堂與時俱滅，但幾乎可

以肯定他們墓室和祠堂內的刻畫裝飾和我們今天所能看見的，必然不會有太大不同。以上最值得注意的是第 10 例蔡邕所作〈故太尉喬公廟碑〉。他明白說依禮制，一人的文德和武功原分別銘於三鼎和鉦鉞，漢世之制則於碑陰依官簿，實錄碑主的文武事功，傳示後人。是不是實錄呢? 不盡然。誇大和模式化的碑銘反而較常見。建寧四年〈武都太守李翕西狹頌〉說：「徼外來庭，面縛二千餘人。」這是說李翕征服外夷，面縛的有二千餘人。面縛者，手縛於背也。《左傳》僖公六年「許男面縛」，杜預注：「縛手於後，唯見其面。」杜預漢末人，他所了解的面縛，和他當世的經驗很有關係。因為從東漢獻俘畫像上可以知道，被擒的胡俘，幾無例外，都被描繪成雙手反綁於身後的樣子（圖 14）。[68] 碑上說徼外來庭二千餘人，看來數字十分具體，像是紀實。其實稍一參證即知這是模式化的語言，與事實不必相合。[69]「允文允武」、「乃武乃文」、「有武有文」等也都是如此。

　　模式化語言儘管誇大溢美，不合事實，卻是集體心態的凝結和表現，反映出使用者共同接受的觀念、價值和理想中的典範。不論與事實有多少

68　面縛歷來有不同解釋。竹添光鴻旁徵博引，主張面縛為縛手於前。楊伯峻引殷虛土偶和洪亮吉意見，認為以縛手於背為是。今從漢畫觀之，杜預和楊伯峻所說較有依據。參竹添光鴻，《左氏會箋》（臺北：廣文書局，1963）第五，頁 38；楊伯峻，《春秋左傳注》（臺北：漢京文化事業公司，1987），頁 314。又可參黃金貴，〈面縛考〉，《文史》23（1984），頁 301-303；〈面縛新解〉，《中國語文》（1981），頁 320。黃金貴認為面為首，面縛不是縛手而應為縛首，亦即繫頸縛首。其文承蔡哲茂兄檢示，謹謝。又 2001 年四川成都金沙村遺址出土晚商至西周珍貴的石人像多件。石人併膝而跪，雙手反縛於身後，廣漢三星堆遺址也曾出土類似石像，學者以為係戰俘、犯人或奴隸，此一線索亦可參考。參成都市考古研究所、北京大學考古文博學院編，《金沙淘珍》（北京：文物出版社，2002），頁 162-184。又可能是出自山西曲沃北趙晉侯墓地的晉侯銅人，跪姿，雙手反背，作肉袒面縛狀，蘇芳淑、李零和李學勤都認為應是被俘的淮夷國君。參李學勤，〈晉侯銅人考證〉，《中國古代文明研究》（上海：華東師範大學出版社，2005），頁 120-122。新出額濟納漢簡有殘文云：「●匈奴人即至塢下，用縛／」（簡 2000ES9S：10）。可惜太殘，具體情況難以確言，不過對來到塢下的匈奴，在某種情況下似要縛綁。參魏堅主編，《額濟納漢簡》（桂林：廣西師範大學出版社，2005），頁 267。

69　高文已據《後漢書・皇甫規傳》正確指出李翕實際上是「多殺降羌，倚恃權貴，不遵法度」，見高文，《漢碑集釋》，頁 372，注 11。

圖 14　嘉祥宋山畫像石獻俘場面中被俘的胡人戴尖帽，被雙手反綁以繩相繫成串，繫繩清晰可見，2016.8.17 作者攝於山東省博物館。

出入，撰碑刻石的人無疑是以典範為依歸，去歌頌死者。樂府古辭〈雁門太守行〉中有這樣幾句典型的讚詞：「子養萬民，外行猛政，內懷慈仁，文武備具⋯⋯無妄發賦，念在理冤⋯⋯」[70]。無論歌、樂或圖畫，它們和碑銘一樣，都是利用成串成組模式化的語言，堆砌出漢人心目中的好官員。

　　文相對於武，和陰相對於陽一樣，是漢人觀看世界很重要的一對眼睛。漢代人承襲早已存在的觀念，認為宇宙間萬事萬物的運行，無非是陰陽兩種不同的力量相生相剋或相互作用的結果。陰陽概念表現在政治的領域裡，常常是刑德或文武。漢代人相信在政治上刑與德相輔相成，文與武也是相輔相成。儘管自董仲舒以降的漢儒強調陽尊陰卑，文、德為主，刑、武為輔，但在他們基本上二元對立又相輔相成的宇宙論式下，幾不見有人主張全然修「文」以去「武」，或一味的重「德」以去「刑」。東漢畫像或壁畫墓或祠堂的主人絕大多數是深受儒家思想薰染的地方官吏，他們自我期許和被評價的一個重要標準即在於是否「文武備具」，而不是純然的文德或武功。因此漢墓或祠堂不論是形諸於文字的碑或訴諸視覺的壁畫或石刻畫像，使用模式化「允文允武」一類的文詞去頌揚墓主或祠主就不奇怪了。

70　據唐王僧虔《技錄》，此歌是百姓為《後漢書》有傳的洛陽令王渙所作。參逯欽立編，《先秦漢魏南北朝詩》（北京：中華書局，1983），漢詩卷九，頁 271。

最後要舉一個既有碑，也有石刻畫像的例子來證明「文武備具」是東漢士人共同認同的價值和典範。這個例子就是武氏祠的前石室和武榮碑。[71] 山東嘉祥武氏祠經過許多學者的努力已基本正確地得到復原。蔣英炬根據復原的結果，十分有力地證明前石室的主人應是武榮。[72] 剛巧武榮碑也是武氏祠四碑中仍然存世且保存較好的一方，使我們可以對碑和祠堂畫像的內容進行比對。

在現存可復原的武氏諸祠中，武榮祠是唯一座兩開間有小龕的祠堂。祠堂內的刻畫細緻有序。祠頂前坡東西段描繪天上諸神，東西壁山牆頂分為東王公和西王母。山牆以下的東西壁和後壁東西側的刻畫內容如果粗加歸類，可分為三類：（1）居於最高位置，橫貫三壁的孔子見老子及諸弟子圖，其下則是橫貫三壁有「門下賊曹」、「門下游徼」、「門下功曹」、「主簿車」、「此君車馬」等榜題顯示祠主為官時的車馬隊伍。此兩層與再下層之間有橫貫三壁同式的花紋飾帶。以如此盛大完整的孔子及諸弟子圖，放在如此高層且主要的地位，在漢畫中並不多見。此圖又和象徵祠主的車馬隊伍相連，這似乎意味著祠主是在儒道宗師的教訓下經世為官；（2）花紋飾帶之下的東壁和後壁東側有常見的庖廚樂舞圖，表示祠主和家人期待的生活；（3）又有趙盾捨食靈輒、邢渠哺父、魯義姑姊、老萊子娛親、文王及十子、周公旦等歷史故事畫像。基本上這些都是展現一些合乎儒家倫理道德的典型。飾帶下西側的西壁上層有朝右前進的車馬隊伍，右端有持刀盾的兵卒和朝左行的馬車，車上坐有回首的婦女一人，車後又有張弩和持

---

71 並不是所有東漢墓或祠堂的畫像都在表現「文武備具」，但也不只是武榮祠是如此。由於絕大多數漢代畫像石零散出土，失去在原有建築中的結構脈絡，我們尚無法作整體的評估。不過以陳秀慧曾復原的漢代祠堂而言，最少嘉祥宋山祠堂、五老洼祠堂、敬老院祠堂、西戶口五號祠堂以及孝堂山祠堂的兩壁畫像都以相似或不同的內容表現文和武的內容。參陳秀慧，《滕州祠堂畫像石空間配置復原及其地域子傳統》（臺北：臺北藝術大學美術史研究所待刊碩士論文，2002），圖版五、四十一~四十三、五十九。關於這些祠堂壁畫的解讀請參邢義田，〈漢代畫像胡漢戰爭圖的構成、類型與意義〉，收入本書卷二，頁335-417。

72 蔣英炬、吳文祺，《漢代武氏墓群石刻研究》（濟南：山東美術出版社，1995），頁106-108。

刀盾的士卒三人。這個畫面似乎是在描繪一個使用武器，具有衝突性的歷史事件。[73] 這和其下占據幾近一半牆面的七女為父報仇畫像，我覺得都在表現和「武」或「俠義」精神有關的故事。[74] 西側後壁下兩層是車馬，最上層則是榜題清楚的荊軻刺秦王圖，表現的也是同樣的精神。蔣英炬和吳文祺在分析武氏祠畫像題材的內容時說：

> 前石室和左石室內都刻畫一幅宏偉壯觀的水陸攻戰圖，**顯然是宣揚死者不僅有文治，而且也立下了武功**。祠堂後壁下部中央的樓閣人物畫像，在重樓高閣中，主人危坐中堂，有賓朋、屬吏拜謁，左右侍從，樓上妻妾填室，連同那其側的宴飲庖廚、樂舞伎戲畫像，則是祠堂主人安富尊居、奢侈豪華生活的寫照。總括這一類畫像的內容，都是對祠主生平的贊頌，既是對死者的紀念，也是對死者永享富貴的祈求。[75]

雖然我以為所謂的水陸攻戰圖應是七女為父報仇，但完全贊同這些畫像不僅用以贊頌祠主的文治，更用以贊頌其武功的說法。東西兩壁一示文德，一示武刑，正和武榮碑的內容和精神相應一致。

武榮碑一開始就細述武榮如何「治魯詩韋君章句」，又讀過那些經傳史書。這是祠主「文」的一面。接著簡敘在州郡地方的官歷，最後遷執金吾丞。執金吾掌京師守衛，屬武職；武榮在桓帝駕崩之時，屯守玄武門，這是他在「武」方面的表現。碑在最後的頌詞裡說：「天〔降〕雄彥，資才卓茂，仰高鑽堅，允〔文〕允武。〔內〕干〔三署〕，外□師〔旅〕，□〔勒屯守，奮威□武〕」云云（圖

圖 15　武榮碑「允文允武」四字

73　有人說是緹縈救父，但少確證。參楊愛國，《不為觀賞的畫作》（成都：四川教育出版社，1998），附圖 1 說明。類似構圖的畫像也見於孝堂山石祠東壁約略中層的左側，其義待考。

74　關於七女為父報仇，請參邢義田，〈格套、榜題、文獻與畫像解釋——以一個失傳的「七女為父報仇」漢畫故事為例〉，收入邢義田主編，《中世紀以前的地域文化、宗教與藝術》（臺北：中央研究院歷史語言研究所，2002），頁 183-234；本書卷二，頁 111-159。

75　蔣英炬、吳文祺，《漢代武氏墓群石刻研究》，頁 97。

15)。[76] 碑文和畫像共同的特點是用相當格式化的詞藻去堆砌，這也就是為什麼不同人物的墓葬中可以有十分類似的畫像裝飾，碑文裡也常見大同小異的諛詞了。「允文允武」和祠主武榮生前真實的品質並不必然相關，可是他毫無疑問是這樣被讚頌，被吹捧，也這樣被記憶成一個合乎典型的官員。所謂「典型在夙昔」就是這個意思吧。

三 結論：連續與變局

長久以來，很多學者都強調春秋戰國至秦漢一統這一變局在中國史上的意義。清代趙翼從漢初興起布衣將相之局，三代世侯世卿之遺法「蕩然淨盡」，論斷「秦漢間為天地一大變局」。[77] 這個著名的論斷大家都熟知，也為多數人所同意。但自上世紀以來，也不斷有學者指出中國史或中國文化的一個特色，正在其少見的連續性。如何看待春秋戰國至秦漢的「連續」或「變局」？是一個言各有理，可以不斷研究下去的題目。

近年來由於研究秦漢皇帝制的出現，使我不得不思考應該將秦始皇所「創」的皇帝制置於怎樣的歷史脈絡裡？它是變局的開始？還是三代以來傳統政治文化裡的一環？如果「時異則事異」是主導秦政的思想基礎，又如何去理解承秦制的漢世卻以遠遙的周制為理想，不斷要求欲為堯舜的皇帝復古更化？這迫使我不得不去注意那個許多人認為「蕩然淨盡」的三代以上和封建之世，在郡縣帝國出現以後仍然活著的事實。商周以來的天命理論，經歷春秋戰國變局，絲毫不見動搖，仍然根本決定了郡縣帝國最基本的格局。周代「治人者」以能文能武為典範，秦漢官僚依然如此。而更重要的是，透過孔子之教、《王制》和《周禮》，理想化後的周代封建，繼

---

76 同上，頁 20-21。
77 趙翼，《廿二史箚記》（杜維運考證本，臺北：華世出版社，1977），卷二，「漢初布衣將相之局」條，頁 34-35。

續成為「郡縣新世界」夢寐以求的理想。這個理想主宰了秦漢以下的儒生官僚近兩千年之久。這篇小文僅僅從漢代官吏的典型談郡縣時代的封建餘韻，希望以後有機會進一步去談郡縣時代的封建理想，更周延地去勾勒出中國史連續性的其它方面。

92.2.5/7.7；95.12.21 訂補；105.2.6 再補

後記

本文曾承廖伯源、李訓祥先生指教，惠我良多，謹此致謝。

原刊《中央研究院歷史語言研究所集刊》，75：2（2004），頁 223-282。

附錄一：兩漢人徵引兵法輯抄

（本輯抄所用版本除另注明，概據中央研究院廿五史、十三經、漢籍全文資料庫）

《司馬法》

1. 主父偃上書曰……《司馬法》曰：「國雖大，好戰必亡；天下雖平，忘戰必危。」（《史記·平津侯主父列傳》，頁 2953-2954）

   〔瀧川資言《考證》：「今本《司馬法》仁本篇」；義田按：王陽明手批武經七書本《司馬法》「天下雖平」句作「天下雖安」〕

2. 齊威王使大夫追論古者《司馬兵法》而附穰苴於其中，因號曰《司馬穰苴兵法》。太史公曰：余讀《司馬兵法》，閎廓深遠，雖三代征伐未能竟其義。如其文也，亦少襃矣。若夫穰苴區區為小國行師，何暇及《司馬兵法》之揖讓乎？世既多《司馬兵法》，以故不論。（《史記·司馬穰苴列傳》，頁 2160）

3. 重耳曰：……請辟王三舍。（《史記·晉世家》，頁 1659）

   〔《集解》引賈逵曰：「《司馬法》：『從遯不過三舍』，三舍，九十里也。」〕

4. 孫子臏腳而論兵法……《司馬法》所從來尚矣。太公、孫、吳、王子能紹而明之。切近世，極人變，作律書第三。（《史記·太史公自序》，頁 3300）

5. 自古王者而有《司馬法》，司馬穰苴能申明之，作〈司馬穰苴列傳〉第四。（《史記·太史公自序》，頁 3313）

6. 上〔武帝〕報曰：「……《司馬法》曰：登車不式，遭喪不服。」（《漢書·李廣傳》，頁 2443）

7. 〔武帝〕制曰：「《司馬法》曰：國容不入軍，軍容不入國。何文吏也？」（《漢書·胡建傳》，頁 2910）

   〔按：見今本《司馬法》天子之義篇〕

8. 丞相司直何武上封事曰：……《司馬法》曰：天下雖安，忘戰必

危。夫將不豫設，則亡以應卒……（《漢書‧辛慶忌傳》，頁2996-2997）

9. 聞齊有駟先生者，善為《司馬兵法》，大將之材也……（《漢書‧宣元六王傳》淮陽憲王條，頁3313）

10. 莽大喜……復下詔曰：「……《司馬法》不云乎：賞不踰時……」（《漢書‧翟方進傳》子翟義條，頁3435-3436）

11. 秉……博通書記，能說《司馬兵法》，尤好將帥之略，以父任為郎。（《後漢書‧耿國傳》子耿秉條，頁716）

12. 馮緄……少學《春秋》、《司馬兵法》。（《後漢書‧馮緄傳》，頁1280）

13. 明年，下詔曰：「……《司馬法》：『賞不踰月。欲人速睹為善之利也。』其封超為定遠侯。」（《後漢書‧班超傳》，頁1582）

14. 〔董〕卓曰：不可，兵法：窮寇勿追。（《後漢書‧皇甫嵩傳》，頁2305-2306）

〔李賢注：《司馬兵法》之言。按《孫子‧軍爭篇》：「窮寇勿追」〕

15. 〔建安八年夏四月〕己酉〔曹操〕令曰：「《司馬法》：『將軍死綏』。」（《三國志‧武帝紀》，頁23）

16. 《周禮‧司馬政官‧司勳》「戰功曰多」，鄭玄注：「剋敵出奇，若韓信、陳平。《司馬法》曰：『上多前虜』。」（頁454）

17. 《周禮‧司馬政官‧司右》「凡國之勇力之士，能用五兵者屬焉」，鄭玄注：「勇力之士屬焉者，選右當於中。《司馬法》曰：『弓矢圍，殳矛守，戈戟助。凡五兵，長以衛短，短以救長。』」（頁474）

18. 《周禮‧司徒教官‧小司徒》「乃經土地而井牧其田野」，鄭玄注：「《司馬法》曰：『六尺為步，步百為 每；每百為夫，夫三為屋；屋三為井，井十為通。通為匹馬，三十家，士一人，徒二人。通十為成，成百井，三百家，革車一乘，士十人，徒二十人。十成為終，終千井。三千家，革車十乘，士百人，徒二百人。十終為

同，同方百里，萬井，三萬家，革車百乘，士千人，徒二千人。』」（頁 454）

19. 《周禮·司徒教官·鄉師》「大軍旅會同，正治其徒役」，鄭玄注：「《司馬法》曰：『夏后氏謂輂曰余車，殷曰胡奴車，周曰輜輂。輂一斧、一斤、一鑿、一梩、一鋤，周輂加二版二築。又曰：夏后氏二十人而輂，殷十八人而輂，周十五人而輂。』」（頁 175）

《孫吳兵法》

1. 驃騎將軍為人少言不泄，有氣敢任。天子嘗欲教之《孫吳兵法》。對曰：「顧方略何如耳，不至學古兵法。」（《史記·衛將軍驃騎列傳》，頁 2939）

2. 《司馬法》所從來尚矣，太公、孫、吳、王子能紹而明之。切近世，極人變，作律書第三。（《史記·太史公自序》，頁 3305）

3. 朔詣闕自陳……年十三學書，十四擊劍，十六誦詩，十九習《孫吳兵法》……（《漢書·東方朔傳》，頁 2841）

4. 監六經之論，觀孫、吳之策……（《後漢書·馮衍傳》，頁 968）

5. 規素悉羌事，志自奮效，乃上疏曰：……臣窮居孤危之中，坐觀郡將，已數十年矣。自鳥鼠至于東岱，其病一也，力求猛敵，不如清平，勤明吳、孫，未若奉法……（《後漢書·皇甫規傳》，頁 2132）

6. 名曰貙劉。兵官皆肄《孫吳兵法》六十四陣，名曰乘之。（《續漢書·禮儀志》中，頁 3123）

7. 孫、吳之言，聒乎將耳。（《潛夫論·勸將》，頁 245）
〔義田按：汪繼培箋：「《韓非子·五蠹篇》云：『境內皆言兵，藏孫吳之書者家有之。』」

《孫子兵法》（本節部分曾參考李零《孫子古本研究》，頁 23-33）

1. 大將問其罪正閎、長史安……閎、安曰：「不然，兵法：小敵之

堅，大敵之禽也。」（《史記・衛將軍驃騎列傳》，頁 2927）

〔瀧川資言《考證》：《孫子・謀攻篇》文。注云：小不能當大也。

按：今本《孫子・謀攻》：故小敵之堅，大敵之擒也。〕

2. 成安君儒者也，常稱義兵，不用詐謀奇計曰：吾聞兵法，十則圍
之，倍則戰……（《史記・淮陰侯列傳》，頁 2615）

〔《考證》：《孫子・謀攻篇》：十則圍之，五則攻之，倍則分之，
敵則能戰之。〕

3. ……因問信曰：兵法右倍山陵，前左水澤。（《史記・淮陰侯列傳》，
頁 2617）

〔《考證》：《孫子・行軍篇》：丘陵隄防，必處其陽而右背之。沈
欽韓曰：杜牧注《孫子》云：《太公》曰：軍必左川澤而右丘
陵。〕

4. 信曰：……兵法不曰：陷之死地而後生，置之亡地而後存。（《史
記・淮陰侯列傳》，頁 2617）

〔《考證》：《孫子・九地篇》。按：《孫子・九地篇》：投之亡地然
後存，陷之死地而後生。〕

5. 太史公曰：兵以正合，以奇勝，善之者，出奇無窮，奇正還相
生，如環之無端。（《史記・田單列傳》，頁 2456）

〔《考證》：本《孫子兵勢篇》，文字小異。按：今本《孫子・勢
篇》：凡戰者以正合，以奇勝。故善出奇者，無窮如天地，不竭如
江海……奇正相生，如循環之無端……〕

6. 夫始如處女，適人開戶，後如脫兔，適不及距。（《史記・田單列
傳》，頁 2456）

〔按：今本《孫子・九地篇》：是故始如處女，敵人開戶，後如脫
兔，敵不及拒。〕

7. 孫子〔孫臏〕謂田忌曰：……兵法：百里而趣利者，蹶上將；五十
里而趣利者，軍半至。（《史記・孫子吳起列傳》，頁 2162-2163）

〔《考證》：《孫子軍爭篇》。按：今本《孫子・軍爭》：百里而爭

利，則擒三將軍。勁者先，疲者後。其法十一而至；五十里而爭利，則蹶上將軍，其法半至……〕

8. 太史公曰：世俗所稱師旅，皆道《孫子》十三篇，吳起《兵法》世多有，故弗論。（《史記・孫子吳起列傳》，頁2162）

9. 或說楚將曰：……且兵法：諸侯戰其地為散地……。（《史記・黥布列傳》，頁2606）

    〔按：《孫子・九地篇》：諸侯自戰其地，為散地。〕

10. 《正義》：《七錄》云：《孫子兵法》三卷。案：十三篇為上卷，又有中、下二卷。（《史記・孫子吳起列傳》，頁2162）

11. 主父偃曰：……故兵法曰：興師十萬，日費千金。（《史記・平津主父列傳》，頁2955）

    〔按：《孫子・作戰》：日費千金，然後十萬之師舉矣。〕

12. 凡用兵者，必先自廟戰，主孰賢？將孰能？民孰附？國孰治？蓄積孰多？士卒孰精？甲兵孰利？器備孰便？（《淮南子・兵略》，頁500）

    〔按：《孫子・計篇》：凡此五者，將莫不聞，知之者勝，不知者不勝。……曰：主孰有道？將孰有能？天地孰得？法令孰行？兵眾孰強？士卒孰練？……〕

13. 先為不可勝，而後求勝，脩己於人，求勝於敵。（《淮南子・兵略》，頁515）

    〔按：《孫子・形篇》：孫子曰：昔之善戰者，先為不可勝，以待敵之可勝。不可勝在己，可勝在敵。〕

14. 故全兵先勝而後戰，敗兵先戰而後求勝。（《淮南子・兵略》，頁515）

    〔按：《孫子・形篇》：是故勝兵先勝而後求戰，敗兵先戰而後求勝。〕

15. 若日月有晝夜，終而復始，明而復晦。（《淮南子・兵略》，頁493）

    〔按：《孫子・勢篇》：故善出奇者，無窮如天地，不竭如江河，終而復始，日月是也，死而復生，四時是也。〕

16. 是故善用兵者，勢如決積水於千仞之隄，若轉員石於萬丈之谿。
（《淮南子‧兵略》，頁 510）

〔按：《孫子‧形篇》：勝者之戰民也，若決積水於千仞之谿者，
形也。《孫子‧勢篇》：故善戰人之勢，如轉圓石於千仞之山者，
勢也。〕

17. 敵之靜不知其所守，動不知其所為。（《淮南子‧兵略》，頁 502）

〔按：《孫子‧虛實篇》：故善攻者，敵不知其所守；善守者，敵
不知其所攻。〕

18. 避實就虛。（《淮南子‧兵略》，頁 704）

〔按：《孫子‧虛實篇》：兵之形，避實而擊虛。〕

19. 故勝而不屈，刑兵之極也，至於無刑，可謂極之矣。（《淮南子‧兵
略》，頁 493）

〔按：《孫子‧虛實篇》：故形兵之極，至於無形。〕

20. 是故合之以文，齊之以武，是謂必取。（《淮南子‧兵略》，頁 513）

〔按：《孫子‧行軍篇》：故令之以文，齊之以武，是謂必取。〕

21. 進不求名，退不避罪，唯民是保，利合於主，國之寶也，上將之
道也。（《淮南子‧兵略》，頁 519）

〔按：《孫子‧地形》：故進不求名，退不避罪，唯民是保，而利
于主，國之寶也。劉文典《淮南鴻烈集解》（商務印書館，國學基本
叢書）卷 15，頁 23 上引王念孫云：實當為寶字之誤也。〕

22. 靜以合躁，治以持亂（《淮南子‧兵略》，頁 505）

〔按：劉文典《淮南鴻烈集解》卷 15，頁 13 上引王念孫云：持當
為待字之誤也。……《孫子‧軍爭篇》：「以治待亂，以靜待譁」，
即淮南所本。〕

23. 同舟而濟於江，卒遇風波，百族之子，捷捽招杼船，若左右手。
（《淮南子‧兵略》，頁 494）

〔按：《孫子‧九地篇》：夫吳人與越人相惡也，當其同舟而濟，
遇風，其相救也如左右手。〕

24. 若驅群羊。(《淮南子‧兵略》，頁704)

〔按：《孫子‧九地篇》：若驅群羊，驅而往，驅而來，莫知所之。〕

25. 充國曰：……兵勢，國之大事，當為後法……(《漢書‧趙充國傳》，頁2992)

〔按：《孫子‧計篇》：孫子曰：兵者，國之大事。〕

26. 充國奏曰：臣聞兵以計為本，故多算勝少算……(《漢書‧趙充國傳》，頁2989)

〔按：《孫子‧計篇》：故經之以五事校之以計，而索其情……夫未戰而廟算勝者，得算多也；未戰而廟算不勝者，得算少也。多算勝，少算不勝，而況於無算乎？〕

27. 充國歎曰：……雖有知者，不能善其後……(《漢書‧趙充國傳》，頁2984)

〔按：《孫子‧作戰》：雖有智者，不能善其後矣。〕

28. 充國上狀曰：……臣聞帝王之兵，以全取勝。是以貴謀而賤戰。戰而百勝，非善之善者也……(《漢書‧趙充國傳》，頁2987)

〔按：《孫子‧謀攻》：孫子曰：凡用兵之法，全國為上，破國次之，全軍為上，破軍次之……是故百戰百勝，非善之善者也……〕

29. 〔充國〕曰：……臣聞兵法「攻不足者守有餘」，又曰「善戰者致人，不致於人」。(《漢書‧趙充國傳》，頁2981)

〔按：《孫子‧虛實篇》：故善戰者，致人而不致於人。〕

30. 充國奏曰：……以逸待勞，兵之利者也……(《漢書‧趙充國傳》，頁2989)

〔按：《孫子‧軍爭篇》：以近待遠，以佚待勞，以飽待飢，此治力者也。〕

31. 充國曰：此窮寇不可追也。(《漢書‧趙充國傳》，頁2983)

〔按：《孫子‧軍爭篇》：窮寇勿追。〕

32. 安國曰：不然。臣聞用兵者以飽待饑，正治以待其亂，定舍以待

其勞。（《漢書・韓安國傳》，頁2402）

〔按：《孫子・軍爭篇》：以治待亂，以靜待譁，此治心者也。以近待遠，以佚待勞，以飽待飢，此治力者也。〕

33. 曰：攻常不足，而守恆有餘也。（《潛夫論・救邊》，頁259）

〔按：同上《孫子・軍形篇》〕

34. 《孫子》曰：將者，智也，仁也，敬也，信也，勇也，嚴也。是故智以折敵，仁以附眾，故以招賢，信以必賞，勇以益氣，嚴以一令。（《潛夫論・勸將》，頁250）

〔按：汪繼培箋云：《孫子・始計篇》云：將者，智信仁勇嚴也。魏武帝注：將宜五德備此，益以敬，蓋所見本異。〕

35. 《孫子》曰：將者，民之司命，而國家安危之主也。（《潛夫論・勸將》，頁251）

〔按：《孫子・作戰篇》：故知兵之將，生民之司命，國家安危之主也。〕

36. 夫貧生於富，弱生於彊，亂生於治，危生於安。（《潛夫論・浮侈》，頁122）

〔按：《孫子・勢篇》：亂生於治，怯生於勇，弱生於彊。〕

37. 故曰：善者求之於勢，弗責於人。（《潛夫論・邊議》，頁363）

〔按：《孫子・勢篇》：故善戰者，求之於勢，不責於人。〕

38. 非人之主，非民之將，非主之佐，非勝之主者也。（《潛夫論・邊議》，頁277）

〔按：《孫子・用閒篇》：非人之將也，非主之佐也，非勝之主也。〕

39. 孫武、闔廬，世之善用兵者也。知或學其法者，戰必勝……（《論衡・量知》，頁550）

40. 孫子八陳有苹車之陳，又曰：馳車千乘。（《周禮・春官・車僕》鄭玄注）

〔按：《孫子・作戰》：孫子曰：凡用兵之法，馳車千駟，革車千

乘，帶甲十萬……〕

41. 青龍元年……〔滿〕寵重表曰：孫子言：兵者，詭道也。故能，而示之以弱；不能，驕之以利，示之以儒。此為形實不必相應也。又曰：善動敵者，形之。今賊未至而移城卻內，此所謂形而誘之也……（《三國志·滿寵傳》，頁724）

〔按：《孫子·計篇》：兵者，詭道也。故能而示之不能，用而示之不用，近而示之遠，遠而示之近，利而誘之……〕

42. 《吳錄》曰：……〔孫權〕弱冠博學，多所貫綜，善屬文辭，兼好武事，注《孫子兵法》……（《三國志·吳主傳》孫權條，裴注引，頁1117）

43. 《江表傳》曰：初，〔孫〕權謂蒙及蔣欽曰：卿今並當塗掌事，宜學問以自開益。蒙曰：在軍中常苦多務，恐不容復讀書。權曰：孤豈欲卿治經為博士邪？但當令涉獵見往事耳。卿言多務孰若孤？孤少時歷《詩》、《書》、《禮記》、《左傳》、《國語》，惟不讀《易》。至統事以來，省三史，諸家兵書，自以為大有所益。如卿二人，意性朗悟，學必得之，寧當不為乎？宜急讀《孫子》、《六韜》、《左傳》、《國語》及三史。……（《三國志·呂蒙傳》裴注引，頁1274-1275）

44. 〔陳〕泰曰：兵法貴在不戰而屈人。（《三國志·陳泰傳》，頁639）

〔按：《孫子·攻謀》：不戰而屈人之兵，善之善者也。〕

45. 艾等以為：……孫子曰：兵有所不擊，地有所不守……（《三國志·陳泰傳》，頁639-640）

〔按：《孫子·九變篇》：塗有所不由，軍有所不擊，城有所不攻，地有所不爭。〕

46. 亮曰：……故兵法忌之曰：必蹶上將軍……〔按：今本《孫子·軍爭》：百里而爭利，則擒三將軍。勁者先，疲者後。其法十一而至；五十里而爭利，則蹶上將軍，其法半至……（《三國志·諸葛亮傳》，頁915）

47. 大將軍以為古之用兵，全國為上，戮其元惡而已。(《三國志‧諸葛誕傳》，頁 773-774)

〔按：同上《孫子‧謀攻》〕

48. 〔皇甫〕嵩曰：不然，善用兵者全軍為上，破軍次之，百戰百勝……不足者，陷於九地之下……(《後漢紀‧靈帝紀》，頁 716)

〔按：《孫子‧謀攻篇》：夫用兵之法，全國為上，破國次之，全軍為上，破軍次之……是故百戰百勝……〕

49. 規素悉羌事，志自奮效，乃上疏曰：……臣窮居孤危之中，坐觀郡將，已數十年矣。自鳥鼠至于東岱，其病一也，力求猛敵，不如清平，勤明吳、孫，未若奉法……(《後漢書‧皇甫規傳》，頁 2132)

50. 好讀書，通左氏《春秋》、《孫子兵法》。(《後漢書‧馮異傳》，頁 639)

51. 異曰……夫攻者不足，守者有餘。(《後漢書‧馮異傳》，頁 650)

〔李賢注：《孫子兵法》之文。按：《孫子‧軍形篇》：守則不足，攻則有餘。〕

52. 又前雲陽令同郡朱勃詣闕上書曰……謀如涌泉，埶如轉規。(《後漢書‧馬援傳》，頁 846-847)

〔李賢注：規，員也。《孫子》曰：戰如轉員石於萬仞之山者，埶也。按：《孫子‧兵勢》：故善戰人之勢，如轉圓石於千仞之山者，埶也。〕

53. 賜時在司徒，召掾劉陶告曰……陶對曰：此《孫子》所謂不戰而屈人之兵，廟勝之術也。(《後漢書‧楊震傳》孫楊賜條，頁 1784)

〔李賢注：《孫子》曰：未戰而廟勝，得算多也；未戰而廟不勝，得算少也。按：《孫子‧計篇》：夫未戰而廟算勝者，得算多也；未戰而廟算不勝者，得算少也。又〈攻謀〉：不戰而屈人之兵，善之善者也。〕

54. 嵩兵少，軍中皆恐。乃招軍吏謂曰：兵有奇變，不在眾寡……(《後漢書‧皇甫嵩傳》，頁 2301)

〔李賢注：《孫子兵法》曰：凡戰者，以正合，以奇勝者也；故善出奇，無窮如天地，無竭如江海。戰勢不過奇正，奇正之變，不可勝也。〕

55. 卓曰：不可。兵法，窮寇勿追，歸眾勿迫……（《後漢書‧皇甫嵩傳》，頁2305）

〔按：《孫子‧軍爭篇》：歸師勿遏，圍師必闕，窮寇勿追，此用兵之法也。〕

56. 嚴尤又曰：歸師勿遏，圍城為之闕，可如兵法……（《漢書‧嚴尤傳》，頁4183）

〔師古曰：此兵法之言也。義田按：參前條引《孫子‧軍爭篇》〕

57. 彪乃獨作箋曰……地有九變，丘陵山川，人有計策，六奇五閒……（《後漢書‧文苑傳》高彪條，頁2650）

〔李賢注：《孫子‧九變篇》曰：用兵有散地，有輕地，有爭地，有交地，有衢地，有重地，有氾地，有圍地，有死地。諸侯自戰其地，為散地。入人之地而不深，為輕地。我得則利，彼得亦利者，為爭地。我可以往，彼可以來，為交地。諸侯之地三屬，先至而得眾，為衢地。入人地深，倍城邑多，為重地。行山林，阻沮澤，難行之道，為氾地。所由入者隘，所從歸者少，彼寡可以擊吾眾者，為圍地。疾戰則存，不疾戰則亡，為死地。通九變之利，知用兵矣。〕

58. 嵩曰：不然。百戰百勝，不如不戰而屈人之兵……（《後漢書‧皇甫嵩傳》，頁2305）

〔按：《孫子‧謀攻》：是故百戰百勝，非善之善者也。不戰而屈人之兵，善之善者也〕

59. 郭圖、審配曰：兵書之法，十圍五攻，敵則能戰……。（《後漢書‧袁紹傳》，頁2390-2391）

〔按：《孫子‧謀攻》：故用兵之法，十則圍之，五則攻之，倍則分之，敵則能戰之……〕

60. 艾重言曰：……兵法：進不求名，退不避罪……（《三國志・鄧艾傳》，頁780）

〔按：《孫子・地形》：故進不求名，退不避罪，唯民是保，而利于主，國之寶也。〕

61. 孫子曰：能當三□（047，《軍鬥令》，青海大通上孫家寨漢簡軍令引，用李零說）

62. 孫子曰：戰貴齊成，以□□（355，《合戰令》，同上）

63. 孫子曰：軍行患車讙之，相（？）□□（157、106，《□□令》，同上）

《孫臏兵法》

1. 孫臏以此名顯天下，世傳其兵法。（《史記・孫子吳起列傳》，頁2164-2165）

2. 孫子臏腳，而論兵法。（《史記・太史公自序》，頁3300）

3. 又兵法曰：客倍主人半，然後敵。（《漢書・陳湯傳》，頁3023）

〔按：竹簡《孫臏兵法・客主人分》：兵有客之分，有主人之分。客之分眾，主人之分少，客負（倍）主人半，然可（敵）也…（張震澤，《孫臏兵法校理》（北京：中華書局，1984）簡257正，頁156）。〕

《太公兵法》

1. 旦日視其書，乃《太公兵法》也。良因異之，常習誦讀之……良數以《太公兵法》說沛公，沛公善之，常用其策。（《史記・留侯世家》，頁2035-2036）

〔《正義》：《七錄》云：《太公兵法》一袟三卷。太公，姜子牙，周文王師，封齊侯也。〕

2. 《太公兵法》曰：致慈愛之心，立威武之戰，以卑其眾，練其精銳，砥礪其節，以高其氣，分為五選，異其旗章，勿使冒亂，堅其行陣，連其什伍，以禁淫非。疊陣之次，車騎之處，勒兵之勢，軍之法令賞罰之數，使士赴火蹈刃，陷陣取將，死不旋踵

者，多異於今之將者也。（《說苑‧指武》，頁 501）

3. 或說何進曰：《太公‧六韜》有天子將兵事，以示四方。進以為然，乃言於上，大發兵。（周天游《後漢紀校注》（天津：天津古籍出版社，1987），孝靈皇帝紀下卷第廿五，頁 714，注：《意林》引《太公‧六韜》曰：武王問太公曰：吾欲令三軍親其將如父母，攻城則爭先，野戰則先赴，聞金聲而怒，聞鼓聲而喜，可乎？此乃龍韜‧勵軍篇之文也。）

4. 中尉宋昌進曰⋯⋯此所謂盤石之宗也。（《史記‧孝文本紀》，頁 413-414）

〔《索隱》：言其固如盤石。此語見《太公‧六韜》也。按：已佚，今本《六韜》無。〕

5. 《集解》引揚子《法言》曰：美哉言乎！使起之用兵每若斯，則太公何以加諸！（《史記‧孫子吳起列傳》，頁 2167）

〔按：見今本《法言‧寡見篇》〕

6. 《司馬法》所從來尚矣，太公、孫、吳、王子能紹而明之⋯⋯（《史記‧太史公自序》，頁 3305）

7. 黃生曰：冠雖敝必加於首，履雖新必貫於足。（《史記‧儒林傳》，頁 3123）

〔師古曰：語見《太公‧六韜》也。按：已佚，今本《六韜》無。〕

8. 囂曰：⋯⋯昔秦失其鹿，劉季逐而羈之，時人復知漢乎？（《後漢書‧班彪傳》，頁 1323-1324）

〔李賢注：《太公‧六韜》曰：取天下如逐鹿；鹿得，天下共分其肉也。按：已佚，今本《六韜》無〕

9. 李賢注引謝承《後漢書》：〔徐〕淑⋯⋯習孟氏《易》、《春秋公羊傳》、《禮記》、《周官》、善誦《太公‧六韜》，交接英雄，常有壯志。（《後漢書‧徐璆傳》，頁 1621）

10. 周西伯昌之脫羑里歸，與呂尚陰謀修德以傾商政，其事多兵權與奇計，故後世之言及周之陰權皆宗太公為本謀。（《史記‧齊太公世

家》，頁 1478-1479）

11. 諸葛亮集載先主遺詔敕後主曰：……閒暇歷觀諸子及《六韜》、《商君書》……聞丞相為寫《申》、《韓》、《管子》、《六韜》一通已畢，未送……（《三國志‧先主傳》，頁 891）

12. 夫國不可從外治，兵不可從中御。（《潛夫論‧勸將》，頁 254）
〔《六韜‧立將篇》：國不可從外治，軍不可從中御。〕

《黃石公三略》

1. 〔韓〕信曰：果若人言：「狡兔死，良狗亨。」（《漢書‧韓信傳》，頁 1876）
〔師古曰：此黃石公三略之言。〕

2. 詔報曰：黃石公記曰：柔能制剛，弱能制彊。（《後漢書‧臧宮傳》，頁 695）

3. 郭圖、審配曰：兵書之法，十圍五攻，敵則能戰……圖等因是譖沮授曰：授監統內外，威震三軍，若其侵盛，何以制之？夫臣與主同者昌，主與臣同者亡，此黃石所忌也。（《後漢書‧袁紹傳》，頁 2390）
〔李賢注：臣與主同者，權在於主也；主與臣同者，權在臣也。黃石者，即張良於下邳圯上所得者，三略也。〕
義田按：《三國志‧袁紹傳》裴注引《獻帝傳》「夫臣與主同者昌」作「夫臣與主不同者昌」。盧弼〈集解〉：「范書、通鑑俱作夫臣與主同者亡，此黃石之所忌也。胡三省曰：臣與主同，言作威作福與主無別也。」（《三國志集解‧袁紹傳》，頁 53 上）周天游《後漢紀校注》，孝獻皇帝紀第廿九，注：《獻帝傳》之「不」字係衍文。范書標點本據惠棟說補傳文與袁紀同，甚是。此乃張良所傳《黃石公兵法》之文。（頁 814）

4. 當斷不斷，黃石所戒。（《後漢書‧儒林傳》楊倫條，頁 2564）
〔李賢注：黃石公三略：當斷不斷，反受其亂。〕

《魏公子兵法》

1. 《集解》：劉歆《七略》有《魏公子兵法》二十一篇，圖七卷。（《史記・魏公子列傳》，頁 2384）

《黃帝理法》

1. 臣聞《黃帝理法》曰：壘壁已具，行不由路，謂之姦人，姦人者殺……（《說苑・指武》，頁 502）

《闔廬》

1. 孫武、闔廬，世之善用兵者也。知或學其法者，戰必勝……（《論衡・量知》，頁 550）

2. 湖北江陵張家山 247 號漢墓出土〈蓋廬〉殘簡五十五枚，不具錄（參《張家山漢墓竹簡》（247 號墓），文物出版社，2001，頁 275-281）

《神農之教》

1. 兵法稱：有石城湯池，帶甲百萬，而無粟者……（《三國志・辛毗傳》，頁 695）

〔義田按：《文選》卷 36，頁 1646 注引《氾勝之書》曰：神農之教，雖有石城湯池，帶甲百萬，而無粟者，弗能守也。〕

不明兵書

1. 或問曰：孫臏減灶而君增之，兵法日行不過三十里，以戒不虞，而今日且二百里，何也？詡曰：虜眾多，吾兵少。徐行則易為所及，速進則彼所不測。虜見吾灶日增，必謂郡兵來迎。眾多行速，必憚追我。孫臏見弱，吾今示彊，執有不同故也。（《後漢書・虞詡傳》，頁 1868）

〔李賢注：前書王吉上疏曰：古者師行三十里，吉行五十里。義

田按：《三國志・滿寵傳》：孫子言：兵者，詭道也。故能，而示之以弱；不能，驕之以利，示之以儳。此為形實不必相應也。今本《孫子・計篇》：兵者，詭道也。故能而示之不能，用而示之不用，近而示之遠，遠而示之近，利而誘之……。又《孫子・軍爭篇》：五十里而爭利，則蹶上將軍，其法半至；三十里而爭利，則三分之二至。虞詡之言疑本於《孫子》。〕

2. 〔公孫〕瓚曰：……兵法：百樓不攻。(《三國志・公孫瓚傳》，頁243，《後漢書・公孫瓚傳》，頁2363-2364)

3. 〔虞〕詡曰：兵法：弱不攻強，走不逐飛，自然之埶也。(《後漢書・西羌傳》，頁2890)

4. 賈逵……自為兒童，戲弄常設部伍。祖父習異之……口授兵法數萬言。(《三國志・賈逵傳》，頁479)

5. 故兵法曰：有必勝之將，無必勝之民……

   兵法曰：丈五之溝，漸車之水……

   故兵法曰：器械不利，以其卒予敵也。(《漢書・晁錯傳》，頁2279-2280)

6. 兵法曰：遺人獲也。(《漢書・韓安國傳》，頁2402)

7. 上於是以璽書勞奉世……曰：……兵法曰：大將軍出必有偏裨，所以揚威武，參計謀。(《漢書・馮奉世傳》，頁3298-3299)

8. 普引弓射之□用□兵普解弓書而詳之書曰疾風大式(《敦煌漢簡》541)

   〔大庭脩注：有關弓之兵書之一部分〕

9. 已不聞者何也力墨對曰官(《敦煌漢簡》610)

   〔羅振玉以為係漢書藝文志兵家略力牧十五篇之佚文，大庭脩以為係黃帝與力牧問答之兵書，頁111〕

10. 於蘭莫樂於溫莫悲於寒中子對曰文莫隅於　復莫蔽於

(《敦煌漢簡》1409A)

第三

(《敦煌漢簡》1409B)

11. 者兼甲臨兵兩軍相當兩期相望鼓以前未毌生方此等賢

                                  （《敦煌漢簡》1410A）

    第七   （《敦煌漢簡》1410B）

12. 天負其地躬　　鬼神忘女所　止期月昕隋奉公寫西□

                                  （《敦煌漢簡》1411A）

    第十七   （《敦煌漢簡》1411B）

13. □□問☑諸大夫曰□□諸大夫之論莫及寡人也居有閒而三稱之吳起進對曰不審亦   （《居延漢簡合校》40.29）

    〔陳槃《漢晉遺簡識小七種》頁 118，認為係出自《吳子‧圖國》〕

14. 出軍行將兩適〔敵〕相當頗知其勝敗與有功願得射覆仲中七以上臣謹問匡息師受□氏   （《居延新簡》EPT65.318）

    〔義田按：《北堂書鈔》（天津：天津古籍出版社景印，1988）卷 121 引《黃帝問玄女兵法》：「出軍行將屯守，相與數鬥，動作必擊鼓作聲…」（頁 499）。《全上古三代文》卷十六引出自書鈔一二七，誤。《太平御覽》（臺灣商務印書館景印宋刊本，1997 第七刷）卷 296 引《武侯兵法》：「出軍行將，士卒爭先」（頁 1496）。《古文苑》（臺北：鼎文書局景印宋刊本，民國 62 年）卷六馬融〈圍棋賦〉：「略觀圍棋兮，法於用兵……陳聚士卒兮，兩敵相當」（頁 130）；《開元占經》（北京：中國書店景印四庫全書本，1989）卷十一引《黃帝占用兵要訣》：「兩敵相當，陰相圖議也。」（頁 99）；《晉書‧天文》中，雜星氣：「兩敵相當，陰相圖議也。」（頁 330）〕

15. 〔將〕弱而毌常教，道不（《居延漢簡》268.17）

    （按：應出於《孫子‧地形》，顏世鉉、劉嬌和劉洪濤先生已指出）

16. 《孫子兵法》、《孫臏兵法》、《尉繚子》、《晏子》、《六韜》、《守法守令等十三篇》，不具錄。

    〔《銀雀山漢墓竹簡》（壹）（北京：文物出版社，1985）〕

附錄二：東漢護羌校尉表

	姓名	曾任官職	出處	任職時間及備註
1	溫序	州從事、侍御史、武陵都尉、謁者、護羌校尉	81/2672（中華標點本後漢書卷81，頁2672，下同）	建武六年
2	牛邯	護羌校尉	13/531	建武九年
3	竇林	謁者、護羌校尉	87/2880	永平元年
4	郭襄	謁者、護羌校尉	87/2881	永平二年
5	吳棠	中郎將、度遼將軍、護羌校尉	87/2881；89/2949	建初元年
6	傅育	武威太守、護羌校尉	87/2881	建初二年
7	劉盱	隴西太守、護羌校尉、六安侯	3/157；23/808	（劉盱即張盱）元和三年
8	鄧訓	張掖太守、護羌校尉	87/2883	永元元年
9	聶尚	蜀郡太守、護羌校尉	87/2883	永元四年
10	貫友	居延都尉、護羌校尉	87/2883	永元五年
11	史充	漢陽太守、護羌校尉	87/2883	永元八年
12	吳祉	代郡太守、護羌校尉	87/2883	永元九年
13	周鮪	酒泉太守、護羌校尉	87/2884	永元十二年
14	侯霸	金城太守、護羌校尉	87/2884	永元十四年
15	段禧	騎都尉、西域都護、護羌校尉	47/1591；87/2886	永初元年
16	龐參	孝廉、左校令、謁者、漢陽太守、護羌校尉、遼東太守、度遼將軍、大鴻臚、太尉錄尚書事	51/1689	元初元年
17	馬賢	騎都尉、護羌校尉、謁者、征西將軍	5/220, 231；6/264,270	元初二年，元初五年復任
18	任尚	長史、司馬、戊己校尉、中郎將、護烏桓校尉、西域校尉、征西校尉、護羌校尉、侍御史	4/17779；5/205-07，224-27；16/610；23/818；47/1586；87/2886-88	元初四年（五年任尚有罪，又由馬賢回任）
19	韓皓	右扶風、護羌校尉	87/2894	永建四年

	姓名	曾任官職	出處	任職時間及備註
20	馬續	張掖太守、護羌校尉、度遼將軍、中郎將	6/269；87/2894；90/2987	永建五年 馬續述〈天文志〉（續漢志10/3214）
21	胡疇	護羌校尉	60上/1971	陽嘉二年
22	趙沖	武威太守、護羌校尉	6/270, 273	漢安元年
23	衛琚	護羌校尉	6/274；87/2897	？（衛琚或作衛瑤）
24	張貢	漢陽太守、護羌校尉	87/2897	至永壽元年
25	第五訪	郡功曹、孝廉、新都令、張掖太守、南陽太守、護羌校尉	76/2475-76；87/2897	永壽元年 （少孤貧……有閑暇則以學文）
26	段熲	孝廉、憲陵園丞、陽陵令、遼東屬國都尉、議郎、中郎將、護羌校尉、議郎、并州刺史、護羌校尉、破羌將軍、侍中、少府、執金吾、河南尹、御史中丞、諫議大夫、司隸校尉、太尉、潁川太守、太中大夫	52/1731；65/2145-54；78/2525	延熹二年，延熹四年復任 （少便習弓馬……長乃折節好古學，65/2145）
27	胡閎	濟南相、護羌校尉	87/2897	延熹四年
28	皇甫規	郎中、太山太守、中郎將、議郎、度遼將軍、使匈奴中郎將、尚書、弘農太守、護羌校尉	65/2129-2137	至熹平三年 （以詩、易教授門徒三百餘人，積十四年，65/2132）
29	田晏	軍吏、騎司馬、護羌校尉、破鮮卑中郎將	8/339；65/2146,2150；90/2990	熹平六年之前
30	伶徵	護羌校尉	8/350；72/2320；87/2899	至中平元年 （伶徵即泠徵）
31	夏育	軍吏、假司馬、北地太守、護羌校尉、護烏桓校尉	8/336, 339；58/1880；65/2146,2150	？
32	楊瓚	護羌校尉行左將軍事	66/2175	？

蕭何、田蚡、衛青、楊震
——關說在漢代

　　我們今天常說某某人為某某人關說某事，所謂「關說」往往指不依正常合法的渠道，徇私情或個人門路而做不一定合法的事，是有負面意涵的一個詞彙。但這些年也有些人主張立法委員的職責之一就是代人民關說政府，甚至壓迫政府順從某些多數或少數人民的利益或要求。姑不論關說在今天的正反意義，這個詞彙在二千年前已見於司馬遷的《史記》，而且有了和今天類似的意義：

　　1. 《史記・梁孝王世家》：

　　　　十一月，上廢栗太子，竇太后心欲以孝王為後嗣。大臣及袁盎等有所**關說**於景帝，竇太后義格，亦遂不復言以梁王為嗣事由此。

　　2. 《史記・佞幸傳》：

　　　　昔以色幸者多矣。至漢興，高祖至暴抗也，然籍孺以佞幸；孝惠時有閎孺。此兩人非有材能，徒以婉佞貴幸，與上臥起，公卿皆因**關說**。

《索隱》曰：「關，通也。」《漢書・佞幸傳》，師古曰：「關說者，言由之而納說，亦如行者之有關津。」簡單地說，古代關說的意思就是如同行路者經由關津而達目的地，或凡本行不通的，經循某些門路管道，打通關節，以達到目的。漢代關說之風很盛，留下不少故事，有些疑涉「政商勾結」，有些或涉今天所說的「黑道」，足供今人省思和參考。

1. 蕭何

　　相國蕭何曾因涉嫌關說，還來不及「自動請辭」，就被捉進了大牢。

如果不是有人替蕭相國說話，劉邦殺功臣的罪名恐怕會多添一條。

高祖劉邦捉蕭何，不是為了什麼整頓政風，也不是有什麼陰謀，只因為天下得來不易，生恐他人攘奪，對一同打天下的功臣越來越不放心，而秦亡以來，復活的商人勢力也使他大感不安。蕭何的罪名就是涉嫌勾結商人，為商人關說。

先是功臣陳豨、韓信先後造反，一一被殺。接著黥布也反，高祖親自率兵鎮壓。他對在後方的蕭何十分不放心，時時派人打探相國的動靜。蕭何一向小心翼翼，避免遭疑。這回，又為了免主上疑心，不得不聽別人勸，用自我作踐的方式以求自保。他開始大買田地，經營賒貸，弄得聲名狼藉。高祖在前線聽說，反而大為高興，因為這表示蕭何沒有利用機會爭取民心。

高祖平定反叛，得勝歸來，有數千民眾遮道上書，控告蕭相國強以低價收購民宅。高祖不知是苦肉計，反譏笑那有這樣的利民相國。將上書交給蕭何，要他自行向民眾謝罪了事。不久，因長安地狹人稠，一地難求，蕭何代民請命，要求高祖開放上林苑（圖 1.1-2），供民免費耕種。這使得高祖大為震怒，罵道：「你收了商人多少好處？居然代他們來要我的上林苑！」

高祖疑心蕭何勾結商人不是全無道理。因為自秦末大亂以來，禁令鬆弛，曾受秦始皇壓抑的商人又伺機活動，大發戰爭財。戰爭財最少有兩大項：一是囤積糧食等等民生物資居奇，賺取暴利。這本是戰國商人的故

圖 1.1　上林半瓦當

圖 1.2　上林共府銘量器

技，現在又再施展出來。二是乘戰火四
起，人民逃亡，大事兼併土地。漢定天下
以後，與民休息，放任工商和土地賣買，
兼併的情況愈演愈烈。因此漢初雖甫經戰
亂，人口大減，長安平民竟然無地可耕。
兼併土地的當然不只是商人，漢朝王侯新
貴也熱衷於此。蕭何當時即參加了兼併房
地產的行列。在這種情況下，官商多勾結

圖 1.3　初元三年上林共（供）府刻銘
拓本

為奸。晁錯就曾說，漢初以來，商人「因
其富厚，交通王侯，力過吏勢，以吏相傾」（《漢書·食貨志》）。高祖恨透了
這些商人，曾規定商人不得衣絲乘車騎馬，也不得持兵器，不過顯然少有
效果。因此，他一聽說相國代民求地，就疑心是拿了商人的好處。幸好過
了幾天，有位王衛尉在高祖面前為蕭何說話，蕭何才被放了出來。

　　無論捉蕭放蕭，都在天子的一念之間。中國的皇帝掌生殺予奪之權，
自然成為關說最主要的對象。不過關說要有門徑，門徑自不外乎是天子眼
前的紅人。有時門徑對了，天子不點頭，仍然無法。以下說兩個武帝不點
頭的例子。

2. 田蚡

　　光元二年，武帝聽王恢的
話，發兵三十萬，計誘單于於
馬邑。結果，單于驚覺脫走，
漢兵一無所獲。武帝大怒，以
王恢首謀為由，議斬恢以謝天
下。王恢心有不甘，拿黃金千
金給武帝的舅舅田蚡，希望代
為求情。田蚡時任丞相，內有
親姊王太后為奧援，親貴用

圖 2　江西南昌海昏侯劉賀墓出土金餅，一枚重約
250-264 克，當漢一斤或一斤餘，2018.12.4 作者攝於
江西省博物館。

事。據說有一度，田蚡推薦大小官員，武帝沒有不用的。當時的人都知道他們姊弟是關說的最佳門路。韓安國就曾以五百金，走這門路，做上了官。這回田蚡收了千金，竟不敢直說，轉個彎，找上姊姊王太后。太后利用武帝來朝見，說了一番殺王恢是替匈奴報仇的話。奈何武帝鐵了心以王恢為替罪羔羊，不允。王恢得知，只有照規矩——自殺。

3. 衛青

衛青為關東大俠郭解向武帝說項失敗是另一個例子。郭解是位和司馬遷同時的大俠客。據太史公說，這位俠客雖容貌言談都不出眾。當時天下的人，無論賢與不肖，知與不知，都對他十分仰慕。原來他是條江湖上的漢子，殺人報仇，作姦犯科的事雖曾幹過，年長以後，卻是行俠仗義，以德報怨，朝野上下，無不爭著和他交朋友。將軍衛青大約也和他有些交情。

元朔二年三月，武帝為充實京師，打擊地方豪強，強迫郡國豪傑和家有產業值三百萬以上的富人遷徙茂陵，郭解也在遷徙的名單上。他的家產雖不到三百萬，但豪俠的名聲太大，負責遷徙的吏不敢不遷他。以關東為地盤的郭解自然不願到關中的茂陵去，於是找天子眼前的大紅人衛青設法。

衛青的姊姊衛夫人正得幸於武帝，而衛青本人兩個月前，剛剛立下戰功。他和另一位將軍擊敗匈奴，收復河南地，武帝因而設置了朔方和五原兩郡，衛青也因功封為長平侯，食邑三千八百戶。這位聲勢火紅，新封的侯爺向武帝說項道：「郭解家貧，夠不上遷徙的標準。」武帝不愧為一代雄主，精明地說：「一位巷閭布衣能透過將軍這樣身分的人來關說，他的家不能算貧苦吧。」侯爺語塞，關說失敗，郭解只好西徙進關（圖3）。

4. 楊震

像武帝這樣英明的皇帝並不多見，而不受關說，不收紅包的官員更少。最後介紹一位有「關西孔子」之稱的楊震（圖4），他為東漢士族家風

圖3　從關東進關中必經函谷關，漢畫像函谷關線描圖。

圖4　河南潼關吊橋楊氏家族墓群，其中一座為楊震墓。

建立了難得的典範。他好讀書，到五十歲才出來做官。安帝時，出任東萊
太守，上任途經昌邑。其時昌邑令剛好是他先前任荊州刺史時薦舉的一位
茂才，叫王密。某晚，王密懷著黃金十斤來看楊震。這種對舉主的報效，
在漢代是極稀鬆平常的事。楊震卻說：「老朋友認得你，你竟不知老朋友

的脾氣了嗎？」王密說：「暮夜無知者。」楊震說：「天知、神知、我知、你知，怎說沒人知道呢？」王密滿懷慚愧地離去。

楊震一生為官清廉，他說：「能讓我的後人被稱為清白吏子孫，這份遺產，可算豐厚了吧。」他的幾個兒子很爭氣，有乃父之風。中子楊秉，亦以廉潔聞，他曾對人說：「我有三不惑：酒、色、財也。」

算算看，從古到今，能這麼說的官兒有幾人？

原刊《歷史月刊》，22（1989），頁 30-33。

108.10.16 補圖

東漢孝廉的身分背景

一 引言

　　東漢政府用人，來源不一。其中最經常性的是由地方郡國察舉的孝廉。每年選出大約兩百名（參附表一）。他們無論在人數上，在政治的重要性上，都不是茂才、賢良方正、直言極諫、至孝、有道、敦厚、質直、明經等所能及。孝廉通常先在中央為郎，繼而留任中央或出補地方為縣令、長。所謂「臺郎顯職，仕之通階」，[1] 他們再升遷即成為地方州郡或中央更高的官員。[2] 東漢士人和地方小吏想要在仕途上求發展，所謂「高則望宰相，下則希牧守」（《後漢書‧袁安傳》），都常以察孝廉為階梯。

圖 1　鮮于璜碑拓本「孝廉」二字

東漢時有一鏡銘云：「許氏作竟自有紀，青龍白虎居左右；聖人周公魯孔子，作吏高遷車生耳；郡舉孝廉州博士，少不努力老乃悔。吉。」鏡銘所說少小努力，希望作吏高遷，憑藉的是聖人的典籍，而第一個目標正是孝廉。許氏鏡銘所述，恐非偶然。它反映了東漢士人的一種普遍願望。以下即以孝廉為線索，觀察東漢政治和社會的一些現象（圖1）。

　　有關孝廉的研究迄今不少。較重要的有楊聯陞〈東漢的豪族〉，[3] 指出

1　《後漢書‧虞詡傳》。
2　嚴耕望，《中國地方行政制度史》上編，第 10 章，頁 316-344。
3　《清華學報》，11 卷，4 期，頁 1007-1063。

東漢地方察舉遭豪族權門把持的現象。對兩漢察舉制度曾作全盤考察的有勞榦的〈漢代察舉制度考〉。[4] 勞文詳論孝廉的初舉、制度的發展，並集錄很多個案，分析孝廉的資歷、家世和任用的情形。另一篇和孝廉制度密切相關的論文是嚴耕望的〈秦漢郎吏制度考〉。[5] 嚴文徵引文獻，輔以碑傳，於孝廉除郎補吏之制發明最多。黃留珠曾有〈兩漢孝廉制度考略〉一文，並在《秦漢仕進制度》一書中有更為全面的考論，明確指出孝廉和察孝、舉孝有別。[6] 日本學者論及孝廉者，較早有濱口重國、鎌田重雄等人，所論皆甚簡略，[7] 其後有永田英正的〈漢代の選舉と官僚階級〉。[8] 永田文除檢討兩漢官員選用的方式，並曾以西漢丞相和東漢太尉的出身為例，揭示孝廉身分在兩漢重要性的變化。他更從太尉的個案中發現，由孝廉為太尉者多高宦豪族的子弟。福井重雅《漢代官吏登用制度の研究》一書在前賢研究的基礎上，可以說是較有系統的相關論著，對兩漢官吏的選用制度，包括孝廉，作了較全面徹底的考察。[9]

　　這些研究對認識漢代的孝廉制度很有幫助。不過無論在資料的蒐集上或在相關問題的討論上，都還有努力的餘地。以資料而言，過去蒐集的並不很完整。鄧嗣禹曾作〈東漢孝廉表〉，收錄一〇七名；[10] 勞榦前引文曾錄兩漢孝廉，東漢部分約一三六名。福井重雅蒐集兩漢孝廉二四一名。[11] 本文試作進一步蒐集，得姓名可考的東漢孝廉三二六名（參附錄一「東漢孝廉題名錄」）。孝廉不僅是東漢官僚的重要來源，從鄉舉里選來看，他們也代

4　《中央研究院歷史語言研究所集刊》，17 本，頁 79-129。

5　《中央研究院歷史語言研究所集刊》，23 本上冊，頁 89-129。

6　黃留珠，《西北大學學報》，4（1985）；《秦漢仕進制度》（西安：西北大學出版社，1985）；另有若干相關短文見《秦漢歷史文化論稿》（西安：三秦出版社，2002）。

7　濱口重國，〈漢代の孝廉と廉吏〉；鎌田重雄，〈漢代の孝廉について〉。兩者都是演講的簡短摘要。

8　《東方學報》（京都），41 冊，頁 157-196。

9　福井重雅，《漢代官吏登用制度の研究》（東京：創文社，1988）。

10　鄧嗣禹，《中國考試制度史》，頁 38-46。

11　福井重雅，前引書，頁 53-70。

表著一定的社會勢力。從他們的家世背景，不難發現這一群官僚的社會性質。而三二六名考廉中有二七八名郡籍可考，又有一三七名時代明確可考，一三四名約略可知其活動的年代。從他們的郡籍，我們可以探索東漢政治權力區域性分配的若干現象，而時代可考的孝廉又為我們探討上述性質和現象，提供時代變化上的線索。當然，根據這些資料，可以討論的問題還很多，本文所及暫止於蒐集和整理資料，並對孝廉的身分背景作一些初步的分析。

二 東漢孝廉個案的蒐集與整理

本文蒐集的孝廉個案來自文獻與碑傳。文獻有范曄《後漢書》、陳壽《三國志》、謝承等七家《後漢書》、應劭《風俗通義》、劉珍《東觀漢記》、常璩《華陽國志》、蔡邕《蔡邕集》等；碑傳有洪适《隸釋》、洪邁《隸續》、馬邦玉《漢碑錄文》、陸增祥《八瓊室金石補正》、嚴可均《全後漢文》、中央研究院歷史語言研究所藏漢碑拓片以及新近出土的漢碑。詳目見附錄「東漢孝廉題名錄」。根據這些材料，共得姓名可考的孝廉三二六名。

所謂姓名可考，包括少數有姓失名或知其名而失其姓者，此多因碑傳失載或殘缺。如據「謁者景君墓表」、「綏民校尉熊君碑」，僅知此二孝廉姓景、熊而不知其名；又據「議郎元賓碑」，僅知其名元賓而失其姓。此外，也有失名但知其為某某人之父、子或兄弟者，如據「漢成陽令唐扶頌」，知其父為孝廉；據「北軍中侯郭仲奇碑」，如郭仲奇的兄、弟俱為孝廉；又據《東觀漢記》，知步兵司馬王青之子為孝廉。這些姓名不能全知的孝廉，本文以「某某之父」、「某某之子」、「某君」等稱之，視同姓名可考而納入題名錄中。

郡籍考訂的問題較小，不過也有些須要說明。有父祖子孫同為孝廉，因家族遷徙而郡籍不同者。如張霸本蜀郡成都人，葬於河南，子孫「因遂

家焉」。[12] 其孫張陵即由河南尹舉為孝廉，是祖孫郡籍不同之例。又如郭禧為潁川陽翟郭躬之後，然「太尉郭禧斷碑」云：「公諱禧，字公房，其先出自有周，文（下闕）留扶溝蓽門薛（下闕）……。」按扶溝屬陳留。趙明誠以郭氏世為陽翟人，疑禧嘗寓扶溝，返葬故郡，則郭禧應是陽翟人，不應視為扶溝人。趙氏之說，洪邁曾據碑傳、《漢官儀》以及郭旻碑詳辨其非。本文因從洪考，定郭禧為陳留扶溝人。[13] 再如馬忠，據《三國志》本傳，他是巴西閬中人。巴西本為巴郡的一部分。建安六年益州牧劉璋分巴郡為巴東、巴郡和巴西三郡，並以閬中為巴西郡治。[14] 由於巴西孝廉可知者僅馬忠一人，本文在討論孝廉的地域背景時，為求方便，仍將他列入巴郡計算。

東漢孝廉較不易考訂的是他們察舉孝廉的時間。在三百多位孝廉中，只有二十人的碑或傳明確記載了舉孝廉的年代。他們是：杜根、孔季彥、荀彧、劉昆、袁安、程曾、姜詩、張敏、張禹、第五倫、李膺、陳蕃、賀齊、柳敏、曹全、費鳳、武開明、王純、李翔、馬江。有些雖不能確知在某年，但知在某帝某時期者，如陳球於「陽嘉中」舉孝廉、馬忠於「建安末」、江革於「永平初」之類，共二十人。他們是：張衡、陳球、陳龜、馬忠、馬棱、張翼、徐防、郭淮、韋彪、淳于恭、江革、魏霸、張興、葛龔、董鈞、甄承、楊脩、董遇、李業、應順。另外還有九名於傳文中明載是某帝時的孝廉。他們是：劉梁、宋意、張重、應劭、全柔、左雄、李咸、包咸、袁術。以上共有四十九名察舉孝廉的時代是可以依據直接的記載而確知的。

其餘有不少孝廉察舉的時代可以間接推知。推查的方法有以下幾類：

第一，據孝廉除郎補吏的制度，孝廉通常先除郎，再遷謁者或其他職位。如此，如果知道除謁者的時間，即可約略推知何時察孝廉。據「司徒

12　本文所有有關孝廉的引文，凡在附錄「東漢孝廉題名錄」中已註明出處者，不再另行附註。

13　洪邁，《隸續》卷 17，頁 12 上-13 上，「太尉郭禧斷碑」條。

14　常璩，《華陽國志》卷 1，頁 7、9。

袁安碑」，袁安由孝廉除郎中再轉謁者不過一年。又據「郃陽令曹全碑」，曹全於光和六年復舉孝廉，七年三月除郎中。[15] 根據這些例子，「和帝時」和「和帝初」為謁者的何熙、周磐應該大約是章帝時舉的孝廉。

第二，如果知道某孝廉為某太守所舉，而某太守任職的時間可考，則孝廉的時代亦可推知。如仲定於胡廣除濟陰太守時復舉孝廉。據《後漢書‧胡廣傳》知胡廣於順帝初為濟陰太守，如此仲定察舉的時代即可得知。再如會稽戴就為太守劉寵所舉，而劉寵可考於桓帝時任會稽太守，因此戴就是桓帝時的孝廉就不成問題了。

第三，利用不同來源的資料互補而考知時間。例如《風俗通義》提到孝廉汝南戴幼起，文中沒說他的時代，但提到「幼起同辟有薛孟嘗者……」。按華嶠《後漢書》：「汝南薛苞字孟嘗」；再按《後漢書‧劉趙淳于江劉周趙傳》：「安帝時，汝南薛苞孟嘗……」，由此可知戴幼起是安帝時的孝廉。

第四，由傳文所載與孝廉相關或同時其它事推知。如周章舉孝廉時，「時大將軍竇憲免」。竇憲被免在和帝永元四年，因知周章是和帝永元時孝廉。傅燮「少師事太尉劉寬，再舉孝廉」，而劉寬據《後漢書》其本傳於熹平五年為太尉，則傅燮得舉在靈帝時；潁容「師事太尉楊賜，郡舉孝廉」。楊賜於光和五年為太尉，則潁容應為靈帝時孝廉。

第五，由孝廉的生卒年推知。例如桓鸞「恥不肯仕，年四十餘。時太守向苗有名跡，乃舉鸞孝廉……中平元年（西元 184 年），年七十七，卒於家」，據此知鸞生於安帝永初年間（西元 107-113 年）；四十餘歲舉孝廉，則其舉在桓帝初（西元 147 年桓帝即位）。有些孝廉知其年歲與卒年，如果順帝時「四十舉孝廉」的規定確曾執行，則他們舉孝廉的時間本也可據此推知。可是這個規定僅為具文，不足為憑。[16]

第六，混合運用以上的方法。例如曹操二十舉孝廉，建安二十五年以

<hr>

15　嚴耕望，〈秦漢郎吏制度考〉，頁 129。又見趙鐵寒，〈記袁安碑〉。《全後漢文》卷 105，頁 1 下-3 上，「郃陽令曹全碑」。

16　邢義田，〈東漢察舉孝廉的年齡限制〉，本書卷三，頁 433-453。

六十六歲卒，是知他在靈帝熹平三年（西元 174 年）得舉。又據《三國志·武帝紀》，知韓遂之父與曹操為「同歲孝廉」，如此韓遂之父察孝廉的時間也知道了。

利用以上的方法，孝廉察舉可知在某帝時期者有八十八名。他們是：仲定、高式、荀爽、周嘉、范滂、种暠、胡廣、苑康、郅惲、段恭、皇甫嵩、徐稺、孫匡、高彪、茨充、桓典、桓彬、桓鸞、桓階、堂谿協、曹昂、曹操、許武、鍾離意、龐參、嚴幹、李雲、何熙、杜喬、吳祐、任旐、朱穆、朱治、羅衍、韓說、鍾繇、謝夷吾、戴幼起、嬀覽、潁容、蔡順、蔡衍、蔡琰、蔡瓚、鄭益恩、鄭弘、劉平、劉儒、趙苞、趙昱、趙孝、賈彪、楊仁、張玄、張武、張紘、華佗、華歆、景君、寒朗、童翊、傅燮、陳伯敬、符融、許靖、王元賓、王朗、王脩、王淩、王暢、王青之子、戴就、王阜、周章、孫權、孫翊、鮮于晏、鮮于琦、李郃、武榮、邢顒、韓遂之父、梁鵠、高岱、戴員、魏种、楊阜、周磐。這八十八名加上前述時代可據直接記載得知的四十九名，即有一三七名孝廉察舉的時間確實可考。其餘有一三四名察舉的時代不可考，但他們活動的時代尚可大概知道。另有四十名是連活動的時代都無法確定。這些不再一一列名。

這些孝廉的背景往往需要利用不同的資料相互補充，茲舉數例言之。范曄《後漢書·胡廣傳》未記胡廣舉孝廉年歲，其碑與謝承書皆明載為二十七歲。范書〈陳蕃傳〉未載其父曾任官，據《風俗通義》知其父曾為梁父令，其祖河東太守。如此，可以確知陳蕃家族最少三代仕宦。謝承書對范書〈鄭弘傳〉、〈朱穆傳〉也頗有補益。「車騎將軍馮緄碑」則大大彌補了范書〈馮緄傳〉家世和仕宦記載的缺漏。這類例子很多，不再贅舉。

文獻資料本身有衝突矛盾，須要利用其他資料考訂。例如，范書卷三十八〈度尚傳〉對度尚背景的記載即與李賢注引《續漢書》者有出入。前者謂度尚「家貧，不修學行，不為鄉里所推舉……乃為……侯覽視田，得為郡上計吏，除上虞長」；後者謂：「尚少喪父，事母至孝，通京氏《易》、古文《尚書》」，難定孰是。幸而《隸釋》卷七有「荊州刺史度尚碑」，知其喪父在為官以後，曾以父憂去官。又碑文所記皆與范書合，是知范書或較可信。不過

范書失載與本文有關的一件大事，即度尚原來也是一位孝廉！

最後，必要一談的是東漢察舉「孝廉」與察「廉」、舉「孝」到底是不是一回事情？西漢武帝初舉孝廉時，孝與廉本為兩科。大約到宣帝時，兩者已合而為一。問題在於孝廉本合孝子、廉吏為一，而東漢除「孝廉」名目之外，在碑傳中還常見但言「察孝」（如：「巴郡太守樊敏碑」、「廷尉仲定碑」、「漢故雁門太守鮮于君碑」）、「以孝貢察」（如「山陽太守祝睦碑」）或「察廉」的（如「溧陽長潘乾校官碑」）。這些察孝、察廉是不是察孝廉的省文，凡察孝或察廉的也就是孝廉呢？[17] 從某些地方看來，似乎如此。例如「廷尉仲定碑」說：「南陽陰府君察孝不行，南郡胡公除濟陰，復舉孝廉……」既言「復」舉孝廉，似乎撰碑之人視察孝即是舉孝廉；「不行」，故曰「復舉」。可是從其他的資料看又明顯有別。例如近年發現的鮮于璜碑，其碑陽、碑陰凡言舉孝廉者，皆明載「舉孝廉」，並不省文。同碑中除「舉孝廉」者外，還有「察孝」一人。由此很難解釋碑中「察孝」二字是「察孝廉」的省文，而將「察孝」與「舉孝廉」看成是同一回事。再如《後漢書‧桓帝紀》載本初元年秋七月丙戌詔：「孝廉、廉吏皆當典城牧民」云云。這裡很清楚將孝廉與廉吏分別為二。孝廉既與廉吏為二，似亦不應與孝子混而為一。本文不將碑傳中但言察孝或察廉的例子列入討論。[18]

三 東漢孝廉的身分背景

西漢選舉孝子和廉吏，本來的標準無疑是在德行、實際的才學和經

---

17 勞榦說：「所言察孝應當即是孝廉的簡稱，不過為著修辭上的便利罷了」，見氏著〈漢代察舉制度考〉，頁656。又同文認為孝廉是到西漢末始合為一科。唯據《漢書‧循吏傳》黃霸條：「宣帝時，京兆尹張敞奏曰：『……舉三老、孝弟、力田、孝廉、廉吏，務得其人。』」是宣帝時，孝廉似已合為一科，而與廉吏有別。

18 經過黃留珠深入分析，幾可確言孝廉和察廉是兩回事。參前引《秦漢歷史文化論稿》，頁400-406。

驗。這不但從孝子、廉吏或孝廉的名目上可以看出，從西漢所謂四科取士的規定也可以證明。[19] 不過東京以後，地方察舉普遍掌握在豪門權貴的手中。選舉表面上仍重德行，實際上家世身分往往更為重要。

世族權門把持地方察舉的情形，從東漢初即已十分嚴重。光武、明帝和章帝曾連連下詔斥責「選舉乖實」、[20]「朱紫錯用」[21] 和「權門請託」[22] 的選風。章帝時，韋彪呼籲「士宜以才行為先」，[23] 這些詔令和呼籲事實上作用有限，只暴露了問題的嚴重性。和帝時王符仍然批評權門操縱選舉：

> 今當塗之人既不能昭練賢鄙，然又怯於貴人之風指，脅以權勢之囑託。請謁闐門，禮贄輻輳，迫於目前之急，則且先之，此正士之所獨蔽而群邪之所黨進也。[24]

和帝在永元五年的詔書裡也斥責二千石「恣心從好」，「不以選舉為憂」。[25] 所謂恣心從好或出於攀附，以選舉當人情；或迫於請託，不得不耳。順帝時，河南尹田歆說：「今當舉六孝廉，多得貴戚書命，不宜相違。欲自用一名士以報國家」，[26] 此迫於請託之例。陽嘉二年，李固對策云：「詔書所以禁侍中、尚書、中臣子弟不得為吏察孝廉者，以其秉威權，容請託故也。而中常侍在日月之側，聲勢振天下。子弟祿仕，曾無限極。雖外託謙默，不干州郡，而諂偽之徒，望風進舉」，[27] 此甘心諂媚權貴之例。

干預選舉的權豪大抵有兩類：一為中央的權臣貴戚，一為地方州郡的豪族。順帝時，左雄為冀州刺史，因「州部多豪族，好請託，雄常閉門，

19　四科略云：1.德性高妙、2.學通行修、3.明達法令、4.剛毅多略，才任三輔令。其詳見《續漢書・百官志》太尉條注。

20　《後漢書・章帝紀》。

21　《續漢書・百官志》太尉條注引世祖詔。

22　《後漢書・明帝紀》。

23　《後漢書・韋彪傳》。

24　《潛夫論・本政》。

25　《後漢書・孝和孝殤帝紀》。

26　《後漢書・种嵩傳》。

27　《後漢書・李固傳》。

不與交通」。[28]桓帝時，史弼為河東太守，當舉孝廉，「弼知多權貴請託，乃豫敕斷絕書屬」，[29]此皆州郡豪族干預之例。史弼雖封絕關說，可是中常侍侯覽仍遣人說項，史弼不應，侯覽竟誣其誹謗，「以檻車徵」。[30]靈帝時，蓋勳為京兆尹，時「小黃門京兆高望為尚藥監，倖於皇太子。太子因蹇碩屬望子進為孝廉，勳不肯用。或曰：『皇太子副主，望其所愛，碩帝之寵臣，而子違之，所謂三怨成府者也。』勳曰：『選賢所以報國也，非賢不舉，死亦何悔！』」[31]這是中央權貴干預之一例。像蓋勳、史弼、左雄這樣杜絕請託的恐怕只是少數。絕大部分的守相大概像田歆一樣，認為「貴戚書命，不宜相違」。更等而下之的諂偽之徒就無非是「望風進舉」了。

桓、靈之世，選風日劣，「權富子弟多以人事得舉，而貧約守志者以窮退見遺」。[32]其欲不偏權富，顯用志士的陳蕃、黃琬則「為勢家郎所譖訴，坐免歸」。[33]選舉請託造成朋黨交結，徐幹《中論》言之最切：

> 桓靈之世，其甚者也，自公卿大夫，州牧郡守，王事不恤，賓客為務。冠蓋填門，儒服塞道……送往迎來，亭傳常滿……扣天矢誓，推託恩好……詳察其為也，非欲憂國恤民，謀道講德也。徒營己治私，求勢遂利而已……至乎懷丈夫之容而襲婢妾之態，或奉貨而行賂，以自固結，求志屬託，規圖仕進。然擷目指掌，高談大語，若此之類，言之猶可羞，而行之者不知恥。[34]

和請託交結關聯的另一現象就是前文所說，察舉的標準沒有辦法再嚴守以德行和才能為重的規定，變成「以族舉德，以位命賢」。[35]以族以位則家世

28　《後漢書・左雄傳》。
29　《後漢書・史弼傳》。
30　《後漢書・孝和孝殤帝紀》。
31　《後漢書・蓋勳傳》。
32　《後漢書・黃琬傳》。
33　《後漢書・陳蕃傳》。
34　《中論》卷下，頁9下-10上。
35　《潛夫論・論榮》。

身分成為被察舉的重要條件。在這種情形下，東漢孝廉的家世身分就很值得分析了。

在三二六位可知的東漢孝廉中，有家世資料可考的有二六五位。所謂可考，資料的內容和詳略並不盡相同。不過仍然可以就經濟、教育、個人仕宦經歷、家族和地域背景等幾方面試作討論。本文原蒐集孝廉三一〇名，陸續增補至三二六名。因增加有限，且增加的資料內容較殘碎，不影響本文原有結論，為免重新計算，修訂稿所有統計仍以三一〇名為基礎。

一、經濟背景

從經濟背景上說，貧寒子弟在東漢能成為孝廉的極少。在二六五名孝廉的資料裡，確實提到家道清貧的只有十八人。例如：黃憲「世貧賤，父為牛醫」，劉梁「少孤貧，賣書於市」，江革「少失父，獨與母居……窮貧裸跣，行傭以供母」，高彪「家本單寒」，檀敷「家貧而志清」，服虔「少以清苦建志」，徐稺「家貧，常自耕稼」，公沙穆「家貧賤」，闞澤「家世農夫，至澤好學，居貧無資，常為人傭書」，朱儁「少孤，母嘗販繒為業」，劉脩「少罹蠱苦，身服田畝」，第五訪「少孤貧，常傭耕以養兄嫂」，胡廣「少孤貧，親執家苦」，周磐「居貧養母」，單颺「以孤特清苦自立」，度尚「家貧，不修學行」，趙宣「出自寒微」，朱倉「受學於蜀郡張寧……同業憐其貧，資給米肉……家貧以步行」。這些人有不少是系出名門而家道中落的。如胡廣六世祖曾辟大司徒府，他的父親曾任交趾都尉，因父早逝而衰貧。再如周磐出於安帝時徵士周燮之宗，祖父官至天水太守。他可能是因為父喪，才「居貧養母」。第五訪為司空第五倫的族孫，因少孤而貧。劉梁更是宗室子孫，亦因孤而貧。十八人中有將近一半的家世與「孤」、「貧」相連，這對暸解漢代家族經濟關係似乎是一些值得注意的資料。

這些家道不豐的孝廉能由貧賤而晉身，主要依賴他們在學行上的表現。其中高彪、檀敷、服虔、徐稺不是曾為諸生，就是曾入太學。其他如周磐「少游京師，學古文《尚書》」、單颺「明天官、算術」、公沙穆「習韓《詩》、公羊《春秋》」、闞澤「追師論講，究覽群籍，兼通曆數，由是

顯名」、朱倉「受學於蜀郡張寧，餐豆飲水以諷誦……著《河洛解》」。

其次一條晉身的途徑是擔任地方吏職。例如度尚為上計吏、胡廣為散吏、第五訪為郡功曹、朱儁為縣門下書佐、郡主簿。事實上家貧能在地方上為吏的機會很少，因為漢承秦法，為吏須有一定的財產。韓信少時即因家貧不得推擇為吏。景帝未曾將標準從訾算十減為訾算四。顏師古注引應劭曰：「古者疾吏之貧，衣食足知榮辱，限訾十算乃得為吏。十算，十萬也。」[36] 東漢情形如何，無考。不過應劭是東漢人。他熟於掌故，他的解釋應是可靠的。可能景帝所改四萬錢的標準，在東漢，仍依「故事」被遵行著。

也有一二因德行被舉的。趙宣「以溫良博雅，太守犍為楊文方深器異之，遂察孝廉」；江革是因「採拾以為養」、「行傭以供母」的孝行，以江巨孝之名聞於鄉里而被舉。從以上的檢討，不難看出，在沒有經濟力量為奧援的情形下，這些孝廉得舉，大抵合於四科取士的標準。從比例上說，通明經術和有吏職經驗的，多過德性高妙的。總體而言，東漢社會中能從貧賤而為孝廉的機會甚為有限。

貧賤固難脫穎而出，單純憑藉財勢似乎也並不能保證一個家族必能有子弟獲選為孝廉。有一些孝廉並無個人學行或其家族成員曾經仕宦的紀錄，但是從他們家財或一些其他的事蹟可以知道他們出自有錢或有勢的地方豪族。這一類例子不多。例如：周防「父揚，少孤微，常脩逆旅，以供過客，而不受其報」。其父「孤微」，知其非顯赫世家，但能常供給旅客，不受回報，某家必小有產業。還有童翔「父仲玉，遭世凶荒，傾家賑卹，九族鄉里賴全者以百數」，淳于恭「家有山田果樹」。以上這些可以說都是地方財富之家。

還有一些從事蹟上可知其家為地方豪強領袖。例如：第五倫「其先齊

---

36 《漢書‧景帝紀》。又 1977 年在河南偃師發現東漢章帝建初二年「侍廷里父老僤買田約束石券」，可知即使為里父老也須一定的貲產，「貲下不中」即不得為父老，吏或亦如之。參黃士斌，〈河南偃師縣發現漢代買田約束石券〉，頁 17-20；寧可，〈關於侍廷里父老僤買田約束石券〉，頁 21-27。

諸田。諸田徙園陵者多，故以次第為氏。王莽末，盜賊起，宗族閭里爭往附之。倫乃依險固築營壁。有賊，輒奮厲其眾，引彊持滿以拒之。銅馬、赤眉之屬前後數十輩，皆不能下」。可知第五倫家為地方宗族閭里的領袖。還有私行復仇，地方官不敢捉捕的，亦應屬地方豪強之家。例如郅惲為友人報父仇，殺人而後投縣自首，就獄。縣令「跣而追惲，不及，遂自至獄。令拔刃自向以要惲曰：『子不從我出，敢以死明心』，惲得此乃出」。至於王龔家「世為豪族」、蘇則家「世為著姓」，因其族姓沒有仕宦之跡可查，或亦屬於這類以財、勢雄於一方的地方豪族。總之，在兩百多個孝廉個案中，僅有財勢可考的家族只有上述幾個。

　　家族財勢在絕大部分情形下是和家族仕宦相結合。仕宦之家通常也就是財勢之家，例如曹全一族「枝分葉布，所在為雄」，种暠父「有財三千萬」、朱穆家資足以濟「宗里故舊之貧羸者，鄉族皆歸焉」，馮緄父「家富好施，為州里所愛」，戴良曾祖父「家富，好給施……食客常三、四百人」、陽球「家世大姓冠蓋……郡吏有辱其母者，球結少年數十人，殺吏，由是知名」。這類例子，文獻中甚多，不再枚舉。1971 年在內蒙古和林格爾發現的一座東漢壁畫墓，為這種仕宦家族的經濟生活提供了更生動的說明。墓主失名，但從壁畫的題記可知墓主曾為孝廉，（圖 2）最後官至護烏

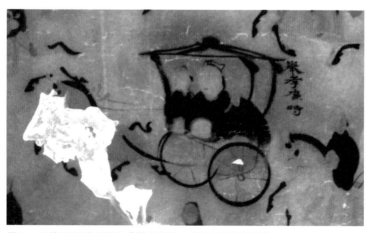

圖 2　和林格爾壁畫墓主「舉孝廉時」部分壁畫及榜題

桓校尉。該墓有前、中、後三室。在前室兩側的耳室四壁畫有牧牛、牧馬、牧羊及耕作之圖，在後室南壁畫有一幅莊園圖。莊園圖描繪出整個莊園的輪廓以及莊園中的生產活動。莊園裡有農地，有桑林，有牧場，還有織染和釀酒的作坊，甚至有防禦用的建築——壁。[37] 這些描繪並不反映現實，有理想成分，但也非全無基礎。1959 年在潼關出土弘農楊氏墓群。群墓曾遭盜掘，破壞已甚，殘餘的玉器、銅車馬飾、大量的漆器、陶製的樓閣、磨房和豬、羊圈等仍可以反映出弘農楊氏的經濟勢力。[38] 這些實物可以說是財富與仕宦結合的見證。

二、教育背景

孝廉是東漢官僚的主幹。他們所受教育的內容應同於東漢一般官僚；受教育的途徑也和一般官僚相類。從途徑上說不外是傳習家學、從私人問學、入地方學校或入太學。在內容上則以經學和律令為主。[39]

班固說的很清楚，五經乃「祿利之路」。四科取士的第二項要求就是「學通行修，經中博士」。除了最基層的吏，知曉經書可以說是漢代官吏必要的修養，孝廉不能例外。有不少孝廉就是以明經而得為孝廉（如趙戒、霍諝、董鈞、劉寵等）。他們明那些經呢？有很多碑傳行狀說他們「兼綜六藝，博物多識」、「綜覽墳典，靡古不通」。這些都是漢人喜歡說的套語。以下舉一些記載比較確實的例子，以見習經之一斑：

郅惲：「理韓《詩》、嚴氏《春秋》、明天文、歷數」。

韓說：「博通五經，尤善圖緯之學」。

式榮：「治魯《詩》……傳講《孝經》、《論語》、《漢書》、《史記》、《左氏》、《國語》」。

劉昆：「少習容《禮》……受施氏《易》」。

---

37 內蒙古文物工作隊、內蒙古博物館，〈和林格爾發現一座重要的東漢壁畫墓〉，頁 8-23；吳榮曾，〈和林格爾漢墓壁畫中反映的東漢社會生活〉，頁 24-30。

38 陝西省文物管理委員會，〈潼關吊橋漢代楊氏墓群發掘簡記〉，頁 56-66。

39 參邢義田，〈秦漢的律令學〉，本書卷四，頁 11-78。

陳重：「學魯《詩》、顏氏《春秋》」。

張裔：「治公羊《春秋》，博涉《史》、《漢》」。

周燮：「能通《詩》、《論》；及長，專精《禮》、《易》」。

魯峻：「治魯《詩》，兼通顏氏《春秋》」。

徐稺：「學嚴氏《春秋》、京氏《易》、歐陽《尚書》，兼綜風角、星官、算曆、河圖、七緯、推步變易」。

公沙穆：「習韓《詩》、公羊《春秋》」。

周磐：「學古文《尚書》」。

孔宙：「治嚴氏《春秋》」。

孔褒：「治家業《春秋》經」。

張興：「習梁丘《易》」。

甄承：「習嚴氏《春秋》」。

程曾：「習嚴氏《春秋》」。

張玄：「少習顏氏《春秋》」。

楊仁：「習韓《詩》」。

單颺：「善明天官、算術」。

謝夷吾：「學風角占候」。

這些孝廉有兼通數經，也有專治一經的。除了五經，學風角、占候、圖緯、天官者也頗有人在。這反映出東漢一般的學術風氣。除此之外，還有陽球「好申、韓之學」、淳于恭「善說《老子》」。可見東漢士人一般固以習儒經為主流，諸子之學亦未嘗全廢。[40]

　　孝廉習經之外，還兼習律令。「明達法令」也是取孝廉的四科標準之

---

40 東漢好黃老、老子、老莊者大有人在，參《後漢書》〈光武帝紀〉、〈桓帝紀〉、〈耿弇傳〉、〈任光傳〉、〈竇融傳〉、〈馬援傳〉、〈鄭承傳〉、〈楊厚傳〉、〈襄楷傳〉、〈樊宏傳〉、〈張霸傳〉、〈淳于恭傳〉、〈班彪傳〉、〈翟酺傳〉、〈孝明八王傳〉、〈劉陶傳〉。好申、韓及律之學者亦不乏人，參《後漢書》〈酷吏傳〉、〈梁統傳〉、〈王霸傳〉、〈張皓傳〉、〈陳球傳〉、〈循吏傳〉。此外，《後漢書》列傳人物通百家之學的甚多，有關百家的著作可參顧懷三《補後漢書藝文志》卷八。

一。兼習律令是漢儒的一項特色。董仲舒本人就是著例。王充《論衡・謝短篇》說：「法律之家，亦為儒生。」[41] 他說這話原有譏諷之意，不過也透露儒生治律的風氣。東漢律令之學有章句，也有家法。據說：「律有三家，其說各異」。[42] 其中可考的兩家是西漢武帝時杜周父子所傳的大、小杜律。孝廉郭禧和郭旻即習小杜律，馮緄習大杜律。此外，陳球亦習律令，家派則不可考。漢代在地方為吏都需要知曉律令，漢簡有很多證據，此處無須細論。[43] 而可考的孝廉中大約有三分之一以上曾在地方擔任吏職（詳見下節），他們肯定曾習律令。

從學習的途徑看，向私人問學、入學校和承襲家學的兼而有之。向私人問學的如潁容「善春秋《左氏》，師事太尉楊賜」，朱倉「受學於蜀郡張寧」，衛衡「少師事隱士同郡樊季齊」，王烈「少師事陳寔」，楊充「受古學扶風馬季長」，公孫瓚「從涿郡盧植學」，士燮「事潁川劉子奇，治左氏《春秋》」，張昭「從白侯子安受左氏《春秋》」，張霸「就長水校尉樊鯈受嚴氏公羊《春秋》」，傅燮「少師事太尉劉寬」，王朗「師太尉楊賜」，延篤「從潁川唐溪典受《左氏傳》……又從馬融受業，博通經傳及百家之言」，董鈞「習慶氏《禮》，事大鴻臚王臨」。曾為諸生或遊太學的有高彪、檀敷、徐稺、杜喬、霍諝、包咸、向栩、服虔、戴封、苑康、劉陶、張武、李郃、臧洪、符融等人。

十分值得注意的是有很多是繼承家學，甚至以此教授的。例如：桓典「傳其家業，以《尚書》教授潁川」，劉寵「少受父業，以明經舉孝廉」，楊彪「少傳家學，初舉孝廉」，李郃「父頡，以儒學稱，官至博士，郃襲父業」，宋意「父京，以大夏侯《尚書》教授……意少傳父業」，魯國孔氏自安國以下，世傳古文《尚書》、《毛詩》，孔季彥「守其家業，門徒數百

41　《論衡・謝短》。

42　《後漢書・陳寵傳》。據《晉書・刑法志》，律令章句有叔孫宣、郭令卿、馬融、鄭玄等十餘家之多。

43　參勞榦，《居延漢簡》考釋之部，〈居延漢簡考證〉「文武吏」條，頁 17-18；拙文，〈秦漢的律令學〉，本書卷四，頁 11-78。

人」，徐防「祖父宣，為講學大夫，以《易》教授王莽；父憲，亦傳宣業。防少習父、祖學」，袁安「祖父良，平帝時舉明經，為太子舍人……安少傳良學」，曹褒「父充，持慶氏《禮》，建武中為博士……褒少篤志，結髮傳充業」。

這些傳家學的孝廉，他們本人以及其家族不但占據政府要津，其門生更足以形成政治上的勢力。例如，甄承祖父甄宇習嚴氏《春秋》，教授數百人，建武時拜博士，為太子少傅。宇傳業子甄普，普再傳甄承，「諸儒以承三世傳業，莫不歸服」。甄承官至梁相，「子孫傳學不絕」。宋意的族祖父宋伯是五官中郎將，族父宋均曾為司隸校尉、河內太守，其父宋京以大夏侯《尚書》教授，官至遼東太守。宋意本人傳父業，曾為尚書、司隸校尉。其孫宋俱靈帝時為司空。劉寵父號為通儒，寵少受父業，曾歷任三公之職，弟劉方官至山陽太守。劉昆教弟子恆五百餘人，建武時歷任太守、光祿勳、騎都尉。其子劉軼繼承其學，門徒亦盛，官至太子中庶人、宗正。

東漢以經學傳家，聲勢最顯赫的莫過於弘農楊氏和沛郡桓氏。楊氏自哀、平時楊寶以歐陽《尚書》教授，家學世傳不替。舉孝廉的楊彪少傳家學，官至司徒、司空。桓氏自王莽時桓榮以歐陽《尚書》教授，代為帝師，門徒雲布。《後漢書‧桓榮傳》謂桓榮於永平時封關內侯，食邑五千戶。死時，「除兄、子二人補四百石，都講生八人補二百石，其餘門徒多至公卿」。桓榮子郁襲爵，傳父業，門徒常數百，明帝時授皇太子經。桓郁子桓焉為安帝、順帝師，「弟子傳業者數百人，黃瓊、楊賜最為顯貴」。孝廉桓典為桓焉之孫，也以《尚書》教授，門徒數百人。其族自桓典以後，還有桓鸞、桓曄、桓麟、桓彬著名於世。難怪范曄在傳論中說：「伏氏自東西京相襲為名儒，以取爵位。中興而桓氏尤盛，自榮而典，世宗其道，父子兄弟代作帝師，受其業者，皆至卿相，顯乎當世。」漢世，業師門生，恩同君父，關係至重。[44] 傳經之家，門生布列，其政治勢力是不難

---

44 鎌田重雄，〈漢代の門生と故吏〉收入《秦漢政治制度の研究》，頁 450-469。又參金發根，

想像的。[45] 可考的孝廉有這樣多來自傳經之家，或曾教授經學，是一個很有意義的現象，顯示經學、仕宦和家族勢力三者相依相存的關係。

三、個人仕宦背景

東漢孝廉另一個重要的身分背景是他們有很多曾任地方州郡的屬吏。在有家世身分背景可考的二六五名孝廉中，有九十四名，亦即百分之三十五以上曾任職地方州郡。地方屬吏被舉，一方面是因為察舉的大權掌握在郡國守相手中。他們很自然從自己親近熟悉的屬下中選拔人才。另一方面，東漢取士甚重實際經驗。四科取士，其「三曰明達法令，足以決疑，能按章覆問，文中御史；四曰剛毅多略，遭事不惑，明足以決，才任三輔令」，這些非根據實際的成績，都不足定奪。東漢帝詔，屢以「校試以職」[46]、「明試以功」[47]、「令試之以職，乃得充選」[48]為言，順帝時左雄建議「諸生試家法，文吏課牋奏」，也無非希望「練其虛實，以觀異能」。[49]儘管這些詔令和建議反映出選舉實際上不以實材，但是能合乎這些要求的莫過於地方屬吏。以下先將九十四名孝廉所曾擔任，可考之最高地方吏職列表，再作討論。

1. 功曹　22 人

第五訪、陳禪、劉翊、費汎、費鳳、梁休[50]、雷義、朱儁、許慎、景

〈東漢黨錮人物的分析〉，頁 512-516。

45 也有例外情況。例如孔光，「其弟子多成就為博士大夫者，見師居大位，幾得其助力，光終無所薦舉，至或怨之。其公如此。」（《漢書・孔光傳》）

46 《後漢書・章帝紀》建初八年十二月己未詔注引《漢官儀》。

47 《後漢書・章帝紀》建初元年三月己巳詔。

48 《後漢書・和帝紀》永元五年三月戊子詔。

49 《後漢書・左雄傳》。

50 此三人之碑傳中並未明言任職功曹，但云「仕更郡右」（費汎）、「踐郡右職」（費鳳）。按郡國屬曹有諸曹與右曹之分。右曹位尊，又稱郡右，有主簿、督郵、五官掾和功曹，其中以功曹位最高。范書〈張酺傳〉注引《漢官儀》：「督郵、功曹、郡之極位」。因此，所謂「仕更郡右」、「踐郡右職」應指功曹而言。梁休碑殘斷，原文云「……仕郡歷五官（下闕）淑瑋遂察孝廉……」。五官應即為五官掾，郡吏在五官掾之上唯有功曹。既云仕郡「歷」五官掾，

君、李翊、馬稜、桓曄、桓階、周章、景鸞、楊仁、袁安、橋玄、劉放、張旣、□朝侯小子

2. 督郵　4人

　　鄭弘、朱穆、鍾離意、謝夷吾

3. 主簿　3人

　　周嘉、种暠、堂谿協

4. 戶曹史（吏）　5人

　　薛丞、孟嘗、包咸、李郃、劉虞

5. 倉曹掾　1人

　　戴就

6. 屬曹吏　1人

　　劉祖

7. 上計吏或掾　5人

　　高岱、公孫瓚、許靖[51]、段恭、戴幼起

8. 郡散吏　1人

　　胡廣

9. 郡守丞　1人

　　周防

10. 縣丞　1人

　　張玄

11. 書佐　1人

　　張翼

12. 州別駕　5人

　　任安、任伯嗣、王元賓[52]、曹全、楊阜

必不止於斯職，應更曾任功曹也。

51　《後漢書‧許靖傳》但言靖為計吏。計吏即上計吏的省稱。參嚴耕望，前引書，頁263-264。

52　任伯嗣、王元賓碑皆未明言曾任「州別駕」，但云「位極州郡」、「仕極州郡」。漢吏陞遷例

13. 州從事 8人

蔡湛、王政、仲雄、李禹、王純、郭仲奇、朱倉、武榮

14. 除或守縣令、長 8人

度尚、杜畿、劉平、王脩、柳敏、賀齊、孫權、王朗

15. 鄉嗇夫 1人

鄭益恩

16. 郡吏、縣吏等職位不確知者 27人

衡方、駱俊、嚴幹、許荊、黃真、黃蓋、范丹、高頤、張壽、熊君、郭旻、武宣張、陳蕃、陶謙、趙苞、華歆、張重、李咸、龐參、應順、朱治、賈彪、魯峻、霍諝、魏元丕、馬忠、符融

這些屬吏出身的孝廉在身分上可分為五類。第一類是人數最多的功曹（圖3）。二十二名功曹中除袁安、橋玄二人是縣功曹，其餘全為郡功曹。郡、縣功曹是由守、長自行除辟的左右手，最為親信和地位最高的屬吏。他們統諸曹，掌曹吏的任免賞罰。橋玄和袁安由縣功曹而為孝廉十分特殊，因為察舉之權在郡國守相，不在縣令長。袁安為洛陽令所舉，實所僅見。郡功曹常在郡守左右，又常歷職諸曹，逐步遷陞（如：武榮、梁休、仲雄、郭仲奇、柳敏、李翊、劉放、費汎、費鳳），經驗最為豐富，丘訢辭郡守召云：「明府所以尊寵人者極於功曹，所以榮祿人者，已于孝廉」，[53]

圖3 門下功曹壁畫

由郡之極位轉為州之屬吏。州刺史屬吏以別駕位最高。任、王位極州郡，姑列於別駕之列。參嚴耕望，前引書，頁308-309。

53 謝承，《後漢書》卷59，頁8上。

功曹得舉者最多，實乃自然之事。

其次，即為由功曹轉遷為州刺史的屬吏（從事）、副手（別駕）或以郡吏除守縣令、長的一類。功曹通常陞遷的途徑即為守令長或州辟從事。高頤、仲雄、武榮以及那些「仕郡辟州」、「位極州郡」、「仕極州郡」者都是由郡而辟州職的例子。東漢常例先察孝廉而後除縣令、長。在此以前最多只能守縣令、長，如王脩以主簿守高密令；柳敏、杜畿以功曹守宕渠令、鄭縣令；賀齊、劉平以郡吏守剡長、菑丘長。孫權、度尚、王朗等先除縣長，再為孝廉，都各有原因。孫權以十五歲除陽羨長，察孝廉，蓋其兄孫策於亂世戡定諸郡，權傾一方，權以兄得除，非治世常態。度尚因父憂去官，「更舉孝廉」，在「更舉」以前已拜郎中，除上虞長。東漢常有一人數度舉孝廉的事，如曹全、寒朗、楊淮皆兩度被舉，徐稺甚至「四察孝廉」、衛衡「九察孝廉」。度尚在拜郎除長以前已舉孝廉，故曰「更舉」。王朗的情形和度尚相似。他以通經拜郎中，除菑丘長，服喪去官，後舉孝廉。他也可能是更舉的孝廉，唯失載，無從確考。以上由州從事、別駕和除守縣令長而察孝廉的共二十一人，構成第二大類。

第三類即為功曹以下，來自郡之右曹（主簿、督郵）、諸曹（戶曹、倉曹等）以及擔任上計重責的上計吏者共十九人。以上三大類共六十二人，已占職位可知的六十七人的絕大部分。可見州郡高級屬吏，是吏職出身孝廉的主體。其餘散吏、守丞、縣丞、書佐、鄉嗇夫等各僅有一例，可歸為一類，應皆屬特例。最後一類是碑傳中僅僅提到任「郡吏」、「縣吏」、「佐職牧守」、「少仕州郡」、「股肱州郡」等而無法確知職位者。這類的二十七人中應有曾任前三類職位的，因無從確知，也就不能多說。

這些地方屬吏出身的孝廉有不少亦曾為諸生、太學生或以經書教授的。例如：包咸「少為諸生，受業長安……去歸鄉里。……太守黃讜署戶曹吏」、霍諝「少為諸生……仕郡舉孝廉」、張玄「少習顏氏《春秋》，建武初，舉明經，補弘農文學，遷陳倉縣丞」、李郃「遊太學、通五經，縣召署幕門候吏」、王脩「年二十，游學南陽……北海孔融召以為主簿，守高密令」、景鸞「少……遊學七州，遂明經術，還乃撰《禮略》、《河洛交

集》……太守（闞）眖命為功曹」、陶謙「少好學，為諸生，仕州郡」、任安「少遊太學……還家教授，初仕州郡」、楊仁「習韓《詩》，數年歸，靜居教授，仕郡為功曹」、王元賓「門徒雲集……學優而仕，位極州郡」。先遊學或入學校修習經書，再出仕地方，應該是漢代士人入仕的常態。西漢景帝時，蜀郡太守文翁擇小吏赴長安，受業博士，或習律令。學成歸蜀，即擔任蜀郡的吏職。文翁時，蜀郡本無學校，武帝以後，地方普設學官。地方子弟入學為諸生，以後就成為地方官吏的主要來源。[54] 當然也有遊太學的。但是他們常回到地方，從地方小吏幹起。這樣一大群有經學與律令知識的士人，在地方經過若干時日的磨練，有了豐富的經驗，就具備了接受超拔為孝廉，從吏而官的條件。

從前引許氏鏡銘，不難想像由「作吏高遷」，而後「郡舉孝廉」是東漢士人一條相當普遍的入仕途徑。普遍到什麼程度呢？我們可以將光武到章帝、和帝到順帝、桓帝到獻帝三個時期裡時代可考，屬吏出身的孝廉和各時期可考的總孝廉人數做一對比：

表二　屬吏出身孝廉比例表

孝　　廉	光武	明	章	小計	和	安	順	小計	桓	靈	獻	小計
曾為吏者	8	2	2	12	3	4	8	15	7	5	10	22
各朝總數 百分比	22	9	9	40 30	4	10	15	29 51	22	21	25	68 32

這三個時期各約六十至七十年。在第一階段四十名孝廉中有十二名曾任州郡之吏；第二階段二十九名中有十五名；最後一階段六十八名中有二十二名。換言之，東漢最初的六十年以及最後的七十年有約近三分之一的孝廉是來自地方之吏，中間的六十年則有一半的孝廉從州郡小吏中拔擢出來。從和帝到順帝時，孝廉出自地方屬吏的較多，其原因恐怕相當複雜。

54　參嚴耕望，前引書，頁 255；池田雄一，〈中國古代における郡縣屬吏制の展開〉，收入《中國古代史研究》，頁 339。

東漢孝廉的身分背景 ┃ 381

這和東漢中期的社會、政治變化都可能有關係。不過，前文曾經提到，從明、章以來到順帝，不斷有詔令強調選士須「明試以功」、「校試以職」。順帝時，左雄建議察舉孝廉須限年的辦法雖然失敗，他「諸生試家法，文吏課牋奏」的課試之法卻得以保持。[55] 或許在這種強調經驗與歷練的情況下，以實務見長的地方屬吏有了較好的機會。桓帝以後，朝政日亂，選人不從正軌，能從這條路上為孝廉的於是又見減少。

四、家族背景

　　孝廉家世最引起注意的是在二六五名家世可考的孝廉中，有多達一三九名，亦即一半以上（52.4%）出身於有父、祖、兄弟或其他成員仕宦的家族中。這顯示了家族仕宦背景的重要。通常世宦之家能夠為子孫建立較良好的經濟和教育的環境，更能夠運用家族在政治上已有的影響力，提攜子弟較方便地踏上仕途。謝承《後漢書》有一個關於朱穆的故事：

> 穆少有英才，學明五經……二十為郡督郵。迎新太守，見穆曰：「君年少為督郵，因族勢？為有令德？」穆答曰：「郡中瞻望明府如仲尼，謂非顏回不敢以迎孔子。」[56]

朱穆固為英才，在較良好的經濟和教育條件下，仕宦之家產生較多的人才本是自然之事。但是太守以「族勢」相問也非無因，因為朱穆的曾祖父是光武帝的同學，祖父是尚書令，父親官至陳相。而他本人二十歲即已為郡之長吏，這與其家族勢力不能說毫無關係。東漢仕宦，「關係」至重。所謂門生、故吏、孝廉、舉主之間，皆有君父般的關係。[57] 宦門互結婚姻，也是普遍的現象。[58] 他們在重重關係之下，相互援引，欲為子弟謀祿位，自然要比出自寒門者容易得多。這一點，稍一分析這些孝廉的家族背景就可得其一二。

55　邢義田，〈東漢察舉孝廉的年齡限制〉，本書卷三，頁 433-453。
56　謝承，《後漢書》卷二，頁 7 上下。
57　邢義田，〈東漢察舉孝廉的年齡限制〉，本書卷三，頁 433-453。
58　劉增貴，《漢代婚姻制度》，頁 179-186。

本文附錄「東漢孝廉家族仕宦表」曾依有資料可考的一百三十九位孝廉家族仕宦的世代，分為四類：

（1）包括孝廉本人，其族兩代為官者

（2）三代任官者

（3）四代以及四代以上仕宦者

（4）仕宦代數、人名、官職不明確，唯資料中提到其為「衣冠」之族、「冠蓋」或「冠族」者。《漢書・杜欽傳》顏師古注曰：「衣冠，謂士大夫也。」冠族、冠蓋也都是指官宦人家。其他提到「家世二千石」、「歷世卿尹」或「世仕州郡」等的也都歸入這一類。

來自這四類家族的孝廉人數依序分別是五十五、四十、卅六、八人。看起來，似乎仕宦世代愈少的家族產生的孝廉愈多。事實上，如果將第二、三類合而計之（七十六人），就不難發現三代以及三代以上累宦的世族在孝廉選舉上所占的優勢。如果進一步以二千石（包括中、比二千石）作為仕宦高下的分界，更可以發現，在前三類一三一名孝廉中，有多達九十七名，亦即百分之七十四以上，來自曾有官至二千石的高宦家族。如果將三類分別統計，則又可以發現，仕宦世代愈多的家族，曾有家族成員官至二千石或以上的比例愈高：孝廉來自二千石以及二千石以上高宦家族的，在第一類中有卅二人，占第一類全體的百分之五十八；第二類中有卅一人，占百分之七十七；第三類中除孟嘗一人以外，其餘卅五人全出自二千石以上的高宦家族。因此，東漢家世可考的孝廉可以說不僅有一半以上來自仕宦之家，而且仕宦之家之中又絕大部分出自累世高宦之門。以上的估計並沒有包括第四類仕宦世代不明的。如果再將「家世二千石」公孫瓚的家族、「歷世卿尹」蔡湛的家族、「代為漢將相名臣」宗資的家族，以及「家世冠族」羊陟等人的家族都列入考慮，更可以證明累世高宦家族在東漢孝廉家世背景上的重要性。

前文曾說財富與仕宦往往相結，與地方政治勢力亦往往交疊。世宦之族有財有勢，他們的子弟應有較好的機會出仕地方，進而為孝廉。朱穆二十歲為郡督郵，孫權十五歲出宰百里，此《潛夫論》所謂：「富者乘其材

力，貴者阻其勢要」。[59] 我們不禁要問：這些仕宦之族的孝廉，有多少曾在地方擔任吏職？那些沒有家族仕宦背景的又有多少是從州郡之吏出身？試先列一簡表如下：

表三　孝廉家世與吏職關係表

	曾任吏職之孝廉	孝廉總數	百分比
兩代仕宦之族	13	55	23.6
三代仕宦之族	12	40	30
四代仕宦之族	10	36	27.7
仕宦世代不明	3	8	37.5
仕宦之族合計	38	139	27.3
無仕宦之族	56	126	44.4

從這個統計看來，家族仕宦世代的多寡和其子弟由吏而孝廉者，在比例上差異的意義並不顯著。若合而計之，和沒有家族仕宦背景的孝廉比較就頗有意義了。後者有百分之四十四曾擔任吏職，而來自官宦人家的孝廉只有百分之二十七曾佐職州郡。一個可能的解釋是仕宦之族的子弟雖然有較好的機會出仕地方，但是他們更可以託庇族勢，利用關係，謀得孝廉。《風俗通義》載南陽五世公事，可為一例：

> 南陽五世公為廣漢太守，與司徒長史段遼叔同歲。遼叔太子名舊，才操鹵鈍，小子髡既見齒鄉黨。到見股肱曰：「太守與遼叔同歲，恩結締素，薄命早亡，幸來臨郡，今年且以此相饒，舉其子，如無罪，待至後歲貫魚之次，敬不有違。」有主簿柳對曰：「明府謹終追遠，興微繼絕，然舊實不如髡，宜可授之。」世公於是屬聲曰：「丈夫相臨，兒女尚欲舉之，何謂高下間耶？釋兄用弟，此為故狹段氏之家，豈稱相遭遇之意乎？」竟舉舊也。世公轉換南陽，與東萊太守蔡伯起同歲，欲舉其子，伯起自乞子瓚尚弱，

---

59 《潛夫論·考績》。

而弟琰幸以成人。是歲舉琰，明年復舉瓚。[60]

司徒長史段遼叔、東萊太守蔡伯起和五世公是同歲孝廉，「恩結締素」。他們的子弟不論是年方幼弱，或才操鹵鈍，都因彼此之「同歲」關係得舉。另一種重要的關係是婚姻。靈帝時曾有這樣的事：

> 初，朝議以州郡相黨，人情比周，乃制婚姻之家及兩州人士不得對相監臨，至是復有三互法，禁忌轉密，選用艱難，幽、冀二州，久缺不補。[61]

三互法據李賢注是「婚姻之家及兩州人不得交互為官」。這裡所說的選用，雖然不專指孝廉，但亦必包括舉孝廉在內。這些利用關係得舉的孝廉，通常不是以德性為辭，就是託名經學，所謂「百官伐閱，皆以通經為名」，[62] 而德性更是一無標準，王符斥之為「虛造空美，掃地洞說」。[63] 宦族子弟假藉虛美，無待以刀筆晉身。相比之下，沒有家族仕宦背景的子弟，缺少關係，需要從吏職，以實際的經驗和才能謀出身的就比較多了。

我們再看孝廉家世背景，就有無仕宦而言在東漢兩百年間的變化。大體而言，從光武到順帝，來自仕宦之族的孝廉愈來愈多。從統計上看，順帝時每五位孝廉就有四位來自宦族。順帝以後，桓、靈之際，出身宦族的孝廉反有減少的趨勢，獻帝時又稍多。順帝以前，孝廉出自宦門愈來愈多的現象，尚合乎我們對東漢士族日益發展的一般認識。桓、靈之際為什麼反而減少了呢？這不太容易解釋。首先必須承認時代可考的孝廉個案到底並不多，對統計上所反映的現象不宜過分認真，強作解釋。不過，一個可能的猜測是桓、靈之時，宦官與士族之間鬥爭激烈，宦官子弟布列州郡。《後漢書‧楊秉傳》謂：「是時宦官方熾，任人及子弟為官，布滿天下，競為貪淫，朝野嗟怨。」[64] 而近年發現的曹操宗族墓葬，更具體證明出自宦

60　《風俗通義》卷 4，頁 192。

61　《後漢書‧蔡邕傳》。

62　《後漢紀‧殤帝紀》，「尚敏上疏陳興廣學校」。

63　《潛夫論‧實貢》。

64　《後漢書‧楊秉傳》。

官之門的曹家子弟是如何占據地力與中央的職位。[65] 再加上兩次黨錮，士族仕宦的機會大受剝奪，士大夫不能不嗟怨。到了獻帝時，宦官被消滅，於是出自士族的孝廉又見增加。問題當然不會這樣單純。對這段時期還需要更多的研究，才能弄清楚這些變化的原因和意義。

表四　東漢各朝孝廉家世變化表

	光武	明	章	和	安	順	桓	靈	獻	合計
非仕宦之族	6	4	4	2	5	12	10	7	12	62
	16	5	5	2	5	3	12	14	13	75
	22	9	9	4	10	15	22	21	25	137
仕宦之族所占百分比	27.2	44.4	44.4	50	50	80	45.4	33.3	48	

　　總結而言，無論從孝廉出自地方佐吏或仕宦之族的比例看，東漢中期，尤其是順帝時期，是東漢政治和社會發展上一個相當顯著的轉變時期。世族的勢力從光武以來一路發展，於順帝時達到一個高峰。[66] 他們把持選舉，於是激出左雄有關選舉的改革。他的限年之法，雖然在世族豪門的對抗之下流於具文，但是課試之法顯然使得有實務經驗的州郡之吏有較好的機會被舉為孝廉。順帝朝也是宦官逐漸得勢的開始。過去大家總以為順帝以後的皇帝黨於宦官是為對抗外戚，其實咄咄逼人，勢力日盛的世宦士族，相互勾結，不能真正因才用人，也不一定為帝王所樂見。桓、靈放任宦官，打擊士人，從當時孝廉的家世看，世族似乎確曾遭到相當的壓抑。政治上的打擊只有暫時的效果。世宦豪族的力量已牢不可拔，在以後幾百年的歷史裡，他們仍然在政治社會上扮演舉足輕重的角色。

65　1974 至 1977 年在安徽亳縣發現曹操家族的部分墓葬。從墓磚刻辭上第一次得知許多不見於記載，任官於中央或地方的曹家子弟。參安徽省亳縣博物館，〈亳縣曹操宗族墓葬〉，頁 22-45；田昌五，〈讀曹操宗族墓磚刻辭〉，頁 46-50。刻辭所記曹氏子弟任太守的有五人，校尉二人，功曹史一人；因刻辭殘斷，無法判明的還有不少。

66　狩野直禎，〈後漢中期の政治と社會—順帝の即位をめぐつて〉，頁 68-87。

五、地域背景

　　武帝元光元年（西元前 134 年）冬十一月，初令郡國舉孝、廉各一人。誠如勞榦和許倬雲師所說，這是漢代政治和社會史上的一件大事。從此以後，地方俊彥可以透過正式的管道，定期進入全國性的政治權力結構。就漢代中央而言，政權可因地方人士的參與而有了廣大的社會基礎；就地方而言，地方的利益和地方人物都可以在和平且穩定的情形下，得到保障和發展的機會。地方歲舉孝廉原本以郡國為單位，但是郡國的面積和人口相差甚為懸殊。如果不考慮人口的因素，對人口稠密的地區顯然不公平。東漢和帝為了消除這種不公平，修訂選舉的辦法，改以人口為標準，規定郡國凡二十萬口歲舉孝廉一人。不久，又因為邊郡人口稀少，將邊郡的人口比率從二十萬降為十萬舉一人，以增加邊郡人士的機會。因此，最少在理論上，帝國各地的人群社區都可以在一定的比率下，經所謂的鄉舉里選，產生本地的代表，參與帝國政治權力的分配。

　　事實上，各郡國孝廉的人數和郡國的人口數是不是有相應的關係，頗可懷疑。例如根據現在唯一可知，東漢順帝時郡國的個別人口數字，益州永昌郡的人口占郡國的第三位，但是可考的永昌孝廉連一位也沒有。沒有的原因很多，可能是選出的孝廉不少，因缺少表現，沒能在歷史上留名；也可能因為永昌地處偏遠，教育較不發達，竟不得如數選拔，或者還有其他不可考的原因。總之，在東漢一〇五個郡國中有四十一個，即三分之一以上的郡國一無孝廉可考。這四十一個郡國是：任城、濟南、江夏、桂陽、武陵、牂牁、越嶲、益州、永昌、廣漢屬國、蜀郡屬國、犍為屬國、隴西、漢陽、武都、金城、張掖、酒泉、張掖屬國、張掖居延屬國、朔方、雁門、定襄、五原、廣陽、代郡、上谷、右北平、遼東、玄菟、樂浪、遼東屬國、南海、鬱林、合浦、河東、常山、安平、九江、九真、交趾。這些郡國除了河東、常山、安平、任城、濟南，其餘可以說全處於帝國邊遠或外族雜居的地區。其中有屬國，也有如玄菟、樂浪、九真、交趾等雖稱之為郡，但教育文化遠非內郡可比的地方。從人口上說，上述郡國除了永昌、河東、常山、安平、濟南，人口都十分稀少。安帝時，王符曾

抱怨西北邊郡「自羌反以來，戶口減少，又數易太守，至十歲不得舉」。[67]《後漢書・虞詡傳》也說：「今或一郡七八，或一州無人，宜令均平，以厭天下之望。」前述這些人口稀少的邊遠郡國大概都曾如此，否則和帝也不須特別降低邊郡察舉的人口標準。可是孝廉的產生還必須經濟和教育等條件配合，這些條件都不是上述許多地區具備的。

就孝廉的地域背景而言，以下先將二七六名孝廉的郡籍列表，再作討論。郡籍是依郡國分為五大地區：(1)關東、(2)關中、(3)北及西北邊郡、(4)益州、(5)江南荊、揚、交州之地。[68]

表五　孝廉郡籍表

									小　計
關東	豫	汝南 29	潁川 12	沛國 10	魯國 6	梁國 4	陳國 3		64
	兗	陳留 10	山陽 6	東郡 4	濟陰 4	濟北 1	太山 1	東平 1	27
	徐	下邳 5	彭城 3	東海 3	琅邪 2	廣陵 3			16
	冀	渤海 3	中山 3	清河 2	河間 2	趙國 1	鉅鹿 1	魏郡 1	13
	青	北海 6	東萊 2	樂安 1	齊國 1	平原 1			11
	荊	南陽 21							21

67　《潛夫論・實邊》。

68　關東包括青、冀、兗、豫、徐、荊州北端、司隸東部和并州東南；關中包括司隸西部及三輔、安定；北及西北邊郡包括幽、并、涼三州，但除去并州的太原、上黨和涼洲的安定；益州包括其所屬長江上游及西南各部；江南包括南陽以外的荊、揚、交三州之郡。地域的劃分請參本書卷四，〈試釋漢代的關東、關西與山東、山西〉，頁207-240。

區域	州	郡	人數
	并	太原 4　上黨 2	6
	司隸	河南 7　河內 4	11
		關東總計：169	
關中	司隸	京兆 6　右扶風 3　左馮翊 2　弘農 4	15
	涼	安定 2	2
		關中總計：17	
北及西北邊郡	幽	涿郡 3　漁陽 1　遼西 1	5
	并	上郡 2　西河 1　雲中 1	4
	涼	敦煌 5　武威 2　天水 1　北地 1	9
		北及西北邊郡統計：18	
益州	益	廣漢 13　巴郡 4　犍為 5　漢中 5　蜀郡 5	31
		益州總計：31	
荊揚交江南區	揚	會稽 16　吳郡 11　豫章 4　丹陽 2　廬江 1	34
	荊	南郡 3　長沙 1　零陵 1	5
	交	蒼梧 1　日南 1	2
		江南區總計：41	
		五區合計：276	

先說關中。關中地區從東漢初以來就一直在沒落之中：人口減少，政治的重要性減低，光彩大不如前。不過，以關中人口和可考的孝廉人數來看，關中的人才仍然相當的多。三輔、弘農、安定的人口僅僅占全國總人口的 1.3％，但是可考的十七名孝廉卻占二百七十六名的 6％。[69] 這不能不歸因於關中久為世宦大族群居之地，儒學教育發達。東京以降，扶風賈逵、馬融、杜林等人固為一代名儒，《後漢書》〈儒林傳〉、〈文苑傳〉中亦多關中之士。北海鄭玄原問學於山東，後「以山東無足問者，乃西入關」，事馬融。[70] 僅此即足以覘知關中儒學上的地位。關中能有這麼多孝廉傳名於世，其理由當與此有關。

　　關東是東漢人口最稠密，經濟、文化、教育最發達的地區，產生最多的孝廉實為自然之事。在二百七十六名郡籍可考的孝廉中有一六九名屬關東，即關東占全數的 61％。但是如果將這個比例和關東占全國人口的比例（56.2％）[71] 比較，就可以發現關東地區整體而言，在察舉孝廉上所占的優勢

69　順帝時全國人口，據《續漢書・郡國志》為 49,150,220；弘農：119,113；京兆：285,574；右扶風：93,091；左馮翊：145,195；安定：29,060；共 672,033 人。

70　《後漢書・鄭玄傳》。

71　關東人口與全國人口比較：

潁川 1,436,513	汝南 2,100,788	梁國 431,283
沛國 251,393	陳國 1,547,572	魯國 411,990
魏郡 695,606	鉅鹿 602,096	常山 631,184
中山 658,195	安平 655,118	河間 634,421
清河 760,418	趙國 188,381	勃海 1,106,500
陳留 869,433	東郡 603,393	東平 448,270
任城 194,156	泰山 437,317	濟北 235,897
山陽 606,091	濟陰 657,554	東海 706,416
琅邪 570,967	彭城 493,027	廣陵 410,190
下邳 611,083	濟南 453,338	平原 1,002,658
樂安 424,075	北海 853,604	東萊 884,393
齊國 491,765	南陽 2,439,618	河南 1,010,827
河內 801,558	太原 200,124	上黨 127,403

$$\frac{關東人口總計：27,644,615}{全國總人口：49,150,220} \times 100\% = 56.2\%$$

並非太突出。突出的是汝南、南陽、穎川、河南和陳留這一小塊地方。這五郡人口只占全國人口的 15.9%，[72] 但是可考的孝廉卻占到 28.6%（79：276）。南陽為帝鄉，河南是京師所在，汝南、穎川、陳留久為農業富庶，工商發達的地區。這一帶從戰國以來一直就是灌溉渠陂最開發的地區之一，東漢仍然如此。[73] 此區工商發達的歷史也很悠久。河南、南陽、穎川有工官和鐵官、汝南有鐵官、陳留則有服官。[74] 趙歧〈藍賦〉序說：「余就醫偃師，道經陳留，此境人皆以種藍染紺為業，藍田彌望，黍稷不植。」[75] 在這樣的經濟條件之下，儒學教育之盛允為天下之冠。朱寵為穎川太守，功曹史鄭凱嘗為其歷數穎川之「奇士」（《後漢紀‧順帝紀上》），《後漢書‧儒林傳》人物泰半來自汝、穎，曹操曾嘆「汝、穎固多奇士，誰可以繼之？」[76] 一方面這個地區的人才多，另一方面也許同樣重要的是這裡的士族大姓是東漢政權建立的主要支持者。他們在政治上享有的優越地位當然不是其他地區的人士所能及。[77]

---

72 穎川　1,436,513
　　汝南　2,100,788
　　南陽　2,439,618
　　河南　1,010,827
　　陳留　869,433
　　$\dfrac{\text{五郡人口總計：7,857,179}}{\text{全國人口數：49,150,220}}\times100\%=15.9\%$

73 參勞榦，〈兩漢戶籍與地理之關係〉，頁 184-185；《東漢會要》卷 38，河渠水利條。

74 勞榦，前引文，頁 186-187。

75 《全後漢文》卷 62，頁 56。

76 《三國志‧郭嘉傳》。

77 參余英時，〈東漢政權之建立與士族大姓之關係〉，頁 109-184。以東漢祿秩最高的太尉官為例，在 41 名郡籍可考的太尉中，有 26 名來自關東，更有 10 名出自南陽、河南、汝南和陳留。

表六　東漢郡籍可考太尉（司馬）表

光武	吳漢（南陽）	趙熹（南陽）	劉隆（南陽）		
明帝	虞延（陳留）				
章帝	鄭弘（會稽）	牟融（北海）	鄧彪（南陽）	鮑昱（上黨）	宋由（京兆）

關東地區有種種優越的條件，產生最多的孝廉並不稀奇。倒是條件不如關東的廣漢、犍為、蜀郡、巴郡、漢中益州之郡以及吳郡、會稽為中心的江南地區，其孝廉之眾實令人不得不特別注目。以益州這五郡的人口來說，不過占全國人口的 7.3％，[78] 可考的孝廉卻占 11.2％（31:276）。會稽和吳郡人口占全國的 2.4％，[79] 孝廉卻占 9.7％（27:276）。如果將益州五郡和會稽、吳郡合計，江南和西南這塊面積廣大，人口稀少的地區和人口稠密的關東比起來，前者人口只占全國的 9.7％，後者占 56.2％，但是前者孝廉所占達 21％，而後者則占 61％。單純從人口和孝廉的比例上說，江南和西南的優勢甚且超過關東。可是不能不考慮到益州孝廉可考的之所以特別多，是因為有一部《華陽國志》存世，留下了較多的資料。如果將這個因素除去，益州可考的孝廉將少掉十五位。如此，在孝廉和人口的比例上真正突出的只有江南的會稽和吳郡。

和帝	張禹（趙國）	張酺（汝南）			
安帝	徐防（沛國）	楊震（弘農）	馮石（南陽）	劉愷（彭城）	
順帝	龐參（河南）	王龔（山陽）	朱寵（京兆）	桓焉（沛郡）	
桓帝	李固（漢中） 楊秉（弘農）	胡廣（南郡） 周景（廬江）	杜喬（河內） 黃瓊（江夏）	劉矩（沛國） 袁湯（汝南）	陳蕃（汝南） 趙戒（蜀郡）
靈帝	劉寵（東萊） 楊賜（弘農）	段潁（武威） 劉寬（弘農）	橋玄（梁國）	陳球（下邳）	劉虞（東海）
獻帝	皇甫嵩（安定）	朱儁（會稽）	楊彪（弘農）	黃琬（江夏）	趙謙（蜀郡）

78　廣漢　509,438
　　蜀郡　1,350,476
　　犍為　411,378
　　巴郡　1,086,049
　　漢中　267,402
　　$\dfrac{\text{五郡人口：}3,624,743}{\text{全國人口：}49,150,220} \times 100\% = 7.3\%$

79　會稽　481,196
　　吳郡　700,782
　　$\dfrac{\text{二郡人口：}1,181,978}{\text{全國人口：}49,150,220} \times 100\% = 2.4\%$

東漢規定依人口比率察舉孝廉，但是能夠有孝廉產生的條件很顯然並不單純只是人口。其他經濟、文化教育水準以及地域傳統上和政治的關係等都十分重要。從以上郡籍可考孝廉的地域分布情形可充分說明這一點。東漢江南和巴蜀等地開發的程度當然不能和關中或關東相比，不過也是帝國其次兩個最重要的經濟和文化區。兩地經濟、文化的開發都可以推到春秋戰國之時。西漢時，兩地的文學、經學和士大夫在帝國中已可有一席之地。[80] 因此，這兩地能有較多的孝廉並非偶然。甚至可以說兩漢以後，魏、蜀、吳三國形成對峙，也不是偶然。因為三國正分據了漢以來的三個精華區。無論從經濟、文化或人才上看，吳、蜀都必須聯手才足以對抗雄據關中和關東的魏。這一點諸葛亮看的很清楚，力勸劉備聯吳以制曹魏，而東漢孝廉的地域分布和分占的比例，都可以為諸葛亮的觀察作註腳。[81]

東漢各地區世宦之族的分布，或者說各地世族化的深淺，也可以從各地孝廉家族仕宦的情形清楚地反映出來。吳、蜀等江南和西南之區沒有四代或四代以上仕宦的家族可考。北邊及西北邊郡有敦煌曹氏、上郡鮮于氏和涿郡劉氏。其餘仕宦四代以上的家族全屬關東和關中。有仕宦和無仕宦可考的孝廉家族地域分布情形如下：

表七　孝廉家族地域分布表

孝廉家族仕宦	無	兩代	三代	四代
關東、關中（孝廉人數）	62.5% 95	65.9% 31	74.2% 26	90% 27
北及西北邊郡（孝廉人數）	3.9% 6	8.5% 4	8.5% 3	10% 3
益　州（孝廉人數）	16.4% 25	8.5% 4	5.7% 2	0% 0
江　南（孝廉人數）	17.1% 26	17% 8	11.4% 4	0% 0
合　計	152	47	35	30

80　蕭璠，《春秋至兩漢時期中國向南方的發展》，頁 189-193。

81　《三國志‧諸葛亮傳》。

這個表中的百分比清楚反映：關中、關東和北方邊郡來自世宦之族的孝廉較多，而益州和江南的孝廉大部分來自沒有仕宦可考或仕宦尚淺的家族。後兩地仕宦世代即使較多的家族也多自北方遷來。例如，犍為張綱和張翼家三代仕宦。張綱是張翼的曾祖，張綱的父親官至廷尉，他們原是韓人張良之後。張良七世孫，張睦為蜀郡太守，子孫遂有居蜀者。家世三代仕宦的會稽楊琁，其高祖父茂，「本河東人，從光武征伐，為威寇將軍，封烏傷新陽鄉侯。建武中就國，傳封三世，有罪除國，因而家焉。」會稽鄭弘的曾祖父「本齊國臨淄人，官至蜀郡屬國都尉。武帝時遷強宗，大姓不得族居。將三子移居山陰，因遂家焉」。這種情形頗有助於我們對關東、關中、巴蜀和江南開發程度以及各地世族化深淺的認識。

前引許氏《鏡銘》提到「作吏高遷車生耳」。所謂「車生耳」，據勞榦考證，乃是車兩側遮擋塵泥的車輜。景帝曾規定只有六百石，也就是縣令以上官員的車才可以加車輜。[82] 可見一般人夢想的不過是有一天能擺擺縣太爺的威風。從孝廉而郎，再外放為縣令、長，已經是一段不容易的歷程，想要再高陞，所須要的財勢、關係和機運等等，也許不是一般人所敢想像。「位至三公」鏡流行於漢代，對多數人而言，無疑僅僅是一種盼望。可是四世三公的弘農楊氏有財有勢，楊氏子弟使用鑴有「位至三公」銘文的銅鏡，[83] 倒是名實相副。南陽宗慈家亦為世族，非無財勢，但是他官拜縣令以後，因其「時太守出自權豪，多取貨賂」，憤而去官。《後漢書‧黃琬傳》說：「權富子弟多以人事得舉，而貧約守志者以窮退見遺。」[84] 在這種情況下，孝廉能官至二千石或九卿三公者，所顯示的就不僅僅是個人的德性、能力和學識，更可能意味著他們的財富、家族勢力或政治上的關係。這些關係也許是婚姻，也許是同歲，也許是門生、故吏、府主、舉子，也可能是地域性的。

82　勞榦，〈論魯西畫像刻石三種──朱鮪石室孝堂山武氏祠〉，頁 164-165。

83　河南省博物館，〈靈寶張灣漢墓〉，頁 81、84。

84　《後漢書‧黃琬傳》。

東漢人地域意識甚為濃厚。光武帝好用南陽人，孔融作「汝潁優劣論」都表現了強烈的地域意識。自東漢初以來出現的郡國書也值得注意。《隋書‧經籍志》謂：

> 後漢光武始詔南陽撰作風俗，故沛、三輔有耆舊節士之序，魯、廬江有名德先賢之讚，郡國之書由是而作。

《華陽國志》卷十一〈陳壽傳〉：

> 益部自建武後，蜀郡鄭伯邑，太尉趙彥信及漢中陳申伯、祝元靈、廣漢王文表皆以博學洽聞，作《巴蜀耆舊傳》。壽以為不足經遠，乃並巴、漢，撰為《益部耆舊傳》十篇。

《後漢紀》卷二十一：

> 桓帝永興元年……太尉袁湯致仕。湯字仲河，初為陳留太守，褒善敘舊，以勸風俗。嘗曰：「不值仲尼、夷、齊西山餓夫，柳下東國默〔按：「默」應作「黜」〕臣，致聲名不泯者，篇籍浸然也。乃使戶曹吏追錄舊聞以為《耆舊傳》。

東漢郡國書多已不傳。不過裴松之作《三國志》注的時候，曾引用了大量魏晉時期撰著的郡國書。[85] 這些書應有很多，像陳壽的《益部耆舊傳》一樣，是根據東漢舊作，增益而成。這類書除了「褒善敘舊，以勸風俗」，主要以地區為範圍，表彰地方先賢名士。這適足以反映地域意識。

在這種意識之下，地方士人往往相互結黨。從東漢初，結黨已成了風氣。《後漢書‧儒林傳》有這樣一個故事：

> 戴憑……汝南平輿人也……拜為侍中，數進見問得失。（光武）帝謂憑曰：

85　裴松之所引如：《會稽典錄》（《三國志》卷四六）、《汝南先賢傳》（卷廿三）、《楚國先賢傳》（卷四）、《先賢行狀》（卷六）、《零陵先賢傳》（卷六）、荀綽《冀州記》（卷九）、《兗州記》（卷十六）、《陳留耆舊傳》（卷廿四）、陳壽《益部耆舊傳》（卷卅一）、《江表傳》（卷卅二）、王隱《蜀記》（卷卅三）、孫盛《蜀世譜》（卷卅四）、張勃《吳錄》（卷卅七）、《益州耆舊傳》（卷卅七）、《越絕書》（卷四二）、《吳歷》（卷四六）、環氏《吳記》（卷五二）、《益部耆舊雜記》（卷卅一）、《襄陽記》（卷卅五）、《蜀本紀》（卷卅二）。東漢所撰郡國書可參顧懷三《補後漢書藝文志》卷五。

「侍中當匡補國政，勿有隱情。」憑對曰「陛下嚴。」帝曰：「朕何用嚴？」
憑曰：「伏見前太尉西曹掾蔣遵，清亮忠孝，學通古今，陸下納膚受之訴，
遂致禁錮，世以是為嚴。」帝怒曰：「汝南子欲復黨手？」

　　光武以「汝南子欲復黨」責問，當時大概已有地方士人結黨之事。中
葉以降，各地士人結黨更為普遍，以致「青州六郡，其五有黨」。[86] 黨人相
互譏誚，終於演成黨錮之禍。然而這種地域意識不必以郡為界限。安帝
時，因羌亂關東和關西人士爭論棄守涼州即為一例。當時關東人如南陽鄧
騭、河南龐參都主張放棄涼州，以完內郡。龐參主棄涼州，為「西州士大
夫所笑」。[87] 北地傅燮和安定王符都力主保涼州。王符責「內郡之士不被殃
者咸云當且放縱，以待天時，用意若此，豈人心也哉？」又說他們「素非
此土之人，痛不著身，禍不及我家，故爭郡縣內遷。」[88] 也有關東人同情
關西處境的，如虞詡。不過他立刻遭到鄧騭的不滿而被排擠。[89] 宦海中的
排擠與提攜，可見往往夾雜著地域性的因素。有了這樣的認識，便能明白
為什麼下表中的孝廉，其能官至二千石（包括中、比二千石）或三公九卿者，
以關東者占絕對的優勢。

表八　東漢孝廉高官表

	三　公　九　卿				二　千　石			
關東	袁安	陳蕃	李咸	荀爽	郅壽	周嘉	袁術	應劭
	劉矩	趙孝	徐防	曹操	杜根	李膺	鍾繇	曹褒
	桓典	何熙	橋玄	种暠	孔彪	費汎	袁良	寒朗
	种岱	尹勳	龐參	杜喬	張興	劉陶	劉翊	應順
	王暢	仲定	戴封	魏霸	郅惲	周防	向栩	服虔
	王龔	劉昆	張禹	張敏	趙苞	苑康	甄承	江革

86　《後漢書‧史弼傳》。

87　《後漢書‧龐參傳》。

88　《潛夫論》〈救邊〉、〈實邊〉。

89　《後漢書‧虞詡傳》。

古月集：秦漢時代的簡牘畫像與政治社會
　　——卷三　皇帝、官僚與社會

地域					合計					合計
關東	雷誼	劉祐	華歆	劉寵		陳珪	陳瑀	陳登	王朗	
	陳球	劉虞	劉平	宋意		趙昱	周憬	宗資	張衡	
	周章					延篤	韓暨	茨充	左雄	
						吳祐	魯峻	趙咨	羊陟	
						劉儒	賈琮	單颺	度尚	
					合計 33	陳龜	王凌	公沙孚		合計 47
關中	董遇	第五倫	韋彪	皇甫嵩		成瑨	杜畿	蘇則	馬梭	
	楊彪				合計 5	馮豹	第五訪			合計 6
益州	馮緄	李郃	李固	趙戒		董鈞	張翼	張綱	景毅	
						寇祺	王阜	張霸	趙宣	
					合計 4	吳順	陳禪			合計 10
江南	胡廣	鄭弘	周景	朱儁		楊琁	孟嘗	許荊	孫翊	
	許武	包咸				孫權	韓說	陳重	陸康	
						盛憲	駱俊	士燮	鍾離意	
					合計 6	謝夷吾				合計 13
北邊郡北及西	段熲	陽球				衡方	賈詡	傅燮	曹鳳	
					合計 2	公孫瓚				合計 5

　　至於孝廉地域分布在時間上的變化，由於迄今可考的個案大都分屬漢末，前期所知太少，不能有較肯定的結論。大致而言，關東地區所居的優勢，歷兩百年不衰。邊郡的孝廉完全集中在順帝朝以後，這應該和順帝以後，邊亂日亟，習於邊務的北邊人士才有了表現和留名史冊的機會。江南和巴蜀可考的孝廉也都待順帝以後才漸增多。尤其到獻帝時，孫權據江東，江南孝廉在亂世中建立事功，能夠留名後世的就突然增加了。

表九　各朝孝廉地域分布表

	關東	關中	江南	益州	北邊
光武	（10＋2） 12	2 2	6 6	4 4	0 0
明帝	（6＋3） 9	（0＋1） 1	1 1	2 2	0 0
章帝	（8＋2） 10	1 1	0 0	（0＋1） 1	0 0
和帝	（3＋1） 4	0 0	（0＋1） 1	1 1	0 0
安帝	（8＋2） 10	0 0	（1＋1） 2	（0＋2） 2	0 0
順帝	（11＋8） 19	（0＋1） 1	（0＋3） 3	（1＋3） 4	（0＋3） 3
桓帝	（14＋30） 44	（1＋2） 3	（2＋2） 4	（0＋3） 3	（2＋2） 4
靈帝	（15＋10） 25	（0＋1） 1	（3＋4） 7	0 0	（2＋3） 5
獻帝	（9＋10） 19	（3＋3） 6	（9＋5） 14	（2＋3） 5	（1＋1） 2

（說明：表中＋號前數字表示時代確實可考的孝廉數，＋號後者為時代約略可知者。各朝下行數字為前二者合計。）

　　關東地區在漢代政治上占據優越的地位，並不是從東漢才開始。自漢代甫建，占據要津的已經是關東從龍的功臣。昭、宣以後，隨著儒學的興盛，關東士人更成為政治勢力的主流；武帝時曾以「材力」見長，活躍一時的山西六郡良家子為之沒落。即以昭帝至平帝時二十位丞相的籍貫而言，屬關東青、豫、兗、徐及司隸之河內者多達十四人，屬關中者只五人。[90] 再以同一時期十五位出身賢良方正的朝臣籍貫為例，除關中兩名，益州、揚州各一名外，其餘十一名也全是關東人。[91] 從此可見關東政治勢

90　參邢義田，〈東漢的胡兵〉，頁 126 注 41。

91　同上，頁 163，注 42。

力的形成非一朝一夕。東漢光武起家依賴關東豪族大姓的支持,其政權自始即與世族大姓代表的社會勢力相結合。再加上光武用人頗囿於地域,郭伋曾批評他「專用南陽人」。[92] 因此,關東世族大姓很自然就繼續構成主要的政治勢力,仕宦之途,泰半為其壟斷。和帝時,舉孝廉改以人口為準,目的在求公平,實際上這造成人口最稠密的關東有了更大壟斷的機會。關中和邊郡人口不斷減少,而巴蜀和江南不過正在漸次開發,都無力向關東獨尊的政治勢力挑戰。漢末董卓的涼州軍人雖向關東士族作了一次挑戰,但終究失敗。

四 結論

　　前賢論史,於戰國以來布衣卿相之局每多稱美。趙翼《廿二史箚記》謂范雎、蔡澤徒步為相,孫臏、白起白身為將,乃開後世布衣將相之例。秦失其鹿,「漢祖以匹夫起事,角群雄而定一尊,其君既起自布衣,其臣亦自多亡命無賴之徒」。布衣無賴一轉「數千年世侯世卿之局」,趙氏因稱「秦漢間為天地一大變局」[93]。誠哉斯言,近人因而有稱許劉邦所建為平民政府者。[94] 所謂「平民」政府於劉漢創業之初或尚可說,若通兩漢四百年而觀之,則「平民」一詞不能不更加細究。漢代朝臣有陋巷窮士,也有芻牧賈豎之徒,所謂「卜式拔於芻牧,弘羊擢於賈豎,衛青奮於奴僕,日磾出於降虜,斯亦曩時版築飯牛之朋已」[95]。實則此類布衣少之又少,並不構成兩漢政權的社會基礎。許師倬雲曾論西漢政權的基礎,自中葉以降,

---

92　《後漢書・郭伋傳》。

93　趙翼,《廿二史箚記》卷 2「漢初布衣將相之局」條,頁 34-35。

94　錢穆,《國史大綱》,頁 88-90。

95　《漢書・公孫弘卜式兒寬傳》贊。

已在世姓豪族。[96] 楊聯陞先生更以「豪族政權」稱東漢政府。[97] 豪族的社會經濟意義殆在擁有土地財富，其政治意義則在控制仕宦之途。這些豪族固可稱為平民，其實是平民中上層少數擁有特權的一群，名之曰貴族亦無不可。他們是土地財富的貴族，也是擁有知識和仕宦機會的貴族。以他們為基礎的政府，其不為貴族政府而何？本篇東漢孝廉身分的考察，適足以證明東漢政府的貴族特質。如有更可進而言之者，愚意以為傳統中國的政治權力可以說一直是信託在這樣一批孟子所謂有恆產恆心的少數貴族手中；無論在現實的政治或政治學說裡，都不曾見有信託於一般庶人百姓者。這對我們思考中國有無民主一事應有幫助。茲事體大，詳說有待專文，[98] 僅先就本文所及，歸納幾點初步的看法如下：

從東漢孝廉的經濟背景來看，來自貧寒之家的極少。這些沒有家族財勢為奧援的孝廉，多依賴本身的德行和才學的表現，或在地方吏職上的經驗和成績，贏得晉身之階。大體而言，通明經術或吏職的實務經驗似又比單純的德行條件更重要。家道貧寒固難為孝廉，來自單純以財閥家族的孝廉也不多見。漢時諺語謂：「遺子黃金滿籯，不如一經。」[99] 可見仕宦的關鍵在於教育。而重經學教育的又多為世宦之家。

東漢孝廉必習經學。通明經學，拾青紫如拾地芥，財富亦隨之而來。桓榮以經學拜太常，族人桓元卿歎曰：「我農家子，豈意學之為利乃若是哉！」[100] 經學帶來政治前途，財富與家族勢力。傳經之家多孝廉，弘農楊氏和沛郡桓氏皆為顯例。孝廉習經，亦須知律命。凡由吏職出身的孝廉，大概沒有不曉習律令。少數孝廉甚至以專精律令聞名。他們受教育，不外

96 許倬雲，〈西漢政權與社會勢力的交互作用〉。錢賓四先生謂漢自武帝以後一個原本代表一般平民的素樸的農民政府轉變為代表一般平民的有教育有智識的士人政府，立意亦相近。參前註引書，頁105。

97 楊聯陞，《東漢的豪族》，頁1011。

98 請參拙文〈《太平經》裡的九等人和凡民、奴婢的地位〉，本書卷三，頁689-709。

99 《漢書·韋賢傳》。

100 《後漢書·桓榮傳》。

傳習家學、從私人問學或入學校三途。這大約也是漢代一般官僚養成的途徑。

東漢察舉頗重實際經驗，單純經書的知識似乎不夠。因此出身自州郡屬吏的孝廉很多。屬吏中尤以功曹和別駕之類的高級屬吏為主。不少明於經學的諸生或太學生，也經由吏職的鍛鍊，才得為孝廉。大致上，東漢最初的六十年和最後的七十年約有三分之一的孝廉來自地方佐吏。和帝到順、質帝這六十年更有一半的孝廉拔擢自州郡長吏。許氏《鏡銘》顯示的習經、作吏、察舉孝廉而為官的過程代表了東漢士人一條相當普遍的仕宦歷程。

東漢孝廉家世背景中最引人注目的莫過於他們有一半以上來自仕宦之族，而且大部分還是累世高宦之門。所謂累世是指家族仕宦最少三、四代以上，高宦為任官在二千石以上者。世宦之族有財力、也有傳統，能為子弟提供較好的教育環境，又有盤根錯節的政治關係，協助子弟進入仕途。因此世宦子弟經教育成為俊秀和入仕的機會，都不是其他人所能望其項背。或許因為有家族勢力可以託庇，世宦子弟謀一孝廉須從州郡小吏幹起的相對較少。大體而言，從東漢初到順帝朝，孝廉出自仕宦家族的愈來愈多，顯示士族壟斷地方察舉的情形有增無已。桓、靈時期，可能因為宦官與士大夫之間鬥爭激烈，宦官子弟布列州郡，使得出身宦族的孝廉在比例上有減少的現象。但是隨著宦官勢力的消滅，獻帝時他們所占的比例又上升。

東漢仕宦不只是德行、才能和學識的角逐，也意味著財富、家族勢力和政治關係的競爭。東漢人重地域，使得地緣關係成為重要的政治本錢。東漢孝廉能扶搖而上，官至二千石或三公九卿者以關東人士占絕大的比例。這除了個人和家族的因素以外，地域性的提攜和排擠也不無關係。

累世高宦之族產生最大比例的孝廉，而這些家族幾乎全集中在關東和關中。在巴蜀和江南的多為新興或仕宦稍淺的家族。這兩地即使有少數仕宦世代較多的，也多半是由關東或關中遷移而來。孝廉的家族為東漢各地士族化深淺提供了很好的線索。

東漢察舉孝廉，自和帝以後理論上是依人口和地區為標準，而實際上所見到的孝廉地域分布，和人口之間並沒有絕對相應的關係。這是因為孝廉的產生更須要經濟、教育以及地域傳統上和政治的關係等條件配合。這些條件最為具備的是關東，其次是關中，再次為巴蜀和江南的吳郡和會稽。關東的河南、汝南、潁川、陳留和南陽五郡尤為產生孝廉比例最高之處。其次，以吳郡和會稽兩地人口之稀少，孝廉人數之眾多最值得注意。關中孝廉人數雖少，但以人口比例言，關中仍是人才薈萃之地。這主要是關中世族和經學的傳統仍持續不衰。至於邊郡雖然享有規定上的優待，由於上述種種條件的缺乏，孝廉之少和其他區域相比是不成比例的。

關東孝廉在政治上所占的優勢，歷兩百年不曾稍衰。這是因為這個地區在經濟、文化的發展上，最為悠久。關東士人在政治上居主導地位最少從前漢昭、宣以來已經如此。再加上東漢政權的建立，基本上是依賴以關東大姓為代表的社會勢力為基礎，關東的地位遂難以動搖。巴蜀、江南和北邊的孝廉要到東漢晚期才漸露頭角，此蓋時勢因素使然。

附記

本文承蒙勞榦、許倬雲師、管東貴、毛漢光先生以及暑期討論會諸君指正，謹此致謝。又寫作期間蒙國家科學委員會獎助，一并致謝。

原刊於《第二屆中國社會經濟史研討會論文集》，1983；修訂稿收入《秦漢史論稿》（1987）；2007.1.15 再訂

附表一：東漢應選孝廉估計表

　　東漢每年產生孝廉的數目難以確考。《後漢書‧章帝紀》建初元年三月詔：「茂才、孝廉，歲數以百」；《潛夫論‧實貢篇》說：「貢士者……直虛造空美，掃地洞說。擇能者而書之，公卿、刺史、掾從事、茂才、孝廉且二百員……誠使皆如狀文，則是為歲得大賢二百也。」這是唯一兩條有關孝廉歲舉數目的文獻資料，但所謂「歲以百數」、「且二百員」尚包含茂才等在內。嚴耕望先生曾根據這些文獻，估計孝廉每歲「不過二百人」（嚴著，《秦漢郎吏制度考》，頁120。）這個估計可能適合順帝以前的情況，順帝以後則有多於二百的可能。東漢察舉孝廉自和帝以後是以人口比率為準，而東漢人口紀錄最高的是在桓帝時期。其次，東漢郡國常有脫歲不舉的現象（《潛夫論‧實邊篇》）。不舉的原因之一是東漢規定郡國守相須視事滿歲才得行察舉。如果太守更易，就會影響到察舉的施行。為解決這一問題，順帝即位之初，即令「郡國守相視事未滿歲者，一切得舉孝廉吏」（《後漢書‧順帝紀》）。如此，脫舉的現象應可減少。根據這兩點，可以推估順帝以後，孝廉的數目或可多於二百。另一個旁證是從《續漢書‧郡國志》所錄順帝永和時人口數推算出來的應選孝廉人數，多達二百三十人。這個推算是假設郡國沒有脫舉，而且只以安定以外的幽、并、涼三州之郡為邊郡。關於〈郡國志〉所錄人口數，王毓銓先生曾有極深刻的批評，指出戶籍人口並非實際人口（王著，《民數與漢代封建政權》，頁61-80）。不過漢代察舉，必然是以見於戶籍的人口為準，因此即使〈郡國志〉所錄非實際人口，也不影響對應選孝廉人數的估計。下表中1/2、1/3是指每兩年或三年才得選一人者。近年黃留珠先生推算，得出西漢每年舉孝廉約206人，東漢永元以前約189人，永元以後約228人的結論，和我的看法幾乎一致。參黃留珠，〈漢代的選廉制度〉，原刊《唐都學刊》，1（1998），收入氏著，《秦漢歷史文化論稿》（西安：三秦出版社，2002），頁404。

州	郡 國											合 計
司隸	河南 5	河內 4	河東 2	弘農 1/2	京兆 1	左馮翊 1/2	右扶風 1/3					應舉孝廉最低人數 13 1/2
豫	潁川 7	汝南 10	梁國 2	沛國 1	陳國 7	魯國 2						29
冀	魏郡 3	鉅鹿 3	常山 3	中山 3	安平 3	河間 3	清河 3	趙國 1/2	勃海 5			26 1/2
兗	陳留 4	東郡 3	東平 2	任成 1/2	泰山 2	濟北 1	山陽 3	濟陰 3				16 1/2
徐	東海 3	琅邪 2	彭城 2	廣陵 3	下邳 3							12
青	濟南 2	平原 5	樂安 2	北海 4	東萊 2	齊國 2						17
荊	南陽 12	南郡 3	江夏 1	零陵 5	桂陽 2	武陵 1	長沙 5					29
揚	九江 2	丹陽 3	廬江 2	會稽 2	吳郡 3	豫章 8						20
益	漢中 1	巴郡 5	廣漢 2	蜀郡 6	犍為 2	牂牁 1	越巂 3	益州 1/2	永昌 9	廣屬漢國 1	蜀屬郡國 2 / 犍屬為國 1/3	32 5/6
涼	隴西 1/3	漢陽 1	武都 1/2	金城 1/3	安定 1/3	北地 1/3	武威 1/3	張掖 1/3	酒泉 1/3	敦煌 1/3	張屬掖國 1/3 / 張居屬掖延國 4 1/3	4 5/6
并	上黨 1	太原 2	上郡 1/3	西河 1/3	五原 1/3	雲中 1/3	定襄 1/3	雁門 2	朔方 1/3			7
幽	上谷 1/2	漁陽 4	右北平 1/2	遼西 1/2	遼東 1/2	玄菟 1/3	樂浪 2	遼屬東國 ?	涿郡 6	廣陽 2	代郡 1	17 1/3

交	南海 1	蒼梧 2	鬱林 ?	合浦 1/3	交趾 ?	九真 1	日南 1/2		4 5/6
									230 1/3

附錄一：東漢孝廉題名錄（及補遺）

簡稱表：

1. 八——《八瓊室金石補正》（藝文印書館《石刻史料叢書甲編》）
2. 三——《三國志》（藝文印書館《集解》本）
3. 失——失名氏《後漢書》（文海出版社 汪文臺輯《七家後漢書》）
4. 全——《全後漢文》（中文出版社《全上古三代秦漢三國六朝文》）
5. 考——《考古學報》
6. 拓——中央研究院歷史語言研究所藏拓片
7. 東——《東觀漢記》（中文出版社）
8. 風——《風俗通義》（明文書局 王利器《校注》本）
9. 後——范曄《後漢書》（藝文印書館《集解》本）
10. 神——葛洪《神仙傳》（《龍威秘書》本）
11. 張——張璠《漢記》（汪文臺輯《七家後漢書》）
12. 華——《華陽國志》（商務印書館《四部叢刊初編》）
13. 嶠——華嶠《後漢書》（汪文臺輯《七家後漢書》）
14. 漢——《漢碑錄文》（《連筠簃叢書》）
15. 隸——《隸釋》（藝文印書館《石刻史料叢書甲編》）
16. 謝——謝承《後漢書》（汪文臺輯《七家後漢書》）
17. 續——《隸續》（藝文印書館《石刻史料叢書甲編》）

2 劃（以姓氏筆畫為序）

001　丁邯　　　　京兆　東 16

3 劃

002　士燮　　　　蒼梧　三 49

4 劃

003	公沙孚	北海	謝 6
004	公沙穆	北海	後 82 下
005	公孫瓚	遼西	後 73
006	王阜	成都	華 10 上
007	王淩	太原	三 28
008	王暢	山陽	後 56
009	王青之子	東郡	東 19
010	王純		隸 7，1a-2b〈冀州刺史王純碑〉
011	王龔	山陽	後 56
012	王烈	太原	後 81
013	王政		續 1，1a-2b〈郎中王政碑〉；全 99，2a
014	王脩	北海	三 11
015	王稚	廣漢	華 10 中
016	王朗	東海	三 13
017	王遠	東海	神 2
018	王元賓		續 19，2b-3b〈封丘令王元賓碑〉；全 99，10b-11a
019	尹勳	河南	後 67
020	孔褒	魯國	漢 4，34a-b〈孔褒碑〉
021	孔彪	魯國	隸 8，14b-16b〈博陵太守孔彪碑〉；全 102，2a-b
022	孔宙	魯國	隸 7，4a-5b〈泰山都尉孔宙碑〉；全 100，5a
023	孔季彥	魯國	後 79 上
024	巴肅	渤海	後 67
025	□仁	南陽	隸 17，7a-b〈南陽太守秦頡碑〉
026	□元賓		隸 6，19b-20a〈議郎元賓碑〉；全 99，7a-b

5 劃

027	包咸	會稽	後 79 下
028	左雄	南陽	後 61
029	史琬	南陽	隸 17，7a-b〈南陽太守秦頡碑〉

6 劃

7 劃

056	李郃	漢中	後 82 上
057	李孟初	南郡	全 99，3b〈宛令李孟初神祠碑〉
058	李雲	甘陵	後 57
059	李膺	潁川	後 67
060	李翬	梓潼	華 10 下，98 上，李業之子
061	李翊		隸 9，7b-8b〈廣漢屬國侯李翊碑〉；全 102，10a-b
062	邢顒	河間	三 12
063	芊莘	廣漢	華 10 中，84 上
064	延篤	南陽	後 64

8 劃

065	和洽	汝南	三 23
066	宗慈	南陽	後 67
067	宗資	南陽	謝 4，7b
068	服虔	河南	後 79 下
069	孟嘗	會稽	後 76
070	武榮	濟北	隸 12，7a-8b〈漢故執金吾丞武榮碑〉；全 101，1a-b
071	武宣張	濟北	漢 1，35a-b〈武氏石闕銘〉；全 98，7b
072	武開明	濟北	隸 24，10a-b〈吳郡承武開明碑〉
073	周景	廬江	三 54 注
074	周乘	汝南	風 5，231
075	周防	汝南	後 79 上
076	周章	南陽	後 33
077	周憬	徐州	隸 4，13a-15b〈桂陽太守周憬功勳銘〉；全 103，2b-3s
078	周磐	汝南	後 39
079	周魴	吳郡	三 60

080	周嘉	汝南	後 81
081	周燮	汝南	後 53
082	周㬭	汝南	後 61；全 75，5b-6a〈汝南周㬭碑〉

9 劃

083	洪汝敦	廣漢	華 10 中，86 下
084	洪汝敦弟	廣漢	同上
085	范丹	陳留	全 77，6a-7b〈范丹碑〉
086	范滂	汝南	後 67
087	度尚	山陽	隸 7，10a-11b〈荊州刺史度尚碑〉；後 38；全 100，9b-10b
088	柳敏		隸 8，8a-9a〈孝廉柳敏碑〉；全 101，8b
089	柳敏之父		同上
090	种暠	河南	後 56
091	种岱	河南	後 56
092	胡康		全 79，4a-b〈交趾都尉胡府君夫人黃氏神誥〉
093	胡廣	南郡	謝 2，8b；後 44
094	姜詩	廣漢	後 84
095	侯獲	雲中	八 4，1a-b〈沙南侯獲碑〉
096	封祈	汝南	風 5，231
097	苑康	渤海	後 67
098	郅壽	汝南	後 29
099	郅惲	汝南	後 29
100	郅伯嚮	汝南	風 5，231
101	段恭	廣漢	華 10 中，83 上
102	段熲	武威	後 65
103	皇甫嵩	安定	後 71（按：《後漢書》以為其不應舉，注引《續漢書》其舉孝廉為郎中）

10 劃

104	徐防	沛國	後 44
105	徐稺	豫章	謝 3，1b-2a
106	袁安	汝南	拓 00022 號〈袁安碑〉；後 45
107	袁良	陳國	隸 6，5b-9a〈國三老袁良碑〉；全 98
108	袁術	汝南	後 75
109	韋彪	扶風	謝 1，6a；後 26
110	孫匡	吳郡	三 51
111	孫翊	吳郡	三 51
112	孫權	吳郡	三 47
113	孫伉	鉅鹿	三 14
114	高岱	吳郡	三 46 裴注
115	高式	陳留	三 24 注
116	高弘	陳留	三 24 注
117	高彪	吳郡	後 80 下
118	高頤		隸 11，12b-13b〈益州太守高頤碑〉；全 105，7b
119	茨充	南陽	東 15
120	荀爽	潁川	全 67，6a；後 62
121	荀彧	潁川	後 70；三 10
122	荀燾	潁川	三 10《集解》引〈荀氏譜〉
123	桓典	沛郡	後 37
124	桓彬	沛郡	後 37
125	桓曄	沛郡	後 37
126	桓鸞	沛郡	後 37
127	桓階	長沙	三 22
128	馬江	濟陰	隸 8，11b-12b〈郎中馬江碑〉；全 101，9b-10a
129	馬忠	巴西	三 43
130	馬稜	扶風	後 24
131	唐扶之父	潁川	隸 5，7a-9b〈漢成陽令唐扶頌〉；全 104，7a-b

132	梁休	續 1，4b-5a〈司徒掾梁休碑〉；全 106，7a
133	梁鵠	安定 三 1《集解》引〈書斷〉

11 劃

134	淳于恭	北海 後 39
135	崔琦	涿郡 後 80 上
136	寇祺	梓潼 華 10 下
137	盛憲	會稽 三 51 注
138	盛孔叔	汝南 風 5，231
139	堂谿協	潁川 漢 1，18a-b；八 5，13a-b〈季度銘〉；全 58，10a-11a
140	曹全	敦煌 全 105，1b-3a〈郃陽令曹全碑〉
141	曹述	敦煌 同上
142	曹敏	敦煌 同上
143	曹鳳	敦煌 同上
144	曹操	沛國 三 1
145	曹昂	沛國 三 20，2 注
146	曹褒	魯國 後 35
147	曹暠	敦煌 後 39
148	許荊	會稽 後 76
149	許武	會稽 後 76
150	許慎	汝南 後 79 下
151	許靖	汝南 三 38
152	符融	陳留 後 68
153	陸康	吳郡 三 57 注
154	陰剛	南陽 隸 17，7a-b〈南陽太守秦頡碑〉
155	陶謙	丹陽 三 8 注引《吳書》
156	陳登	下邳 三 7 注；後 56 注
157	陳球	下邳 後 56

158	陳翔	汝南 後 57
159	陳重	豫章 後 81
160	陳瑀	下邳 謝 3，8a
161	陳珪	下邳 後 56；謝 3，8a
162	陳蕃	汝南 風 7，343；後 66
163	陳禪	巴郡 後 51
164	陳龜	上黨 後 51
165	陳伯敬	汝南 後 45
166	郭仲奇	隸 9，1a-2b〈北軍中侯郭仲奇碑〉；全 102，3a-b
167	郭仲奇之兄	同上
168	郭仲奇之弟	同上
169	郭禧	陳留 續 19，12a-13a〈太尉郭禧斷碑〉
170	郭旻	陳留 隸 24，16b-17a〈丹陽太守郡郭旻碑〉；全 99，6a-b
171	郭淮	太原 三 26
172	郭儀	南陽 隸 17，7a-b〈南陽太守秦頡碑〉
173	張紘	廣陵 三 52
174	張武	吳郡 後 81
175	張衡	南陽 後 59
176	張壽	隸 7，18a-19b〈竹邑侯相張壽碑〉；全 101，3a-4a
177	張興	潁川 後 79 上
178	張霸	蜀郡 後 36
179	張昭	彭城 三 52
180	張裔	蜀郡 三 41
181	張敏	河間 後 44
182	張儉	南陽 隸 17，7a-b〈南陽太守秦頡碑〉
183	張綱	犍為 後 56；三 45 注
184	張翼	犍為 三 45
185	張禹	趙國 後 44
186	張陵	河南 後 36；謝 2，1b-2a

187	張玄	河內	後 79 下
188	張重	日南	失，1b
189	張既	馮翊	三 15
190	張納	渤海	隸 5，10b-12a〈巴郡太守張納碑〉；全 105，4b-5a
191	張子矯	彭城	風，佚文，560；全 37，9b

12 劃

192	傅燮	北地	後 58
193	童翊	琅邪	後 76
194	單颺	山陽	後 82 下
195	寒朗	魯國	後 41
196	溫恢	太原	三 15
197	馮緄	巴郡	隸 7，13a-14a〈車騎將軍馮緄碑〉；後 38；全 100，9b-11a
198	馮豹	京兆	後 28 下
199	黃憲	汝南	後 53
200	黃真	陳留	後 64
201	黃蓋	零陵	三 54
202	景鸞	梓潼	華 10 下，98 下
203	景毅	梓潼	華 10 下，98 上
204	景君		隸 6，1a-2a〈謁者景君墓表〉
205	華歆	平原	三 13
206	華佗	沛國	後 82 下
207	程曾	豫章	後 79 下
208	第五倫	京兆	後 41
209	第五訪	京兆	後 76
210	賀齊	會稽	三 60
211	陽球	漁陽	後 77
212	朝侯小子		拓 00068 號〈漢□朝侯小子殘碑〉

213	媯覽	吳郡	三 51
214	費鳳	梁國	隸 9，20b-22b〈費鳳別碑〉；全 103，6b-7a
215	費汎	梁國	隸 11，18a-19a〈梁相費汎碑〉；全 106，3b

13 劃

216	雍勸		隸 12，12b〈趙相雍勸闕碑〉；全 106，5a
217	雍竇		同上
218	雍朗		同上
219	雍煜		同上
220	雍陔		同上
221	葛龔	梁國	後 80 上
222	董遇	弘農	三 13 裴注引《魏略》
223	董鈞	犍為	後 79 下
224	董昭	濟陰	三 14
225	楊充	梓潼	華 10 下
226	楊脩	弘農	三 19 裴注引《典略》；後 54
227	楊游		隸 18，4a-b〈縣三老楊信碑〉
228	楊彪	弘農	後 54
229	楊淮		續 11，11a-b〈司隸校尉楊淮碑〉；全 102，7b-8a
230	楊弼		同上
231	楊琁	會稽	後 38
232	楊仁	巴郡	後 79 下
233	楊阜	天水	三 25
234	賈彪	潁川	後 67
235	賈詡	武威	三 10
236	賈琮	東郡	後 31
237	雷義	豫章	後 81
238	虞君	南陽	隸 17，7a-b〈南陽太守秦頡碑〉

14 劃

239	甄承	北海	後 79 下
240	甄嚴	中山	三 5 注
241	甄堯	中山	三 5 注
242	熊君		隸 11，14a-17a〈綏民校尉熊君碑〉；全 105，8a-b
243	趙宣	漢中	華 10 下，93 下
244	趙咨	東郡	後 39
245	趙孝	沛國	後 39
246	趙戒	蜀郡	謝 1，7a-b
247	趙昱	琅邪	三 8 注引謝承《漢書》
248	趙苞	甘陵	後 81
249	臧洪	廣陵	後 58

15 劃

250	劉虞	東海	三 8 注；後 73
251	劉繇	東萊	三 49
252	劉矩	沛國	後 76
253	劉脩		隸 8，13a-14a〈慎令劉脩碑〉；全 101，10a-b
254	劉昆	陳留	後 79 上
255	劉陶	潁川	後 57
256	劉寵	東萊	後 76
257	劉放	涿郡	三 14
258	劉梁	東平	後 80 下
259	劉翊	潁川	後 81
260	劉儒	東郡	後 67
261	劉祐	中山	後 67
262	劉略	南陽	隸 17，7a-b〈南陽太守秦頡碑〉
263	劉祖	南陽	風 5，243
264	劉平	楚郡	後 39

265	劉雄	涿郡	三 32
266	鄭太	河南	三 16 及注；後 70
267	鄭弘	會稽	謝 1，12a-13a；後 33
268	鄭伯堅	汝南	風 5，231
269	鄭益恩	北海	後 35
270	蔡瓚	南陽	風 4，192
271	蔡琰	南陽	同上
272	蔡衍	汝南	後 67
273	蔡順	汝南	後 39
274	蔡湛	河內	隸 5，1a-2b〈藁長蔡湛頌〉；全 104，1a-b
275	魯峻	山陽	隸 9，4b-6a〈漢故司隸校尉忠惠父魯君碑〉；全 102，9a-b
276	潁容	陳國	後 79 下

16 劃

277	鮑昂	上黨	後 29
278	衛茲	陳留	三 1 注
279	衛衡	漢中	華 10 下，91 下
280	衛方	西河	隸 8，1a-3b，23，20b〈衛尉衡方碑〉；全 101，4a-5a
281	橋玄	梁國	後 51；全 77，2ab〈太尉橋玄碑〉
282	霍諝	魏郡	後 48
283	駱俊	會稽	謝 8，9a

17 劃

284	應劭	汝南	後 48
285	應順	汝南	嶠 1，21b；全 33，8a
286	檀敷	山陽	後 67
287	戴封	濟北	後 81
288	戴就	會稽	後 81

（補遺）

311	袁閎	汝南	風 3，160
312	郅伯夷	汝南	風 9，427
313	孫世伯	江夏	全 99，9b〈孫叔敖碑陰〉
314	法高卿		《抱朴子外篇・逸民》第二
315	金敞	京兆	三 7，7a 陶淵明《群輔錄》引《三輔決錄》
316	酈炎	范陽	全 82，3b〈遺令書〉
317	李雲	甘陵	《水經注》9，30a，淇水條
318	盛允	梁國	《水經注》23，18b，獲水條
319	馬實	扶風	後 89，集解引袁紀
320	董昆	會稽	後 41，集解沈欽韓引
321	鐔顯	廣漢	後 76，集解引華嶠
322	袁博	？	《北京圖書館藏中國歷代石刻拓本滙編》頁 42，袁博殘碑
323	殷華	上郡	古文苑卷 19〈漢金城太守殷君碑〉（按：原碑云「察何孝廉貢除郎中。」原文或有誤。）
324	口博	？	永田英正《漢代石刻集成》〈甘陵相口博殘碑〉，141
325	周巨勝	汝南	《蔡邕集編年校注》〈汝南周巨勝碑〉
326	胡康	洛陽	《蔡邕集編年校注》〈漢交趾都尉胡府君夫人黃氏神誥〉頁 23

附錄二：東漢孝廉家族仕宦表

（表中人名前加「＊」者表示其族曾有仕宦至二千石以上者）

第一類：兩代仕宦之家：55 名

1. ＊趙孝：「父普，王莽時為田禾將軍」。（資料出處參附錄一「東漢孝廉題名錄」，下同）

2. 張武：「父業，郡門下掾」。

3. 劉昆：「梁孝王之胤也」。

4. 袁安：「祖父良……為太子舍人……至成武令」。

5. 李郃：「父頡，以儒學稱，官至博士」。

6. ＊張衡：「世為著姓，祖父堪，蜀郡太守」。

7. ＊杜根：「父安……位至巴郡太守」。

8. ＊吳祐：「父恢為南海太守」。

9. ＊陳球：「歷世著名，父齊，廣漢太守」。

10. ＊仲定：「父張掖，廣漢太守」。

11. 柳敏：「君父以孝廉除郎中（下闕）」。

12. ＊王純：「魏郡太守之子」。

13. ＊費鳳：「梁相之元子，九江太守之長兄也」。

14. 种暠：「仲山甫之後世。父為定陶令」。

15. ＊蔡瓚：父東萊太守。

16. ＊皇甫嵩：「度遼將軍規之兄子也；父節，雁門太守」。

17. 荀爽：父荀淑，當塗長、朗陵侯相。

18. ＊袁術：「司空逢之子」。

19. ＊王淩：「叔父允為漢司徒」。

20. ＊孫權：父孫堅，長沙太守、烏程侯。

21. ＊孫翊：孫權弟。

22. ＊孫匡：孫權弟。

23. *楊游：「故縣三老陽信……子任為陳留太守，子游（闕）舉孝廉」。

24. 王青之子：青，步兵司馬。

25. 芊茸：「父為交州刺史」。

26. 囗朝侯小子：「朝侯之小子也」。

27. 曹述：父敏，武威長史、巴郡朐忍令、張掖、居延都尉。

28. *陳翔：「祖父珍，司隸校尉」。

29. *劉矩：「叔父光，順帝時為司徒」。

30. *公沙孚：父公沙穆，繒相、弘農令、遼東屬國都尉。

31. 趙咨：「父暢為博士」。

32. 劉陶：「濟北貞王勃之後」。

33. *劉脩：「君諱脩……從事君（闕十六字）……」。按：碑殘，不過可知其
祖或父曾為州從事。

34. *范丹：「漢文景之際，爰自南陽來，家于成安，生惠及延。延熹二年
官至司農、廷尉。君則其後也」。

35. *衡方：「君之烈祖少以儒術安貧樂道……考廬江太守，兄雁門太守」。

36. *臧洪：「父旻，有幹事才。熹平六年，揚州刺史，使匈奴中郎將」。

37. *士燮：「父賜，桓帝時為日南太守」。

38. *劉虞：「祖父嘉，光祿勳」。

39. *溫恢：「父恕，為涿郡太守」。

40. 陶謙：「謙父，故餘姚長」。

41. 段熲：「西域都護會宗之從曾孫也」。

42. 侯獲：「君父字仲緒，羽林監」。

43. *尹勳：「家世衣冠，伯父睦為司徒，兄頌為太尉，宗族多居貴位者」。

44. *李固：「司徒郃之子」。

45. 郭仲奇：「元城君之第四子」。

46. 郭仲奇之兄：同上。

47. 郭仲奇之弟：同上。

48. 馮緄：「父煥，安帝時為幽州刺史」。

49. 周景：「景父榮，章和世為尚書令」。

50. *許荊：「祖父武……位至長樂少府」。

51. 戴良：「曾祖父遵……平帝時為侍御史」。

52. *郅壽：父授皇太子韓詩，長沙太守。

53. 曹褒：「父充，持慶氏禮，建武中為博士、侍中」。

54. *王暢：父龔，官至太尉。

55. *高式：父慎，東萊太守。

第二類：三代仕宦之家：40 名

1. 宋意：「宋均父伯，建武初為五官中郎將，均以父任為郎……司隸校尉、河內太守……族子意。意父京，以大夏侯尚書教授，至遼東太守」。

2. 徐防：「祖父宣，為講學大夫，以易教授王莽；父憲，亦傳宜業」。

3. *第五訪：「司空倫之族孫」；第五倫子頡，桂陽、廬江、南陽太守、將作大將。（《後漢書》，以下簡稱《後》，卷四十一、七十六）

4. *張綱：父「張皓，六世祖良，高帝時為太子少傅，皓……歸仕州郡……廷尉」。

5. *張禹：「祖父況……涿郡太守；父歆……淮陽相，終于汲令」。

6. 甄承：「甄宇……州從事，拜博士、太子少傅；傳業子普，普傳子承」。

7. *李膺：「祖父脩，安帝時為太尉；父益，趙國相」。

8. *馬稜：「（馬）援之族孫」；族父馬廖，衛尉、順陽侯；族父馬防，車騎將軍、翟鄉侯。

9. *曹操：「漢相國參之後。桓帝世，曹騰為中常侍……養子嵩……官至太尉……嵩生太祖」。

10. *張陵：「張霸……會稽太守……中子楷……建和三年，下詔安車備禮徵之……子陵，陵官至尚書」。

11. *桓階：「階祖父超，父勝，皆歷典州郡，勝為尚書，著名南方」。

12. *張翼：「高祖父司空浩，曾祖父廣陵太守綱，皆有名跡」。

13. *周嘉:「高祖父燕，宣帝時為郡決曹掾，燕有五子，皆至刺史、太守」。

14. *陳蕃:「父梁父令，令仕平輿；其祖河東太守」。

15. *馮豹:「馮衍……祖野王，元帝時為大鴻臚……衍，司隸從事，子豹」。

16. *楊琁:「高祖父茂本河東人……威寇將軍，風烏傷新陽鄉侯；父扶，交趾刺史；兄喬為尚書」。

17. *荀彧:「朗陵令淑之孫也；父緄，為濟南相」(《後》卷七十)；「叔父爽，司空」。(《三國志》，以下簡稱《三》，卷十)

18. *郭淮:「淮祖全，大司農；父縕，雁門太守」。

19. *鄭益恩:「鄭玄六世祖崇，袁帝時尚書僕射，玄少為鄉嗇夫……公車徵為大司農……玄唯有一子益恩」。

20. *周勰:「周舉，陳留太守防之子……拜光祿大夫……子勰」。

21. *种岱:「父种暠，司徒；祖父，定陶令」。

22. 鍾繇:「鍾皓，博學詩、律，為郡功曹、遷南鄉、林慮長，不之官；皓二子迪、敷，並以黨錮不仕，繇則迪之孫」。

23. 鄭弘:「曾祖父本齊國臨淄人，官至蜀郡屬國都尉。武帝時徙強宗大姓，不得族居，將三子移居山陰……長子吉，雲中都尉、西域都護；中子兗州刺史，少子舉孝廉，理劇東郡侯也」。

24. *陳禹:祖父霣，廣漢太守；父陳球，司空、太尉、永樂少府。

25. *陳珪:同上，「陳球兄子」。

26. *韋彪:「高祖賢，宣帝時為丞相；祖賞，哀帝時為大司馬」。

27. 胡廣:「六世祖剛，平帝時，大司徒馬宮辟之……父貢，交趾都尉」。

28. *朱龜:「廣陵太守之孫，昆陽令之元子也」。

29. *王政:「漢中太守之孫，從事掾之第三子也」。

30. 魯峻:「監營謁者之孫，脩武令之子」。

31. *劉繇:伯父寵為太尉，寵府為般長。

32. 馬江:「□□□之長孫，湯官丞之元子」。

33. *□元賓：「魯相之孫……中牟令兄子也」。

34. 王元賓：「御史君之孫，茂才君之子也」。

35. *雍陟：祖父竇，九江太守；父望，右校令。

36. 曹鳳：祖父敏，武威長史、巴郡胸忍令、張掖、居延都尉；父述，金城長史、夏陽令、蜀郡西部都尉。

37. *劉放：「廣漢陽順王子西鄉侯宏後也」。

38. *鄭太：高祖父眾，大司農；眾父興，諫議大夫。（《後》卷七十；《三》卷十六）

39. *鮮于琦：祖父弘。膠東相；父操，郡孝灌謁者。

40. *高弘：祖父慎，東萊太守；父式，孝廉為郎。

第三類：四代以及四代以上仕宦之家：36 名

1. *鮑昂：曾祖父宣，司隸校尉；祖父永，司隸校尉；父昱，司徒、太尉？

2. 孟嘗：「其先三世為郡吏」。

3. *橋玄：七世祖，大鴻臚；祖父基，廣陵太守；父肅，東萊太守，（《後》卷五十一）。按其碑所載稍異：「大鴻臚之曾孫，廣州相之孫，東萊太守之元子也」。

4. *應劭：高祖父順，河南尹、將作大臣；曾祖父疊，江夏太守；祖父郴，武陵太守；父奉，司隸校尉。

5. *周燮：宣帝時決曹掾之後。燕有五子，皆至刺史、太守。燕重曾孫周嘉，光武時為零陵太守。與周嘉同時有周磐的祖父業，建武初為天水太守。周磐乃周燮之宗。（《後》卷三十九，五十三，八十一）

6. *周磐：同上。按：汝南周氏譜系略示如下：

    燕→五子→□→□→嘉

    （宣帝時）　　　　　　業→□→磐

    　　　　　（光武時）　燮（安帝延光二年徵，不應）

7. *郭禧：從曾祖弘，決曹掾；從祖躬，廷尉；從父鎮，廷尉、定穎侯。

8. *李翊：「牂牁太守曾孫，謁者孫，從事君之元子也」。

9. *桓典：桓氏自桓榮以後，代為帝師，譜系詳見《後》，卷三十七，略示如下：

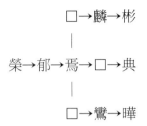

10. *桓鸞：見上。

11. *桓彬：見上。

12. *桓曄：見上。

13. *楊彪：楊震曾孫。楊震子秉，孔賜俱高宦，其詳見《後》卷五十四，不贅列。

14. *楊脩：楊彪子。餘同上。

15. *熊君：「高祖父籌……拜議郎，南巡郡國封龍平（闕三字）祖父旻舉（闕三字）大司馬……曾祖父範督郵、守長，州辟元（闕六字）君（闕四字）應上計（闕）祖父師（闕二字）上計掾……」。

16. *袁良：「征和三年，曾孫幹……拜黃門侍郎，封關內侯……幹薨，子經嗣；經薨，子因嗣；傳國三世至王莽而斷，君即因之曾孫」。

17. *郭旻：郭禧之兒。餘見郭禧條。

18. *曹全：「君高祖父敏，舉孝廉、武威長史、巴郡胸忍令、張掖、居延都尉；曾祖父述，孝廉、謁者、金城長史、夏陽令、蜀郡西部都尉；祖父鳳，孝廉、張掖蜀國郡尉丞、右扶風隃麋侯相、金城西部都尉、北地太守；父琫……早世」。

19. *雍勸：「君祖父諱寶字伯著，孝廉、河南令、侍御史、九江太守（闕三字）君子望字伯桓，右校令；望子陟，孝廉，胸忍令（闕五字）陟弟朗字仲□，孝廉、弘農令、武督太守；朗第勸字叔（闕），孝廉、成泉令、趙國相；勸子煜，字稚（闕），孝廉、資中、長江令」。

20. *雍朗：見上。

21. *雍煜：見上。

22. *朱穆：曾祖父岑，光武故舊；祖父暉為郎、尚書令；父頡，陳相。

23. *李咸：「大將軍李廣之胄也……文武繼踵，世為著姓，曾祖父江夏太守，伯父東郡太守」。

24. *鮮于晏：父璜，雁門太守；祖父雄，州從事；曾祖父武，督郵；高祖父操，郡孝灌謁者；操父弘，膠東相。

25. *曹昂：曹操子。餘見曹操條。

26. *劉雄：「漢景帝子中山靖王勝之後也……先主祖雄，父弘，世仕州郡」。

27. *胡康：父為都尉，母為江陵黃氏之秀女。母之高祖父為汝南太守，曾祖父延城大尹，祖父番禺令，父以主簿嘗證太守事。

28. *荀燾：曾祖父淑，朗陵令；祖父緄，濟南相；叔祖爽，司空；父成，侍中光祿大夫，持節，參丞相軍事，列侯。

29. *甄儼：「漢太保甄邯後也，世吏二千石，父逸，上蔡令」。

30. *甄堯：甄儼弟，餘見上。

31. *崔琦：「濟北相瑗之宗也」（《後》卷八十上）。按：涿郡崔氏西漢昭帝起，代出名臣，其譜系略示如下：
朝→舒→篆→毅→駰→瑗→寔（參《後》卷五十二）

32. *劉寵：「齊悼惠王之後也。悼惠王子孝王將閭，將閭少子封牟平侯……父丕，博學，號為通儒」。

33. *孔季彥：父孔僖，「以安國以下，世傳古文尚書、毛詩……肅宗拜僖蘭台令史」。「平帝時，王莽秉政，乃封孔子後孔均為褒成侯」。

34. *孔宙：「孔子十九世孫也」。宙子孔融。榮「七世祖霸為元帝師，位至侍中」（《後》卷七十）；又孔昱「七世祖霸，成（按：應為元）帝時歷九卿，封褒成侯。自霸至昱，爵位相係，其卿相牧守五十三人，列侯七人」（《後》卷六十七）

35. *孔彪：「孔子十九世孫，潁川君之元子也」。餘見上。

36. *孔褒：「孔子廿世之孫，泰山都尉之元子」。餘見上。

第四類：仕宦世代不明之家族：8 名

1. 陳龜：「家世邊將」。
2. 張納：「君之曾祖暨，其先考軌跡相繼，俱□□□州」。
3. 費汎：「大漢之（闕）官司相繼，決而復繼」。
4. 羊陟：「家世冠族」。
5. 宗資：「家代為漢將相名臣，祖父均自有傳」。
6. 陽球：「家世大姓冠蓋」。
7. 公孫瓚：「家世二千石」。
8. 蔡湛：「歷世卿尹，有功王室」。

引用書目

1. 司馬遷，《史記》，宏業書局《史記會注考證》。

2. 班固，《漢書》，藝文印書館《補注》本。

3. 范曄，《後漢書》，藝文印書館《集解》本。

4. 陳壽，《三國志》，藝文印書館《集解》本。

5. 謝承，《後漢書》，文海出版社 汪文臺輯七家《後漢書》。

6. 華嶠，《後漢書》，文海出版社 汪文臺輯七家《後漢書》。

7. 失名氏，《後漢書》，文海出版社 汪文臺輯七家《後漢書》。

8. 張瑩，《漢記》，文海出版社 汪文臺輯七家《後漢書》。

9. 《東觀漢記》，中文出版社。

10. 嚴可均（輯），《全後漢文》，中文出版社。

11. 應劭，《風俗通義》，明文書局 王利器校注本。

12. 常璩，《華陽國志》，商務印書館《四部叢刊初編》。

13. 王符，《潛夫論》，新興書局《漢魏叢書本》。

14. 桓寬，《鹽鐵論》，世界書局 王利器校注本。

15. 袁宏，《後漢紀》，商務印書館《四部叢刊初編》。

16. 徐幹，《中論》，新興書局《漢魏叢書本》。

17. 王充，《論衡》，新興書局《漢魏叢書本》。

18. 葛洪，《神仙傳》，《龍威秘書本》。

19. 馬邦玉，《漢碑錄文》，《連筠簃叢書》。

20. 陸增祥，《八瓊室金石補正》，藝文印書館《石刻史料叢書甲編》。

21. 洪适，《隸釋》，藝文印書館《石刻史料叢書甲編》。

22. 洪邁，《隸續》，藝文印書館《石刻史料叢書甲編》。

23. 徐天麟，《東漢會要》，九思出版有限公司 標點本。

24. 魏宏，《漢舊儀》，臺灣中華書局《四部備要》。

25. 趙翼，《廿二史劄記》，華世出版社，1977。

26. 顧懷三，《補後漢書藝文志》，開明書店《廿五史補編》。

27. 嚴耕望，〈秦漢郎吏制度考〉，《歷史語言研究所集刊》第 23 本上冊，1951，頁 89-143。

28. 嚴耕望，《中國地方行政制度史》上編，《中央研究院歷史語言研究所專刊》之四十五，1974。

29. 勞榦，《居延漢簡考釋之部》，《歷史語言研究所專刊》之四十，1960。

30. 勞榦，〈漢代察舉制度考〉，《歷史語言研究所集刊》第 17 本，1941，頁 79-129。

31. 勞榦，〈兩漢戶籍與地理之關係〉，《歷史語言研究所集刊》5 本 2 分，1935，頁 179-313。

32. 勞榦，〈論魯西畫像刻石三種〉，收入《勞榦學術論文集甲編》上冊，藝文印書館，1976，頁 141-175。

33. 楊聯陞，〈東漢的豪族〉，《清華學報》11 卷 4 期，1936，頁 1007-1063。

34. 鄧嗣禹，《中國考試制度史》，學生書局，1967。

35. 金發根，〈東漢黨錮人物的分析〉，《歷史語言研究所集刊》第 34 本，1963，頁 505-558。

36. 濱口重國，〈漢代の孝廉と廉吏〉，《史學雜誌》53 卷 7 號，1942，頁 113-114。

37. 鎌田重雄，〈漢代の孝廉について〉，《史學雜誌》55 卷 7 號，1944，頁 98-101。

38. 鎌田重雄，〈漢代の門生・故吏〉，見《秦漢政治制度の研究》，日本學術振興會，1962，頁 450-469。

39. 永田英正，〈漢代の選舉と官僚階級〉，《東方學報》（京都）41 冊，1970，頁 157-196。

40. 池田雄一，〈中國古代における郡縣屬吏制の展開〉，見《中國古代史研究》，雄山閣，1976，頁 319-344。

41. 狩野直禎,〈後漢中期の政治と社會—順帝の即未をめぐつて—〉,《東洋史研究》23 卷 3 號,1964,頁 68-87。

42. 余英時,〈東漢政權之建立與士族大姓之關係〉,見《中國知識階層史論》,聯經出版公司,1980,頁 109-203。

43. 蕭璠,〈春秋至兩漢時期中國向南方的發展〉,《臺灣大學文史叢刊》,1973。

44. 趙鐵寒,〈記袁安碑〉,《大陸雜誌》12 卷 5 期,收入《大陸雜誌史學叢書》第一輯第四冊,頁 67-79。

45. 劉增貴,〈漢代婚姻制度〉,華世出版社,1980。

46. 許倬雲,〈西漢政權與社會勢力的交互作用〉,《歷史語言研究所集刊》第 35 本,1964,頁 261-281。

47. 錢穆,《國史大綱》,商務印書館,1965 臺 9 版。

48. 邢義田,〈東漢的胡兵〉,《國立政治大學學報》,28 期,1973,頁 143-166。

49. 邢義田,〈試釋漢代的關東、關西與山東、山西〉,《食貨月刊》13 卷 1 期,1973,頁 15-30。

50. 邢義田,〈東漢察舉孝廉的年齡限制〉,《大陸雜誌》66 卷 4 期,1973,頁 26-35。

51. 王毓銓,〈民數與漢代封建政權〉,《中國史研究》,第 3 期,1979,頁 61-80。

52. 陝西省文物管理委員會,〈潼關吊橋漢代楊氏墓群發掘簡記〉,《文物》,第 1 期,1961,頁 56-66。

53. 安徽省亳縣博物館,〈亳縣曹操宗族墓葬〉,《文物》,第 8 期,1978,頁 32-45。

54. 田昌五,〈讀曹操宗族墓磚刻辭〉,《文物》,第 8 期,1978,頁 46-50。

55. 內蒙古文物工作隊、內蒙古博物館,〈和林格爾發現一座重要的東漢壁畫墓〉,《文物》,第 1 期,1974,頁 8-23。

56. 吳榮曾，〈和林格爾漢墓壁畫中反映的東漢社會生活〉，《文物》，第 1 期，1974，頁 24-30。

57. 河南省博物館，〈靈寶張灣漢墓〉，《文物》，第 11 期，1975，頁 75-93。

58. 天津市文物管理處考古隊，〈武清東漢鮮于璜墓〉，《考古學報》，第 3 期，1982，頁 351-366。

59. 天津市文物管理處、武清縣文化館，〈武清縣發現東漢鮮于璜墓碑〉，《文物》，第 8 期，1974，頁 68-72。

60. 黃士斌，〈河南偃師發現漢代買田約束石券〉，《文物》，第 12 期，1982，頁 17-20。

61. 寧可，〈關於漢侍亭里父老僤買田約束石券〉，《文物》，第 12 期，1982，頁 21-27。

東漢察舉孝廉的年齡限制

　　西漢武帝初舉孝廉，不見有年齒的規定，有年齡的限制始於東漢順帝時。順帝陽嘉元年（西元 132 年），尚書令左雄建議：

　　郡國孝廉，古之貢士，出則宰民，宣協風教。若其面牆，則無所施用。孔子曰：「四十不惑」，禮稱「強仕」〔按：袁宏《後漢紀》卷十八作「禮，四十強而仕」〕。請自今孝廉年不滿四十，不得察舉。皆先詣公府，諸生試家法，文吏課牋奏，副之端門，練其虛實，以觀異能，以美風俗。有不承科令者，正其罪法。若有茂才異行，自可不拘年齒。[1]

限年四十的記載又見於《後漢書》〈順帝紀〉、〈胡廣傳〉以及袁宏《後漢紀》卷十八。唯嚴可均《全後漢文》卷四十五，〈崔瑗〉條引《崔氏家傳》云：

　　臣聞孝廉皆限年，三十乃得察舉，恐失賢才之士也。

　　《崔氏家傳》今佚，嚴氏未注所輯來源。所謂「三十」係「四十」之誤，或順帝時有不同於左雄的意見，不易確考。不過，《後漢書・順帝紀》對班下郡國的詔令也有明確的記載。陽嘉元年冬十一月辛卯「初令郡國舉孝廉，限年四十以上。」詔令中限年為四十，而非三十或其他。該年閏月丁亥又「令諸侯以詔除為郎，年四十以上課試如孝廉科者，得參廉選，歲舉一人。」這個規定可以輔證當時所訂的年齡限制應為四十歲。

　　那麼，限年四十的規定果真就這樣實施了嗎？過去似乎一直沒有人懷疑。如果我們讀范書〈左雄傳〉，很容易相信確實如此。因為傳文中說順帝「從其議」，並「班下郡國」，更講了一個這樣的故事：

1　《後漢書集解・左雄傳》（臺北：藝文印書館）。

明年，有廣陵孝廉徐淑年未及舉，臺郎疑而詰之。對曰：「詔書曰：『有如顏回、子奇，不拘年歲』，是故本郡以臣充選。」郎不能屈。雄詰之曰：「昔顏回聞一以知十，孝廉聞一知幾邪？」淑無以對，乃譴却郡。於是濟陰太守胡廣等十餘人皆坐謬舉免黜。唯汝南陳蕃、潁川李膺、下邳陳球等三十餘人得拜郎中。自是牧守畏慄，莫敢輕舉，迄于永憙，察舉清平，多得其人。[2]

當時守相坐謬舉的，據《後漢紀》，不止十餘人，而是「百餘人」。[3]張璠《漢記》云：「時稱左伯豪為尚書，天下皆慎選舉。」[4]范曄在《後漢書》卷六十一的傳論中對左雄更是頌揚備至：

> 權門貴仕，請謁繁興。自左雄任事，限年試才，雖頗有不密，固亦因識時宜，而黃瓊、胡廣、張衡、崔瑗之徒，泥滯舊方，互相詭駁，循名者屈其短，算實者挺其劼。故雄在尚書，天下不敢妄選，十餘年間，稱為得人，斯亦效實之徵乎？

著名的魯相乙瑛碑提到乙瑛上疏為孔子廟置百石卒史一人，掌禮器，「選年冊以上，經通一藝」者，結果選出孔龢。碑中雖沒說孔龢年歲，似乎限年四十的規定到桓帝元嘉時仍然在實施之中。從文獻和碑銘資料看來，左雄限年試才之法的真實性的確不容懷疑。

不過，范曄的話不無籠統。第一，左雄任職尚書是不是有十餘年？如果不是，繼掌選政的人有沒有繼續他的作法？第二，左雄的主張有兩部分，一為限年，一為課試以別虛實。所謂不敢妄選，稱為得人，是因為限年還是因為嚴於課試？還是兼因二者？並不清楚。所謂限年試才之法的實況就不無進一步推敲的餘地。

限年問題的本身在東漢政治史上或許不是一件大事，一直沒有引起太多注意。事實上，限年規定的出現以及它甫行即淪為具文（詳後），都和東

2　同上。

3　袁宏，《後漢紀》卷十八（臺北：商務印書館，《四部叢刊初編》）。

4　《後漢書集解‧左雄傳》王先謙《集解》引惠棟曰。

漢的朋黨豪門政治有分不開的關係。本文擬根據可考的孝廉資料，以限年問題為線索，談談東漢政治裡的一些現象。以下先從左雄建議限年的背景說起。

從東漢初年以來，郡國舉孝廉多以年少者充選。明帝時，樊鯈上言：

> 郡國舉孝廉，率取年少能報恩者，耆宿大賢多見廢棄，宜敕郡國簡用良俊。[5]

所謂「年少」，到底是何年歲，樊鯈未明言。不過，我們可以查考一下從東漢初到左雄建議限年以前，察舉孝廉的實際年齡。在此以前，有年齒可考的孝廉有六人：

1、寒朗　年齡：三十左右至四十餘歲

> （寒朗）以尚書教授，舉孝廉。永平中（西元 58-75 年）以謁者守侍御史……
> 永初三年（西元 109 年）薦朗為博士，徵詣公車，會卒。時年八十四。
> （《後漢書・寒朗傳》）

寒朗以八十四歲卒於永初三年（西元 109 年），則生於西元 25 年。他於西元 58 至 75 年間以謁者守侍御史，應在卅三歲至五十歲之間。東漢孝廉除郎補吏，例由郎中遷謁者或其他職位。這一段歷程須時多少，不可考。嚴耕望先生說：「諸郎在三署受訓三五年後補吏。」唯據「司徒袁安碑」，袁安在永平三年二月庚午由孝廉除郎中到四年十一月庚午再轉給事謁者歷時二十二個月（圖 1.1-2）。[6] 如此，寒朗由孝廉為郎中、謁者再守侍御史，最少需要約二至數年的時間，亦即寒朗舉孝廉的年齡應在卅左右至四十餘歲之間。

2、周磐　年齡：小於四十歲或四十歲

> ……就孝廉之舉。和帝初（和帝元年為西元 89 年）拜謁者……建光元年（西元 121 年）年七十三……無病忽終。
> （《後漢書・周磐傳》）

5　《後漢書集解・樊弘傳》。

6　嚴耕望，〈秦漢郎吏制度考〉，《中央研究院歷史語言研究所集刊》，23（1951），頁 131；中央研究院歷史語言研究所藏〈司徒袁安碑〉拓片 00022 號；趙鐵寒，〈記袁安碑〉，《大陸雜誌》，12：5，收入《大陸雜誌》史學叢書第一輯第四冊，頁 67-79。

圖 1.1　袁安碑，2004 年作者攝　　圖 1.2　前圖局部放
於河南省博物院　　　　　　　　大「孝廉除郎中」

周磐以七十三歲卒於西元 121 年，其拜謁者應在四十一歲左右。孝廉由郎中而謁者，比之袁安例，須一年或數年，則其舉孝廉必在四十歲或小於四十歲。

3、張衡　年齡：十二至二十八歲

　　永元中（西元 89-105 年）舉孝廉……年六十二，永和四年（西元 139 年）卒。

（《後漢書‧張衡傳》）

張衡以六十二歲卒於西元 139 年，是生於 77 年。永元中舉孝廉的年紀必在十二歲至廿八歲之間。

4、胡廣　年齡：二十七歲或二十六歲

　　年二十七，舉孝廉。（《謝承書》卷二，頁 8 下；《全後漢文》卷廿六，〈太尉胡廣碑〉，頁 3 上）

唯《後漢紀》卷廿三云：「廣時年二十六，雄舉廣為孝廉。」

5、孔季彥　年齡：四十五歲

　　延光元年（西元 122 年）……舉孝廉，不就。三年，年四十七，終於家。

（《後漢書・孔季彥傳》）

延光元年舉孝廉，三年以四十七歲卒，是其舉在四十五歲。

6、杜根　年齡：四十一至五十九歲

　　永初元年（西元 107 年）舉孝廉……順帝時（西元 126-144 年）遷濟陰太守，去
　　官還家，年七十八卒。　　　　　　　　　　　　　　　　（《後漢書・杜根傳》）

順帝時以七十八歲卒，是生於西元 48 至 66 年之間，西元 107 年為孝廉，
年齡在四十一至五十九歲之間。

　　從以上六個例子看來，察舉孝廉時年齡可以確定在四十以上的有兩
人，其餘或在四十，或僅二十、十餘歲。樊儵所說的年少，大約是指這些
十幾二十歲者。漢人習以十幾二十歲為年少，如：賈誼「年十八……廷尉
乃言誼年少」；[7] 馮野王「年十八……為左馮翊……池陽令並素行貪污，輕
野王外戚年少，治行不改」；[8] 翟義「年二十出為南陽都尉。宛令劉立……
輕義年少」；[9] 董賢以二十二歲為大司馬衛將軍，「單于怪賢年少，以問譯。
上令譯報曰：『大司馬年少，以大賢居位』」；[10] 杜畿「年二十為郡功曹……
郡中奇其年少」；[11] 曹操以二十歲舉孝廉，曹操自謂：「孤始舉孝廉，年
少」；[12] 又《三國志・田疇傳》：「眾議咸曰：田疇雖年少，多稱其奇。疇
時年二十二矣。」[13] 是十八、二十餘歲皆年少之輩。果如此，左雄建議限
年以前，十幾二十歲察孝廉的似應相當不少。

7　《漢書補注・賈誼傳》（臺北：藝文印書館）。

8　同上，〈馮奉世傳〉。

9　同上，〈翟方進傳〉。

10　同上，〈佞幸傳〉。

11　《三國志集解・杜畿傳》（臺北：藝文印書館）。

12　《三國志集解・武帝紀》裴松之注引《魏武故事》。

13　《三國志集解・田疇傳》。

郡國守相喜舉年少而棄耆宿，是因為年少者比耆宿有較長的政治生涯，可以成為較長期的政治夥伴，因而守相可有較多得到回報的機會。這一類的例子，順帝以前的幾無可考，以後的倒很多。好在順帝以後的情形實自東漢初相沿而來，從這些例子可以推想東漢初的情形。一般而言，東漢的郡國守相和孝廉之間，就像他們和門生故吏一樣，有君臣父子一般的關係，是仕途上極為牢固的夥伴。郡國守相對所舉孝廉，每以子待之，厚加結納，而希冀其報恩於後：

1、河內太守府廬江周景仲嚮，每舉孝廉，請之上堂，家人宴飲，皆令平仰，言笑晏晏，如是三四。臨發，贈以衣齊，皆出自中。子弟中外，過歷職署，踰於所望，曰：「移臣作子，於之何有。」（《風俗通義校注》卷五；《三國志‧周瑜傳》裴注引張璠《漢紀》；《後漢書‧周景傳》）

2、魯國孔融在郡，教選計當任公卿之才，乃以鄭玄為計掾，彭璆為計吏，（邴）原為計佐。融有所愛一人，常盛嗟歎之。後志望，欲殺之，朝吏皆請……原獨不為請。融謂原曰：「眾皆請而君何獨不？」原對曰：「明府於某，本不薄也，常言歲終當舉之，此所謂『吾一子』也。如是，朝吏受恩未有在某前者矣，而今乃欲殺之，明府愛之，則引而方之於子；憎之，則推之欲危其身。原愚，不知明府以何愛之？以何惡之？」融曰：「某生於微門，吾成就其兄弟，固君道也。往者，應仲遠為泰山太守，舉一孝廉，旬月之閒而殺之。夫君人者，厚薄何常有之！」（《三國志‧邴原傳》裴注引《邴原別傳》）

所謂「移臣作子」、「吾一子」、「固君道也」、「君人者」，都顯示郡國守相與孝廉之間君父般的關係。拔擢孝廉，期其報恩，如有辜負，甚且可以殺之！而孝廉的確也以君父看待舉主，對之盡忠盡孝，這類例子在東漢很多，最常見的是為舉主服喪，有的甚至服喪三年：

1、傅燮……再舉孝廉……聞所舉郡將喪，乃棄官行服。（《後漢書‧傅燮傳》）

2、太守向苗……舉（桓）鸞為孝廉，遷為膠東令。始到官而苗卒，鸞即去職奔喪，終三年，然後歸。淮汝之間高其義。　　（《後漢書‧桓鸞傳》）

3、豫章太守汝南封祈、武興、泰山太守周乘子居，為太守李張所舉。函

封未發，張病物故。夫人於柩側下帷見六孝廉……周乘顧謂左右：「諸
君欲行者，周乘當之（按：此句據王利器校注改），莫逮郎君，盡其哀惻。」
乘與鄭伯堅即日辭行，祈與黃叔度、郅伯嚮、盛孔叔留隨車需柩。

（《風俗通義校注》卷五）

4、太守李肅察孝廉，肅後坐事伏法，（陸）康斂尸送喪，還潁川，行服。

（《三國志・陸績傳》裴注引《謝承書》）

5、邢顒……舉孝廉……不就……太祖辟顒為冀州從事。時人稱曰：「德行
堂堂邢子昂」，除廣宗長，以故將喪棄官。有司舉正，太祖曰：「顒篤
於舊君，有一致之節，勿問也。」　　　　　　　　（《三國志・邢顒傳》）

除了為舉主棄官、斂屍、服喪，亦為舉主立碑。如《隸釋》卷十七所錄〈南
陽太守秦頡碑〉，立碑者中有孝廉十二人。還有為舉主設祭、立後傳宗
的：

初，琅邪趙昱為廣陵太守，察（張）紘孝廉。昱後為笮融所殺，紘甚傷憤，
而力不能討。昱門戶絕滅，及紘在東部（按：會稽東部都尉），遣主簿至琅邪
設祭。並求親戚為之後，以書屬琅邪相臧宣。宣以趙宗中五歲男奉昱祀，
（孫）權聞而嘉之。　　　　　　　　　（《三國志・張紘傳》裴注引〈吳書〉）

舉主死，固事之以禮，生則盡之以忠。東漢時，孝廉有為舉主訟冤、變賣
產業為舉主贖死，或為舉主護衛者。如：史弼為河東太守，因拒絕中常侍
侯覽請託，侯覽遂：

誣弊誹謗，檻車徵。吏人莫敢近者，唯前孝廉裴瑜送到崤澠之閒，大言於
道傍曰：「明府摧折虎臣，選德報國，如其獲罪，足以垂名竹帛，願不憂不
懼」……平原吏人奔走詣闕訟之……又前孝廉魏劭毀變形服，詐為家僮，
瞻護於弼。弼遂受誣，事當棄市。紹與同郡人賣郡邸，行賄於侯覽，得減
死罪一等。　　　　　　　　　　　　　　　　　　（《後漢書・史弼傳》）

還有為舉主冒險犯難，甚至以身相殉者：

1. 王脩……初平中，北海孔融召以為主簿，守高密令……舉孝廉……頃
之郡中有反者，脩聞融有難，夜往奔融。賊初發，融謂左右曰：「能冒
難來，唯王脩耳」，言終而脩至。　　　　　　　（《三國志・王脩傳》）

2. （鄭）玄唯有一子益恩，孔融在北海，舉為孝廉；及融為黃巾所圍，益恩赴難隕身。　　　　　　　　　　　　　　　（《後漢書‧鄭玄傳》）

3. 桓階……仕郡功曹。太守孫堅舉階孝廉……父喪還鄉里。會堅擊劉表戰死，階冒難詣表乞堅喪，表義而與之。　　（《三國志‧桓階傳》）

4. 高岱……受性聰達，輕財貴義……太守盛憲以為上計，舉孝廉。許貢來領郡，岱將憲避難於許昭家，求救於陶謙。謙未及救，岱憔悴泣血，水漿不入口，謙感其忠壯，有申包胥之義，許為出軍。

　　　　　　　　　　　　　　　（《三國志‧孫策傳》裴注引〈吳錄〉）

孝廉報君父之恩，死且不惜，更何況在仕途上成為舉主之羽翼，相互援引？東漢選舉，請託成風，一旦得舉為官，異日舉主有所託，必得應允。這一類情形雖沒有明白的例證可舉，卻可從另一個故事推想。桓帝時，五世公為南陽太守，與他同歲舉孝廉的段遼叔早逝，有子二人，往求五世公察舉，應允此後所託，「敬不有違」。世公因舉「才操鹵鈍」的長子。五世公後轉任南陽太守，又舉年甫十四，同歲孝廉之子。[14] 孝廉同歲即援引如此，更遑論舉主與故孝廉之間？王符《潛夫論》卷二謂：

今當塗之人既不能昭練賢鄙，然又却於貴人之風指，脅以權勢之囑託，請謁闕門，禮贊輻輳，迫於目前之急，則且先之，此正士之所獨蔽而群邪之所黨進也。

舉主視所舉孝廉為己當然之羽翼，政治上之奧援，但也有在舉主看來恩將仇報的孝廉。順帝元嘉中，歲首朝賀，大將軍梁冀帶劍入省，尚書張陵劾奏冀，請廷尉論罪：

初，冀弟不疑為河南尹，舉陵孝廉。不疑疾陵之奏冀，因謂曰：「昔舉君，適所以自罰也。」陵對曰：「明府不以陵不肖，誤見擢序，今申公憲，以報私恩。」　　　　　　　　　　　　　　　（《後漢書‧張陵傳》）

張陵以「申公憲」為報私恩，而梁不疑所期望的報恩卻正相反！

　　以上所舉這些報恩的例子雖然多在順帝朝以後，但是明帝時樊鯈所說

14　王利器，《風俗通義校注》（臺北：明文書局，1982）卷4，頁192-193。

舉孝廉「率取年少能報恩」的情形應該是類似的。因為希冀報恩，在漫漫仕途中培養長期之黨援，故郡國守相喜以年少者為孝廉。這樣的結果，必然造成許多政治上的集團勢力，形成王符所說「群邪黨進」的局面。而順帝本人就是在經歷一番外戚、宦官和朝臣的黨派鬥爭以後才登上皇位的，他深知黨派之害。[15] 在這樣的背景之下，於是有左雄限年試才的建議，並得到順帝的支持。左雄的建議表面上只關係到選舉，實際上和當時以權門朋黨為特色的政治環境有分不開的關係。最後他的辦法淪為具文，也是在同樣環境下幾乎難以避免的結果。

接著，看看自順帝頒限年之令以後，施行的情形。只要稍加覆按，就可以發現絕大部分可考的孝廉，察舉時的年齡都不及四十歲。這不妨從左雄任尚書時以及自他以後順帝朝可考的五個例子說起。

7、陳球　年齡：十六歲

> 陽嘉中（西元 132-135 年）舉孝廉……光和元年（西元 178 年）遷太尉……明年（西元 179 年）……潛與司徒河間劉郃謀誅宦官……帝大怒，策免郃，郃與球……下獄死。球時年六十二。（《後漢書・陳球傳》）

陳球以六十二歲卒於西元 179 年，其生當在西元 117 年。陳球傳說他「陽嘉中」舉孝廉，據前引〈左雄傳〉知他舉孝廉實在陽嘉二年（西元 133 年）。如此，他舉孝廉時不過十六歲。

8、費鳳　年齡：卅一歲

> 漢安二年（西元 143 年），吳郡太守東海郭君以君有逸迾之節，自公之操，年卅一舉孝廉，拜郎中。（《隸釋》卷九〈費鳳別碑〉，頁 20 下-22 下）

9、武開明　年齡：四十六歲

> 永和二年（西元 137 年）舉孝廉……壽五十七，建和二年（西元 148 年）十一月十六日卒。（《隸釋》卷廿四，〈吳郡丞武開明碑〉，頁 10 上、下）

15　東漢順帝登位前後之政局，狩野直禎曾有專文討論。見氏著，〈後漢中期の政治と社會─順帝の即位をめぐつて─〉，《東洋史研究》，23：3（1964），頁 68-87。

10、王純　年齡：三十五歲

> 永和二年（西元 137 年）察孝廉……年五十九，延熹四年（西元 161 年）八
> 月廿八日甲寅……隕殂。（《隸釋》卷七，〈冀州刺史王純碑〉，頁 1 上-2 下）

11、朱穆　年齡：四十歲左右

> 年二十為郡督郵……遂歷職股肱，舉孝廉。（《後漢書・朱穆傳》注引〈謝承書〉）
> 初舉孝廉。順帝末，江淮盜賊群起……大將軍梁冀……肅聞穆名，乃辟
> 之，使典兵事……延熹六年（西元 163 年）卒，時年六十四。（《後漢書・朱
> 穆傳》）

朱穆以六十四歲死於西元 163 年，是生於西元 99 年。年二十為郡督郵應在
西元 119 年，即安帝元初六年。其舉孝廉在順帝末為梁冀所辟，典掌兵事
以前。按：漢安二年（西元 142 年）九月，即順帝崩前兩年，有「廣陵盜賊
張嬰等寇郡縣」；是年十一月，順帝詔「大將軍等選武猛試用有效驗任為
將校這各一人」（《後漢書・順帝紀》）。〈朱穆傳〉所說梁冀辟朱穆典兵事應
在此時。果如此，朱穆為梁冀所辟在其四十三歲之年。又按東漢孝廉必經
郎署而後除辟。嚴耕望先生曾據〈朱文公鼎銘〉考得朱穆確曾為郎，其事
為范書傳文所省。[16] 他在郎署時間長短不可知，應在數年之間，如此其舉
孝廉在四十歲左右。

　　合而言之，以上這五位順帝朝的孝廉，察舉時年齡確知在四十以上的
只有一人，四十左右的一人，四十以下的倒有三人。

　　范曄說左雄在尚書，十餘年間，稱為得人。以下先檢查一下他任職尚
書到底有多久。據范書〈左雄傳〉，他於永建初拜議郎。當時順帝新即位，
因尚書僕射虞詡的推薦，不久即拜尚書，再遷尚書令。虞詡是因擁立順帝
的頭號宦官孫程的力薦，才得出任尚書僕射。[17] 由此不難推知左雄原或黨
於虞詡、孫程，或最少是接近虞、程一邊的人，才得出任尚書和尚書令這

16　嚴耕望，〈秦漢郎吏制度考〉，《中央研究院歷史語言研究所集刊》，23（1951），頁 120。

17　《後漢書・虞詡傳》：「（孫）程復上書陳詡有大功，語甚切激，帝感悟，復徵拜議郎，數
　　日，遷尚書僕射。」

樣重要的職位。陽嘉元年（西元 132 年），孫程病卒，[18] 左雄即在同一年建言孝廉察舉限年。孫程病卒的確切月日不知。總之，孫程死後，左雄的地位即生變化。據范書同卷〈周舉傳〉，陽嘉三年（西元 134 年），左雄已經以司隸校尉的身分薦周舉為尚書。《後漢紀・順帝紀下》謂：「尚書令左雄薦舉為尚書，俄而雄為司隸。」可見從他以尚書令身分薦周舉為尚書後，很快就離開了原職。而他任司隸校尉時，竟曾因舉人失當，坐法免。「後復為尚書，永和三年（西元 138 年）卒。」[19]

順帝永建前後七年（西元 126-132 年）。范曄說左雄在尚書十餘年，是從永建初到永和三年，前後籠統計之。事實上這十幾年裡，陽嘉元年以前並未行限年之法，陽嘉元年到永和三年總共不過六年。這六年裡，左雄一度出任司隸校尉，加上坐免的期間，剩下左雄真正能以尚書令或尚書身分推行限年試才辦法的，只有陽嘉元年、二年和永和三年死前，最多不過四、五年的功夫。有了這樣的瞭解，再看看前述五位孝廉裡，在左雄任尚書令時被舉的只有陳球。而陳球居然就是第一個打破年齡限制的孝廉。他以十六歲舉孝廉，顯然是應「茂才異行，不拘年齒」之科。此例一開，假借茂才異行之名的必源源而出。范曄說左雄之法「頗有不密」，或即指此。

左雄以後，黃瓊以尚書僕射為尚書令，周舉、張盛、郭虔、應賀、史敞等人為尚書。[20] 左雄限年試才之法在他們手上能夠繼續執行的只有課試之法。這些人中，黃瓊並不完全贊成左雄的改革。他任尚書令後即調整左雄的辦法，在儒學、文吏兩科之外增加孝悌與能從政者兩科。[21] 郭虔和史敞在左雄建議限年之初，即曾聯合尚書僕射胡廣上言反對限年。[22] 周舉是

18　《後漢書・宦者傳》。

19　《後漢書・左雄傳》。永和初虞詡為尚書令，左雄坐免之後得再為尚書，當與虞詡有關，見〈虞詡傳〉。

20　黃瓊、周舉各見《後漢書》本傳；郭虔、賀應見〈周舉傳〉；張盛見〈黃瓊傳〉；史敞見《後漢書・胡廣傳》。

21　《後漢書集解・黃瓊傳》。

22　同上。

左雄推薦為尚書的，但是他在任尚書以前，已得郭虔和應賀的賞識。郭、應曾「共上疏稱舉忠直」。[23] 他任尚書以後，又「與僕射黃瓊同心輔政，名重朝廷，左右憚之。」[24] 可見周舉雖為左雄推薦，但是在想法和作法上可能與黃瓊、郭虔這些左雄的反對派更為接近。前文提到左雄任司隸時因舉人失當去職。奏劾他失當的，正是周舉（見《後漢紀·順帝紀下》）！張盛是根本反對左雄的課試之法。黃瓊任尚書令時，張盛曾建議廢除。不過，黃瓊認為「覆試之作，將以澄洗清濁，覆實虛濫，不宜改革。」[25] 可見左雄以後，被保留下來的是他的課試之法。范曄說迄於永憙，多得其人，應是黃瓊等人主持選政，繼續考課覆按的結果，而與限年關係不大。限年之法，左雄本人即曾豫留餘地，其後繼者續存其法，故乙瑛碑仍然提到，實則已難以完全遵行。靈帝時，秦宓說：「乃者以來，海內察舉，率多英雋，而遺舊齒」，[26] 即可概見。

順帝以後至漢末，孝廉察舉年齒可考的共有二十二人，其中年齒不及四十的多達二十人！可見所謂限年，不為具文而何？這二十二個例子分考如下：

12、武榮　年齡：三十六歲

> 年卅六，汝南蔡府君察舉孝廉……遷執金吾丞，遭孝桓大憂……（《隸釋》卷十二〈漢故執金吾丞武榮碑〉，頁 7 下-8 上）

13、李翊　年齡：四十四歲

> 延熹六年（西元 163 年）太守東萊李君……察舉孝廉……年五十四，以熹平二年（西元 173 年）卒。（《隸釋》卷九，〈廣漢屬國候李翊碑〉，頁 7 下-8 上）

年齡推算方式與前同，不贅。

14、馬江　年齡：三十七歲

23　《後漢書集解·胡廣傳》。
24　《後漢書·周舉傳》。
25　《後漢書·黃瓊傳》。
26　《三國志集解·秦宓傳》。

和平元年（西元 150 年）舉孝廉……年四十，元嘉三年（西元 153 年）正〔下闕，按：應即其卒年之月、日〕（《隸釋》卷八〈郎中馬江碑〉，頁 11 下-12 下）

15、荀彧　年齡：二十七歲

中平六年（西元 189 年）舉孝廉……（建安）十七年（西元 212 年）飲藥而卒，時年五十。（《後漢書·荀彧傳》）

16、桓鸞　年齡：四十餘歲

以世濁，恥不肯仕。年四十餘，時太守向苗有名跡，乃舉鸞孝廉。（《後漢書·桓鸞》）

17、王元賓　年齡：小於三十八歲

位極州郡，察孝廉、郎、謁者、考工苑陵……年卅有八。延熹四年五月辛酉遭命而終。（《隸釋》卷十九〈封芷令王元賓碑〉，頁 2 下-3 上）

18、范滂　年齡：小於三十三歲

舉孝廉……建寧二年，大誅黨人，詔下捕滂……時年三十三。（《後漢書·黨錮傳》）

19、蔡瓚　年齡：十四歲（《風俗通義校注》卷四）

20、蔡琰　年齡：二十歲

南陽五世公……欲舉其子。伯起自乞子瓚尚弱，而弟琰幸以成人。是歲舉琰；明年，復舉瓚。瓚年十四，未可見眾，常稱病。（《風俗通義校注》卷四）

《儀禮·喪服傳》：「喪成人者，其文縟；喪未成人者，其文不縟，故殤之……年十九至十六為長殤……」；又《鹽鐵論·未通》：「御史曰：『……二十冠而成人，與寇事』……文學曰：『十九以下為殤，未成人也。』」是漢人以二十歲為成人。「琰幸以成人」應指琰二十歲。

21、張昭　年齡：二十歲

弱冠察舉孝廉。（《三國志·張昭傳》）

《禮記·曲禮》：「二十曰弱冠。」

22、曹操　年齡：二十歲

年二十，舉孝廉為郎。（《三國志·武帝紀》）

23、雍煜　年齡：小於四十歲

　　勸子煜……孝廉，資中長江令□□□都尉……在官五載，蒞政清平……年
　　四十五卒於官。(《隸釋》卷十二〈趙相雍勸闕碑〉，頁 12 下)

此碑年代不可考。洪适認為「此碑全類魏晉間所書……但無年歲可證。趙
氏又置諸漢碑中，故存之。」(《隸釋》卷九，頁 13 上、下) 碑書於魏晉之間，
碑主舉孝廉應在漢末。雍煜以四十五歲卒，碑云在某官五載，又曾經歷其
他官職，則其舉孝廉必小於四十歲。

24、孫權　年齡：十五歲

　　時權十五，以為陽羨長，郡察孝廉。(《三國志‧吳主權傳》)

　　權年十五，(朱)治舉為孝廉。(《三國志‧朱治傳》)

25、孫翊　年齡：小於二十歲

　　孫翊……權弟也……太守朱治舉孝廉，司空辟。建安八年，以偏將軍領丹
　　陽太守，時年二十。(《三國志‧吳書‧宗室傳》)

26、孫匡　年齡：二十餘歲

　　孫匡……翊弟也。舉孝廉、茂才，未試用，卒。時年二十餘。(《三國志‧吳
　　書‧宗室傳》)

27、武宣張　年齡：二十五歲

　　建和元年……孝子武始公弟綏宗、景興、開明使石工……造此闕……開明
　　子宣張仕濟陰，年廿五，曹府君察舉孝廉……(《漢碑錄文》卷一〈武氏石闕
　　銘〉頁 35 上、下)

28、陳登　年齡：二十五歲

　　年二十五，舉孝廉，除東陽長。(《三國志‧陳登傳》裴注引《先賢行狀》)

29、鄭泰　年齡：小於三十八歲

　　名聞山東，舉孝廉，三府辟，公車徵，皆不就。何進輔政，徵用名士，以
　　泰為尚書侍郎……〔泰〕後又與王允謀共誅卓，泰脫身自武關走，東歸。
　　後將軍袁術以為揚州刺史，未至官，道卒，時年四十一。(《三國志‧鄭渾傳》
　　裴注引張璠《漢紀》)

中平六年（西元 189 年）靈帝死，少帝立，何進以大將軍輔政。是鄭泰舉孝廉在中平六年，即西元 189 年以前。《後漢書・鄭太傳》謂泰「與何顒、荀攸共謀殺卓。」按王允、何顒、荀攸、鄭泰等人謀誅董卓失敗，事在獻帝初平二年（西元 191 年）年尾，鄭泰東走在初平三年四月董卓終為王允、呂布所殺以前。（參《三國志・荀攸傳》、《後漢書》〈獻帝紀〉、〈王允傳〉）因此，鄭泰之死年約在初平三年（西元 192 年）初，其為何進徵用約在三十八歲之年。則其舉孝廉必小於三十八歲。

30、劉繇　年齡：十九歲

繇年十九，從父韙為賊所劫質，繇纂取以歸，由是顯名，舉孝廉。（《三國志・劉繇傳》）

31、鄭益恩　年齡：二十三歲

玄唯一子，名益，字益恩。年二十三，國相孔府君舉孝廉。（《太平御覽》卷三六二引《鄭玄別傳》）

32、曹昂　年齡：二十歲

弱冠舉孝廉。（《三國志・武文世王公傳》）

33、楊修　年齡：二十餘歲

植既以才見異，而丁儀、丁廙、楊修等為之羽翼。（《三國志・陳思王傳》）

楊修……太尉彪子也……建安中舉孝廉，除郎中……是時臨菑侯植以才捷愛幸，委意投修……（同上，裴注引《典略》）

修年二十五，以名公子有才能，為太祖所器，與丁儀兄弟皆欲以植為嗣。（同上，裴注引《世語》）

楊修以建安中舉孝廉，二十五歲已與曹植、丁儀等為黨，則其舉應在二十五歲以前，大約二十餘歲之年。

以上這二十二位孝廉察舉的年齡可簡單分為以下四組：

年齡	40 及 40 以上	39～30	29～20	19 以下
孝廉	李翊、桓鸞	武榮、馬江 鄭泰、雍煜 范滂、王元賓	荀彧、蔡琰 張昭、曹操 孫匡、陳登 武宣張、曹昂 鄭益恩、楊修	蔡瓚、孫權 孫翊、劉絲
合計	2	6	10	4

由此我們可以很清楚地看出，四十歲以上舉孝廉的不過兩人，十幾二十歲的少年郎占絕大部分。「不滿四十，不得察舉」的規定在順帝以後，不曾貫徹也就無庸置疑了。

孝廉限年的規定未見貫徹，因素很多，可以從規定本身以及一些外在因素略作討論。先就規定本身來說，左雄在建議之初，可能就已經意識到限年四十，將滯礙難行，因而以「若有茂才異行，自可不拘年齒」預留餘地。沒想到這一餘地為郡國守相大開方便之門。郡國守相可據此，置年齡限制於一旁，假茂才異行之名，舉十幾二十歲者為孝廉，廣陵徐淑是一個例子，其後的例子就更多了。結果，所謂的限年自然流為具文。

其次，限年所訂年齡偏高，不切實際，也造成不公。就不公言，漢代為郎途徑甚多，除孝廉以外，以父任為郎也是重要的途徑。通常以父任為郎的不過十幾二十歲，如翟義「少以父任為郎，稍遷諸曹，年二十出為南陽都尉」；[27] 陳咸「年十八，以萬年任為郎」；[28] 宋均「以父任為郎，時年十五」。[29] 此外以明經、射策甲科或其他方式為郎的也甚多年少，如孔光「經學尤明，年未二十，舉為議郎」；[30] 翟方進「年十二、三……給事太守府為小吏……受春秋，積十餘年，經學明習，以射、策甲科為郎」；[31] 枚皋「年十七，上書梁共王，得召為郎」；[32] 戴憑「年十六，郡舉明經……拜郎

27　《漢書補注・翟方進傳》。
28　同上，〈陳萬年傳〉。
29　《後漢書集解・宋均傳》。
30　《漢書補注・孔光傳》。
31　同上，〈翟方進傳〉。
32　同上，〈枚乘傳〉。

中」。[33] 經由這些途徑，十幾歲即可為郎，如果舉孝廉必待四十歲，舉後亦不過為郎，其不公平是很明顯的。[34]

再者，漢人往往十餘歲即為吏，如果須待四十歲才夠格謀一孝廉出身，歷時未免太長。漢人十餘歲出任吏職得比比皆是。前引翟方進年十二、三即給事太守府為小吏；賈誼「年十八……河南守吳公聞其秀材，召置門下」；[35] 王尊「年十三，求為獄小吏。數歲，給事太守府」；[36] 范冉「少為縣小吏，年十八，奉檄迎督郵」；[37] 周防「年十六，仕郡小吏」；[38] 王吉「年二十餘，為沛相」；[39] 王允「年十九，為郡吏」；[40] 楊終「年十三，為郡小吏」；[41] 虞詡「年十二……縣舉順孫，國相其之，欲以為吏」；[42] 朱勃「未二十，右扶風請試守渭城宰」；[43] 杜畿「年二十為郡功曹」；[44] 張既「年十六為郡小吏」；[45] 滿寵「年十八為郡督郵」；[46] 王基「年十七，郡召為吏」。[47] 其餘兩漢書中「少為郡吏」、「少仕州郡」的人物多得不勝枚舉。漢承秦法，學僮十七以上，能諷籀書九千字，即可為史。可見這是一般情形。

這些十幾二十歲的少吏在地方上經過大約十年的歷練考驗，到三十歲前後應該是一個較合理，決定仕宦前程的年紀。所謂約經十年左右，有三

33　《後漢書集解·儒林傳》。

34　這一項因素，承勞榦先生提示，謹此致謝。

35　《漢書補注·賈誼傳》。

36　同上，〈王尊傳〉。

37　《後漢書集解·獨行傳》。

38　同上，〈儒林傳〉。

39　同上，〈酷吏傳〉。

40　同上，〈王允傳〉。

41　同上，〈楊終傳〉。

42　同上，〈虞詡傳〉。

43　同上，〈馬援傳〉。

44　《三國志集解·杜畿傳》。

45　同上，〈張既傳〉。

46　同上，〈滿寵傳〉。

47　同上，〈王基傳〉。

個旁證。一是桓帝本初元年的一個詔令:「孝廉、廉吏皆當典城牧民……其令秩滿百石,十歲以上,有殊才異行,乃得參選。」[48] 漢代之吏起自斗食,秩滿百石,還須十年經歷才能參選。這其實是空言的高標準,但是這裡提到十年這一條件,值得參考。又漢樂府詩〈陌上桑〉三解有「十五府小吏,二十朝大夫,三十侍中郎,四十專城居」等句。[49] 從十五為小吏開始,到三十歲隨侍帝側為郎,剛好是已經過孝廉的階段,此其間也是十餘年光景。雖然這是詩歌,卻正可反映當時人認識的仕宦歷程應大致是如此。第三,近年江蘇尹灣西漢墓出土木牘有所謂東海郡下轄長吏名籍,提到西漢末地方長吏遷轉中有「以軍吏十歲補」者二例。[50] 為軍吏十年而得補地方長吏,這十年的資歷也可供參考。可惜目前對漢代官吏仕宦的時間歷程還缺少較通盤的研究,否則,或許可以證明《崔氏家傳》所說「限年三十乃得察舉」,如果不是傳刻有誤,倒是比較合乎情理的年齡規定。

限年三十或可以南北朝之制為旁證。《通典》卷十四說宋文帝元嘉中即規定「限年三十而仕……及孝武即位,仕者不復拘老幼」,又說:「齊因習宋代限年之制……遂令甲族以二十登仕,後門(寒門)以二十試吏,故有增年,矯以圖進者。」《梁書‧武帝本紀》謂梁武帝天監四年(西元505年)正月詔:「今九流常選,年未三十,不通一經,不得解褐,若有才同甘、顏,勿限年次。」《隋書‧百官志上》又說:「陳依梁制,年未滿三十者,不得入試。」當時要維持限年三十已難,甲族寒門更曾降至二十,甚至無拘老幼。南北朝時,仕途幾全為甲族高門把持,情況更甚於兩漢。東漢要求四十而孝廉,豈非說夢?左雄以經書為據,限年四十,脫離現實,自然不容易行得通。袁宏在《後漢紀》順帝紀裡即曾評論不宜死守經書,以可

48　《後漢書集解‧桓帝紀》。

49　《古詩源》(臺北:商務印書館,國學基本叢書)卷一,頁44;閻步克,〈漢代樂府《陌上桑》中的官制問題〉,《北京大學學報》,41:2(2004),頁53-59。

50　連雲港市博物館等,《尹灣漢墓簡牘》(北京:中華書局,1997),頁93、94;關於軍吏十歲補長史之制,參廖伯源,《簡牘與制度——尹灣漢墓簡牘官文書考證》(臺北:文津出版社,1998),頁33-39。

行為要：

> 夫謀事作制令，以經世訓物，使必可為也。古者四十而仕，非謂彈冠之會
> （師古曰：彈冠云入仕也）必將是年也。以為可仕之時，在於彊盛，故舉大
> 限，以為民表。且顏淵、子奇曠代一有，而欲以斯為格，豈不偏乎！

清代顧炎武在綜觀兩漢南北朝限年之制以後，以為人生服官之日不過三十
年，因而主張：

> 宜定為中制，二十方許應試，三十方許服官，年至六十，見任官聽其自請
> 致仕。無官之人一切勒停。是雖早於古記（按指：四十曰彊而仕）之十年，要
> 亦不過三十年而已。三十年之中復有三年大喪，及期喪不得選補之日，則
> 其人在仕路之日少，而居林下之日多。可以消名利之心，而息營兢之俗。
> （《日知錄》卷十九〈年齒〉條）

可見他們都不認為所謂「四十彊仕」之說可行，三十方才合於「服官」。

再者，從外在因素看，東漢順帝以後，尤其自桓、靈以降，朝政日
亂，選舉已無規矩可言。一方面宦官當權，干涉選舉。順帝時已有「侍
中、尚書、中臣子弟不得為吏察孝廉」的禁令。[51] 然而，禁令是禁令，事
實歸事實。故曹操二十歲可為孝廉；侯覽以請託被拒，誣陷史弼。桓靈之
世，「此時公輔者，或樹私恩為子孫計，其後累世致公卿。」（《後漢紀》卷
廿三〈靈帝紀上〉）《抱朴子‧審舉》說：「桓靈之世，更相濫舉。故人為之
語曰：『舉秀才，不知書；舉孝廉，父別居；寒素清白濁如泥，高第良將
怯如蠅。』」另一方面，漢末亂賊四起，群雄並立，漢廷為求安撫，授以
名號，假以孝廉察舉之權，其後果自不難想見。《三國志‧張燕傳》裴注
引《九州春秋》：

> 張角之反也，黑山、白波、黃龍、左校、牛角、五鹿……等各起兵；大者
> 二、三萬，小者不減數千。靈帝不能討，乃遣使拜楊鳳為黑山校尉，領諸
> 山賊，得舉孝廉、計吏。後遂彌漫，不可復數。（此亦見《後漢書‧朱儁傳》）

再加上割據的群雄，自署守相，名器益濫。孫策使朱治領吳郡太守，於是

51　《後漢書集解‧李固傳》。

十餘歲的孫權和孫翊都成了孝廉。[52]

限年的規定流為具文，另外一個或許更基本的因素是抵擋不住自東漢初年以來已成氣候的世族權豪。東漢選舉從一開始即充滿「權門請託」的情形。[53] 這些權豪之家不歡迎左雄的改革。左雄甫倡議，他們即群起反對。胡廣、史敞和郭虔等人認為「今以一臣之言，劃戾舊章，便利未明，眾心不猒。」如依舊章，權門仍能保持既得特權；所謂「眾心不猒」完全一派挾眾威脅的口氣。其他反對的還有崔瑗、張衡。崔瑗認為限年，將失賢才；[54] 張衡以為「辛卯詔書以能宣章句奏案為限，雖有至孝，猶不應科，此棄本而就末……苟外可觀，內必有闕，則違選舉孝廉之制矣。」[55] 他更威脅說自改試以來，「妖星見於上，震裂著於下，天誡詳矣，可為寒心。」[56] 范曄說：「黃瓊、胡廣、張衡、崔瑗之徒，泥滯舊方，互相詭駮。」[57] 我們稍一查這些反對人物的家世，就可以發現他們幾乎全來自官宦世族之家。崔瑗出自涿郡崔氏，從崔瑗五世祖開始，其族即世代為官，其父崔駰曾辟車騎將軍竇憲府。[58] 張衡家「世為著姓。祖父堪，蜀郡太守。」[59] 黃瓊「魏郡太守香之子」。[60] 史敞和郭虔史書無傳，家世不可考。胡廣其「六世祖剛……平帝時，大司徒馬宮辟之……父貢，交阯都尉。」[61] 他們不但來自官宦之家，胡廣和張衡本人更是十幾二十歲就舉了孝廉。他們自然反對左雄所說的限年。

這些反對雖一時因順帝支持左雄，沒有成功，可是這些政治豪族的勢

52　《三國志集解‧朱治傳》。

53　《後漢書集解‧明帝紀》。

54　見前文引〈崔氏家傳〉。

55　《後漢紀‧順帝紀上》，陽嘉二年條。

56　同上。

57　《後漢書集解‧黃瓊傳》論曰。

58　同上，〈崔駰傳〉。

59　同上，〈張衡傳〉。

60　同上，〈黃瓊傳〉。

61　同上，〈胡廣傳〉。

力已非一二人所能動搖，也非一紙空文所能約束。前文曾提到，左雄任尚書令時，包括胡廣在內，有十餘甚至上百人因謬舉免官。這些人可以想像對左雄必有不甘。左雄任尚書令，兩載即去職。繼任者是反對他的黃瓊。結果，左雄轉任司隸校尉，竟因舉人失當，丟官。保舉他的尚書僕射虞詡，也因屢次忤逆權威，「九見譴考，三遭刑罰」。[62] 這其中不無黨派鬥爭和報復的成分在內。左雄失敗以後，又有史弼、陳蕃、黃琬等人力圖澄清選政，「不偏權富」，也無不失敗。[63] 獻帝時，仲長統論天下之士有三俗，「選士而論族姓閥閱」即為其一。[64] 可見順帝朝對孝廉察舉所作的變革，大體上並沒有動搖豪門把持選舉的基本形勢。所謂限年，在這樣的時代潮流下，不過是瞬間即逝的浪花罷了。[65]

附記

本文於《大陸雜誌》刊出後，承蒙金發根先生指正錯誤，今已改正，謹此致謝。

原刊《大陸雜誌》，66：4（1983）；修訂本收入《秦漢史論稿》（臺北：東大圖書公司，1987），頁121-143；96.1.16三訂；105.5.4四訂

62　同上，〈虞詡傳〉。

63　同上，〈黃琬傳〉、〈史弼傳〉、〈陳蕃傳〉。

64　《全後漢文》卷八十九，〈仲長統昌言佚文〉。

65　限年規定在東漢雖然沒有真正實行，但空文一直存在。一直到魏黃初三年，才明令取銷限年。參《三國志集解‧文帝紀》。

論漢代的以貌舉人
——從「行義」舊注說起

一 「行義」舊注

　　中華書局點校本《漢書‧高帝紀》將十一年二月詔書中一句標點如下：「遣詣相國府，署行、義、年。」「行義年」標點成「行、義、年」應係根據王先謙補注而來。王先謙以「行義年」為三事，各有所指。舊注蘇林意見不同。蘇林曰：「行狀、年紀也。」他以「行義」當「行狀」，以「年」當「年紀」。亦即以「行義」、「年」為二事。王先謙《補注》云：

> 劉攽曰：「義，讀曰儀。儀謂儀容，其年若曰圓貌矣。」吳仁傑曰：「〈曲水詩序〉云：『興廉舉孝，歲時於外府，書行議年，日夕於中旬。』李注引此詔文為釋，亦作議。《刊誤》讀作儀，與心儀霍將軍女同意。儀、擬也。詔云年老癃病，勿遣；若年雖老而非癃病，不害其為可用，故須擬議其年。要之，儀、議皆通融，所云殆據別本之文。」先謙曰：「署，署書也。此與今親供正同。署行、若云本身並無違礙過犯；署儀，若云身中，面白，有無鬚；署年，若干歲也。蘇說當而失之簡，劉讀是。其年二字蓋衍，吳訓儀為擬，則謬矣。」

先謙不同意吳仁傑訓儀為擬，認為蘇林當而失之簡。因而進一步將行、義、年分作解說，以劉讀義為儀、謂儀容為是。易言之，先謙以為「行義」指「本身並無違礙過犯」之行和「身中、面白、有無鬚」之儀貌兩事。陳直先生在其名著《漢書新證》中曾訂蘇林說，指出「行」謂品行，「義」指儀表，「年」則年齡。黃留珠先生指出中華點校本就是據陳先生之說作

成標點，黃先生也贊成陳說。[1] 換言之，陳、黃二位基本上是同意王先謙的。

王先謙說，疑有未安。按「行義」為兩漢常用詞，習見兩漢文獻，其義略如今日義行、德行或行為，與儀容殊無涉。試舉例如下：

1. 《新書‧時變》：「胡以行義禮節為家，富而出官耳。」
2. 《史記‧周本紀》：「公季脩古公遺道，篤於行義，諸侯順之。」
3. 《史記‧蘇秦列傳》：「天下卿相人臣及布衣之士，皆高賢君之行義……」
4. 《史記‧平津侯主父列傳》太史公曰：「公孫弘行義雖脩，然亦遇時。」
5. 《鹽鐵論‧險固》：「誠以行義為阻，道德為塞，賢人為兵，聖人為守，則莫能入。」
6. 《漢書‧宣帝紀》神爵四年夏四月賜「潁川吏民有行義者爵，人二級。」
7. 《漢書‧宣帝紀》地節三年十一月詔：「其令郡國舉孝弟有行義聞于鄉里者各一人。」
8. 《漢書‧成帝紀》永始三年春正月詔：「其與部刺史舉惇樸遜讓有行義者各一人。」
9. 《漢書‧杜周傳》杜欽說大將軍王鳳曰：「建九女之制，詳擇有行義之家，求淑女之質。」
10. 《漢書‧李廣利傳》：「發屬國六千騎及郡國惡少年數萬人以往。」（師古曰：惡少年謂無行義者。）
11. 《漢書‧循吏傳》黃霸條：「潁川孝弟有行義民、三老、力田，皆以差，賜爵及帛。」
12. 《漢書‧武五子傳》，昌邑哀王條：「遂曰：即無有，何愛一善，以毀行義……」
13. 《漢書‧朱雲傳》匡衡對，以為「雲素好勇，數犯法亡命，受《易》頗有師法，其行義未有以異……」

1　黃留珠，〈西漢前期人事制度的改革〉《秦漢歷史文化論稿》（西安：三秦出版社，2002），頁363，注4。

14. 《漢書・龔勝傳》：「使者與郡太守，縣長吏，三老官屬、行義、諸生千人以上，入勝里致詔。」（師古曰：「行義謂鄉邑有行義之人也。」）

15. 《漢書・王莽傳》：「太后下詔曰：『太傅博山侯光宿□四世，世為傅相，忠孝仁篤，行義顯著，建議定策，益封萬戶，以光為太師……』」

16. 《漢書・賈誼傳》：「乘傳而行郡國，此其亡行義之尤至者也。」

從以上各例可知「行義」常用於西漢。又從賜爵「有行義者」，詔舉「有行義聞于鄉里者」，擇「有行義之家」，可見「行義」指義行美德，如忠孝仁篤之類。《後漢書》謂申屠蟠「至行美義，人所鮮能」，這「至行美義」可為「行義」一詞的解。又「行義」一詞已見於《戰國策・趙策二》，蘇秦說趙王曰：「天下之卿相人臣，乃至布衣之士，莫不高賢大王之行義」云云。大王之行義，即大王之至行美義。易言之，行義與儀容或容貌無關；行義二字連讀，非指德行與儀貌。

東漢時「行義」的意義與西漢一貫，並未增加新涵義，例如：

1. 《白虎通德論・卷上》：「教里中之子弟以道藝、孝悌、行義、立五帝之德。」

2. 王逸《楚辭章句・離騷敘》：「楚人高其行義，瑋其文采，以相教傳。」

3. 《後漢書・竇榮傳》：「然事母兄，養弱弟，內修行義。」

4. 《後漢書・馬援傳》馬棱條：「及馬氏廢，肅宗以棱行義，徵拜謁者。」

5. 《後漢書・孝明八王傳》彭城靖王條：「恭上書自訟。朝廷以其素著行義，令考實無徵……」

6. 《後漢書・劉般傳》：「其收恤九族，行義尤著。」

7. 《後漢書・靈帝紀》建寧二年冬十月「制詔州郡大舉鉤黨，於是天下豪桀及儒學行義者一切結為黨人。」

8. 《後漢書・馮衍傳》李賢注引馮衍與陰就書：「衍材素愚駑，行義汙穢。」

9. 《隸釋》卷九，〈堂邑令費鳳碑〉：「辭位讓財，行義高邵，卓不可及。」

以上所說「事母兄，養弱弟」，「收恤九族」、「辭位讓財」等可知「行義」指德行，全與儀容無涉。其中值得注意的是馮衍與陰就書中的「行義汙

穢」，此處行義似只宜解為行為，而非美德義行。

　　又「行義」在東漢是一頭銜。這可能自西漢已如此，前引宣帝、成帝詔已有「有行義者」一語。東漢肅宗以馬棱行義，徵拜謁者。行義或如孝廉、孝子、廉吏亦為察舉對象。沛相奏劉長卿妻（桓鸞之女）高行，顯其門閭，號曰：「行義桓嫠」（《後漢書・列女傳》）。行義之為頭銜，於碑亦有徵。〈北海相景君碑陰〉有「行義劇張放字公輔」（《隸續》卷 16）。北海劇縣的行義與碑陰題名的故書佐、脩行等並列，可證行義為特定頭銜無疑。此一頭銜又見〈帝堯碑〉碑陰：「故功曹從事〔闕〕仁〔下闕〕行義民〔闕〕本〔闕〕錢三百……」（《隸續》卷 16）。行義也是地方掾吏名銜。〈魯相韓勅造孔廟禮器碑〉碑陰有「行義掾」。（《隸續》卷 1）馬邦玉《漢碑錄文》卷 2 指出同碑另有《隸續》未錄的題名，左側即還有「相行義史」。嚴耕望先生以為行義乃「有關教化之吏」（《中國地方行政制度史》，頁 134-135）。綜上所述，可知兩漢所謂行義，皆指行為或德行，與儀容無涉。

　　可是劉攽和王先謙讀「義」為「儀」，也不是全無來歷。漢末以至魏晉，品評人物甚重儀容。形貌、言語、舉止皆在品評之列（參《世說新語・容止》、《人物志・九徵・八觀》）。唐代擇官更將形貌和言語制度化成為吏部考試中的「身」、「言」兩項。劉、王或受後世風氣影響，溯而言漢代。此外，漢代擇官用人確有不少重威儀容貌的例子，唯或尚不如後世之甚而已。

■二 德性與容貌

　　以貌取人，淵源久遠，孔子早有「以貌取人，失之子羽」的話。（《史記・仲尼弟子列傳》，又見《大戴禮記・五帝德》，唯子羽作澹臺滅明）《韓非子・顯學》說：「澹臺子羽，君子之容也。仲尼幾而取之。與處久，而行不稱其貌。宰予之辭，雅而文也。仲尼幾而取之。與處而智不充其辯。故孔子曰：以容取人乎？失之子羽；以言取人乎？失之宰予。」春秋戰國之世，

封建貴族漸黜，布衣代為權貴。布衣遊走列國、良駑羼雜，君主擇人，緣
何辨識？先秦諸子紛論擇人之術，當與此背景有關。

戰國之世頗有以形相論人者。《戰國策·楚策》提到莫敖子華曰：「昔
者先君靈王好小腰，楚士約食」，《墨子·兼愛中》也有相同記載。《墨子·
尚賢中》認為古代聖王「不黨父兄，不偏富貴，不嬖顏色」，可是當時的
王公大人，反是「親戚則使之，無故〔孫詒讓疑故當為攻，假借為功〕富貴，
面目佼好則使之」。所謂「小腰」、「顏色」、「面目佼好」皆外在形相。因
而齊相晏子、齊使淳于髡或齊公子孟嘗君皆因身形短小，或為楚王所輕，
或為趙人所笑（《史記·孟嘗君列傳》，《太平御覽》卷437引劉向《新序》，卷
243、378、736作《說苑》。）漢代畫像中常將晏子刻畫成身材特別矮小，戴
一頂出奇高聳的高冠，又佩長短和身材不相稱長劍的人物（圖1）。伍子胥
貌惡不得見吳王，陳侯以「雄顙廣顏，色如浹頳，垂眼臨鼻，長肘而鱉」
之醜人使楚，楚王怒而伐陳。（分見《呂氏春秋》〈首時〉、〈遇合〉），時代風

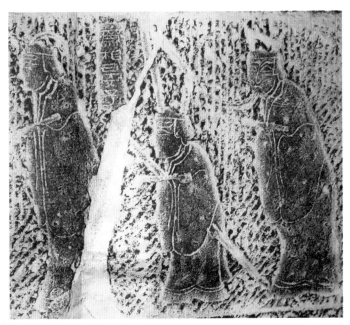

圖1　漢畫像石中身形矮小的晏子及「齊相晏子」榜題，楊愛國提供
照片。

氣於此可知。荀子遂有非相之論，謂：「形象雖惡而心術善，無害為君子也。」(《荀子‧非相》)孔、荀不主以貌取人，後儒多承之。《孝經》有「行思可樂，容止可觀」之說，董仲舒就對「容止」作了不同的強調：

> 衣服容貌者所以說目也，聲音應對者所以說耳也，好惡去就者所以說心也。故君子衣服中，容貌恭則目說矣，言理應對遜則耳說矣，好仁厚而惡淺薄，就善人而遠僻鄙，則心說矣，故曰：行思可樂，容止可觀，此之謂也。　　　　　　　　　　　　　　　　　　(《春秋繁露》卷11，〈為人者天〉)

他強調外在的衣服、容貌、聲音和應對，應是內在德性「恭」和「遜」的表現，而不徒以外貌悅人耳目。劉向在《說苑‧脩文》裡說：「《書》曰五事，一曰貌。貌若男子之所以恭敬」云云，強調的也是內在「恭敬」的德性。

這種態度，其來有自。根據漢代流行的故事，孔子即不以自己的形狀為意。《韓詩外傳》、《史記‧孔子世家》、《白虎通‧壽命》和《孔子家語》都記載孔子曾被人譏為狀若喪家之犬。《史記》說孔子知道他人這樣形容他以後，欣然笑曰：「形狀，末也。而謂似喪家之狗，然哉，然哉。」漢儒熟知這個故事，自然知道孔子對外貌的看法。不過漢畫並沒有將孔子形塑成喪家之犬反而體貌較為高大（圖2），以符合傳說中孔子高九尺的說法。鹽鐵之議時，文學就說：「孔子不容，不為不聖。必將以貌舉人，以才進

圖2　和林格爾漢墓壁畫中的孔子、顏淵、子張、子貢，羅豐提供照片。

士，則太公終身鼓刀，甯戚不離飯牛矣。」（《鹽鐵論・地廣》）漢末魏初王朗《相論》謂：「仲尼之門，童冠之群，不言相形之事。」（《藝文類聚》卷75）《孔叢子》錄齊君與子思故事，子思曰：「人之賢聖，在德不在貌。」子思、王朗所說，當是孔門的正宗態度。不過《韓詩外傳》卷 2 仍然強調容貌聲音的重要：

> 上之人所遇，色為先，聲音次之，事行為後。故望而宜為人君者，容也；近而可信者，色也；發而中者，言也；文而可觀者，行也。故君子容色，天下儀象，而望之不暇（假）言而知為人君者。詩曰：顏如渥顏，其君也哉！

君子容色乃天下儀象。漢代人顯然比較傾向此說。

三 漢代的以貌取人

（1）身高、鬚髯、膚色與聲音

　　然而儒家之說並未能完全左右一代風氣。秦漢以來，外貌言語舉止優異的常獲特殊待遇。楚漢之際，韓信亡歸漢王，坐法當斬。其輩十三人已斬，次至信，信見滕公曰：「上不欲就天下乎？何為斬壯士！滕公奇其言，壯其貌，釋而不斬。」（《史記・淮陰侯列傳》）張蒼以客從沛公攻南陽，坐法當斬，解衣伏質，身長大，肥白如瓠。時王陵見而怪其美士，乃言沛公，赦勿斬。（《史記・張丞相列傳》）兩人竟因言語和形貌得免一死。張蒼身高據本傳為八尺餘，即一百八十四公分以上，高於漢代成年男子一般七尺左右的標準。《周禮》鄭司農注引漢《大樂律》云：「卑者之子不得舞宗廟之酎。除吏兩千石到六百石及關內侯到五大夫子，先取適（嫡）子，高七尺以上，年十二到年三十，顏色和順，身體脩治者，以為舞人。」（《宗伯禮官・大胥》）王應麟《漢制攷》卷 2 注謂：「十二誤，當云二十至三十，卿大夫國中自七尺以及六十，案《韓詩》二十從役與國中七尺同。是七尺為二十矣，不得為十二也。」（《欽定四庫全書本》，頁七上）古人二十而冠為成

人，七尺為成人標準身高。宗廟舞人因取標準身高以上者。不滿七尺則為短小。昭、宣時，馮偃「長不滿七尺，常自恥短陋，恐子孫之似也，乃為子伉娶長妻。」（《後漢書・馮勤傳》）可見漢人十分在意身高，也可見七尺是高矮的重要標準。

文獻上的七尺是舉成數。漢代成人男子實際要較七尺稍高。張春樹先生統計漢簡中四十六人資料，四十四人身高在七尺以上，其中十八歲以上而身長詳確者共三十六人，平均身高為七尺三寸。[2] 西漢霍光和東漢光武帝據載皆恰為七尺三寸。（《漢書・霍光傳》、《東觀漢記》）七尺三寸為中人身材。《史記・三代世表》褚少孫補引《黃帝終始傳》曰：「漢興百有餘年，有人不短不長，出白燕之鄉。」不短不長者指霍光，可為證。又〈霍光傳〉說光「長財七尺三寸。」這一「財」〔師古曰：財與纔同〕字，也是表示霍光身高不過中人。因為在當時人的觀念裡，依他的地位，他應更為高大魁梧。

為官須高大有威儀是漢人一般的看法。因而太史公原來想像留侯張良必「魁梧奇偉，至見其圖，狀貌如婦人好女」（《史記・留侯世家》），竟大失所望。狀貌如婦人，必無鬚髭，亦較矮小。丞相蔡義「短小無須眉，貌似老嫗」（《漢書・蔡義傳》）即為其例。如稍查漢墓壁畫和畫像石上的人物像，不論官或吏幾全有鬚髭（圖3-8）。

鬚眉關乎男子氣概，甚為漢代人所重視。霍光雖不高，然「白皙、疏眉目、美須髯」，容貌十分出眾，《漢書》本傳曾特加描述。《東觀漢記》也說光武帝「美鬚眉」。東漢明帝以吳良為議郎，一方面因驃騎將軍薦舉，一方面是因見其「鬚髮皓然，衣冠甚偉」。（《後漢書・吳良傳》）《後漢書・東平王傳》說東平王「為人美須髯，要（腰）帶十圍。」《後漢書・趙壹傳》謂趙壹「美鬚豪眉」，《三國志・關羽傳》謂關羽「美鬚髯，故〔諸葛〕亮謂之髯」。另據《漢舊儀》，謁者出缺，由郎中補選的條件之一是「美鬚」。樂府《陌上桑》有羅敷形容其夫婿的一段說：「為人潔白皙，鬑鬑（《玉臺》

2　張春樹，《漢代邊疆史論集》（臺北：食貨出版社，1977），頁193-194。

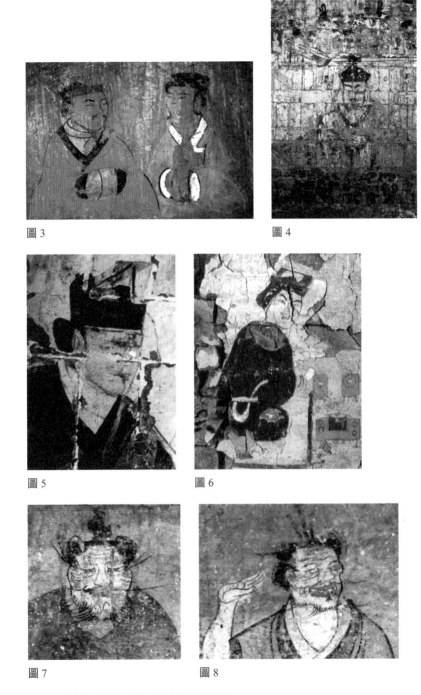

圖 3　　　　　　　　　　　　　　　圖 4

圖 5　　　　　　　　　　　　　　　圖 6

圖 7　　　　　　　　　　　　　　　圖 8

圖 3-8　漢墓壁畫和畫像石上人物容貌舉例

作髯髯,《類聚》作鬢鬢)頗有鬚,盈盈公府步,冉冉府中趨,坐中數千人,皆言夫婿殊。」這一段描述其膚色、鬚髯、舉止,很可以反映這個時代人們心目中理想官員的模樣。

膚色則以白為美。羅敷言其夫婿「為人潔白皙」,與霍光之「白皙」膚色,與張蒼之「肥白如瓠」略同。概略來說,白是勞心者的膚色,黑是勞力者的膚色。前文說宗廟舞人須「顏色和順」,此和順雖非必白皙,要之絕非黑黯。《呂氏春秋‧求人》謂禹「憂其黔首,顏色黎黑」,這是因為他「官為司空,以通水潦」(〈行論〉),「勤勞天下,日夜不懈」(〈求人〉)的結果。凡操勞於室外,日久膚色必較黑。墨子的弟子禽滑釐事墨子三年,「手足胼胝,面目黧黑」(《墨子‧備梯》),而墨子本人之所以稱墨子,即因色黑。《墨子‧貴義》:「子墨子北之齊,遇日者。日者曰:『帝以今日殺黑龍於北方,而先生之色黑,不可以北。』」又《韓詩外傳》卷9:「子路曰:『有人於斯,夙興夜寐,手足胼胝,而面目黧黑,樹藝五穀,以事其親……』」;《說苑‧復恩》:「晉文公入國至於河,令棄籩豆茵席,顏色黎黑,手足胼胝者在後。咎犯聞之,中夜而哭:『……顏色黎黑,手足胼胝,所以執勞苦而皆稄之……』」禹、墨子,禽滑釐、咎犯和樹藝五穀以事親者,都因曝曬執勞苦,手足起繭,膚色變黑。馬王堆帛書〈十問〉云:「黃帝問於大成曰:民何失而顏色龕貍,黑而蒼?民何得而腠理靡曼,鮮白有光?」[3] 這裡黑而蒼指的很清楚是平民大眾的膚色。

勞動大眾不免曝曬,膚色較鬱黯,秦稱齊民為黔首,即因膚色而來。過去有幾種說法,須要澄清。第一,漢代邊關簡牘所記過往吏民或戍卒、田卒及家屬膚色,率皆黑色、青黑色或黃黑色。有人疑此與人種有關,實誤。[4] 漢代所說黑是指肌膚色澤鬱黯,《漢書‧武五子傳》說昌邑王賀年「二十六、七,為人青黑色」;《漢書‧敘傳》東宮太后泣曰:「帝間顏色瘦

3　馬王堆漢墓帛書整理小組,《馬王堆漢墓帛書(肆)》(北京:文物出版社,1985),頁145。
4　張春樹,〈居延漢簡中所見的漢代人的身型與膚色〉,收入前引《漢代邊疆史論集》,頁180-199。

黑」，都是指膚色黯淡，與人種無涉甚明。秦漢時代記述膚色除「黑」、「白」，還有「青赤」、「黃」、「赤」、「析（晳）」（參《雲夢睡虎地秦墓》圖版136，簡 817、818、822、823；「黃色」又見居延簡「甘露二年御史書」）、「青白」（《東觀漢記》明德馬皇后，《初學記》卷 10 引）等。不論這些描述的仔細區別何在，中國古代絕大部分的耕夫農婦，在日曬雨淋之下，膚色偏深；而官寺中無須曝曬的官吏則較白晳。昌邑王「青黑色」是劉賀為霍光所廢以後，負責監視的山陽太守在監視報告中對廢王的一部分描述。報告中又說他「小目、鼻末銳卑，少須眉，身體長大，疾瘈，行步不便」。這表示昌邑王已失王官之相，霍光得知如此，才較為放心。成帝顏色瘦黑，是因為寵幸佞臣淳于長、張放，與臥起，俱微行出入，生活不正常的結果。否則這些帝王、王侯不應是這等膚色。

其次，或謂黔首之稱，乃因「一般戶口，黑髮者占多數，從其多言之，故曰黔首。」[5] 黑髮不限一般百姓，王公貴人亦率為黑髮；如因黑髮而名黔首，是謂王公貴人亦在黔首之列。這和〈秦始皇本紀〉謂「更名民曰黔首」扞格。

第三，舊注有以黑巾覆頭釋黔首，亦待商榷。《禮記・祭義》《正義》云：「黔謂黑也，凡人以黑巾覆頭，故謂之黔首。」又《漢書・鮑宣傳》顏師古注引三國人孟康曰：「黎民、黔首，黎、黔皆黑也。下民陰類，故以黑為號。漢名奴為蒼頭，非純黑，以別於良人也。」《正義》也曾舉漢稱奴為蒼頭，證黔首乃因黑巾覆頭而得名。其實孟康與《正義》皆出臆想，沒有確實根據。按秦始皇更民曰黔首與漢奴曰蒼頭是不相干的兩事，不宜比附。

蒼頭在漢代是著蒼巾執賤役者，在漢以前恐非如此。最少在秦楚之際以前，蒼頭似應是特殊一類的軍隊，而且可能指特別勇敢和地位甚高的一類。《戰國策・魏策一》：「今竊聞大王之卒，武力二十餘萬，蒼頭二十萬，奮擊二十萬，廝徒十萬，車六百乘，騎五千疋」，魏國步兵有「武力」、「蒼

5　陳槃，《漢晉遺簡識小》下冊（臺北：中央研究院歷史語言研究所，1975），頁 133。

頭」、「奮擊」三大類以及任後勤的廝養之徒。蒼頭次於武力,而在奮擊之前。這些蒼頭的身分並不明確,但應非奴隸。戰國時代各國軍隊編制不盡相同,不過普遍以旗、章顏色區別所屬單位,《尉繚子‧經卒令》云:

> 卒有五章:前一行蒼章,次二行赤章,次三行黃章,次四行白章,次五行黑章。次以經卒,亡章者有誅。前一五行置章于首,次二五行置章于項,次三五行置章于胸,次四五行置章于腹,次五五行置章于腰。

又同書〈兵教上〉:

> 將異其旗,卒異其章。左軍章左肩,右軍章右肩,中軍章胸前,書其章曰:某甲某士。前後章各五行,尊章置首上,其次差降之。

所謂「尊章置首上,其次差降之」即〈經卒令〉所說章置於首、項、胸、腹、腰不同的位置,最尊者則置於首。在標示兵卒章的顏色上,以蒼為最尊,唯前行用蒼章,其次用赤、黃、白、黑。前行為部隊中最精銳的一部。《墨子‧號令》謂:「勇敢為前行」,又《吳子‧應變》篇云:「募吾材士,與敵相當,輕足利兵,以為前行,分車列騎,隱於四旁」;《呂氏春秋‧簡選》謂:「吳闔廬選多力者五百人,利趾者三千人,以為前陳。」所謂前行、前陣都是布陣時,兵陣與敵相接的最前列,率為揀選精銳之士。精銳敢戰之士用蒼色旗。如《墨子‧旗幟》提到:「死士為倉英之旗」,俞樾認為「倉英之旗乃青色旗」,孫詒讓同俞說。蘇時學《墨子刊誤》以為「蒼英」為「蒼鷹」。不論何者為是,倉無疑指蒼色。《尉繚子》中的蒼章前行共有五行,其中又以章置於首者為最尊。因此,蒼首應是部隊精銳中的精銳。

私意以為魏之蒼頭就是蒼首,指軍隊中之精銳者。戰國時軍隊既曾有這樣的標示法。《尉繚子》和《墨子》且一致以蒼色為尊,或許因此,楚漢之際,起事者組軍,為別於尚黑的秦,復六國之舊,才有特別以蒼頭為標幟的。《史記‧項羽本紀》謂少年欲立陳嬰為王,「異軍蒼頭特起」;又陳勝故涓人將軍呂臣「為蒼頭軍,起新陽」(《史記‧陳涉世家》,《漢書‧陳勝傳》作「蒼頭軍」,《索隱》引韋昭曰:「軍皆著青帽。」)皆其例。漢代以後,或因五德所尚改變,蒼色由尊而賤,蒼色或青色淪為平民常服的顏色(《漢

書・成帝紀》，永始四年詔）。《史記・高祖本紀》說劉邦起事，「旗、幟皆赤」。這個記載不知是否可靠。因為漢立國之初，明明以為當水德，「尚黑如故」。（《史記・張丞相列傳》）到西漢末，才明白轉為尚赤。《東觀漢記》卷一謂自光武即位「按圖讖，推五運，漢為火德，周蒼漢赤，木生火，赤代蒼，故帝都洛陽……」在青海大通下孫家寨西漢晚期墓中出土有關軍隊編制和標幟的木簡，從「前什肩章赤」（簡 362）、「前部司馬斾胡赤」（簡020）等殘文看來，前什、前部章旗用赤色已不同於戰國之用蒼色。秦楚之際有蒼頭軍，王莽末有赤眉，東漢末有黃巾，所尚顏色不同，皆非偶然。

不論蒼頭為何，與黔首皆無涉。《正義》謂黔首以黑巾覆頭，出於臆斷。較合理的解釋見許慎《說文》。《說文・黑部》：「黔，黎也。從黑，今聲。秦謂民為黔首，謂黑色，周謂之黎民。」《史記・秦始皇本紀》「更民曰黔首」，應劭曰：「黔亦黎，黑也。」皆指膚色黎黑，周稱黎民也是同樣的意思。耕夫農婦為何多黑色，已如前述，他們之中竟然有不黑且白皙的，就被認為具有官相了。

除了膚色、身高和鬚髯，聲音也是要項。漢人以聲音洪亮為美。《漢舊儀》云：「謁者缺，選郎中令美鬚、大音者補之。」永元中，何熙為謁者，「身長八尺五寸，善為威容，贊拜殿中，音動左右，和帝偉之，擢為御史中丞。」（《後漢書・何熙傳》）按《續漢書・百官志》常侍謁者條，本注曰：「主殿上時節威儀」；又灌謁者郎中條，本注曰：「掌賓贊受事，及上章報問。」謁者不但於殿中賓贊，皇帝外出，謁者亦司贊禮。《漢舊儀》云：「皇帝見丞相起，謁者贊稱：『皇帝為丞相起』。起立乃坐。皇帝在道，丞相迎謁，謁者贊稱曰：『皇帝為丞相下輿』，立乃升車。」（《漢書・翟方進傳》師古曰引；《後漢書・陳忠傳》李賢注引，略同）賓贊禮儀故須聲音宏偉。然漢人喜音大者，其理由似非全在於此。如公孫瓚「為人美姿貌，大音聲，言事辯慧，太守奇其才，以女妻之」（《後漢書・公孫瓚傳》）即與賓贊無關。漢人重聲音，蓋以為聲音是以氣成，從聲音可見一人之氣，氣又與人品質有關。其詳可見《論衡・骨相》、《人物志・九徵》，不多論。

（2）言談、舉止、威儀

漢代取人，當然不盡在容貌亦在於才學，而所謂容貌實就言語、形貌、舉止、性格、氣質整體為斷，非單以身高、顏色、聲音甚或衣冠等等某一項而言。總體言之，則稱為「威儀」、「威容」、「儀狀」或「儀貌」。這從以下各例可以窺見：

1. 〔霍〕光為人沈靜詳審，長財七尺三寸，白晳，疏眉目、美須髯，每出入，下殿門，止進有常處。郎、僕射竊識，視之，不失尺寸，其資性端正如此。
   （《漢書·霍光傳》）

2. 〔王商〕為人多質有威重，長八尺餘，身體鴻大，容貌甚過絕人。河平四年，單于來朝，引見白虎殿，丞相商坐未央廷中，單于前，拜謁商。商起，離席與言，單于仰視商貌，大畏之，遷延卻退。天子聞而歎曰：「此真漢相矣！」
   （《漢書·王商傳》）

3. 〔薛宣〕為人好威儀，進止雍容，甚可觀也。　（《漢書·薛宣傳》）

4. 永平初，有新野功曹鄧衍以外戚小侯每豫朝會，而容姿趨步，有出於眾。顯宗目之，顧左右曰：「朕之儀貌，豈若此人！」特賜輿馬、衣服。延以衍雖有容儀而無實行，未嘗加禮。
   （《漢書·虞延傳》）

5. 永平中……〔承〕宮拜博士，遷左中郎將……名播匈奴。時北單于遣使求得見宮，顯宗勑自整飾，宮對曰：「夷狄眩名，非識實者也。臣狀醜，不可以示遠，宜選有威容者。」帝乃以大鴻臚魏應代之。（《後漢書·承宮傳》李賢注引《續漢書》曰：「夷狄聞臣虛稱，故欲見臣，臣醜陋形寖，不如選長大有威容者示之也。」）

6. 〔第五〕倫性質愨，少文采，在位以貞白稱，時人方之前朝貢禹。然少蘊藉（李賢注：蘊界猶寬博也）不修威儀，亦以此見輕。（《後漢書·第五倫傳》）

無威儀則見輕於人，蓋漢代擇官，確有不少儀狀上的規定。

（3）以貌擇官

除前文已提到的以外，最早可考以貌擇人的規定大概是公孫弘議置博士弟子曰：「為博士官置弟子五十人，復其身；太常擇民年十八已上，儀

狀端正者補博士弟子。郡國縣道邑有好文學、敬長上、肅政教，順鄉里，出入不悖所聞者，令相長丞上屬所二千石，二千石謹察可者，當與計偕，詣太常，得受業如弟子。」（《史記・儒林傳》）他建議的條件中有「儀狀端正」一項，獲得武帝同意。令人費解的是為什麼太常擇博士弟子和郡國縣道舉薦的標準如此不同？後者甚嚴，層層挑選之後僅得受業「如弟子」；而前者甚寬，不問學行，只問年齡和儀狀。大概是太常擇民的「民」，不是普通平民，而是京師侯王公卿的子弟吧。

　　除了博士弟子和前文提到的謁者、宗廟舞人有儀容上的規定，其餘可考有儀容規定的還有府丞、長史、陵令、大行郎、博士等。《續漢書・百官志》謁者僕射條，李賢注引蔡質《漢儀》曰：「出府丞、長史、陵令，皆選儀容端正，任奉使者。」又大行令條，李注引盧植《禮》注曰：「大行郎亦如謁者，兼舉形貌。」博士之選在才學，不在美醜。公孫弘因對策第一，「容貌甚麗」，拜為博士（《漢書・公孫弘傳》），承宮「狀醜」，亦為博士。（《後漢書・承宮傳》）有關博士的形貌規定是消極性的，亦即不得有「金痍痼疾」。《後漢書・朱浮傳》注引《漢官儀》謂：「博士，秦官也。武帝初置五經博士，後增至十四人。太常差選有聰明威重一人為祭酒，總領綱紀。其舉狀曰：『生事愛敬，喪沒如禮。通《易》、《尚書》、《孝經》、《論語》，兼綜載籍，窮微闡奧，隱居樂道，不求聞達。身無金痍痼疾，世〔卅〕六屬不與妖惡交通，王侯賞賜。行應四科，經任博士。』下言某官某甲保舉。」《通典》卷廿七〈職官〉九「博士限年五十」句注引「督郵板狀曰」，內容與《漢官儀》舉狀小有差異，唯「身無金痍痼疾」六字全同。博士祭酒須有威重，博士則「無金痍痼疾」即可。金痍指金創、刀傷。博士不得有刀傷的實例見《漢書・薛宣傳》。薛宣子薛況因聞博士申咸詆毀其父，曾收買刺客，「欲令創咸面目，使不居位。」

　　金創的限制恐不僅博士如此，其他官員只要在某一秩級以上也都不得有刀傷。《漢書・朱博傳》謂：

> 長陵大姓尚方禁少時嘗盜人妻，見斫，創著其頰。府功曹受略，白除禁調守尉。博聞知，以它事召見，視其面，果有瘢。博辟左右，問禁：「是何等

創也？」禁自知情得，叩頭服狀，博笑曰：「丈夫固時有是。馮翊欲洒卿
恥，攽拭用禁，能自效不？」禁且喜且懼，對曰：「必死。」

這是有金傷之吏行賄求調，長官又利用使之賣命的故事。東漢也有郡吏王青，因「身有金夷，竟不能舉」（《後漢書・張酺傳》）的例子。尚方禁之例是「調」守尉，王青也不能從郡吏陞舉，可見金痍之禁只限某一秩祿以上的職官。朱博後破格擢尚方禁守縣令，縣令秩六百石至千石；博士秩比六百石。又前引蔡質《漢儀》曰：「出府丞、長史、陵令，皆選儀容端正，任奉使者」。按郡守府丞，邊郡長史，秩皆六百石。陵令即陵園令，《續漢書・百官志》云：「先帝陵，每陵園令一人，六百石。」景帝曰：「吏六百石以上，皆長吏也。」（《漢書・景帝紀》）由此看來，金痍之禁或不限於博士或縣令，凡六百石以上長吏皆同受此限。王莽就國時，有南陽太守選門下掾守新都相。門下掾有瘢，王莽欲修好，示恩意，因曰：「誠見君面有瘢，美玉可以滅瘢，欲獻其璬耳。」（《漢書・王莽傳》上）師古曰：「瘢，創痕也。」門下掾守新都相，侯相祿秩相當於縣令，守而欲即真，則創瘢有礙，王莽遂有贈璬滅瘢以示好之舉。六百石以下之少吏如何？無可考。

　　除制度上一般的規定，漢代皇帝亦頗好以貌取人。《文選》卷 15，張平子《思玄賦》，李善注引《漢武故事》曰：

> 顏駟，不知何許人，漢文帝時為郎。至武帝，嘗輦過郎署，見駟尨眉皓
> 髮，上問曰：「叟何時為郎？何其老也？」答曰：「臣文帝時為郎。文帝好
> 文而臣好武，至景帝好美而臣貌醜，陛下即位好少而臣已老，是以三世不
> 遇，故老於郎署。」上感其言，擢拜會稽都尉。（按：此事或出依託，不必可
> 信，類似故事見於《論衡・逢遇》）

此景帝好美，以貌論人之證。武帝亦如之：

1. 江充「為人魁岸，容貌甚壯，帝望見而異之，謂左右曰：『燕、趙固多奇
   士。』既至前，問以當世政事，上說之。」　　　　　　　　（《漢書・江充傳》）

2. 「時對者百餘人，太常奏〔公孫〕弘第居下，策奏，天子擢弘對為第一。召
   入見，容貌甚麗，拜為博士，待詔金馬門。」　　　　　（《漢書・公孫弘傳》）

3. 「千秋長八尺餘，體貌甚麗，武帝見而說之……立拜千秋為大鴻臚。」

4. 「日磾長八尺二寸，容貌甚嚴，馬又肥好，上異而問之，具以本狀對。上奇
    焉，即日……拜為馬監。」　　　　　　　　　　　　　（《漢書‧金日磾傳》）

又武帝時，韓安國行丞相事，武帝原擬用其為丞相，不巧安國墜車，足
跛。武帝「使使視之，蹇甚，乃更以平棘侯薛澤為丞相。」（《史記‧韓長孺
列傳》）可見武帝時，容貌悅目，立可拜官，足跛則不得為相。宣帝以龔遂
為渤海太守，召見，時遂年七十餘，「形貌短小，宣帝望見，不副所聞，
心內輕焉。」（《漢書‧循吏傳》）此宣帝初以形貌論人，後與語，又甚悅。
前引王商「容貌甚過絕人」，單于仰視而大畏，成帝為之嘆曰：「此真漢相
矣！」後漢光武帝因愛縣吏祭遵容儀，「署為門下吏」。（《後漢書‧祭遵傳》）
明帝亦好容儀，前引吳良、虞延、承宮三例已可見之。又徐防「體貌矜
嚴，占對可觀，顯宗異之，特補尚書郎。」（《後漢書‧徐防傳》，《後漢紀》卷
十四略同）和帝曾將善為威容，音動左右的何熙由謁者擢為御史中丞，其詳
已見前引。

（4）漢世重外貌的風氣

　　漢代諸帝以貌取人，非在上者特立獨行，而是與整個時代風氣相表
裡。《史記‧留侯世家》太史公曰：

> 上曰：「夫運籌策帷帳之中，決勝千里外，吾不如子房。」余以為其人計魁
> 梧奇偉，至見其圖，狀貌如婦人好女。蓋孔子曰：「以貌取人，失之子
> 羽。」留侯亦云。

太史公的假想，反映出時人相信形貌與賢愚有關及以貌論人的風氣。《漢
書‧息夫躬傳》說息夫躬「容貌壯麗，為眾所異」；〈雋不疑傳〉謂暴勝之
望見不疑「容貌尊嚴，衣冠甚偉」，竟致「躧履起迎」。東漢南陽太守杜詩
薦舉伏湛，謂「湛容貌堂堂，國之光輝」（《後漢書‧伏湛傳》）。反之，第五
倫則因「少蘊藉，不修威儀」，為世所輕（《後漢書‧第五倫傳》）；梁胤「容
貌甚陋，不勝冠帶，道路見者，莫不蚩笑焉。」（《後漢書‧梁統傳》）由此
可知，兩漢以貌擇官實為一代風氣下之產物，非一二人所能規定。

不過,規定和風氣都不是絕對的。才學和許多其他因素在漢代仍然可以使不少容貌平平,甚至醜陋者出居高位。昭帝時,霍光秉政,用「容貌不及眾」的蔡義為相,乃因其嘗為昭帝師,時人則譏霍光「苟用可顓制者」(〈蔡義傳〉)。不論真正原因何在,容貌都不是主要的考慮。東漢周舉「姿貌短陋」,卻博學洽聞,為儒者所宗。後辟司徒李郃府,舉茂才,為平丘令,并州刺使。(《後漢書·周舉傳》)其仕宦似未因「短陋」而受影響。此外,「欽頤折頞,醜狀駭人」的周燮,專精《禮》、《易》,舉孝廉,賢良方正,安帝甚至以玄纁羔羊幣聘。(《後漢書·周燮傳》)可見漢人重容貌,但還不致專以容貌論人。《史記·李將軍列傳》太史公曰:

> 余睹李將軍悛悛(《漢書》作「恂恂」,師古曰:「誠謹貌也。」)如鄙人,口不能道辭。及死之日,天下知與不知,皆為盡哀。彼其忠實心誠信於士大夫也?諺曰:「桃李不言,下自成蹊。」此言雖小,可以諭大也。

又〈游俠列傳〉太史公曰:

> 吾視郭解狀貌不及中人,言語不足採者,然天下無賢與不肖,知與不知,皆慕其聲,言俠者,皆引以為名。諺曰:「人貌榮名,豈有既乎!」於戲,惜哉!

《集解》引徐廣曰:「既,盡也。」王師叔岷以為徐注未得此文之義,並引《方言》:「既,定也」,證「豈有既乎」為「豈有定乎」之意。[6] 師說蓋得之。太史公謂郭解,狀貌言語並非過人,李廣為人誠謹如鄙人而口不能言辭,可見容貌言語與聲名之間並無定數。太史公不及見張良,但郭解和李廣則為其親睹。史公於傳贊中,特別記述並評論所見所聞人物的狀貌言語,不是偶然。這是長久以來,人們對容貌與命運是否關連這一問題好奇的反映。史公論贊喜引時諺,[7] 大大幫助了後世去了解漢代一般人的想法。「人貌榮名,豈有定乎」就是一個例子。

6　王叔岷,《史記斠證》(臺北:中央研究院歷史語言研究所,1983),頁3350。

7　如〈鄭世家〉、〈春申君列傳〉、〈平原君虞卿列傳〉、〈白起王翦傳〉、〈張釋之馮唐傳〉、〈袁盎鼂錯列傳〉、〈劉敬叔孫通傳〉、〈孫子吳起列傳〉、〈管晏列傳〉等。

原刊《慶祝高去尋先生八十大壽論文集》（臺北：正中書局，1991），頁
253-265；96.1.17 訂補；111.4.27 再補

家、宗族、
鄉里風俗與信仰

從戰國至西漢的族居、族葬、世業論中國古代宗族社會的延續

一 前言

　　中國古代文化和歷史的研究，在近幾十年隨著考古工作的進行和理論的引進，有著日新月異的發展。在許許多多的發展中，一個引人注目的焦點是多數學者逐漸揚棄中國自周秦以後的社會發展停滯不前的看法，轉而認為中國古代的社會和文化也曾經歷一定的發展階段。發展階段如何劃分，也就是歷史分期的問題，在過去討論了幾十年。姑不論分期的界限定在何時，一個較為共同的論斷是大家都承認從春秋中晚期，經過戰國到秦漢王朝的統一，中國無論在社會、經濟、政治、思想、文化各方面都曾發生劇烈的變化。無數的論著都以描述這一場大變局為核心。

　　從春秋中晚期到秦漢的「變」無庸置疑。近幾十年學者的努力絕沒白費。但是本文想從不同的角度，試圖指出在眾人描述的變局中，其實有不少相對地「不變」或變化不那麼明顯的地方。這些「不變」或者說表現出強烈延續性的地方，也許更為根本，也更是中國文化和歷史發展特色之所在。

　　本文所要討論的聚族而居、聚族而葬和家族事業以世世相承為常的生活型態，粗略地說，在近代以前幾千年可以說沒有什麼根本或本質性的變化。在春秋戰國這樣劇烈的變局裡，似乎也不曾真正動搖。這個大問題不可能用這篇小文說得周全。本文僅僅希望利用一些文獻和考古的資料，主要就戰國至西漢的一段，言其大要。

二 族居與族葬

(一)戰國以前的傳統

　　生時聚族而居,經營代代相傳的生業,死後則長眠在聚落附近族人共同擁有的墓地,享受子孫按時的祭祀。這樣的生活形態在中國淵源極早。根據考古學家的報告,族葬制可以上推到史前的龍山、仰韶和齊家文化。嚴文明先生在〈中國新石器時代聚落形態的考察〉一文中曾以保存較好,發掘規模較大的新石器時代晚期的陝西西安半坡、臨潼姜寨、寶雞北首嶺、甘肅秦安大地灣甲址、山東長島北莊、江蘇常州圩墩為例,指出「這些聚落的一個顯著特點是把居住區、生產區和埋葬區緊密地結合在一起,並且在範圍上有明確的劃分」。[1] 周星先生在綜論黃河中上游新石器時代聚落的典型形態時也有相同的看法。[2] 商、周以降,形態仍舊。在 1969 至 1977 年殷墟西區墓葬的發掘報告中,發掘者指出:「殷人活著時聚族而居,合族而動,死後合族葬在一起也就必然了。結合這批材料,我們推測,殷墟西區這片大墓地的各個墓區可能是屬於宗氏一級組織,而每個墓區中的各個墓群可能屬於分族的。」[3] 至於兩周時期,曾有學者根據資料較齊全的寶雞鬥雞台、長安澧西、浚縣辛村、三門峽上村嶺和北京房山黃土坡從西周至東周初的墓葬,指出這些墓地的共同特點就是「屬於同一墓地的死者應該都是同族,或者同宗。這種以血緣關係為紐帶的聚族而葬的葬

1　《慶祝蘇秉琦考古五十五年論文集》編輯組,《慶祝蘇秉琦考古五十五年論文集》(北京:文物出版社,1989),頁 25;相同的意見另見於鞏啟明、嚴文明,〈從姜寨早期村落布局探討其居民的社會組織〉,《考古與文物》,1(1981),頁 63-71;嚴文明,〈聚落形態〉,《仰韶文化研究》(北京:文物出版社,1989),頁 166-180。

2　周星,〈黃河中上游新石器時代的住宅形式與聚落形態〉,《中國考古學研究論集》(西安:三秦出版社,1987),頁 135-146。

3　〈1969-1977 年殷墟西區墓葬發掘報告〉,《考古學報》,1(1979),頁 117。近年有學者作了更深入的分析,參朱鳳瀚,《商周家族形態研究》(增訂版)(天津:天津古籍出版社,1990,增訂版 2004),頁 99-112。

俗，可以叫它族葬」。[4]

上述所謂的「族」到底是氏族、宗族或家族，是母系或父系，實際上沒有真正明確的證據。[5] 此外，也須要指出先秦和秦漢文獻中極少今人喜用的「氏族」和「家族」兩詞，絕大部分稱為「族」或「宗族」，本文因而沿用古來的宗族一詞。隨著時代的改變，族或宗族之詞儘管相同，內涵不會完全不變，但也不會變得與原義完全無關或全然不同。本文不擬爭論用詞，僅僅希望指出聚落中的人應有或親或疏的血緣關係；聚落附近的墓地，在排列的區隔和疏密上可以看出一定的秩序，顯示墓地相距較近的應是彼此關係較密切的，很可能就是同「族」之人。單純從墓葬的內容不能絕對證明不同墓主之間的親緣關係，可是如果相信後世的同族聚居和聚葬有其淵源，再參證諸如《管子・九變》：「凡民之所以守戰至死而不德其上者，有數以至焉。曰：大者，親戚墳墓之所在也；田宅富厚足居也；不然，則州縣鄉黨與宗族足懷樂也」，《周禮・地官・大司徒》「族墳墓」，鄭注：「族，猶類也；同宗者，生相近，死相迫」，〈墓大夫〉：「令國民族葬」，鄭注：「族葬，各從其親」等等的文獻記載，則新石器時代以來至東周初聚族而居，聚族而葬的一般生活形態應不容懷疑。

---

4 北京大學歷史系考古教研室商周組編，《商周考古》（北京：文物出版社，1979），頁 189-194。1990 年在江蘇丹徒南崗山發現的十四座屬春秋中期前後的土墩墓，據報導依其排列，可見各組墓間存在著較親近的血緣關係，應該屬於同一家族。參南京博物院，〈江蘇丹徒南崗山土墩墓〉，《考古學報》，2（1993），頁 207-237。不過，前述的聚落形態也有例外。例如《中國文物報》1992 年 12 月 13 日報導，社科院考古所在內蒙古興隆洼第五次發掘，揭露一萬餘平方米的聚落遺址（碳十四年代：距今 7470±80-6895±205 年），有房址 66 間，灰坑 173 個，墓葬 11 個，「墓葬除一座外，均位於房址內，墓壁的一側依靠房址的穴壁，打破居住面」，其房址形制、埋葬習俗，及總體布局都有自己的特色，與黃河流域偏晚階段的姜寨聚落模式有顯著差異。

5 過去一般所提從氏族向宗族發展的說法，主要是依賴歷史階段論和套用莫爾根《古代社會》公式的結果。假如我們排除先入為主公式的影響，重新檢視聚落和墓葬的考古現象，也許可以得到不同的解釋。請參杜正勝，〈考古學與中國古代史研究——一個方法學的探討〉，《考古》，4（1992），頁 337-340。前引朱鳳瀚先生大作《商周家族形態研究》（增訂版）對族、氏族、家族、宗族、姓、氏等詞作過較清楚合理的分析，可參其著序論，頁 7-24。

（二）戰國變法與傳統的延續

這樣「同宗者，生相近，死相迫」的族居、族葬習慣，從春秋到戰國時代似乎並未因列國為加強對土地和人口的控制，實行日趨嚴密的戶籍制和郡縣鄉里什伍制而改變。

編民為什伍，可從齊國說起。《國語‧齊語》載桓公與管仲論以「參其國伍其鄙」之制，「作內政而寄軍令」。管子謂制國為二十一鄉，有工商之鄉十五，士鄉六。國都城郭域內的二十一鄉，依「五家為軌，故五人為伍……十軌為里，故五十人為小戎……四里為連，故二百人為卒……十連為鄉，故二千人為旅……五鄉一帥，故萬人為一軍」的原則編組，使地方組織與三軍的組成結合成一體。國都以外鄙野中的農人雖沒有軍役，但是也依照「三十家為邑……十邑為卒……十卒為鄉……三鄉為縣……十縣為屬」的層級組織起來。這樣的記述容易使人誤會，以為管仲曾將齊國都城與鄙野的百姓納入一個重新規劃的層級結構，而改變了原來聚族而居的聚落。事實上，他很可能只是在原有的聚落之上加上新的編組。新制的設計是期望在強化舊聚落原有精神的基礎上，達到強兵稱霸的目的。《國語‧齊語》說：

> 是故卒伍整於里，軍旅整於郊，內教既成，令勿使遷徙。伍之人祭祀同福，死喪同恤，禍災共之。人與人相疇，家與家相疇，世同居，少同遊。故夜戰聲相聞，足以不乖；晝戰目相見，足以相識。其歡欣足以相死，居同樂，行同和，死同哀。是故守則同固，戰則同彊。君有此士也三萬人，以方行於天下，以誅無道，以屏周室，天下大國之君莫之能禦。

所謂「祭祀同福，死喪同恤，禍災共之，人與人相疇，家與家相疇，世同居，少同遊」，「居同樂，行同和，死同哀」，正是古來聚落共同體精神的再現。[6] 這些祭祀、死喪、禍災和哀樂共之的人，多半沾親帶故，或多或少

6　杜正勝，《編戶齊民》（臺北：聯經出版公司，1990），第五章〈聚落的人群結構〉，頁187-228。和上引《國語‧齊語》十分相類的一段話也見於《孟子‧滕文公上》、《鶡冠子》（四部叢刊本）卷中、《逸周書‧大聚》。

有著血緣關係。《管子‧問》篇有幾段可以反映這種情況：

> 問國之棄人，何族之子弟也？問鄉之良家，其所牧養者幾何人也？問邑之
> 貧人，債而食者幾何家？……問鄉之貧人，何族之別也？問宗子之收昆弟
> 者，以貧從弟者幾何家？餘子仕而有田邑，今入者幾何人？子弟以孝聞於
> 鄉里者幾何人？餘子父母存不養而出離者幾何人？

這裡問國，問鄉，問邑，而所問者多為宗族子弟或父母昆弟。掌國、鄉、
邑者所須注意的是各族是否能貧富相濟，是否能存養父母，克盡孝道，以
維護這些聚落中家和族原有的倫理和功能。銀雀山漢墓竹簡《守法守令》
等十三篇中有「……五人為伍，十人為連，貧富相……」的殘文，[7] 其義可
與《管子》上引文參看。《尉繚子‧戰威》論治軍之道，謂：「必也因民之
所生而利之，因民之所營而顯之。田祿之實，飲食之親，鄉里相勸，死喪
相救，兵役相從，此民之所勵也。使什伍如親戚，卒伯如朋友，止如堵
墻，動如風雨，……此本戰之道也」。所謂「因民之所生」，「因民之所
營」，清楚說出連治軍都必須順應民情，而軍中須「什伍如親戚，卒伯如
朋友」，可見新制的國、鄉、邑、里甚至什伍組織，都必須憑藉舊聚落人
倫關係和精神的繼續發揮，才能達到「守則同固，戰則同彊」的目的。

　　管仲新制的另外兩個重點，一在「使民勿遷徙」，一在使民世守其業，
所謂「士之子恆為士」，「工之子恆為工」，「商之子恆為商」，「農之子恆
為農」。世守其業與世居不遷是古老的傳統，人口流離與轉業是春秋中晚
期至戰國變局中日趨嚴重的現象。為有效掌握人口和生產，新制的精神其
實是要百姓回到舊傳統中去。《逸周書‧程典》謂：「士大夫不雜於工商，
商不厚，工不巧，農不力，不可成治；士之子不知義，不可以長幼，工不
族居，不足以給官，族不鄉別，不可以入惠」，這裡所說的士、農、工、
商各有所司，族居鄉別，和前述管子之法十分類似。春秋末晏嬰謂：「民
不遷，農不移，工賈不變」才是「在禮」（《左傳》昭公二十六年）。齊國雖自
管仲制民以鄉里什伍，但從日後齊國宗族勢力之強大，可知鄉里什伍之制

7　《銀雀山漢墓竹簡》（壹）（北京：文物出版社，1985），頁146。

並未對舊有聚居的宗族勢力或生活形態造成破壞。大約是作於戰國時期齊國的《六韜‧文韜》〈六守〉篇說：

> 人君無以三寶借人⋯⋯文王曰：敢問三寶？太公曰：大農、大工、大商⋯⋯三寶各安其處，民乃不慮。無亂其鄉，無亂其族，臣無富於君，都無大於國⋯⋯

所謂「無亂其鄉，無亂其族」，清楚說出使工、農、商之民，不只是士族，各安其處的原則。這個原則應自管仲以來即是如此。不但未破壞，甚至起了鞏固和強化的作用。例如桓公之後一百年，晏嬰為齊景公相，晏嬰曰：「嬰不肖，待嬰而祀先者五百家，故嬰不敢擇君」（《晏子春秋內篇‧問下》）。待嬰而祀祖先的五百家應是同宗的族人。或謂晏嬰高宦，故族人眾多。可是著作時代應與《六韜》相近的《太公陰符》曾說：「武王曰：民亦有罪乎？太公曰：民有十大於此，除者則國治而民安。」太公所說的十罪之一是「民宗強，侵陵群下」（《續漢書‧百官志》五，李賢注引），這裡的「民宗」指的是平民的宗族。《太公陰符》假藉太公與武王問對，反映的其實是戰國時期齊國的情況。[8] 齊國除田氏等掌政治大權的大族，還有強大的民間宗族。他們仗勢侵凌，對社會和國家所構成的威脅，已到當時學者認為須除之才能國治民安的地步。這種「民宗強」的現象必是長期發展而成，並非突然出現。

齊國的新制是以舊有的社會族群和聚落為基礎，一方面希望利用舊族群和聚落的精神，可是另一方面某些舊族群力量的增強又不利於君王的專制集權。這是一個顯然的矛盾。這個矛盾曾表現在戰國時代其他國家的變法裡。商鞅變法，立君威，重軍功，打擊宗室貴族，他「相秦十年，宗室貴戚多怨望者」。孝公死，公子虔之徒即告商君欲反，發吏捕之（《史記‧商君列傳》）。在楚國也有同樣的情形。楚悼王以吳起為相，行變法。吳起教悼王廢公族，楚國貴族大恨，盡欲害之。悼王甫死，宗室大臣立即群起

8　關於《六韜》成書時代問題，參周鳳五，〈敦煌唐寫本太公六韜殘卷研究〉，《幼獅學誌》，18：4（1985），頁44-69。

攻吳起，射之，并中王屍。後太子立，「坐射起而夷宗族者七十餘家」（《史記·孫子吳起列傳》，又見《韓非子·和氏》、《呂氏春秋·貴卒》）。從此兩例可見君王從事變法和原居特權地位之大族有嚴重的矛盾。但是這並不能證明當時的變法曾有意改變社會上一般族的組織或打擊其力量。《呂氏春秋·異寶》提到一個伍子胥逃亡，遇丈人而渡江的故事：「過於荊，至江上，欲涉，見一丈人，刺小船，方將漁，從而請焉。丈人度之，絕江，問其名、族（高誘注：族，姓也。），則不肯告，解其劍以予丈人……。」由此可見楚之庶民一般有族有名，故丈人從俗，很自然地以名族相詢。《戰國策·秦策二》「秦武王謂甘茂」條謂：「昔者曾子處費，費人有與曾子同名族者而殺人。人告曾子母曰：『曾參殺人』」云云。這些都是春秋時代的故事，但「名族」一詞仍出現在戰國時代的著作裡，似可旁證庶民之有族，繼續存在。李洪財〈秦簡牘「從人」考〉一文披露了一條嶽麓書院藏秦簡：[9]

> 諸治從人者，具書未得者名、族、年、長、物色、疵瑕，移讞縣道，縣道官謹以讞窮求，得輒以智巧譖潛訊。其所智從人、從人屬、舍人，未得而不在讞中者，以益讞求，皆捕論之。（1021、1019）

在追捕人犯的文件裡提到要寫明人犯的「名、族」。多年前湖南龍山里耶出土了秦遷陵縣衙的檔案木簡。在已刊布登記戍卒和基層佐吏的人事資料中最少有三件提到其中一人「年卅一歲，族／」（9-757），一人「年廿九，族蘇／」（9-885），一人「族王氏」（8-1563 正）（圖 1.1-2），[10] 可見秦人之以族分，而所謂的族無疑即指某氏之族，也就是宗族。這些出土材料和傳世文獻所見完全相合，可證秦民間宗族存在的普遍性。

　　一般而言，六國之改革似不如秦國的嚴格徹底，宗族在東方仍然是社

---

9 見《文物》，12（2016）。另可參陳松長主編，《嶽麓書院藏秦簡（伍）》（上海：上海辭書出版社，2017），頁45。

10 參《里耶秦簡（壹）》、里耶秦簡牘校釋小組，〈新見里耶秦簡牘資料選校（二）〉，《簡帛》，10（2015），頁197-198；鄭曙斌、張春龍、宋少華、黃樸華編，《湖南里耶簡牘選編》（長沙：岳麓書社，2013），頁84；陳偉主編，《里耶秦簡牘校釋（第二卷）》（武昌：武漢大學出版社，2018），頁199、220、282。

會的主要力量。一般認為荊門郭店出土的楚簡《六德》等篇是不晚於西元前三百年，或屬戰國時子思一派的儒家作品。[11] 這篇提到「祖免為宗族也，為朋友亦然」和「為宗族瑟（殺）朋友，不為朋友瑟（殺）宗族」，這像其它先秦齊魯等地的著作一樣，習慣使用「宗族」一詞，應相當反映了當時社會宗族存在的現象。秦始皇時，曾徙天下富豪十二萬戶於咸陽，齊地田氏仍能憑「宗強」起兵於東方（《史記・田儋列傳》）即是明證。楚地則有以下這則故事可以說明宗族聚居聚葬仍是當時通常的情況。漢三年，項羽圍劉邦於滎陽，酈食其勸劉邦立六國之後以制衡西楚霸王。張良反對，他說：「天下游士，離其親戚，棄墳墓，去故舊，從陛下游者，徒欲日夜望咫尺之地，今復六國……天下游士各歸事其主，從其親戚，反其故舊墳墓，陛下與誰取天下乎?」（《史記・留侯世家》）從劉邦游者多為楚人，張良說他們離親戚，去故舊，棄墳墓，反映他們未從劉邦以前，原是與親戚、故舊以及墳墓相守，也就是過著族人生死相依的生活。漢初淮南王黥布的中大夫期思因與布有隙，上書告布反，布「盡殺其宗族」（《史記・高祖功臣侯者年表》）。中大夫期思而有宗族，可算是這類游士之一例。劉邦定天下後，感到地方宗族力量的強大，曾徙齊、楚大族昭氏、屈氏、景氏、懷氏和田氏入關中。這些族姓如果不是彼此存在著某些聯繫，是難以以某氏為單位進行遷徙的。

圖 1.1-2　里耶簡 8-1563 正「族王氏」及局部放大，《湖南里耶簡牘選編》頁 084。

11　李學勤，〈郭店楚簡六德的文獻學意義〉，收入武漢大學中國文化研究所編，《郭店楚簡國際學術研討會論文集》（武漢：湖北人民出版社，2000），頁 17-21。

他們入關中後，仍能有極大的財勢，並維持宗族的生存。《史記‧貨殖列傳》說：「關中富商大賈，大抵盡諸田，田嗇、田蘭。」這是武帝時的情況。唐代顏師古在注《急就》時，於「田細兒」條說：「漢興徙田族於關中。今之高陵、櫟陽諸田是也」；於「景君明」條說：「漢高祖用婁敬之計，徙齊楚大族入關，景氏亦遷名數。今之好畤、鄭縣、華陰諸景是也。」[12]這種宗族的生命延續力可以說相當驚人。

由於史料有限，本文無法對其他各國的情況一一描述，只能據當時片斷的記述去作一般性的推想。聶政為嚴仲子報仇，嚴仲子曰：「臣之仇韓相俠累，俠累又韓君之季父也，宗族盛多，居處兵衛甚設……」（《史記‧刺客列傳》聶政條；《戰國策‧韓策二》），由此可見韓國高官宗族人多且聚居；《戰國策‧秦策四》：「韓魏百姓不聊生，族類離散，流亡為臣妾」，雲夢秦律抄有一條魏〈奔命律〉，其中提到「宗族昆弟」，[13]可以反映戰國魏地宗族的存在。下文將會提到東漢馮魴的先人為魏之別支，食菜馮城，因以為氏。秦滅魏，其族被遷至湖陽，仍是郡之「族姓」。東漢廉范是廉頗之後，廉氏在秦亡趙之後，仍是「豪宗」。漢興，廉氏竟因宗豪，被迫自苦陘遷京師。這是三晉舊族勢力仍存的例子。景帝時，趙地廣川王劉齊有幸臣桑距，距因罪，亡去，齊遂「禽其宗族」（《史記‧五宗世家》廣川惠王條；《漢書‧景十三王傳》同條，桑距作「乘距」）。桑（或乘）距及其宗族來歷不可考，可算是一般的宗族吧。《列子‧說符》曾提到一個燕人聚族相戒的故事：「牛缺者，上地之大儒也，下之邯鄲，遇盜於耦沙之中……乃相與追而殺之。燕人聞之，聚族相戒，曰：『遇盜，莫如上地之牛缺也。』皆受教。」此或可為燕人族居，聚族而謀的一證。荊軻衛人，其先本齊人，後徙衛。荊軻為燕刺始皇失敗，漢初鄒陽謂其「七族盡沒」（《史記》〈刺客列傳〉、〈鄒陽列傳〉）。《論衡‧語增》更說「誅軻九族」。七、九族都難斷言何指，然

---

12 顏師古注《急就》時，於「郝利親」條提到京兆盩厔有郝鄉，「因地以命氏焉。漢有郝賢，今盩厔縣猶出郝姓。」「苟貞夫」條提到「漢有苟賓，河內人也。今之河內猶有此姓焉。」可見姓族長久聚居，非僅齊楚等大姓而已。

13 《睡虎地秦墓竹簡》（北京：文物出版社，1990），頁294。

以荊軻一齊國的遷徙之人的身分，事敗之後，也有可遭牽連的族人，可證戰國至漢初不僅統治的貴族才有宗族或家族。

呂不韋門客（主要來自六國）寫《呂氏春秋》，為求安農，曾主張：「然後制野禁，苟非同姓，農不出御，女不外嫁，以安農也」（〈上農〉），陳奇猷曰：「男女婚嫁皆以同邑為限，然古者同姓不婚，若同邑皆同姓，則不得不與邑外之異姓為婚，故呂氏此文云然。」依照這樣的野禁，同鄉邑的人之間必然仍如過去充滿了同族和婚姻的親戚關係。《逸周書‧大武》以內姓、外婚、友朋、同里為四戚，同書〈大開武〉以內同姓，外婚姻，官同師，哀同勞為四戚；官同師即朋友，哀同勞指有喪互助，如陳平於邑中之喪，因家貧以先往後罷為助即是同里之誼。成於莊子後學的《莊子雜篇‧則陽》有一段說：「太公調曰：丘里者（《釋名》：「四邑為丘；丘，聚也」），合十姓百名而以為風俗也。」十姓百名為約數，但明白反映所謂的丘里聚落，仍然是若干姓族的聚合。《墨子‧明鬼下》：「內者宗族，外者鄉里，皆得如具飲食之。雖使鬼神請亡，此猶可以合驩聚眾，取親於鄉里。」這些顯示出戰國鄉里聚落成員之間主要的關係仍然是族或宗族，與過去並無重大的不同。

不過，也應該指出，平民的宗族不可能像封建貴族有大、小宗那樣龐大且細密的組織。其實平民之族的內部結構如何，資料極少。比較確定的是其規模必然比貴族的宗族要小得多。[14] 雲夢秦律提到有大父母（祖父母）、高大父母（曾祖父母）、外大母（外祖母），[15] 漢代七科謫只及大父母有市籍者（《漢書‧武帝本紀》），當時平民的親屬範圍大概就在曾祖父母一層的上下。因此，戰國時代設想的一套「自天子以達庶人」的五服制，就以稍寬的高祖至玄孫為宗族的範圍了。

族居與族葬的習慣也沒有大的變化。前文曾經提到從新石器時代開

---

14 參朱鳳瀚，《商周家族形態研究》（增訂版），論商卜辭之「眾」為族眾，頁125-132；論西周庶民之家族形態，頁412-423；論春秋時代的士下層與庶民家族，頁539-545；論戰國之士與農民家族，頁570-575。

15 《睡虎地秦墓竹簡》，頁184、276。

486　古月集：秦漢時代的簡牘畫像與政治社會
　　　── 卷三　皇帝、官僚與社會

始，生人的聚落和死者的墓地每相毗鄰，但也總是有所區隔。在春秋戰國階段看到的情形是城中居人，城外有墳；隨著城的擴大和郭的出現，許多墓地也出現在城內或城、郭之間。[16]《孟子·離婁下》齊人驕其妻妾，「國中無與立談者，卒之東郭墦間之祭者，乞其餘⋯⋯」正是墳塚在城、郭之間，非城郭之外的例子。齊湣王時，燕軍圍即墨，田單守城縱反間曰：「吾懼燕人掘吾城外冢墓，僇先人，可為寒心。」燕軍盡掘壟墓，燒死人，即墨人從城上望見，皆涕泣，俱欲出戰。(《史記·田單列傳》) 這個例子清楚反映墓地在城外目視所及的範圍內，而墓中皆城裡居民的親族先人。《白虎通·崩薨》謂：「葬於城郭外何？死生別處，終始異居」，這應是漢儒對葬制的一種解釋，和這時期所見到的不完全相同。

考古資料也充分印證文獻裡的不同情況。以櫟陽城遺址為例，墓葬在城的外圍，發掘報告中說：「遺址的墓葬大多分布在城址附近，城東南為戰國至東漢的墓葬區，東北為秦漢大型墓葬區，西北墓區為漢太上皇和昭靈皇后陵墓。」[17]趙邯鄲城的墓地在城外的西北方向，晉國晚期都城新田（山西侯馬）附近發掘到一系列古城址，其延續到戰國中期的墓葬群在城南不遠的上馬村；而東周洛陽城、魯曲阜城、齊臨淄城、中山國靈壽故城和燕下都城則在郭內有大型墓地；[18] 其中靈壽城外東北一公里的高地上另有小墓群三十餘座，據報導「均為族葬墓地」。[19] 南方的楚以郢都為例，現在在江陵紀南城近郊發掘的楚墓有數千座，城東一公里左右的雨臺山即有東周時期墓五百五十四座。根據報告，這些墓的形制、陪葬器物的組合和分

---

16 楊寬認為西周、春秋時代的古城址，如曲阜、臨淄、新鄭，貴族的墓地往往就在城郭之內。參《中國古代都城制度史研究》（上海：上海古籍出版社，1993），頁 70。

17 〈秦漢櫟陽城遺址的勘探和試掘〉，《考古學報》，3（1985），頁 353-381。

18 石永士，〈燕下都、邯鄲和靈壽故城的比較研究〉，《中國考古學會第五次年會論文集》（北京：文物出版社，1988），頁 40-48；杉本憲司，〈中國城郭成立試論〉，《戰國時代出土文物の研究》（京都：京都大學人文科學研究所，1985），頁 147-195；山西省文管會侯馬工作站，〈山西侯馬上馬村東周墓葬〉，《考古》，5（1963），頁 229-245。以上這些古城及墓葬的綜合性報導見李學勤，《東周與秦代文明》（北京：文物出版社，1984）。

19 《中國考古學年鑑—1988》（北京：文物出版社，1989），頁 120。

布都頗有規律，報導者相信「雨臺山一帶應屬《周禮》所載『墓大夫』職掌的邦墓之地，即郢都近郊的萬民葬地。至於分布上的疏密不勻，似乎同當時區分為若干族葬的『私有域』有關」。[20]

關於中原地區戰國宗族聚葬的情形，葉小燕先生曾對包括韓、魏、趙、周、衛、宋、鄭等國七、八百座墓葬的情況作過綜合性的論述，並曾在「宗族墓地」一節中以墓地材料較完整的洛陽中州路、洛陽燒溝、鄭州二里崗、輝縣琉璃閣、固圍村、趙固鎮、褚邱村、安陽大司空村、禹縣白沙、長治分水嶺等為例，指出：「聚族而葬古代已然，西周漸成定制，戰國墓地反映出的仍是這種族墳墓制度。」葉先生還提到墓地和生人居址的關係，指出「墓地大多地勢高爽，和當時居民點距離較近」。[21] 從此可以看出在變動劇烈的戰國，聚族而居，聚族而葬，居址與葬地相鄰的傳統最少在各國都城仍然延續不絕。雖然已發掘的墓葬多數屬於各級的封君或貴族，但是郢都附近的是自高等貴族至一般平民的墓都有，可以說明族葬不只是行於貴族。目前的考古成果以戰國時代的都城及墓葬為主，一般鄉村聚落的情況還有待進一步發掘去證實。若依推想，離政治中心愈遠，受時代變局的衝擊應愈小，保留的傳統可能就愈多；換言之，村里聚落應更是聚族而居，聚族而葬才是。

屬於戰國晚期至漢初的考古證據也有一些。1986 至 1987 年，在安徽西部大別山北麓霍山縣的高崗上曾發掘六座方向一致，雙雙南北並排，形制與楚墓相同的長方形豎穴土坑木槨墓，其出土陶器、銅器的形制和組合都有戰國晚期至西漢初的楚器風格，發掘報告相信這是一處西漢前期中小型貴族的家族墓地。[22] 江西南昌東郊賢士湖南畔山丘上曾發掘十三座西漢中期墓。這十三座墓分布密集，沒有相互打破的現象，據推測應是一家族

---

20 郭德維，〈江陵楚墓論述〉，《考古學報》，2（1982），頁 155-182；《江陵雨台山楚墓》（北京：文物出版社，1984）；《新中國的考古發現和研究》（北京：文物出版社，1984），頁 304。

21 葉小燕，〈中原地區戰國墓初探〉，《考古》，2（1985），頁 171。

22 〈安徽霍山縣西漢木槨墓〉，《文物》，9（1991），頁 40-60，14。

墓地。[23] 湖北蕭家山曾發掘出八座戰國墓,十五座西漢前期墓。墓區附近還有不少已遭破壞的墓,據報導這些墓的時代從戰國晚期延續到西漢武帝以前,其排列有一定的規律,雖然分布甚密,卻無打破現象,極可能是一處「氏族墓群」。[24] 1950 年代在河南洛陽燒溝的大規模發掘,曾建立了重要的漢墓斷年標準。其中燒溝出現了西漢中期包括十幾座墓的郭氏塋域;金谷園也出土了西漢中期左、唐、樊、鄭、郭、王、閭等姓氏的家族墓。[25] 此外,1979 至 1989 年,在浙江龍游縣東郊東華山清理了從西漢武帝以前至東漢中期墓葬二十七座。墓葬分布密集,方向一致,最小間距僅 0.7 公尺,未發現相互疊壓現象,報導者相信這些「墓主人係同一家族成員」。[26] 山東濟寧郊區潘廟也曾發掘西漢墓群四十五座,從出土錢幣、陶器形制、墓葬間打破的關係及同期墓的規則排列,可以證實這是一處連續埋葬,死者有很近親緣關係的墓區。[27] 可以較明確證實的家族墓地也是在濟寧發現,時代稍晚,從大約武帝時期延續到王莽時的鄭氏家族的二十五座墓。在其中三座墓中分別發現鄭元、鄭廣和鄭翁孺的銅印;從這三座墓的墓葬布局,還可以看出鄭翁孺是長輩,鄭元和鄭廣應是後輩中的同輩。[28] 時代較早的家族墓地則有安徽天長縣三角圩於 1991、1992 年清理出的二十餘座漢墓。從墓葬的形制結構,器物的變化以及共生的半兩、五銖等,可以看出其中八座屬西漢早期,十三座屬西漢中晚期。重要的是從不同墓出土的

23 〈南昌東郊西漢墓〉,《考古學報》,2(1976),頁 171-186。

24 〈湖北蕭家山戰國西漢墓〉,《考古與文物》,3(1989),頁 36-44。

25 《洛陽燒溝漢墓》(北京:科學出版社,1959);徐蘋芳,〈秦漢魏晉南北朝時代的陵園和塋域〉,《中國歷史考古學論叢》(臺北:允晨出版公司,1995),頁 269。

26 朱土生,〈浙江龍游縣東華山漢墓〉,《考古》,4(1993),頁 330-343。

27 〈山東濟寧郊區潘廟漢代墓地〉,《文物》,12(1991),頁 48-65、37。

28 〈山東濟寧師專西漢墓群清理簡報〉,《文物》,9(1992),頁 22-36。其餘發現的漢初墓還不少。湖南長沙已發掘的西漢前期墓有四百多座,湖北江陵鳳凰山、宜昌前坪、雲夢大墳頭、睡虎地、宜城楚皇城、光化五座墳等地曾發掘西漢早、中期之中、小型墓四十餘座,其中江陵、睡虎地的墓群年代從戰國末經秦延續到西漢初(《新中國的考古發現和研究》,頁 426-436)。可惜報導多偏重墓葬的形制和內容,墓群之間的關係多不清楚或未加報導。

印章，有桓平、桓蓋之、桓樂、桓安等，使發掘者相信三角圩墓區可能是桓氏家族墓地。[29]

以上這些資料沒有提到墓葬附近是否有相關的聚落。聚落和墓葬有所聯繫的例子有三個：一是遼陽三道壕的西漢村落遺址。據報導，1955年在遼陽市北郊三里的三道壕村，在一萬多平方米的發掘面積中，發現大約屬於西元前200至西元25年之間的農民居住址六處，水井十一眼，磚窯址七座，鋪石道路二段，另有兒童甕棺墓368座。這是居址、作坊和墳墓三者在同一範圍內的好例證。當時發掘的只是全村遺址的一小部分，三百餘墓葬的資料後來在發掘人孫守道先生論遼南漢魏晉墓葬制之發展時，簡略提到。他說這些墓葬「如此集中成群，密列多排，有一定的方向，一定的埋葬秩序，而時代又是如此連綿延續，往往經過百年以至數百年之久，這說明了什麼問題呢？……我們認為，這就是古時的族葬，亦即《周禮》一書所稱的『族墳墓』」。他在同文中又說：「遼陽三道壕的一處西漢棺槨墓群，就在西漢村落遺址的東頭不遠的地方。該村落的聚居興起於漢初，荒蕪於新莽時代；此墓地亦始自漢初，終止於西漢末。兩者地域相接近，時代相一致。」[30] 1984年，在安徽壽縣城關鎮東南發現面積約二十平方公里的戰國至漢代的建築遺址，陶管井和相鄰的墓葬區。墓葬在不同時代有分別在不同地區聚葬的傾向。[31] 1989年，在撫順市小甲邦，渾河與東洲河的交會

29　〈安徽天長縣三角圩戰國西漢墓出土文物〉，《文物》，9（1993），頁1-31；最近看到蔡永華〈試論西漢早期的喪葬特徵及其形成〉一文，該文指出西漢墓葬的三大特點之一即聚族而葬，見《考古學研究》編委會編，《考古學研究》（西安：三秦出版社，1993），頁575-587。江蘇尹灣西漢中晚期至王莽時代墓群也是家族墓，相關簡報見連雲港市博物館，〈江蘇東海縣尹灣漢墓群發掘簡報〉，《文物》，8（1996），頁24。

30　〈遼陽三道壕西漢村落遺址〉，《考古學報》，1（1957），頁119-126；孫守道，〈論遼南漢魏晉墓葬制之發展演變〉，《遼海文物學刊》，1（1989），頁124-125。此次開會因林澐先生介紹，得識三道壕遺址發掘人孫先生，不但在求教中得知許多遺址具體情況，並承以《遼海文物學刊》文見示，獲益極多，謹此誌謝。

31　〈壽縣城關鎮戰國、西漢遺址〉，《中國考古學年鑑——1985》（北京：文物出版社，1985），頁151。

處，曾發掘一處遺址，其東區有房址、灶址及各式陶、銅器；其西南及南部為墓葬及兒童墓葬區。發掘者相信這可能是西漢中晚期至東漢的一個城址。[32] 目前從考古印證戰國至西漢初的聚落與墓葬關係，雖然資料極為有限，但結合前述家族墓地的資料，顯示在今安徽、江西、湖北、河南、山東、遼寧的的廣大範圍內，文獻上聚族而居，聚族而葬的記載是可以得到相當支持的。然而，改革最烈的秦國是不是例外呢？

商鞅在秦推行的變法，與東方六國比較，最為嚴厲徹底。一般認為舊的宗族或家族制度受到壓抑，社會上變成以一夫一妻及未成年子女組成的五口左右的小家庭為主。從文獻及新出秦簡等資料看，這個結論大概不容否認。[33] 不過，這些小家庭是否仍然聚居在一起，仍然同族聚葬呢？商鞅變法以後，秦國的宗族是否即趨於消滅？行什伍之制，「集小鄉邑聚為縣」以後，原本聚族而居的聚落是否就消失或重組了呢？這些問題都須要進一步推敲。

首先是秦的宗族應該仍然存在。早在東周之初，秦文公二十年（西元前746年）秦「法，初有三族之罪」（《史記·秦本紀》）。三族之族，解釋不一，有父族、母族、妻族（如淳說）和父母、兄弟、妻子（張晏說）等不同的說法。秦行此法之時，所指似不限於父母、妻子和兄弟的家人，應還牽連到一定範圍的族人。秦武公三年，「誅三父等而夷三族，以其殺出子也。」（《史記·秦本紀》）秦王政九年，長信侯嫪毐作亂失敗，其黨「衛尉竭、內史肆、佐弋竭、中大夫令齊等二十人皆梟首，車裂以徇，滅其宗」（《史記·秦始皇本紀》），這些黨羽梟首車裂，他們的宗或宗族也受牽連。秦併天下前夕，荊軻謀以秦降將樊於期頭見秦王，私見樊於期曰：「秦之遇將軍可謂

---

32 〈撫順市小甲邦漢代遺址〉，《中國考古學年鑑——1990》（北京：文物出版社，1991），頁186。

33 許倬雲，〈漢代家庭的大小〉，《慶祝李濟先生七十歲論文集》（1967），頁789-806；杜正勝，〈傳統家族試論〉，《大陸雜誌》，65：2、3（1982），頁7-34、25-49；張金光，〈商鞅變法後秦的家庭制度〉，《歷史研究》，6（1988），頁74-90；松崎つね子，〈睡虎地秦簡よりた秦の家族と國家〉，《中國古代史研究（第五）》（東京：雄山閣，1982），頁269-289。

深矣，父母宗族皆為戮沒」（《戰國策·燕策三》），這裡說的「父母宗族」似亦不限於父母、妻子、兄弟。秦二世即位後，頗感不安，趙高教其「嚴法而刻刑，令有罪者相坐誅，至收族」。公子高「恐收族」，竟請從死，以免族人；後二世使趙高案李斯獄，「皆收捕宗族賓客」，李斯具五刑，腰斬咸陽市，「而夷三族」（《史記·李斯列傳》）。秦末，東方群雄大起，趙高懼，與婿閻樂、弟趙成謀曰：「上不聽諫，今事急，欲歸禍於吾宗。吾欲易置上，更立公子嬰……」，公子嬰殺趙高於齋宮，「三族高家」（《史記·秦始皇本紀》）。三族罪、「收族」或「收捕宗族」的事實與趙高以「吾宗」為言，應可證明宗族仍然存在，而三族的「族」所涉為宗族，似不限於父母、妻子、兄弟而已。《商君書·賞刑》說：「守法守職之吏，有不行王法者，罪死不赦，刑及三族」，此言針對所有的吏，可證在秦，最少吏以上的階層有族；族人為吏不奉法，即會受到牽連。

其次，如果宗族存在，同族聚居的情況即可能繼續。秦國的小家庭各自為戶，但編為鄉里什伍後的左鄰右舍，大概仍以或親或疏的宗族親戚為多。《尉繚子·將理》在尉繚答秦王的話中，提到秦之連坐，曾說：「今夫決獄……所聯之者，親戚兄弟也，其次婚姻也，其次知識故人也……」；同樣，漢人批評商鞅行什伍連坐的結果是「以子誅父，以弟誅兄，親戚相坐」，「至於骨肉相殘，父子相背，兄弟相慢」（《鹽鐵論·周秦》）。從雲夢秦律、《韓非子》〈和氏〉、〈定法〉篇和《史記·商君列傳》看，商鞅的連坐是以四鄰什伍連坐為原則，結果受牽連的卻是父子、兄弟、婚姻、親戚、故人，這不從宗人親族在相當程度上聚居，是無法理解的。

商鞅改革以後，秦國是否聚族而葬呢？從現在可考的墓葬遺跡看，秦國關中舊域似乎確有不同於東方六國之處。在關中地區出土的戰國秦墓很少有東方六國那樣的宗族墓群。鳳翔南指揮秦公陵園北面八旗屯發掘的四十座多屬春秋時期的中小型墓，在布局上南北成行，較有規律；但已發表的寶雞地區二十多座春秋前期墓及八旗屯東面高莊出土，年代上屬戰國早中期的秦墓四十八座，在墓地布局上卻都看不出以族為單位的規劃。在長安客省莊（71座）、西安半坡（112座）、大荔北寨子（26座）、寶雞李家崖（10

座）四地發掘的二百一十九座戰國秦墓，規格不一，也都看不出以族為單位區隔墓地的痕跡。[34] 這些墓地附近是否有聚落？兩者關係如何？由於考古報告對這些問題甚少交代，並不清楚；暫時而論，秦國宗族聚葬的情形以現有的資料看，似不如同時期東方各國那樣明顯。不過，1993 年 7 月中旬在西安周秦文化會議開會期間，承呼林貴及田亞歧先生見告，他們在西安東郊白鹿原發掘的西漢至東漢墓一百五十餘座，在排列上有族葬的現象；[35] 而隴縣店子秦人墓地，在若干墓葬外圍發現有壕溝，壕溝內墓葬排列有秩序可循，相信也應是家族墓地。[36] 袁仲一和韓偉先生憑多年在關中考古的經驗，一致相信族葬的持續存在。總之，除秦人舊地外，秦統一六國後，始皇雖號稱改化黔首，大治濯俗，但東方宗族的勢力和習慣不是他短短十一年的統治可以改變的。這一點下文論及秦末及漢初的宗族即可考見。

三 世業

一、戰國：世業相承不再是典型？

除了族居和族葬，宗族或家族生業的世世相承也是自遠古不分貴賤的一項傳統。殷周封建之世，貴族職司世守，固不待言。隸屬各級封君的平民通常也沒有改業這樣的事。所謂：「良冶之子，必學為裘；良弓之子，必學為箕」（《禮記‧學記》），職業之世代相承，在古代是普遍通常的現象。改業或遷徙都是出現於封建鬆弛以後。春秋中晚期至戰國，棄農就工、

34　《新中國的考古發現和研究》（1984），頁 310-314；葉小燕，〈秦墓初探〉，《考古》，1（1982），頁 65-73；滕銘予，〈關中秦墓研究〉，《考古學報》，3（1992），頁 281-300。

35　陝西省考古研究所，《白鹿原漢墓》（西安：三秦出版社，2003）。

36　參陝西省考古研究所編著，《隴縣店子秦墓》（西安：三秦出版社，1998）。關於公墓和族墓的討論，見頁 160。同年刊布的咸陽東郊塔兒坡出土的數百座戰國晚期至秦統一的平民墓也呈現井然有序，以族為單位成片分布的情形，參咸陽市文物考古研究所編著，《塔兒坡秦墓》（西安：三秦出版社，1998），頁 230。

商，或游學以獵卿相的很多。當時的人感於時代的變化，多去記述變局中的特殊異常現象，現代學者受資料影響，也無不暢言戰國之變。[37] 由於對戰國之「變」有先入為主的印象，一些足以顯示「不變」的資料反而在有意或無意之間被忽略掉。這些資料十分零星，卻可以顯示出時代的另一面；也就是說，世業相承在戰國那樣的時代裡，仍有其典型意義。

例如《呂氏春秋‧召類》有一個春秋時，宋人世世賣鞋履的故事：

> 士尹池為荊使於宋。司城子罕觴之。南家之牆擁（曲出也）於前而不直，西家之潦徑其宮而不止。士尹池問其故。司馬子罕曰：南家，工人也，為鞶（履也）者也。吾將徙之。其父曰：吾恃為鞶以食三世矣。今徙之，宋國之求鞶者不知吾處也，吾將不食。為是故，吾弗徙也。

司城子罕見《左傳》襄公六年（西元前567年）。這個故事不論是否確有其事，但工人不遷居、不改業，是那個時代的常態，十分清楚。《莊子‧逍遙遊》另有一個大家熟知，宋人賣不龜手藥方的故事：

> 宋人有善為不龜手之藥者，世世以洴澼絖為事。客聞之，請買其方百金。
> 聚族而謀曰：我世世為洴澼絖，不過數金，今一朝而鬻技百金，請與之。

這又是一個假借為宋人的寓言。宋人世世以洴澼絖為事，洴澼絖是用水漂絮的工作，表明宋人的身分是勞力的平民，他們代代以此為生；有事則聚族而謀，表明凡涉同族之共同利益，由族人共商。這個故事生動地反映了戰國時期族人聚居生活，世守其業的現象。《莊子‧漁父》的另一個故事也有同樣的反映：

> 孔子遊乎緇帷之林……客指孔子曰：彼何為者也？子路對曰：魯之君子也。客問其族，子路對曰：族孔氏。客曰：孔氏者何治也？子路未應。子貢對曰：孔氏者，性服忠信，身行仁義……

客問孔子何族，又問其族以何為治，這雖是寓言，卻反映戰國時代的人認

37　例如齊思和，〈戰國制度考〉，《中國史探研》（北京：中華書局，1981），頁95-127；Cho-yun Hsu, *Ancient China in Transition* (Stanford University Press, 1965)；楊寬，《戰國史》（上海：上海人民出版社，1981）；裘錫圭，〈戰國時代社會性質試探〉，《古代文史研究新探》（南京：江蘇古籍出版社，1992），頁387-429。

為族和治業之間仍然相互關聯，否則不會這樣設問。〈逍遙遊〉為莊子所作，〈漁父〉則為莊子後學所作；兩篇著作有先後，不約而同反映相同的現象，這是值得注意的。在墨子後學所作的《墨子‧公孟》篇中另有類似的故事：

> 有游於子墨子之門者，子墨子曰：盍學乎？對曰：吾族人無學者。子墨子曰：不然，夫好美者，豈曰吾族人莫之好，故不好哉？

「吾族人無學者」一語所謂的「學」是學為仕宦，顯示這個族原本是不學的平民之族；其次，當時的生業是以族為單位，同族的人多治同樣的生業並世世相傳。《莊子》中客對孔子的詢問，《墨子》裡游於墨子之門者的答語，都在無意中透露，一直到戰國，當時人的觀念中，還都以為無論像孔子這樣的君子（治人者）或漂絮的平民（治於人者），他們的族和職業是二而為一的。遷徙改業是戰國時代一個顯著的現象，但傳統的觀念仍然明顯存在。

列國變法，雖說突破不少傳統，可是對遷居改業的現象基本上都力圖扭轉，希望回復到舊聚落不遷居，不改業或者說「族居世業」的傳統中去。《韓非子‧解老》說：「工人數變業則失其功，作者數搖徙則亡其功」，同書〈飾邪〉引「語曰：家有常業，雖飢不餓；國有常法，雖危不亡」，就是戰國言變法者態度的明證。所謂「語曰」云云，是引用當時的諺語。如果我們承認諺語可以反映某一時代的一般常識和心理，這個諺語表明當時還是將「家有常業」視為值得肯定的常態。

二、秦漢：士農工商的家業相承

> 國藉十世之基，家承百年之業，士食舊德之名氏，農服先疇之畖畝，商循族世之所鬻，工用高曾之規矩，粲乎隱隱，各得其所！
>
> ——班固，〈兩都賦〉

班固歌詠漢之兩都，以上幾句無意中點出了漢世從天子以至百姓「家業相承」的生活形態。過去大家總以為封建世襲的時代已隨著秦漢帝國的建立而消逝。從中央百僚以至地方郡縣守令，皆由中央派任，不再有父死

子繼的事。漢初建立的異姓與同姓諸侯王國是世襲的，異姓諸侯王國在開國後的幾十年裡漸次消滅，世襲之制雖在某些情況下仍然存在，卻已不再是過去那樣的封君世襲的時代。不過從更廣的角度看，事實上誠如班固所說，漢世天子已建十世之基，百年之業，帝王「家業」之世代相承固不必說，一般眾庶不論士、農、商、工，大部分也仍然過著家業相承，生死相依的生活。眾庶百姓不像帝王，沒有歷史的發言權，他們的生活形態，也因為太過平凡，很少有被記錄下來的機會。現在只能依據極為有限的線索去勾勒部分的現象。

秦漢大多數的人口是以農為業，少數從事工商。以下先舉若干戰國至漢代家族世業的實例。《漢書‧禮樂志》謂：「漢興，樂家有制氏，以雅樂聲律世世在大樂官」，服虔曰制氏：「魯人也」。這是以雅樂聲律為家族世代職業的例子。漢高祖時，叔孫通「因秦樂人制宗廟樂」的樂人，也很可能是和制氏一樣世世代代相傳。武帝時，李延年「身及父母兄弟皆故倡也」（《漢書‧佞幸傳》），古代倡樂一體，可證這種職業是家業相傳。《左傳》成公九年那位能樂的楚囚就是世代為伶人；而《後漢書‧律曆志》元和元年，待詔嚴崇教其子嚴宣以樂律準法，仍然是這個傳統的延續。

醫家也世傳。樓護「齊人，父世醫也，護少隨父為醫長安，出入貴戚家」（《漢書‧游俠傳》）。《禮記‧曲禮下》謂：「醫不三世，不服其藥。」〈正義〉：「擇其父子相承至三世也，是慎物調齊也。」從《曲禮》的話，可以理解當時的人信賴的是父子世傳的醫者，樓護正是一個例子。到東晉時，葛洪在《抱朴子內篇‧雜應》裡說：「醫多承襲世業」。傳統醫家好言祖傳秘方，世人也多信賴祖傳之懸壺者，其理相同。

世業更好的例子是知星曆的疇人。《史記‧曆書》謂：「周室微……故疇人子弟分散，或在諸侯，或在夷狄……」，如淳曰：「家業世世相傳為疇。律：年二十三傳之疇官，各從其父學。」如淳注徵引漢律，這一資料似乎意味漢代甚至將星曆之學的家業相承，明訂在法律之中。

除了音樂、醫、星曆，其他許多性質相近，專門性的職業如卜、祝、相、巫（漢有所謂巫家），大抵也是家學相承，世代經營。近年出土張家山

漢簡《二年律令·史律》雖不見家學，然史、卜、祝之子十七歲為學童，所學仍為史、卜、祝之事。[38]《史記·龜策列傳》謂漢高祖因秦設太卜官，「雖父子疇官，世世相傳，其精微深妙，多所遺失……」。《潛夫論·志氏姓》謂：「巫氏、匠氏、陶氏，所謂事也」；《風俗通義》謂古來姓氏有「或氏於事者」，「巫、卜、陶、匠也」。[39] 因職為氏，在漢代還見其例，如倉氏、庾氏、將匠氏。[40] 古來氏職世守，但漢倉、庾、將匠之後，是否再為倉庾，將匠之吏，難以斷言。但我相信，像製陶、建築等工匠技藝之業恐怕以世代相傳的居多。以工、商為業的家族除了極少數的例外，如桑弘羊為洛陽賈人之子（《漢書·食貨志》），莽末李通家「世以貨殖著姓」（《後漢書·李通傳》），絕大部分也都失於記載。《史記》和《漢書》的〈貨殖傳〉，雖然記載了不少以工商致富的人物，但所記極簡略，我們無從知道是否曾構成家族事業。唯有春秋時的范蠡，善治生，「年衰老而聽子孫，子孫脩業而息之，遂至巨萬」；魯國曹邴氏，以鐵冶起家，「家自父兄子孫約，俛有拾，仰有取，貰貸行賈徧郡國」（《史記·貨殖列傳》）。所謂「父兄子孫約」，意味著鐵冶行賈已成為曹邴氏家傳的事業，在經營上有一定家傳的規矩。這正是前引班固所說「商循族世之所鬻，工用高、曾之規矩」。

西漢中晚期有些著名的人物，他們的先世原本是世世為農的，例如：蕭望之「家世以田為業，至望之，好學，治齊詩」（《漢書·蕭望之傳》）；匡衡「父世農夫，至衡好學；家貧，庸作以供資用」（《漢書·匡衡傳》）；揚雄先世揚季曾官至盧江太守，武帝元鼎間因避仇，溯江處岷山之陽有五世，「世世以農桑為業」（《漢書·揚雄傳》）。東漢初鄧彪，「其先楚人，鄧況始居

---

38 張家山二四七號墓竹簡整理小組，《張家山漢墓竹簡（二四七號墓）》（北京：文物出版社，2001），頁 203。

39 王利器，《風俗通義校注》佚文（臺北：明文書局，1982），頁 496。

40 《史記·平準書》說：「至今上即位數歲，漢興七十餘年，國家無事……守閭閻者食粱肉，為吏者長子孫，居官者以為姓號」。〈集解〉引如淳曰：「時無事，吏不數轉，至于子孫長大而不轉職任」；又曰：「倉氏、庾氏是也」。《姓纂》及《通志·氏族略》引《風俗通義》佚文另有「將匠氏，漢官有將匠少府，因為氏」。按：將作少府為秦官，掌治宮室，景帝中六年更名為將作大匠（《漢書·百官公卿表上》）。將匠氏應是從漢代將作大匠得名。

新野，子孫以農桑為業」（《後漢書・鄧彪傳》注引《續漢書》）。這些世世農桑的家族正是漢代絕大多數農人的寫照。因為他們的後人有人好學，入仕為高官，才被記載下來，否則必像多數人一樣消失在歷史的大海裡。匡衡和蕭望之棄農就學，桑弘羊棄商而仕，固然反映出世業改變和社會流動的可能，但是就當時的社會整體而言，能有機會像他們這樣的其實十分有限。

從戰國到漢初，可以想見有很多家族或宗族因戰爭，因改朝換代，遭到無情的打擊，也有很多如六國的公族和貴族，因國破而家亡。[41] 但是這時布衣可為卿相，也有得勢的新貴吸引族人，建立起不少新的宗族勢力，開啟新的宗族事業。蘇秦的故事就是一個佐證。蘇秦原為東周洛陽人，素為兄弟嫂妹妻妾所輕。當他成為從約長，并相六國，行過洛陽時，一向輕慢他的兄弟妻嫂，見他「位高金多」，匍匐不敢仰視，蘇秦嘆曰：「此一人之身，富貴則親戚畏懼之，貧賤則輕易之，況眾人乎」，於是散千金以「賜宗族朋友」（《史記・蘇秦列傳》）。蘇秦功成名就，不但使宗族重聚，更吸引他的兩個弟弟──蘇代、蘇厲「亦皆學」，先後「游說諸侯以顯名」，這是以口舌為家業了。李斯原為楚上蔡布衣，後為秦丞相，其長男為三川守，諸男皆尚秦公主，女悉嫁秦諸公子，如果不是後來政爭失敗，宗族賓客被收，上蔡李氏應將成為政治上的豪門大族。助秦得天下的兩位大將王翦和蒙驁，他們都是世家子，世世為將。頻陽東鄉王翦，據載其先出自姬姓。周靈王太子晉以直諫廢為庶人，其子宗敬為司徒，時人號曰王家，因以為氏。八世孫錯為魏將軍，生賁，為中大夫。賁生渝，為上將軍。渝生息，為司寇。息生恢，封伊陽君。生元，元生頤，皆以中大夫召，不就。頤生翦。翦為秦將，其子王賁亦為將，其孫王離為蒙恬裨將。[42] 蒙驁祖先為齊人，驁自齊事秦昭王，官至上卿。秦莊襄王元年，驁為秦將；驁子曰武，

---

41 例如魏咎為魏諸公子，封為寧陵君。秦滅魏，咎即淪為家人（《史記・魏豹列傳》）。張良祖父和父親五世相韓，韓為秦破，張良悉以家財求客刺秦王失敗，亡匿於下邳。（《史記・留侯世家》）

42 《新唐書・宰相世系表》，轉見馬非百，《秦集史》（北京：中華書局，1982），頁244；《史記・王翦列傳》。

武子曰恬；蒙武為秦裨將軍；蒙恬弟毅。始皇二十六年，蒙恬因家世得為秦將，攻齊，大破之，拜為內史。始皇甚尊寵蒙氏，信任賢之，而親近蒙毅，位至上卿，出則參乘，入則御前（《史記・蒙恬列傳》）。《史記・王翦列傳》說秦併天下，「王氏、蒙氏功為多，名施於後世」，但蒙氏毀於二世之手，王離為項羽所擄，兩個家族都沒有能再延續下去。

漢初從龍的功臣應可建立起不少新的世宦之家，但是劉邦殺戮封王的功臣，使得這樣的家族能存在和延續的很少。據司馬遷說，韓信母死，貧無以葬，「乃行營高敞地，令其旁可置萬家。余視其母冢，良然」（《史記・淮陰侯列傳》）。司馬遷親訪韓信母冢，並以此證韓信自布衣時即志向非凡。韓信助劉邦得天下，本有機會一償宿願，為韓氏一族立下基業，不幸落得兔死狗烹的下場。不過，從韓信擇母冢的用心，可以看出重振家族和經營族人墓地是當時一個人成就和志向的重要標示。漢時仕宦之家多聚族而葬。雖在故里之外為官，一旦有功，獲准返故里，上冢，大會宗族故人，是最光榮的一刻；致仕之時，例乞骸骨，歸故里養老，死則葬於祖塋，受族人子孫世世奉祀。[43]

西漢二百年中，除少數自戰國延續下來的，也育孕出不少新的世宦之族，用當時的話來說就是「世家」或「世族」。[44] 雖然政治上由封建而郡縣，由世官而尚賢，但是社會上族居與族業的形態基本未變，某些封建時代的觀念到了郡縣時代仍然發揮著巨大的影響。家族事業世代相承一直被認為是當然之事。以下先舉若干西漢世家的例子，再作進一步的討論：

1. 上黨馮氏

馮奉世……上黨潞人也，徙杜陵。其先馮亭，為韓上黨守……戰死於長

---

43 楊樹達，《漢代婚喪禮俗考》歸葬及上冢二節（臺北：華世出版社，1933 初版，1976 再版），頁 197-210、274-289。

44 「世家」如：「所忠言：世家子弟富人或鬥雞走狗馬……」（如淳曰：世世有祿秩家）（《史記・平準書》）；「陳咸、朱博、蕭育、逢信、孫閎之屬，皆京師世家」（《漢書・翟方進傳》）。「世族」如：「人之善惡，不必世族」（《潛夫論・論榮》）；「昔田橫，齊之世族」（《三國志・程昱傳》裴注引《魏略》）。

平。宗族繇是分散，或留潞，或在趙。在趙者為官帥將，官帥將子為代相。及秦滅六國，而馮亭之後馮母擇，馮去疾，馮劫皆為秦將相焉。漢興，文帝時，馮唐顯名，即代相子也。至武帝末，奉世以良家子選為郎。奉世有子男九人，女四人……長子譚……功次補天水司馬……譚弟野王、逡立，參至大官……野王嗣父爵為關內侯……子座嗣爵……座生衍，元帝時為大鴻臚（《漢書·馮奉世傳》、《漢書·馮唐傳》、《東觀記》曰：「野王生座，襲父爵為關內侯，座生衍」，然《華嶠書》曰：「衍祖父立，生滿；年十七喪父，早卒，滿生衍」。）

2. 金城趙氏

三老諱寬，字伯然，金城浩亹人也……夙為晉謀，佐國十嗣，趙靈建號，因氏焉。迄漢文、景，有仲況者，官至少府，厥子聖，為諫議大夫。孫字翁仲，新城長，討暴有功，拜關內侯。弟君〔宣〕，密靖內侍，報怨禁中，徙隴西上邽，育生充國，字翁孫。該于威謀，為漢名將……封邑營平。元子卬，為右曹中郎將，與充國并征……讓不受封，卬弟傳爵。至孫欽，尚敬武主，無子，國除。元始二年，復封曾孫纂為侯。宗族條分，裔布諸華。充國弟，字子聲，為侍中；子君游，為雲中太守；子字游都，朔農都尉；弟次卿，高平令；次子游，護菀使者；次游卿，幽州刺史。卬陪葬杜陵，孫澧，字叔奇，監度遼營謁者。子字孟元，次子仁，子仁為敦煌太守。孟元子名寬，字伯然，即充國之孫也，自上邽別徙破羌，為護羌校尉假司馬……（〈趙寬碑〉，《漢碑集釋》，頁444-446）

趙充國字翁孫，隴西上邽人也，後徙金城令居，始為騎士，以六郡良家子善騎射，補羽林……甘露二年薨，諡曰壯侯。傳子至孫欽，欽尚敬武公主……欽，薨子岑嗣侯……岑坐非子免，國除。元始中，修功臣後，復封充國曾孫伋為營平侯。（《漢書·趙充國傳》）

3. 京兆杜陵廉氏

廉范，京兆杜陵人，趙將廉頗之後也。漢興，以廉氏為豪宗，自苦陘徙焉，世為邊郡守。或葬隴西襄武，故因仕焉。曾祖父褒，成、哀閒為右將軍；祖父丹，王莽時為大司馬庸部牧，皆有名前世。范父遭喪亂，客死於

蜀漢，范遂流寓西州。（《後漢書・廉范傳》）

4. 南陽湖陽馮氏

馮魴，南陽湖陽人也，其先魏之支別，食菜馮城，因以氏焉。秦滅魏，遷于湖陽，為郡族姓。（《後漢書・馮魴傳》）

5. 扶風平陵魯氏

魯恭，扶風平陵人也，其先出於魯頃公，為楚所滅，遷於下邑，因氏焉。世吏二千石。哀、平閒，自魯而徙。祖父匡，王莽時為羲和……（《後漢書・魯恭傳》）

6. 濮陽汲氏

汲黯……濮陽人也，其先有寵於古之衛君也，至黯十世（《史記・汲黯傳》作「七世」），世為卿大夫，以父任，孝景時為太子洗馬……卒後，上以黯故，官其弟仁至九卿，子偃至諸侯相。黯姊子司馬安……四至九卿，以河南守卒，昆弟以安故，同時至二千石十人。（《漢書・汲黯傳》）

7. 魯國孔氏

孔光……孔子十四世之孫也。孔子生伯魚鯉，鯉生子思伋，伋生子上帛，帛生子家求，求生子真箕，箕生子高穿，穿生順，順為魏相；順生鮒，鮒為陳涉博士，死陳下；鮒弟子襄為孝惠博士，長沙太傅；襄生忠，忠生武及安國；武生延年，延年生霸，字次儒；霸生光焉。安國、延年皆以治《尚書》為武帝博士，安國至臨淮太守。霸亦治《尚書》……昭帝末年為博士……（《後漢書・孔光傳》）

8. 龍門司馬氏

司馬氏世典周史。惠襄之閒，司馬氏去周適晉，晉中軍隨會奔秦，而司馬氏入少梁。自司馬氏去周適晉，分散，或在衛，或在趙，或在秦。其在衛者，相中山；在趙者，以傳劍論顯，蒯聵其後也。在秦者名錯……惠王使錯將伐蜀，遂拔，因而守之。錯孫靳，事武安君白起……靳孫昌，昌為秦主鐵官。當始皇之時，蒯聵玄孫卬為武信君將……諸侯之相王，王卬於殷。……昌生無澤，無澤為漢市長。無澤生喜，喜為五大夫……喜生談，談為太史公。（《史記・太史公自序》）

9. 魏郡王氏

王莽自謂黃帝之後，其《自本》曰：……十一世，田和有齊國，世稱王，至王建為秦所滅。項羽起，封建孫安為濟北王。至漢興，安失國，齊人謂之「王家」，因以為氏。文、景間，安孫遂字紀伯……生賀，字翁孺，為武帝繡衣御史……翁孺生禁，字稚君，少學法律長安，為廷尉史。本始三年生政君，即元后也……（《漢書·元后傳》）

10. 隴西李氏

李將軍廣者，隴西成紀人也。其先曰李信，秦時為將，逐得燕太子丹者也。故槐里，徙成紀，廣家世世受射。孝文帝十四年，匈奴大入蕭關，而廣以良家子，從軍擊胡。（《史記·李將軍列傳》）

11. 傿陵尹氏

君諱宙，字周南，其先出自有殷，迄于周世，作師尹赫赫之盛，因以為氏。……世事景王，載在史典。秦兼天下，侵暴大族，支判流僑，或居三川，或徙趙地。漢興，以三川為潁川，分趙地為鉅鏕。故子心騰于楊縣，致位執金吾，子孫以銀艾相繼。在潁川者，家于傿陵，克纘祖業，牧守相亞…（〈尹宙碑〉《漢碑集釋》，頁436-437）

12. 楚固始孫氏

楚相孫君諱饒，字叔敖，本是縣人也，六國時期……（〈楚相孫叔敖碑〉）相君有三嗣，長子即封食邑固始，少子在江陵，中子居三〔缺〕……相君卒後，十有餘世，有渤海太守字武伯，武伯有二子：長子字伯尉；少子字仲尉，仕郡為掾史；伯尉有一子，字世伯，舉江夏孝廉、城門侯；仲尉有二子：長子字孝伯，荊州從事，弟世信仕〔缺二字〕掾功曹。會哀、平之間，宗黨為賊寇所殺，世伯、孝伯、世信〔缺〕各遺一子，財八九歲，微弱不能仕學……（〈孫叔敖碑陰〉《隸釋》卷三，頁4下-8下）

以上十二家都有先漢官宦事蹟可考，但大部分是因子孫於漢代有特殊事蹟而入列史傳，言及先世，其世業才為後人所知。封建世襲是周代以來一個有近千年歷史的傳統，職官相襲，本以為常；戰國由親親而尚賢，官不世及，這種變化是逐漸形成，不是出現於一夜之間。秦尚軍功，蒙恬卻

因「家世」為秦將。項羽季父項梁，梁父項燕，「世世為楚將，封於項，故姓項氏」（《史記·項羽本紀》）。張良的父親、祖父「五世相韓」（《史記·留侯世家》）。

　　尤其重要的是在社會認定的價值和心理上，賢才固為人所重，家世仍是地位的指標。秦末東陽令史陳嬰起兵，從者二萬人，欲立嬰為王，陳嬰母不以為然曰：「自我為汝家婦，未嘗聞汝先古之有貴者。今暴得大名，不祥。不如有所屬，事成猶得封侯，事敗易以亡，非世所指名也。」嬰乃不敢為王，謂其軍吏曰：「項氏世世將家，有名於楚。今欲舉大事，將非其人，不可。我倚名族，亡秦必矣。」於是眾從其言，以兵屬項梁（《史記·項羽本紀》）。陳嬰母所說，不只是她個人的想法，實際上反映了當時一種普遍的心理，以為先世未貴而今一朝而貴，事屬不祥。布衣可為卿相，戰國以來已甚普遍，但貴賤世及，身分地位不可踰越的想法似乎仍籠罩著許多人的心。因此陳嬰想倚世世為楚將的「名族」成事，眾人也都被說服，追隨項梁。秦、楚之際，東方群雄並起，立號為王的除了劉邦之類，還有很多六國公族之後，即因為他們的貴族身分仍具有號召力。

　　以下再舉若干西漢建立後，新興的官宦世家。他們共同的特點是家業的建立都在漢興以後，有的是從龍功臣，有的基於寵幸，有的本於事功，有的學而優則仕，但真能連續仕宦四、五代以上的並不多見：

13. 沛蕭氏

　　蕭何，沛人也……封為鄷侯……悉封何父母兄弟十餘人，皆食邑……孝惠二年，何薨，諡曰文終侯。子祿嗣，薨，無子。高后乃封何夫人同為鄷侯，小子延為筑陽侯。孝文元年，罷同，更封延為鄷侯。薨，無子。文帝復以遺弟則嗣，有罪免。景帝二年，……封何孫嘉為列侯……薨，子勝嗣，後有罪免。武帝元狩中……封何曾孫慶為鄷侯……薨，子壽成嗣，坐為太常犧牲瘦，免。宣帝時……得玄孫建世等十二人，復下詔以鄷戶二千封建世為鄷侯。傳子至孫獲，坐使奴殺人減死論。成帝時，復封何玄孫之子南綉長喜為鄷侯。傳子至曾孫，王莽敗乃絕。（《漢書·蕭何傳》）

14. 任城周氏

周仁，其先任城人也，以醫見……仁乃病免，以二千石祿歸老，子孫咸至大官。（《漢書‧周仁傳》）

15. 溫石氏

萬石君石奮，其父趙人也。趙亡，徙溫。高祖……過河內……以奮為中涓……及孝景即位，以奮為九卿……奮長子建，次甲，次乙，次慶，皆以馴行孝謹，官至二千石……慶方為丞相時，諸子孫為小吏至二千石者十三人。（《漢書‧萬石君石奮傳》）

16. 張歐（郡籍不明）

高祖功臣安丘侯說少子也。孝文時以治刑名侍太子……至武帝元朔中，代韓安國為御史大夫……老篤，請免，天子亦寵以上大夫祿，歸老于家，家陽陵，子孫咸至大官。（《漢書‧張歐傳》）

17. 陳鄭氏

鄭當時……陳人也。其先鄭君嘗事項籍，籍死而屬漢……孝景時，為太子舍人……以官卒。昆弟以當時故，至二千石者六、七人。（《漢書‧鄭當時傳》）

18. 雒陽賈氏

賈誼，雒陽人也……文帝召以為博士……孝武初立，舉賈生之孫二人至郡守。賈嘉最好學，世其家（師古曰：言繼其家業）。（《漢書‧賈誼傳》）

賈捐之，字君房，賈誼之曾孫也。（《漢書‧賈捐之傳》）

又據洮邠父子墓志得知，賈誼玄孫名迪，迪官河東守。（參李獻奇，趙會軍，〈有關賈誼世系及洛陽饑疫的幾方墓志〉，《文博》，5（1987），頁43。）

19. 南陽杜氏

杜周，南陽杜衍人也……列三公，而兩子夾河為郡守……少子延年行寬厚……居九卿位十餘年……諡曰敬侯，子緩嗣……緩六弟，五人至大官，少弟熊歷五郡二千石，三州牧刺史。唯中弟欽官不至最知名……欽子及昆弟支屬至二千石者且十人……欽兄緩前免太常，以列侯奉朝請，成帝時乃薨，子業嗣……傳子至孫絕。

贊曰：張湯、杜周並起文墨小吏，致位三公……俱有良子，德器自過，爵位尊顯，繼世立朝，相與提衡，至於建武，杜氏爵乃獨絕。（《漢書‧杜周傳》）

「畿，漢御史大夫杜延年之後，延年父周，自南陽徙茂陵；延年徙杜陵，子孫世居焉。」(《三國志・杜畿傳》)

20. 杜陵張氏

張湯，杜陵人也，父為長安丞……〔湯〕遷御史大夫……子安世……少以父任為郎……封富平侯……安世子千秋、延壽、彭祖皆中郎將侍中……安世兄賀幸於衛太子，太子敗，賓客皆誅……賀有孤孫霸，年七歲，拜為散騎中郎將……安世子孫相繼，自宣、元以來為侍中、中常侍、諸曹散騎、列校尉者凡十餘人。功臣之世，唯有金氏、張氏親近貴寵，比於外戚。

贊曰：馮商稱張湯之先與留侯同祖，而司馬遷不言，故闕焉。漢興以來，侯者百數，保國持寵，未有若富平者也。(《漢書・張湯傳》)

按：漢人有攀附名人為祖之習。東漢〈張遷碑〉稱遷之先，出自有周，周宣王中興，有張仲，高帝龍興，有張良，文景之間，有張釋之，孝武時有張騫云云(《漢碑集釋》，頁507)。張良、張釋之、張騫僅能說是同宗，馮商謂張湯之先與張良同祖，恐亦只是同宗攀附而已，故司馬遷不言。

張純，京兆杜陵人也，高祖父安世，宣帝時為大司馬衛將軍，封富平侯。父放，為成帝侍中，純少襲爵土，哀平閒為侍中，王莽時至列卿……建武初，先來詣闕，故得復國，五年，拜太中大夫……子奮嗣，官至津城門侯……子吉嗣，永初三年，吉卒，無子，國除。自昭帝封安世，至吉，傳國八世，經歷篡亂，二百年閒，未嘗譴黜，封者莫與為比。(《後漢書・張純傳》)

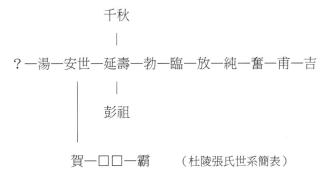

```
                        千秋
                         │
    ？―湯―安世―延壽―勃―臨―放―純―奮―甫―吉
                │                │
              彭祖

    賀―□□―霸      （杜陵張氏世系簡表）
```

21. 琅邪王氏

王吉字子陽，琅邪皋虞人也……昌邑中尉……益州刺史……博士諫大
夫……子駿以孝廉為郎……諫大夫，趙內史，幽州刺史，司隸校尉，少
府，京兆尹，御史大夫，丞相駿子崇以父任為郎，歷刺史，郡守，建平三
年為御史大夫，大司農，左將軍，大司空（《漢書·王吉傳》）

22. 鉅鹿路氏

路溫舒字長君，鉅鹿東里人也，父為里監門……〔溫舒〕遷臨淮太守……
卒於官。溫舒從祖父受曆數天文……子及孫皆至牧守大官。

贊曰：路溫舒辭順而意篤，遂為世家，宜哉！（《漢書·路溫舒傳》）

23. 狄道辛氏

辛武賢，〔酒泉太守，破羌將軍〕，病卒，子慶忌至大官。……少以父任為
右校丞……拜為右將軍諸吏散騎給事中，歲餘，徙為左將軍……長子通為
護羌校尉；中子遵，函谷關都尉；少子茂，水衡都尉出為郡守，皆有將帥
之風。宗族支屬至二千石者十餘人……〔王〕莽遂按通父子，遵、茂兄弟
及南郡太守辛伯等，皆誅殺之，辛氏繇是廢。（《漢書·辛慶忌傳》）

24. 蘭陵蕭氏

蕭望之……東海蘭陵人也，徙杜陵，家世以田為業。至望之，好學……代
丙吉為御史大夫……望之有罪死，有司請絕其爵邑。有詔加恩，長子伋嗣
為關內侯。天子追念望之不忘，每歲時遣使者祠祭望之家，終元帝世。望
之八子，至大官者育、咸、由。……由……遷江夏太守……陳留太守……
大鴻臚……家至吏二千石者六七人。（《漢書·蕭望之傳》）

25. 鄒韋氏

韋賢……魯國鄒人也。其先韋孟，家本彭城，為楚元王傅……自孟至賢五
世。……以詩教授，號稱鄒魯大儒……本始三年，代蔡義為丞相……賢四
子，長子方山，為高寢令，早終；次子弘，至東海太守；次子舜，留魯守
墳墓；少子玄成，復以明經歷位至丞相……玄成兄高寢令方山子安世歷郡
守，大鴻臚，長樂衛尉……而東海太守弘子賞亦明詩，哀帝為定陶王時，
賞為太傅。哀帝即位，賞以舊恩為大司馬車騎將軍，列為三公，賜爵關內

侯……宗族至吏二千石者十餘人。(《漢書·韋賢傳》)

韋彪,扶風平陵人也,高祖賢,宣帝時為丞相;祖賞,哀帝時為大司
馬……族子義……高祖父玄成,元帝時為丞相。初彪獨徙扶風,故義猶為
京兆杜陵人焉。(《後漢書·韋彪傳》)

26. 東海匡氏

匡衡……東海承人也,父世農夫,至衡好學……射策甲科,以不應令除為
太常掌故……建昭三年,代韋玄成為丞相,封樂安侯……衡子昌為越騎校
尉……子咸亦明經,歷位九卿,家世多為博士者。(《漢書·匡衡傳》)

27. 東海于氏

于定國……東海郯人也,其父于公為縣獄史、郡決曹……〔定國〕為廷尉
十八歲,遷御史大夫。甘露中,代黃霸為丞相,封西平侯……子永嗣……
至御史大夫……會永薨,子恬嗣……(《漢書·于定國傳》)

28. 魏郡馮氏

馮勤……魏郡繁陽人也,曾祖父揚,宣帝時為弘農太守,有八子,皆為二
千石……勤祖父偃……乃為子伉娶長妻,伉生勤……初為太守銚期功
曹……期常從光武征伐,政事一以委勤……(《後漢書·馮勤傳》)

29. 南陽卓氏

卓茂……南陽宛人也,父祖皆至郡守。茂,元帝時學於長安……初辟丞相
府史,事孔光……封褒德侯……復以茂長子戎為太中大夫,次子崇為中
郎,給事黃門……子崇……官至大司農,崇卒,子棽嗣;棽卒,子訢嗣;
訢卒,子隆嗣。永元十五年,隆卒,無子,國除。(《後漢書·卓茂傳》)

30. 杜陵蘇氏

蘇建,杜陵人也,以校尉從大將軍青擊匈奴,封平陵侯。……有三子:嘉
為奉車都尉;賢為騎都尉;中子武最知名……〔武有一子在匈奴〕後通國
隨使者至,上以為郎,又以武弟子為右曹。(《漢書·蘇建傳》)

蘇章……扶風平陵人也,八世祖建,武帝時為右將軍,祖父純……永平
中,為奉車都尉竇固軍……封中陵鄉侯,官至南陽太守……章……順帝
時,遷冀州刺史……兄曾孫不韋……〔不韋〕父謙……累遷至金城太

守……郡守使不韋迎〔張〕賢，即時收執，并其一門六十餘人盡誅滅之，諸蘇以是衰破。（《後漢書·蘇章傳》）

31. 涿郡崔氏

崔駰……涿郡安平人也，高祖父朝，昭帝時為幽州從事……擢為侍御史。生子舒，歷四郡太守，所在有能名。舒小子篆，王莽時為郡文學……舉為步兵校尉……時篆兄發以佞巧幸於莽，位至大司空……後以篆為建新大尹……篆生毅，以疾，隱身不仕。毅生駰。（《後漢書·崔駰傳》）

32. 魯國史氏

史丹……魯國人也，徙杜陵。祖父恭有女弟，武帝時為衛太子良娣……宣帝微時依倚史氏……自元帝為太子時，丹以父高任為中庶子，侍從十餘年……有子男女二十人，九男皆以丹任並為侍中諸曹，親近在左右，史氏凡四人侯，至卿大夫二千石者十餘人，皆訖王莽乃絕。（《漢書·史丹傳》）

33. 扶風班氏

班彪……扶風安陵人也，祖況，成帝時為越騎校尉；父稚，哀帝時為廣平太守……（《後漢書·班彪傳》）

班氏之先……令尹子文之後也……秦之滅楚，遷晉、代之間，因氏焉。始皇之末，班壹避墜於樓煩，致馬牛羊數千群。值漢初定，與民無禁，當孝惠、高后時，以財雄邊。壹生孺，孺為任俠……孺生長，官至上谷守。長生回，以茂才為長子令。回生況，舉孝廉為郎……入為左曹越騎校尉……況生三子：伯、斿、穉。伯少受詩於師丹……拜為中常侍……遷奉車都尉……定襄太守……上徵伯，伯上書願過故郡上父祖冢，有詔，太守都尉以下會。因召宗族，各以親疏加恩施，散數百金，北州以為榮……斿博學有俊材……遷諫大夫，右曹中郎將，與劉向校秘書……穉少為黃門郎中常侍……哀帝即位，出穉為西河屬國都尉，遷廣平相……穉生彪……（《漢書·敘傳》）

34. 弘農楊氏

楊震……弘農華陰人也，八世祖喜，高祖時有功，封赤泉侯；高祖敞，昭帝時為丞相，封安平侯；父寶，習歐陽尚書，哀平之世，隱居教授……

（《後漢書・楊震傳》，其詳見王先謙補注）

35. 琅邪伏氏

伏湛……琅邪東武人也，九世祖勝，字子賤，所謂濟南伏生者也；湛高祖
父孺，武帝時，客授東武，因家焉。父理，為當世名儒，以詩授成帝，為
高密太傅，別自名學。湛性孝友，少傳父業，教授數百人，成帝時，以父
任為博士弟子，五遷，至王莽時為繡衣執法……（《後漢書・伏湛傳》）

36. 廣川董氏

董仲舒，廣川人也，少治春秋，孝景時為博士……年老，以壽終於家。家
徙茂陵，子及孫皆以學至大官。（《漢書・董仲舒傳》）

37. 東海翼氏

翼奉……東海下邳人也，治齊詩，與蕭望之、匡衡同師。……以中郎為博
士、諫大夫，年老以壽終，子及孫皆以學在儒官。（《漢書・翼奉傳》）

38. 魯國夏侯氏

夏侯始昌，魯人也，通五經，以齊詩、尚書教授……時昌邑王以少子愛，
上為選師，始昌為太傅。……族子勝亦以儒顯名……勝復為長信少府，遷
太子太傅……勝子兼為左曹太中大夫，孫堯至長信少府、司農、鴻臚；曾
孫蕃郡守、州牧、長樂少府；勝同產弟子賞為梁內史；子定國為豫章太
守，而〔勝從父子〕建子千秋，亦為少府、太子少傅。（《後漢書・夏侯始昌
傳》）

　　西漢的世宦之家並未盡列於此。以上所能考知的絕大部分不過是能夠
進入《史記》、《漢書》或《後漢書》列傳的人物。他們大部分曾擔任較高
或較重要的官職，或曾有較引起史家注意的事功。因而他們家族的命運也
較容易受到當朝者喜怒和政局變動的影響。像張湯一族能如此綿延不絕，
「保國持寵」達八世之久，班固和范曄都不禁要驚嘆。

　　以上的例子中，也有不少世宦的情形語焉不詳，或世代並不連續。這
有許多可能。一個可能是缺少適當的宗族子弟入仕，另一個可能是史書刪
削、省略。最好的例子是趙充國。將《漢書・趙充國傳》和趙寬碑作一對
比，就可以知道有多少世宦的資料輕輕地被史臣刪削掉了。

其次，記載中的先世，也有可能是攀龍附鳳。例 20 提到的張遷碑攀附同宗就是例子。又同族不一定始終聚居，有時分成數支，分徙各地，如上黨馮氏、龍門司馬氏、僑陵尹氏。分徙後的族人，也不一定歸葬舊塋而在新的據點，開始經營新的族居和族葬生活。

另外值得注意的是，上列人物的記述，雖以某人及其子孫的仕宦為主，實際上一個人的宦海浮沉，關係的不只是一「家」，而是整個「宗族支屬」，甚至賓客在政治、經濟上的利害禍福。賓客暫且不談，以宗族而言，《漢書・楚元王傳》：「宗人以〔劉〕德得官宿衛者二十餘人」；江充遷水衡都尉，「宗族知友多得其力者」（《漢書・江充傳》）；文帝即位時，「發御府金賜大臣宗族，亡不被澤者」（《漢書・賈山傳》）。在經濟上，仕宦得意之人，分施宗族親戚從西漢以來一直是如此（如見《漢書》〈張湯傳〉、〈楊惲傳〉、〈疏廣傳〉）。大臣一朝有罪，以親疏連坐，牽連的也會是整個宗族，其例甚多，不再一一細述。

那些離權力核心較遠，秩位較低，世世為刀筆吏的家族，因較不受政局的波及，反而較有可能長久維持。西漢官僚吏員自佐史至丞相達十二萬二百餘人（《漢書・百官公卿表上》），無印綬和秩祿較低的吏占其中的絕大部分。[45] 他們世世為吏的情形恐怕比上層宦族還要普遍。即以治獄為例，就有「家世獄官」的（《後漢紀・光武皇帝紀》）。秦漢以法為治，治獄為地方大小官吏的重要工作，而秦漢律令又極為繁複，治獄幾成專門之學。[46]雲夢秦簡的發現已清楚證明治獄工作在地方的重要性。依雲夢秦律〈內史雜〉的一條規定，只有「史子」，也就是文書吏之子，才可以入學室學習。

---

45 如《續漢書・百官志》注引《漢官》曰：雒陽令秩千石，丞三人四百石，孝廉左尉四百石，孝廉右尉四百石。員吏七百九十六人，十三人四百石。鄉有秩、獄史五十六人，佐史、鄉佐七十七人，斗食、令史、嗇夫、假五十人。官掾史、幹小史二百五十人，書佐九十人，循行二百六十人。在雒陽令下，員吏七百九十六人中，佐史、斗食以下吏即占六百。同樣的情形亦見於河南尹，不俱引。

46 邢義田，〈秦漢的律令學〉，《秦漢史論稿》（臺北：東大圖書公司，1987），頁 247-316。

《睡虎地秦墓竹簡》的注釋說：「古時以文書為職務的史每每世代相傳」。[47]
這種認識完全正確。

其實恐怕不限於文書之史，一般小吏都是如此。東漢初任延為武威太守，「造立校官，自掾史子孫皆令詣學受業」（《後漢書·循吏傳》），這就包含郡縣各曹史的子孫了。任延的作法從秦律可知是其來有自。前引湖北江陵張家山西漢初墓出土的《二年律令》中有所謂的〈史律〉，規定史、卜、祝之子學成之後要參加太史、太卜和太祝舉行的考試，依成績行獎懲和分配工作。[48] 除了學校，父子相承習法，在西漢不乏其例：于定國「少學法于父，父死……亦為獄吏、郡決曹」（《漢書·于定國傳》）；嚴延年父為丞相掾，延年少學法於丞相府（《漢書·酷吏傳》）；張湯父為長安丞，湯自小耳濡目染，其劾鼠掠治，傳爰書、鞫、論報，在司法程序和文辭上，一「如老獄吏」（《漢書·張湯傳》）；西漢末王霸家「世好文法」，祖父為詔獄丞，父為郡決曹掾，霸少時亦為獄吏（《後漢書·王霸傳》）。到了東漢，更有了郭躬、陳寵、吳雄、鍾皓等有名的法律世家。南齊時崔祖思回顧漢代的治律之家，曾說：「漢來治律有家，子孫並世其業」，他認為「苟官世其家，而不美其績，鮮矣」。[49]「治律有家」用漢代的話來說就是治律「世家」。

除世家之外，漢代還有「世吏」一詞，指的也是世世為官為吏。《漢書·趙廣漢傳》謂：廣漢「所居好用**世吏子孫**，新進年少者，專厲彊壯氣，見事風生，無所回避」。漢有世吏二千石之家，但這裡的世吏子孫是世世為掾史一類吏的子孫。兩漢地方吏職事實上有不小的一部分即操控在這些世吏子孫之手。[50] 西漢中期以後，儒術漸興，以儒經為家業，世世相

47　《睡虎地秦墓竹簡》（北京：文物出版社，1990），頁63：「令史毋從事官府。非史子，毋敢學學室，犯令者有罪。」

48　張家山二四七號墓竹簡整理小組，《張家山漢墓竹簡（二四七號墓）》，頁203-205。

49　邢義田，前引文，頁291-295；《南齊書·崔祖思傳》。

50　《後漢書·循吏傳》孟嘗條：「會稽上虞人也，其先三世為郡吏」；〈王允傳〉：「世仕州郡為冠蓋」可為例。地方世吏之家又往往是地方上的大姓豪族，這種情況在東漢尤為明顯，可參勞榦，〈漢代的豪彊及其政治上的關係〉，《慶祝李濟先生七十榮慶論文集》（1967），頁31-51；池田雄一，〈中國古代における郡縣屬吏制の展開〉，《中國古代史研究》（東京：雄山

傳的很多，〈儒林傳〉所載，大家耳熟能詳，這裡不再多說。總之，不論律令或經學，在漢代都以家學形式相傳，基本上都受到家族世業這個大傳統的影響。

四 結語：古代宗族社會的延續

根據以上的討論，也許可以暫時得到一個結論，即中國古代社會最基礎的宗族或家族，在居住形式和生活手段上有十分強烈的延續性。從新石器時代開始，以血緣關係為主的群體，不論稱之為氏族、宗族或家族，即維持著聚族而居，族墓相連，生業相承的生活。

依考古資料而論，居住區、墓葬區與生產區相連的遺址發現，從新石器時代可以延續到西漢。春秋戰國時期的變法，看似為歷史塑造新貌，實際上有些是朝向回復傳統而努力。例如齊管仲的鄉邑什伍之制，是頗有意借新的行政組織，強化舊聚落共同體的精神，達到強兵稱霸的目的。列國為控制人口，都企圖扭轉遷居改業的現象，並恢復舊聚落不遷居，不改業的傳統。秦國變法最為徹底，但對族姓聚居的傳統聚落，並沒有完全破壞。封建世襲的貴族雖已遠去，但作為封建制基礎的宗族制並未完全動搖。在進入郡縣時代以後，個別的小家庭不論高宦或平民，在相當程度上仍維持著同族聚居，同族而葬，家業相承的生活方式。

秦漢一統，動亂結束。家族或宗族得以長期聚居，在安定中不斷繁

閣，1976），頁 319-344；東晉次，〈後漢時代の選舉と地方社會〉，《東洋史研究》，46：2（1987），頁 33-60。我相信西漢地方吏職也可能是由地方若干有勢力的家族壟斷，但證據十分缺乏。寇恂是上谷昌平人，「世為著姓，恂初為郡功曹，太守耿況甚重之」（《後漢書・寇恂傳》），這是西漢末，王莽時之一例。許師倬雲據何武兄弟五人皆為郡吏為例，認為昭帝以後，有些大姓的勢力已在郡國中形成，每一地區由幾家把持，這幾家又可能延續幾代，變成所謂世族大姓。參所著〈西漢政權與社會勢力的交互作用〉，《中央研究院歷史語言研究所集刊》，35（1964），頁 278-281。

衍，又因家業世承，利害與共，墳墓相連，祭祀同福，同族意識得以增強，族的力量也就日趨強大。西漢政府雖曾力圖打壓大姓豪族，實際上效果有限。莽末群雄起事，一個主要的力量就是地方的大姓豪族；東漢以後，「世族」勢力更上層樓，終於發展成魏晉至隋唐那樣的貴族社會。[51] 這可以說是千百年來一個以宗族為基礎的社會不斷延續發展的結果。

不過，這裡有必要指出，族居、族葬和世業相承的情形在上層的統治階層表現得較為清楚，我們對周至秦漢社會底層平民的情形所知畢竟太少。西漢成帝鴻嘉四年春正月詔中有幾句話說：「數敕有司，務行寬大，而禁苛暴，訖今不改。一人有辜，舉宗拘繫，農民失業，怨恨者眾…」（《漢書·成帝紀》）所謂「舉宗拘繫，農民失業」云云，這已是一條難得的材料，表明西漢農民也是宗族聚居，一旦有罪，舉宗受到牽連。《漢書·韓延壽傳》曾提到韓延壽守左馮翊時，行縣至高陵，民有昆弟相與訟田，延壽為之不聽事，屬下及鄉官也為之自繫待罪，於是「訟者宗族傳相責讓，此兩昆弟深自悔」云云。這是西漢關中地區平民有宗族，較清楚的一個例證。我相信各地情況一定有差別，平民是否都族居、族葬，情況並非各地一律。

其次，可以想見的是一般的平民即使有族，大概也不可能像封建貴族那樣有大、小宗的龐大細密的組織。他們如果缺乏特殊的機緣和運氣，作為大多數人口的小農之家，要長期聚居在一地，發展成為生業世承，聚族

---

51 1957 年，童書業先生在一篇〈論宗法制與封建制的關係〉的論文裡（見《歷史研究》，8（1957），頁 63-74）曾有以下一段結論：「戰國以後，由於領主制的轉化，許多貴族下降，一部分庶人上升，形成新興的地主階級。這一階級的人數是相當眾多的，包括大、中、小的土地所有者。這些新興地主們，模仿古代貴族階級的『宗法』制度，他們也聚族而居起來。甚至一般農民漸有聚族而居的現象。就普遍化講，戰國以後的『宗法』制度，可能反比上古時代發展，發展的頂點就是魏晉南北朝。」我雖然不完全同意童先生的某些論證，但是他在五十年前發表的看法，很有啟發性，值得參考。愚意以為從兩周到秦漢最大的發展，換個角度看，似乎不在封建制的崩潰或消失，而在將原本由統治貴族獨占的制度，向下延伸擴大發展成為一個包括下層庶人在內的制度。換言之，封建制不曾消失，而是因勢變化，擴大發展。茲事體大，須要專文詳論。

而葬的大族不是容易的事。[52] 天災、人禍每使人口流散。像客、部曲一類的依附人口，或地位更卑下的奴婢，每因年成或動亂，先後大量地存在於兩漢的社會中。他們談不上族人，談不上世業，死後除了一堆黃土，魂魄恐怕是沒有祖塋可以依附的。那麼，到底有多少百姓是聚族而居？又有多少像朱鳳瀚先生所說不一定聚族，甚至是以獨立的「家」居於里中呢？[53] 不同的時代又有多少變化？恐怕須要有更多像遼陽三道壕和河南內黃三楊莊這樣的漢代村落遺址發掘和研究以後，才能有進一步討論的依據。[54]

82.6.12 初稿，84.5.5 改稿，93.11.6 訂補

附記

本文原宣讀於 1993 年 7 月 14 日至 21 日在西安召開之周秦文化會議。會中多承袁仲一、孫守道、韓偉、呼林貴、田亞歧先生提供資料；會後又承許倬雲師、蕭璠、黃清連兄指教，得以修正缺失，補充資料，謹此誌謝。

52　漢代地方上已見數百戶聚居的大姓。如景帝時濟南瞷氏宗人有三百餘家。（《漢書‧酷吏傳》）像唐玄宗時太原水散村一村「一千五百家皆姓李」，這樣的情況則似乎尚不見於漢代。參劉緯毅，《漢唐方志輯佚》（北京：北京圖書館出版社，1997），頁 374 引唐李璋撰，《太原事迹雜記》。

53　朱鳳瀚，《商周家族形態研究》（增訂版），頁 475-477、549-551。

54　聚落考古，相對而言，是中國古代考古發掘和研究較為薄弱的一環。幸喜這個問題已有越來越多的學者注意並投入工作。例如許宏，《先秦城市考古學研究》（北京：燕山出版社，2000）指出：「對城市起源的探究不局限於城址本身，而是著眼於中國史前時期聚落形態這一大的範疇。」（頁 7）朱鳳瀚在前引書中討論商周家族形態，已與居住形式和聚落問題掛勾。較新一篇討論聚落形態相關類型和分析架構的有王巍的〈聚落形態研究與中華文明探源〉（《文物》，5（2006），頁 58-66）。個人深深希望除了文明起源階段的聚落和都城，秦漢以降的聚落也能在不久的將來，有系統和計畫性地成為考古項目。近日河南省文物考古研究所和河南省內黃縣文物局出版了內部資料《三楊莊漢代遺址》（2007），十分可喜。希望原遺址能全面發掘並保留，早日刊布正式發掘報告。

再記

拙文在修訂過程中得讀朱鳳瀚先生大作《商周家族形態研究》（增訂版）（北京：天津古籍出版社，2004）。此書體大思精，細緻深入，讀之獲益匪淺。拙文本應據以翻修，唯工程浩大，一時不及，只得在相關之處，附注朱書意見，請讀者自行參考。拙文發表後，趙沛先生曾有商榷，這裡也不及回應。請大家參讀趙沛，《兩漢宗族研究》（濟南：山東大學出版社，2002）。

原刊《新史學》，6：2（1995），頁 1-44，修訂稿收入《臺灣學者中國史研究論叢》（北京：中國大百科全書出版社，2005），〈家族與社會〉篇，頁 88-121；96.6.26 再訂；111.2.16 三訂

漢代的父老、僤與聚族里居
──〈漢侍廷里父老僤買田約束石券〉讀記

一 石券的發現與內容

　　歷史文物每於無意中毀滅，亦於無意中得之。「漢侍廷里父老僤買田約束石券」是得之於無意的一個例子。1973 年，河南偃師縣緱氏鎮鄭瑤大隊南村的民眾在整地時，偶然在地表下約七十公分處掘到了一方石券。掘出後，置於倉庫，直到 1977 年才有文物管理人員加以清理摹拓。根據報導，這方石券略呈長方形，高 1.54 公尺，寬 80 公分，厚 12 公分。全石均未經打磨，字刻在不很平整，粗製過的石面上。石券底部呈不甚規則的三角形，正面陰刻隸書十二行二百一十三字。字大小不等，最大的約 6 × 8 公分，最小的 5 × 2 公分。字排列不很整齊，一行最多廿七字，最少的十四字。報導中說「字迹基本清楚，整篇文字可以通讀」。[1] 但從發表的兩種釋文看來，有闕不能釋和釋讀認定不同的地方。發表的拓片圖版更多模糊不清之處。[2] 近日在網路上反而看到較清晰的拓本及原石照片（圖 1.1-2）。[3]

　　石券釋文，現有黃士斌、寧可和俞偉超三家。1992 年 10 月 14 日，我到偃師商城博物館有幸見到原石，作了若干筆記。現據考察原石筆記，核

1　黃士斌，〈河南偃師縣發現漢代買田約束石券〉，《文物》，12（1982），頁 17-20；寧可，〈關於漢侍廷里父老僤買田約束石券〉，同上，頁 21-27；俞偉超，《中國古代公社組織的考察──論先秦兩漢的單─僤─彈》（北京：文物出版社，1988）。

2　同上，黃士斌，頁 18。拓本又見俞偉超，同上，圖 50、51，頁 115-126。

3　圖 1.1-2 採自 http://bbs.sssc.cn/thread-5854764-1-1.html、http://blog.sina.com.cn/s/blog_669a23 920101eaij.html（2016.5.4 上網）。

圖 1.1　父老僤石券原石

圖 1.2　拓本　自右起第七行下有「于」字

圖 1.3　容田

圖 1.4
父？老？

圖 1.5
左中業？

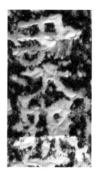

圖 1.6　尹大孫

圖 1.7　尹中功

以上採自網路

古月集：秦漢時代的簡牘畫像與政治社會
　　──卷三　皇帝、官僚與社會

對拓本，先將券文重錄如下，再對釋文提出若干商榷，就教於讀者。

(1) 建初二年正月十五日，侍廷里父老僤祭尊

(2) 于季、主疏左巨等廿五人，共為約束石券里治中。

(3) 迺以永平十五年六月中，造起僤，斂錢共有六萬

(4) 一千五百，買田八十二畝。僤中其有訾次

(5) 當給為里父老者，共以容田借與，得收田

(6) 上毛物、穀實自給；即訾下不中，還田，

(7) 轉與當為父老者，傳後子孫以為常。

(8) 其有物故，得傳後代戶者一人。即僤

(9) 中皆訾下不中，父老季、巨等共假賃

(10) 田，它如約束。單侯、單子陽、尹伯通、錡中都、周平、周蘭

(11) 〔父〕？〔老〕？周偉、于中山、于中程、于季、于孝卿、于程、于
伯先、于孝、

(12) 左巨、單力、于稚、錡初卿、左中〔業？〕、于思、錡季卿、尹大孫、
于伯和、尹中功

石券第五行「容田」，黃、寧兩家作「客田」，俞偉超作「容田」，從字形看，以作「容」為是。隸書「客」、「容」二字易混。《論語・鄉黨》：「寢不尸，居不容」，唐寫本《論語鄭氏注》作「居不容」，唐開成石經則作「居不客」就是著名的例子。俞書附有「容田」二字放大照片（頁120）可參。又本文所附拓本「容田」二字十分清晰（圖1.3）。第六行「穀實」的「實」字，第十行「它如約束」的「它」字，拓本都很清楚。黃士斌分別釋為「食」、「也」，欠妥。第十一行頭兩個字，黃、寧皆釋作「父老」。寧釋在這兩字旁加了問號。從拓本看來，這兩字的確不易辨識（圖1.4）。從第十行「它如約束」以後到十二行券末是一連串的人名，為何中間插入「父老」兩字？不好解釋。父老二字周邊其他的字跡都很清楚，唯獨此二字漫漶，且此二字之石面較為凹下，我懷疑是誤刻，被有意削去而後補刻二字。[4] 此

---

4 漢碑刻字脫誤之例甚多，如張遷碑誤「暨」一字為「既且」二字，張景碑脫「月」字，參高

外券文最末一行第十四、十五字疑應為「于思」兩字，黃、寧釋文皆作「王思」。就現存拓本而言，字形看起來確實更像王思，但我懷疑王字最後一橫劃右半也有可能是裂紋造成。因為券中人物沒有一位姓王，姓于的最多。俞偉超改釋「于思」，似比較可能。此外，我發現從右側算起第七行底部，在距右側邊緣 40 公分，自石頂算下 112 公分處，另刻有一字跡較小的「于」字。這個于字在《文物》1982 年 12 期發表的拓影上無法看出，但在俞偉超先生《中國古代公社組織的考察》一書圖五十一（頁 116）卻清晰可見（又見本文圖 1.2）。為何會出現一個與正文不相連的「于」字？還待解索。又券文最後一行第十字「左」以下，黃士斌釋作「伯□□王思」，寧可釋為「中〔文〕□王思」，俞偉超作「中文（?）于思」。這一差異，參觀時沒注意。現據拓本可以肯定的是「于思」之前有一較大的字。這字以前大家認為是「中」字，其下另有不可釋的一字，但我懷疑所謂的「文」並不是「文」，其上端還多幾點，類似「業」字的上部。這部分如和其下不可釋之字合而觀之，或即「業」字（圖 1.5）。此碑刻字大小不定，石面又不平整，拓本上的筆劃和石面刻紋時而交雜難分，有時須斟酌前後文，才好判定。如釋為「左中業」，其前後都是二或三字的人名，文句即順暢無礙。又最末一行的人名「尹太孫」，我一度從前人舊釋，實應作「尹大孫」（圖 1.6）。漢代碑、簡「太」字多寫作「大」，讀作「太」。此碑寫作「大」，仍以釋為「大」為宜。又最後一個人名我曾以為是「尹明功」，據拓本作「尹中功」較妥（圖 1.7）。

　　這方石券出土是一項極有意義的發現。它對認識漢代的地方組織、地價、土地所有權的型態，土地經營方式以及聚族里居的情形等都有幫助。石券的大意是說：東漢章帝建初二年（西元 77 年）正月十五日，侍廷里于季等二十五位父老僤的成員，在里辦公室中（里治中）共同訂立這個約束石券。石券涉及他們在明帝永平十五年（西元 72 年）六月中組織父老僤時，湊錢六萬一千五百所買的八十二畝田地。現在約定凡僤中成員有因貲次

文，《漢碑集釋》（開封：河南大學出版社，1985），頁 238，注 12；頁 512，注 15。

（貲產多寡之次），當為里父老的，可以借用僤中的田經營，以收穫的穀實等物，[5] 供給開銷。如果家貲不足，不夠格當父老，須要將田交出，轉給其他擔任里父老者。這些田就這樣子子孫孫的傳下去。如果僤中的成員有過世的，由他的後代接替，每戶一人。如果僤中的成員都因不中貲，不夠父老的資格，于季、左叴等人可將田租出去。約文之後刻上立約二十五人的名字。

　　于季是這個組織的領袖，稱為祭尊。左叴地位次於他，任「主疏」之職。主疏也就是主書，似掌文書之事。《漢官儀》謂：「秦代少府遣吏四人在殿中，主發書，故號尚書。尚猶主也。漢因秦置之。」從「尚猶主也」，可知主書亦尚書之意。又「疏」字與疏、疎、踈、書字通。《隸辨》已辨之甚明。[6]《後漢書·鄭弘傳》：「楚王英謀反發覺，以疏引既」，李賢注：「疏，書也。」《太平經》卷一一〇〈大功益年書出歲月戒〉：「簿疏善惡之籍」，蒼山元嘉元年畫象石墓題記則有「薄疎郭中畫觀」一句，「簿疏」、「薄疎」意為「簿書」，皆為動詞，意思是說——記錄善惡之籍和墓槨中的圖畫；石墓題記在這一句之後，接著就記述一幅幅的圖畫。[7] 池田溫《中國歷代墓券略考》在這一題記「薄疏」二字旁所加注釋正是「簿疏」二字（頁214）。漢代有尚書，有主簿，石券上又有主疏，它們的意思應都類似。關於地價、土地所有權的問題，黃、寧二氏已有討論，下文僅就父老、僤和聚族里居三點略抒管見。

---

5 按毛物又見建寧四年孫成買地券「根生土著毛物」（池田溫，〈中國歷代墓券略考〉，東京大學東洋文化研究所，《創立四十周年記念論集》，1981，頁219）；《居延新簡》（北京：中華書局，1994）EPT40:38：「車祭者占牛馬毛物黃白青，以取婦嫁女祠祀遠行入官遷徙初疾」。《公羊傳》宣公十二年：「錫之不毛之地」，何休注：「境堘不生五穀曰不毛」。《穀梁傳》定公元年：「毛澤未盡」，邵曰：「凡地之所生，謂之毛。」

6 顧南原，《隸辨》（北京：北京中國書店景印康熙玉淵堂刻本，1982）卷六，頁8下。

7 參李發林，《山東漢畫象石研究》（濟南：齊魯書社，1982），頁95。李氏將這一句釋為「綿薄粗陋的廓室中有畫觀」（頁96），疑非是。方鵬鈞、張勛燎，〈山東蒼山元嘉元年畫像石題記的時代和有關問題的討論〉，《考古》，3（1980），頁273，已指出其誤。

二 父老

這方石券的發現使我們第一次知道漢代地方有父老僤這樣的組織。要談這個組織，或應先談談父老。過去討論秦漢鄉里組織的學者，或者將「父老」當作一個代表特定身分的專名，或者認為與「三老」不同，只是對年高德劭者的泛稱。現在根據這方石券可以肯定「父老」指里父老，應為專名，指有一定貲產的里中領袖。秦漢里中的領導人物有里正和父老。為了避始皇諱，秦代里正稱為里典。秦簡中典、老常常並舉。里中發生事端，典、老經常一起出面，共同處理；處理不當，則受到相同的處罰，例如：

> 匿敖童，及占（癃）不審，典、老贖耐。百姓不當老，至老時不用請，敢為酢（詐）偽者，貲二甲；典、老弗告，貲各一甲……傅律。[8]

> 賊入甲室，賊傷甲，甲號寇，其四鄰、典、老皆出不存，不聞號寇，問當論不當論？審不存，不當論；典、老雖不存，當論。[9]

> 甲誣乙通一錢，黥城旦辠（罪），問甲同居、典、老當論不當論？不當。[10]

討論秦簡的學者大多根據《韓非子‧外儲說》右下：「秦昭王有病，百姓里出一牛，而家為禱。王覘其里正與伍老，屯二甲」一段，將「典、老」解釋成「里典」和「伍老」。[11] 里典不成問題，伍老卻值得再商榷。因為《韓非子》的「里正與伍老」可以說是一條孤證。「伍老」的說法不見於其他秦漢的文獻，而父老卻常見。茲舉幾個常見的例子：

1. 《漢書‧高帝紀》：「父老乃帥子弟共殺沛令」。
2. 《漢書‧陳平傳》：「里中社，平為宰，分肉甚均。里父老曰：『善，陳孺子之為宰。』」

8　《睡虎地秦墓竹簡》（北京：文物出版社，1978），頁143。

9　同上。

10　同上。

11　例如，《睡虎地秦墓竹簡》，頁143；高敏，《雲夢秦簡初探》（鄭州：河南人民出版社，1979），頁220-221。高敏說：「『伍老』確見於秦律」（頁221）並無根據，秦律只見「典、老」用法，從未出現「伍老」一詞。

3. 《漢書・食貨志》:「二千石遣令長、三老、力田及里父老善田者受田器,學耕種養苗狀。」

4. 《漢書・于定國傳》:「始定國父于公,其閭門壞（師古曰:閭門,里門也）父老方共治之。」

5. 《漢書・張敞傳》:「敞既視事,求問長安父老,偷盜酋長數人。」

6. 《漢書・循吏傳》: 黃霸為潁川太守,「置父老、師帥、伍長,班行之於民間。」

7. 《漢書・酷吏傳》:「尹賞為長安令……乃部戶曹掾史與鄉吏、亭長、里正、父老、伍人,雜舉長安中輕薄少年惡子。」

8. 《後漢書・光武帝紀》:「建武三年……大會故人父老。」

9. 《後漢書・劉寬傳》:「見父老,慰以農里之言。」

10. 《居延漢簡》:□　　　　　□□里父老□□□
    　　　　　　　□秋賦錢五千　正安釋□□
    　　　　　　　□
    　　　　北　　　　　　嗇夫食佐吉受（526.1A）

從頭兩個例子可以知道秦時有父老。第二個例子更明白稱為里父老。私意以為秦簡中「典、老」的「老」以作「父老」解較為妥當。從秦到東漢,父老一直是里中的領袖。里以上的鄉、縣、郡另有三老,與里父老名稱不同。至今還不曾見秦漢有里三老的例子,[12] 也未見「伍老」的說法。這方石券為漢代里父老之為專名一事提供了最確切的證據。

黃士斌和寧可皆根據石券有關里父老家貲的規定,認為漢代「改變了

---

12 寧可在前引文中以及他另一篇作品〈漢代的社〉(《文史》,9(1980)),註 17 中將里父老與三老當作一回事。他引《漢書・元后傳》:「翁孺既免……乃徙魏郡元城委粟里,為三老。魏郡人德之」一段證「父老」也可逕稱「三老」(見〈漢代的社〉,頁 13 註 17)。其實這有商榷的餘地。從「魏郡人德之」可知翁孺似非委粟里之里三老,而是魏郡之郡三老。漢有郡三老,參《後漢書・王景傳》:「父閎為郡三老。」又《後漢書・明帝紀》:「常山三老言於帝曰……」常山為郡,是亦為郡三老。

先秦時里父老由鄉中德高望重的人充任的作法」。[13] 實則石券所記並不能推翻里中推選年高德劭者為父老的說法，頂多補充了這個說法的不足：即父老在年齡和德性的條件之外，還要看中不中貲。《公羊傳》宣公十五年何休注謂：「（里）選其耆老有高德者名曰父老；其有辯護伉健者為里正。」何休此注本在宣揚一種井田制的理想。但是他提到的父老和里正卻有漢代的影子，並不是純然虛構。武帝建元元年夏四月己巳詔曰：「古之立教，鄉里以齒，朝廷以爵，扶世導民，莫善於德。然則於鄉里先耆艾，奉高年，古之道也。」[14] 鄉里以齒，不但是古之道，也是漢之道。劉邦於漢初擇民年五十以上為鄉三老，是三老須年高者為之。[15] 西漢屢有尊高年，賜帛之舉。[16] 近年江蘇尹灣西漢東海郡功曹史墓所出土的木牘文書上明白統計西漢晚期東海郡七十歲以上老者受王杖人數。年七十者受王杖，享有各種特權。1959 年，武威磨嘴子漢墓所出王杖十簡，將受王杖者的特權一一列舉：他們得出入官府，見到官吏不必小跑步（不趨），可行於馳道旁道；有人敢妄加毆罵者，比之大逆不道。[17] 這些簡是西漢成帝時物，簡上明說賜王杖之制始於高祖。東漢尊高年依舊。據《續漢志》，授王杖是仲秋案比時之常舉。明帝以後更有養三老、五更之儀，「用其德行年耆高者一人為老，次一人為更」（〈禮儀志〉）。尊高年有德者，蓋以其為百姓之表率領袖。《白虎通》卷上謂：「教民者皆里中之老而有道德者」，是理想，也是寫實。東漢里父老人選恐不會棄年高與有德者，而僅以家貲為條件。蔡邕《獨斷》謂：「三老，老謂久也，舊也，壽也。皆取首（「首」或作「有」）妻男女完具者。」據蔡邕之說，要當三老，還必須是有妻小的人才夠資格。[18]

13　黃士斌，前引文，頁 19；寧可，前引文，頁 21-22。

14　《漢書‧武帝紀》。

15　《史記‧高祖本紀》。

16　參徐天麟，《西漢會要》（臺北：九思出版公司，1978）卷 48，「尊年高」條。

17　郭沫若，〈武威王杖十簡商兌〉，《考古學報》，2（1965），頁 117。

18　按《太平御覽》卷 535（臺北：商務印書館景印靜嘉堂文庫藏宋刊本，1997 七版）引作「三老五更皆取有妻男女完具者」；「有妻男女完具者」七字可參。

父老和里正在秦漢基層社會中的意義將在「聚族里居」一節中再作討論。

三 僤

　　黃士斌和寧可舉出不少證據，說明僤是一種組織。僤和單、墠、禪、壇、彈音義相通。[19] 漢印中有「東僤祭尊」、「酒單祭尊」、「孝子單祭尊」、「宗單祭尊」、「萬歲單三老」、「益壽單祭酒」等印。[20] 出土磚銘有「宣仙宜世彈休之藏永元二年始造」。[21] 從父老僤的例子看來，這些東僤、酒單、孝子單、宗單等可能都是為特定目的而組織的團體。由於「宜世彈」磚出土於墓室，從名稱上看，我懷疑「孝子單」、「萬歲單」和「益歲單」，很可能是和喪葬有關的組織。[22] 這些團體的領袖有祭尊、祭酒、三老等不同的名稱。過去由於大家不清楚僤是什麼，難免會有誤會。例如陳直就誤以「萬歲單三老」的三老為縣、鄉之三老。[23] 雖同為三老，現在我們知道單之三老和縣、鄉三老實為兩回事。《隸釋》卷五「酸棗令劉熊碑」又卷十五「都鄉正衛彈碑」提到「正彈」、「正衛彈」，這是有關均平百姓更役的僤。[24]

19　參寧可，前引文，頁 23 及註 9。

20　這些漢印見《十鐘山房印舉》，轉見寧可，前引文，頁 27。

21　《中國畫像磚全集》，1（成都：四川美術出版社，2006），頁 157。

22　漢人常稱墓為「萬歲宅室」，而專為治備喪具的里稱作「孝里」，《三輔黃圖》（何清谷校注本，三秦出版社，1998）所載長安九市中可考者有「孝里市」（頁 85-86），又《重刊洛陽伽藍記》（徐高阮重別文注並校勘本，臺北：中央研究院歷史語言研究所，1992 景印）卷三：「洛陽大市北有奉終里，里內之人多賣送死人之具及諸棺槨。」（頁 25 下），卷四：「出西陽門外四里御道南有洛陽大市……市北慈孝、奉終二里，里內之人以賣棺槨為業，賃輀車為事。」（頁 31 下）

23　陳直，《漢書新證》（天津：天津人民出版社，1959），頁 174。

24　寧可引「都鄉正衛彈碑」，改「衛」字為「街」字，誤。參《隸釋》（樓松書屋汪氏校本），卷 15，頁 13 上-15 上。洪适認為趙明誠《金石錄》誤「衛」為「街」，洪說可取。第一，洪适曾見碑拓，據碑正趙氏之誤；第二，《水經注》提及魯陽縣有南陽都鄉正衛為碑，平氏縣有南陽都鄉正衛彈勸碑，俱作「正衛」，非「正街」；第三，正衛彈和街彈是作用不同的

《周禮‧地官》〈里宰〉下鄭玄注裡提及「街彈之室」以及《逸周書‧大聚解》中「興彈相庸，耦耕□耘」的話，都顯示還有為耕作互助而設立的彈。[25] 這些例子使我們認識到漢代社會組織的複雜性。除了黃、寧兩先生提到的，本文還擬補充幾個性質不同的例子。

《後漢書‧黨錮傳》謂：「又張儉鄉人朱竝承望中常侍侯覽意旨，上書告儉與同鄉二十四人，別相署號，共為部黨，圖危社稷，以……為八俊，……為八顧，……為八及，刻石立墠，共為部黨，而儉為之魁。」李賢注：「墠，除地於中為壇；墠音禪；魁，大帥也。」王先謙《集解》引惠棟曰：「《英雄記》云：『先是儉等相與作衣冠糾彈，彈中人相調言我彈中誠有八俊、八乂，猶古之八元、八凱也……』」這些刻石立墠的士大夫為了政治目的，聚合在一起，別相署號，共為部黨，終於釀成黨錮之禍（圖2）。士大夫的「彈」和父老僤一樣也刻石，同樣有領袖，目的雖不同，但為私人結社的基本性質卻是一致的。

圖2　黨錮殘碑有「彈子弟」等字

侍廷里的父老早在永平十五年就湊錢合買了八十二畝地，但是等到五年後才立石券以為約束。在這五年中，可能他們發覺有必要將這塊土地利用的方式明明白白地寫下來。又為了傳之子孫，遂刻石以利永久。父老僤有田產，須有約束。都鄉的正衛彈涉及「單錢」，也「為民約□」。洛陽出

両回事。《續漢書‧百官志》提到鄉有秩，嗇夫主「為役先後，知民貧富，為賦多少，平其差品」，「劉熊碑」的正彈和都鄉正衛彈正是為均平賦役而有的組織，和以耕作互助為目的的「街彈」有異，似不可強改正衛彈為街彈。關於南陽都鄉正衛為碑之「為」應作「彈」，可參俞偉超，《中國古代公社組織的考察——論先秦兩漢的單、僤、彈》（北京：文物出版社，1988），頁138。

25　寧可，前引文，頁24-25。

土一方目的不明的殘碑上也有「彈約束」三字。[26] 如此,一個商業性的私人結合,就更不能不有明文約束了。這個例子就是江陵鳳凰山十號漢墓中發現一塊一面題為「中𣮴共侍約」的木牘(圖 3.1-3)。木牘另一面釋文有裘錫圭、黃盛璋和弘一三家,所釋不盡相同。[27] 今據木牘圖版,重錄如下:[28]

(1) □困三月辛卯,中𣮴二 長張伯□ 兄□仲陳伯等七人

(2) 相與為𣮴約,入𣮴錢二百　約二乚會錢備不備勿與為

(3) 𣮴即𣮴直行共侍,非前謁乚病不行者,罰日卅,毋人者庸賈

(4) 器物不具,物責十錢乚共事以器物,毀傷之及亡,𣮴共負之

(5) 非其器物,擅取之,罰百錢·𣮴吏令會,不會二,日罰五十

(6) 會而計不具者,罰比不會,為𣮴吏□器物及人·𣮴吏李□

約文的內容和性質,作釋文的三家各有不同的解釋。[29] 許師倬雲在〈由新出簡牘所見秦漢社會〉一文中曾作討論,認為約文「大約仍以與舟運有關為比較可能。同墓出土有木船模型,並有不少搖舟的木偶,也可作為旁證。無論如何,此約反映當時有一種合伙人為一定目的而合作的組織,則無可置疑。此種合伙活動有一定的設備,也須定期聚會,以考核其成果(計),則若以舟運貿遷謀利,似為比較合理的假說。」[30] 近幾十年來江陵、荊州和長沙出土簡牘表明河湖交錯的兩湖地區秦漢時水上運輸十分發達,曾有很多和舟船和貿易相關的組織存在應屬自然。也有不少學者主張此約

26　《隸釋》卷 15,頁 13 下-14 上。洛陽出土殘碑請參文末後記所錄殘文。

27　弘一,〈江陵鳳凰山十號漢墓簡牘初探〉,《文物》,6(1974),頁 78-84;黃盛璋,〈江陵鳳凰山漢墓簡牘及其在歷史地理研究上的價值〉,《文物》,6(1974),頁 66-77;裘錫圭,〈湖北江陵鳳凰山十號漢墓出土簡牘考釋〉,《文物》,7(1974),頁 49-63。

28　圖版見《文物》,6(1974),圖版貳〈江陵鳳凰山十號墓出土木牘〉;湖北省文物考古研究所編,《江陵鳳凰山西漢簡牘》(北京:中華書局,2012),頁 94-95。

29　三家不同的解釋可參許師倬雲,〈由新出簡牘所見秦漢社會〉,《中央研究院歷史語言研究所集刊》,51:2(1980),頁 226-229。

30　同上,頁 229。又沙孟海釋約名中的「共侍」兩字為「共待」,即「儲物待用」。此說頗可佐證此約之商業性質。參氏著,〈江陵鳳凰山十號漢墓出土二號木牘「共侍」兩字釋義〉,《社會科學戰線》,4(1978),頁 342-343。

圖 3.1　中服共侍　　圖 3.2　中服共侍約　　圖 3.3　中服共侍約標題局部，
約約文　　　　　　　標題　　　　　　　　《簡牘名蹟選 5》，2009 二玄社。

與服役有關。關鍵在於如何理解「中服」的服字。原牘服字從月，從反。
趙平安指出漢印有從月，從反之字，當釋作「舨」。《集韻·潸韻》：「舨，
艫舨，舟也。」但也有學者不同意，認為應讀作「服」。[31] 舨或服，儘管各
家解讀不同，各有領會，但對約的內容正如許師所說，大家都確認一點，
即張伯等七個人為了某種共同利益或目的而結合，結合中有服長和服吏為
領袖，並且在木牘上訂明約束。這種私人結合的名稱是什麼？不得而知，
但和「僤」應該是類似的。

　　《漢書·五行志》中之下：「建昭五年，兗州刺史浩賞禁民私所自立

31　趙平安，《秦西漢印章研究》（上海：上海古籍出版社，2012），頁 148。但湖北省文物考古
　　研究所編刊的《江陵鳳凰山西漢簡牘》（北京：中華書局，2012）頁 149 在注四中認為服字
　　雖應隸為舨，然而這是篆字「服」的譌體，應讀作「服」，與後起作舳舨解的「舨」無關。

社。」張晏曰:「民間三月、九月又社,號曰私社。」臣瓚曰:「舊制二十五家為一社,而民或十家、五家共為田社,是私社。」如果他們的解說確有所本,則田社可能是一種與農田有關的私人結合,但為官府所禁止。又漢代諸郡在京師有供郡人入京時居停的郡邸。如《漢書・朱買臣傳》:「初,買臣免,待詔,常從會稽守邸者寄居飯食。」《後漢書・史弼傳》:「(魏郡)與同郡人賣郡邸,行賄於侯覽。」李賢注以為郡邸即寺邸,《集解》引惠士奇也以為如此。唯周壽昌認為「郡邸即平原郡公置之邸,猶今同郡會館也。若寺邸是官舍,魏劭與同郡人安能賣乎?」周說較可通。果如此,則漢代還有以郡為單位,由郡人共同出資、經營和服務同郡人的結社。

從以上所舉各例可以看見,漢代人為了耕作(街彈)、喪葬(孝子、萬歲單?)、[32] 商業、生產販賣(中販共侍約、酒單?)、政治(張儉之墠)、地方行政(父老僤)或徭役(正彈、正衛彈,疑為正卒或衛卒之彈)等各式各樣的目的,組成團體;有組織、有領袖,也有規章約束。它們結合的原則不一定是血緣的,也不一定是地緣的,可能是基於職業、生活或政治的理念。如果不是侍廷里父老僤約束石券的發現,我們也許不會將這些零星和不受人注意的史料聯繫起來,也就不易知道秦漢社會在血緣和地緣的關係之外,還有如此複雜的一面。

以下再約略說說「約束」一詞。約束是漢代的習用語,意義和今天所說的「約束」相似。漢人將約束用在許多不同的場合,試舉數例如下。《漢書・匈奴傳》:

> 單于曰:「孝宣、孝元帝哀憐,為作約束,自長城以南天子有之,長城以北

32　近年嶽麓書院藏秦簡案例七「識劫婉案」中提到「欲令婉入宗,出里單賦,與里人通歙(飲)食」又云「里人不幸死者出賦」。所謂單即僤,「里單賦」、「單賦」、「入宗」和宗、里都有關係,一方面證明聚族里居的現象,一方面又意味著與里人之死者或喪葬有關,很值得進一步研究。參《嶽麓書院藏秦簡(參)——《為獄等狀四種》》;劉欣寧,〈秦漢律令中的婚姻與奸〉,《中央研究院歷史語言研究所集刊》90.2(2019),頁119-251;另收入法律史研究室編,《中華法理的產生、應用與轉變:刑法志、婚外情、生命刑》(臺北:中央研究院歷史語言研究所,2019),頁111-156。

單于有之。有犯塞，輒以狀聞；有降者，不得受……會西域諸國王斬以示之。乃造設四條：中國人亡入匈奴者，烏孫亡降匈奴者，西域諸國佩中國印綬降匈奴者，烏桓降匈奴者，皆不得受。遣中郎將王駿……班四條與單于，雜函封，付單于，令奉行，因收故宣帝所為約束封函還。」

單于所說的約束以及新立的四條，今天稱之為國際條約，漢代則稱之為約束。又《漢書‧汲黯傳》：「張湯以更定律令為廷尉。黯質責湯於上前曰：『……何空取高皇帝約束，紛更之為？』」是以律令為約束。此外，《後漢書‧劉盆子傳》：「以言辭為約束，無文書旌旗、部曲、號令」，這些口頭的軍規，沒有明文，也是約束。《漢書‧王莽傳》：翼平連率田況，「發民年十八以上四萬餘人，授以庫兵，與刻石為約。」《漢書‧循吏傳》：「（召）信臣為民作均水約束，刻石立於田畔。」這兩個約束和父老僤的約束有相像之處，即都刻約束於石上；但田況和召信臣的具有官方性質，父老僤算是私人作為。

四 聚族里居

秦漢的家、家族與宗族一直是關心中國社會史的學者，熱烈討論的題目。討論的主題大部分集中在家、家族、宗族的定義、家的大小、家族的結構、功能與演變，以及這些演變在社會、經濟，乃至政治史上的意義。圍繞這些問題，這些年來曾作較大規模、較有系統綜論的當推杜正勝先生的〈傳統家族試論〉。[33] 杜文上溯遠古，下及明清，對中國傳統家族的發展作了很好的解析。根據杜氏及許倬雲師的研究，秦漢時期的家庭是以夫婦與未成年子女共居，五口左右的小家庭為主。[34] 當然，他們都指出這僅僅

---

33 杜正勝，〈傳統家族試論〉，《大陸雜誌》，63：2、3 合刊（1982），頁 7-34、25-49。

34 許倬雲，〈漢代家庭的大小〉，《慶祝李濟先生七十歲論文集》（臺北：中央研究院歷史語言研究所，1967），頁 789-806。

是大致如此。過去大家由於材料的限制，常常以較為簡單的線條，勾勒古代社會的面貌，而新出的史料則往往警告我們，古代社會是如何複雜與面目多端。

舉例來說，新出的雲夢秦律，在題為〈法律答問〉的部分，有連續兩條涉及夫、妻、子共盜的問題，一作「夫、妻、子五人共盜」，一作「夫、妻、子十人共盜」。[35] 五人、十人或取約數，非必指實。但是這些題目似乎意味秦統一天下的前夕，一個家庭的大小可以有不小的差距。以夫、妻、子擬題，意味著小家庭組織的普遍。不過，秦漢的社會就是這樣無數小家庭的集合嗎？大概不是這樣單純。秦律中附有一條「魏奔命律」，提到「宗族昆弟」。[36] 不論這條魏律時代的早晚，藏有這些律簡的秦國小吏顯然覺得它用得上，值得抄下來。因為在他的時代裡，除了小家庭，顯然還有宗族，法律就不能不涉及宗族。根據秦簡〈編年記〉，這位秦國小吏二十六歲時，秦長信侯嫪毐作亂失敗，其黨「衛尉竭、內史肆、佐弋竭、中大夫令齊等二十人皆梟首，車裂以徇，滅其宗」。[37] 他三十六歲時，秦破趙都邯鄲，「趙公子嘉率其宗數百人之代，自立為代王。」[38] 所謂「滅其宗」，當不僅止於滅其妻、子，而是更大範圍的親人。秦早有夷三族之刑。[39] 何謂三族雖有不同的說法，它應當產生在一個有比家庭更大的親族組織的環境中。[40]《史記‧孫子吳起傳》說：「楚悼王素聞起賢，至則相楚……坐射起

35　《睡虎地秦墓竹簡》，頁 209。

36　同上，頁 294。

37　《史記‧秦始皇本紀》。

38　同上。

39　《史記‧秦本紀》秦文公二十年（西元前 746 年）：「法，初有三族之罪。」

40　「三族」雖有父族、母族、妻族和父母、妻子、同產兩種主要的不同的說法（參杜正勝，前引文下篇，頁 33），不過從秦文公二十年（西元前 746 年）初有三族罪到漢初，中經五百餘年。這五百年正是春秋戰國變動甚鉅的時代，所謂的三族罪在初起時是否罪連父母、妻子、同產？我們實無證據加以論斷。《荀子‧君子》篇：「亂世則不然……刑罰怒罪，爵賞踰德，以族論罪，以世舉賢。故一人有罪而三族皆夷。德雖如舜，不免刑均，是以族論罪也。」盧文弨《集解》云：「案〈士昏〉《禮記》『惟是三族不虞』鄭注：『三族謂父昆弟，己昆弟，子昆弟也。』又注《周禮‧小宗伯》、《禮記‧仲尼燕居》皆云三族，父、子、孫。」（《荀

而夷宗死者七十餘家。」是戰國時，楚有夷宗族之刑。《晏子春秋內篇·問下》：「嬰不肖，待嬰而祀先者五百家，故嬰不敢擇君。」待嬰而祀先人的五百家應都是晏嬰的宗族。又《續漢書·百官志五》，李賢注引《太公陰符》：「武王曰：『民亦有罪乎？』太公曰：『民有十大於此，除者則國治而民安。』」太公所說十罪之一是「民宗強，侵陵群下」。《太公陰符》應是戰國時作品，所謂「民宗強」反映的也應是戰國時的情形。《漢書·馮奉世傳》曾記述馮氏先世謂：「其先馮亭……趙封馮亭為華陽君，與趙將括距秦，戰死於長平。宗族繇是分散，或留潞，或在趙。」可見至戰國末，三晉之地仍有宗族聚居者。前言趙國王室宗有數百人，並不是特殊的現象。《慎子》說：「家富則疏族聚，家貧則兄弟離。」[41] 賈誼說秦時因商鞅之政，「秦人家富子壯則出分，家貧子壯則出贅。」[42] 可見家和族的析聚，可因種種因素而有不同。不論如何，魏律「宗族昆弟」一詞的使用及其在秦律中出現，顯示從戰國到秦漢之際，在個別的小家庭之上，應該還有較大的親屬組織。

這種較大的親屬組織，不論稱之為家族或宗族（先秦兩漢文獻常見宗族，極少見家族一詞），在各地存在的情形或許並不完全相同。秦自商鞅變法，在刻意的政策之下，秦國可能逐漸變成一個以小農家庭為主幹的社會。不過，東方六國，尤其是齊和楚，家族或宗族的力量似乎一直相當強大，秦楚之際，齊田氏憑藉「宗彊」起兵。[43] 蕭何以一小吏，也能率宗人數十人追隨劉邦。[44] 漢三年，項羽圍劉邦於滎陽甚急，酈食其勸劉邦立六國之後，以制衡西楚霸王。張良認為不可，他說：「天下游士，離其親戚，棄

子集解》（臺北：新興書局，1963），卷下，頁81）鄭玄對三族的認識已有不同。《白虎通·宗族》篇謂：「禮曰：『惟氏三族之不虞。』《尚書》曰：『以親九族』，義同也。」是又以九族釋三族。九族包括父族四、母族三、妻族二。可見漢人對三族的認識，或因所本不同，已不一致。

41　《慎子·逸文》（臺北：世界書局），頁10。
42　《漢書·賈誼傳》。
43　《史記·田儋列傳》。
44　《史記·蕭相國世家》。

墳墓，去故舊，從陛下游者，徒欲日夜望咫尺之地，今復六國……天下游士各歸事其主，從其親戚，反其故舊墳墓，陛下與誰取天下乎？」[45] 這裡的親戚顯然意指家族宗親，不僅僅是妻子家人。[46] 這種宗族聯繫的力量到漢定天下，還使劉邦寢食難安，強迫齊、楚的大族昭氏、屈氏、景氏、懷氏和田氏遷到關中去。以上的事例，大家耳熟能詳。其所以再提出來，是感覺大家常說的五口之家也許只是失於簡單的勾勒，而個別的五口之家恐怕也不是孤零零地存在於社會的網絡之中，去面對勢若雷霆的國家機器。

張良說：「天下游士，離其親戚，棄墳墓。」這不禁使我們想到，他們可能原本是合其親戚，終老於一地的。漢高祖時，陸賈說南越王尉佗曰：「足下中國人，親戚、昆弟、墳墓在真定。今足下反天性，棄冠帶，欲以區區之越與天子抗衡……漢誠聞之，掘燒王先人冢，夷滅宗族。」[47] 可見宗族親戚原是聚居，死則葬於一處。元帝永光四年十月「勿置初陵縣邑」的詔書也說：「頃者有司緣臣子之義，奏徙郡國民以奉園陵，令百姓遠棄先祖墳墓，破業失產，親戚別離，人懷思慕之心，家有不安之意。」[48] 元

45　《史記·留侯世家》。

46　秦漢以前，「親戚」一詞的意義可有廣狹不同。有時僅指父母兄弟（參王利器，《鹽鐵論校注》（世界書局），卷 10，頁 357，註 10；杜正勝，前引文上篇，頁 33，註 47）；有時則指更大範圍的親族。《左傳》僖公二十四年，富辰曰：「封建親戚，以蕃屏周室。」杜預注：「廣封其兄弟，以輔佐也。」實則周室封建廣及姬、姜宗族子弟。富辰接著說：「管、蔡、郕、霍、魯、衛、毛、聃、郜、雍、曹、滕、畢、酆、郇，文之昭也；邘、晉、應、韓，武之穆也；凡、蔣、邢、茅、胙、祭，周公之胤也。召穆公思周德之不類，故糾合宗族于成周而作詩。」竹添光鴻《會箋》因釋為「伯叔子弟」（臺北：廣文書局，1965，《左傳會箋》第六，頁 47）。《管子·九變篇》：「親戚墳墓之所在也，田宅富厚足居也；不然，則州縣鄉黨與宗族足懷樂也。」此處親戚為宗族。賈誼《新書·六術篇》：「人有六親，六親始曰父，父有二子，二子為昆弟；昆弟又有子，子從父而昆弟，故為從父昆弟；從父昆弟又有子，子從祖而昆弟，故為從祖昆弟；從祖昆弟又有子，從曾祖而昆弟，故為曾祖昆弟；曾祖昆弟又有子，子為族兄弟，備於六，此之謂六親。親之始於一人，世世別踰，分為六親，親戚非六，則失本末之度，是故六為制而止矣。六親有次，不可相踰，相踰則宗族擾亂，不能相親。」這裡非常清楚以親戚指宗族兄弟，不僅僅是同父母之昆弟而已。

47　《史記·陸賈傳》。

48　《漢書·元帝紀》。

帝和陸賈、張良所說殊無二致。如果再往前溯,《管子・九變篇》有一段話:「凡民之所以守戰至死而不德其上者,有數以至焉。曰:大者,親戚墳墓之所在也;田宅富厚足居也;不然,則州縣鄉黨與宗族足懷樂也。」《周禮・大司徒》:「以本俗六,安萬民……二曰族墳墓。」鄭注:「同宗者,生相近,死相迫。」《周禮・墓大夫》:「令國民族葬,而掌其禁令。」鄭注:「族葬,各從其親。」《周禮》和《管子》成書或有早晚,但兩書所說的親戚墳墓、族墳墓、族葬、鄉黨、宗族在一處總是戰國到漢初的情形。根據這些文獻透露的消息,聚族里居的問題似乎值得提出來談一談。

　　基本上,私意以為要了解秦漢的社會型態,似應至少把握兩點:第一,一個以安土重遷為特色的農業社會從先秦到兩漢根本上並沒有很大的變化。如果不是迫於人口自然增加的壓力或天災人禍,絕大部分的農民大概不會輕易離開他們的土地。戰國與秦楚之際曾因戰爭,而有人口流亡。等到戰爭結束,他們仍然情願返回故土,重建田園廬墓。高祖定天下,令民「各歸縣,復故爵田宅」。[49]《史記・高祖功臣侯者年表》序謂:「天下初定,故大城名都散亡……後數世,民咸歸鄉里,戶益息。」〈國三老袁良碑〉記其先祖「當秦之亂,隱居河洛;高祖破項,實從其冊;天下既定,還宅扶樂。」[50] 這是安土重遷的一個實例。漢元帝在前引同一詔書中說:「安土重遷,黎民之性。」這是總結歷史經驗的一句話。

　　其次,要理解秦漢社會的基本型態,家與族的問題是不宜和作為地方基本組織的里制分開的。里制淵源甚早,大行於春秋戰國之世。隨著封建秩序的崩潰,爭衡的君王權卿,先後以閭里什伍之制將庶人百姓嚴密地組織起來,作為自己的後盾。這種閭里組織並不是將原來聚族而居的農戶打散,再納入一個新的結構。大部分的情形很可能只是在原有的聚落之上加上新的編組。商鞅變法,「集小鄉邑聚為縣」,是「集」,不是「變」。《管子・問》篇有幾項設問,也反映同樣的情形:

49　《漢書・高帝紀》。
50　嚴可均輯,《全後漢文》(中文出版社,《全上古三代秦漢三國六朝文》),卷98,頁4上。

問國之棄人，何族之子弟也？問鄉之良家，其所牧養者幾何人也？問邑之貧人，債而食者幾何家？……問鄉之貧人，何族之別也？問宗子收昆弟者，以貧從弟者幾何家？餘子仕而有田邑，今入者幾何人？子弟以孝聞於鄉里者幾何人？餘子父母存不養而出離者幾何人？

這裡問國、問鄉、問邑，而所問者多為宗族子弟，父母昆弟。從後來齊地宗族勢力的強大觀之，齊國自管仲以來，制民以鄉里什伍，絕不是不顧原有的親族組織，強置百姓於一個全新的地方編組中。不但齊國的新制須以舊有的社會組合為基礎，其他的國家也應如此。李悝《法經·雜律略》有一條說：「越城，一人則誅；自十人以上，夷其鄉及族，曰城禁。」[51] 據說李悝是「集諸國刑典，造法經六篇」（《唐律疏義》）；《晉書·刑法志》說他「撰次諸國法」。換言之，他的《法經》是集結各國的刑典，可能也反映了各國普遍的現象。一個普遍的現象即是鄉與族的疊合相連。《墨子·非命上》：「是以入則孝慈於親戚，出則弟長於鄉里。」《韓詩外傳》卷四：「出則為宗族患，入則為鄉里憂。」親戚、宗族與鄉里連言，顯示宗族與鄉里組織關係的密切。我們再看長沙馬王堆墓出土的長沙國南部地圖。[52] 這幅地圖雖繪於漢初，上面六十幾個以里為名的聚落，大概在漢以前老早已經存在。它們很清楚是自然地、不規則地分布在河流的兩岸。同墓所出另一幅「箭道封域圖（舊稱駐軍圖）」上，幾十個里也是依山水之勢，不規則地坐落各處。[53] 這意味它們原本是一些自然的農村聚落，後來加上了里名，納入了鄉里的組織而已。里制的建立並沒有改變原來聚落的型態。當然在新闢的土地上，移民組織新里，又當別論。

世代不遷的農村聚落大抵因婚姻建立起濃厚的血緣關係。少數幾族人

---

51 轉見董說，繆文遠訂補，《七國考訂補》（上海：上海古籍出版社，1987），卷 12，頁 699。

52 地圖影本及摹本見《文物》，2（1975）。

53 地圖影本及摹本見《文物》，1（1976）。所謂的駐軍圖，我以為應正名為箭道封域圖，參拙文，〈論馬王堆漢墓「駐軍圖」應正名為「箭道封域圖」〉，《治國安邦》（北京：中華書局，2011），頁 341-355。又參裘錫圭主編，《長沙馬王堆簡帛集成（陸）》（北京：中華書局，2014），「箭道封域圖」。

聚居一處，「祭祀同福，死喪同恤」（《國語‧齊語》），族中的長者就是聚落的領袖。後來的鄉三老、里父老一類的人物應淵源於此。《公羊傳》宣公十五年，何休注謂里「選其耆老有高德者名曰父老」，是可信的。父老和秦簡中「典、老」的老也許原本是長者的泛稱，但是隨著新的鄉里行政的需要，通稱變成了專名。由於新里制並沒有破壞原有的血緣性聯繫，而是與舊聚落疊合在一起，因此聚落的三老、父老才不失其力量的基礎，在新的鄉里中仍然居於領導的地位。

他們憑藉傳統的威望，和代表君王徵兵、抽稅、執法的有秩、嗇夫、里正，成為鄉里間領袖的兩種類型。鄉里間的事，多由這兩類人物參預解決。魏文侯時，西門豹為鄴令。河伯娶婦，送之河上，「三老、官屬、豪長者、里父老皆會。」[54]《墨子‧號令篇》描寫守城戰備，「三老守閭」；里中父老「分里以為四部，部一長，以苟往來不以時行」，而「里正與皆守，宿里門……吏行其部，至里門，正與開門內吏，與行父老之守。」[55]前引雲夢秦簡，里正與老連稱，共同任事，共同受罰。不過有關徭役和法律事務，似乎主要由「吏」、「令史」和里正負責，父老未見出面。[56] 前引《公羊傳》何休注接著說「其有辯護伉健者為里正」，頗說明了里正與父老性質的不同。《說苑‧善說篇》有一段齊宣王與父老的對話，也足以表明父老與地方官吏代表的不同意義：

> 齊宣王出獵於社山。社山父老十三人相與勞王。王曰：「父老苦矣。」謂左右賜父老田不租。父老皆拜，閭丘先生不拜……復賜父老無徭役，父老皆拜，閭丘先生又不拜。……王曰：「……賜父老田不租，父老皆拜，先生獨

54　《史記‧滑稽列傳》褚先生補。

55　定本《墨子閒詁》（臺北：世界書局，1965），頁348、355。

56　秦律：「可（何）謂『逋事』及『乏繇（徭）』？律所謂者，當繇（徭），吏、典已令之，即亡弗會，為『逋事』；已閱及敦（屯）車食若行到繇（徭）所乃亡，皆為『乏繇（徭）』。」（《睡虎地秦墓竹簡》，221頁）可見徭役是由吏與里典（正）主持。此外從秦律〈封診式〉各條看來，有關法律刑案的調查、報告，有里正配合亭長、令吏、丞等為之，不見父老參預其事。

不拜，寡人自以為少，故賜父老無徭役。父老皆拜，先生又獨不拜。寡人得無有過乎？」閭丘先生對曰：「……此非人臣所敢望也。願大王選良富家子有修行者以為吏，平其法度，如此臣少可以得壽焉。春秋冬夏，振之以時，無煩擾百姓，如是臣可以少得以富焉。願大王出令，令少者敬長，長者敬老，如是臣可少得以貴焉……」齊王曰：「善，願請先生為相。」

父老閭丘先生的請求，顯示他代表著地方百姓的利益。他關心的是君王所指派的吏，在執行法令時，如何能不煩擾百姓，如何能維護地方敬長尊老的風氣。又《史記‧滑稽列傳》褚先生補錄的一則故事也可以反映漢初父老如何為百姓的利益說話。據說西門豹為鄴令，曾發民鑿渠十二：

> 到漢之立而長吏以為十二渠橋絕馳道，相比近，不可。欲合渠水，且至馳道，合三渠為一橋。鄴民人父老不肯聽長吏，以為西門君所為也，賢君之法式，不可更也。長吏終聽置之。

漢代地方官為修築馳道，曾打算改變西門豹所修的水渠，鄴地父老人民反對，地方長吏只得尊重，放棄計畫。從西門豹為鄴令的魏文侯時代到漢代建立，數百年間父老在鄴的力量，一點不見減弱。這意味著鄉里尚齒的風氣未曾間斷。所謂「鄉黨莫如齒」或「鄉黨尚齒」（《孟子‧公孫丑下》、《莊子外篇‧天道》）是父老在鄉里間地位和力量的基礎。這和由君王所擇，一心以田租和徭役為務的吏，有代表意義上的差異。

秦末，天下一亂，地方官吏的權力即不穩固，而權力、威望不來自政府的父老，反而成為亂局中地方最有力量的人物。劉邦得以起兵，沛縣父老的支持是一大關鍵。他打天下期間，無時不以爭取父老好感為要務。他入關中，即與父老約法三章。漢二年冬十月「如陝，鎮撫（師古曰：鎮，安也；撫，慰也）關外父老」；同年二月，令「舉民年五十以上，有脩行，能帥眾為善，置以為三老，鄉一人；擇鄉三老一人為縣三老，與縣令丞尉以事相教，復勿繇戍，以十月賜酒肉。」漢四年，「西入關，至櫟陽，存問父老，置酒。」[57] 劉邦這樣爭取基層聚落領袖的支持，是他終能成事的重要

57　以上俱見《漢書‧高帝紀》。

本錢。《史記‧高祖本紀》描述劉邦入咸陽以後：

> 召諸縣父老豪桀曰：「父老苦秦苛法久矣，誹謗者族，偶語者棄市。吾與諸
> 侯約，先入關者王之，吾當王關中。與父老約，法三章耳：殺人者死，傷
> 人及盜抵罪。餘悉除去秦法，諸吏人皆案堵如故。凡吾所以來，為父老除
> 害，非有所侵暴，無恐！且吾所以還軍霸上，待諸侯至而定約束耳。」乃
> 使人與秦吏行縣鄉邑，告諭之。秦人大喜，爭持牛羊酒食獻饗軍士。沛公
> 又讓不受，曰：「倉粟多，非乏，不欲費人。」人又益喜，唯恐沛公不為秦
> 王。

劉邦爭取父老的支持，以「為父老除害」為號召，是因為他深深認識到父
老力量的強大。劉邦初起兵，沛縣父老率領子弟殺沛令，迎他入城為沛公
的一幕，必然令他難以忘懷。

強大的父老力量在一個血緣性聯繫破滅的聚落裡是不可能存在的。我
們必得承認從戰國以來，父老能與里正成為閭里的雙元領袖，正顯示傳統
聚落的血緣性聯繫未遭破壞，最少是還存在著。如果說閭里制的普遍推
行，使得「基層社會結構中的地緣因素逐漸取代以前的血緣結合」，[58] 恐怕
是不正確的。舊聚落與新里制實處於疊合的狀態，這就是聚族里居的現
象。鄉里中的人戶即使是小家庭，左鄰右舍大概仍然以或親或疏的宗族親
戚為多。商鞅行什伍連坐，漢人批評：「以子誅父，以弟誅兄，親戚相坐，
什伍相連。」「至於骨肉相殘，上下相殺。」[59] 商鞅的連坐法是以在同一什
伍者為原則，[60] 但連坐牽扯的卻是父子、兄弟、親戚。[61] 這不從宗族聚里
而居無法理解。我們再看看漢十二年，漢高祖回沛見故人父老的一幕：

> 上還，過沛，留，置酒沛宮，悉召故人父老子弟佐酒……謂沛父兄曰：「游
> 子悲故鄉。吾雖都關中，萬歲之後，吾魂魄猶思沛，且朕自沛公以誅暴

58 　杜正勝，前引文下篇，頁33-34。

59 　《鹽鐵論校注‧周秦》（臺北：世界書局，王利器校注本，1970），頁354-356。

60 　《史記‧商君列傳》、《韓非子》〈和氏篇〉、〈定法篇〉提到商鞅的連坐法，都是指什伍相連
　　坐。

61 　「親戚」一詞意義，參本文注46。

逆，遂有天下，其以沛為朕湯沐邑，復其民，世世無有所與。」沛父老諸
母故人日樂飲極歡，道舊故為笑樂。十餘日，上欲去，沛父兄固請。上
曰：「吾人眾多，父兄不能給。」乃去。……沛父兄曰：「沛幸得復，豐未
得，唯陛下哀矜。」上曰：「豐者，吾所生長，極不忘耳。吾特以其為雍齒
故，反我為魏。」沛父兄固請之，乃并復豐，比沛。[62]

　　劉邦回鄉，與父老、故人、諸母相見，以父兄相稱。劉邦家族人數能
夠考知的不過十餘人，現在鄉里之人竟然都成了諸母、父兄。想想前引
《慎子》「家富則疏族聚，家貧則兄弟離」的話，則知道富有天下的劉邦使
沾親帶故的疏族都願意來和他攀附。張良說：「離親戚，棄墳墓」。劉邦得
回故里會親戚，但因都關中，萬歲之後，除了魂靈得思沛，卻不得反葬故
里了。

　　由若干族姓的人戶構成鄉里，應該是秦漢社會的普遍現象。「侍廷里
父老僤約束石券」可以證明東漢明、章之世的情形。在談它以前，以下擬
再據江陵鳳凰山十號墓的簡牘，[63] 談談漢初聚族里居的情形。

　　江陵鳳凰山十號墓的時代根據墓中簡牘，可以確定為景帝初。墓主張
偃經考證應是江陵西鄉的有秩或嗇夫。墓中簡牘提到平里、市陽里、當利
里、□敬里以及鄭里等幾個西鄉的里。其中和鄭里有關的是一份里中二十
五戶貸穀的完整廩簿。廩簿登記以「戶人某某」始。這些戶人名字的釋
文，各家頗有出入。今據黃盛璋所釋，列之如下：1. 聖；2. 楊；3. 穀土；
4. 野；5. 疚冶；6. 疚；7. □輸；8. 虜；9. 佗；10. 積；11. 心；12. 乞；13.
□奴；14. 青鳳；15. 小奴；16. 越人；17. 未；18. 定由；19. 駢；20. 公土；
21. 村敗；22. 不章；23. 其奴；24. 勝 25. □奴。這二十五個人名，弘一和
裘錫圭所釋皆有不同。大致而言，除了「楊」（弘、裘所釋皆無「楊」字）一

62　《漢書‧高帝紀》、《史記‧高祖本紀》。
63　這一批資料，參〈湖北江陵鳳凰山西漢墓發掘簡報〉，《文物》，6（1974），頁 41-61；黃盛
　　璋，〈江陵鳳凰山漢墓簡牘及其在歷史地理研究上的價值〉，同上，頁 66-77；弘一，〈江陵
　　鳳凰山十號漢墓簡牘初探〉，同上，頁 78-84；裘錫圭，〈湖北江陵鳳凰山十號漢墓出土簡牘
　　考釋〉，《文物》，7（1974），頁 49-63。

名，其餘都可以確定只是人名，而非姓。他們是不是沒有姓呢？也許有人會根據《漢書‧食貨志》所說：「為吏者長子孫，居官者以為姓號」，以及〈王嘉傳〉：「孝文時吏民居官者，或長子孫，以官為氏，倉氏、庫氏，則倉庫吏之後也」等記載認為一直到漢初，一般平民還在得姓氏的階段，尚非人人有姓。事實上，「居官者以為姓號」，如倉氏、庫氏之類，只是改姓氏，並非他們原來無姓氏。文帝時周陽由的例子很清楚，「周陽由，其父趙兼，以淮南王舅侯周陽（師古曰：封為周陽侯），故因氏焉」。[64] 改姓之事到王莽時還見其例。《太平御覽》三六二引《文士傳》：「束皙字廣微，疎廣後也。王莽末廣曾孫孟造自東海避難，歸蕪城，改姓去疎之足為束氏。」[65] 可見不論是因官、因封或其他理由改姓氏，並不意味他們原來沒有姓。

　　平民得姓，可能在戰國之世就已經十分普遍。從戰國到秦，平民須要納稅、服兵役、勞役、納入戶籍，於是可能在我們所不清楚的各種方式下紛紛有了姓和名。先秦諸子書中已普遍稱平民為百姓。《荀子‧儒效》篇以「涂之人」定義百姓，很明白是以街塗巷陌之人為百姓。《晏子春秋內篇‧諫上》曰：「民氓百姓」，則將百姓與平民連稱。古來只有貴族有姓，現在平民也有姓了。[66] 雲夢秦簡也是好證據。秦簡有一條說：「百姓有母及同牲（生），為隸妾，非適（讁）罪殹（也）而欲為冗邊五歲，毋賞（償）興日，以免一人為庶人，許之。」[67] 這批秦簡涵蓋的時間很長，可以上自商鞅，下及秦統一天下之前，總之，可以確定的一點是秦律以「百姓」稱，而且是改稱平民為黔首之前，秦律中使用最多的一個泛稱。[68] 這應該是一

64　《漢書‧酷吏傳》。

65　又見《晉書‧束皙傳》。

66　參杜正勝，前引文上篇，頁 9-12。又參徐復觀，〈周秦漢政治社會結構之研究〉（香港：新亞研究所，1972）一書之〈中國姓氏的演變與社會形式的形成〉章，頁 295-350。徐文曾談到平民之得姓，可參。

67　《睡虎地秦墓竹簡》，頁 91。

68　秦律中「百姓」凡十三見，泛指一般平民。「庶人」三見，特指犯罪而被免者。

般平民已普遍有姓的有力證據。

我們再回頭看鳳凰山十號墓鄭里廩簿以外其他的簡。其他簡上提到的人很多都是有名有姓。因此，不可能獨獨鄭里的人都沒有姓。那麼，他們姓什麼呢？一個大膽的假設是他們可能大部分姓鄭，故其里名曰鄭里。[69]因為大部分的人都姓鄭，簿冊中也就不須再注明其姓。漢代里名有嘉名，如「當利里」；有表示方位的，如「市陽里」；也有以姓氏為名的，例如馬王堆地圖上的里就有侯里、石里、邢里、胡里、徐里等顯然以姓氏為名的里名。[70]居延漢簡吏卒籍貫也有曾里、高里、辛里、胡里、侯里、石里、蒲里、梁里、呂里、宋里、田里、伏里等。[71]這些里有可能是過去血緣性聚落的遺留。在里制形成的過程中，聚落裡主要的姓氏就變成了里名。當然不以姓氏為名的里，並不表示其居民不是聚族而居。因為動亂、遷徙或婚姻種種因素，一個里中不會完全同姓，但大概有一個或幾個主要的姓，如果同一姓氏的族群因人多，分布在鄰近的鄉里之中，他們就成了當地的「大姓」。[72]景帝時，濟南瞷氏宗人有三百餘家，三百餘家當然不會同里，但可能同鄉或鄰鄉而居，遂為鄉里「豪猾」。[73]會稽鄭弘曾祖父本齊國臨淄

---

69 何雙全先生研究居延和敦煌漢簡中的士卒姓名，曾得到這樣一個結論：「戍邊士兵絕大部分來自鄉里農村。有一個村里出一人者，也有出二人以上者，以一里一人為多……一里同時出二人以上者多為同姓人，可窺其當時鄉里居民以姓氏家族為聚居地。」參氏著，〈漢代戍邊士兵籍貫考述〉，《西北史地》，2（1989），頁 37；《居延新簡—甲渠候官》（北京：中華書局，1994）簡 EPT51:84 有戍卒東郡聊成孔里名孔定者，有觻得杜里任名者杜長定者，里名與姓相同；當然我們也看見里名和姓不相同的情形，值得較全面蒐集資料，進一步研究。〈唐麟德元年（西元 664 年）懷州周村十八家造像塔記〉的十八家人戶中有十四家姓周氏，由此可見周村因何得名。這一例證為時甚晚，但對我們考慮鄭里之得名，不無幫助。造像塔記資料轉見杜正勝，前引文。

70 〈長沙馬王堆三號漢墓出土地圖的整理〉，《文物》，2（1975），頁 41-42，表四「地圖上的注記釋文」。

71 林振東，〈居延漢簡吏卒籍貫地名索引〉，《簡牘學報》，6（1978），頁 166-181。

72 這種情形持續兩千年，近世中國農村中仍多大姓。請參錢杭、謝維揚，《傳統與轉型：江西泰和農村宗族形態——一項社會人類學的研究》（上海：上海社會科學院出版社，1995）；唐軍，《蟄伏與綿延：當代華北村落家族的生長歷程》（北京：中國社會科學出版社，2001）。

73 《漢書·酷吏傳》。

人，「武帝時徙強宗，大姓不得族居，將三子移居山陰，因遂家焉。」[74] 漢武帝為打擊強宗大姓，強迫他們不得族居，但是他們的勢力似不因武帝的打擊而破滅。例如宣帝時，潁川郡仍有「大姓原、褚宗族橫恣」；[75] 成帝時，「定襄大姓石、李群輩報怨，殺追捕吏」。[76] 宗族大姓不論是聚而為惡或為善，證明血緣性的聯繫一直是頗為有力的，不能說「血緣的作用到西漢中期以後才逐漸擴張」。[77] 我們再舉若干例子說明西漢聚族里居，宗族保持聯繫的情形：

1. 萬石君徙居陵里，內史慶（按：萬石君子石慶）醉歸，入外門不下車。萬石君聞之，不食。慶恐，肉袒謝請罪，不許。舉宗及兄建肉袒，萬石君讓曰：「內史貴人，入閭里，里中長老皆走匿，而內史坐車中自如，固當！」乃謝罷慶。慶及諸子入里門，趨至家。　　（《漢書·萬石君傳》）

2. 〔疏〕廣既歸鄉里，日令家共具設酒食，請族人、故舊、賓客……廣子孫竊謂其昆弟老人廣所愛信者曰：「……宜從丈人所，勸說君買田宅。」老人即以閒暇時為廣言此計，廣曰：「……吾既亡以教化子孫，不欲益其過而生怨。又此金者，聖主所以惠養老臣也。故樂與鄉黨宗族共饗其賜，以盡吾餘日，不亦可乎？」於是族人說服。　　（《漢書·疏廣傳》）

3. 初，〔嚴〕延年母從東海來，欲從延年臘，到雒陽……母畢正臘，謂延年曰：「天道神明，人不可獨殺。我不意當老見壯子被刑戮也。行矣！去女東歸，掃除墓地耳。」遂去，歸郡，見昆弟宗人，復為言之。後歲餘，果敗。　　（《漢書·酷吏傳》）

4. 平阿侯舉〔樓〕護方正，為諫大夫，使郡國。護假貸，多持幣帛，過齊，上書求上先人冢，因會宗族故人，各以親疏與束帛，一日散百金之費。　　（《漢書·游俠傳》）

5. 〔班〕伯上書願過故郡上父祖冢……因召宗族，各以親疎加恩施，散數

74　《後漢書·鄭弘傳》，李賢注引謝承書。

75　《漢書·趙廣漢傳》。

76　《漢書·序傳》。

77　杜正勝，前引文下篇，頁 35。

百金。　　　　　　　　　　　　　　　　　　　　　（《漢書・序傳》）

萬石君原居長安戚里，後徙陵里。據陳直考證，陵里即長安中之梁陵里。[78]
萬石君的宗人似皆居長安里中。他的宗人有多少呢？其傳說：「慶方為丞
相時，諸子孫為小吏至二千石者十三人。」子孫當然不是人人可得為官。
為官及吏者有十三人，則其宗族人數必不甚少。從其他的例子看來，漢人
出外做官，老歸鄉里。鄉里的族人聚居一處，而宗族的墳墓也在故里。他
們除了歸老時，照顧族人如疏廣之例；在任時，也和故里族人保持聯繫，
樓護、班伯皆為其例，前引劉邦也是例子。根據以上所述，西漢宗族聚里
而居應是普遍的現象。

　　東漢以後，聚族里居的例子就更多了。即以漢光武帝家族為例。《後
漢書・宗室四王三侯傳》謂：「成武孝侯順，字平仲，光武族兄也。父慶，
春陵侯敞同產弟。順與光武同里閈，少相厚」；又「泗水王歙字經孫，光
武族父也。歙子終，與光武少相親愛」。劉順、劉終，一為光武族兄，一
為光武族父子，少相親厚於同里之中，宗族聚居閭里的畫面，躍然紙上。
還有一個有趣的例子見王充《論衡》。《論衡・語增篇》謂：「傳語曰：『町
町（劉盼遂案：町町蕩盡之意）若荊軻之閭。』言荊軻為燕太子丹刺秦王。後
誅軻九族，其後恚恨不已，復夷軻一里……此言增之也。……始皇二十年
燕使荊軻刺秦王，秦王覺之，體解軻以徇，不言盡誅其閭。彼時或誅軻九
族，九族眾多，同里而處。誅其九族，一里且盡，好增事者則言町町也。」
王充雖然在這裡駁斥當時人誇大不實的傳言，卻無意中透露了漢世「九族
眾多，同里而處」的情況。他對誅軻九族，一里且盡的解釋，與其說是根
據荊軻當時的實況，不如說是他不自覺地將自己時代裡「聚族里居」的情
形，投射在對歷史的認識上。又《後漢書・朱暉傳》：「建初中，南陽大
飢……暉盡散其家資，以分宗里故舊之貧羸者，鄉族皆歸焉。」范曄在這
裡不說宗族和鄉里，而說「宗里」和「鄉族」，似乎意味東漢章帝時，宗
族與鄉里的成員已疊合難分，到了可用這種新名詞來形容的程度。

78　陳直，《漢書新證》，頁283。

接著，來看看明、章之世侍廷里的實際情況。侍廷里父老僤裡的二十五人，據約束中「戶者一人」的規定看來，應該代表該里的二十五家。其中姓氏可知的二十四家共有六姓：

1. 于氏：（1）于中山（2）于中程（3）于孝卿（4）于孝（5）于伯先（6）于伯和（7）于程（8）于季（9）于稚（10）于思
2. 單氏：（11）單侯（12）單子揚（13）單力
3. 尹氏：（14）尹伯通（15）尹中功（16）尹大孫
4. 錡氏：（17）錡中都（18）錡初卿（19）錡季卿
5. 周氏：（20）周平（21）周蘭（22）周偉
6. 左氏：（23）左巨（24）左中業（?）

六姓構成父老僤的二十餘成員家庭，但是不是全里的人戶都屬於六姓呢？不能確知，但不是不可能。六姓人戶有些中貲可為父老，有不少顯然是不中貲的。父老僤中最多的是于氏，多達十戶；單、尹、錡、周氏各三戶，左氏兩戶。于氏幾乎占父老僤成員的一半，因此由于家的人為祭尊，領銜訂立約束，就不難理解了。再看看同姓之間的關係。從西漢開始，兄弟之間已有以共通字或共同偏旁字排行的情形。東漢更有在同族或同宗間以共通字排行的習慣。[79] 雖然這種習慣不是絕對的，但是父老僤的幾家卻顯然有排行的情形。錡氏的初卿、季卿似為兄弟，以「卿」字為共通字，以初、季排行。于氏人多，看得更清楚。中山、中程應是兄弟，以「中」字為共通字，同樣的情形有伯先、伯和兄弟。于孝卿和于孝的關係較不明確，不知是否有脫漏。不過程、季、稚三人則以「禾」之偏旁字顯示他們的血親關係。如果他們是于氏四對兄弟，他們之間的關係可以近在五服之內，屬於同一家族，但也可能遠在五服之外，不過是宗人罷了。不論如何，宗族聚居一里的情形，侍廷里的于氏作了十分有力的證明。

由於農村聚落中的家族親屬聯繫始終是地方組織的重要部分，因此鄉

---

79 鶴間和幸，〈漢代豪族の地域的性格〉，《史學雜誌》，87：12（1978），頁 16-17。此文舉證甚詳，可參。

里之制雖然逐漸確立，維繫鄉里秩序的除了法律，仍然以孝悌、敬老等家族倫理為基礎。管仲制齊國為二十一鄉，鄉長每年正月向齊桓公作治績報告，據說桓公親問焉：「於子之鄉，有不慈孝於父母，不長悌於鄉里，驕躁淫暴，不用上令者，有則以告。」[80] 不慈孝、不長悌、不用上令都足以破壞秩序，鄉長不能不問。《管子·入國》篇有「老老」之法：「年七十已上，一子無征，三月有饋肉；八十以上，二子無征，月有饋肉；九十已上，盡家無征，日有酒肉。死，上共棺槨，勸子弟精膳食，問所欲，求所嗜，此之謂老老。」敬重老者，享以特權，是因為維持社會秩序，老者是重要的力量。[81]《白虎通》卷上：「教民者皆里中之老而有道德者為右師。教里中之子弟以道義、孝悌、行義、立五帝之德。」法家如韓非反對將治國建立在孝慈仁義之上，主要在於相信法令刑罰比這些倫理信條，有更大必然的約束力。[82] 但是他的理論不能不向事實低頭，秦律對「不孝」、「子告父母」、「毆大父母」都加重治罪。[83] 在一個家庭宗族關係堅強的社會裡，法律不但不能破壞家族倫理，反而要加以保障。劉邦因而擇民年五十以上為鄉三老，歲賜酒肉。惠帝舉「民孝悌、力田者，復其身」。[84] 這些都和法家或儒家的思想無關。我們只有從一個強調親屬宗族關係的社會，才能理解這些措施的意義。西漢宣帝以後，宗族的力量日強，這與儒學日盛，或有若干關係，但也未嘗不是春秋戰國以來一個宗族社會自然的，更

80　《國語·齊語》。

81　《逸周書·大聚解》：「以國為邑，以邑為鄉，以鄉為閭，禍災相卹，資喪比服，五戶為伍，以首為長；十夫為付（什），以年為長；合閭立教，以威為長；合旅（族）同親，以敬為長；飲食相約，興彌相庸，耦耕口耘，男女有婚，墳墓相連，民乃有親。」這一段文字顯示先秦血緣聚落與鄉邑閭里制相結的理想情況。這種社會秩序的維持在於以年、以威、以敬為長。

82　如《韓非子》〈五蠹篇〉、〈顯學篇〉。〈顯學篇〉謂：「夫嚴家無悍虜，而慈母有敗子。吾以此知威勢之可以禁暴，而德厚之不足以止亂也。夫聖人治國，不恃人之為吾善也，而用其不得為非也……不恃賞罰而恃自善之民，明主弗貴也……有術之君，不隨適然之善，而行必然之道。」

83　參邢義田，〈奉天承運——皇帝制度〉，《中國文化新論——制度篇》（臺北：聯經出版公司，1982），頁 70-71；本書卷三，頁 11-65。

84　《漢書·惠帝紀》。

進一步的發展。

五 後記

　　收到拙稿校樣前不久，剛剛得讀杜正勝兄甫出新作〈古代聚落的傳統與變遷〉（見《第二屆中國社會經濟史研討會論文集》，1983 年 7 月）。杜兄新作詳密周延，許多意見已不同於〈傳統家族試論〉。其中一大不同是揚棄地緣取代血緣聯繫的舊說，而其新解與愚意頗相類似。拙文雖然依舊採用血緣和地緣的用語，實際上深深感覺到古代中國社會組織的複雜性，是不能僅憑血緣或地緣觀念可以完全掌握的。過去大家往往以單純的血緣關係討論家或家族，以地緣關係理解鄉里組織。這樣不但難以認清問題，反而造成認識中國社會的限制。父老僤、張儉之墠和中阪共侍約就都放不進血緣或地緣的框框。杜兄新作談古代聚落，發現聚落形成的因素不全在血緣，也不全在地緣。這在突破地緣和血緣觀念的限制上，實已邁出了重要的一步。拙文強調鄉里和宗族聚居的疊合現象，也感於鄉里只是行政組織，似不宜用血緣或地緣去了解它的性質。

　　不僅鄉里聚落如此，從血緣討論家和家族問題，就社會經濟史而言，也很值得再作考慮。例如從服制談家族，可以掌握到家族的血親關係。可是如果我們將對家和家族的了解限定在有血親關係的成員之間，恐怕就不能完整地認識一個家或家族的經濟生活、社會活動，甚至在政治上的榮辱興衰。理由很簡單。以秦漢社會為例，稍涉秦漢史者皆知，秦漢的家和家族除了同居共財，有血親關係的成員之外，還有奴婢、賓客、部曲之類的附屬人口。他們雖然不是某一家或族的血親，他們和這一家或族生活關係之密切，是無異於家族整體的一部分。因此，單獨討論家族中有血親關係的成員，或單獨處理奴婢、賓客、部曲的問題，就整體認識秦漢家族的社會經濟生活而言，都是不夠完整的。拙文討論家族尚不能免於血緣一層的限制，希望以後能有機會再作較完整的論述。總之，新的材料逼使我們反

省舊的觀念，也迫使我們進一步追問：古代社會組織的原則何在？那些構成討論古代社會最好的分析單位？那些單位的組織型態是基型？那些又是基型的派生？面對認識中日益複雜的古代社會，或許只有這樣，才能從複雜中理出一些頭緒來。

古史的材料十分稀少，有關基層社會者，尤為零星。新出的資料每使古史的學者太過興奮，不知不覺中誇大了新材料的意義，甚至輕易地推翻舊說。論「漢侍廷里父老僤買田約束石券」的學者因見券中父老貲產的規定，輕率否定以年高德劭者為父老的舊說就是一例。反躬自問，個人也常不免如此。這是治古史的一險。再者，古史是冒險家的樂園。治古史憑藉想像的部分往往多於材料所能建構者，但終不免強為之說。這又是一險。拙文冒險說了一些話，還望沉潛有得的杜兄及大雅君子不吝指正。

72.8.25 初稿，75.2.21 增補修改，93.11.13 再補。

補記

民國 85 年 4 月 5 日在史語所傅斯年圖書館拓片室曾閱讀周進《居貞草堂漢晉石影》兩件和「僤」相關的殘碑拓片，筆記藏於書櫃，其後增訂此文，竟然忘記參考。其一件題為「漢詔書等字殘碑」拓片。周進原注：「高存一尺三寸，廣存一尺一寸五分，格徑一寸七分。出洛陽，未見著錄。」一件題為「漢辟易等字殘碑」，原注：「高存九寸七分，廣存一尺九寸五分，格徑一寸五分，出陝西長安。」後讀永田英正，《漢代石刻集成》，不但有拓影，也有殘字釋文，唯釋文有可商榷處。今據當時筆記及永田釋文，重錄如下：

1.　「詔書」等字殘碑
　　碑陽：
　　　　　　前□□
　　□　　　詔書加□
　　　　　　大和乃□

鄉　　　彈約束時
　　　　　息元元受
〔文〕　於雒陽同□
〔里〕　鄉吏求□

碑陰：

1. □左阿息　　　　支阿護
2. 〔令〕王阿犢　　閻青堅
3. □楊□秦　　　　尹阿□
4. □楊阿□　　　　宣〔沛〕
5. □□阿當　　　　〔嬴〕□
6. □阿□　　　　　　□

2. 「辟易」殘碑
碑陽：

1. 　　屬□
2. □自比伍
3. □最辟易深藏
4. □自相聚食差
5. 　緜使□□□□
6. 　等各自□□□
7. 　民得出□客□
8. □領人名錄合
9. □千〔罰〕二百□
10. 〔如〕□令為□大
11. □有豪民因吏
12. 非本〔支〕彈人□
13. 〔從〕方政□□

碑陰：

1. 郭多（此字左側「享」書法同郭仲奇碑之「郭」字，參《隸辨》卷 5，頁 41 上）
2. 出昌

「詔書」殘碑碑陽、碑陰字體書法有異，碑陰人名多用阿字，支阿護等又不類漢姓，疑為後世增改，其時代晚於漢，或在南北朝。姑錄此，以俟方家。

原刊《漢學研究》，1：2（1983）；增補稿收入《秦漢史論稿》（臺北：東大圖書公司，1987）；再訂稿收入《臺灣學者中國史研究論叢》城市與鄉村卷（2005，頁 27-51）；96.1.20 三訂；105.5.4 四訂。與本文相關的姊妹篇〈漢侍廷里父老僤買田約束石券再議〉見邢義田，《天下一家》（北京：中華書局，2011），頁 467-488。

〈漢侍廷里父老僤買田約束石券〉再議
——兼與俞偉超先生商榷

　　自 1982 年河南偃師發現的侍廷里父老僤買田約束石券刊布以來，學者對石券的性質，討論得十分熱烈。其中核心的問題在於：僤到底是什麼樣的組織？六年前我曾主張是私人結合或說是結社。[1] 這樣主張的人頗有一些。[2] 今年有緣讀到俞偉超先生的新書《中國古代公社組織的考察——論先秦兩漢的單—僤—彈》，得知俞氏以僤為公社的新說。俞氏對中國古代社會組織的性質與發展自有一套看法。根據他的看法，漢代的單、僤或彈都是自古以來的公社或公社的殘留。俞氏於先漢用甲骨和金文中的單字為資料，於漢代則主要依據這方石券和數量頗多的單印。公社說背後有一套以馬克斯理論為基礎的發展史觀，此處不擬討論，只打算對這方石券的釋讀和性質作進一步澄清，並討論一些相關的問題，希望能免除若干對漢代基層社會的誤解，並為僤乃漢代結社說作些補充。

---

[1]　邢義田，〈漢代的父老、僤與聚族里居——「漢侍廷里父老僤買田約束石券讀記」〉，原刊《漢學研究》1：2（1983）；修改稿收入《秦漢史論稿》（臺北：東大圖書公司，1987），頁 215-246；本書卷三，頁 515-547。

[2]　例如：黃士斌，1982，頁 19；寧可，1982，頁 23-26；高文，1985，頁 1；杜正勝，1983，頁 246-247；1990，頁 107-124；山田勝芳，1986，頁 1-5；籾山明，1986，頁 1-20；渡邊義浩，1989，頁 4-6、9。

一 石券的釋讀

如何釋讀石券是基本關鍵。俞先生曾親見原石，並重作釋文，因理解有異，標點與解讀和前人不同。俞氏將過去釋為「客田」的兩字改釋為「容田」，是一大貢獻。[3] 他將石券末行原釋「王思」二字，改釋為「于思」也無可疑。但他和黃士斌將石券第十行寧可所釋「它如約束」，釋為「也如約束」，並斷句作「也。如約束」。這一差別影響到對整個石券性質的認識，不可不辨。個人認為「它如約束」的讀法是正確的，而且這四字在石券中有重要的意義。以下試為之說。

第一，從 1982 年 12 期《文物》以及俞書中的石券拓本看（參見圖 1.1-4），原字較像「它」而不像「也」字。兩拓本清晰程度不一，據《文物》上所拓，「它」字兩部分〔宀〕和〔匕〕顯而易辨，俞書拓本上它字的上半作〔宀〕也很清楚。釋為「也」字，不妥。

第二，漢代隸書「它」、「也」二字有時不易區分。不論字形如何，這件石券上的字句都只能是「它如約束」。因為「它如約束」的「它如」或作「他如」是漢代公文常詞，意思是「其它如」云云。這一證據在文獻、碑和簡牘中甚多，先舉若干簡牘例證。居延簡則有以下清楚一例：

　　□□□候長賢自言常以令秋射署功勞即石力賢

　　□□□□于牒它如爰書敢言之（《居延漢簡》6.13，參圖 2）

原簡「它如爰書」四字極為清晰。漢簡中常見「如律令」、「如詔書」、「如爰書」之類的用語。其意義如字面，與「它如爰書」之加一「它」字者不同。前者意謂即如律令、如詔書；後者則是行事不完全同於律令、詔書或爰書時的措詞。可惜此簡過殘，無法知道這位候長作了那些爰書以外的事。此外，不能不一提居延建武三年候粟君責寇恩事簡有一處云「皆證也如爰書」（27.21A），此處「也」字很清楚（參《文物》，1（1978），圖版 38、

3　近年王子今先生主張客田之說，參所著〈漢代「客田」及相關問題〉，收入《秦漢社會史論考》（北京：商務印書館，2006），頁 261-269。

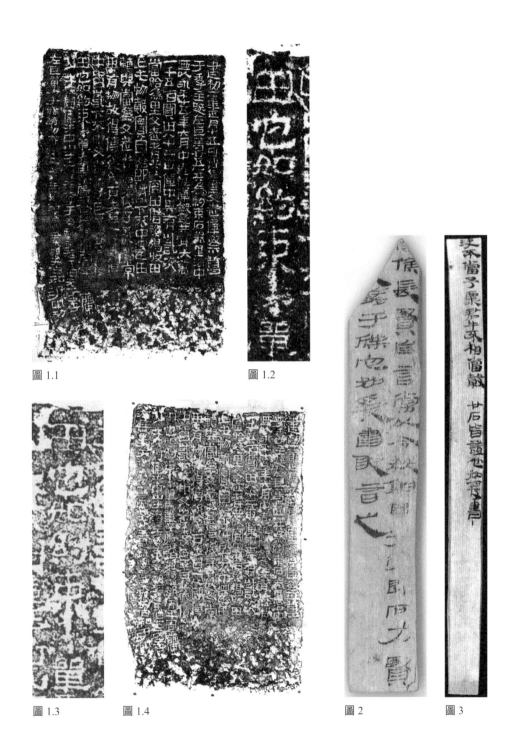

圖 1.1

圖 1.2

圖 1.3

圖 1.4

圖 2

圖 3

圖4　乙瑛碑拓本

古月集：秦漢時代的簡牘畫像與政治社會
　　——卷三　皇帝、官僚與社會

39 及圖 3），但從前後文可知其斷句毫無疑問應作「皆證。它如爱書」。換言之，這份爱書簡不能用來旁證石券應釋作「也如約束」。

再以碑刻為證。最少有乙瑛碑和張景碑二例。前一碑內容，大家十分熟悉。乙瑛碑在提到奉祀孔子的「故事」以後，三公建議如乙瑛之請，增掌禮器之百石卒史一人，而其「它如故事」（圖4），也就是說其它仍如舊制。1958 年河南南陽出土張景碑，記述南陽郡下轉宛縣，宛縣再下轉有關張景義造土牛的公文，公文末有「他如府記律令」之語。殘碑原字十分清晰（參《文物》，11（1963），封面裡頁及本文圖 5）。此碑之「他如」即「它如」。郡府同意張景以家產修土牛和奉獻建築所需之物的方式，換取免除擔任縣吏、列長、伍長等徭役

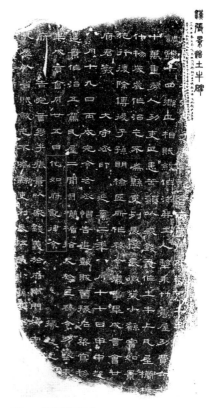

圖 5　張景碑拓本

的義務。宛縣根據郡的教令，進一步說明張景須造五架瓦屋二間和欄楯十尺，其餘則如「府記律令」所規定的。府記為太守府記。記為文書通用語，所謂「州郡記，如霹靂」（《全後漢文》卷四十六），乃泛指州、郡所下公文。此處之府記應指碑中所說的「府君教」，蓋郡守之令曰教。《漢書·何武傳》：「出記問墾田頃畝」，師古曰：「記謂教命之書」。「律令」何指，碑未明言。總之，此處「他如府記律令」的「他如」，和前文所見的「它如」相同。

最後，從文獻上可以更清楚看出「它如」的意思和用法。略舉例如下：

1.　《漢書·儒林傳》：「〔公孫〕弘為學官……乃請曰……臣謹案詔書律

令下者……請選擇其秩比二百石以上及吏百石通一藝以上補……文學掌故補郡屬，備員，請著功令，它如律令。」

2. 《漢書·匈奴傳》上：「其明年，單于遣使遺漢書云……今欲與漢□闓大關，取漢女為妻，歲給遺我蘖酒萬石，稷米五千斛，雜繒萬匹，它如故約，則邊不相盜矣。」

3. 《漢書·匈奴傳》下，成帝河平四年，復株絫若鞮單于入朝，「加賜錦，繡繒帛二萬匹，絮二萬斤，它如竟寧時」；哀帝元壽二年，單于來朝，「加賜衣三百七十襲，錦繡繒帛三萬匹，絮三萬斤，它如河平時」。

4. 《後漢書·章帝紀》元和二年九月壬辰詔：「……加賜男子爵，人二級，先見者帛二十四，近者三匹……它如賜爵故事。」

從以上文獻很清楚可以了解「它如」二字都是在有所改變的情況下（單于提新的要求，漢帝主動加賜，加賜爵帛），表明其餘的如故事或舊的約束。《儒林傳》師古釋「它如律令」曰：「此外並如舊律令」，得其的解。此處可附帶一提，「它如」當作公文用語已見於秦代。丞相綰等議帝號，始皇不滿他們所擬的「泰皇」尊號，改稱「皇帝」，但同意了他們其他的擬議，制詔遂以「他如議」三字作結。（《史記·秦始皇本紀》）

如果釋為「它如約束」可信，據以上對「它如」二字的理解，則可以確定目前所出土侍廷里石券的內容，並不是該里父老僤約束的全部，而石券所載最少有一部分是對原約束的增添或修改。侍廷里父老僤早在永平十五年（西元 72 年）已購容田八十二畝。照俞先生的說法，容田即頌田，其所出乃供春秋二社一類活動之所需。在購田之後，如何管理和運用這些田產，當時應即有一套辦法或約束，不可能等五年以後（建初二年，西元 77 年）才立約。石券上說「得收田上毛物穀食自給」，玩味「自給」二字，似乎容田的收入不但供社祭所需，還供為里父老者其他的開銷。經費如何分配，如何支出，如何記錄，應都有更詳細的規定。又如祭尊和主疏的職掌，如何決定「訾次」，都是和僤內活動相關的大問題，也不能不有所約定。這些不可少的約定並不見於石券。因此，就這個僤活動的需要，父老僤必定還有其他的約束。這些約束也曾刻石？見諸帛竹？或僅為口頭？則

無從知悉。總之，經過五年，顯然因某些不確知的理由（例如對舊有的約定有了爭議？須要修訂或補充？或欲確立某些約束，傳之子孫？……）才將有關容田使用和繼承的約束刻石，加以確立。至於其它的約束，仍如往常，為僤中成員所熟知，故以「它如約束」一語帶過，不再多說。相信以上對「它如約束」的解釋，可幫助我們確定石券所刻僅為該僤全部約束的一部分。

　　文字的釋讀和斷句關係到對整個石券內容的理解，石券的第一段尤為關鍵。這一段無論釋讀或斷句，各家小有不同。姑以最後出之俞先生說為例，其釋如下：

> 建初二年正月十五日，侍廷里父老、僤祭尊于季主疏，左巨等廿五人，共
> 為約束石券。里治中……（頁114）

俞釋的不同處在：（1）斷「父老僤」為「父老、僤」；（2）以「主疏」二字作動詞，解為「主持撰寫書疏」（頁118）；（3）以「里治中」為職稱。這三點都值得再作商榷。

　　以第一點言，俞先生不同意過去「侍廷里父老僤」的說法。他說：

> 把這個「僤」誤稱為「父老僤」的重要原因，在於沒有弄懂「主疏」者「于季」的身分乃是由「侍廷里僤」的二十五個「父老」中選出的「祭尊」。按之原文，〈石券〉末尾題名的廿五人便是此「里」或「里僤」內的全部「父老」，于季為其中之一，而又被推為「祭尊」，故〈石券〉首行應讀為「侍廷里父老、僤祭尊于季主疏」，其身分是「侍廷里父老」並為「侍廷里」的祭尊。已知兩漢時期五十多個「單」名，多用吉語，而從無以「父老」為名的，這也證明「父老」不是「僤」名。（頁117）

其說有四個要點：（1）石券中的二十五人全是父老；（2）于季是二十五位父老選出的祭尊；（3）于季擁有祭尊和父老雙重身分；（4）侍廷里之僤由父老組成，但其名不是「父老僤」，而是「侍廷里僤」。于季有兩重身分，應可從。其它三點則可以再斟酌：第一，從石券內容看，這二十五位似只是在貲產上夠格為父老者，並不都已具父老身分。父老在戰國時代原只是

村落中領袖長者的泛稱，到漢代則漸成地方行政上有特定意義的專名；[4] 所謂「里父老」，非泛指里中的長者，而是里中擔任特定父老職務的人。石券中有「僤中其有訾次當給里父老者」一句。句中「父老」前有一「里」字，不可輕忽。這證明他們要擔任的是有特定職責的父老，不是一般鄉里長者。一個數十戶到百戶的里，應不會同時有二十五位這樣的父老。

第二，這二十五位夠格者組成的，以「父老僤」為名似無不可。傳世單印雖不少（單印問題詳見下文），但漢代基層社會組織為我們所不知者甚多。傳世單印無以父老為名者，並不意味漢世不可有以父老為名的僤。

第三，關於里父老產生的方式，石券中「其有訾次當給里父老者」一句是唯一的依據。由二十五位依訾次自行推選，頂多是一個合理的推測。嚴格言之，是不是用推選？由誰推選？或僅依訾產多少輪流？都不真正清楚。東漢在地方上擔負知民「為役先後，知民貧富，為賦多少，平其差品」（《續漢書·百官志》）的鄉有秩或嗇夫，會不會在里父老產生的過程裡扮演角色，值得考慮。因為父老的資格與貧富即訾產多少有關；依訾次；則又與役之先後有關。在東漢末，擔任這些地方工作似乎不是一種光榮，而是許多人企圖逃避的徭役。前引延熹二年的張景造土牛碑就是最明白的證據。張景寧可花錢造土牛等，以換取不任「縣史、列長、伍長徵發小徭」的權利。侍廷里父老僤是在明、章之世，情形或有不同。但出任里父老會有經濟上的負擔則甚顯然，否則就不會有父老僤這樣共同出錢買田，以減輕個人負擔的組織。

其次，「主疏」二字是動詞或職稱的問題。拙意以為解作職稱較妥當。以前在《漢學研究》一卷二期發表的意見有誤，修正後的看法見本書〈漢代的父老、僤與聚族里居——「漢侍廷里父老僤買田約束石券」讀記〉一文。因舉證與俞先生不同，請容將拙見有關部分先抄錄如下：

> 于季是這個組織的領袖，稱為祭尊。左巨地位次於他，任「主」之職。主也就是主書，似掌文書之事。《漢官儀》謂：「秦代少府遣吏四人在殿中，

4　參邢義田，前引文，頁219-222。

主發書，故號尚書。尚猶主也。漢因秦置之。」從「尚猶主也」，可知主書亦尚書之意。又「疏」字與疏、疎、疎、書字通。《隸辨》已辨之甚明。《後漢書・鄭弘傳》：「楚王英謀反發覺，以疏引既」，李賢注：「疏，書也。」《太平經》卷 110〈大功益年書出歲月戒〉：「簿疏善惡之籍」，蒼山元嘉元年畫象石墓題記則有「薄疎郭中畫觀」一句，「薄疏」、「薄疎」意為「簿書」，皆為動詞，意思是說一一記錄善惡之籍和墓槨中的圖畫；石墓題記在這一句之後，接著就記述一幅幅的圖畫。池田溫《中國歷代墓券略考》在這一題記「薄疏」二字旁所加注正是「簿疏」二字（頁214）。漢代有尚書，有主簿，石券上又有主，它們的意思應都類似。

後來又看到一些資料可補充拙說。「主疏」或「主書」作為職銜，已見之於《呂氏春秋》。《呂氏春秋・樂成篇》云：「文侯知之，命主書曰：『群臣賓客所獻書者，操以進之』。主書舉兩篋以進」。今本《說苑》卷六所錄文字小異，然「命主書」及「主書舉兩篋以進」同。陳奇猷《呂氏春秋校釋》卷十六云：「主書係官名」（頁997）。又《呂氏春秋・驕恣篇》提到齊宣王「遽召掌書曰：『書之』」。畢沅曰：「掌，《新序》作尚；尚，主也」（頁1405）。易言之，掌書，也就是尚書、主書。這些材料應可大大釐清石券中「主疏」二字的意義。

再說里治中。俞先生引《周禮・春官・天府》等資料，證明石券「里治中」的「治中」是職官名。他認為里治中如漢代的治中從事，「乃主管里內的各種簿書」，又「由他來主持重建侍廷里僤一事，正是合適的」（頁120）。在這一點上，個人較贊同寧可，將里治解為「聚會議事之所」（1982，頁25），或更明白地說即里辦公室。理由如下：

1. 《周禮・春官・天府》所說的「治中」與漢代的「治中」無涉。嚴耕望先生在《中國地方行政制度史》第九章「治中從事」條已明白辨析。嚴先生說：「然則『中』者當以漢官通例之『中』釋之（如侍中、郎中），謂內中，與《周禮》治中指簡冊簿書而言者，蓋不相涉。」（頁310）其詳可參嚴氏原書。

2. 如果里治中是職名，里治中和僤祭尊的地位關係將陷入難解的矛盾。

因為如果同意俞氏所考，祭尊是父老之元長者（頁 92），是從父老中選拔出來的尊長（頁 93），則很難想像這樣的尊者僅主持撰寫文書，反由主管里內簿書的里治中「主持重建侍廷里僤」（頁 120）的大計。

3. 依石券行文方式，職稱之後例加人名，如祭尊于季、主疏左巨。如里治中為職稱，按例其後應有人名，然石券行文並非如此。「里治中」之後為「迺以永平十五年」云云，明顯為另一句的起首。

4. 據漢人習慣用語，里治中的「治」應作治所解。里治中就是「里辦公室內」。治指治所習見漢代文獻，如《漢書‧地理志》，左馮翊之高陵，注曰：「左輔都尉治」；右扶風之郿，注曰：「右輔都尉治」；東郡之東阿，注：「都尉治」；《續漢書‧郡國志》云：「凡縣名先書者，郡所治也」；居延簡有「如治所書律令」（16.4A），「如守府治所書律令」（16.10），「候長王卿治所」（88.8），「刺史治所」（24.3、482.19），「三井治所」（308.6），「夏侯掾治所」（483.1）。從這些例證可知，治所為通名，凡官員治事之所，皆可稱為治所。又《周禮‧地官‧里宰》鄭玄謂：「𧮰者，里宰治處也，若今街彈之室。」里宰治處無疑即里宰治所，而里治中實即里治所內。

總之，侍廷里父老僤可考的領袖，一為地位最高的祭尊，一為其副手主疏。主疏之為祭尊副手，猶如主簿之於郡縣守令。侍廷里父老僤雖然是私人結社，其職銜模仿官府，其規章約束的用語也模仿官府公文，不能不令人注意到漢代龐大的官僚體系和習慣在整個漢代社會中所起的典範作用。[5]

基於以上不同的認識，建議將石券第一段標點如下：

> 建初二年正月十五日，侍廷里父老僤祭尊于季、主疏左巨等廿五人，共為約束石券里治中。

---

5 從下文提到的單、唯印中的職稱也可以看出有許多仿自職官名。此外，如鎮墓文、遣冊襲用官府公文移文形式及用語（如律令等），都可以反映官僚文化對一般私人生活的滲透。這一方面如作有系統的研究，應可大大增加我們對漢代政治與社會生活關係的認識。

二 單印和公社說

傳世單印甚多。俞書第三章即根據數十枚單印和以上說到的父老僤石券，肯定單、僤或彈是兩漢時期與里規模相當的兩種農村基層居民單位，而漢代的單是古來公社的延續或遺留。這一說法是否成立，關鍵仍在依據的資料是否堅實穩固。因而如何以單印證史，有一些基本問題不能不先提出來討論。

古印正如許多其他史料，有其用，亦有其限制。古印應用的一大限制在斷代不易。以單印而言，俞書引用的大部係傳世品，出土地點多不明。作者斷代主要依據字體風格（如頁 76、100、143、159），偶爾從印文所涉官名（如頁 158），特殊用字如新、薪指王莽時代（如頁 25、 111）等入手。以字體風格來說，作者在第 76 頁有如下一段考證：

> 這十多枚印的字體，〔徒單〕二字瘦長，風格較早，當屬西漢甚至是偏早期的；「逪沮彈印」、「工里彈印」、「同亮彈印」、「宗親彈印」比較方正呆板，當屬東漢；像「宗親彈印」那種鬆散潦草之體，還可以推定為東漢偏晚的。

作者在其它地方論印的風格和斷代的方式，大體類此。今天有關銅器、陶器和甲骨的研究都逐漸有了較客觀科學的斷代標準，但有關璽印的較明確的斷代標準似乎仍待建立。僅僅據「瘦長」、「方正呆板」、「鬆散潦草」這樣大致的描述，實令人難以相信斷代的準確性。羅福頤先生以專精印璽聞。他在《秦漢南北朝官印徵存》卷五〈後漢官印〉部分的序中說：「前後漢官印標識明確性不大，有些由官職上、地理上可以斷代。然遇有歷代沿襲，或至魏晉仍然，就不易判斷。今只有參看文字刻工上，更待來者之佐證。」（頁 119）單印存在的時代不幸正是羅先生認為不易斷代的時期。這是以單印證史須謹慎處。

姑以官名斷代為例。正如羅先生所說，有些官名沿用甚久，據以斷代，僅能得一大概。以俞書用力甚多的「千人」來說，作者曾結論道：「千人之職，不見於《漢書·百官公卿表》，當始於東漢。北魏以後也見不到

這種軍職。千人單當只能存在於這段期間。」（頁 158）接著又從「千人督印」的篆刻風格，斷定該印應是東漢至魏晉遺物，進而得出從里單到正衛彈，正衛彈再到千人單的歷史發展過程（頁 159）。此處當為作者一時失考。實則千人見於《百官公卿表》。中尉條云：「有兩丞、候、司馬、千人」；典屬國條云：「復增屬國，置都尉、丞、候、千人」；西域都護有「丞一人，司馬、候、千人各二人」。西漢之有千人，昭昭可考。《漢舊儀》謂：「邊郡太守各將萬騎……置長史一人……當兵行，長史領置部都尉、千人、司馬、候、農都尉」云云，又謂：「元朔三年，以上郡、西河為萬騎太守，月奉二萬；綏和元年，省大郡萬騎員秩，以二千石居」（《漢官六種》輯本）。元朔三年的萬騎太守，正是各將萬騎的邊郡太守，其屬下有千人甚明。可見千人一職最遲已見於武帝時。一個確證見敦煌簡。沙畹編號 305 簡云：「大始三年（94 B.C.）閏月辛酉朔己卯玉門都尉護眾謂千人尚尉丞無口就。」[6]「大始」即「太始」，武帝年號。又《居延漢簡》560.13 云：「昭武騎士益廣里王彊——屬千人霸五百僵士吏壽」此簡字跡極清晰，並與元康四年簡（560.4）、地節三年簡（560.17A）同出地灣 A33，大體應可判定為宣帝時簡。此外，與五鳳元年簡（564.24）和元康二年簡（564.25）同出一地的簡 564.6 也提到「千人」，其時代也在宣帝時。又居延有成帝建始二年（31B.C.）簡（28.21A）提到「千人」。羅福頤《秦漢南北朝官印徵存》卷四，新莽印收有折衝狠千人、破姦狠千人、建威狠千人三印。莽印用字特殊，此三印屬新莽時代無可疑，而莽官千人顯係沿西漢之舊。如果以上對千人的考證成立，依前引作者推論的方式，千人單就可能存在於西漢中期，其出現反在正衛彈之前了。這一點即足以動搖作者對單—彈—千人單，順序發展的論點。

單印是公社說的重要依據，但單印所涉職官名稱複雜，單純的農村公社有之，實難想像。俞先生分析單印中出現的祭尊、三老、敬老、父老、長史、卿、尉、平政、穀史、司平、監、廚護、右集等職，結論道：

6　釋文從陳直，〈敦煌漢簡釋文平議〉，收入《摹廬叢著七種》，頁 299。

兩漢時期的村社組織，還是普遍存在和相當完整的，內部存在著細密的分職，達十二、三個之多。就某個具體村社而言，內部的分職當然不見得有那麼多；但就村社的總體而言，就是具有那麼眾多的分職。在村社的整個歷史命運中，隨著村社的衰落，內部的分職是會走向簡單化的，兩漢時期的村社畢竟處在日益解體的過程中，從而這種細密的分職不會到漢代才出現，應是周代就已發生的。（頁127）

俞書於公社、村社二詞沒有區分，經常互用；因此此處所說的兩漢村社也就是他說的公社，或農村公社。他認為這十二、三個單內職稱都是村社或公社內的分職，各職所司雖有不同，卻屬於同一公社性質的單或僤。其次，兩漢村社已處在衰落解體的過程裡，細密的分職在周代應已存在。這樣立論似須考慮所據資料的時代和地區因素。以上數十枚單印可能分屬不同時代和不同的地域，換言之，各單內職稱之異，再加上單名不同，即意味單的性質可能有所差別，不都是公社。舉例來說，印或碑中見到的正僤、正衛僤，明白是為均徭役而設。漢印中有「酒單祭尊」，顧名思義，此單疑與酒之製造或買賣有關。再如「長壽萬年單左平政」、「奉親無極單右平政」、「慈孝單左史」、「孝子單祭尊」、「長生單祭尊印」等單印名稱所顯示的，極可能是一些和喪葬互助有關的組織。漢世重喪葬，花費極大。孝子奉親無極的重要表現即在隆重的飾終之典。這筆花費非人人所能負擔，遂而出現互助的辦法和組織。俞書提到四川宜賓發現的三種墓磚銘（頁76-77），其中有「宣化宜世僤休之藏永元六年始造」、「永元六年八月造」、「永元六年宜世里宗墼……」的銘文。三件銘文標示年月方式不一，有曰「始造」，有曰「八月造」，也有僅書年份。個人懷疑這位墓主的墓磚於永元六年陸續燒製，而燒製墓磚的正是墓主所屬宜世里的宜世僤。此說證據當然不夠，姑言之，備考。還有一個不能不提的例子是拙文過去已談到的士大夫之僤（《秦漢史論稿》，頁223-224）。東漢末，士大夫張儉等刻石立僤，共為部黨，《英雄記》曰：「儉等相與作衣冠糾僤，僤中人相謂言我僤中誠有八俊、八大……」云云。（《後漢書·黨錮傳》，王先謙《集解》引）又《北京圖書館藏中國歷代石刻拓本匯編》第一冊錄黨錮碑殘石有「還復僤

子弟……〔諸〕生在彈」等殘字。（頁228）這種彈顯然是私人結社，與公社或村社無關。接著也就可以澄清一點，即里和僤之間沒有必然的關係。有些僤固然可以一里為單位，而成里僤，顯然並非都如此。侍廷里父老僤就不是以全體里民，而只以里中夠格為父老者為成員。他們購置的田產，傳之子孫，非村里中人所共享，嚴格言之，雖似公產，實為私有，與公社或村社之公有公享精神異趣。

總結以上討論，我仍然相信漢代的單、彈或僤，在性質上與其說是公社，不如說是私人結社。漢代結社性質複雜，名稱不一。還有些名為彈，性質難定，暫不討論。[7] 漢碑中有不少地方官為民立彈，如酸棗令劉熊碑裡的「正彈」，或《水經注》裡提到的「南陽都鄉正衛彈」，[8] 似乎彈是官方組織，而非私人結社。事實上，這是官府利用民間已有的組織形式，達到均平賦役的目的。彈中職稱雖有似官名者，彈原本應非官僚體系的衍生物，或出自官府的設計。

末了，附帶一提，漢印中的「唯印」仍是難解的一個謎。陳直先生在其《居延漢簡研究》中認為漢代公文中的「唯」和漢印中之「唯」俱作然諾解（頁130）。[9] 俞先生從勞貞一先生說，認為唯、魁古音可通轉，「里唯」

7　《漢書·酷吏傳》尹賞條有一段說：「長安中姦猾浸多，閭里少年群輩殺吏，受賕報仇。相與探丸為彈，得赤丸者斫武吏，得黑丸者斫文吏，白者主治喪。」師古曰：「為彈丸作赤黑白三色而共探取之也。」先謙《補注》引王念孫，不同意師古說。王以為正文原無「為彈」二字，「為彈」二字乃後人將師古注首二字誤入正文。他並舉《御覽》地部二，刑法部九所引皆無「為彈」二字為證。兵部八十一引此則有「為彈」二字，王認為此蓋「依誤本《漢書》加之」所致。《御覽》所引固有不一致處，然王說不無可能。如正文「為彈」二字無誤，閭里少年所為之彈，有抓鬮臨時分配任務的意味，難以說是一種較長期性的結社組織。因此一資料涉及校勘問題，暫不深論。又《潛夫論·浮侈》提到其時風俗，「懷丸挾彈，攜手遨游，或取好土作丸，賣之於彈」云云。汪繼培箋於「賣之於彈」四字無說。此處之彈為何，難解，亦暫不論。漢代陶製彈丸已有實物出土，見〈漢長安城未央宮第三號建築遺址發掘簡報〉，《考古》，1（1989），頁40。

8　《水經注》淯水，魯陽縣條有「南陽都鄉正衛為碑」，今因該碑殘石發現，已可證《水經注》所錄「為」為「彈」字之誤。參俞偉超，1988，頁138；施蟄存，1987，頁353。

9　據賴非引證，唯作諾解，孫文楷《稽庵古印箋》已言之，唯猶諾也，漢以來，守土之官皆書

即「里魁」（頁 91-93）。唯、魁古音雖可通轉，如「里唯」即「里魁」，作一職稱解，則不易解釋「富里略唯印」、「角里小唯」、「洛里巨唯」這類里、唯二字間有其他字插入的唯印。在這些印裡，里唯並不構成一個詞。也不能解釋「唯長史印」、「宗家唯長史印」這類不見里字，卻有其他職稱的印。俞先生曾解釋「唯長史」為「里唯長史」之省。里唯如為里魁，里魁有屬史曰長史，於史無可考。此外，這樣也甚難解釋「少年唯印」、「孝子唯印」、「長久力唯」、「諸長卿唯」、「丁氏長幸唯印」、「常樂少年唯印」、「園下長幸唯印」這類名稱絕不似漢代里名的唯印。如果這些情況不能有圓滿的解釋，則里唯為里魁說即少說服力。[10]

唯到底是什麼？目前尚難確斷。如果容許作一臆測，「唯」是否可能也是一種結社呢？前引陳直以「唯」為然諾的說法很有啟發性。陳先生立說未引《說文》。《說文》曰：「唯，諾也。」《說文》之說其來有自。馬王堆帛書《五行篇》：「耳目鼻口手足六者，心之役也；心曰唯，莫敢不唯；心曰諾，莫敢不諾。」又《禮記·玉藻》：「父命呼，唯而不諾，手執業則投之，食在口則吐之，走而不趨。」結社必有約束，約束即彼此同意的約定，也就是相互的然諾。以相互然諾為基礎的某種組織可稱作「唯」。這與單、僤或彈類似。在古注中，單有信的意思。如《詩·大雅·天保》：「俾爾單厚」，《傳》曰：「單，信也；或曰單，厚也。」信與諾意通。或者可以說，唯是和單、僤或彈名異實同的民間結社。漢代的私人結社似不可能只有一種名稱。據《漢書·五行志》張晏曰，民間三月和九月有私社，臣瓚以為是田社。這是以社為名的。侍廷里石券、漢碑及單印證明有以單、僤或彈為名者，則另有以「唯」為名者不是不可能。裘錫圭先生曾引一枚「屯田唯印」，指出「屯田唯似當是屯田勞動者中間的一種組織之長，非正式的官」。[11] 敝意與其說相類。

諾。王獻唐同此說，又頗疑唯為官秩名。羅福頤同王說，並進而認為唯即魁，里唯即里魁。參賴非主編，《山東新出土古璽印》（濟南：齊魯書社，1998），頁 147。

10　賴非也不同意里魁說，但同意孫文楷說。見上引賴非書，頁 148。

11　裘錫圭，《裘錫圭學術文集（5）》（上海：復旦大學出版社，2012），頁 236。

三 漢代有無里三老和里長？

拙稿〈漢代的父老、僤與聚族里居〉曾經討論過有無里三老的問題（1987，頁221），漢有「里長」則是俞先生的新說。因為俞書認為漢既有里長，又有里三老，引用的一些證據拙稿過去沒有採用，這裡不能不進一步釐清，以補充舊稿之不足。

先說里三老。俞先生認為三老「也就是父老」，「鄉下之里，亦設三老」（頁94）。這個問題牽涉到對漢代基層社會領導結構的認識，關係至大。《漢書·高帝紀》明白記載，自高祖二年鄉置三老一人，又擇鄉三老一人為縣三老，其後又有郡三老、國三老，唯里有父老。通兩漢文獻、簡牘、碑、印，都可以證明里父老的存在，卻從未有里三老的直接證據。

俞書所舉里三老的證據主要轉引自孫詒讓《墨子閒詁·備城門》篇所引〈號令〉篇、《管子·度地》及《史記·滑稽列傳》述西門豹治鄴事。孫詒讓曰：「〈號令〉篇云：三老守閭，則邑中里閭亦置三老。」這是俞氏以為里有三老的重要論據。如一查〈號令〉篇原文，則知「三老守閭」作「三老、守閭」（孫以楷點校《墨子閒詁》，新編諸子集成本），二者分別為二。岑仲勉《墨子城守各篇簡注》謂：「守閭疑亦與三老同等有職守之人」，又謂：「三老、守閭各有職守」（新編諸子集成本，頁117）。再看〈號令〉篇原文。守閭里的是里正和父老，從不見三老。〈號令〉篇隨處提到：「里正（正原作佔，據岑仲勉校改）與父老皆守宿里門，吏行其部，至里門，正與開門內吏，與行父老之守及窮巷閒無人之處」；如果發生火災，「其正及父老有守此巷中部吏，皆得救之」，又「守入臨城，必謹問父老、吏大夫」云云，真正守里巷的是里正和父老。

三老在那兒呢？在葆宮中。〈號令〉篇說：「守堂下為大樓，高臨城，堂下周散道，中應客，客待見。時召三老在葆宮中者與計事得失，行德，計謀合，乃入葆。」重要的是緊接的一句：「守無行城，無離舍」（按：以上一段文字，《閒詁》本在〈備城門〉，岑氏《簡注》置於〈號令〉篇，今從岑氏文及

斷句）。文中之守指太守，太守如不外出巡城，則三老不可離葆宮，因為三老掌有傳令用的羽。〈號令〉篇說：「傳令里中者以羽，羽在三老所」，岑仲勉注曰：「傳令之羽在三老所，故三老不宜外出」（頁118）。如果以上的理解尚可取，則《墨子》一書中的三老就不是里三老，而是其他身分的人。

《管子‧度地》提到的三老也不是里三老，而相當於鄉三老。這只要一查〈度地〉前後文即明白。〈度地〉先說地方分割有都、州、術、里四級的地方組織，再說「百家為里，里十為術，術十為州，州十為都，都十為霸國」。國以下的都如相當於郡，州相當於縣，術則相當鄉，鄉下有里。其後〈度地〉有一段：「都以臨下，視有餘不足之處，輒下水官，水官亦以甲士當被兵之數，與三老、里有司、伍長行里，因父母案行閱具備水之器」云云（《管子校正》，頁304-305）。這裡里的負責人是里有司，其下有伍長，其上則為三老。以〈度地〉的地方行政系統言，這個三老只可能是術三老，也就相當於鄉三老。由此觀之，漢高祖於縣、鄉兩級行政單位置三老，實有來歷，非向壁新創。

再看《史記‧滑稽列傳》就更清楚了。〈滑稽列傳〉原文是：「西門豹為鄴令……長老曰：苦為河伯娶婦，以故貧。豹問其故。對曰：鄴三老、廷掾常歲賦斂百姓……」，又說：「至其時，西門豹往會之河上。三老、官屬、豪長者、里父老皆會」。《史記》的記述很清楚，三老是鄴之三老，里則有里父老。鄴三老高高在上與廷掾合謀壓榨百姓，後來被西門豹投入河中。西門豹是鄴令，鄴三老應是縣三老。三老與官僚廷掾之類同一戰線，這裡的三老無論如何不能等同於里之父老。[12]

以上這些資料皆屬先漢，嚴格言之，都不能作為漢有無里三老的直接證據。俞書論漢里置三老的唯一證據是《漢書‧元后傳》中的一段。為免斷章取義，謹抄錄如下：

---

12 近年山東青島土山屯堂邑令劉賜墓出土的「元壽二年（西元前1年）十一月見錢及逋簿」木牘上提到堂邑縣吏員人數，其中明列「三老官屬員五十三人」。可證在西漢，確實有縣三老存在。參青島市文物保護考古研究所、黃島區博物館，〈山東青島土山屯墓群四號封土與墓葬的發掘〉，《考古學報》，3（2019），頁405-459。

翁孺既免，而與東平陵終氏有怨，乃徙魏郡元城委粟里，為三老。魏郡人德之。元城建公曰：「昔春秋沙麓崩，晉史卜之，曰：陰為陽雄，土火相乘，故有沙麓崩。後六百四十五年，宜有聖女興，其齊田乎！今王翁孺徙，正直其地，日月當之。元城郭東有五鹿之虛，即沙鹿地也。後八十年，當有貴女興天下」云。

《漢書》書遷徙，例書從某郡某縣，或僅某縣徙某縣，幾無書里之例。如：張敞「本河東平陽人也，祖父孺為上谷太守，徙茂陵」；杜鄴「本魏郡繁陽人也，祖父及父積功勞皆至郡守，武帝時徙茂陵」；黃霸「淮陽陽夏人也，以豪桀役使徙雲陵」；辛慶忌「本狄道人，為將軍，徙昌陵」；平當祖父「自下邑徙平陵」；何並祖父「自平輿徙平陵」（以上俱見《漢書》各本傳）。此處特別詳載里名，乃因時人相信「地脈」關係王氏之興。王翁孺所徙之委粟里地當春秋晉史預卜，有聖女興起之沙鹿地。如果照例只記翁孺徙魏郡元城，就不會引來後世翁孺為委粟里三老的誤會。班固必然清楚當時的三老制度，他沒有料到在委粟里之後，接著寫「為三老」一句會引起誤解，但他明白以「魏郡人德之」一句來表明翁孺乃郡三老，非縣、里三老。如僅僅是縣、里三老，何來一郡人德之？此處細審原文，即不致有誤。從以上討論，相信已經釐清漢里有無三老的問題。漢里無三老，卻有里正（或里魁）和父老。他們在地方基層的意義，舊作已論，此處不再重複。

再說里長。俞書第 95 至 96 頁，為了證明單和里相當，既有單長，遂推論漢亦應有里長。俞先生除了引《墨子》和《韓非子》證明「里長」的存在，還引了居延破城子簡一枚。先秦子書不能作為漢史的直接證據，已見前說。俞氏所引漢簡，則須討論。先錄俞氏釋文如下：

建始（按：應作昭）二年閏月丙戌，甲渠令史董子方買卒歐威裘一領，直千（按：應作七）百五十，約里長錢畢已，旁人杜君隽。(26.1)

俞釋文係根據《居延漢簡甲編》。其中關鍵性的「約里長」三字，《甲乙編》作：「給□□」，勞榦《居延漢簡·考釋之部》作：「約長錢」；謝桂華等《居延漢簡釋文合校》作：「約至春」。可見這幾字如何釋讀，頗有歧異。到底

應如何釋讀呢？第一，當然應根據原簡字句；第二，如原字跡有不明，可參其它同類契約簡的類似語句，作一判定。首先看 26.1 原簡（圖 6）。原簡今藏歷史語言研究所。據我目驗，字跡一般要較圖版清晰，原簡上「約」字很清楚，「約」下二字可惜較模糊。「約」、「錢」二字之間，明顯有兩字，勞釋文作「約長錢」，脫一字。這兩字雖像「至春」，但不夠清晰。恐難令主張「里長」者心服。因此有必要推敲其它類似的契約文書。如果參考居延簡 262.19「約至十二月」（圖 7）及 273.12「約至九月」（圖 8）清楚的字跡，應該可以完全肯定「約至春」的釋讀。這些都是表示契約的期限。此外，甘肅玉門花海漢代遺址所出一簡，也可以證明這種有期限的契約形式：「元平元年七月庚子，禽寇卒馮時賣橐絡六枚楊卿所，約至八月十日與時小麥七石六斗。過月十五日，以日斗計，蓋卿任。」[13] 此簡沒有簡影發表，姑錄出以供參考。據以上考論，簡中「里長」一詞既不可靠，俞書據里長所作有關單長的推論也就須要重新考慮。

---

13 簡 77.J.H.S:2A，見甘肅省文物工作隊、甘肅省博物館，《漢簡研究文集》（蘭州：甘肅人民出版社，1984），頁 28。

圖 6　26.1　圖 7　262.29　圖 8　273.12

四 結論

　　新材料不斷出土，大大幫助了我們今天對漢代基層社會的了解。侍廷里父老僤買田約束石券帶來許多有用的線索，使許多過去未受注意的材料得以聯繫起來；否則，除了家族之外，今人大概還不會注意到漢世基層有這樣繁多複雜的私人結社組織。如何正確認識新材料，如何正確地將材料納入解釋古代社會的大框架裡，不是一件容易的事。公社和私人結社是不同的解釋框架，其正確與否，端在依據的個別材料是否可以信賴。本文基本目的在藉與俞先生商榷的機會重新檢討石券等材料，希望能釐清一些誤解，也增加些許了解。是否如此，敬請指教。

78.9.7.元兒三歲生日後二日

　　原刊《中央研究院歷史語言研究所集刊》，61：4（1990），頁 761-788；96.1.25 訂補/111.3.4 三訂

引用書目

王先謙		《漢書補注》	藝文印書館
王先謙		《後漢書補注》	藝文印書館
王明	1979	《太平經合校》	鼎文書局
汪繼培	1955	《潛夫論箋》	世界書局
岑仲勉	1987 三版	《墨子城守各篇簡注》	中華書局
孫星衍	1967	《漢官六種》	中華書局
孫詒讓	1986	《墨子閒詁》	中華書局
陳奇猷	1985	《呂氏春秋校釋》	華正書局
戴望	1981	《管子校正》	世界書局
山田勝芳	1986	〈父老僤約束石券と秦漢時代の父老〉，收入寺田隆信編《舊中國社會に於ける指導層の研究》	
中國社會科學院考古研究所漢城工作隊	1989	〈漢長安城未央宮第三號建築遺址發掘簡報〉，《考古》1，頁 33-43。	
中國社會科學院考古研究所	1980	《居延漢簡甲乙編》	中華書局
甘肅省文物工作隊，甘肅省博物館	1984	《漢簡研究文集》	甘肅人民出版社
甘肅居延考古隊簡冊整理小組	1978	〈建武三年候粟君所責寇恩事釋文〉，《文物》1，頁 30-34。	
池田溫	1981	〈中國歷代墓券略考〉，《創立四十周年記念論集》	東京大學東洋文化研究所
杜正勝	1983	〈古代聚落的傳統與變遷〉，《第二屆中國社會經濟史研討會論文集》，漢學研究資料及服務中心，頁 205-256。	
杜正勝	1980	〈單是公社還是結社？——與俞偉超先生商榷〉，《新史學》創刊號	

邢義田	1983	〈漢代的父老、僤與聚族里居 —— 漢侍廷里父老僤買田約束石券讀記〉，《漢學研究》1：2，頁 355-377。
邢義田	1987	《秦漢史論稿》 東大圖書公司
岡田功	1984	〈戰國時代の約と律令について〉，《歷史學研究》534 號
俞偉超	1988	《中國古代公社組織的考察 —— 論先秦兩漢的單-僤-彈》，文物出版社
籾山明	1986	〈漢代結僤習俗考 —— 石刻史料鄉里秩序(I)〉，《島根大學法文學部紀要》文學科編 9：1，頁 1-20。
施蟄存	1987	《水經注碑錄》 天津古籍出版社
高文	1985	《漢碑集釋》 河南大學出版社
黃士斌	1982	〈河南偃師縣發現漢代買田約束石券〉，《文物》12，頁 17-20。
陳直	1981	《摹廬叢著七種》 齊魯書社
渡邊義浩	1989	〈中國古代在地社會の網羅的研究〉，《內山書店中國圖書月刊》1 卷 10 月號，頁 4-6、9。
勞榦	1977	《居延漢簡 —— 圖版之部》，中央研究院歷史語言研究所專刊
勞榦	1986	《居延漢簡 —— 考釋之部》，中央研究院歷史語言研究所專刊
寧可	1982	〈關于漢侍廷里父老僤買田約束石券〉，《文物》12，頁 21-27。
鄭杰祥	1963	〈南陽新出土的東漢張景造土牛碑〉，《文物》11，頁 1-3。
謝桂華等	1987	《居延漢簡釋文合校》 文物出版社
羅福頤	1987	《秦漢南北朝官印徵存》 文物出版社
嚴耕望	1974	《中國地方行政制度史》上編，中央研究院歷史語言研究所專刊

秦或西漢初和奸案中所見的親屬倫理關係
——江陵張家山 247 號墓《奏讞書》簡 180-196 考論

　　湖北江陵張家山 247 號西漢初墓出土的《奏讞書》簡 180-196 是一個和奸案例。注釋者認為本案不諱「正」字，當屬漢初。[1] 秦和漢初避諱不很嚴格，睡虎地秦簡中「正」字屢見，單從諱正字斷代，證據不夠堅強。[2] 彭浩和池田雄一先生將此案歸於秦代。彭先生指出，第一是因為本案例和其他三個他認為的秦代案例都排在西漢案例之後，第二是此案發生在杜縣，而杜縣於「西漢時改設上林苑」，因而此案應屬西漢前之秦代。[3] 可是《奏讞書》廿二個案例中有不少沒有明確的紀年，排列的順序是否一定按時代先後，不是完全能夠確定。誠如彭先生所說，最少有兩個東周案例即「插編在秦代案例中」。其次，據《漢書・東方朔傳》，武帝企圖擴大上林苑，杜縣被納入是在建元三年（西元前 138 年）以後，甚至在元鼎期間（西元前 116-111 年）。[4] 此事為時甚晚，並不合適用來推定此案的下限。此外，彭浩和其他學者也都曾指出現在所見到的《奏讞書》不是奏讞原件，而是摘

1　張家山二四七號墓竹簡整理小組，《張家山漢墓竹簡（二四七號墓）》（北京：文物出版社，2001），頁 228。

2　如見於〈封診式〉、〈效律〉、〈秦律十八種〉、〈為吏之道〉，其例甚多，不贅舉。

3　彭浩，〈談《奏讞書》中秦代和東周時期的案例〉，《文物》，3（1995），頁 43-44。日本池田雄一，〈秦代の律令について〉，《中央大學文學部史學科紀要》，42（1997），頁 49-85 和學習院大學漢簡研究會也將此案時代定在秦代，參〈秦代密通・盜傷事件——江陵張家山漢簡「奏讞書」を讀む〉，《學習院史學》，39（2001），頁 116-123。

4　參《漢書・東方朔傳》王先謙補注引錢大昕說（臺北：藝文印書館景印長沙王氏校刊本，1955）卷 65，頁 6 下-7 上。

抄；前五案抄的首尾完整，第六到十三案則頗有省略。[5] 第十四案以後的案例又抄錄甚長，內容十分複雜；第十八案如編連無誤，又自名為「獄簿」。其原本的排列是否即如現在所見，又是否必然從頭到尾，單純地依照時代先後，不能無疑。

　　和奸一案沒有明確紀年，排列在有「異時」二字起首的兩案之後，又排在屬於秦王政六年的最後一案之前。就時間言，有可能是諸案中一個較早的案例，但從案件的用詞和職官名稱看，其屬秦或漢初都有可能，除非有其他較明確的證據，一時不易作更細的斷代。就空間而言，本案發生在咸陽南的杜縣，由杜縣讞之廷尉。如果我們同意某一地風俗或倫理觀念的轉變不會像改朝換代那麼快速，此案反映的社會背景即有可能是秦到漢初以關中故秦為主的社會。

　　這個和奸案例可以反映秦或漢初是如何判決這類的案子，以及判決背後所透露出來的司法程序和倫理原則。秦漢法律中有所謂的「和奸」和「強奸」。嶽麓秦簡 0435 正提到「田與市和奸」，簡 119/0629 正提到：「‧其鞠（鞫）曰：得之強與人奸……」云云。[6]「和奸」和「強與人奸」不同何在？目前缺乏較直接的證據。從量刑的輕重可以推知二者之別應和唐律相近。所謂和奸，依《唐律疏議‧雜律》，指「彼此和同者」。[7]「彼此和同」應該就是睡虎地秦律〈封診式〉有關「奸」的爰書中所說的「相與奸」。[8] 強奸則指非和同者。《晉書‧刑法志》引晉明法掾張斐《晉律注》謂：「不和，謂之強」[9] 可為旁證。依漢、唐律，彼此和同行奸或相與奸，男女同罪；強奸，婦女皆不坐。依漢律，男子腐以為宮隸臣或髡為城旦，依唐

5　彭浩，〈談《奏讞書》中的西漢案例〉，《文物》，8（1993），頁 32-33；蔡萬進，〈《奏讞書》與漢代奏讞制度〉，《出土文獻研究》，第六輯（2005），頁 90-110。

6　《嶽麓書院藏秦簡（參）》（上海：上海辭書出版社，2010），頁 210、197。

7　劉俊文點校，《唐律疏議》（臺北：弘文館出版社影印，1986）卷 26，頁 496。參張中秋，〈中國封建社會奸罪述論〉，收入楊一凡、劉篤才編，《中國法制史考證》，乙編第一卷（北京：中國社會科學出版社，2003），頁 190-209。

8　《睡虎地秦墓竹簡》（北京：文物出版社，1990），頁 163。

9　《晉書》（北京：中華書局點校本，1974，以下引廿五史皆據此本，不另注），頁 928。

律，男子因強奸對象的身分，或罪加一等，或絞。[10]

自張家山律簡刊布以來，已有學者對此案作了詳細的文字考釋和法學上的討論，但有待深入的問題還不少。[11] 本文嘗試先據圖版校讀釋文，接著依原簡內容順序，逐一討論案件各部分的問題。每段之後，根據自己的理解，做出語譯。最後一部分則嘗試捉摸此案背後的社會倫理意涵。

2004 年 7 月 10 日有緣在武漢大學以此文向陳偉教授主持的古代簡帛研究班討教。陳教授曾以紅外線儀全面檢查張家山漢簡原簡，並建立了電腦影像檔案，當時有幸聽取意見並參觀影像檔，本文修改時吸收了他們的意見和成果，謹此致謝。唯一切錯誤仍由我自行負責。進一步再訂補時，武漢大學簡帛研究中心編《二年律令與奏讞書》（上海古籍出版社，2007）剛剛出版。書中有新公布的紅外線圖版。以下討論僅參考了圖版，還不及其它部分。

10　《二年律令‧雜律》簡一九三.159：「強與人奸者，府（腐）以為宮隸臣」（本文徵引一律以《張家山漢墓竹簡（二四七號墓）》為據。簡號前一數字指簡原編號，後一數字指釋文頁碼，下同，不另注）；胡平生、張德芳，《敦煌懸泉漢簡釋粹》（上海：上海古籍出版社，2001），頁 10-11，注 3 引簡 II0112.1.B:54：「彊與人奸者及諸有告劾言辭訟治者，與奸皆髡以為城旦。其以故枉法及吏奸駕（加）罪一等。□□……」。《二年律令‧雜律》簡一九二.159：「諸與人妻和奸，及其所與皆完為城旦舂。其吏也，以強奸論之。」從語意上看，漢代和奸者如有吏的身分，雖為和奸，也要依強奸罪，加重論處。這一規定不見於唐律。《唐律疏議》〈雜律〉：「強奸者，婦女皆悉無罪」，男子所處，詳見〈雜律〉各條。

11　若江賢三曾討論本案涉及的不孝罪，參所著，〈秦漢律における「不孝」罪〉，《東洋史研究》，55：2（1996）。張建國曾討論到此案中的法定繼承順序和一些其他問題，但未討論背後的倫理關係，見氏著，〈關於漢簡《奏讞書》的幾點研究及其他〉，《國學研究》，4（1997），頁 539-544。池田雄一和日本學習院大學漢簡研究會曾對此案作一般性的語釋和解說，參池田雄一，《奏讞書—中國古代の裁判記錄》（東京：刀水書房，2002），前引日本學習院大學漢簡研究會〈秦代密通‧盜傷事件—江陵張家山漢簡「奏讞書」を讀む〉；崔永東則指出張家山出土漢律有維護封建家庭倫理的特色，也是一般通論，並未針對此案。參所著，〈張家山出土漢律的特色〉，《政法論壇》，20：5（2002），頁 31-35。韓國學者尹在碩曾討論張家山漢簡所見的家庭犯罪，未針對此案進行分析，參氏著〈張家山漢簡所見的家庭犯罪及刑罰資料〉，收入《中國古代法律文獻研究》，第二輯（北京：中國政法大學出版社，2004），頁 43-65。

一 《奏讞書》簡 180-196 校讀、討論與語譯

1. 故ㄥ律曰：死夫（？）以男為後，毋男以父母，毋父母以妻，毋妻以子女為後。

〔釋文校讀〕：

　　原簡「故律曰」的「故」字圖版不清。以紅外線審視，字跡只有左半清楚，右側下端在紅外線下可見還算清楚的「ㄥ」形符號，《二年律令與奏讞書》一書的圖版上可看出，但釋文未加注記。「律」字只有左側雙立人旁可辨。「死夫（？）以」三字漫漶，死字拉長的最後一筆可識，比對此簡最末一「死」字字形，釋「死」，可從。「夫」字不易識讀。釋文於「夫」字後附問號，可見原簡字跡已難辨識。《二年律令與奏讞書》一書的紅外線圖版也看不出來，釋文改作「死□以男為後」，但此書以為「夫」或「□」也有可能是「而」字。[12] 其餘原簡字跡清晰，釋文無誤。

〔討論〕：

　　第一個問題是「故律」二字。注釋者認為「故律」是指「以前已有的法律」（頁 227）。並指出故律裡的立後優先順序可以和《二年律令》〈置後律〉代戶之順序相對照：

> 「**死毋子男代戶，令父若母，毋父母令寡**（按：當事人死，其妻即為寡。寡即妻，無疑。），**毋寡令女**，毋女令孫，毋孫令耳孫，毋耳孫令大父母，毋大父母令同產子代戶。同產子代戶，必同居數。棄妻子不得與後妻子爭後。」（簡三七九.184）
>
> 「死毋後而有奴婢者，免奴婢以為庶人，以□人律□之□主田宅及餘財。奴婢多，代戶者毋過一人，先用勞久、有□子若主所言吏者。」（簡三八

12　武漢大學簡帛研究中心編，《二年律令與奏讞書》（上海：上海古籍出版社，2007），頁375，校釋二。

二.184～三八三.184）

這一條故律既然和《二年律令》中的〈置後律〉一致，為什麼本案不徵引當今的〈置後律〉，反而引用「故律」（如果理解「故律」為「以前已有的法律」）？這樣明顯違反了漢代曾有過的司法原則。昭帝時丞相翟方進等在議定陵侯淳于長大逆之罪時，曾引用這樣一個令：「令：犯法者各以法時律令論之。」師古曰：「法時，謂始犯法之時也。」（《漢書・孔光傳》，頁 3355）也就是說斷案應以案發當時之律論決。這個令雖不知可否追溯到秦或漢初，但足以使我們懷疑此案不引「今律」，反引用「以前已有的法律」是否合適。

其次，「故律」二字連讀的另一個困難是二字之間有句讀符號「ㄥ」。如此則「故」字應屬上讀，「律」字屬下讀，讀作「……故。律曰……」。「故」字出現在一句之末，常見於古代文獻和出土文書。[13] 如果「故律」二字斷開分屬上下句，則不能作「以前已有的法律」解。如果認為此處句讀符號不夠清楚，難以認定「故律」二字斷開分屬上下句，還有一個可能是這二字之前另有缺簡。承前簡之文，「故」是「因而」的意思，意即「因而律曰」如何如何。[14]

為什麼說「故律」之前可能還有它簡？因為本案文書的起首形式和《奏讞書》中其他各案的形式不同。《奏讞書》所收二十二個案例，除了四例，各案第一簡的簡頭有一表示起首的黑圓點「・」；「故律」起首一簡簡端殘損，不能判定是否原有黑圓點。其次，各案起首的文句或作「某年某月」，或「某月某日，某某讞之」，或僅作「某某讞之」（這樣的起首形式包括沒有黑圓點的四例中的三例）。本案首簡殘損的部分甚短，不足以容納「某年某月某日」或「某某讞之」這麼多字；「故律」二字如為本案起首，在文書格式

13　例如：「乃用禮，他禮如故」（《史記・孝武本紀》，頁 484）；「諸侯伐我，報宋故」（《史記・諸侯年表》，頁 512）；「恆以臘日塞禱如故」（周家台 30 號墓秦簡 352-353）；「不盈十鬥以下及稾漆縣中而負者，負之如故」（睡虎地秦簡〈效律〉簡 47-48）；「旦而食之，以厭為故」（馬王堆〈五十二病方〉雜療方簡 74）。

14　這一讀法，張建國已提出，見前引文《國學研究》，4（1997），頁 539。

上是唯一的例外，[15] 此簡是否為本案第一簡因而不能無疑。

再者，如果考查「故律」一簡（簡號 180，出土編號 I75）的出土位置，剛好和本案例中其他所有的簡分離得最遠。《奏讞書》像《二年律令》各簡一樣，原來都成冊捲成一卷。已有學者指出，《奏讞書》E 編號簡是依順時針方向捲在一起，但有一部分簡出土編號為 I，和以《引書》為主的 I 編號簡雜廁在一起。[16] 以和奸案的 180-196 號十七枚簡來說，共有六簡（185（I56）、184（I59）、181（I61）、182（I62）、183（I65）、180（I75））出土編號為 I。其中前五枚在位置上雖不完全連續，但大致在一起。唯有「故律」一簡（I75）脫離原編冊位置最遠，在編聯上不排除其他編聯次序的可能（圖1）。如果它不是此案第一簡而其前還有其他缺簡，則「故律曰」的「故」字即有可能承前簡文字而是「因而」之意。張家山簡出土時曾有遺失，[17] 以上所說已難以確證，僅僅希望指出這裡的編聯和釋讀都應有所保留。

「死夫」的「夫」字不能確釋。夫字以紅外線看，和奏讞書簡中其他夫字形近又不全同。如果是夫字，十分費解。相對於下文的妻字，此夫只能指夫妻之夫。「死夫」在文句之首十分怪異，於文法不通。「死夫」二字之釋如果無誤，二字或因書寫顛倒，當作「夫死」，即丈夫亡故。[18]

秦漢「置後」和「代戶」都是關係到家戶權益的法律行為。其中一個特色是以男為後，以親生兒子為優先。唯置、代者，非必子，也非必長子。其優先順序是：兒子先於己之父母，己父母先於妻，妻先於女兒。嚴格講，「置後」和「代戶」在女兒之前的優先順序雖同，卻是性質不盡相同的兩件事。「置後」基本上是百姓家內的事，關係到財產和爵位的繼承

15　關於奏讞書的文書格式已有學者注意到，可參蔡萬進，〈《奏讞書》與漢代奏讞制度〉、〈《奏讞書》編訂成書年代蠡測〉，《出土文獻研究》第六輯（2005），頁 90-110、139-141。

16　森谷一樹，〈張家山漢簡秩律初探〉，《洛北史學》，6（2004），頁 25-26。

17　缺簡的可能是存在的。據王偉的報導，出土時有一部分竹簡已遺失不存。參王偉，〈張家山漢簡《二年律令》編聯初探—以竹簡出土位置為線索〉，簡帛研究網，http://www.jianbo.org/admin3/html/wangwei01.htm 2005.11.30.

18　陳偉先生近來提出「夫」字應作「疾」，「死疾」即「疾死」。參陳偉，〈《二年律令》、《奏讞書》校讀〉，《簡帛》，1（2006），頁 349-350。

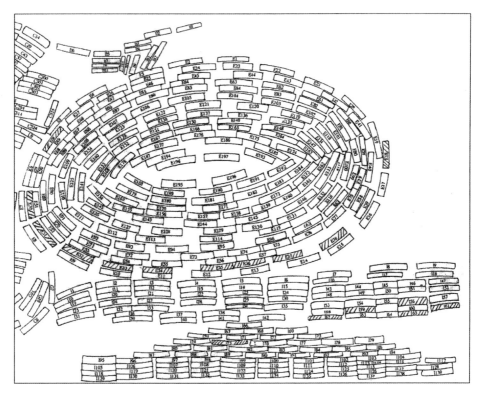

圖 1　簡 180-196 出土位置示意圖（簡上加畫斜線及淡黃顏色）

等等；「代戶」明顯是指由誰代為戶長，承擔起國家編戶的一切權利、義務和法律上的連帶責任（但不包括爵）。又從〈置後律〉看，「家」和「編戶」的延續固然都重要，而且關係密切，當時政府似乎更重視編戶的延續，因此才會在一家無後的情形下，允許赦免家中奴婢一人為庶人以「代戶」；換言之，就國家而言，「家」之血脈或可斷絕，編戶之「戶」卻在任何情況下都要盡可能維持。[19]

　　儒家論三從，謂「夫死從子」，其來有自。律文中沒有表明父母是何方父母，但是從同出律簡中的規定可以斷言是指男方父母，不包含女方父

19　如果對照唐〈戶婚律〉疏「無後者，為戶絕」（《唐律疏議》，劉俊文點校本，頁 238），絕無以奴婢繼戶之事，益可見秦漢規定之特殊。

母，卻又不是嚴格的父系制。因為己母、妻、女兒都具有可為後的資格。由於妻和女可為後，可以繼承家產，因此不免出現富有產業的女戶主。如果聯繫「家貧子壯則出贅」（《漢書・賈誼傳》）的秦國風俗，則可以理解男子為什麼要出贅了。

〔譯文〕：

〔因而律說〕或〔……之故。律說〕：「夫亡故，以兒子為後；沒有兒子，以當事人之父母為後；無父母，以妻為後；無妻（按指妻歿），以女兒為後。」

2. 律曰：諸有縣官事，而父母若妻死（180）/者，歸寧卅日；大父母、同產十五日。勢（敖）悍，完為城旦舂，鐵顈其足，輸巴縣鹽∠。教人不孝（181）/，次不孝之律。不孝者棄市；棄市之次，黥為城旦舂。當黥公士、公士妻以上，完之。奸者，耐為隸臣妾。捕奸者必案之（182）/校上。

〔釋文校讀〕：

原簡字跡清晰，釋文無誤。唯鹽字後有「∠」號，釋文未錄。

〔討論〕：

「律曰」以下不是引錄一條或一章完整的律，而是摘錄與此案相關的律令文字。這種情形在漢代法律文書中屢見不鮮，如居延新簡中的「建武三年候粟君責寇恩爰書」就是如此。《漢書・刑法志》：「高皇帝七年制詔御史：獄之疑者，吏或不敢決，有罪者久而不論，無罪者久繫不決。自今以來，縣道官獄疑者，各讞所屬二千石官，二千石官以其罪名當報之；所不能決者，皆移廷尉；廷尉亦當報之。廷尉所不能決，謹具為奏，**傳所當比律令以聞**。」漢司法文書中摘引相關律令條文的作法，即高祖詔書中所規定的「傳所當比律令」。高祖詔看起來好像是針對廷尉不能決，須上報皇帝親決的案子，才附奏相關律令，實際上這也出現在其他的司法文書如

爰書裡。

本案在記述案情之前，先摘節了六條互不連屬，但被認為可以作為判案依據的律章。從本組簡冊下文「致之不孝、敖悍之律二章」（簡187-188）可知「不孝」和「敖悍」乃分別出自不同的律，律乃以「章」分。[20] 依我的理解，本案所引律可分為，或者說分別摘節自不同的六章：

---

20 這不禁使我聯想到漢初劉邦與關中父老約「法三章：殺人者死，傷人及盜抵罪」，蕭何「作律九章」，應是依循秦世「律以章分」的習慣；叔孫通作〈傍章〉，鼂錯「更令三十章」（《漢書‧鼂錯傳》，頁2300）以及武帝時「律令凡三百五十九章」（《漢書‧刑法志》，頁1096-1101），可見律、令都以「章」為單位。章之下或有篇，如叔孫通作〈傍章〉有十八篇。但漢世習慣似又以篇下有章為常。例如《漢書‧藝文志》：「〈蒼頡〉七章者，秦丞相李斯所作也，〈爰歷〉六章者，車府令趙高所作也，〈博學〉七章者，太史令胡母敬所作也漢興閭里書師合〈蒼頡〉、〈爰歷〉、〈博學〉三篇，斷六十字以為章，凡五十五章，並為蒼頡篇。」後來文獻如《晉書‧刑法志》說蕭何作律「九篇」，而非九章；又說漢世於律，「世有增損，率皆集類為篇，結事為章，一章之中或事過數十」，晉泰始時改訂律令，「就漢九章增十一篇」，此處又以九章同於前述九篇，於九章之外增十一篇，所述篇章關係，不無混淆。張建國指出《晉書‧刑法志》所言頗多不可靠，有啟發性。唯他認為叔孫通制定的只是禮儀，不是法律性的傍章，仍須商榷。古代兵刑不分，禮律或禮法之分也非絕對。《漢書‧禮樂志》說：「今叔孫通所撰禮儀，與律令同錄，藏於理官。」如果禮、律完全分離，為何禮儀會與律令「同錄」？又為何都藏於「理官」而不是藏於掌禮儀的奉常或太常？《漢書‧禮樂志》說：「以通為奉常，遂定儀法，未盡備而通終。」（頁1030）叔孫通為奉常，所定稱為儀法。如果叔孫通所訂真的只是禮儀，不是法，藏在奉常或太常，豈不更為合適？又〈禮樂志〉劉向曰：「叔孫通將制定禮儀，見非於齊魯之士，然卒為漢儒宗，業垂後嗣，斯成法也。」（頁1034）劉向將叔孫通的禮儀稱為「成法」。凡製作禮儀而獲天子認可者，應即同於法律。必須承認這一點，才能理解為何叔孫通所撰，會和律令同錄而又藏於理官。《太平御覽》卷638引晉代張斐《律序》謂：「趙禹作朝會正見律」，朝會正見律在《晉書‧刑法志》中作「朝律」，這無疑關乎朝會之禮儀，或亦關乎失儀之處罰，而名之曰律。《後漢書‧應劭傳》說應劭「刪定律令為漢儀」（頁1612），《晉書‧刑法志》謂：「獻帝建安元年，應劭又刪定律令，以為漢議〔儀〕」（頁920），可見所謂律令、漢儀、禮律或禮法，在實質上或各有所指，但在古人的概念裡往往並不截然分立。李學勤先生曾據《說文》許沖上書指出《周禮》一書雖不是法律，但和法律有密切的關係，並指出竹簡秦漢律和《周禮》的關聯，參所著，〈竹簡秦漢律與《周禮》〉，《中國法制史考證》，乙編第一卷，頁269-278。因此《晉書‧刑法志》雖有不妥，其謂「叔孫通益律所不及」一語如無積極證據，不宜全然否定。漢人的法律概念和今人頗不相同，不宜從今天禮、法二分的觀點看古代。參張建國，〈叔孫通定《傍章》質疑——兼析張家山漢簡所載律篇名〉，《北京大學學報》，6（1997），頁44-53。

（1）諸有縣官事，而父母若妻死者，歸寧卅日；大父母、同產十五日。

（2）敖悍，完為城旦舂，鐵顙其足（圖2.1-3），[21] 輸巴縣鹽。

（3）教人不孝，次不孝之律。不孝者棄市；棄市之次，黥為城旦舂。

（4）當黥公士、公士妻以上，完之。

（5）奸者，耐為隸臣妾。

（6）捕奸者必案之校上。

這六章之間並沒有直接關聯，只是被摘節後放在一起。第（1）章是關於服役者（諸有縣官事）的喪假規定。第（2）、（3）章即所謂「不孝、敖悍之律二章」。所引的二章並不意味即該二章的全文，僅是與本案有關的部分。其他各章也是摘錄性質（詳下）。第（4）章是有關有爵者減刑的規定。第（5）章是對和奸者的懲罰規定，第（6）章則是規定捕奸者應如何處理，才符合調查、核驗和報案的程序。程序必須完備，案子才能成立。在以下廷尉等卅人的「議」中，它們和先前一章的「故律」或「律」一起被引用，當作「議」的依據。

「教人不孝，次不孝之律，不孝者棄市；棄市之次，黥為城旦舂」云云是從漢初〈賊律〉中摘節出來，[22] 其詳見《二年律令》簡35-37〈賊律〉：「**子牧殺父母，毆詈泰父母、父母、叚（假）大母、主母、後母，及父母告子不孝，皆棄市**。其子有罪當城旦舂、鬼薪白粲以上，〔及〕為人奴婢者，父母告不孝，〔勿聽〕。〔年七十以上告〕不孝，必三環之。三環之各不同日而尚告，乃聽之。**教人不孝，黥為城旦舂**。」〈賊律〉的這一條和睡虎地秦律〈法律答

---

21 這方原本屬山東嘉祥武氏祠的畫像石如今藏瑞典遠東博物館。據原石及拓本榜題「外黃獄丞」、「范贖兄考」、「義主范贖，陳留外黃……贖詣寺門，求代考毆……」是范贖代兄范考受刑的故事。畫面中描繪的是獄吏正用工具為繫有腳鐐的人解開刑具。這是漢代畫像中唯一具體描繪腳鐐使用的資料。拓本見史語所簡帛金石資料庫，原石照片由劉欣寧2011年攝於瑞典遠東博物館。這和2022年公布的陝西江村大墓或霸陵出土的刑徒俑腳部繫刑具位置幾乎一致，刑徒俑所繫明確為鐵鐐。

22 我認為是節錄，張建國認為「案例這段文字其實是為了把法律規定說的更明白而將其口語化了」（前引文《國學研究》，4（1997），頁541）。口語化之說待商。

圖 2.1-2　山東嘉祥武氏祠畫像拓本及原石局部，繫鐐者足繫腳鐐，正由獄吏解除。

問〉：「免老告人以為不孝，謁殺，當三環之
不？不當環，亟執勿失。」以及〈封診式〉中
的「告子爰書」中某里士伍告親子不孝，謁
殺，即令令史往執，有十分密切的關係。由於
〈法律答問〉和〈封診式〉的性質不同於〈賊
律〉之類的律，因此漢初〈賊律〉這一條還無
法和可考的秦律完全對應上，但我相信應出於
秦律。[23] 以下這一條也是一樣。「當黥公士、公
士妻以上，完之」云云，摘錄自《二年律令》
〈具律〉：「**公士、公士妻及□□行年七十以上，
若年不盈十七歲，有罪當刑者，皆完之。**」（簡八
三.146）本案如何摘節相關律文，從此可見明確
例證。

　　「諸有縣官事」泛指為官府公事服務，包括
為官作吏和一般百姓為官府服徭役。漢代官吏

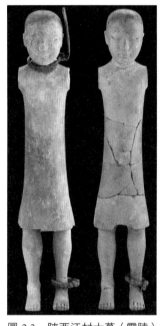

圖 2.3　陝西江村大墓（霸陵）
出土刑徒俑

23　關於漢初律和秦律的關係可參高敏，〈漢初法律係全部繼承秦律說——讀張家山漢簡《奏讞
書》箚記之一〉，《秦漢史論叢》第六輯（南昌：江西教育出版社，1994），頁 167-176。高
文的結論是：「《奏讞書》所反映出來的漢律，恰恰是高祖元年至高祖十一年之間的法律，
是全部繼承秦律而來的漢律，這就是漢初法律的最大特點」（頁 175）。當然也有修改，如睡
虎地秦律中罰甲、盾之法已不見於漢初的《二年律令》和《奏讞書》。

告寧（喪假）是三十天，敦煌出土神爵四年玉門千秋燧長功勞簡可證。[24] 一般百姓服役也屬「縣官事」。例如宣帝詔「自今諸有大父母、父母喪者，勿繇事，使得收斂送終」（《漢書·宣帝紀》），東漢陳忠引宣帝舊令，則謂「人從軍屯及給事縣官者，大父母死未滿三月，皆勿繇，令得送終。」（《後漢書·陳忠傳》）所謂從軍屯和給事縣官都是「縣官事」，也都是繇役。

從「當黥公士、公士妻以上，完之」觀之，妻爵從夫而享有與夫同等的法律權益。[25] 公士為二十級爵的最低一級，由此可以推知，擁有較高爵級的夫妻也應享有相同的待遇，甚至更多其他相同的特權。以上這些規定符合《禮記·郊特牲》：「婦人無爵，從夫之爵」之說。

值得注意的是父母與妻同等，喪假都是三十天；祖父母和兄弟姊妹同等，都是十五天。這樣的喪假長短如果反映了一種對親屬親疏的界定，則和漢儒所說的五服親疏關係有同有異。例如依五服制，夫為妻服喪之喪期和父在世時，為母服喪之喪期相同；但父已亡故，為母服喪三年，則與服妻喪不同。儒禮中的五服制規定得更為細緻。

什麼是敖悍？從量刑輕重看，敖悍應是比「不孝」為輕的一種情況。從字面解，或許指倨傲、驕傲、凶悍，應和秦漢律中「妻悍」的「悍」，「敖童」的「敖」字同義。雲夢睡虎地秦墓出土簡《為吏之道》中有「勢（傲）悍袟暴」一句，[26] 安徽阜陽雙古堆漢墓出土漢初改本《蒼頡》篇中有「愁悍驕裾」句。[27]《淮南子·時則》：「以出秋令，求不孝不悌，戮暴傲悍而罰之，以助損氣」這裡的「不孝不悌」與「戮暴傲悍」相對應。[28] 張家山

24　參拙文，〈張家山漢簡《二年律令》讀記〉，《燕京學報》，2003：15，頁 9。

25　《二年律令》簡三七二.183：「女子比其夫爵」；女子比其夫爵的實例見湖北江陵高臺 18 號西漢初墓出土木牘：「新安戶人大女燕關內侯寡……」，參湖北省荊州博物館編，《荊州高臺秦漢墓》（北京：科學出版社，2000），頁 224。

26　睡虎地秦墓竹簡整理小組，《睡虎地秦墓竹簡》（北京：文物出版社，1990），頁 170，簡五參。

27　參胡平生，〈阜陽漢簡蒼頡篇的初步研究〉，《文物》，2（1983），頁 24-34；林素清，〈蒼頡篇研究〉，《漢學研究》，5：1（1987），頁 61-62。

28　《淮南子·時則》資料首先由池田雄一指出，參所著〈秦代の律令について〉，《中央大學文

《蓋廬》則有「暴敖（驁）不鄰（原注釋：鄰，《左傳‧昭公十二年》注：「猶親也」）者，攻之」（四八.280）之句。可見「敖悍」為秦漢間常詞，「憨悍驕裾」、「戮暴傲悍」和「暴敖」等意思應相近。就法律言，傲悍或敖悍或許就是今天所說的行為不檢、言語不遜，例如媳婦對婆婆不馴順，或如「夫死，不悲哀」，嚴重程度應還算不上不孝。《說文》力部云：「勢，健也。」健者，伉健；漢代選里正，伉健是條件之一。漢代有不少人以勢為名，尹灣牘即有人名：「于勢」、「易子勢」，肩水金關簡 73EJT9:139 有人名「高勢」。可見勢字在漢世並沒有不好的意思。敖悍連言雖或不善，或脾氣不好，但應不至於嚴重到不孝。

　　「捕奸者必案之、校上」的「案之」和「校上」是相關而有別的司法程序。[29]「捕奸者」之後特加一「必」字，可見這些程序在奸案中似乎特別被強調。[30] 睡虎地秦律〈封診式〉中特別有奸案爰書的「式」：

　　奸案爰書：某里士五（伍）甲詣男子乙、女子丙，告曰：乙、丙相與奸，白

　　　學部史學科紀要》，42（1997），頁 75。

29　嶽麓秦簡中出現不少「捕校上」，《嶽麓書院藏秦簡（參）》頁 212 注釋八：「捕校上，在現場捕獲。」原文實讀不出現場的意味，此釋不確切。

30　一般的司法訴訟程序可參張建國，〈漢簡《奏讞書》和秦漢刑事訴訟程序初探〉，《中外法學》，2（1997），頁 48-57；李均明，〈簡牘所反映的漢代訴訟關係〉，《文史》，3（2002），頁 59-80；宮宅潔，〈秦漢時期的審判制度——張家山漢簡《奏讞書》所見〉，《中國法制史考證》，丙編第一卷，頁 287-322。案件不論大小，似都須先調查案驗，才能進行逮捕。例如秦二世想案丞相李斯，「恐其不審，乃使人案驗三川守與盜通狀」（《史記‧李斯傳》，頁 2559）又如昌邑哀王子劉賀被控與故太守卒史交通，「有司案驗，請逮捕」（《漢書‧武五子傳》，頁 2769-2770）。建昭五年春三月，元帝詔謂：「今不良之吏，覆案小罪，徵召證案，興不急之事，以妨百姓」（《漢書‧元帝紀》，頁 296），此處覆案，應即指案驗、驗或驗問。唯文獻中少見「校」，不見「校上」，案和校差別何在，不明。漢代針對不同性質的案件，司法程序上大同中應有小異，不少環節及細節，至今仍不夠清楚。例如案驗或驗這一程序是否是所有的案件都必有，即待考。平帝元始四年春正月詔謂：「其明敕百寮，婦女非身犯法，及男子年八十以上七歲以下，家非坐不道，詔所名捕，它皆無得繫。其當驗者，即驗問，定著令。」（《漢書‧平帝紀》，頁 356）所謂「其當驗者，即驗問」，似意味著某些案件並不須驗問這一程序。前引元帝詔謂「不良之吏，覆案小罪」，言下之意，小罪不必覆案；動輒覆案，勢必擾民，屬「不良之吏」之所為。

畫見某所，捕校上來詣之。（頁163）。

此「式」提到某里士伍「捕校上」，和「捕奸者必案之校上」文字小異，但應是指類似的程序。《睡虎地秦墓竹簡》〈封診式〉注釋引《說文》以為「校」乃「木囚也」，即桎梏一類械具（頁163），也就是說某里士伍逮捕犯姦者，將他們戴上桎或梏，再捉進官裡去。《張家山漢墓竹簡（二四七號墓）》注釋從之（頁228）。某里士伍乃普通百姓，如何可能有木囚或桎梏一類的械具？又疑犯的罪名未定之前，是否允許加上木囚之類刑具？不無可疑。因為秦漢時代似乎只有較重的已決犯才加刑具，如髠鉗城旦舂之類。因此，這裡「校上」的「校」應不是名詞，而可能是動詞，指校核。[31] 也就是捉姦者不可冤枉無辜，必須掌握真憑實據才可逮捕。《奏讞書》本案所說的「捕奸者必案之、校上」在程序上十分慎重，不但要案驗，還要校核，而後上報。

因為校、案是漢代行政中常見的用語。須要案之、校上的「捕奸者」比較不像任何某里士伍一類的百姓，而是地方有權逮捕人犯的吏。「案之」或「案」習見兩漢傳世和出土文獻，指覆案或案驗情實。如元帝建昭五月春三月詔：「今不良之吏，覆案小罪，徵召證案，興不急之事，以妨百姓。」（《漢書·元帝紀》，頁296）案、校有時或相連。例如《居延漢簡》129.22＋190.30：

> 校甲渠候移正月盡三月四時吏名籍，第十二燧長張宣，史。案府籍，宣，不史。不相應，解何？

又居延簡179.6：

> 校候三月盡六月折傷簿，出六石弩弓廿四付庫，庫受。嗇夫久廿三而空出一弓，解何？

這兩處「校」都是動詞，指核校；「校」也可以是名詞，指一種特別針對核校而成的文書（湖南龍山里耶秦簡有所謂的「錢校券」〔例如牘J1（9）3正面〕；《居延漢簡》145.11：「謹移出入校一編敢言之」，漢簡中另有校券、校簿，不細舉）。

---

31 張建國已有類似意見，但稍有不同，參前引文，《國學研究》，4（1997），頁543。

上司根據下屬單位所上報核校過的名籍資料，又覆案都尉府的資料（「案府籍」），發現第十二燧燧長張宣是否知書寫，資料不符，因此行文要求下屬單位解釋。同樣，簡 179.6 說依某候三月至六月折傷簿，曾將六石弩弓廿四件交庫；庫嗇夫加上刻識。[32] 庫嗇夫在廿三件弩弓上做了刻識，卻有一弓無刻識（空出一弓），須要提出解釋。漢簡中有很多這類核校的記錄。漢簡中另有「拘校」、「案校」之詞，如《居延新簡》EPT53.33A：「……拘校必得事實……」云云，《居延漢簡》455.11：「／月甲寅大司農守屬閎別**案校**錢穀鹽鐵／」。又昭帝時，韓延壽代蕭望之為左馮翊，和轉任御史大夫的蕭望之互控。《漢書・韓延壽傳》謂：「延壽聞知，即部吏**案校**〔蕭〕望之在馮翊時，廩犧官錢放散百餘萬。廩犧吏掠治急，自引與望之為姦，延壽劾奏」云云。這裡的「校」絕不是桎梏等械具。姦案事關男女名節，在秦或漢初的時代最少是被慎重對待，須案驗和校核，有確證才能舉報。

〔譯文〕：

　　【相關的】律【還有以下幾章】：(1)「凡為官府服務，如果父母親或妻子死亡，可告喪歸家三十天；如果是祖父母和兄弟姐妹死亡，可有喪假十五天」、(2)「傲悍不遜的，完為城旦舂，以鐵鐐繫其足，罰去輸送巴縣的鹽」、(3)「教唆他人不孝，依律其罪次於不孝。犯不孝之罪，應棄市；次於棄市，是黥為城旦舂」、(4)「如果應黥為城旦舂者，擁有公士或公士以上的爵，或為其妻，完為城旦舂」、(5)「如犯姦淫之罪，耐為隸臣妾」、(6)「捉姦的人必須案驗、校核確實而後舉報」。

32　「久刻」常見於睡虎地秦律簡。例如〈秦律十八種・效〉：「公器不久刻者，官嗇夫貲一盾」；〈秦律雜抄〉：「工擇榦，榦可用而久以為不可用，貲二甲……公車司馬」；〈為吏之道〉：「久刻職（識）物」。參裘錫圭，〈睡虎地秦墓竹簡注釋商榷（一）〉，「久書」條，《文史》，13（1982），頁 146。

3. 今杜瀘女子甲夫公士丁疾死，喪棺在堂上，未葬，與丁母素夜喪，環棺而哭。甲與男子（183）/丙偕之棺後內中和奸。明旦，素告甲吏，吏捕得甲，疑甲罪。廷尉教、正始、監弘、廷史武等卅人議當（184）/之，皆曰：律，死置後之次，妻次父母；妻死歸寧，與父母同法。以律置後之次人事計之，夫異尊於妻（185）/，妻事夫，及服其喪，資當次父母如律。妻之為後，次夫父母。夫父母死，未葬，奸喪旁者，當不孝，不孝棄市；不孝之（186）/次，當黥為城旦舂；嫯（敖）悍，完。當之：妻尊夫，當次父母，而甲夫死，不悲哀，與男子和奸喪旁，致之〔次〕（187）/不孝，嫯（敖）悍之律二章。捕者雖弗案校上，甲當完為舂，告杜論甲（188）。

〔釋文校讀〕：

　　簡184上端「告甲」之前十二字字跡較模糊，但釋文應屬可從。簡186中段縱向裂開，圖版上「當次父母……後次夫」等字跡筆劃仍可辨。唯右側裂開的部分筆跡和左側字不能相合。圖版上裂開的部分在綴合時倒置，顛倒過來即完全密合無誤。《二年律令與奏讞書》圖版曾重綴右側裂開的部分，惜仍未完全接好。又《二年律令與奏讞書》從蔡萬進說，改「致之不孝」為「致次不孝」。其餘簡字清晰，釋文無誤。

〔討論〕：

　　這一案子發生在杜縣瀘里，因判案有疑難決，上讞廷尉；廷尉等三十人議「甲當完為舂」後，「告杜論甲」。也就是說廷尉將討論疑案的結果告知杜縣，指示杜縣如何論甲之罪。原注釋謂杜即關中咸陽南之杜縣，屬故秦舊地。此案發生的時間因無紀年，秦或漢初都有可能。廷尉及其屬吏出身不明，但可以推想其中不少應是張蒼、蕭何之類的秦時舊吏。他們議論所依據的，絕大程度上應是秦律。學者多已指出漢承秦制的一個重要內容

就是幾乎全盤接收了秦律。[33] 如果此案發生在漢初，他們在議論時，依循幾分法律，又考慮了幾分漢初以後已不同於秦的新時代環境？這個問題十分重要，卻已不易說清楚。

有趣的是，包括此案的奏讞書卻出現在今湖北江陵張家山漢初小吏的墓中。這似乎意味著秦或漢初，凡地方疑案送到廷尉，廷尉作出裁示後，不但通知上讞的原單位，也通告各郡縣道，成為一體適用的判例。《奏讞書》的二十二個案例明確提到奏讞的地方單位有：南郡（1案）、南郡夷道（1案）、江陵（2案）、京兆胡縣（2案）、京兆杜縣（1案）、漢中郡（1案）、北地郡（2案）、蜀郡（3案）、河東郡（2案）、安陸侯國（1案）、[34] 淮陽郡（1案）。它們所讞的疑案或廷尉的答覆（稱為報或廷報），都出現在江陵張家山小吏的墓中。以其中可考為漢高祖六至十一年的十六案來說，顯然是漢中央廷尉通報全國的結果。[35] 這樣的通報應是承秦而來，不是什麼新制度。甲地的疑案，乙地也可能發生。通報之後，類似的案件即可依例行事，無須再上讞。正因為讞的結果會通報各地，張家山《奏讞書》所列案件就不僅僅是一些特殊個案，而具有判例性質的普遍意義。誠如不少學者指出，

33　參前注 23。

34　此案發生在高祖八年，提到安陸相，因此《張家山漢墓竹簡》注釋疑當時此地有封侯，故設有相（頁 219）。但上讞此案的是南郡守，可見漢初侯國，不同於王國，恐非如周振鶴所說侯國「直屬中央，不受所在郡國管轄」。參周振鶴，《西漢政區地理》（北京：人民出版社，1987），頁 6。

35　雖有侯國案例，陳蘇鎮曾指出奏讞書不見王國案例，可見漢初漢法不及王國，王國境內的案件由王國自行裁決。參氏著，《漢代政治與〈春秋〉學》（北京：中國廣播電視出版社，2001），頁 85。漢初王國固有很高的自主權，理論上似仍應遵漢法才是。否則文帝時，淮南王劉長也就不會被控以「擅為法令，不用漢法」了（《史記‧淮南衡山列傳》）。「擅為」二字說明，王國無權自為法令，或僅有權制訂某種層級以下或不違漢廷母法的法令。如果王國在法律上原本就允許完全自主，丞相張蒼等控訴他「不用漢法」反而顯得沒有道理。陳先生後來在 2004 年《中國史研究》第 3 期上發表〈漢初王國制度考述〉，進一步指出，「王國法律中有些部分由漢朝統一制定，有些部分由各國自行制定，具體內容與漢法有同有異。」這應是一個較為合適的說法。漢中央廷尉通報「全國」，是否包括通報王國？目前沒有積極證據。我推測或許通報，王國是否遵守或參考，或如陳先生所說「從俗」自作考量，則是另一回事。

這批《奏讞書》簡是重新抄錄，不是原件。即使是重抄，也能證明這位江陵小吏曾有機會接觸到江陵以外可供參考的奏讞資料。

發生和奸案的住宅有「堂」有「內」，和睡虎地秦律中所見相同，證實晁錯所說「一堂二內」（《漢書‧晁錯傳》），很可能是平民住宅的一般格局。[36] 未葬，停棺於堂。夜間死者之妻和母親須守喪，環棺而哭，可見其時喪禮之一斑。但有學者試圖推定這裡的哭是禮經規定中小斂時的哭，則嫌證據不足。[37]

「妻事夫，及服其喪」證明妻須為夫服喪，唯不知喪期如何。有學者將下一句「資當次」的「資」讀為「齊衰」的「齊」，認為正符合儒禮喪服中妻為夫所服的一年喪，[38] 不妥。第一，如此「資（齊）」字勢必屬上讀，讀成「妻事夫，及服其喪齊」。「服其喪齊」或「服其喪斬」、「服其喪大、小功」這樣的說法不見於任何古文獻，語法上也不通。「齊衰」或「齊縗」連言成詞，不曾見「齊衰」省作「齊」或以「齊」當「齊衰」，除非是「齊斬」或「斬齊」連言指齊衰、斬衰。第二，這樣解釋不合原文「以律置後之次人事計之，夫異尊於妻；妻事夫，及服其喪，資當次父母如律，妻之為後，次夫父母」的上下文脈絡。原文脈絡是講置後之次，不是講喪服之次。「資當次」應連讀，資者即《孝經》「資於事父以事母」鄭注：「資，取也」。這幾句是說從法律置後的優先順序看，夫和妻的優先順位不同；妻在事夫和為夫服喪兩方面，所資取者都次於或不及妻對夫之父母。也就是說妻用以事公婆，為公婆服喪者，都高於、優於或重於對自己的丈夫。《奏讞書》釋文原注引「資，取也」為說，正確。

36　當然也可能有貧而無堂者，參銀雀山漢簡〈守法守令等十三篇〉：「無井者，親死不得浴，無堂者，親死不得肂（肂）」（簡905，頁143）。

37　日本學習院大學漢簡研究會，〈秦代密通‧盜傷事件——江陵張家山漢簡「奏讞書」を讀む〉，《學習院史學》，39（2001），頁121-122。

38　池田雄一，〈秦代の律令について〉，《中央大學文學部史學科紀要》，42（1997），頁76；日本學習院大學漢簡研究會從之，參〈秦代密通‧盜傷事件——江陵張家山漢簡「奏讞書」を讀む〉，《學習院史學》，39（2001），頁120-122。

「夫異尊於妻」既有法律上的意義，也有社會倫理的意義。「甲夫死，不悲哀」則證明儘管法律不會規範人應如何流露感情，最少就當時的社會倫理而言，就廷尉的屬吏而言，妻在服喪期間，對亡夫應流露出悲哀之情。名為素的婆婆告媳婦甲守夫喪竟與人通姦，[39] 官府受理並由吏將媳婦甲緝捕到案。可見夫死未葬，妻與他人通姦，應不合於當時的倫理規範。所謂「疑甲罪」，到底是疑什麼呢？而且其難決的程度居然須要杜縣上讞到中央廷尉，這一點不能不注意。從所引的律令和三十人議論的情形看，疑案的關鍵不完全在和姦行為是否成立，也不完全在調查核驗舉報是否合乎程序，而在疑犯甲該以何律定罪？應處以多重的懲罰？是按律「姦者耐為隸臣妾」呢？還是按不孝之律，論棄市或黥為城旦舂？

此外，為了此案，上從廷尉，下到廷尉以下的正、監、廷史竟然總共集合了三十人一起來討論。廷尉動員所屬集體討論，得到共識後又被一人所推翻，這樣的紀錄在《奏讞書》中獨一無二。這是否意味著此案不尋常，須要特別仔細交代存在的爭議以及解決的依據？因而也有著極大判例上的重要意義？十分耐人尋味。

自「皆曰」以下可以看見當時廷尉等如何引用前述七章律，得出斷案的結論。他們引律置後之次「妻次父母」及律第（1）章「妻與父母同法」，得出「當次父母」的第一個結論。其次，依律第（3）章不孝當棄市，不孝之次當黥為城旦舂。因夫異尊於妻，如夫對自己的父母不孝，應棄市；妻既異尊於夫，妻不孝，其刑下棄市一等，應當黥為舂。但依律第（2）章，敖悍，則完為舂。又因律第（5）章，當公士和公士之妻因罪當黥為城旦舂時，又可因有爵，減成完為城旦舂。最後決定應依不孝和敖悍二章，論甲完為舂。

張建國先生曾指出這裡兩度出現的「夫父母」的斷句，應再掛酌。第一次出現的「夫父母」不應斷開，是指「夫之父母」。這一點，殊有同感。

---

39 池田雄一〈秦代の律令について〉一文頁 75 疑素或為母名，或凶禮素色之服裝。按後一說，誤。

其後「夫父母死未葬奸喪旁者當不孝」，張斷句為「夫（？）父母死，未葬，奸喪旁者，當不孝」，認為「文書中第二次出現的『夫父母』亦可以做與上面相同的理解，『夫』後絕不可點斷，否則，文意將會是，像甲那樣的行為已可依法審定為不孝而被直接判處死刑。」[40] 張先生指出第二個「夫」字不排除可能是衍字，其文注 7 中又引武樹臣之說認為也有可能是語氣詞。私意以為「夫」字既非衍文，也不是語氣詞。這一句應即讀作「夫父母死，未葬，奸喪旁者，當不孝」。也就是說法律曾明定夫之父母死，未葬，姦於喪所之側，當不孝之罪。此案中有時說「夫父母」，有時但言「父母」，應都是指「夫之父母」，並不兼指妻之父母。所謂「奸喪旁者」本可指夫或妻。睡虎地秦律對「不孝」的規定頗為不少；漢承秦律，這應也是相關的一條。可是如果丈夫死，妻於喪期行姦，應如何定罪？似無明文。[41] 因而，妻甲應如何定罪成了疑問。又因夫異尊於妻，夫姦即不孝，應棄市，妻次一等，不算不孝，罪不致棄市。這樣理解或許較為順暢。

議論中考慮到吏捕甲女到案，程序上雖沒有依律第（6）章「案之、校上」，但不影響判決的輕重。由此可見，秦漢司法雖然已經注意到程序完備的重要性，但在具體個案中，「程序完備」似乎僅居於較次要的地位，最少廷尉等三十人在作出結論時並沒有將程序是否完備恰當當作首要的考慮。

前引律七章之中第（5）章有「奸者，耐為隸臣妾」的規定，為何不依據這一章？議論中未見解釋。「奸者」的「奸」是「強奸」、「和奸」或其他？不明。不過從「耐為隸臣妾」意指耐男為隸臣，女為隸妾可知，這裡的「奸者」似應指和奸的男女雙方，其罪及刑相同。可是《二年律令》雜律有一條說：「諸與人妻和奸，及其所與皆完為城旦舂……」（簡一九二.159）所謂「諸與人妻和奸」應是指與人妻和奸的男性，「及其所與」指和奸的

---

40 張建國，前引文，頁 542。

41 既然對在夫之父母喪期行姦有明文規定，如何處理其他情況下的姦行照理也應有規定。可惜出土秦漢律簡都是摘抄，無以得知全貌。唐律則有「諸居父母及夫喪而嫁娶者，徒三年」的提法。這裡的父母喪指夫之父母，並和夫喪並提，可參並見注 45。

人妻。「皆完為城旦舂」是指男當完為城旦，女當完為舂。為什麼《二年律令》雜律中和奸的男女完為城旦舂，《奏讞書》的案例卻以為奸者耐為隸臣妾？這樣的量刑歧異可能因為一指特定的對象—人妻，與人妻發生奸情，於情於法都較嚴重，另一則指非與人妻的其他和奸，處罰較輕。這可以和《唐律疏議·雜律》：「諸姦者徒一年半，有夫者徒二年」相參照。又我們從以下《二年律令》盜律的這一條可以清楚看到黥為城旦舂、完為城旦舂和耐為隸臣妾在量刑輕重上的等級關係：「盜臧（贓）直（值）過六百六十錢，**黥為城旦舂**。六百六十到二百廿錢，**完為城旦舂**。不盈二百廿到百十一錢，**耐為隸臣妾**。不盈百一十錢到廿二錢，罰金四兩。不盈廿二錢到一錢，罰金一兩。」（簡五五.141）

〔譯文〕：

如今杜縣廬里的女子甲，其夫公士丁因病而死。其棺停在堂上還未下葬。甲與丁的母親素於夜晚守喪，圍棺而哭。但女子甲卻與男子丙相偕進入棺後內室行姦。第二天早上，素到官府控告甲。吏將甲逮捕，卻疑惑該判她什麼罪。廷尉敥、廷尉正始、廷尉監弘、廷史武等卅人於是會商應判之刑。大家都認為：依律之死亡立後的次序，妻的順位次於父母。妻死，為妻請喪假，假期依律同於父母之喪。從〈置後律〉所規定的人、事順位次第來衡量，夫和妻的地位不同。妻事夫，並為夫服喪，依律其所資取當次於對其夫之父母。妻為後的順位也次於夫之父母；如果丈夫的父母身亡，尚未安葬，丈夫或妻竟於喪所之側行姦淫之事，當屬不孝。不孝，應棄市；其次一等，則當黥為城旦舂。言行不馴順的，完為城旦舂。本案應當如此論斷：妻尊其夫，為後之次次於其夫之父母。甲的丈夫亡故，不但不悲哀，反與男子在夫喪之側行姦淫之事，應依不孝和敎悍這兩章律定罪。捉姦的人雖沒有案驗和校核後舉報，甲仍應完為舂。謹通知杜縣應如此論斷甲的罪。

4. 今廷史申緐（緐）使而後來，非廷尉當。議曰：當非是。律曰：不孝棄
市。有生父而弗食三日，吏且何以論子？（189）／廷尉教等曰：當棄
市。有（又）曰：有死父，不祠其冢三日，子當何論？廷尉教等曰：不
當論。有子不聽生（190）／父教，誰與不聽死父教罪重？教等曰：不聽
死父教毋罪。有（又）曰：夫生而自嫁，罪誰與夫死而自（191）／嫁罪
重？廷尉教等曰：夫生而自嫁，及取（娶）者，皆黥為城旦舂。夫死而
妻自嫁，取（娶）者毋罪。有（又）曰：欺（192）／生夫，誰與欺死夫
罪重？教等曰：欺死夫毋論。有（又）曰：夫為吏居官，妻居家，日與
它男子奸，吏捕之（193）／弗得□之（「□之」或作「校上」），何論？教
等曰：不當〔論。曰：廷〕尉、史議皆以欺死父罪輕於侵欺生父；侵生
夫罪（194）／〔輕（按：應作重）〕於侵欺死夫，□□□□（□□□□或作
「今甲夫死」）□□□□（□或作「夫」）與男子奸棺喪旁，捕者弗案校上，
獨完為舂，不亦重（195）／〔虖（乎）？〕教等曰：誠失之（196）。

〔釋文校讀〕：

簡189「今廷史……」等字前，簡頭編繩之上有一墨圓點符號，釋文
未錄，宜補。《二年律令與奏讞書》釋文已補。簡190「不祠其冢三日」的
「冢」字原釋「家」。武漢大學的何有祖先生指出應是「冢」字，無論從字
形或文義看，其說甚確，可從。[42]《二年律令與奏讞書》釋文已據改。簡
194、195 上半截漫漶。簡194 中段萎縮變形，《二年律令與奏讞書》紅外
線圖版有所改善。「論曰廷」三字完全無法辨識，但《二年律令與奏讞書》
圖版可辨。簡195 上半段約十四字不可識。今將原釋文以〔 〕號標出。原

---

42 「不祠其冢」和天水放馬灘秦簡志怪故事：「祠墓者毋敢戤（嘔吐或哭）；戤，鬼去驚走」，
可證最少戰國時秦已有墓祭。蔡邕說「古無墓祭」不完全正確。楊寬認為自春秋戰國以降有
墓祭獲得證實。關於古有無墓祭之爭論，參楊寬，《中國古代陵寢制度史研究》（上海：上海
古籍出版社，1985），頁 32-33。放馬灘秦簡見李學勤，〈放馬灘簡中的志怪故事〉，《文物》，
4（1990），頁 43-47。

釋文釋出「輕」字，從圖版殘存筆劃看，近似；依文意應作「重」。[43]《二年律令與奏讞書》圖版較好，但「重」字仍然模糊，隱約有其形。原所釋「於侵欺死夫」，從《二年律令與奏讞書》圖版看，可從。唯以下原釋文有七個「□」；按空間最少缺八字，宜作八個「□」。《二年律令與奏讞書》增釋「今甲夫死」和「夫」五字。簡196第一字亦不易辨，《二年律令與奏讞書》圖版則隱約可見。

〔討論〕：

　　廷史為廷尉屬吏，要外出徭使，用今天的話來說就是出公差。劉邦曾「以吏徭咸陽」（《漢書·蕭何傳》）。江蘇尹灣出土西漢末東海郡功曹史墓中的木牘上曾列舉郡吏出公差的情況，其中有一項即書「右十三人徭」。[44] 廷史之職位在廷尉及廷尉正、監之下，卻可以在眾人會議定讞之後，力排眾議，並獲眾人同意，令人驚異！

　　更令人驚異的是他辯論所持的理由有以下兩個特點：第一，在他看來，父母子女之間和夫妻之間，關係性質基本相同；也就是說，適用於親子之間的對待關係，也適用於夫妻之間。第二，人倫關係似乎是以生死為界線。也就是說，生前是一種關係狀態；死後即與生前有異。在父母生前，不論是否供養父母，是否聽父母教誨，不供養和不聽教誨都有罪；父母一死，不上塚祭祀，不聽遺教，都變成無罪。同理，夫在世，妻另嫁，妻有罪；夫死後，嫁與娶者皆無罪。[45] 在丈夫生前欺辱或侮辱丈夫（欺或侵

---

43 按張建國已指出此處「輕」字應作「重」才合理，原抄寫可能有誤。見張氏前引文，頁542-543。

44 連雲港市博物館等編，《尹灣漢墓簡牘》（北京：中華書局，1997），頁96-97。

45 「夫死而妻自嫁，取（娶）者毋罪」之意似指娶者無罪，沒說嫁者是否無罪。但夫死後，秦漢之俗允許再嫁，其例極多，無勞細舉。我以為律文雖未明說，但夫死，既葬之後，妻再嫁與娶者應皆無罪。沈家本引《董仲舒決獄》例，指出夫死未葬而嫁為私為人妻，此漢法也，當棄市，又舉《左傳》成公二年夏姬例，認為「夫死葬而嫁乃古法，漢律亦原于古也。」（沈家本，《歷代刑法考》，北京：中華書局，1985，〈明律目箋二〉居喪嫁娶父母因禁嫁娶條，頁1837-1838）。

欺），[46]有罪；死後，即無罪。

　　或許有人以為這和睡虎地秦律及後世法律中對當事人死亡即不追訴，或「罰不及法所不及」的原則相同。但這個案子的當事人不是死去的丈夫，而是未亡犯姦的妻子，情形並不相同。「罰不及法所不及」的原則似乎可能存在，但如果存在，為什麼廷尉等三十人原來在議論時對這個原則全然無知，反而判決更重的罪？廷史申為何還須要一一設問，為這樣的原則辯論？可見這個原則是否存在，仍不無疑問。總之，廷史申這樣辯論，結果贏得大家同意。私意以為這背後應意味著某些不同於後世習見的倫理原則，值得深思。

　　話說回頭，如果當時大家所認知的倫理關係就是生前死後不同，為什麼這位婆婆有理由去告這個丈夫已死的媳婦？隨著丈夫的死亡，婆婆和媳婦的關係是否也應終止？地方官吏既然受理控訴並逮捕其媳婦，可見甲與男子丙之姦情並非其時之法律或倫理所容。但受理姦案的地方官吏為何又有疑慮，不知如何判決呢？

　　其中的關鍵，除了有前文所說法條適用的疑問，也可能在於和姦發生在其夫未葬之前或服喪期間。這時丈夫雖死，下葬前或服喪期間之夫妻原有的關係和婆媳關係並不被視為絕斷，或者說法律對從死到葬，或服喪期間之夫妻關係缺少較細緻的規定。換言之，所謂生死可以是以肉身之亡故為界，也可以是以亡故到下葬，或服喪的整個喪期為分界。分界究竟何在？不夠清楚，目前仍無法確斷。雲夢睡虎地秦簡《法律答問》有兩簡不無參考價值：

　　簡68：「甲殺人，不覺。今甲病死，**已葬**，人乃復告甲。甲殺人審，問甲當論及收不當？告不聽。」

　　簡107：「葆子以上，未獄而死若**已葬**，而捕（甫）告之，亦不當聽治，

46　侵欺作欺辱、侮辱解，參張新俊，〈讀張家山漢簡奏讞書字詞札記〉，《簡帛》，10（2015），頁225-227。

勿收。」[47]

一人被告發犯罪或犯罪而尚未入獄，若此人死亡並／或已葬，則不聽告或聽治。可見葬或未葬的確是秦法律上是否追究責任的一個分界。

這個分界最少到西漢董仲舒的時代還有效。從《董仲舒決獄》的一個例子看，分界仍在埋葬。夫死埋葬後，妻無子嗣，即許嫁；未葬嫁人，屬「私為人妻」，罪棄市。此例見《太平御覽》，茲先引錄如下：

> 甲夫乙將舡，會海風盛，舡沒溺流死亡，不得葬。四月，甲母丙即嫁甲，欲當何論？或曰：「甲夫死未葬，法無許嫁，以私為人妻，當棄市。」議曰：「臣愚以為《春秋》之義，言夫人歸於齊，言夫死無男，有更嫁之道也。婦人無專刺（制）擅恣之行，聽從為順，嫁之者，歸也。甲又尊者所嫁，無淫衍之心，非私為人妻也。明於決事，皆無罪名，不當坐。」（《太平御覽》卷 640，臺灣商務印書館景印本，頁 2998）

這個案例發生在「夫死未葬」的情況下，和《奏讞書》和奸案發生之時機相類。所謂「或曰夫死未葬，法無許嫁，以私為人妻，當棄市」的「或曰」很可能是武帝時廷尉等據漢律而有的意見。董仲舒依《春秋》而有異議。他異議的重點在夫死無男，婦有更嫁之道。又因為婦沒有專制之行，淫逸之心，而且是從尊者之命再嫁，故無罪。他完全沒提依禮法服喪的問題。[48]

由此或可旁證以五服為核心的喪服制在董仲舒活躍的武帝時代尚未進入法律體系。服喪可因親疏而有久暫，這和以已葬或未葬為斷，意義不同。當然這時已有自死亡或下葬後一段時間為服喪期的事；[49] 如果葬後，

---

47 陳偉主編，《秦簡牘合集》（壹上）（武漢：武漢大學出版社，2014），頁 223、238。

48 如果對照唐律：「諸居父母及夫喪而嫁娶者，徒三年，妾減三等。」疏：「若居父母喪及夫之喪，謂在二十七月內，若男身娶妻，而妻女出嫁者，各徒三年。」（《唐律疏議》，頁 257）唐代父母及夫喪連在一起提，又所謂父母喪是指夫之父母，這兩點可以幫助我們推想漢代法律應該相同。唐代須服完三年喪即二十七個月，才能嫁娶，漢代在葬後即可，此為一大不同。

49 我們雖沒有直接的證據，但〈二年律令〉置後律有一條或可為旁證：「父母及妻不幸死者已葬卅日，子、同產產（按第二個產字，非如注釋所說之重文號，依圖版應是句讀符號「ㄥ」）、大父母、大父母之同產十五日之官。」（簡三七七.184）父母、妻、大父母等亡故，

服喪未結束而婚嫁，又如何？不得而知。總之，武帝時似乎是以葬或未葬作為可否再嫁的時間界線，這一點董仲舒沒有異議，而這也很可能是秦以來的規定。如果夫死未葬或已葬是法律上作為是否允許再嫁的時間界線，那麼可以推想，婦人是否可以與其他男子發生男女關係，也是依據同樣的時間界線。此案的和奸行為發生在夫死未葬之前，因此婆婆有理由去告，官員也有理由逮捕。但秦或漢初律對此是否已有明文，尚無證據。

以上所說只是一種可能。我們也不能排除當時的法律和社會認可的倫理之間可能存在著落差。婆婆控告媳婦行奸，吏即據以逮捕，廷尉等三十人議論甲婦之罪除了引據律令，也提到奸婦「夫死，不悲哀」，透露出法律之外對夫妻關係的一般關注。這樣的關注和純從法律著眼不同。廷史申的辯論從法律和程序著眼，在以法為治的大前提下，最後三十人同意了申的意見。我並沒有意思將法律和倫理看成是完全相對的兩件事。古人緣情制禮，也緣情制法；法律處理人群事務，其背後必有相應的倫理觀念為依據。廷史申雖然就法論法，法背後的倫理觀是什麼呢？

前文曾經提到廷史申指出捉奸者沒有依照程序「必案之校上」，可見程序是否完備，受到關注。另一點值得注意的是，「吏捕得甲」，卻沒交代是否曾企圖捉奸成雙，或應捉而未獲男子丙。捉奸未成雙是否會構成程序上的不完備？這是本案一個不明之處。

廷史申認為論甲「完為舂」太重，大家也都同意原判不妥，但最後判了什麼較輕的刑呢？竟然沒有記錄下來。是耐為隸妾嗎？不得而知。[50] 如

葬後服喪期為三十天或十五天，喪期滿即須「之官」，也就是重回工作崗位。依文帝遺詔規定則為三十六日。翟方進後母卒，「既葬三十六日，除服起視事」（《漢書·翟方進傳》）即為其例。兩漢書中常見「既葬」之後即封侯、襲爵或出征等等，似乎既葬即釋服奉公。如《漢書·霍光傳》：「既葬，封山為樂平侯」。《漢書·韋玄成傳》：玄成「徵至長安，〔韋賢〕既葬，當襲爵，以病狂不應召」。《後漢書·祭肜傳》：「肜既葬，子參遂詣奉車都尉竇固，從軍擊車師有功。」我懷疑「既葬」是「既葬三十六日」的省文，應都如翟方進之例於既葬三十六日以後，才釋服封侯、襲爵或工作，而這也是文帝遺詔之制。

50 過去學者多將「耐」解為剃去鬢鬚，女子如何剃去鬢鬚？顯有不通。「耐」如是肉刑，是怎樣的肉刑？如不是肉刑，如某些學者所說只是較附加肉刑的勞役刑為輕的伴有勞動的輕罪的

夫死後和奸，妻處耐為隸妾，其刑之輕重乃與生前毆打丈夫相等。《二年律令》賊律：「妻毆夫，耐為隸妾。」（簡三三.139）又辯論中只談到「完為舂」的部分，未提「鐵頸其足，輸巴縣鹽」。這是本案記錄不夠明白的另一個部分。

2004 年 7 月 10 日在武漢大學簡帛研究班上討論時，大家懷疑簡 193 和 194 之間可能有脫簡，否則妻子日日與其他男子行奸而不論，甚難理解。這個可能性不能排除。不過，從當時重視司法程序的角度看，假使「吏捕之弗得」，也就是說負責捉拿的吏不能捉到（「得」特指捉奸在床或成雙？），沒有明確證據，則奸案並不能成立。廷史在辯論過程中十分強調程序的重要，最後他認為該女行奸於夫棺之旁，但負責捉拿的吏沒有照程序「案之、校上」，即判處完為舂，失之太重，參與議論的人也都承認「誠失之」。如果我們將重視程序和沒有充足證據不能定罪這兩個因素考慮進去，這裡是否一定有脫簡，是否一定不可解，也就未必。

〔譯文〕：

廷史申因公差外出，在眾人商議之後回來，不能同意廷尉所作的論斷。廷史申認為：「〔你們〕所作的論斷不對。律說：『不孝棄市。』如有人父親在世，三天不給他東西吃，官吏應如何論這個兒子的罪？」廷尉教等人說：「應當棄市。」申又說：「如果父親已亡故，兒子不上塚祭祀達三日，這個兒子該當何罪？」廷尉教等人說：「不當論罪。」〔申又問：〕「一個做兒子的人，不聽父親在世時的教誨，和其父過世後，不聽其教誨，那種情況罪較重？」教等人說：「父親過世後，不聽教誨，無罪。」〔申又問：〕「丈夫

總稱，又為什麼發生了從剃去鬢鬚轉為僅是勞役的變化？仍是問題。我曾以為或應如蘇林所說，耐者「二歲刑以上」（《漢書·文帝紀》注引蘇林曰，頁 114）。參前引拙文，〈張家山漢簡《二年律令》讀記〉，頁 35。此說仍有疑問。然而冨谷至承認耐的原義是剃去鬢眉，又說與其認為耐隨時代發生了變化，不如說自秦以來，耐本來就是一種伴有勞役，與肉刑相比，較輕的輕罪的總稱（《秦漢刑罰制度の研究》，東京：同朋舍，頁 36）。是否如此，似乎也沒有足夠堅強的證據。

在世時，妻自行另嫁，和丈夫過世後妻自行再嫁相比，那種情況罪較重？」
廷尉敎等人說：「丈夫活著時，妻自行另嫁和娶她的人，都當黥為城旦舂。
丈夫死，妻子自行再嫁，娶她的無罪。」申又問：「對活著的丈夫不忠，
和丈夫死後對之不忠相比，那種情況罪較重？」敎等人說：「丈夫已死，不
忠，無罪。」申又問：「丈夫在官府為吏，妻獨居在家，和其他男子天天發
生姦情，但沒有被官吏捉到〔下有闕文〕，應如何論處？」敎等人說：「不
當論罪。」申於是說：「廷尉和各位所論斷的都認為欺辱或侮辱過世的父親，
其罪輕於欺辱或侮辱活著的父親；又認為欺辱或侮辱活著的丈夫，其罪重於
欺辱或侮辱死去的丈夫。現在甲的丈夫死去……〔甲〕和男子在棺側行姦，
負責捉拿的人並沒有案驗虛實並將核校後的案情報上，這樣就將甲定成完為
舂之罪，不是過重了嗎？」敎等人說：「我等所論確有不當。」

▌二 和奸案背後的親屬倫理關係

　　秦漢律令失傳久矣。長久以來，我們被迫依據秦漢甚至秦漢以後的片
斷文獻和儒家的經典及注疏，去重建對秦漢法律和人倫秩序的認識。這樣
的一個結果是，不知不覺會受到儒家經典理想中倫理原則的影響，由此去
推想古代的倫理。例如儒家禮經裡所說的五服，一直都被視為秦漢社會和
家族倫理規範的基礎。不少學者甚至認為要認識古代社會的倫理，應自喪
禮五服制始。[51] 這幾十年秦漢法律資料出土日增，就親屬倫理而言，一個
深刻的教訓就是不能再僅僅以儒家經典裡所說的五服或喪服制去認識秦漢
社會，尤其是較基層的社會。

51　這類例子太多。出版已近四十年（1967），近年被譯為中文的滋賀秀三的《中國家族法原理》
　　（北京：法律出版社，2003）就是一個典型的例子。此書之序明白指出將春秋到民國以前視
　　為一個階段，即帝制時代，第一章討論帝制時代家族法的各種基本概念，就從五服制開始。
　　另可參杜正勝，〈五服制的族群結構與倫理〉，《古代社會與國家》（臺北：允晨出版公司，
　　1992），頁 856-876。

1. 以五服為準的喪服制是戰國以降的新建構

以五服為核心的喪服制，原本出於戰國以來儒生建立人倫秩序和規範家族親疏的構想，其中無疑包含著許多古制的因素，也夾雜有理想的成分。構想何時成熟，何時進入法律成為一種強制性的規範，是第一層問題；它於何時，並又如何通過法律或其他的方式（例如教化），落實在一般人的生活中，是第二層問題。這兩層都有細細追究的餘地。

禮制建構中的一大特色是將過去行之於封建貴族，不下庶人的禮向下延伸擴大，及於庶人百姓。用先秦典籍裡的話來說，就是要建立一套「自天子以至庶人」的禮制。這是「禮不下庶人」的封建時代所沒有的。隨著封建的式微，原來維繫封建貴族的宗法及相關的禮失去了約束力。清儒顧棟高指出「天子諸侯喪紀，已廢絕於春秋時」。因此，當孟子要滕文公行「三代共之」的三年之喪，滕的父兄百官會說：「吾宗國魯先君莫之行，吾先君莫之行也。」[52] 封建宗法及相關的禮制原本針對統治貴族而設計，並不適合平民百姓。到春秋戰國的時代，隨著政治社會的變化，統治貴族本身禮制已亂，原本不下於庶人的禮，現在變成要及於庶人。在這樣的情勢下，先秦諸子構思禮制，在精神上和內容上即使借用若干殷周禮制舊規，尤其是士禮，實質上已不可能不是一個新的建構。

學者曾利用戰國墓葬資料和《儀禮》所說的士喪禮、既夕禮相互比對，證明有相合之處，推定《儀禮》應成於戰國中葉。[53] 另有學者則指出

52　孟子雖說：「三年之喪，齊疏之服，飦粥之食，自天子達於庶人，三代共之。」（《孟子·滕文公上》）三代自天子以至庶人共之，明顯誇張，不符事實。因為滕之父兄百官明白說：「吾宗國魯先君莫之行，吾先君莫之行也。」焦循《孟子正義》（北京：中華書局，1987）卷十引毛奇齡云：「孟子所定三年之喪，引三年不言為訓，而滕文奉行，即又曰：『五月居廬，未有命戒』，是皆商以前之制，並非周制。周公所制禮，並未有此。」又引顧棟高云：「余嘗詳考左氏傳，而知天子諸侯喪紀，已廢絕於春秋時無疑也。」顧氏繼而引證春秋以來，諸侯喪紀如何各行其是。貴族如此，平民百姓更無論矣。

53　陳公柔，〈士喪禮、既夕禮中所記載的喪葬制度〉，《考古學報》，4（1956），頁67-84；王輝，〈從考古與古文字的角度看《儀禮》的成書年代〉，《遠望集》（西安：陝西人民美術出版社，1998）上冊（1956），頁435-441。

不宜過度牽合墓葬和文獻，其歧異處猶待更多的證據去論定，並結論道：「關於喪葬的習俗，會因地域的南北，時代的先後而產生很多不同的現象的。《儀禮》這部古籍，成書於戰國初期至中葉的結論，大概可以肯定的了。可是它所記錄的，究竟是哪一國的習俗，還是很難斷言。」[54] 換言之，也許可以這樣說：《儀禮》的喪服制是從古制中提煉出來，不都是古制，但也不全是戰國喪制的實錄，而是經過整理加工，舊瓶加新酒的理想化產物。[55]

2. 對秦代倫理和漢代服制的幾點觀察

在西漢兩百年裡，據五服而來的喪服制，除了宗室、諸侯、博士弟子和某些經師或官員曾加遵行，並不曾成為法律中界定家族親屬範圍和權益的原則，也不曾真正普遍成為一般百姓生活中共守的規範。

漢代五服又稱五屬。《史記·荊燕世家》謂：「荊王劉賈者，諸劉，不知其何屬。」劉賈為諸劉，只知道他是劉邦的宗親，但無法得知他和劉邦的親疏關係。太史公說他「雖屬疏，然以策為王」，先說不知其屬，又說屬疏，「疏」與「近」的界限何在？不清楚。同傳謂燕王劉澤，「諸劉遠屬也」，《漢書·諸侯王表》則說澤是「高帝從祖昆弟」，《史記·荊燕世家》〈索隱〉引《楚漢春秋》云：「劉澤，宗家也。」按言「宗家」，似疏矣。班固言從祖昆弟，當別有所見矣。[56] 當時楚地民間如果已經以五服序親，親疏遠近當不至於如此混沌。秦和漢初常見諸父和諸母之稱，泛指父一輩或母一輩的親戚。在同姓宗族親屬的概念下，又有族子、族兄、族父等稱

---

54 沈文倬，〈對《士喪禮、既夕禮中所記載的喪禮制度》幾點意見〉，《宗周禮樂文明考論》（杭州：浙江大學出版社，1999），頁 71。

55 丁鼎先生對《儀禮·喪服》經、傳、記的形成過程有詳細考證，請參其所著，《儀禮·喪服考論》（北京：社會科學文獻出版社，2003），頁 57-107。

56 《漢書·諸侯王表》謂劉賈為高帝從父弟，劉澤是高帝從祖昆弟都不可靠。如果真是從父弟，不能說是疏屬，從祖昆弟也不能說是遠屬。較早的《楚漢春秋》明明說劉澤僅是宗家，在西漢外戚也可說是宗家，故司馬遷說他是「遠屬」。班固即使別有所據，也很可能是後來封王諸劉為拉近與劉邦的關係，製造出來的。

謂。諸父、諸母、族兄、族父等所指範圍有多大？也不清楚。[57] 近人以長沙馬王堆三號墓出土喪服帛圖為據，主張儒家所說的喪禮服制已盛行於西漢的長沙國。[58] 私意以為或非如此。這件喪服帛圖是和其他古籍殘帛如《老子》、《五十二病方》、《導引圖》等摺疊，放在棺槨東側邊廂的漆盒中，這比較能說明是墓主身前所閱、所用或所喜的許多圖書之一，不能證明其家人即依此服喪，更難以推論長沙國已流行三年喪。[59] 即使承認長沙王行三年喪，從後來文帝的遺詔看（詳下節），也頂多行於漢宗室或諸侯王，而非全國。

西漢時親屬概念有異於古代或後世之處的另一證據是司馬遷寫《史記》，因景帝十三子，有母五人，而立〈五宗世家〉。瀧川資言〈考證〉引王鳴盛之說，以為太史公「殊屬無理」，方苞則曰：「明其異於古之宗法。」[60] 所謂古之宗法，無疑是指周代宗法。周代宗法有大小宗，完全以父系為準。《逸周書·諡法》「五宗安之曰孝」的五宗，據晉孔晁注，指「五

---

57 參顧頡剛，《顧頡剛讀書筆記》（臺北：聯經出版公司，1990），卷4，頁2438，「諸父諸母」條。

58 曹學群，〈馬王堆漢墓《喪服圖》簡論〉，《湖南考古輯刊》，6（1994），頁228謂：「此墓出土的《喪服圖》上所載的不同於先秦的喪服之禮，無疑即是秦及漢初時實行的喪服制度。」又陳松長，〈馬王堆三號墓主的再認識〉，《文物》，8（2003），頁59也說：「我們認為這幅喪服圖所要強調的主旨是告訴人們，當時的喪葬禮俗，或是軑侯家所強調的守喪制度是三年喪……由此，我們可以推知至少在漢文帝十二年的時候，或者說在漢初的長沙國中，仍盛行三年喪的禮儀。……喪服圖隨主人一起入葬，也說明軑侯之家確實履行過三年喪禮。」

59 《漢書·高惠高後文功臣表》中封侯功臣的服喪資料值得注意。景帝時，堂邑安侯陳嬰孫隆慮「坐母喪未除服姦，自殺」；曾孫季須於武帝時「坐母公主卒，未除服，姦」，自殺。《漢書·諸侯王表》常山憲王條，武帝時，子勃「坐憲王喪服，姦，廢徙房陵」。可惜我們無法確知這些諸侯或侯所服之喪，是依儒禮，或據文帝之制，我的理解應是遵文帝故事。哀帝時，河間王良「喪太后三年」，哀帝以為其「為宗室儀表，益封萬戶」。（《漢書·哀帝紀》綏和二年六月詔）由此可知，哀帝時宗室行三年喪，仍非必要，也不普遍，偶有行之者，即為儀表。同一詔書又規定「博士弟子父母死，予寧三年」。可見行三年喪者仍限於極少數人。沈文倬認為漢代皇帝、諸侯王、公卿等不行三年喪，但據宣帝地節四年二月詔，以為「不管實際上是否施行，足證無論以前或以後，民間普遍實行三年之喪無疑」（〈漢簡《服傳》考〉，《宗周禮樂文明考論》，頁155），此說論據實有不足。

60 瀧川資言，《史記會注考證》（臺北：宏業書局，1980），卷59，頁2。

世之宗也」，[61] 也就是高祖以下至己五世之男系。武帝時，深明典制的太史公竟以母為宗而寫〈五宗世家〉，這或者是太史公有意以此譏刺武帝父或漢室之不知禮，但也反映了這時人們對倫理秩序的觀念有不同於周制者。因而漢世雖早已是父系社會，司馬遷仍以同母為宗，反映了某些現實存在的觀念。[62] 他為呂后立〈呂太后本紀〉，其理相同。對此，襲用遷書的儒生班固，自儒禮視之，大不以為然，改〈五宗世家〉為〈景十三王傳〉，於〈呂后紀〉之外別立《史記》所無之〈惠帝紀〉，以為折衷。從司馬遷到班固，漢世風俗之不齊與轉變，由此不難窺見一二。

古代文獻裡常說「百里不同風，千里不同俗」。《史記‧貨殖列傳》和《漢書‧地理志》都曾系統地指出這一點。[63] 以秦的風俗來說，《奏讞書》和奸案所反映的倫理關係即和關東諸國頗有差異。許多考古學家都曾指出秦墓有不少自己的特色，[64] 而其反映對靈魂的看法和從生人世界模塑死後世界的想法，也不同於其他各地。[65] 雖然他們無法較肯定地判斷這背後意味著什麼樣的倫理觀。不過公孫鞅（西元前 390-338 年）在變法初步成功以後，於秦孝公十二年（西元前 350 年）曾進行了另一波的改革，其中「令民父子兄弟同室內息者為禁」（《史記‧商君列傳》）與家庭倫理有關。父子兄弟同室內息是十分含蓄的說法，其實意味著雜交亂倫等不合於華夏家庭倫理的現象。

---

61 《逸周書》（漢魏叢書本，臺北：新興書局，1966），頁 6 下。

62 李解民先生研究睡虎地秦簡所附載魏律、尹灣六號墓六號木牘以及揚州儀徵胥浦簡、二年律令等也注意到秦漢社會除了男子為中心的婚姻家庭關係，也存在著他所謂的「另類形態」，參所著，〈漢代婚姻家庭另類形態的法律依據〉，《簡帛研究二〇〇四》（桂林：廣西師範大學出版社，2006），頁 224-233。其說與敝人不謀而合。

63 參嚴耕望，〈戰國時代列國民風與生計──兼論秦統一天下之背景〉，收入氏著《嚴耕望史學論文選集》（臺北：聯經出版公司，1991），頁 95-112。

64 相關討論甚多，較新的一個綜合可參王學理、梁云，《秦文化》（北京：文物出版社，2001），頁 30-38。

65 參 Lothar von Falkenhausen, "The Debate on the Origins of Qin: Historical and Archaeological Perspectives"，此文宣讀於史語所、臺史所、民族所和語言所合辦之「文化差異與社會通則：紀念張光直先生學術研討會」（2002.3.1-2）。

公孫鞅是衛人，不免以東土的尺度去衡量和改造秦的社會風俗。他曾自豪地說：「始秦戎翟之教，父子無別，同室而居。今我更制其教，而為其男女之別。大築冀闕，營如魯、衛矣。」（《史記‧商君列傳》）可見秦原來不僅父子無別，男女亦無別，這和父子兄弟同室內息緊密相關。在公孫鞅眼中，這樣的倫理無異於不知禮義的戎狄。王國維謂：「秦之祖先，起于戎狄，當殷之末，有中潏者，已居西垂……逮襄公伐戎至岐，文公始踰隴而居汧渭之會，其未踰隴以前，殆與諸戎無異。」[66]

倫理觀念涉及一個社會的核心價值，不是一朝一夕所能盡革。公孫鞅雖企圖「更制其教」，但不可能將東方的一套在十幾年中盡行搬到秦國，也不可能完全不顧秦本地的傳統。[67] 秦人源出戎狄，秦或漢初律中的倫理原則，有些成分很可能和華夏諸國視為「禽獸」的戎狄社會脫不了關係。

嚴耕望先生即曾據《史記》〈扁鵲列傳〉和〈匈奴列傳〉進一步說明秦如何染有戎俗，「雖經商君改矯，然戎俗保存之成分仍甚多也」。[68] 變法後約五、六十年，也就是大約在秦昭襄王的時代（西元前 306-251 年），荀子（西元前 340-245 年）入秦。他認為秦國上下保有頗多古風，他說的古風主要是針對「公」生活而言（《荀子‧彊國》）。在論人性時，荀子卻說：「天非私齊魯之民而外秦人也。然而於父子之義，夫婦之別，不如齊魯之孝具敬父（文）者，何也？以秦人之從情性，安恣睢，慢於禮義故也。」（《荀子‧性惡》）在他眼中，秦人「私」生活中的父子和夫婦之間，仍然是「從（縱）情性，安恣睢，慢於禮義」，非齊魯之匹。魏國信陵君曾對秦提出比荀子更嚴厲的批評：「秦與戎翟同俗，有虎狼之心，貪戾好利而無信，不識禮

66　《觀堂集林》（臺北：世界書局），卷 12，〈秦都邑考〉，頁 529-531。

67　參蒙文通，〈法家流變考〉，《古學甄微》（成都：巴蜀書社，1987），頁 301：「凡商君之法多襲秦舊，而非商君之自我作古。」

68　嚴耕望，〈戰國時代列國民風與生計——兼論秦統一天下之背景〉，頁 105；杜正勝，〈秦社會的「戎狄性」〉，《編戶齊民》，頁 459-466。杜文曾精要地指出，「風俗和倫理不是孤立或抽象的存在，必與它們所依附的社會密切相應，秦之『非禮』亦由於社會結構與山東不同的緣故。」（頁 463）

義德行，苟有利焉，不顧親戚兄弟，若禽獸耳，此天下之所同知也。」[69]
「若禽獸耳」四字可以代表戰國時中原各國對秦人共同的觀感。

　　到秦統一天下的前夕，呂不韋賓客編《呂氏春秋》，仍然說：「先王所
惡，無惡於不可知；不可知則君臣、父子、兄弟、朋友、夫妻之際敗矣。
十際皆敗，亂莫大焉。凡人倫以十際為安者也，釋十際則與麋鹿虎狼無以
異。」（〈壹行〉，陳奇猷校釋本，頁1504）呂氏賓客無疑是以孟子和《中庸》
所說的「五倫」或析而言之的「十際」作為人倫秩序的綱領，凡不以此為
準者，就無異於麋鹿虎狼，也就是說同於禽獸。雖不敢說以東方游士為主
體的呂門賓客，是針對秦的社會發出上述評論，但幾十年後，漢初賈誼仍
然痛責秦人風俗與禽獸相去幾希：

> 商君違禮義，棄倫理，並心於進取，行之二歲，秦俗日敗。秦人有子，家
> 富子壯則出分，家貧子壯則出贅。假父耰鋤杖篲耳，慮有德色矣。母取瓢
> 椀箕帚，慮立誶語。抱哺其子，與公並踞。婦姑不相說，則反唇而睨。其
> 慈子嗜利而輕簡父母也，念罪非有倫理也，亦不同禽獸僅焉耳。（《新書·時
> 變》）

「禽獸」二字粗看似為一般的貶詞，放在戰國秦漢習用的語言脈絡裡，則
有悖逆人倫，無君臣夫婦之別的特殊意義。[70] 而這又正是戰國秦漢時人對
戎狄或游牧民族的批評。武帝時，曾有漢使者說：「孰與冒頓單于身殺其
父代立，常妻後母，禽獸行也！」（《漢書·匈奴傳》）[71]

69　《戰國策·魏策三》無忌作朱己，以作無忌為是，參見《史記·魏世家》。

70　例如《史記·荊燕世家》孝景二十四年：「至孫定國與父康王姬姦，生子男一人。奪弟妻為
姬，與子女三人姦⋯⋯詔下公卿，皆議曰：定國禽獸行，亂人倫，逆天，當誅。上許之。定
國自殺，國除為郡。」《史記·惠景閒侯者年表》隆慮條：「元鼎元年，侯蟜坐母長公主薨未
除服，姦，禽獸行，當死，自殺，國除。」《漢書·高五王傳》：「五鳳中，州刺史奏終古使
所愛奴與八子及諸御婢姦⋯⋯奏終古位諸侯王⋯⋯禽獸行，亂君臣夫婦之別，悖逆人倫，請
逮捕。」

71　《漢書·王尊傳》有一個故事值得留意。初元中，王尊「守槐里，兼行美陽令事。春正月，
美陽女子告假子不孝，曰：『兒常以我為妻，妒笞我。』尊聞之，遣吏收捕驗問，辭服。尊
曰：『律無妻母之法，聖人所不忍書，此經所謂造獄者也。』尊於是出坐廷上，取不孝子縣

賈誼以禽獸批評秦人，不禁使我聯想到《禮記·郊特牲》說：「男女有別，然後父子親；父子親，然後義生；義生，然後禮作；禮作，然後萬物安；無別無義，禽獸之道也。」所謂禽獸正是男女父子無別，無倫理之可言。又《儀禮·喪服》傳曰：「……禽獸知母而不知父。野人曰：父母何筭焉？都邑之士則知尊禰矣，大夫及學士則知尊祖矣。」以春秋時代的國、野之分視之，都邑之士和大夫學士都是封建諸國城內的統治者，他們才知道父祖的世系並以父為尊；對城外的野人而言，不僅自己父母以外的親屬關係說不清，有些甚至只知有母，不知有父。這些野人在城內人眼中，就像禽獸一般。周人以行嚴格父系宗法為特色。他們在武裝殖民的過程裡，必然將自己的宗族倫理帶到東方各地，並建立了以「國」為核心，遵行周制的封建據點，他們所面對的「野人」，顯然有不少正是所謂只知有母，不知有父的禽獸！斥為禽獸是周人的觀點。換個角度看，被征服的野人其實是「別有倫理」。《淮南子·齊俗》即曾指出：「四夷之禮不同，皆尊其主而愛其親，敬其兄，獫狁之俗相反，皆慈其子而嚴其上。夫鳥飛成行，獸處成群，有孰教之故……胡貉匈奴之國縱體拖髮，箕倨反言而國不亡者，未必無禮也。」這種「未必無禮」或別有倫理的情形，絕不僅僅限於西方的秦。

國、野之分漸泯之後，法律施及全民，法律不能不顧及社會現實。在秦的法律裡，最少在某些情況下，母親比父親更為重要。例如睡虎地秦簡《法律答問》有一條說：「何謂室人？何謂同居？同居，獨戶母之謂也；室人者，一室盡當坐罪人之謂也。」注釋引「盜及諸它罪」條云：「戶為同居」，又說：「獨戶母，一戶中同母的人。」換言之，所謂同居最少有兩個相關要件，一為同戶，二為同母。這裡不提同父，值得注目。[72]《法律答

碟著樹，使騎吏五人張弓射殺之。」（頁 3227）美陽屬右扶風，為秦之舊地，至西漢中晚期仍有這等逆倫之事，此與戎狄遺習是否有關，值得注意。

72 有學者指出一戶中同母之人才算同居，甚不易解。佐竹靖彥因而將母字釋為「毌」、「貫」，戶毌實為貫，指戶籍。然而戶貫、籍貫等詞出現於南北朝以後，漢代似乎還沒有戶貫或籍貫的說法。冨谷至已指出佐竹說不妥，而將戶毌釋為戶關或戶之門閂，獨戶毌指同一門閂

問》另一條涉及秦人的歸化問題，規定秦的原住民叫作「夏」，臣屬於秦的屬邦父母所生之子，以及出生在它邦的叫作「真」。父親為屬邦人，唯母親為秦人者，子女才算「夏子」。[73] 這裡身分的判定也以母而非以父為準。[74]

不過我們也必須考慮到，假使父為秦人，母為屬邦女子，其子女身分多半即為秦人，不成為問題。因此不可說秦是一個母系社會而與東方各國在倫理上全然不同。前文已經指出置後順序，以子為首，不以女，即和東方各國相近。又服喪只提夫之父母，未及妻之父母，可見秦的社會是以父系為主，無庸置疑。總之，秦有自身的傳統，不斷與東方諸國接觸，又曾刻意變法，在幾百年的歷史進程裡，其倫理規範恐怕不是單純靜止，了無變化。唯其變化的軌跡和幅度，今天還沒有材料足以說清楚。

秦法認定人的身分在某些情況下，不以父而以母為準，如果與《二年律令》、《奏讞書》合而觀之，則不能不說秦之親屬倫理觀念確實有魯、衛儒生視之為「只知有母，不知有父」或與「禽獸相去幾希」的地方：

第一，秦人雖曾大量吸收周文化，其統治上層已十分「周化」，秦初青銅禮器與周器極似，可為明證。但一般社會上的親屬關係，母或女性一方甚為重要，因此己母、妻、女兒都可為後，並不依循周代宗法單純父系的原則。如果比較秦和漢初律與儒家化後的唐律，也可看出秦和漢初母方

或門內居住者為同居。此說不無可能。可是如果考慮到秦的特殊倫理風俗，恐也不能排除秦律中會有後世難解的規定，也就是說「獨戶母」也不一定就錯。此句正解為何，不易一言而定。這裡暫時從原注。請參佐竹靖彥，〈秦國の家族と商鞅の分異令〉，《史林》，63：1（1980），頁 13；冨谷至，《秦漢刑罰制度の研究》，頁 233-234。

73　「真臣邦君公有罪，致耐罪以上，令贖。何謂『真』？臣邦父母產子及產它邦而是謂『真』。何謂『夏子』？臣邦父，秦母謂也。」《睡虎地秦墓竹簡》語譯如下：「真臣邦君公有罪，應判處耐刑以上，可命贖罪。什麼叫『真』？臣屬於秦的少數民族的父母所生子，以及出生在其他國的，稱為『真』。什麼叫『夏子』？父為臣屬於秦的少數民族，母親是秦人，其子稱為『夏子』。」

74　〈法律答問〉還有一條說：「同母異父相與奸，何論？棄市。」相與奸是和奸，卻判棄市，是加重其刑。很可惜不知同父異母和奸又如何？否則也可以幫助我們判斷秦代社會的倫理原則。

古月集：秦漢時代的簡牘畫像與政治社會
　　——卷三　皇帝、官僚與社會

親屬的地位和後世法律中的地位大不相同。[75]

第二，如前文所指出，生時存在的關係和彼此的權利義務不必延續到死後，這一原則適用於夫妻之間，也適用於父母子女之間。就這一點而言，夫妻和父母子女之間的關係有同質性。這是一種十分樸素原始的倫理觀念，[76]出現在商鞅改革前，習於「父子兄弟同室內息」，男女無別的秦國社會，頗有可能。這和儒家恩義之說頗不相同。

儒家倫理的一大特點是人倫之恩義不以生死為斷，而是延續性的。所謂延續性並不是說生前死後完全一樣，而是說生為父子，死也是父子；君臣、夫妻、朋友等無不如此，恩或義並不因生死而斷絕，權利和義務也不會因死亡而一筆勾銷。據說季孫康子曾問孔子：「百世之宗有絕道乎？」子曰：「繼之以姓，義無絕也。」（《孔叢子》卷上，頁 21 下）漢文帝說：「子孫繼嗣，世世不絕，天下之大義也。」（《漢書‧文帝紀》）其他如「子子孫孫永寶用」或「在天願為比翼鳥，在地願為連理枝」等等詞語也都是在強調一種延續性的父子、子孫和夫妻關係。

在強調延續性之外，這些關係仍有原則性的不同。在儒家的觀念裡，父子「骨肉以仁親」，夫婦、君臣和朋友乃以「義」合（參《新語‧道基》、《漢書‧孔光傳》等），其基礎和原則都不相同。父子的本質屬於先天自然的骨肉血緣關係，以「仁」或「恩」為原則，無法因人為之力而斷絕；夫婦、君臣和朋友的關係出於後天人為，以「義」為結合的原則，可立亦可絕（如更嫁則義絕），這三種關係無法超越或等同於天然不可絕的父子關係。《禮記‧喪服四制》：「喪有四制，變而從宜，取之四時也，有恩、有理、有節、有權，取之人情也。恩者，仁也；理者，義也，節者，禮也；權者，

---

75 參侯旭東，〈西漢初律令中的母、妻地位〉，《北朝村民的生活世界》（北京：商務印書館，2005），頁 67-70。

76 以生死為斷的夫妻關係較為樸素原始，例如基督教《新約‧羅馬書》2：2-4 提到：「就如女人有了丈夫，丈夫還活著，就被律法約束；丈夫若死了，就脫離了丈夫的律法。所以丈夫活著，她若歸於別人，便叫淫婦；丈夫若死了，她就脫離了丈夫的律法，雖然歸於別人，也不是淫婦。」這是以肉身存活或死亡作為夫婦律法關係界限的一例。

知也。仁、義、禮、知,人道具矣。」這裡清楚標舉了儒家理想中人倫秩序建立的恩仁、理義、節禮、權知四大原則。四者看起來平列並舉,恩仁其實更為重要和超越。從喪服四制發展而來的郭店楚簡〈六德〉說得最為清楚:「為父絕君,不為君絕父;為昆弟絕妻,不為妻絕昆弟;為宗族瑟(殺)朋友,不為朋友瑟(殺)宗族。門內之治恩掩義,門外之治義斬恩。」[77] 這裡雖然和〈喪服四制〉一樣有「門內之治恩掩(揜)義,門外之治義斬(斷)恩」的話,但很清楚以血緣關係「恩」為基礎的父、昆弟和宗族,超越無血緣而以「義」相合的君、妻和朋友;為前者可以「絕」後者,不會為後者「絕」前者。[78] 這和〈喪服四制〉接著所強調的「資於事父以事君而敬同」,「資於事父以事母而愛同」,頗為不同。

---

77 關於〈六德〉和〈喪服四制〉的關係參李學勤,〈郭店楚簡《六德》的文獻學意義〉,《郭店楚簡國際學術研討會論文集》(武漢:湖北人民出版社,2000),頁 17-21。吳承仕曾指出:「恩制是血統的,不可變的,義制是人為的,可變的,這是兩者不同之點。鄭玄云:『服之首主于父母。』晉劉維云:『五服之義,以恩為主。』都是很正確的解釋。」見所著,〈中國古代社會研究者對於喪服應認識的幾個根本觀念〉,收入《吳承仕文錄》(北京:北京師範大學出版社,1984),頁 22。

78 〈六德〉謂:「義者,君德也,非我血氣之親,畜我如其子弟」,可參。又學者對「絕」字之釋和意義以及早期儒家對親親、尊賢執重,頗有不同意見,可參劉樂賢、徐少華、李存山、彭林、魏啟鵬等人論文,個人較贊成彭以為「絕」為喪服制中絕服之義,徐以為「為父絕君,不為君絕父正是反映了早期儒家學說最本質、最基礎的倫理內容」的意見。參徐少華,〈郭店楚簡《六德》篇思想源流探析〉、劉樂賢,〈郭店楚簡《六德》初探〉,分見前引《郭店楚簡國際學術研討會論文集》,頁 375-383、384-388;魏啟鵬,〈釋《六德》「為父繼君」〉,彭林,〈再論郭店簡《六德》「為父絕君」及相關問題〉收入艾蘭、邢文編,《新出簡帛研究》(北京:文物出版社,2004),頁 307-309、310-312;李存山,〈「為父絕君」並非古代喪服之「通則」〉、〈再說「為父絕君」〉,〈簡帛研究〉網站 http://www.bamboosilk.org。多數學者同意《六德》這幾句反映了一種親親重於尊尊,或者說父子之親高於君臣之義的思想。另有不同意見可參林素英,《從《郭店簡》探究其倫常觀念》(臺北:萬卷樓圖書公司,2003)。義絕之義在漢代以後的發展可參高明士,〈「義」與非血緣人倫秩序——以唐律所見義合與義絕為例〉,收入周東平、朱騰主編,《法律史譯評》第八卷(上海:中西書局,2021),頁 201-284。

3. 五服制與漢代法律

法律上第一次明白以五服作為親屬關係規範的標準是在晉武帝泰始三年令賈充等改訂律令。《晉書·刑法志》謂其律：「峻禮教之防，準五服以制罪也。」晉律除了依五服以制罪。五服也成為許多禮制的標準。例如《太平御覽》六三四引范寧啟國子生假故事引〈假寧令〉，即謂：「冠假三日，五服內親冠給假一月」，「周親婚嫁五日，大功五日，小功已下一日」。[79]晉律多據漢律而來，我們不禁要問：漢律是否已以五服為準？漢儒好言禮制，五服為禮制的核心，檢證五服與律令的關係，可一窺這一核心性的儒家禮制是否已法制化，又是否曾落實在一般人現實的生活裡。

漢代討論五服或喪服制的言論不少，但在實際制度上或行事上，明確以五服規範親屬範圍，要到元、成和王莽時才可考，到東漢末才明確有資料直接證明五服已成為法律上分別親屬親疏的標準。[80]

漢初以來，這種親族服屬制度未立或不一的情況，令儒生之流極度不滿，屢思改革。西漢中期以後，儒生士大夫在政治舞臺上漸成主流，他們不但力圖改造既有的政治體制，更要求復古更化，齊一風俗。所謂齊一風俗，一大關鍵即在以儒家禮制改造帝國內未臻一致的人倫秩序。

漢高祖初定海內，制度上承襲秦舊，未遑大更禮制。文帝時天下粗安，雖尚黃老無為，文帝卻曾著手興立典制。賈誼曾以為「漢承秦之敗俗，廢禮義，捐廉恥」，「宜定制度，興禮樂」，「乃草具其儀，天子說焉」。結果因「大臣絳、灌之屬害之，故其議遂寢」。（《漢書·禮樂志》）

文帝又曾「使博士諸生刺六經中作王制，謀議巡狩，封禪事」。（《史記·封禪書》）所謂王制，據說就是今本《禮記》的〈王制〉篇。在儒生看來，巡狩和封禪都是王者的大事，後來武帝都曾實行。又據《史記索隱》引劉向《別錄》：「文帝所造書有《本制》、《兵制》、《服制》篇」，文帝所

---

79 張鵬一編著，《晉令輯存》（西安：三秦出版社，1989），頁 312-313。

80 這一點已有學者指出，如冨谷至，前引書。我和冨谷的意見大致相同，但冨谷主要是從連坐制出發考慮到家屬連坐和服制的關係，本文則較全面探討服制和秦漢刑法、禮制、親屬倫理體系的關係。

造俱不傳，顧頡剛先生以為《本制》就是《王制》。[81] 我們不知道《服制》的內容，不過從上引的記載推測，〈封禪書〉所說的王制可能是一總名，指王者之制，其具體內容則至少包括《別錄》提到的《本制》、《兵制》和《服制》。這些都和當時的博士諸生有關，有趣的是文帝的遺詔，在有關喪服和喪期的規定上，並沒有依照儒生的理想，而作了較為實際可行的調整。遺詔說：

> 其令天下吏民，令到出臨三日，皆釋服。毋禁取婦嫁女祠祀飲酒食肉者。自當給喪事服臨者，皆無踐（《集解》引服虔曰：踐，翦也。謂無斬衰也，孟康曰：踐，跣也。），絰帶無過三寸，毋布車及兵器，毋發民男女哭臨宮殿。宮殿中當臨者，皆以旦夕各十五舉聲，禮畢罷；非旦夕臨時，禁毋得擅哭。已下（《索隱》：「謂柩已下於壙」），服大紅十五日，小紅十四日，纖七日，釋服（《集解》引服虔曰：當言大功、小功布也；纖，細布也。應劭曰：紅者，中祥大祥以紅為領緣也。纖者，禫也，凡三十六日而釋服。）佗不在令中者，皆以此令比率從事。（《史記·孝文本紀》）

古今學者對這個遺詔的理解頗有差異。遺詔的對象不只是宗室，而是（1）天下吏民，（2）自當給喪事服臨者，（3）宮殿中當臨者，（4）其他不在令中者，「皆以此令比率從事」。換言之，在天下一家，天子為民父母的觀念下，天子死，天下人（宗室、諸侯、百官、百姓）應依以上幾類不同的關係服喪。天下吏民，泛指天下百姓及一般官吏，應是最疏的一層。顧炎武說：「世謂漢文帝之喪以日易月。考之于史，但行於吏民，而未嘗概之臣子也。詔曰：令到吏民三日釋服。天子之喪當齊衰三月，而今以三日，故謂之以日易月也。」他又採劉攽的意見而稍變，接著說：「已下者下棺，謂已葬也。自始崩至於葬皆衰，及葬已而大功，而小功，而纖，以示變除之漸。自始崩至於葬，既無定日，而已葬之後，變為輕服，則又三十六日。總而計之，則亦百餘日矣。此所以制其臣子者未嘗以日易月也。至於臣庶之喪不為制禮，而聽其自行。或厚或薄（原夾注：魏其武安傳，言欲以禮為服

81　顧頡剛，〈「周公制禮」的傳說和《周官》一書的出現〉，《文史》，6（1979），頁25。

制，以興太平，是知漢初未立服制），然三年之喪其能行者鮮矣。」[82] 顧氏之意，文帝遺詔僅針對一己之喪訂了一個天下臣民及親族服喪的辦法，並沒有為普天下臣庶訂下禮制，聽民自行其是。東漢應劭為一代大儒，無疑深知儒家喪服之制，他又熟於漢家典制，他合大紅、小紅、纖為三十六日，提出「以日易月」之說（《集解》引應劭、《索隱》引劉德），是試圖彌縫漢家喪制與儒禮。因此，顏師古大加批評，明白指出文帝是以己意創制，非有禮經依據：

> 此喪制者，文帝自率己意，創而為之，非有取於周禮也。何為以日易月乎？三年之喪，其實二十七月，豈有三十六月之文，禫又無七月也。應氏既失之於前，而近代學者因循謬說，未之思也。（《正義》引）

或許正因為如此，文帝之制在兩漢雖成為故事，因循不改，[83] 卻也不斷遭到儒生非難；儒生亟欲依儒經，另立服制。

研議新服制的很多，真能推行，成為事實的卻沒有。文帝以後，第一波企圖建立新服制的努力見於武帝即位之初。建元元年，以魏其侯為丞相，武安侯為太尉。這二人俱好儒術，他們除了推拔趙綰為御史大夫，王臧為郎中令，更迎魯申公，「欲設明堂，令列侯就國除關，**以禮為服制**（索隱：「案其時禮度踰侈，多不依禮，今令吉凶服制皆法於禮也。」），以興太平。」（《史記‧魏其武安侯列傳》）所謂以禮為服制，顯然因為這些好儒之士認為文帝所立服制不合儒禮，必須另行訂立。但是這些人很快即和崇尚黃老的竇太后發生衝突，死的死，去職的去職。更立服制一事也就化為泡影。

武帝號稱崇儒，亦好興立典制，但於喪服禮制似未見推動。基本上一直到宣帝石渠閣議經為止，儒家所說的三年喪制並沒有得到社會一致的認同，[84] 甚至儒生本身對服制也沒有一致的看法。石渠閣議經的內容絕大部

---

82 顧炎武，《原抄本日知錄》（臺北：明倫出版社，1970），卷 18，君喪條。頁 423-424。

83 參《續漢書‧禮儀志下》大喪條；李如森，《漢代喪葬制度》（長春：吉林大學出版社，1995），頁 51 引漢相翟方進服後母喪既葬三十六日除服故事及師古曰。李先生接著指出：「漢初短喪服制，除大功、小功有所遵循外，並未得到真正實施。」

84 例如《淮南子‧齊俗》：「豈必鄒魯之禮之謂禮乎？是人故入其國者，從其俗……禮者，實

分失傳，在《通典》中尚有若干殘存。議禮的部分有博士戴聖和太子舍人聞人通漢等人的意見尚可考見。他們對如何依身分服喪意見有異，有些甚至是原則性或學派間的重大爭議。[85]

如何遵制服喪在個別案例中的討論始終不斷，但真正當作禮制原則被提出是在元、成年間廟議之時。[86] 所謂廟指漢之宗廟。東漢蔡邕曾扼要地指出：「漢承秦滅學之後，宗廟之制不用周禮。每帝即世，輒立一廟，不止於七，不列昭穆，不定迭毀。」（《後漢書·祭祀志下》劉昭注引袁山松《後漢書》蔡邕議）以致宣帝時，從京師到六十八個郡國，宗廟多至一百七十六所。初元五年（西元前 44 年），御史大夫貢禹首議罷郡國廟，定漢宗廟迭毀之禮。所謂迭毀就是以五世為準，「親盡而迭毀，親疏之殺，示有終也。」（《漢書·韋賢傳》子韋玄成條）《續漢書·禮儀志下》大喪條，李賢注引《決疑要注》云：「親盡則廟毀，毀廟之主藏于始祖之廟。一世為祧，祧猶四時祭之。二世為壇，三世為墠，四世為鬼，祫乃祭之，有禱亦祭之。」四世加己世為五世，五世則親盡，漢宗廟本於大小宗之制。始祖之廟百世不遷為大宗，其餘五世而遷為小宗。五世親盡廟毀實以小宗制為藍本，其基本精神正是戰國以來所創「自天子以至庶人」都可遵行的五服制。從此，

之文也；仁者，恩之效也。故禮因人情而為之節文，而仁發㤜（㤜，色也）以見容。禮不過實，仁不溢恩也，治世之道也。」

85 見《通典》（臺北：臺灣商務印書館，1987）卷 81，「諸侯之大夫為天子服議」條，頁 439；卷 83，「初喪」條，頁 447；卷 89，「父卒為嫁母服」條，頁 488；卷 90，「齊縗三月」條，頁 492；卷 92，「小功成人服五月」條，頁 499；「緦麻成人服三月」條，頁 501；卷 96，「總論為人後議」，頁 515；卷 99，「為姑姊妹女子子無主後者服議」條，頁 529；卷 103，「久喪不葬服議」條，頁 545。石渠閣議經中關於禮的原則性重大爭議，例如聞人通漢提出「大宗可絕」說，即引起禮家抨擊。又如古文《服傳》明明存在，但參加議經的經今文家故意視若無睹。詳參沈文倬，〈漢簡《服傳》考〉，《宗周禮樂文明考論》，頁 130-193。

86 在此之前，服制被提到是在昭帝始元六年鹽鐵之議時。文學批評自秦以來用刑太過，斷獄滋眾，犯禁滋多。因此主張「親服之屬甚眾，上附下附而服不過五，五刑之屬三千，上殺下殺而罪不過五，故治民之道務篤其教而已。」（《鹽鐵論·刑德》）他們僅以五服比附《尚書》的五刑，辯論的重點在刑德主從，並不在服制本身。昭帝死，亡嗣，張敞等曾議昌邑王典喪，服斬衰（《漢書·霍光傳》）。

五服制正式被提出作為漢代禮制的準則。

　　然而如眾所周知，從貢禹開始，歷經韋玄成和匡衡的努力，到成帝時，除了郡國廟確定毀去，漢的宗廟在毀復之間反覆，最後又幾乎回復到廟議開始的狀態。[87] 哀帝時，丞相孔光和大司空何武等再議宗廟之制，主張基本上依「親盡宜毀」為原則，但漢家宗廟之毀立，不僅僅是劉家一個家族的問題，它有濃厚的政治意義，又要符合禮制中的大小宗之旨，最後是劉歆折衷親親與尊尊，訂下「三昭三穆一太祖」的七廟制，迭毀僅限於七廟中的三昭三穆，有殊功異德之宗不在迭毀之列。殊功異德之宗既不在迭毀之列，則此宗不受五服或五屬屬盡的限制。[88] 《漢書・韋賢傳》傳末特別記載了班彪對廟制難決的觀察。他的觀察清楚告訴我們問題的關鍵在「漢承秦絕學之後，祖宗之制因時施宜」，兼之「禮文缺微，古今異制」，而議禮大臣「各為一家，未易可偏定也」。如果議禮的儒臣對宗廟禮制都莫衷一是，就更難將莫衷一是的儒禮意見化為法律，強制百姓一體遵行了。

　　以五服界定親屬接著可考的例子是儒生出身的王莽。始建國元年（西元 9 年）正月，「封王氏齊縗之屬為侯，大功為伯，小功為子，緦麻為男。」（《漢書・王莽傳》）[89] 這是以五服制規範親屬並進入政治領域最早的明白記錄。王莽以周公自居，一心依循儒經，自然不能不遵奉禮書中的服制以行分封，也不能不遵制以行喪。早在前一年，即居攝三年（西元 8 年）九月，莽母功顯君薨，劉歆與博士七十八人議其服曰：「攝皇帝當為功顯君緦縗，弁而加麻環経，如天子弔諸侯服。」（《漢書・王莽傳》）據說王莽依所議，

87 對廟議過程一個簡明扼要的分析，可參湯志鈞、華友根、承載、錢杭著，《西漢經學與政治》（上海：上海古籍出版社，1994），第六章（錢杭執筆）——廟議，頁 239-287。又可參王葆玹，《西漢經學源流》（臺北：東大圖書公司，1994、2008），第六章，頁 233-304。

88 同上，頁 277-287。又哀帝時「博士弟子父母喪，予寧三年。」（《漢書・哀帝紀》）此時漢二千石以上官不服三年喪，博士弟子為特例，蓋其未任職事，不影響實際政務也。

89 臺北國立故宮博物院藏一瓦紐半通印「五屬嗇」。羅福頤將之列於前漢官印，並謂：「李賢注：『五屬謂五服內親也』。然則，此為王畿附近親屬之嗇夫。」參羅福頤，《秦漢南北朝官印徵存》（北京：文物出版社，1987），卷 3，頁 80。疑此印在新莽時或以後才可能有。

服了三年喪。在此之前，王莽為安漢公時，更曾與光祿大夫劉歆等雜訂婚禮，又「奏車服制度，吏民養生、送終、嫁娶、奴婢、田宅、器械之品。」（《漢書‧平帝紀》元始三年）這是又一次企圖依儒經建立禮制並法制化的努力（圖 3.1-5）。[90]

新朝十餘年而亡，改制淪為泡影。劉秀以一介儒生再建漢室，以復漢舊儀，與民休息為事，未遑更張。章帝章和年間，魯國曹褒傳父慶氏禮，好禮事，常感朝廷制度未備。章帝賜以叔孫通《漢儀》十二篇，令其依禮修正。曹褒受命，「依準舊典，雜以五經讖記之文，撰次天子至庶人冠婚吉凶終始制度，以為百五十篇。」可是他訂的禮制引起太尉張酺和尚書張敏不滿，兩人甚至控告他「擅制漢禮，破亂聖術，宜加刑誅」。章帝雖未處理，但這一套新禮制「遂不行」。（《後漢書‧曹褒傳》）范曄在〈曹褒傳〉傳末論曰：「漢初天下創定，朝制無文。叔孫通頗採經禮，參酌秦法，雖適物觀時，有救崩敝，然先王之容典蓋多闕矣。是以賈誼、仲舒、王吉、劉向之徒懷憤歎息所不能已也。」從以上兩漢儒生議立禮制的過程可以知道，最少在東漢中期以前，儒經裡的服制一直未能法制化，不曾成為一般社會和法律普遍依循的原則。

不過從東漢建武開始，漢宗室不論本宗或支屬應都已以五服界定親疏範圍。1971 年在甘肅甘谷縣劉家坪的一座東漢劉氏墓中出土簡背帶編號之

---

90 居延和敦煌新舊簡中有一些和喪服禮制相關的殘文，值得蒐羅以專文詳論。相關資料可參饒宗頤、李均明，《新莽簡輯證》（臺北：新文豐出版公司，1995），頁 178-183。居延簡 505.34：「其端履麤以六升麤服衣大紅布衣緣中衣聶〔攝〕帶竹晉〔簪？〕素履仄〔側？〕殿十五」、506.13：「履十四日去小紅衣緒衣采緣素帶髮履七日澤〔釋〕服」、581.1：「‧發喪服義」，明顯和喪服有關，其制和文帝遺詔「小紅十四日，纖七日，釋服」疑有關，和今本《儀禮》相異，和武威出土《儀禮》〈服傳〉也不同，饒、李書未收。以上三簡皆出大灣 A35。「‧發喪服義」一簡字跡和前兩簡不同，簡頭有黑圓點，疑為某家喪服傳或記之標題簡。210.35：「辨衣裳審棺槨之厚營丘龍之小大高卑薄厚度貴賤之等級‧始建國二年十一月丙子下」則是王莽詔書與喪制有關者，出自破城子 A8。另一出自破城子 A8 簡 203.41：「囗澤〔釋〕服如故 敢言之」。「敢言之」為公文用語，「釋服如故」應與某種喪服制有關，反映地方曾照規定行某種喪服制。另王莽時與嫁娶有關的規定，亦見於居延簡如：EPT4.45、EPT10.43、EPF22.44-45、EPF22.826，不細舉。

圖 3.1
203.41

圖 3.2
210.35

圖 3.3
505.34

圖 3.4
506.13

圖 3.5
581.1

《居延漢簡》紅外線照片

記年殘簡二十三枚。[91] 內容是延熹元年十二月劉氏宗親劉槐、劉〔直〕自訟遭受地方官不當徭役，未能享有除復的特權。由於簡冊過於殘斷，內容已無法完全明白。和本文關係最直接的是，冊書裡引用了順帝，甚至建武時期有關宗室特權的詔書。其中編號第一、二號簡正面提到一件「乙酉示章詔書」說：「宗室審諸侯五屬內，居國界，有罪，請；五屬外，便以法令治；流客雖五屬內，不得行復除。」第十二號簡則有殘文云：「建武七年，十月二……宗室不以理，司……州牧舉宗室有屬，盡勵無所」，第十三簡：「詔書：宗室屬盡當復，讞廷□……」，第十九簡：「詔書：宗室有屬，屬盡皆勿事……」等字可識。將以上殘簡內容合起來看，很可能自建武七年，漢宗室各支即以五服或五屬界定宗親的親疏和特權。五服以內，有罪上請，可除復徭役；五服以外，雖為宗親，無特權可享。流客指未著錄名籍者，雖在五服之內，也不得免徭役。劉氏宗親在西漢平帝時曾多達十餘萬人。平帝元始五年春正月詔：「惟宗室子皆太祖高皇帝子孫及兄弟吳頃、楚元之後。漢元至今，十有餘萬人。雖有王侯之屬，莫能相糾，或陷入刑罪……其為宗室自太上皇以來族親，各以世氏，郡國置宗師以糾之，致教訓焉。」（《漢書·平帝紀》）這是企圖在郡國置宗師以管理散在各地，人數上十萬的「族親」。這些族親無疑有很多在五服之外，屬於「以法令治」者。

漢宗室一直到平帝時，範圍都甚廣闊。漢文帝四年曾「復諸劉有屬籍，家無所與」（《漢書·文帝紀》）。其時，諸劉之有屬籍者可除復徭役，可惜不知屬籍以何為準。劉邦族人單薄，分同姓侯時，連「不知何屬」或「屬疏」的劉賈都納入，而漢初宗正職在「序九族」，九族照經今文家的說法

---

91 張學正，〈甘谷漢簡考釋〉，收入甘肅省文物工作隊、甘肅省博物館編，《漢簡研究文集》（蘭州：甘肅人民出版社，1984），頁 85-141；何雙全，《簡牘》（蘭州：敦煌文藝出版社，2004），頁 44-51。中國簡牘集成編輯委員會編，《中國簡牘集成——甘肅省卷》（蘭州：敦煌文藝出版社，2001）第四冊釋文（頁 249-255）與張學正者稍有不同，因圖版不清（見《漢簡研究文集》圖及張邦彥摹本、《中國簡牘集成——甘肅省卷》第一冊，頁 71、《簡牘》，頁 47），摹本不知是否準確，難以覆按，本文暫以集成本釋文為準。

包含父族四，母族三和妻族二，上引平帝詔即提到高皇帝子孫及兄弟之後，還有太上皇以來族親，可見宗室範圍甚寬，包括異姓之外戚也是「宗家」。[92] 建武以後以五服序宗室親疏。《續漢書·百官志》宗正卿條：「郡國歲因計上宗室名籍。」《續漢書》所言多為東漢之制，這裡的宗室名籍應該就是以五服為準，一個各地宗親支屬可享有特權者的名單。

東漢宗室如此，並不表示以五服界定親屬親疏和權益的原則即已用於其他關涉平民的法律中。目前還缺少這方面的積極證據。現在能找到的證據是東漢末黨錮之禍時，熹平五年（西元 176 年）詔州郡更考黨人，「門生故吏父子兄弟其在位者，免官禁錮，爰及五屬」。光和二年（西元 179 年），上祿長和海上言：「禮，從祖兄弟別居異財，恩義已輕，服屬疏末。而今黨人錮及五族，既乖典訓之文，有謬經常之法。」靈帝因而放寬，令「黨錮自從祖以下皆得解釋」。（《後漢書·黨錮傳》）《後漢書·靈帝紀》謂光和二年夏四月丁酉，大赦天下，「諸黨人禁錮小功以下皆除之」。這裡的「五屬」和「小功以下」云云都很清楚是指五服和五服制下的親屬。

以上據五服界定親屬之親疏，都發生在東漢末的特殊事件裡，而且只限於統治階層和士人儒生。當然這可能是因為事情特殊，才被記載下來。有人或許因而會認為社會大眾和統治階層並無不同，其親屬關係也是以五服為準。惜無證據。

令人最感好奇的是及於一般百姓的法律又是如何？目前研究不夠，也不敢說。兩漢尊儒的循吏，本於經典理想，持續在地方上推行教化，企圖建立合於儒家禮制的人倫秩序。[93] 五服喪制經循吏的推行，無疑曾存在於某些地區。西漢昭帝時，韓延壽「上禮義，好古教化」，為潁川太守，「令文學校官諸生皮弁執俎豆，為吏民行喪嫁娶禮。百姓遵用其教。」（《漢書·韓延壽傳》）潁川為中原之地，如果當地原來所行喪嫁之禮已合乎「禮義」，

92　參顧頡剛，《顧頡剛讀書筆記》〈湯山小記〉「外戚可稱宗家」條，頁 5253。

93　余英時，〈漢代循吏與文化傳播〉，收入《中國思想傳統的現代詮釋》（臺北：聯經出版公司，1987），頁 167-258。

韓延壽就不必如此多事。中原百姓尚不知儒家所說的禮義，其他地區或許除了齊魯，更難說有多少知禮義了。潁川百姓既遵用韓延壽之教，多少應有些成效吧。

但化民成俗往往須要極長的時間，即使推行，也不是一、二任太守，幾十年的努力即可煥然一新。東漢和帝時（西元 89-105 年），許荊任桂陽太守，「郡濱南州，風俗脆薄，不識學義。荊為設喪紀婚姻制度，使知禮禁。」（《後漢書·循吏傳》）桂陽在長沙以南，嶺南之北，其地多蠻夷；順帝時（西元 126-144 年）杜根任桂陽太守，「以郡處南垂，不閑典訓，為吏人定婚姻喪紀之禮……。」（《後漢書·杜根傳》）從許荊到杜根有幾十年，還須要推行同樣的事，可見儒生心目中那一套婚姻喪紀之禮，在帝國某些較邊遠的地區不易生根。桂陽一帶，一直到唐宋，仍以多猺蠻，叛亂不斷著名。[94] 儒家理想中的禮制和人倫秩序，要到何時才在中國這塊大地上真正普遍生根，化為一般人生活規範的準則？其過程如何？機制何在？都還值得進一步探究。[95]

■三 結論：待決的課題——「準五服以制罪」以前法律中的親屬關係

如果認為法律上以五服為原則規範親屬關係和據以制罪，要到晉泰始律才開始，大家不禁要問：在這以前，法律又依據什麼界定親屬和他們在法律上的權利或義務？這個問題可以提出的一個前提，當然在於本文以上所說是否能夠成立。

---

94 參譚其驤，〈近代湖南人中之蠻族血統〉，《長水粹編》（石家莊：河北教育出版社，2002），頁 234-271。近見魯西奇先生〈《水經注》所見南陽地區的城邑聚落及其形態〉一文，論及六朝時期曾為東漢帝鄉之南陽地區如何變成「表裡群蠻」的狀態，也頗可參考，見《燕京學報》，新 25（2008），頁 43-46。

95 參譚其驤，〈中國文化的時代差異和地區差異〉，《長水粹編》，頁 367-387。

總結前文，我們必得承認古代文獻中常說的千里不同風，百里不同俗。風俗不同的一個關鍵是家族組織和相應的倫理結構。周的封建將周制帶到東土各地，影響所及以統治上層和國人為主，被統治的野人會受到感染，但一地風俗的變化極為緩慢。《史記·貨殖列傳》、揚雄《方言》、《漢書·地理志》或其他漢代人議論風俗，不以郡縣，而以齊、楚、秦、宋、衛、三晉等為分域，即為明證。更何況周人的征服統治頗知因地制宜，唐叔封於夏墟，「啟以夏政，疆以戎索」，杜預注：「因夏風俗，開用其政」；魯、衛封建，「啟以商政，疆以周索」；師尚父封齊，「因其俗，簡其禮」。[96]長久下來，封建諸國上層雖有共同相通的文化語言，就各國而言，尤其是庶民大眾，卻是各有「國風」。所謂國風牽涉各方面。以婚姻、倫理而言，鄭、衛有桑間濮上之風，齊有巫兒不嫁，燕則賓客相過，以婦侍宿，嫁娶之夕，男女無別。東方諸夏如此，猶責秦人行如禽獸，則秦俗之不堪，必更有甚之。

　　過去大家在討論古代中國社會倫理關係時，太不假思索地從周人的觀點或儒家化後的中國去推想古代，將古代中國假設成一個同質的整體，社會上似乎不分時代、階層或地域，共有一套倫理體系，也就是春秋戰國以降體現在喪禮中的五服制。本文嘗試從秦或漢初奏讞書裡的和奸案，窺探背後的倫理觀，說明事實應非如此。

　　和奸案發生在關中故秦之地，而秦就是一個諸夏以「夷翟遇之」的國家。秦從西周開始不斷接受周文化，經春秋戰國到漢初，在東方諸夏眼中仍如戎狄禽獸。秦法是秦國社會的產物，商鞅雖援三晉之法以入秦，畢竟不能於短期之內盡革秦俗之舊。秦一統，行秦法於天下，在東方無疑曾激起極深的衝突。近人分析秦末「天下苦秦久矣」一語，即深刻地指出秦法與楚俗的嚴重衝突是導致秦亡的一個重要原因。[97]漢朝初立，既然全盤承襲秦制秦法，懲秦之失，就不能不面對所承之法和東方諸夏舊俗存在的衝

96　相關分析請參杜正勝，〈西周封建的特質〉，《古代社會與國家》，頁 480-507。

97　參陳蘇鎮，《漢代政治與〈春秋〉學》，「天下苦秦」辨，「秦法與楚俗」兩節，頁 10-34。

突。

　　張家山漢簡《奏讞書》中的和奸案，使今人有機會一窺儒家倫理尚未成為法制原則之前，秦或漢初法律背後的倫理。這套倫理和六國舊俗有著落差和衝突，也和後世儒生所宗者有所差異。湖北江陵張家山本是楚地。張家山的漢初小吏在《奏讞書》二十幾個案例中，單單抄錄了和奸一案在廷尉府中的辯論，必有極為特殊的原因。私意以為其中一個原因是廷史辯論所持的理由對楚地的人來說太過不同，這位小吏才須要特別詳錄作為參考。

　　張家山漢律中不見五服制的影子。兩漢儒生花了四百年，企圖以儒禮改革秦法，但一直要到晉泰始律才算初步落實，其後大成於唐律。本文第二部分勾勒漢代一波波的禮制改革，說明作為禮制核心的五服制要到西漢末王莽之時，才逐步成為國家禮制和行於統治上層某些人之間的原則；在民間，則見於宗奉儒家的循吏，正不斷努力推廣之中。目前還沒有證據可以證明五服已成為漢代法律上規範親屬倫理和制罪的普遍和唯一原則。如此看來，晉泰始律的標榜五服制罪，並非無的放矢。倘使五服早已成為秦漢法律制罪的原則，泰始律強調「準五服」就失去了意義。[98]

　　假使這個初步的結論可以成立，就必須放棄單單從儒家服制看秦漢社會倫理的舊思維，有必要進一步去釐清秦漢社會和法律中親屬倫理關係的面貌。對這個問題已有少數學者有了成果。韓國學者尹在碩分析張家山漢簡《二年律令》及《奏讞書》等資料後指出，如犯同樣的罪，在家庭之內犯案，比在家庭之外處罪更重；又依加害者和受害者之血緣親疏程度決定不同的量刑，越親處罪越重；夫妻之間發生犯罪，處罰原則是妻重夫輕；《二年律令》有關家庭犯罪的規定，大部分自秦律承襲而來；《二年律令》對一些家庭犯罪的量刑，有的比秦律或者漢武帝以後施行的刑罰更嚴厲。

98　高恆曾引陳寅恪之說指出司馬氏以東漢末之儒家大族創造晉室，所制之刑律尤為儒家化。參所著，〈張斐的《律注要略》〉，《中國法制史考證》乙編第三卷，頁137，原載《中國法學》，3（1984）；祝總斌討論晉律之儒家化最後歸結到「準五服之制罪」，也很值得參考。見所著，〈略論晉律之「儒家化」〉，《中國史研究》，2（1985），頁109-124。

這反映出漢初社會不穩定，漢朝政府為了穩定以家為主的社會基層組織，通過嚴厲的法律手段維護家的等級秩序及倫理道德。[99]

根據尹在碩的分析，可以肯定秦漢早已採取法律手段以維護社會的基層組織和道德倫理。睡虎地秦律和張家山漢律中不孝罪的存在，就是最好的證明。不過尹在碩並沒有針對不孝罪進行分析，本文討論的和姦案正好和不孝有關，或可補尹文之不足。又尹文雖指出以血緣親疏程度決定量刑輕重，可是沒有觸及法律上判定親疏的原則和血親的範圍。

對這個問題提出看法的是日本學者冨谷至。他分析秦漢族刑和連坐的範圍，得出族刑雖及於父母、妻子、同產，但以同居和登記在同一戶籍者為前提。[100] 從目前可考的材料看，秦漢一般家庭以不超過祖父母、父母和未成年子女三代人或父母及子女兩代人，由四、五口至七、八口人同居構成的家庭為最普遍。以尹在碩分析的張家山漢簡中所見的家庭犯罪而言，涉及的親屬不外祖父母、祖父母之兄弟、父妾之父母、妻之父母、父母、主母、後母、季父、伯父、伯父之妻、兄弟姊妹、兄弟之子、伯父之子等等。由於尊重傳統家和家族的組織，傳統家族的核心倫理——孝，連帶也特別受到尊重。秦漢法律對不孝因而特別加重治罪。

---

99 參尹在碩，前引文，頁 62-63。

100 參冨谷至，《秦漢刑罰制度の研究》（東京：同朋舍，1998），頁 233-268。冨谷之說是從考察族刑和連坐制出發的，其中有些問題還不能完全解決。就連坐制本身來說，有些不同居的也會連坐。例如鼂錯被殺前，其父從潁川來，謂：「劉氏安矣，而鼂氏危」，歸遂飲藥死，曰：「吾不忍見禍逮身。」（《漢書‧鼂錯傳》，頁 2300）可見其父應不同居，也不同戶籍，在預期中卻不免連坐。兩漢連坐又可及於已嫁之女，已嫁之女既不同居，也不同戶。建平元年宜鄉侯馮參因已嫁之姊中山太后祝詛，連坐自殺，即為其例（《漢書‧外戚恩澤侯表》，頁 709）。兩漢文獻提到連坐範圍時，每及「家屬」，指最親近的家人，反不提是否同居或同戶籍。再如《史記‧孝文本紀》：「（文帝元年）十二月上曰：法者，治之正也，所以禁暴而率善人也。今犯法已論，而使毋罪之父母、妻子、同產坐之，及為收帑，朕甚不取。」這裡也不提他們是否同居或同籍。馮參和文帝所言兩例，冨谷先生都曾討論，認為馮參之例是一個「缺乏決定性的證據」。但愚意以為就這些敘述而言，家屬親疏似應是決定他們在法律責任和相互關係上的主要因素，在某些情況下另加上同居和同戶籍的條件。到底家屬親疏和同居同籍何者為先決或前提條件，目前要證明仍然不容易。

不過就社會控制而言，秦漢政府更重視的不是「家」，而是作為國家編戶的「戶」。秦漢法律在界定百姓的賦役、田宅、爵等權利義務和刑責時，特別重視戶籍登記中的同居人口。換言之，除了尊重和維護家族血緣親疏，就秦漢法律而言，同居和同戶籍在某些情形下也構成界定家族成員法律責任的前提。這大概是法律上準五服制罪（晉泰始律說「準五服以制罪」，未提及其他條件）以前的情況吧。

同居和同戶籍的人口可以包括有血緣、假血緣（如養父母、假子）和姻緣關係的人。在代戶的情況下，甚至可以包含無血緣關係，原被視為財產的奴婢。這個範圍內的親疏關係，又是以法定繼承優先次第和喪假長短來定義，而不是所謂的五服。這或許是和奸案的辯論會引用置後、代戶和父母、妻、大父母、同產死，奔喪給假相關律章的原因。置後和代戶之優先次第，很明顯考慮到性別、年齡、輩分、同產、同居和同戶籍諸因素，不完全以血緣親疏為準。[101] 這是和泰始律以五服為準的一大不同處。

秦漢法律上的同居者是否必然是有血緣、擬血緣或姻緣的親人，[102] 法律上同居或同戶籍者是否必然同居一處？同居者又是否一定同籍？[103] 是否已如後世有不同居而寄戶、寄籍之事？在文獻和出土材料中可否找到可以佐證的個案實例？在未能進一步證實前，以上所說仍然只是有待驗證的假設而已。

最後，本文要強調以上所論，絕無意否認五服制對漢代以及漢代以後

---

101 我曾討論繼承涉及的幾個因素，當時在性別、年齡、同產、同居、輩分五因素之外，未列同名數或同戶籍，應補。參前引拙文，〈張家山漢簡《二年律令》讀記〉，頁33-34。

102 例如《漢書・五行志中之上》：「成帝河平元年，長安男子石良、劉音相與同居，有如人狀在其室中，擊之，為狗，走出。」（頁1399）從上下文看，此同居之二男子似非血親，然而是什麼關係呢？令人好奇。

103 例如《史記・張釋之傳》：「張廷尉釋之者，堵陽人也。字季。有兄仲同居。以訾為騎郎，事孝文帝，十歲不得調，無所知名。釋之曰：『久宦減仲之產，不遂。』欲自免歸。」（頁2751）可見張釋之與兄同居共財，但明顯有很長一段時間並沒有住在一處。新近刊布的長沙走馬樓西漢司法文書簡1011已出現「異籍同居」一詞。可見同居可不必同戶籍，十分值得注意。

傳統中國社會倫理的重要性。五服制畢竟淵遠流長，是構成漢代以後中國親屬倫理的重要基礎。然而也不得不承認它成為中國傳統倫理的基礎有一個發展的過程。在這個過程之初，華夏諸國風俗各殊，倫理有異。五服制本身也在建構之中，它並沒有隨秦漢一統，同步取得強制性的力量和地位。漢儒曾不斷試圖通過教化，將他們心目中理想的婚喪禮制普及到社會各階層，但成效十分緩慢。晉泰始律準五服以制罪，五服制才正式全面進入法律，成為規範社會人倫秩序的強制性標準，其強制性遠遠大過教化，而其成效也更顯而易見。因而或許可以說，五服制的法制化才是中國傳統社會倫理較全面地儒家化的重大關鍵。

93.5.18-98.3.3

後記

本文曾得到武漢大學陳偉教授及其研讀班的協助和指教，也曾在「經義折獄與傳統法律」研討會中，得到評論人閻鴻中教授十分中肯有益的批評。改寫期間，好友劉增貴、陳偉、陳蘇鎮、學棣劉欣寧和兩位匿名審查人多所匡正，使我得以免去不少錯誤，籾山明教授代找日本資料，衷心感謝。

原刊柳立言主編，《傳統中國法律的理念與實踐》（臺北：中央研究院歷史語言研究所，2008），頁 101-159。

105.3.4 訂補

從尹灣出土簡牘看漢代的「種樹」與「養老」

一 西漢東海郡集簿「春種樹」別解

> 「萬乘之國，千乘之國，不可無薪而炊。」
>
> ——《管子‧輕重甲》

　　江蘇連雲港尹灣漢墓簡牘的出土，為了解西漢末期東海郡的地方行政帶來了極多具有啟發性的新資料。其中集簿有關「春種樹六十五萬六千七百九十四畝，多前四萬六千三百廿畝」的記錄，已引起不少學者的討論。迄今所見，大家幾乎一致認為所謂的「春種樹」的「樹」應是桑樹。[1]

　　從提出的論據看，桑樹說有一定的合理性。不過，幾位提出桑樹說的學者都沒有提到江蘇儀徵胥浦 101 號西漢墓出土平帝元始五年的〈先令券書〉。[2] 這份處理遺產的文件明確提到「稻田」和「桑田」，其時代和尹灣東海郡集簿木牘十分相近，可以證明當時確有種桑之田，並名之為桑田。近年自從湖南龍山里耶秦簡刊布，更可以知道秦代已有桑田。[3]

1　例如高恆，〈漢代上計制論考——兼評尹灣漢墓木牘《集簿》〉，《尹灣漢墓簡牘綜論》（北京：科學出版社，1999），頁 133-134；高偉，〈從尹灣簡牘"春種樹"面積資料談西漢東海郡的蠶桑、紡織業〉，《尹灣漢墓簡牘綜論》，頁 158-162；永田英正，〈江蘇尹灣漢墓出土簡について考察—とくに「集簿」を中心として〉，《史窗》，57（2000），頁 19。集簿木牘圖版及釋文見連雲港市博物館、社科院簡帛研究中心等編，《尹灣漢墓簡牘》（北京：中華書局，1997），頁 13、77。

2　揚州博物館，〈江蘇儀徵胥浦 101 號西漢墓〉，《文物》，1（1987），頁 1-13；陳平、王勤金，〈儀徵胥浦 101 號西漢墓《先令券書》初考〉，《文物》，1（1987），頁 20-25；李解民，〈揚州儀徵胥浦簡書新考〉，收入長沙市文物考古研究所編，《長沙三國吳簡暨百年來簡帛發現與研究國際學術研討會論文集》（北京：中華書局，2005），頁 449-457。

3　宋少華等編，《湖南出土簡牘選編》（長沙：岳麓書社，2013），頁 98，里耶簡 9-14 正：「⋯⋯

既有桑田之目，為什麼講求準確的漢代簿籍在記錄上不說「春種桑」若干畝而說「春種樹」？集簿上另有「種宿麥」若干，「用穀」若干，「諸穀」若干，將種樹和種麥，諸穀分列，可知此處的「樹」絕不是泛指一般穀物，而是指某種或某些樹。不禁要問種些什麼樹？目的何在？除了桑樹，是否也有可能種其它的樹？

以意度之，所種不僅是桑樹。漢文帝十二年春三月詔書說：「吾詔書數下，歲勸民種樹」（《漢書・文帝紀》），景帝三年春正月詔「其令郡國務勸農桑，益種樹」（《漢書・景帝紀》）。詔書或說「勸民種樹」，或於「勸農桑」之後又說「益種樹」，此「樹」字應有比桑更廣泛的意義，指多種多樣的樹。「農桑」或「耕桑」在漢代只是常用的套語，桑並不單指桑。宣帝時，龔遂為渤海太守，「勸民務農桑，令口種一樹榆」（《漢書・循吏傳》）。勸民農桑，種的卻是榆樹，就是一個例子。又各地土地氣候不齊，非皆宜種桑。東漢時，五原地方的人民「不知織績」，「見吏則衣草而出」。崔寔為五原太守，因當地「土宜麻枲」，始教民織麻為衣（《後漢書・崔駰傳》）。東漢茨充為桂陽太守，「教民種殖桑、柘、麻、紵之屬，勸令養蠶織屨」（《後漢書・循吏傳》）。換言之，東漢以前，桂陽的植桑養蠶還並不發達，否則也不必等他去教。桂陽一郡原本不會不種樹，但顯然以桑、柘、麻、紵之外的為多。從文、景詔書屢令郡國種樹，而非種桑，也就可以理解，為何地方郡國在統計性的集簿中列出的項目是「春種樹」，而不是「春種桑」。

古代種樹不單為了養蠶絲織，也為得到果實等食物以及建築、器具等所需的木材；在住宅四周、道路或堤防旁植樹則有景觀和保護道路和堤防的作用。更基本的是為補充日常生活中不可或缺，消耗量又極大的柴薪燃料。[4]

中國古代自從以「火食」為主以後，日常生活所需的燃料無疑以柴薪及材木所燒的炭為主。文前所引《管子・輕重甲》「不可無薪而炊」的話

故桑地百廿步在故步北，恆以為桑田……」

4　參趙岡，〈中國歷史上的木材消耗〉，《漢學研究》，12：2（1994），頁121。

已很清楚。漢墓出土庖廚畫像中的灶和
庖人在灶下添柴的描繪和大量的灶台明
器，都是具體的證據。五至七世紀高句
麗古墳壁畫中有婦人燒煮的彩色畫面，
灶下有柴木正熊熊燃燒，尤其生動（圖
1）。[5]

《禮記·月令》鄭玄注說：「大者可
析謂之薪，小者令束謂之柴。」除了柴
薪，燃料還有作物莖稈、草及以木燒成
的炭，這裡暫不多說。古代柴薪的消耗
量，無確數可考。[6] 不過，李開成曾研
究祁連山區森林自古到清代變遷的情
形，他蒐集敦煌文書歸義軍時期柴場司
的資料，發現此時敦煌六千五百餘戶，

圖1　燒灶壁畫《高句麗壁畫古墳》

每戶每年須向官司納「冬柴」和「夏柴」達十五萬束，再加上民戶本身的
柴薪需求，對這一地區的森林造成了巨大的傷害。[7] 另外有一個近代調查的
實例可供參考。1950 年代，有人在甘肅平涼縣南甘腦溝一個叫九子灣村的
地方作調查。該村每家門前都堆著帶根的小灌木柴堆。村民砍伐林木，連
樹根都砍。以這樣連根砍下的樹充燃料，全村十二戶年需廿四萬株，超過
平涼全縣一年造林任務九萬株的 2.9 倍。[8] 以傳統農村社會而言，這樣的燃

5　《高句麗壁畫古墳》（共同通訊社，2005）。

6　從西漢到清代各代薪柴的消耗量並無確數，但有推估數，見趙岡，前引文，頁 123。

7　李開成，〈歷史上祁連山區森林的破壞與變遷考〉，《中國歷史地理論叢》，1（2000），頁 10-
11。關於唐朝的情形另可參看龔勝生，〈唐長安城薪炭供銷的初步研究〉，《中國歷史地理論
叢》，3（1991），頁 137-153。明代可參邱仲麟，〈人口增長、森林砍伐與明代北京生活燃料
的轉變〉，《中央研究院歷史語言研究所集刊》，74：1（2003），頁 141-188；〈國防線上：明
代長城沿邊的森林砍伐與人工造林〉，《明代研究》，8（2005），頁 1-66。

8　劉家聲等，〈涇河流域調查報告〉，《中國林業》，1952 第 1、2 月號；轉見史念海，〈歷史
時期黃河中游的森林〉《河山集》二集（北京：三聯書店，1981），頁 304-305。明清時期的

料消耗，變化恐怕不大。西漢末東海郡據尹灣《集簿》所記有廿六萬六千餘戶，依九子灣村一戶一年需兩萬株的標準，東海郡一年即需柴薪五十三億二千萬餘株！九子灣村的一株不知是多大。以上的推估僅是一種參考。不過，中國史上種樹的速度跟不上砍伐的速度，使得古代森林不斷縮小甚至在許多區域消失，是大家都很熟悉的事實。[9]

從先秦到兩漢，政府除了消極地禁止濫伐樹木，更積極地鼓勵種樹。[10] 這些樹木可以是桑，也可以隨各地氣候和土壤條件，栽種各種不同的樹，而各得其用。《淮南子·主術》說：「教民養育六畜，以時種樹。務修田疇，滋養桑麻。肥墝高下，**各因其宜**。丘陵阪險不生五穀者，以樹竹木，春伐枯槁，夏取果蓏；秋畜疏食，冬伐薪蒸，以為民資。」《淮南子》所說的種樹，明白不限於桑，而是因地之宜，桑、麻、竹、木都有。所謂「春伐枯槁」，「冬伐薪蒸（《說文》：蒸，「析麻中幹也。」以麻皮供紡績，去皮之幹曰蒸，可為燃料。）」，枯槁薪蒸當燃料，果蓏、疏食當食物，都是「民資」。

先秦諸國講求農戰和富國，材木是國家重要的資源，山陵、藪澤、谿谷都是材木、禽獸獵物、魚類等的來源地，《商君書·徠民》謂：「其山陵、藪澤、谿谷可以給其材；都邑、蹊道，足以處其民，先王制土分民之律也。」[11] 銀雀山漢墓出土的《守法守令》提到「一縣半狠（墾）者，足以

燃料問題可參李伯重，〈明清江南工農業生產中的燃料問題〉，《中國社會經濟史研究》，4（1984），頁 34-49；〈明清時期江南地區的木材問題〉，《中國社會經濟史研究》，1（1986），頁 86-96。又據 1998 年的一篇報導，甘肅省能源公司近年對黃土高原 256.4 萬農戶的調查，有 82.3% 的農戶缺乏能源。為了彌補燃料不足，一些地區已到不擇手段的地步。甘肅定西縣調查，一個五口之家每年要鏟草皮 30 畝左右。每挖盡 3-4 平方公尺草坡才能拾得 0.5 公斤草根。參吳新年，〈西北地區生態環境的主要問題及其根檢〉，《乾旱區資源與環境》，4（1998），頁 98-104。

9　同上，史念海，頁 232-313。

10　熊大桐，〈《周禮》所記林業史料研究〉，《農業考古》，1（1994），頁 298-302；王子今，〈秦漢時期的護林造林育林制度〉，《農業考古》，1（1996），頁 156-160；《秦漢時期生態環境研究》（北京：北京大學出版社，2007），頁 333-423。

11　高亨，《商君書注釋》（北京：中華書局，1974），頁 116。

養其民；其半為山林溪浴（谷），蒲葦魚鼈所出，薪蒸□□」云云；[12]「薪蒸」以下殘，但意思很清楚，山林溪谷是薪柴的來源。馬王堆帛書《老子》乙本卷前古佚書《稱》篇謂：「地有財而不憂民之貧也。百姓斬木刜（刈）新（薪）而各取富焉，地亦無事焉。」[13] 百姓可以斬木刈薪以取富，林木之重要性可見一斑。睡虎地秦律中特別有負責採薪的「集人」。[14] 戰國論富國之術者，因而對山林、藪澤無不主張加以控制。甘肅天水放馬灘秦墓曾出土一批珍貴的木板地圖共七幅。其中有文字註記的有六幅，其中又有三幅竟然記有林木分布和砍伐的註記。例如圖 4 注記：「陽有薊木」、「北有灌」、「陽盡柏木」、「櫧刊」等。圖 6 注記「有薊木」兩處。圖 3 多處注記「松刊」、「大松刊」。刊即砍伐的意思。[15] 注記林木所在、樹種名稱和砍伐的情況，就是一種資源控管。為培養富源，當時除了消極地禁民伐木，更積極研究種樹，甚至有專門性的書籍。秦始皇焚書，特別提到「種樹之書」可以不燒。

種樹之書歷代相傳，《漢書·藝文志》有《種樹臧果相蠶》十三卷，已佚。東漢崔寔的《四民月令》則具體提到春天種那些樹。前引後魏《齊民要術》有〈栽樹〉一章，指出一般栽樹的原則：「凡栽樹，正月為上時，二月為中時，三月為下時」，這正是所謂的「春種樹」，和《四民月令》所說相合。〈栽樹〉章提到的樹有棗、槐、桑、榆，其餘則列入「雜木」，並謂：「樹，大率種數既多，不可一一備舉；凡不見者，栽蒔之法，皆求之此條。」[16] 書中另有專章論桑、柘栽法。

兩漢種樹的種類各式各樣都有。《急就》云：「種樹收斂賦稅租，捃穫秉把插捌杷，桐梓樅榕榆椿樗，槐檀荊棘葉枝扶。」《急就》先說種樹，

12　《銀雀山漢墓竹簡（壹）》（北京：文物出版社，1985），簡 905。

13　《馬王堆漢墓帛書（壹）》（北京：文物出版社，1975），老子卷前古佚書，簡 158 上下。

14　參《睡虎地秦墓竹簡》（北京：文物出版社，1990），〈法律答問〉；張政烺，〈秦律集人音義〉，《雲夢秦簡研究》，頁 429-434。

15　胡平生，《長江流域出土簡牘與研究》（武漢：湖北教育出版社，2004），頁 237。

16　繆啟愉，《齊民要術校釋》（北京：中國農業出版社，1998 第二版），頁 256。

接著羅列工具和樹名，其中有榆。種榆的一個實例就是前文所引宣帝時渤海郡的龔遂。他「勸民務農桑，令口種一樹榆」。渤海郡人口據《漢書‧地理志》為九十萬五千餘口，理論上一年就要種榆九十萬五千餘株。可惜兩漢除此無它例可考。《史記‧貨殖列傳》曾列舉各區特產的樹木：「山居千章之材，安邑千樹**棗**，燕、秦千樹**栗**，蜀、漢、江陵千樹**橘**，淮北、常山已南，河、濟之閒千樹**荻**，陳、夏千畝**漆**，齊、魯千畝**桑、麻**，渭川千畝**竹**。」漢代東海郡地近齊、魯，本宜桑、麻，紡織業十分發達。《齊民要術》談到栽樹的時間，桑在春天，麻在夏至前後。[17] 因此，所謂「春種樹」的「樹」以桑為多，不包括麻。不過，這不能排除春天還種其它的樹。

種樹不限於桑。2003 至 2005 年，在河南內黃三楊莊發現西漢庭院和農田遺址。[18] 這個遺址據初步報導，已知的四處庭院中最少有三處在屋舍旁有成排的樹，有些已被初步認定為桑和榆（圖 2.1-2）。發掘和清理完畢，相信會帶給我們更多這方面有用的信息。例如在第一處庭院遺址已發現灶。如果小心分析灶中灰燼，不無可能知道當時是用怎樣的木材為柴薪。

較明確的文獻見於北魏均田制中的一些規定。《魏書‧食貨志》謂：「諸初受田者，男夫一人給田二十畝，課蒔餘，種桑五十樹，棗五株，榆三根。非桑之土，夫給一畝，依法課蒔榆、棗。」這二十畝田是所謂的桑田，所種以桑為主；不宜種桑之地，則有榆、棗。隋代每丁給永業二十畝為桑田，也種桑五十，榆三，棗五。另「土不宜桑者，給麻田，如桑田法」（《隋書‧食貨志》）。《唐律疏義》卷十三：「依令：『授人田，課農桑。』」〈疏〉：「議曰：『依《田令》：「戶內永業田，每畝課植桑五十根以上，榆、棗各十根以上。土地不宜者，任依鄉法。」』」[19]這裡所謂「課農桑」的「桑」，實際上不只是桑，也有榆、棗及因地之宜所栽之各種樹，和漢代的情形一樣。北宋太祖建隆二年，申明周顯德三年之令，「課民種樹，定民

17　同上，頁 118、317-318。

18　河南省文物考古研究所、河南省內黃縣文物局，《三楊莊漢代遺址》（內部刊物，2007）。

19　劉俊文點校，《唐律疏義》（臺北：弘文館出版社，1986 影印），頁 249。

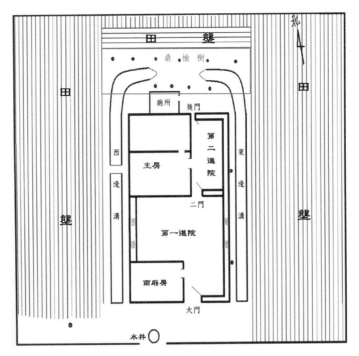

圖 2.1　河南內黃三楊莊遺址平面圖有桑榆樹遺跡

圖 2.2　三楊莊遺址現場樹木遺跡，2012.8.6 作者攝。

籍為五等。第一等種雜樹百,每等減二十為差,桑、棗半之」。[20]「令佐春秋巡視。宣州言州境無隙地種蒔,慮不應詔旨。乃令諸州隨風土廣狹不宜課藝者,不須責課。」[21] 太祖重申周世宗顯德三年之令,民戶第一等種雜樹百株,「桑、棗半之」,可見所謂雜樹是指桑、棗以外的樹。隋代授田土不宜桑者,給麻田;北魏、唐、宋課農桑或種樹也要各地隨風土之宜。由此可以遙想漢代令民種樹,或桑或麻或其它,不可能只是桑。因此,東海郡集簿中「春種樹」的「樹」字不宜看死,種樹的目的也不宜看成只在養蠶絲織。

桑、麻除了與紡織有關,也是燃料。《詩經‧小雅‧白華》:「樵彼桑薪」,是伐桑為薪。在馬王堆和武威出土的醫方中,有些醫療特別要用桑薪。[22] 武威出土的醫方中用到桑薪和葦薪。[23] 馬王堆出土《五十二病方》治蠱之一法是用荊薪燔蝙蝠。[24] 前引顏師古注「冬伐薪蒸」之「蒸」為「麻幹也」,麻幹也可為薪柴。《楚辭‧九歎‧愍命》:「折芳枝與瓊華兮,樹枳棘與薪柴。」《淮南子‧兵略》:「巨斧擊桐薪,不待利時良日而後破之。」事實上,不只桑、麻、枳、棘、桐、荊、葦,凡樹木幾無不可為薪柴。《史記‧仲尼弟子列傳》集解引馬融曰:「《周書‧月令》有更火之文,春取榆、柳之火,夏取棗、杏之火,季夏取桑、柘之火,秋取柞、楢之火,冬取槐、檀之火。一年之中,鑽火各異木,故曰改火。」這裡說的雖是改火儀式,表明可以用來取火的樹木種類甚多。

古代的燃料供求是生活史中的大問題,一直還沒有較成系統的研究。[25]

---

20 《宋史》(中華書局點校本)卷 173,〈食貨上‧農田之制〉,頁 4157-4158。

21 《文獻通考》(臺北:臺灣商務印書館,1986 臺一版),田賦考第四,頁 54 下。

22 《馬王堆漢墓帛書(肆)五十二病方》(北京:文物出版社,1985),簡 265;《武威漢代醫簡》(北京:文物出版社,1975),簡 75,頁 11 下。

23 《武威漢代醫簡》,簡 75,頁 11 下。

24 《馬王堆漢墓帛書(肆)五十二病方》,簡 292。

25 參趙岡,〈中國歷史上的木材消耗〉,《漢學研究》,12:2(1994),頁 121-136;Nicholas K. Menzies, *Forest and Land Management in Imperial China*(NY: St. Martin's Press, 1994)。邱仲麟,〈人口增長、森林砍伐與明代北京的燃料問題〉,2001.4.30 在中央院史語所演講稿。

以下也僅能略略一提。《文獻通考》田賦考提到宋太平興國二年禁伐桑、棗為薪。其所以下令禁伐桑、棗為薪，應是由於有人砍伐這樣的樹當柴燒！《宋史·食貨上·農田之制》還提到罰則：「剝桑三工以上，為首者死；從者流三千里。不滿三工者減死配役，從者徒三年。」處罰如此之重，可見柴薪供應在北宋初已相當嚴重，不少地方到北宋中晚期甚至轉而以煤為主要的燃料。[26]

漢代的燃料問題或不像宋代那樣嚴重，但最少從戰國開始，隨著人口增加，墾田日多，森林減少，柴薪材木供應已引起論政者的注意。孟子說：「斧斤以時入山林，則材木不可勝用」（《孟子·梁惠王》），睡虎地秦律和漢代詔書都曾對不以時伐樹有所禁止。[27] 東海郡所種之樹為應付各種需求，當不致全面禁伐，照規定須「以時」伐之。崔寔《四民月令》多少能印證這一點。《四民月令》有這樣的記載：[28]

正月　　可移諸樹：竹、漆、桐、梓、松、柏、雜木；唯有果實者及望而止……

自是月以終季夏，不可以伐竹木，必生蠹蟲

二月　　自是月盡三月可掩樹枝

收薪、炭

四月　　可燒炭

26　北宋初期華北地區燃料已形成嚴重問題，北宋熙寧間開封的燃料已轉以石炭即煤為主。南宋時的江南，林木薪炭也嚴重不足，參見許惠民，〈北宋時期煤炭的開發利用〉，《中國史研究》，2（1987），頁141-152；〈北宋時期開封的燃料問題〉，《雲南社會科學》，6（1988），頁79-89、95；〈南宋時期煤炭的開發利用〉，《雲南社會科學》，6（1994），頁68-76；李伯重，〈明清江南工農業生產中的燃料問題〉，《中國社會經濟史研究》，4（1984），頁40。宋代文獻承柳立言兄借閱，謹謝。

27　有關文獻及研究參邢義田，〈月令與西漢政治——從尹灣集簿中的「以春令成戶」說起〉，《新史學》，9：1（1998），頁1-54。新近公布的一件禁止濫伐林木的資料是敦煌懸泉置出土王莽時期「使者和中所督察詔書四時月令五十條」，參中國文物研究所、甘肅省文物考古研究所編，《敦煌懸泉月令詔條》（北京：中華書局，2001）。

28　繆啟愉，《四民月令輯釋》（北京：農業出版社，1981）。

五月	淋雨將降，儲米穀、薪、炭，以備道路陷淖不通
	先後日至各五日，可種禾及牡麻
八月	刈萑葦及芻茭
十一月	伐竹木

二月和四月收薪、燒炭，可算是前引《淮南子》所說的「春伐枯槁」。五月防道路因雨不通，須儲備糧食和燃料。八月伐萑葦和芻茭，萑葦可當燃料，也可供修葺屋室，芻茭則是牲畜所食的草料，也可以當燃料。十一月伐竹木，則相當於「冬伐薪蒸」。最令人注意的是《四民月令》記載不同時節種不同的作物，正月至三月移樹，掩樹枝，正是所謂「春種樹」，其樹有竹、漆、桐、梓、松、柏、雜木，五月種牡麻（本注：一名為枲也），偏偏沒有桑！[29] 繆啟愉認為書中所反映的農事季節和洛陽地區相符，並相信「其書就洛陽地區來安排，并寫成于洛陽。」[30] 以提到種麻，不種桑這一點來看，又似乎正和崔寔任太守的五原地區相合。可是《四民月令》中卻有婦女「析麻」、「織布」（正月、十月）和「織縑、縛」（六月）、「趣練縑帛」（八月）、「賣縑帛」（十月）的記事。可見除了麻，也有絲織品，這就不可能沒有蠶絲業和桑樹。為何如此？是因為今本不全？或有其它原因？還須考索。

　　一般來說，採樵是漢代鄉里居民每天例行的工作，在居處附近就可以找到柴薪。《漢書‧食貨志》提到李悝討論農夫五口之家的負擔時，說：「春耕夏耘，秋穫冬臧，伐薪樵，治官府，給繇役……」將「伐薪樵」列入農夫主要的一項生活負擔；〈食貨志〉在描寫理想的鄉里生活時，則說：「春將出民，里胥平旦坐於右塾，鄰長坐於左塾，畢出然後歸，夕亦如之。入者必持薪樵，輕重相分，班白不提挈。民既入，婦人同巷，相從夜績……必相從者，所以省燎火，同巧拙而合習俗也。」一里之人出里田作，事畢，歸而必持薪樵，採樵之地必不甚遠。這些薪柴既供炊食，也為

29　三月雖提到「桑椹赤」，但是是當作物候，此時「可種大豆」。

30　繆啟愉，《四民月令輯釋》，頁9。

照明。「省燎火」三字值得特別注意。這表示當時燃料供應和消耗之間的緊張，似乎已達到必須採取節省措施的程度。當然省燎火，也可以節省採樵的人力。

古人採樵的地點即在居處附近。東漢時，汝南蔡順「嘗出求薪，有客卒至，母望順不還，乃囓其指，順即心動，棄薪馳歸。」（《後漢書·周磐傳》）又大司徒司直王良家在東海郡。司徒史鮑恢以事到東海，「過候其家，而良妻布裙曳柴，從田中歸。」（《後漢書·王良傳》）蔡順可以棄薪跑回家，王良妻在田中工作，可以拖曳柴薪歸家，可見採樵的地點都距居處不遠，或即在田畝旁的小丘林地。[31]

薪柴當然也有僱工代勞或販買的，[32] 但《史記·貨殖列傳》引用的諺語「百里不販樵」，清楚表明柴薪量大價賤，供求只能在近距離之內，否則不合成本效益。[33] 在地狹人稠的都市地區，限於運輸成本，主、副食和柴薪一樣都會發生供應困難的情形。《鹽鐵論·園池》即曾提到三輔地區因迫於山河，多苑囿公田，這些苑囿公田一般不許百姓漁獵採樵，使得「地狹人眾，四方並臻，粟米薪菜，不能相贍」。

城市地區因生活需要，又往往會有各種工業作坊。這些工業生產活動也須要大量的燃料。例如 1990 年在漢長安城西北部發現大規模的製陶、冶鑄和造幣工業遺址；1994 年在長安北宮以南，直城門大街以北，又發現製磚瓦的窯址二十餘座。[34] 近年嶽麓書院刊布若干書院所藏秦簡。其中有一段十分珍貴鍛鐵用炭數量的記載：

31　另可參錢鍾書，《宋詩選註》（北京：人民文學出版社，1958，1989 二版），頁 230-231 錄南宋華岳詩〈田家〉：「拂曉呼兒去採樵，祝妻早辦午炊燒；日斜枵腹歸家看，尚有生枝炙未焦。」如此，採樵處必離住家不遠。漢宋時代相去雖遠，農村採樵習慣應變化不大。

32　僱工代勞之例見《後漢書·承宮傳》，販賣之例見《漢書·朱買臣傳》。

33　參錢鍾書，《宋詩選註》，頁 208-209 錄南宋蕭德藻詩〈樵夫〉：「一擔乾柴古渡頭，盤纏一日頗優遊；歸來碻底磨刀斧，又作全家明日謀。」這種專業樵夫採柴亦必於生活區之近處。

34　中社院考古所漢城隊，〈漢長安城窯址發掘報告〉，《考古學報》，1（1994），頁 99-129；中社院考古所漢城工作隊，〈漢長安城北宮的勘探及其南面磚瓦窯的發掘〉，《考古》，10（1996），頁 23-32。

段（鍛）鐵一鈞，用炭三石一鈞，斤用十三斤，兩用十三兩。[35]

一鈞是三十斤，鍛鐵用炭，以重量計，大約是一比十三；[36] 換言之，鍛一斤鐵須用十三斤的炭。燃料消耗之大，不難推想。可惜簡殘，沒有其它例如煉銅、製陶用燃料的記錄。

　　宋代煉銅，每二百五十籠礦料須炭七百擔，柴一千七百段。[37] 依明末宋應星《天工開物》的估計，製陶一百三十斤須柴一百斤。[38] 其它冶鑄、造幣消耗燃料就更多了。《鹽鐵論·禁耕》說：「故鹽冶之處，大傲〔校〕皆依山川，近鐵、炭，其勢咸遠而作劇。」鹽鐵作坊之所以要「依山川，近鐵、炭」，就是為了接近有原料和燃料的地區，以減少運輸成本，但這樣又必然距百姓聚居之處甚遠，造成「良家以道次發僦運鹽鐵，煩費，百姓苦之。」（《鹽鐵論·禁耕》）這些話透露出古代工業生產地點和燃料、原料、人力供應之間密切但又矛盾的關係。[39]《漢書·貢禹傳》更曾提到鑄錢和鐵官作坊對森林的破壞及可能引發的水旱之災：「今漢家鑄錢及諸鐵官皆置吏卒徒，攻山取銅鐵，一歲功十萬人已上……斬伐林木亡有時禁，水旱之災未必不由此也。」

　　回頭來看尹灣木牘中的東海郡，有下邳、朐兩處鐵官，伊盧、北蒲和郁州三處鹽官。單單這些鹽、鐵工官的生產就須要消耗極大量的柴薪或炭。[40] 這絕不是一般庭園式植樹所能供應，而必須依賴有計畫，持續性大

35　朱漢民、陳松長主編，《嶽麓書院藏秦簡（二）》（上海：上海辭書出版社，2010），簡0896。

36　蕭燦，《嶽麓書院藏秦簡《數》研究》（北京：中國社會科學出版社，2015），頁98。

37　參許惠民，〈北宋時期煤炭的開發利用〉，《中國史研究》，2（1987），頁144。

38　轉見李伯重，前引文（1984），頁35。

39　參錢鍾書，《宋詩選註》，頁29-30 錄北宋柳永詩〈煮海歌〉：「煮海之民何所營？婦無蠶織夫無耕；衣食之源太寥落，牢盆煮就汝輸征；採樵深入無窮山，豹蹤虎跡不敢避；朝陽出去夕陽還，船載肩擎未遑歇；投入巨竈炎炎熱，晨燒暮爍堆積高，才得波濤變成雪。」

40　我們沒有漢代鹽鐵工業消耗燃料的數據，但知當時不論井或海鹽，須「煮」。例如《管子·輕重甲》：「今齊有渠展之鹽，請君伐菹薪，煮沸水為鹽」，《漢書·荊燕吳傳》謂：「東海煮海水為鹽」。其它資料可詳見王子今，〈張家山漢簡《金布律》中的早期井鹽史料及相關問題〉，原刊《鹽業史研究》，2（2003），收入中國社會科學院簡帛研究中心編，《張家山漢簡

面積的種樹才能保證燃料無缺。

　　大面積種樹的方法則見於王褒《僮約》:「植種桃李,梨柿柘桑,三丈一樹,八尺為行,果類相從,縱橫相當。」這樣以適當間距,同類相從的種植方法正和今天專業果園的栽種法相似。東海郡集簿上說春種樹六十五萬餘畝,應該是有意大面積栽植樹木的結果。其樹非必一種,用途也非僅一端。充裕燃料來源,我相信是重要的作用之一,和此地的鹽、鐵工官生產也大有關係。

　　總之,古代以柴薪木炭為主的燃料供求,無論就生活史、經濟史、工業史、環境史都值得深入且系統地研究。為了保證柴炭供應,除了要求百姓「斧斤以時入山林」,古代政府還採取了大量種樹的手段。尹灣出土西漢東海郡集簿中的「春種樹」,愚意以為所種不僅是桑。為了柴薪和很多其它的需要,應該還種很多其它的樹。

▇三 老者受鳩杖始於西漢考

「古之立教,鄉里以齒……先耆艾,奉高年,古之道也」

—《漢書·武帝紀》建元元年夏四月己巳詔—

　　古代尚齒,尊養老者。經過春秋戰國的變局,這種尚齒尊老的風氣到秦漢之世,少有改變。例如春秋時代,「鄉飲酒,杖者出,斯出矣。」(《論語·鄉黨》),戰國時期的諺語說:「見君之乘,下之;見杖,起之。」(《戰國策·楚策四》)這個諺語無意中反映出當時人認為遇見持杖老者要起身,以示尊重。尊老之風未替,直到漢初。劉邦入關中,與地方父老約法三章,大家耳熟能詳。父老在秦漢地方的重要性,論者甚多,也無勞多述。[41]

　　《二年律令》研究文集》(桂林:廣西師範大學出版社,2007),頁 194-199。

41　可參邢義田,〈漢代的父老、僤與聚族里居〉,收入《秦漢史論稿》(臺北:東大圖書公司,1987),頁 215-246。另見本書卷三,頁 517-549。

高祖二年，舉民年五十以上，「有脩行，能帥眾為善，置以為三老，鄉一人。擇鄉三老一人為縣三老，與縣令丞尉以事相教，復勿繇戍，以十月賜酒肉。」（《史記・高祖本紀》）文帝十二年，詔：「以戶口率置三老常員。」（《史記・文帝本紀》）文帝時還有一連串尊高年的詔令和規定。最主要的是文帝元年的詔書：「老者非帛不煖，非肉不飽。今歲首，不時使人存問長老，又無布帛酒肉之賜，將何以佐天下子孫孝養其親？今聞吏稟當受鬻者，或以陳粟，豈稱養老之意哉！具為令。有司請令縣道，八十以上賜米人月一石，肉二十斤，酒五斗。其九十以上，又賜帛人二匹，絮三斤。賜物及當稟鬻米者，長吏閱視，丞若尉致。不滿九十，嗇夫、令史致。二千石遣都吏循行，不稱者督之。刑者及有罪耐以上，不用此令。」（《史記・文帝本紀》）據《漢書・賈山傳》，文帝禮高年，還規定「九十者一子不事，八十者二算不事」。也就是說，家中有九十歲老人，可以有一個兒子不服繇役；有八十歲老人，可以免除家中兩人的算賦。

以前由於缺乏資料，一直無法證實漢初這些尊老養老的規定曾實行或是具文。昭帝時文學曾批評道：「五十已上曰艾老，杖於家，不從力役……今五十已上至六十與子孫服輓輸，並給繇役，非養老之意也。」（《鹽鐵論・未通》）《漢書・高帝紀》上，如淳曰引《漢儀注》：「民年二十三為正，一歲為衛士，一歲為材官騎士……又曰年五十六衰老，乃得免為庶民，就田里。」《漢儀注》所說五十六歲為衰老，不再服役的規定不知始於何時。最少昭帝時還不是如此。八十、九十歲的優待又如何呢？西漢的文獻不足以解答我們的困惑。

近年考古出土的資料，不但證實自漢初以來的尊老養老不是空話，甚至透露出更多的內容。1959 和 1981 年，從甘肅武威磨嘴子東漢墓中先後發現兩份王杖詔令簡冊。兩冊都抄有一件相同的詔書：「高皇帝以來至本始二年〔1959 年簡脫「始」字〕，朕〔1959 年簡作「勝」〕甚哀憐耆老〔1959 年簡無「憐」字，「耆老」作「老小」〕，高年賜王杖〔1959 年簡「賜」作

「受」〕，上有鳩，使百姓望見之，比於節」云云。[42] 1959 和 1972 年在甘肅武威磨嘴子和旱灘坡東漢墓中更出土了鳩杖實物，證實《續漢書・禮儀志》所說東漢賜民年七十者鳩杖，確有其事。1995 年 8 月 8 日，我到甘肅省文物考古研究所訪問，有幸見到鳩杖實物。這件鳩杖出自武威市韓佐鄉紅花村漢墓，[43] 松木製成，長 1.97 公尺，加鳩首長 2.1 公尺。木杖上端稍細，下端稍粗，仍極堅實完好，杖首以墨線所繪帶彩的鳩鳥羽毛仍清晰可見。木鳩下有孔，木杖自下插入接合（圖 3.1-2）。

甘肅兩份王杖詔令簡冊都說賜高年王杖或鳩杖是自「高皇帝以來」的規定。這可以補文獻之闕，但還須要西漢的物證。現在出土的西漢早及晚

圖 3.1　武威市韓佐鄉紅花村漢墓出土鳩杖局部，採自《甘肅文物菁華》文物出版社 2006。

圖 3.2　1995.8.8 作者手持鳩杖，攝於甘肅文物考古研究所。

42　分見中國科學院考古研究所，《武威漢簡》（北京：文物出版社，1964），頁 140；甘肅省文物工作隊、甘肅省博物館，《漢簡研究文集》（蘭州：甘肅人民出版社，1984），頁 34-61。

43　何雙全，〈武威縣韓佐五壩山漢墓群〉，《中國考古學年鑑 1985》（北京：文物出版社，1985），頁 245-246。

期文字及實物證據，證明「高皇帝以來」一語確實不虛。以下以資料出土時間為序，逐一略作介紹：

1. 1968 年河北滿城出土中山靖王劉勝及后竇綰墓中出土銅鳩首。[44]

2. 1973 年在江蘇連雲港市海州市東門外二公里的小礁山北麓發現一屬西漢晚期的霍賀墓。[45] 這是一個夫婦合葬木槨墓。在放置男性屍骨的南邊廂裡出土一件長 2.08 公尺的鳩杖。杖首飾鳩鳥，頭已缺。鳩身長 18.2 公分，寬 5.3 公分。報告中未附鳩杖圖版。線描墓葬平面圖是將鳩杖畫在南邊廂的外側，與文字敘述所說「在南邊廂裡放置鳩杖」，不甚相合。棺中男性屍骨出土時尚屬完好。牙齒已殘缺，冠部磨損嚴重，經鑒定年齡已七十歲以上。墓中出「霍賀」私印一枚，知墓主為霍賀。同一報告依據南京博物院的資料，謂在揚州甘泉山漢墓中也曾出土鳩杖。可惜沒有任何進一步報導，時代與形制皆不明。

3. 1974 年在廣西平樂銀山嶺西漢晚期墓中出土一件木製鳩杖，木鳩首昂首翹尾，腹部有一方孔，高 8 公分。[46] 杖身存佚及長度未見報導。

4. 1975 年揚州市東風磚瓦廠西漢墓出土鳩形漆杖首，高 9.2 公分，寬 4.8 公分。[47]

5. 1983-1984 年荊州地區博物館在湖北江陵張家山清理三座西漢初年墓。其中 247 號墓主死於呂后時期或稍後。墓主年歲據同出歷譜簡，知墓主已屬老邁。報告中謂其墓中曾出鳩杖，可惜沒有進一步資料刊布。[48]

---

44 《滿城漢墓》（北京：文物出版社），頁 89。

45 南京博物院、連雲港市博物館，〈海州西漢霍賀墓清理簡報〉，《考古》，3（1974），頁 179-186。

46 轉見羅波，〈鳩杖釋意〉，《中國文物報》，1990.5.31，頁 3。

47 《漢廣陵國漆器》（北京：文物出版社，2004），圖 63。

48 張家山漢墓竹簡整理小組，〈江陵張家山漢簡概述〉，《文物》，1（1985），頁 15。除這一篇略為提及鳩杖，其它報導中都沒有說到出土鳩杖一事，十分遺憾。參荊州地區博物館，〈江陵張家山三座漢墓出土大批竹簡〉，《文物》，1（1985），頁 1-8；荊州地區博物館，〈江陵張家山兩座漢墓出土大批竹簡〉，《文物》，9（1992），頁 1-11；彭浩，〈江陵張家山漢墓出土

6. 張家山 247 號墓還出土一批《二年律令》竹簡。所謂二年律令，據考應該是呂后二年（西元 187 年）甚至包含更早期的律令。律令釋文今已公布。正如李學勤先生早先的報導，其中〈傅律〉曾詳細規定，「依爵級不同，規定那一級爵到多少歲為睆老或免老，到多少歲受杖，到多少歲領取特殊的月米……」，[49] 例如有一條說：「大夫以上年七十，不更七十一，簪褭七十二，上造七十三，公士七十四，公卒、士五（伍）七十五，皆受仗（杖）。」[50]

7. 1991-1992 年在湖北荊州高台出土漢文帝前元七年（西元 173 年）以前墓（M2），墓棺中有鳩杖兩件。兩件皆木質，已殘，杖首作鳥形，柱身作圓柱形，杖首為子母榫接合。杖首杖身髹墨漆，一件通長 124.4 公分，杖徑 2.6 公分，另一件殘長 59.3 公分，徑 2.2 公分。[51]

8. 1993 年江蘇連雲港市尹灣出土西漢晚期墓。其中六號墓墓主為東海郡功曹史師饒。墓中出土名為〈集簿〉木牘一方。木牘上有東海郡人口統計數字。部分內容如下：

戶廿六萬六千二百九十多前二千六百廿九其戶萬一千六百六十二獲流

口百卅九萬七千三百卅三其〔？〕四萬二千七百五十二獲流

年八十以上三萬三千八百七十一，六歲以下廿六萬二千五百八十八，凡廿

二

九萬六千四百五十九

年九十以上萬一千六百七十人，年七十以上受杖二千八百廿三人，凡萬四

二

　　大批珍貴竹簡〉，《江漢考古》，2（1985），頁 1-3。

49　李學勤，《簡帛佚籍與學術史》（臺北：時報出版公司，1994），頁 213。

50　張家山二四七號漢墓竹簡整理小組，《張家山漢墓竹簡（二四七號墓）》（北京：文物出版社，2001），簡 355，頁 181；《張家山漢墓竹簡（二四七號墓）》（釋文修訂本）（北京：文物出版社，2006），簡 355，頁 57。

51　湖北省荊州博物館，《荊州高台秦漢墓》（北京：科學出版社，2000），頁 217-218 及圖 161。

千四百九十三，多前七百一十八。

9. 2002 年山東日照海曲漢墓出土西漢中晚期木鳩杖首（圖 4）。

10. 2003 年連雲港市博物館在中雲華蓋山西漢墓中發掘到一件長兩公尺的
鳩杖（圖 5）。這件長度和武威市韓佐鄉紅花村漢墓出土的 2.1 公尺相
近。

　　以上十件資料可以說各有其意義。江陵張家山 247 號墓的鳩杖如果確
有其物，在時間上是目前所知漢代最早的鳩杖實物；而呂后《二年律令》
中〈傅律〉有關受杖的規定，與「高皇帝」的時間最接近，最可以證明賞
賜老者鳩杖自漢初即已實行，並且與爵級有關。受杖年齡高低因爵級而
變，越高者越早受杖。〈傅律〉中有關月米的規定，則首次使我們明白，
前引文帝詔謂「今聞吏稟當受鬻者，或以陳粟，豈稱養老之意哉」，確實
是對漢初月米制實施不當的指責。荊州高臺墓屬西漢早期文帝時，廣西平
樂、山東日照海曲和江蘇海州和尹灣墓都屬西漢中晚期，海州、中雲和尹
灣墓又都在連雲港市，同屬西漢的東海郡，或出土實物鳩杖，或出受杖人
數統計木牘，可以完全證實西漢時在地方郡國普遍賜七十歲老者鳩杖，不
是一句空話。尹灣集簿木牘還統計八十、九十歲以上人口數。以八十、九
十歲作統計，顯然與前引文帝詔書所說八十、九十者賜月米和酒肉等養老
之事有關，也和可免算賦等賦稅之制有關。

　　令人覺得困惑的是漢代東海郡的高齡人口比例，高得太出奇。依人口
年齡結構常理，高齡人口年齡越大，人數應越少。以古代平民的生活條

圖 4　山東日照海曲出土西漢中晚期木鳩杖

圖 5　江蘇中雲華蓋山西漢墓出土鳩杖，
2010.7.11 作者攝於連雲港市博物館。

件，能活到八、九十並不容易，人數應不會太多。東海郡全部人口據集簿為 1,397,343 人，八十歲者達 33,871 人，占總人口 2.42％；九十歲者 11,670 人，占人口 0.83％。這個比例如果和現代社會的人口年齡結構稍一比較，即顯得高得出奇離譜。姑以民國 88 年（1999）底臺灣的一個區（高雄市前鎮區）、一個市（臺北市）和全臺閩地區的人口年齡統計為例，看看現代臺灣高齡人口所占總人口的比例如何[52]：

表一　高雄市前鎮區高齡人口與總人口比例表

70-79 歲	6,182	3.0％
80-89 歲	1,448	0.7％
90-99 歲	96	0.04％
總人口	202,794	

表二　臺北市高齡人口與總人口比例表

70-79 歲	126,780	4.79％
80-89 歲	38,995	1.47％
90-99 歲	4,424	0.16％
總人口	2,641,312	

表三　臺閩地區高齡人口與總人口比例表

70-79 歲	920,315	4.16％
80-89 歲	255,677	1.15％
90-99 歲	25,184	0.11％
總人口	22,092,387	

　　以上三表是極小的一個抽樣。但可以看出：

52　資料來源見高雄市民政局網站 http://cabu.kcg.gov.tw/people/88r3120.htm，內政部戶役政機關各項人口統計資料見 http://www.ris.gov.tw/docs/f4a-1.html（2000.6）

第一，臺灣七十、八十、九十歲以上人口，隨年齡增加而急劇減少；西漢東海郡九十歲以上一萬一千餘人，八十以上三萬三千餘人，七十以上受杖只有二千八百餘人。理論上說，七十以上人口應遠多於八十以上者。這二千八百餘應該只是當年達七十歲而受杖者，另應有好幾萬（超過三萬三千以上）未受杖的七十歲老人。集簿並未列出全部七十歲以上人數。

　　第二，高雄前鎮區八十歲以上人口占總人口比例為 0.7%，臺北市為 1.47%，臺閩地區為 1.15%；前鎮區九十歲以上占總人口 0.04%，臺北市為 0.16%，臺閩地區為 0.11%。可見高雄的高齡人口比例低於臺閩全區的平均值，而臺北市則高過平均值。如果以平均值為準，漢代東海郡八十以上占總人口 2.42%，其比例約是現代臺灣的兩倍多；東海郡九十歲以上占總人口 0.83%，這個比例約是現代臺灣的七、八倍！漢代一般平民的營養、衛生、醫療等條件不可能高過今天的臺灣，當時八、九十的高齡人口比例超過如此之多，實在令人難以置信。

　　臺灣的人口年齡結構已老年化，也就是說老年人口占總人口的比例已經偏高。現代化以前的傳統農業社會，老年人口的比例遠低於今天的臺灣。二十世紀初年，在中國農村調查的人口資料顯示，七十歲以上者約只占總人口的 1.62%。劉翠溶以康熙五十二年（1713）赴暢春園老人宴的七十歲以上老人的數字和估計的當時總人口作比較，認為十八世紀中國七十歲以上老年人口的一個合理低估值約在 1.12%，而整個清代七十歲以上老人數約占 2%。[53] 邱仲麟研究明代敬老賜冠帶之禮，曾引用不少資料探討明代老人之多寡，指出老人多寡可因時因地而不同。萬曆年間，王世貞（1526-1590）曾說：「江左多壽考」，「九十則時見，八十、七十則恆見而不以為異」，但福建晉江的蔡清（1453-1508）卻說在他的家鄉：「考之一鄉數十家或數百家中，求年七十者指已不可多屈，信人生七十稀矣。若八十

53　關於二十世紀初及清代資料請參劉翠溶，〈清代老年人口與養老制度初探〉，收入《近代中國之傳統與蛻變：劉廣京院士七十五歲祝壽論文集》（臺北：中央研究院近代史研究所，1998），頁 259-281。

者，或連數鄉僅一二見；至九十者則或闔郡一邑一郡所無。」山東章丘的李開先（1502-1568）曾計算該縣耆老「七十者不四十人焉，八十者不十人焉，九十又二者，惟吾岳丈一人。」浙江臺州府天臺人夏鍭（1455-1537）則觀察到五、六十年間，當地老壽者漸多的趨勢：「自吾為兒時，去今才五六十年，吾目中所見老壽之人，何其少也。乃今所見，何其多也。當時年七十者謂之上壽……今也，則不然。七十者比肩，八十者相望……夫所以致壽之多如此者，蓋以太平無事之日久，受氣完固而傷之者弗至也。」[54]

　　戰亂、天災或承平自然會影響到糧食等生存條件及人的壽命，不過不少學者早已指出，傳統中國農村人口的年齡結構有穩定的特徵。如果承認這樣的特徵，則西漢末、明、清的人口年齡結構應不會有太大的差異。如果我們再注意到明代蔡清、李開先的觀察，清康熙老人宴不同年齡組（65-69、70-79、80-89、90+）人數的驟降（43.54％、43.00％、12.68％、0.78％）[55]，就可以知道九十、八十歲以上老人比七十歲以上者，在比例上急劇減少。如果清代七十歲以上老人占總人口2％，八十以上者所占比例只可能在1％以下。尹灣集簿沒有東海郡七十歲以上者的完整數字，但八十以上者占2.42％，比清代七十歲以上所占人口比例還高，其誇大至為明顯。

　　為何會如此呢？比較可能的解釋是，漢代地方官有強烈的動機去虛報老年和幼年人口數字。依漢代的規定，老、幼年人口都在免除賦役之列；免賦役的人口越多，地方郡國就可以減少賦稅的上報、上繳。前文提到文帝時規定，家中有九十歲老人，可以有一個兒子不服繇役；有八十歲老人，可以免除家中兩人的算賦。有八十歲老人即可免兩人算賦，如有九十歲老人，可想而知可減免的賦稅應更多。元帝以後又規定，民年七歲出口

---

54 以上引明代資料皆見邱仲麟，〈耆年冠帶──關於明代「壽官」的考察〉，《國立臺灣大學歷史學報》，26（2001），頁220-221。

55 上引劉文將赴老人宴者分為漢大臣官員士庶人等和八旗滿蒙軍大臣官員軍兵閑散人等兩大類。兩類不同年齡組的比值反映同樣驟減的趨勢（38.85％、53.51％、7.37％、0.27％）其詳請參劉文表1，頁260。

錢，七歲以下免。[56] 要減少上繳的一個辦法就是增報老年和七歲以下人口數。

前文對老年人口數已作檢討，現在再來看看集簿中六歲以下的人口數是否合理。第一個問題是集簿為何統計六歲而非七歲以下人口？已無法確知原因。僅能猜測從元帝到集簿作成的成帝時代曾發生了口錢起徵年齡的變化。[57] 東海郡集簿記錄六歲以下有 262,588 人，占總人口（1,397,343）的 18.79%。民國 88 年（1999）臺閩地區 0 至 9 歲人口（統計資料中只有 0、1-4、5-9 年齡組的數字：270,217、1,237,004 和 1,625,278）有 3,132,499 人，占總人口（22,092,387）14.17%。[58] 如果假設 5-9 歲組每歲人口相同，可以約略估計 5-6 歲人口數約為 650,315，加上 0-4 歲人口，得出六歲以下人口約為 2,157,536 人，占總人口比例約為 9.76%。古代人口夭折率依一般理解遠高於今日，但東海郡六歲以下人口比例竟幾近當今臺灣的一倍！和老年人口數一樣，其誇大增報幾無可疑。[59] 虛報老、小人數，以避上繳賦錢，這就是宣帝所曾嚴厲批評的上計簿「務為欺謾，以避其課」（《漢書‧宣帝紀》黃龍元年春正月詔）。

其次，或許更重要的一個因素是地方官為贏得善政的美名。漢代考課將地方人口的增減列為重要的項目。人口中多高年和幼小，表示地方官符合了漢高祖以來鼓勵增加人口和照顧老者的要求，可以贏得養老慈幼的美

---

56 這類研究甚多，可參黃今言，《秦漢賦役制度研究》（南昌：江西教育出版社，1988），頁 206-218。

57 黃今言前引書中曾詳論兩漢口錢起徵年齡有武帝時三歲，元帝以後七歲，東漢時各別地區有一歲即起徵的變化，並謂「七歲起徵口錢，約為元帝以後的通制」（頁 218）。黃先生特加一「約」字，現在看來十分明智。自江陵鳳凰山 10 號墓出土有關口錢和算賦的簡牘後，我們幾乎可以確信兩漢稅制有遠比文獻記載更為複雜的制度和變化。尹灣集簿計六歲而非七歲以下人口正提醒我們元、成間也可能有我們過去所不知的制度變動。

58 同註 52。

59 現代臺灣盛行節育，導致出生率及兒童人口比例下降；漢代鼓勵生育，一家育有子女相對較多，因此東海郡六歲以下人口比例較高，似乎並非不合理。不過，如果我們注意一下東海郡每戶人數，就會發現東海郡每戶平均人數約為 5.24 人，與《漢書‧地理志》所見之戶均人口數十分相近。除去父、母和一、二長輩如祖父或母，每戶未成年子女人數並不可能太多。

古月集：秦漢時代的簡牘畫像與政治社會
—— 卷三 皇帝、官僚與社會

名和考課上的好處。[60] 實利和虛名都足以促使年齡統計偏離事實。

　　歸結來說，東海郡集簿木牘雖是極可貴的新材料，透露很多不容懷疑的內容，證實西漢時的確賞賜高年鳩杖，並應自高祖時即已如此，但是其人口年齡的統計違反人口學常識，是否可靠，不能不令人懷疑。

　　賜鳩杖以尊老、養老的辦法既自漢高祖開始，這是他的創制，還是前有所承呢？意義何在？過去不少學者都明確也正確地指出，劉邦能起兵得天下和他獲得地方父老階層的支持有密切的關係。[61] 在楚漢相爭和王朝初建的過程裡，我們可以看見劉邦如何優禮父老長者。因此，將賜老者鳩杖一事放在這樣的時代脈絡裡來解釋似乎順理成章。傳說中劉邦之所以賜老者鳩鳥為飾的手杖，是因為在楚漢相爭時，劉邦敗走，藏於樹叢，林中鳩鳥不叫不飛，未驚動項羽的追兵，劉邦才躲過劫難。[62] 鳩鳥救命的傳說，不論是否可信，似乎也支持這樣一個出於感恩圖報心理的解釋。

　　不過，我總覺得這樣解釋，過於功利和狹隘，似乎應該從一個較大的文化傳統去考慮。這就是自古以來，農業聚落「尚齒」的傳統。[63] 前引武帝建元元年詔所說「先者艾，奉高年，古之道也」，正是指這個古來的大傳統。春秋戰國之時，社會劇變，敬老養老的傳統並未中絕。《論語・鄉黨》謂：「鄉飲酒，杖者出，斯出矣。」《禮記・王制》：「五十杖於家，六十杖於鄉，七十杖於國，八十杖於朝。」杖是老者地位的象徵；老者恃杖，即受到一定的尊重。《禮記・月令》謂仲秋之月「養衰老，授几杖，行糜粥飲食」。一年之中，隨時令養老授杖，應為古制，並非出自臆想。近年出土的簡帛已經證實，時令之制在戰國甚至更早即已存在，[64] 2013 年

60　《漢書・高帝紀》高祖七年：「民產子，復勿事二歲。」相關人口政策參葛劍雄，《西漢人口地理》（北京：人民出版社，1986），頁 33-34。

61　曾作系統性詳細研究的代表應屬守屋美都雄氏，見氏著《中國古代の家族と國家》（京都：東洋史研究會，1968）。

62　王利器，《風俗通義校注》（臺北：明文書局翻印，1982），頁 606-607。

63　關於古代敬老尚齒的文化傳統，杜正勝已有詳細論述，請參〈聚落的人群結構〉，《編戶齊民》（臺北：聯經出版公司，1990），頁 210-228。

64　參邢義田，〈月令與西漢政治——從尹灣集簿中的「以春令成戶」說起〉，《新史學》，9：1

我去湖北隨州博物館參觀，得見湖北安居鎮羊子山西周墓出土的銅鳩杖首（圖6），可見賜鳩杖之制淵源極早。《周禮‧司馬政官‧羅氏》則有「獻鳩以養國老」之說。東周吳、越墓葬中至少已出土四件青銅鳩杖。[65] 湖北荊門郭店一號墓屬西元前 350-300 年，曾出土鳩杖兩件。隴縣店子秦墓曾出土彩繪木質塗黑漆殘杖遺痕。[66] 有些杖的性質雖難以確定，漢高祖尊老賜杖之舉，當有所本，應無問題。

圖 6　湖北隨州安居鎮羊子山出土西周銅鳩首，2013.1.11
作者攝於隨州博物館。

　　（1998），頁 4-15。

65　鄒厚本，〈青銅鳩杖辨析〉1992 年上海博物館青銅器討論會論文，轉見鄧淑蘋，〈中國新石器時代玉器上的神秘符號〉，《故宮學術季刊》，10：3（1993），頁 34，圖 46。此外，1995年在山東長清仙人台春秋邿國貴族墓出土一件全高 48.5 公分，銅質，下有方座，上有鳥首為飾的支柱，支柱中央另有一隻同型的鳥。鳥嘴下勾如鳩，大眼，振翅。儘管這不是鳩首杖，係供懸掛衣物之用，但意味以鳩為杖首之飾的想法早已存在，似不必等到劉邦才為老者杖加上鳩首為飾。參任相宏等，〈山東長清仙人台遺址發現邿國貴族墓地〉，《中國文物報》，1995.12.17；銅鳩柱清晰圖版參見大阪府立彌生文化博物館編，《山東省文物展：中國仙人のふるさと》（大阪：大阪府立彌生文化博物館，1996），圖 11；方輝，〈春秋時期方座形銅器的定名與用途〉，《饒宗頤教授九十華誕國際學術研討會》（2006.12.14-15）待刊論文。

66　見王學理主編，《秦物質文化史》（西安：三秦出版社，1994），頁 250。但此杖不見於陝西省考古研究所正式的發掘報告《隴縣店子秦墓》（西安：三秦出版社，1998），不知何故。

　　古月集：秦漢時代的簡牘畫像與政治社會
　　　　── 卷三　皇帝、官僚與社會

問題是：賜杖是否本於秦制？論者有謂秦吏但重政治秩序，不知有文化秩序，對大傳統中的基本價值如父慈子孝之類往往置之不顧。果如此，養老賜杖這樣的事是否曾中斷，待漢興而後恢復？高祖及漢初功臣多出身下層秦吏。[67] 這些在漢人看來但知刀筆的秦吏，又如何能在大業初建，百廢待舉之時，即注意秦制所無的大傳統？這一連串的問題，難以全面地回答。不過，我始終覺得，漢人對秦政有過多的貶抑和攻擊。子貢早有覺悟「紂之不善，不如是之甚也」（《論語・子張》）。秦雖尚法，用刑嚴酷，但是否即如漢人所說的那樣不堪？須要好好斟酌。雲夢睡虎地秦墓出土秦始皇統一前的簡牘。其中南郡守發給縣、道的文告或〈語書〉反映了尚法的一面，同墓所出的〈為吏之道〉卻反映了要求官吏符合「父慈子孝」大傳統的一面。[68] 始皇巡行天下，刻石頌德，宣傳的是始皇如何符合大傳統下一位「聖人」的行事。[69] 因此，不無理由去設想，秦統一天下之後，在許多方面並無意與一個秦與六國分享的大傳統決裂。前引郭店一號戰國楚墓曾出土鳩杖，隴縣店子秦墓也有鳩杖。為了爭取六國遺民的支持和建立自己統治的正當性，統一天下的秦甚至會作出種種維護傳統的姿態或宣傳，始皇刻石就是最好的證明。從而可知始皇似乎沒有完全信從韓非，[70] 仍相當尊重古來尚齒養老，以孝為核心的傳統倫理。睡虎地出土秦律不接受子女

67　關於漢初主政集團人物的身分分析，可參傅樂成，〈西漢的幾個政治集團〉，收入氏著，《漢唐史論集》（臺北：聯經出版公司，1977），頁 1-35；李開元，《漢帝國的建立與劉邦集團》（北京：三聯書店，2000），頁 21-69、180-208。

68　關於睡虎地出土這些秦簡文書意義的不同意見可參黃盛璋，〈雲夢秦簡辨正〉；高敏，〈南郡守騰的經歷及其發布《語書》的意義〉、〈秦簡「為吏之道」所反映的儒法融合傾向〉，《睡虎地秦簡初探》（臺北：萬卷樓圖書公司，2000），頁 23-26、189-200；邢義田，〈雲夢秦簡簡介——附：對「為吏之道」及墓主喜職務性質的臆測〉，收入《秦漢史論稿》（臺北：東大圖書公司，1987），頁 493-504；余英時，〈漢代循吏與文化傳播〉，收入《中國思想傳統的現代詮釋》（臺北：聯經出版公司，1987），頁 212-216。

69　請參邢義田，〈秦漢皇帝與「聖人」〉，收入《國史釋論——陶希聖先生九秩榮慶祝壽論文集》（臺北：食貨出版社，1988），頁 389-406；另見本書卷三，頁 67-100。蕭璠〈皇帝的聖人化及其意義試論〉，《中央研究院歷史語言研究所集刊》，62：1（1993），頁 1-37。

70　參《韓非子・忠孝》等篇。

控告父母，對「不孝」罪至死刑者嚴加懲治，就是另一明證。[71] 如此，楚漢之際的人才知尊重長者，有一個十分有力的父老階層，而劉邦以一介秦吏，才會懂得優禮父老，才會在得天下後養老賜杖。

89.6.7/ 90.5.3 訂補

後記

本文寫完後，昨天偶然讀到高大倫先生在《歷史研究》1998 年第 5 期上的大文〈尹灣漢墓木牘《集簿》中戶口統計資料研究〉（頁 110-123）。高文從獲流、人口性別比、人口老少年齡比等得出《集簿》人口統計不可靠的結論，並進而懷疑《漢書・地理志》中的人口數字也不可信。關於年齡結構，高氏主要利用 1953 和 1990 年中國大陸人口調查統計的資料作比較，獲得基本上和我相似的結論。

高氏也談到受杖人數的問題。他相信受杖除年齡，還有其它條件的限制，因而七十以上受杖人數才會少到只有 2,823 人。其次，他認為這 2,823 人是「全部現有受杖人數」，「而非本年度受杖人數」（高文，頁 118）。我同意他的其它條件限制說。李學勤報導張家山 247 號墓所出呂后《二年律令》中的〈傅律〉，即規定免老和受杖的年齡隨爵級而有不同。爵之高下就是一個我們過去所不知的條件。2,823 人到底是全部現有受杖人數或本年度受杖人數，我仍然傾向於認為是本年度人數。因為集簿基本上是年度統計，不至於其它部分都是年度統計數字，只有受杖人數為「非本年度」的數字。

89.11.25

補記

近讀甫整理出版的《天一閣藏明鈔本天聖令校證》（北京：中華書局，2006），其中有唐宋《田令》。《田令》卷二十一有一條宋令說：「諸每年課

---

71 參《睡虎地秦墓竹簡》（北京：文物出版社，1990），〈法律答問〉，簡 102（頁 117）、簡 105（頁 118）。

種桑棗樹木，以五等分戶，第一等一百根，第二等八十根，第三等六十根，第四等四十根，第五等二十根。各以桑棗雜木相半。鄉土不宜者，任以所宜樹充。」此條可補證前文所述。

原刊宋文薰、李亦園、張光直主編，《石璋如院士百歲祝壽論文集》（臺北：南天書局，2002），頁 531-551；97.4.15 訂補，105.2.7 再補

東漢的方士與求仙風氣
——肥致碑讀記

　　1992 年 10 月 14 日，在河南偃師商城博物館的迴廊上，有緣見到於 1991 年出土的肥致碑。我原本是為參觀「侍廷里父老僤買田約束石券」而到偃師。館長郭洪濤熱心嚮導，使我意外見到這一方重要的新石碑。石碑放置在迴廊的牆邊，碑的正面朝牆。郭館長為了讓我看，特地將碑正面翻轉朝外。

　　肥致碑保持完好，書法精美，令人印象深刻。當時郭館長送我一本1992 年 5 月出版的《書法叢刊》第二期，收有樊有升〈東漢肥致碑〉一文及全碑和局部拓影（圖 1.1-2）。同年 9 月，《文物》第九期刊布〈偃師縣南蔡莊鄉漢肥致墓發掘簡報〉（頁 37-42）。這些材料大大幫助我們了解東漢方士的活動和求仙的風氣。

1. 碑的外形

　　肥致碑並不高大，碑身僅高 98 公分，寬 48 公分，厚 9.5 公分。暈首，隸書刻字六行各廿八字。碑身有界格，隸書陰文豎刻十九行，每行滿行廿九字，共四八四字。碑面黑色，打磨極平整，

圖 1.1　肥致碑原石，採自網路。

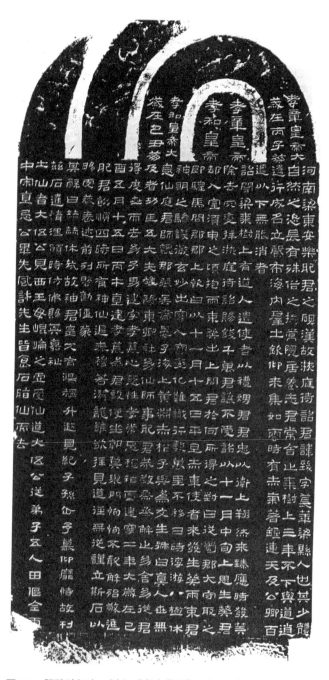

圖 1.2　肥致碑拓本，採自《書法叢刊》2（1992）。

幾乎發亮。除左下角有一字殘損，通碑完整，字劃清晰。肥致碑的暈首形式和「漢循吏故聞熹長韓仁銘」（拓高 173 公分，寬 91 公分）、「漢故郎中趙君之碑」（殘高 85 公分，寬 79 公分）以及「仙人唐君之碑」（高 202 公分，寬 67 公分）相似，碑體大小則相去甚遠。

肥致碑發現於墓室的南側室中，前述其餘三碑皆高大有穿，原本或應置於墓前。黃展岳討論早期的墓志曾說：「由於東漢盛行墓前立碑，建祠堂，所以當時埋入墓中的碑形石刻並不多，較常見的是在漢畫像石墓內題字。魏晉時期嚴禁墓前立碑，建祠堂，畫像石墓消失，於是埋入墓中的碑形石刻大增，磚刻也明顯增多。」[1]肥致碑可以說為東漢墓中置碑增添了證據。1973 年在山東高密田莊鄉住王村南畫像石墓中發現熹平四年青州從事孫仲隱圭首墓志一方，高 88 公分，寬 34 公分。[2]其制略小於肥致碑。但同樣出於墓中的熹平三年張山子殘碑，據推測原高約 185 至 200 公分，其大小幾同於地上之碑。[3]孫仲隱和張山子二方都無自名資料，而肥致碑自名為碑，這是特別珍貴之處。肥致碑銘以「河南梁東安樂肥君之碑」起首，其以「碑」為名，無可爭議。黃先生認為此碑從形式到內容，已和魏晉南北朝盛行的墓志無異。

肥致碑碑身原置於一長 74 公分，寬 44 公分，厚 12.3 公分長方形石刻的趺座上。座前橫著排列三個圓盤，盤中各有一刻畫出來凹入的耳杯。這樣的趺座和常見所謂的供案石類似。從趺座有空耳杯可證肥致碑原本很可能一度在地面墓前或祠堂裡，供放置祭品行禮。

1992 年我到徐州、南陽、嘉祥和棗莊參觀時，即曾注意到供案上刻畫供品的情形。徐州漢畫像藝術館藏徐州銅山青山泉出土一石長寬 130×60 公分，畫面以十字穿環為地，中央並刻三盤，盤中各有一魚。[4]河南南陽漢畫像館藏南陽市出土一方長寬 104×53 公分的畫像石，刻有兩個耳杯和置

1 黃展岳，〈早期墓志的一些問題〉，《文物》，12（1995），頁 52。
2 李儲森、張曉光、孫建華，〈山東發現東漢墓志一方〉，《文物》，6（1998），頁 73 轉 89。
3 李哲先、李錦山，〈新發現的張山子熹平三年殘碑〉，《書法研究》，4（1988），頁 50-52。
4 參徐州博物館編，《徐州漢畫象石》（南京：江蘇美術出版社，1987 年第二版），圖 165。

於盤中的大魚、宰割好的雞或鴨以及其它食物。其中兩隻雞或鴨只剩一半。[5] 從此石邊框一側中央凹入的刻飾以及只見一半的雞或鴨可知，應該還有另外對稱的一半畫像石。更有趣的是此石除刻有供品，供品前還刻有坐著的人及左右各一擊建鼓的人。山東嘉祥武氏祠也出一石，有兩耳杯分盛兩魚，又有兩圓盤分盛兩隻殺好的雞。兩耳杯中央部分，有一圓洞，應是立柱之處。蔣英炬認為此石係供案石，但無法確實地將它配置在石祠中。[6]

此外，在山東棗莊市博物館後院的空地及長廊中有一百餘方未見著錄的畫像石。其中有徵集來的一件，長方形，兩側刻有兩個圓盤，圓盤中各有一魚。兩盤中間刻著類似香鑪或燭台的東西，其上插有三支細長的柱狀物，或為燭。[7] 這似乎也是一件供案石。這些供案上石刻的供物，顯然是象徵並代替實際的祭品。肥致碑趺的耳杯中並沒有石刻的魚、雞之類，可能原用實物。只是這些實物早已腐爛罷了。

2. 碑額

肥致碑的碑額刻辭異於一般漢碑篆額的通例。漢碑通例以篆字題額，中央曰「某某之碑」或「某某銘」，如前述的三碑。肥致碑「河南梁東安樂里肥君之碑」等字卻出現在碑銘的第一行，不在碑首。碑首從右側起，以較碑文稍大或大小相近的隸書題上「孝章皇帝大／歲在丙子〔崩？〕／

5　參《南陽漢畫像石》（北京：文物出版社，1985），圖 222。

6　參蔣英炬、吳文祺，《漢代武氏墓群石刻研究》（濟南：山東美術出版社，1995），頁 47、131、167，圖版 50。蔣、吳認為供盤中所刻為鱉（頁 131），我以為較像已宰殺整治過的雞或鴨，此與上述南陽市出土一石所刻之雞或鴨比較即可知。

7　據孫機引《潛夫論・遏利篇》及在長沙漢墓發現的燈中黃蠟餅、廣州漢墓出土的蠟台，證明東漢晚期已有「長柱狀的蠟台燭」。參孫機，《漢代物質文化資料圖說》（北京：文物出版社，1991），頁 357。漢墓出土薰香用的香鑪甚多，似未見後世所用柱狀的香。魏收《魏書・釋老志》謂漢武帝殺休屠王，獲金人，「不祭祀，但燒香禮拜而已」。此所謂燒香禮拜不同於中土舊禮，疑此乃南北朝佛教入中土後的習俗錯置於漢武帝時代，實情如何，仍待考察。棗莊此石資料見〈山東棗莊畫像石調查記〉，《考古與文物》，3（1983），圖 12，頁 24-30；此石現在已著錄於《中國畫像石全集》2（濟南：山東美術出版社、鄭州：河南美術出版社，2000），圖 150。

孝章皇帝／孝和皇帝／孝和皇帝大／歲在己丑〔崩？〕」這是從不曾見過的漢碑碑額形式。[8] 應如何理解？

　　丙子和己丑分別是章帝與和帝即位改元之年，為何說是「崩」？按《後漢書》章帝崩於章和二年二月壬辰，為戊子年；和帝崩於元興元年十二月辛未，為乙巳年，與丙子、己丑皆不合。

　　關鍵在於釋「崩」字是否正確。目前發表的釋文多作「崩」，也有學者釋為「萌」。[9] 崩或萌，原碑寫作「崩」。此字上半明顯為艸字頭，不作「山」。漢簡或漢碑艸字頭多作「艹」或「艹」，肥致碑本身「莨」、「葵」、「華」等字的艸頭即為其例。新出居延簡有「倗」字（EPT50.23），原寫作「倗」。于豪亮〈釋漢簡中的草字〉曾釋「倗」為「倗」。[10]《管子纂詁·幼官》有「練之以散群倗署」句。安井衡云：「倗字見於周禮士師，鄭司農易為朋。說文作佣，曰：輔也，從人朋聲。」總之，此字下半應作「朋」，隸定為「萌」。但這是什麼字呢？無法解釋。從字形上看，睡虎地秦墓日書簡甲種簡六五、八三一的「朋」俱作「朋」。漢碑中之「崩」或「朋」字多作「崩」、「崩」、「朋」、「朋」、「朋」，[11] 與此碑所見之「朋」，在字形上並不完全相同。

　　私意以為「冊」字應如同事林素清小姐所說，釋為「冊」。「冊」字於漢碑、漢印、漢簡中可作「冊」、「冊」、「冊」與此碑之「冊」字形相近。[12]《說文》二篇下：「冊，符命也。」又曰：「凡冊之屬皆從冊；篇古文冊從竹」。「祀三公山碑」即有「將作掾王箙」一句。箙字正有竹頭，即冊字。丙子、乙丑為章、和帝即位改元之年，下書「冊」字，疑其義為章、和帝

8　碑額題皇帝年號之碑見於晉代「大晉龍興皇帝三臨辟雍皇大子又再蒞之盛德隆熙之頌碑」。

9　張勛燎，《中國道教考古》（2）（北京：線裝書局，2006），頁336。

10　《于豪亮學術文存》（北京：中華書局，1985），頁251-252。

11　參《隸辨》（北京：中國書店影印，1987年三版）卷2，頁55上下。

12　同注10及卷4，頁47上。又參《秦漢魏晉篆隸字形表》（成都：四川辭書出版社，1985）頁136、338、934。

即位時，「冊立」肥致為掖廷待詔。[13] 這樣，碑額的題辭和碑文可以聯繫起來，似乎比釋作「崩」字為合理。

可是待詔卑職，非王侯之屬，何得曰冊？兩漢文獻中從無「冊待詔」之事。又為何章帝時冊之，和帝即位又冊？仍不無可疑。一個可能的解釋是，待詔肥致是一個方士，立碑者刻意誇大，以抬高一位小小待詔的身價。基於同樣的理由，立碑者不依漢碑通例，特將兩位皇帝之名以較大的字體，重複大書於碑額之上，以突顯皇帝和肥致的關係。總之，此碑用字、措辭，甚至文法都頗有不同於常例之處。以上姑妄說之，備考。

3. 肥致的年歲與師友

為何於碑首書章、和帝即位改元之年？還不能完全確實理解。發掘簡報相信這應該和肥致在章、和帝時任職掖庭待詔有關。這是一個合理的推測。發掘簡報注意到自建寧二年（西元 169 年）上溯到章帝建初元年（西元 76 年），時隔九十三年，又從碑文「其少體自然之恣」等語，推測肥致生在光武三十年左右，享年應為一百一十五歲上下。[14] 實則此碑交代不清之處頗多，年壽為其中之一。肥致是個「與道逍遙」、「出窈入冥」、「變化難識」的方士。他的壽命在碑中頗有被刻意模糊和誇大之嫌。此碑不依通例，不書享年之數，又以漢代方士常用的手法誇大年歲，我們實無從知道他真正的年歲。

這個常用的誇大手法就是誇稱自己曾和時代久遠的人見面或為師友。《史記‧封禪書》說武帝時著名的方士李少君，「匿其年及其生長」。李少君不但不讓人知道他的年歲，也不讓人知道他來自何方。又說他：

> 嘗從武安侯飲，坐中有九十餘老人。少君乃言與其大父游射處，老人為兒時從其大父，識其處，一坐盡驚。少君見上，上有故銅器，問少君。少君曰：「此器齊桓公十年陳於柏寢。」已而案其刻，果齊桓公器。一宮盡駭，

13　蕭璠兄首提此說，謹從其說並致謝。

14　〈偃師縣南蔡莊鄉漢肥致墓發掘簡報〉，《文物》，9（1992），頁 42。

以為少君神，數百歲人也。

他曾對武帝說：「臣嘗游海上，見安期生，安期生食巨棗，大如瓜。」後來
的方士欒大也對武帝誇稱他「常往來海中，見安期、羡門之屬」。葛洪的
《神仙傳》卷六有一位巴東人涉正，「說秦王時事，如目前」。類似的故事
還可見《後漢書‧方術傳》中的魯女生、薊子訓，《別國洞冥記》卷二的
河清逸人孟岐和代郡人黃安。[15]

　　肥致碑說肥致「師魏郡張吳、齊晏子，海上黃淵、赤松子與為友」。
此處句讀可以有好幾種可能，端視如何區分肥致之所師與所友。魏郡張吳
不知何許人。齊晏子為春秋末有名的人物。但是碑中這位晏子非必即我們
所熟知的晏子，也可能像魏郡之張吳，是齊地一位姓晏的高人，晏子之
「子」為尊稱而已。因為通常所說的齊晏子是曾勸齊景公不要期望，也不
要相信不死之說的人。以這樣一位人物為成仙之師，未免奇怪。[16]

　　海上黃淵亦不明為何人。私意以為可能是張衡〈西京賦〉中的東海黃
公。這須要稍微費事作點說明。〈西京賦〉謂「東海黃公，赤刀粵祝」。《西
京雜記》卷三對他有更清楚的記載：

> 有東海人黃公，少時為術，能制蛇御虎，嘗佩赤金刀。以絳繒束髮，立興
> 雲霧，坐成山河。及衰老，氣力贏憊，飲酒過度，不能復行其術。秦末有
> 白虎見於東海，黃公乃以赤刀厭之；術既不行，遂為虎所殺。三輔人俗用

15　《後漢書‧方術傳》（中華書局標點本）：「冷壽光、唐虞、魯女生三人者，皆與華佗同時，
　　壽光年可百五十歲……魯女生數說顯宗時事，甚明，議者疑其時人也。」薊子訓「初去
　　之日，唯見白雲騰起，從旦至暮，如是數十處。時有百歲翁，自說童兒時見子訓賣藥於會
　　稽市，顏色不異於今。後人復於長安東霸城見之，與一老公共摩挲銅人，相謂曰：『適見鑄
　　此，已近五百歲矣。』」（李賢注：《史記》秦始皇二十六年，於咸陽鑄金人十二，重各千斤，
　　至此四百二十餘年。）《別國洞冥記》（新興書局，漢魏叢書本）卷二：「孟岐河清之逸人也。
　　年可七百歲，語及周初事，了然如目前。岐侍周公昇壇上，岐以手摩成王足，周公以王笏與
　　之……」，「黃安代郡人也……冬不著裘，坐一神龜，廣二尺。人問子坐此龜幾年矣。對曰：
　　昔伏羲始造網罟，獲此龜，以授吾。吾坐龜背已平矣。此蟲畏日月之光，二千歲即一出頭。
　　吾坐此龜已見五出頭矣。」
16　參《左傳》昭公二十年；吳則虞，《晏子春秋集釋》（北京：中華書局，1961）內篇諫上第
　　一，他篇另有重複類似的故事多處，不細舉。

以為戲，漢武帝亦取以為角抵之戲焉。

東海黃公是一位能立致雲霧，坐成山河的方士，也是帶有悲劇性的知名人物。三輔人以他的故事為戲，皇帝也以他的故事入角抵戲，可見他受歡迎的程度。

為什麼猜測東海黃公可能是海上黃淵呢？第一，漢代「東海」和「海上」兩詞有時可以互用。《史記‧齊太公世家》：「太公望呂尚者，東海上人。」所謂東海上人，是指東海之濱的人。《史記‧齊世家》：「（康公）十九年，田常曾孫田和……遷康公海濱」，《史記‧田敬仲完世家》則謂：「太公乃遷康公於海上」。這裡的海上、海濱都指的是東海之濱。王利器注《顏氏家訓‧書訓》引《史記‧始皇本紀》：「二十八年，丞相隗林、丞相王綰等，議於海上」一句，即云：「海上，東海之濱。」[17] 東海和海上兩詞互用，一個更直接的證據見《後漢書‧方術傳》。〈方術傳〉費長房條有這樣一個故事：

> 後東海君來見葛陂君，因淫其夫人。於是長房劾，繫之三年，而東海大旱。長房至海上，見其人請雨，乃謂之曰：「東海君有罪，吾前繫於葛陂，今方出之，使作雨也。」於是雨立注。

長房至海上，見東海人請雨，則所謂海上即東海，甚明。其次，黃公為尊稱，其名曰淵。傳說中或稱黃淵，或稱黃公而不名，這是常見的習慣。因此，雖缺少更明確的證據，卻不妨假設海上黃淵即東海黃公。

如果海上黃淵即是這位東海黃公，可注意的是傳說中，他死於秦末。那麼肥致宣稱為師或為友的竟是一位活在前朝的方士。赤松子就更不必說，是漢初張良想要追隨，大大有名的神仙。肥致以這些人為師為友，則其壽何止一一五歲！

碑首重複大書章、和二帝的用意，似乎在於造成一種印象：肥致曾受知於此二帝，並曾任待詔於此時。我猜想這也是方士為抬高自己身價，故弄玄虛的障眼法。

---

17 王利器，《顏氏家訓集解》（臺北：明文書局，1982），頁416，註2。

第一，從碑文中無法得知肥致確實於何帝時受詔為待詔。他應皇帝之詔除災和為皇帝取生葵兩事，也無法確知發生於何帝之時。這些關鍵性的內容，在時間上都被刻意模糊化了。如果都確有其事，為何不明書時日？照漢碑通例，碑額也應大書「漢故掖廷待詔某某之碑」。

第二，如果真在章帝時任待詔，肥致年歲應達百餘歲。章帝在位最後一年為西元88年，至立碑之建寧二年（西元169年），時隔八十一年。肥致如果在章帝時任待詔，不可能出生在章帝的最後一年。從碑文上說他「舍止棗樹上三年不下，與道逍遙，行成名立，聲布海內」看來，他在受詔前已頗有道行，廣為人知，年齡似不可能太小。假設他於章帝在位（西元76年至88年）之中期（81年）受詔，到建寧二年即為一○八歲。如果受詔時超過二十歲，他的年齡更在一○八歲之上。這雖非全不可能，但超出一般常情。因此，如果立碑之年是可靠的，他在章帝朝任待詔一事就是可疑的。

碑額刻上章、和二帝之名，可能是因為章帝是東漢較早喜好仙術，方士又可以攀附的一位皇帝。章帝好仙及道術，在《後漢書‧光武十王傳》中可以找到旁證。建初七年，諸侯王歸國，章帝特賜東平憲王劉蒼「以秘書、列僊圖、道術秘方」。東平憲王是章帝的叔父。章帝對這位叔父有極深厚的感情。〈光武十王傳〉以極長的篇幅記述章帝與東平憲王之間的恩情。東平憲王歸國時，章帝不但不捨，特下手詔，並「車駕祖送，流涕而訣」，賞賜「乘輿服御，珍寶輿馬，錢布以億萬計」。歸國後，東平憲王生病，更「置驛馬千里，傳問起居」。東平憲王死，章帝對其喪葬極為優崇，其詳俱見本傳。從這些非比尋常的優遇可以想見，章帝以列仙圖、道術秘方為賞賜，不是虛作應付，而是將自己十分珍愛和感興趣的東西分享給東平憲王。

章帝以前的光武帝則明白反對神仙。《後漢書‧桓譚傳》謂譚上書曰：「……臣譚伏聞陛下窮折方士黃白之術，甚為明矣，而乃欲聽納讖記，又何誤也？」桓譚說光武「窮折方士黃白之術」的話，表明光武信讖緯，卻力斥神仙黃白之術。

明帝對神仙的態度，缺少明確的證據。《後漢書‧明帝紀》說他「遵

奉建武制度，無敢違者」。明帝是一位律己律人都十分嚴明的人，可能在神仙一事上，的確追隨光武帝。不過，也有傳說顯示，他對神仙似非完全排斥。《風俗通義》謂明帝時，葉令王喬有神術，「每當朝時，葉門鼓不擊自鳴」。王喬死後，「明帝迎取其鼓，置都亭下，略無音聲」。[18]《後漢書·方術傳》也記載此事，當時傳說王喬即仙人王子喬。如果傳說可信，明帝對仙人似不能完全不動心。

又東漢末年牟子《理惑論》提到明帝「夢見神人，身有日光，飛在殿前」，博問群臣，此為何神。有通人傅毅曰：「臣聞天竺有得道者，號之曰佛，飛行虛空，身有日光」云云。[19] 袁宏《後漢紀》謂明帝「夢見金人長大，項有日月光」，或曰「西方有神，其名曰佛」；[20] 魏收《魏書·釋老志》亦載此事。〈釋老志〉並云明帝遣郎中蔡愔、博士弟子秦景使天竺。蔡愔得《四十二章經》及釋迦立像。「明帝令畫工圖佛像，置清涼臺及顯節陵上，經緘於蘭臺石室。」[21] 如果這些記載可信，明帝對於身或項有日光或日月光，能飛的西方之神，顯然十分有興趣。

佛教初入中土，中國人還不太能清楚分別佛法與神仙或黃老之術之不同。[22] 明帝時，楚王英「誦黃老之微言，尚浮屠之仁祠」，即將黃老與浮屠相連並觀（《後漢書·光武十王傳》）。明帝不反對楚王英奉祀浮屠，但是十分忌諱他「大交通方士，作金龜玉鶴，刻文字以為符瑞」（同上）。後來楚王英竟因謀反被誅，牽連死徙者數千人。楚王英案是明帝一朝的大獄案，方士牽連其中。儘管明帝本人或好仙佛，當時一般方士的活動很可能受楚王英案的影響，一度處於不利的地位。

章帝則好仙。方士如有意假託誇大，章帝似乎是第一個較適合攀附的東漢皇帝。從碑文看來，和帝應也曾好仙道，可惜沒有材料可考。方士當

---

18 王利器，《風俗通義校注》（臺北：明文書局，1982），卷 2，頁 81-82。

19 石峻等編，《中國佛教思想資料選編》（北京：中華書局，1981），頁 10。

20 周天游《後漢紀校注》（天津：天津古籍出版社，1987），頁 277。

21 《魏書》卷 114。

22 湯用彤，《漢魏兩晉南北朝佛教史》（臺北：國史研究室影印，1973），頁 16-30。

然也可以攀附秦皇、漢武。不過誇稱在秦始皇或漢武帝時為掖庭待詔，過於久遠，較難取信於時人，不如章、和朝之稍近情理。有名的「仙人唐公碑」記載說，據「耆老相傳」，唐公房於居攝二年為郡吏。他活動的時間和肥致的時代相去不遠，兩人都曾為當世的統治者服務，不作過於遙遠的假託，這或許可以參考。

　　總之，帝王好神仙和社會求仙的風氣密切相關，秦皇、漢武、王莽有例在先。章、和之世，方士必又曾雲集帝側。肥致是否真的曾待詔掖庭，何時曾任待詔，碑銘都神秘其事。不過，肥致看來曾以待詔之名，號召一批追隨者。弟子許幼從死，並有弟子的兒子為他立碑，碑銘還有五個食石脂仙去的從弟子。有這麼多人冒著不成仙即一命嗚呼的危險，可見他們心中成仙的願望和信念何其強大。從此一例也可想像，仙藥下的亡魂在漢代必已不少，無待魏晉。

4. 肥致的法術

　　碑中記載肥致的事蹟有兩件。一件是不知在何時發生了「赤氣著鍾連天」的現象，公卿百僚沒有人能消去此災。肥致因此應召入宮，「應時發算，除去災變」。他並隨之拜為掖庭待詔，獲賜錢千萬。

　　另一件記述詳細的是他為「思生葵」的皇帝至蜀邦，須臾間取來生葵兩束。查問蜀郡，果有其事。記述中思生葵的「上」是章帝或和帝，不清楚。更有趣的是同類的事，也見於傳世文獻。最明顯的例子是左慈（元放）為曹操至蜀郡取生薑。據《後漢書・方術傳》說，先是左慈為曹操從銅盤中釣出一尾三尺多的鱸魚，「操又謂：『既已得魚，恨無蜀中生薑耳。』放曰：『亦可得也。』操恐其近即所取，因曰：『吾遣人到蜀買錦，可過敕使者，增市二端。』語頃，即得薑還，并獲操使報命。後操使蜀反，驗問增錦之狀及時日早晚，若符契焉。」在兩個故事裡，一到蜀郡取生葵，一到蜀郡取生薑，又以類似的方法來驗證，不禁令人聯想到兩個故事之間的關係。據葛洪《神仙傳》卷九，吳先主時有一位會稽人介象：

　　與先主共論鱠魚何者最上。象曰：「鯔魚為上。」先主曰：「此魚乃在海中，

安可得乎？」象曰：「可得耳。」但令人於殿中庭方塪者，水滿之。象即索釣餌起釣之。垂綸於塪中，不食頃，得鯔魚。先主驚喜問象曰：「可食否？」象曰：「故為陛下取以作生鱠，安不可食？」乃使廚人切之。先主問曰：「蜀使不來，得薑作鱠至美，此間薑不及也。何由得乎？」象曰：「易得耳。願差一人并以錢五千文付之。」象書一符以著竹杖中，令人閉目騎杖，杖止便買薑。買薑閉，復閉目。此人如言，騎杖，須臾已到成都。不知何處，問人，言是蜀中也。乃買薑。于時吳使張溫在蜀，從人恰與買薑人相見。於是甚驚，作書寄家。此人買薑還廚中，鱠始就矣。

這個故事顯然和前兩個故事有淵源，基本情節（無中生有、至蜀、使者驗證），十分類似，但已更為鋪陳，增加了變化。

　　肥致碑說肥致能「行數萬里，不移日時」。這種法術在漢代很流行，似是方士必備的本事。「唐公房碑」記載仙人唐公房於王莽時為郡吏，府去家七百餘里，「休謁往來，轉景即至，闔郡驚焉」。《後漢書·方術傳》中的費長房「嘗坐客，而使至宛市鮓，須臾還，乃飯。或一日之間，人見其在千里之外者數處焉。」

5. 碑文校注
河南梁東安樂肥君之碑

　　按《續漢書·郡國志》，河南尹屬有河南，有梁；《漢書·地理志》河南郡屬縣有梁。〈地理志〉，梁本注：「懸狐聚，秦滅西周，徙其君於此。陽人聚，秦滅東周，徙其君於此。」《續志》，梁：「故國，伯翳後，有霍陽山，有注城。」兩書於梁之所轄皆極簡略。碑文云：「君諱致……梁縣人也。」則梁東之「東」，疑為梁縣「東鄉」之省；安樂為「安樂里」之省。肥致為河南尹梁縣東鄉安樂里人，沒有歸葬，墓在偃師。

　　好友劉增貴兄疑「東安樂」或為鄉名。漢代文獻中言爵里，有時但言鄉，不及里。此碑後文提到「洛陽東鄉許幼」，不言里，即為一例。劉兄更舉出《南齊書·州郡》有「東安樂」、「西安樂」縣。此應可備一說。

　　據漢代文獻、碑石、璽和簡牘中的情形看，縣名由三字組成的有東武

陽（東郡）、東平陸（東平國）、南武陽（泰山郡）、南平陽（山陽郡）、東平陵、東朝陽（濟南國）、東安平（北海國）、西曲陽（九江郡）、西安陽（五原郡）、北平邑、東安陽（代郡）、西安平（遼東郡）等可考。[23] 漢代縣數上千，三字縣名不過十餘，一般為一字或二字。新近刊布的江蘇連雲港尹灣漢簡集簿中，有西漢末東海郡三十八個縣、邑、侯國之名，其中沒有一個名稱是由三個字構成的。[24]

漢代鄉名絕大部分也是由單一字或兩字構成。三字鄉名可考的不多，如漢封泥「上東陽鄉」。[25] 而漢代以東、西、南、北為鄉名的情形十分普遍，其例不勝枚舉。以「安樂」這樣的吉語為里名的，也不少。以何雙全所輯漢簡中的鄉里名為例，其中屋蘭和居延縣都有安樂里。著名的「禮器碑」中也有安樂里。東漢時胡廣時曾封育陽安樂鄉侯，[26] 可知也有以安樂為名的鄉。但是何雙全所輯的六八六個里名中，沒有一個是三字組成的。[27] 現在唯一可考的三字里名見《漢書‧武帝本紀》注引應劭曰：「嵩高縣有上、中、下萬歲里。」漢代言爵里，常言縣及里而省略鄉。因此，要說肥致是梁縣東安樂里之人，以東安樂為里名也未嘗不可。

歸結而言，有（1）梁縣—東鄉—安樂里；（2）梁縣—東安樂鄉；（3）梁縣—東安樂里三種可能。拙意以為從漢代縣、鄉、里名的常例言之，東

23　分見《後漢書‧郡國志》。又封泥中有「西安陽印」（孫慰祖，《古封泥集成》，上海書店出版社（1994），圖 1668）、「南平陽丞」（1026）、「東安平丞」（902、1398-1410 等）、「西安陽丞」（1349）。最近新刊布的安徽天長西漢墓戶口簿和算簿上有「垣雍北鄉」、「垣雍東鄉」，參天長市文物管理所、天長市博物館，〈安徽天長西漢墓發掘簡報〉，《文物》，11（2006），頁 11-16。

24　連雲港市博物館，〈尹灣漢墓簡牘釋文選〉，《文物》，8（1996），頁 27-29。

25　《古封泥集成》，圖 1710-1713。

26　《後漢書‧胡廣傳》。

27　何雙全，〈《漢簡‧鄉里志》及其研究〉，《秦漢簡牘論文集》（蘭州：甘肅人民出版社，1989），頁 145-235。何文在西漢魏郡軹縣條下列有一里名曰「陽涉長」（頁 159、206）。經查文物出版社 1990 本《居延新簡》EPT56.442 簡釋文作「……魏郡□陽脩長里」；中華書局 1994 年本《居延新簡》同簡釋作「……魏郡犁長里」。據圖版，應以「魏郡犁陽脩長里」為是。

鄉安樂里的可能性較大。一個旁證是兩漢文獻言爵里,常省郡、縣或鄉、里等字,只具其名。此碑將河南尹省稱為河南,梁縣省為梁,即依此例。因此,下文或亦可能省去鄉、里二字。漢代文獻中省略鄉、里者,有例可考。《史記·酈生陸賈列傳》:「酈生食其者,陳留高陽人也。」《索隱》:「高陽,鄉名也。」陳留為郡,郡、鄉皆省。又《史記·梁孝王世家》:廣睢陽城七十里,「大治宮室……自宮連屬於平臺三十餘里。」《集解》引徐廣曰:「睢陽有平臺里。」此雖非言爵里,然某某里的里字有時可省,於此可見。究竟如何,當然還須要更多證據,目前還難定論。

漢故掖庭待詔

掖庭之「掖」,書作「㴭」,其例不見《隸辨》或《碑別字新編》。文獻中有「掖」、「液」相通之例。《漢書·王莽傳》中有「掖門僕射」,「掖庭」,但也見「液庭媵未充」。《王莽傳》師古曰:「液與掖同音通用。」

《續漢志·百官》少府條:「掖庭令一人,六百石。本注曰:宦者,掌後宮貴人采女事……。」《漢官》:「掖庭,吏從官百六十七人,待詔五人,員吏十人。」《後漢書·班彪傳》子班固條引《漢官儀》曰:「婕以下皆居掖庭。」《漢書·哀帝紀》注引應劭曰:「諸以材技徵召,未有正官,故曰待詔。」

《漢書·郊祀志》:「成帝末年頗好鬼神,亦以無繼嗣故,多上書言祭祀方術者,皆得待詔。」《漢書·元帝紀》竟寧元年春正月,詔曰:「……賜單于待詔掖庭王檣為閼氏」,注引應劭曰:「郡國獻女未御見,須命於掖庭,故曰待詔。」兩漢應徵召之人才,因其性質及所長,可待詔於許多不同的京師官署或宮廷內外,如待詔金馬門、公車、丞相府、博士、北軍、太卜、太史、尚方、黃門、宦者署、靈台、殿中。掖庭為後宮婕以下所居,或郡國獻女受命之處。方士於掖庭待詔,尚不見他例。肥致以一方士為何待詔於此?誠屬奇異。倘使肥致確曾待詔掖庭,疑其秘術與御女、房中之類有關。章帝除賜東平憲王列僊圖,還有道術秘方。這秘方為何,殊堪玩味。

其少體自然之恣，長有殊俗之操

孔謙碑：「幼體蘭石自然之姿，長膺清少孝友之行。」

君常舍止棗樹上，三年不下

《書法叢刊》誤釋「舍止」為「設之」，《文物》釋文已改正。《後漢書·方術傳》郝孟節「能含棗核，不食可至五年、十年」。馬王堆帛書《五十二病方》中，以棗入藥者甚多，不贅舉。漢代鏡銘常見：「尚方作鏡真大巧，上有仙人不知老，渴飲玉泉饑食棗。」亦不贅舉。

赤車使者

漢代文獻及畫像中多有使者，也有乘車之使者。《藝文類聚》卷六十三引《華陽國志》曰：「蜀城十里曰升僊橋，送客觀。司馬相如初入長安，題其門曰：『不乘車駟馬，不過汝下。』」（《史記·司馬相如傳》索隱引《華陽國志》同）《後漢書·隗囂傳》隗囂以檄數王莽之罪有云：「尊任殘賊，信用姦佞，……赤車奔馳，法冠晨夜……」李賢注赤車，引《續漢書》曰：「小使車，赤轂曰蓋赤帷，從騎騎四十人。」此或即赤車之制。

譏微玄妙

「譏微玄妙」，《書法叢刊》及《文物》釋文俱作「譏徹玄妙」。據拓本，原碑微字作「微」，中間上部作「山」，非「𠂹」。北海相景君銘「微弱蒙恩」之「微」字中間上部正作「山」，魏嵩高靈廟碑「微」字也寫作「微」。[28] 肥致碑此字相近，以釋為「微」為是。「譏」即「幾」，「幾微」乃細微之義。《後漢書·陳寵傳》：「今不蒙忠能之賞，而計幾微之故」，李賢注：「幾微，言微細也。」《漢書·蕭望之傳》：「願陛下選明經術，溫故知新，通於幾微謀慮之士以為內臣。」《後漢書·孝明八王傳》樂成靖王

28　秦公，《碑別字新編》（北京：文物出版社，1995），頁238。

黨條注引袁宏記曰:「血氣方剛,卒受榮爵,幾微生過,遂陷不義。」《論衡·問孔》:「使宰我賢,知孔子責人(之),幾微自改矣。」以上「幾微」皆作細微、微細解。「譏微玄妙」者,玄妙之至極也。

功臣五大夫雒陽東鄉許幼仙師事肥君

功臣、五大夫都是許幼的身分。許幼因何而為功臣,不可知。東漢靈帝建寧之時,仍有五大夫之爵,亦足矚目。過去學者論漢代爵制,多以為至東漢初,賜爵已無實質意義。許幼雖為功臣,似不曾出仕。遂假空洞之爵稱表彰身分歟?雒陽舊有北鄉可考(《居延漢簡》334.45),今又得東鄉之證,由此或可推知,東漢洛陽當如通例,有東、南、西、北四鄉。

樊有升認為許幼為人名,仙師屬下讀。不無可能。另一種可能的句讀是「許幼仙師,事肥君……」。立碑者以仙師稱許幼,而許幼又事肥君為師。下文提到肥致「號曰真人,世無及者」。《太平經》中常分人為九等。以〈九天消先王災法〉為例,其中說到第一等為神人,其次為真人,再次為仙人、道人、聖人等。《太平經》其他部分神人、真人、仙人的順序基本一致。[29] 又《太平經》中,教誨道眾的通常稱為天師或真人。許幼師事「號曰真人」的肥君,而自己被尊為仙師。己為仙師,仙師之師為真人,於理似亦可通。總之,這裡的句讀不易完全確定。

解止幼舍

「解止」用語見《三國志·鮑勛傳》。鮑勛為治書執法,「帝從壽春還,屯陳留郡界。太守孫邕見,出過勛。時營壘未成,但立標埒,邕邪行不從正道,軍營令史劉曜欲推之,勛以塹壘未成,解止不舉。」又見《太平經》卷一一○,〈大功益年書出歲月戒〉:「生言:『受戒之日,不敢解止須臾

---

29 這九類分法亦見於〈正一法文太上外籙儀下四夷受畏錄〉引《太平經》(《太平經合校》,臺北:鼎文書局影印王明校本,1979,頁 222,以下簡稱《合校》)、〈闕題〉(《合校》,頁 221)、〈守一入室和知神戒〉(《合校》,頁 417)。

也。」」[30] 解止皆有停止，止息之義。「解止幼舍」的意思應是肥致止息於許幼的住處。「解止」之「止」與碑文「舍止棗樹上」的「止」同義。

從碑文中形容肥致「出窈入冥，變化難識，行數萬里，不移日時，浮游八極，休息仙庭」來看，肥致可能雲游各處，居無定所。他是梁縣人，雲游至偃師，止息於弟子許幼之處。就在此時，許幼從肥致「得度世而去」，師徒都葬在偃師。[31]這事經過如何，碑中一無交代。

從君得度世而去

度世一詞已見於東漢。[32]《漢書·景帝紀》中元六年十二月，注引孟康曰：「語曰：『金可鑄，世可度』」；《風俗通義·正失》：「語曰：『金不可作，世不可度』」。王利器《風俗通義校注》引《楚辭遠游集注》云：「度世，謂度越塵世而仙去也」（頁 112）；《論衡·無形》：「傳稱赤松，王喬好道為仙，度世不死」；《太平經合校》卷十八至三十四，〈解承負訣〉：「上壽一百二十，中壽八十，下壽六十……如行善不止，過此壽謂之度世；行惡不止，不及三壽，皆夭也。」《宋書·符瑞志》下：「芝草，王者慈仁則生，食之則令人度世。」

建寧二年大歲在己酉，五月十五日丙午直建

靈帝建寧二年為己酉年，與《廿二史朔閏表》合。丙午「直建」，是指建除的建日。建除乃言日之凶吉，建日常為良日、吉日。例如 1986 年在

---

30 同上，《合校》，頁 531。

31 趙超認為肥致碑不是墓志，沒有較多的證據可以證明肥致確實埋在這座墓中，也不能輕易認定其弟子也埋在墓中，雖然墓中出現多副屍骨。劉昭瑞則認為應為肥致弟子合葬墓。請參趙超，《古代墓志通論》（北京：紫禁城出版社，2003），頁 45-46；劉昭瑞，〈論肥致碑的立碑者及碑的性質〉，《中原文物》，3（2002），頁 51。

32 我原來以為西漢已有度世一詞，引居延漢簡 280.1 為證。現在證明《居延漢簡合校》：「□乘王度世年廿八屬太常」的度世為誤釋，「度」應作「廣」。此簡原無圖版可參，紅外線照片已發表於中央研究院歷史語言研究所簡牘整理小組編，《居延漢簡補編》（臺北：中央研究院歷史語言研究所，1998）。

天水放馬灘秦墓中出土的甲種日書竹簡 13 云：「建日、良日矣；可為嗇夫，可以祝祠，可以畜六生，不可以入黔首。」[33] 睡虎地秦簡日書云：「建日，良日也；可以為嗇夫，可以祠，利棗〔早〕不利莫〔暮〕，可以入人，始寇〔冠〕，乘車。有為也，吉。」[34] 漢人與秦人同，凡事喜擇日而行。《論衡‧譏日》：「世俗既信歲時，而又信日，舉事若病死災患，大則謂之犯觸歲月，小則謂之不避日禁。歲月之傳既用，日禁之書亦行……時日之書，眾多非一……。」居延漢簡中多言時日之殘簡。例如破城子探方 21 曾出一簡云：「三月廿八日丙辰直建□」(《居延新簡》EPT21：1)。《漢書‧王莽傳》卷 99 上，居攝三年「十一月壬子，直建冬至」；師古曰：「壬子之日冬至，而其日當建」，所謂直建、當建，皆擇建日為行事之良日也。[35] 此碑以丙午直建，是擇丙午為良日或吉日，為肥君設便坐也。

前文曾假設建寧二年為肥致的死年。從碑的前後文看來，有這個可能，但卻不完全一定。建寧二年五月十五日確切地說，是為肥君設便坐的日子。碑中說許幼子許建在肥致和父親度世而去以後，因「心慈性孝，常思想神靈」，才為肥君設便坐。從文氣上看，兩人死後至設便坐之間，似乎經過一段時間。但是，這段時間應不會太長，不致影響我們對肥致年壽的推測。

為君設便坐

肥致墓發掘簡報特有一節討論碑文中「便坐」的含義。首先作者認為因為在墓中發現肥致的碑，因此墓主應為肥致。接著，結合文獻和墓室結構，進一步認為：第一，便坐應與肥致靈堂的位置有關。肥致在許家處客位，孝莄把他的靈堂設置別室，是合乎情理的；其次，從墓葬結構看，便坐與肥致的棺床位置有關。由於墓碑在內側室發現，肥致的棺床應在南側

33　甘肅省文物考古研究所編，《秦漢簡牘論文集》，頁 2。

34　釋文參饒宗頤，《雲夢秦簡日書研究》（香港：中文大學出版社，1982），頁 5。

35　參前引饒書，頁 10；何雙全，〈天水放馬灘秦簡甲種《日書》考述〉，收入前引《秦漢簡牘論文集》，頁 12。

室；許幼為一家之主，棺木應在主室。肥致和許幼死時，一起食石脂死去的弟子五人很可能也同葬一墓。

簡報推測所謂便坐或指墓之側室。肥致碑在南側室發現，肥致棺原在此，即所謂便坐。這推測有一定的道理。唯《漢書・文翁傳》說：「常選學官僮子，使在便坐受事。」可見官府受事之處有所謂便坐。又《漢書・霍光傳》注服虔曰：「便房，藏中便坐也。」師古曰：「便房，小曲室。」小曲室，小而偏曲之室也，也就不是正房的意思。這是說明便坐為墓葬中側室或小室最明白的文獻。又《晉書・禮志》：「武帝泰始四年，文明王皇后崩……開崇陽陵……進皇帝蜜璽綬於便房神坐。」或疑「便坐」也可是「便房神坐」之省。實則房是房，坐是坐，為兩事。服虔混房與坐為一，不妥。便房中有坐，遂名為便坐，或「正坐」以外的坐即為便坐，如〈文翁傳〉所說。又便房、便坐為通名，指一般側房、側坐。漢墓模仿地上宮室，稱謂遂亦通用。36

如果承認肥致是在許幼家居客位，許幼與肥致同時亡故，肥致棺被安置在便坐（側室），則似乎應該認為這墓的墓主應是許幼，而不是肥致。許幼子許建為父修墓，其父棺當在主室，是當然的墓主。因肥致為父之師，弟子尊之，遂為之立碑。但無論如何，依儒家的禮法，客寓許家的肥致是無法奪去許幼的主位的。如果以上的理解尚屬合理，那麼這個墓似乎不應稱為肥致墓，而應稱為許幼墓。當然，如果在以方士或道士為首的社群裡，有不同於儒家的禮法，則又當別論，而這個可能性應該是存在的。如果這樣，我們就不宜完全從儒家所說的一套去理解此墓和墓中出現的現

---

36 如果以上對便坐的理解是正確的，正可以解釋山東蒼山元嘉元年漢畫像墓題記云：「……從兒刺舟渡諸母。便坐上，小車軿……」，所謂「便坐上」的便坐即指車或船上的側坐。幾位討論蒼山畫像題記的學者如李發林、劉道廣、方鵬鈞、張勛燎、王恩田於此皆無說。參李發林，《山東漢畫像研究》（齊魯出版社，1982），頁 95-101；同上，〈山東蒼山元嘉元年畫像石墓題記試釋〉，《中原文物》，1（1985），頁 72-75；劉道廣，〈蒼山元嘉元年畫像石墓題記注釋〉，《漢畫研究》，創刊號（1991），頁 52-54；方鵬鈞、張勛燎，〈山東蒼山元嘉元年畫像石題記的時代和有關問題的討論〉，《考古》，3（1980），頁 271-278；王恩田，〈蒼山元嘉元年畫像石墓考〉，《四川文物》，4（1989），頁 3-10。

象。

　　碑末的贊辭也值得注意。開始的「故神君皇又（父？）有鴻稱，升遐見紀，子孫企予，慕仰靡恃」云云，仔細看《書法叢刊》上的拓本，可以發現原釋文所釋的「又」字上方，有左右各一撇，似應為「父」字（圖2）。如父字正確，再從「子孫企予」的語氣看，這方石碑雖是為肥致所立，但贊辭卻像兒子對父親的口氣。當然還有一個可能「故神君皇父」是指死去的神君肥致和皇父許幼兩人。

圖2　父字放大

　　此外，不要忘了這個墓有盜洞，經過明顯盜擾。石碑不大，石碑是否原本一定在南側室，未經移動，並不能完全確定。要確定這一點，進行墓中各室亂骨的鑑定，或許有幫助。肥致如果真是活躍於章帝、和帝年間，死於建寧，年歲應高於其他的人。年歲是可以從遺骨上鑑定出來的。如果南側室的遺骨屬於年歲較大的人，則肥致居於南側室之說就更為堅強。如果不是，就有必要考慮其他的可能性。

故神君皇父〔又〕有鴻稱

　　疑此處原漏刻一「父」或「又」字。為補救，將父字加一橫成「又」字，或將已刻的「又」字加兩撇成「父」字，成了目前「父」、「又」合成一字的情形。同事林素清小姐認為，另一個可能則是「父」字上端橫筆為碑石殘破所造成，亦即文句為「故神君皇父，有鴻稱」。因手邊只有拓影，尚難判斷。如能觀察此一橫劃的深淺、紋理，並和其他筆劃比較，應不難定奪。《漢書·谷永傳》：「以遠皇父之類，損妻黨之權」；《後漢書·章帝紀》建初二年，太后詔曰：「……竇太后欲封皇父……」。此「皇父」一辭可考於漢代者。

　　此碑漏刻似不只一處。依行文的文氣，原碑第十三行末至十四行「敬進肥君餟順四時所有神仙退泰」一段不易句讀，疑有漏字；又十七行「故刊茲石達情理，願時仿佛，則其嘉祉」一段，「石達」之間也漏了一字。

升遐見紀

「升遐」見《後漢書‧張衡傳》思玄賦：「涉清霄而升遐兮」。升遐亦作「升假」。《淮南子‧齊俗》：「今夫王喬赤誦子……以游玄眇，上通雲天，今欲學其道，不得其養氣處神……其不能乘雲升假亦明矣。」

「見紀」用語見《漢書‧地理志下》：「宣帝時，鄭弘、召信臣為南陽太守，治皆見紀」、〈何並傳〉：「郡中清靜，表善好士，見紀潁川，名次黃霸」、〈酷吏傳〉贊曰：「是以至哀、平，酷吏眾多，多莫足數，此其知名見紀者也」、〈佞幸傳〉董賢條：「而王閎王莽時為牧守，所居見紀」、《後漢書‧袁紹傳》：「譏傷偏裨列校，勤不見紀；盡忠為國，而成重怨」。簡言之，見紀者，見於載記、記錄，引申為為人所懷念記憶也。

土仙者大伍公

在當時修仙修道的人群中，依修練的程度和師承關係，可能有不同的身分名號。漢末太平道眾有奸令祭酒，鬼吏；五斗米道有師君、鬼卒、祭酒等。[37] 此碑碑末的「土仙者大伍公」，疑或屬此類。大伍公一名，虞萬里先生已考得《逍搖墟經》出處，可以參看。[38] 近讀睡虎地秦簡日書甲種「直（置）室門」條有大伍門：「大伍門，命曰吉羌（祥）門，十二歲更」（簡 118 正貳）。湖北隨州孔家坡漢景帝時日書「直室門」條也有「大伍門」：「宜車馬，宗族、弟兄、婦女，吉，八歲而更。」可見大伍屬吉，其名由來已久。[39] 大伍公之名或沿此而來。

土仙疑即「地仙」，「陸仙」或「人仙」，而與「天仙」有別。人仙見《太平經》。《太平經鈔》辛部云：

> 天上官舍，舍神仙人；地上官舍，舍聖賢人；地下官舍，舍太陰、善神、

37　《三國志‧張魯傳》（中華書局標點本）及注；《隸續》（中華書局影印洪氏晦木齋刻本，1985）卷 3，〈米巫祭酒張普題字〉。

38　虞萬里，〈東漢肥致碑考釋〉，《中原文物》，4（1997），頁 95-101。

39　湖北省文物考古研究所、隨州市考古隊編，《隨州孔家坡漢墓簡牘》（北京：文物出版社，2006），頁 164-165。

善鬼；八表遠近名山大川官舍，以舍天地間精神人仙未能上天者。

得道能成仙上天。《太平經》認為真能得道昇天的少之又少，因此在地上的名山大川，另外安排一個特別的「官舍」給人仙未能上天者。這個人仙，實際還在地上，只是特別居於名山大川之間。這樣的人仙在《仙經》[40]裡就成了未能成天仙以前，遊於名山的地仙：

上士舉形昇虛，謂之天仙；中士遊於名山，謂之地仙；下士先死後蛻，謂之尸解仙。

這個名山，依《抱朴子》所引《太清觀天經》，即崑崙。[41] 碑末云「土仙者大伍公見西王母崑崙之虛，受仙道。」（圖3）可見《抱朴子》和《太清觀天經》裡地仙遊名山的說法可以在漢末的這方石碑裡找到淵源。地仙是否即此碑所說的土仙？文獻中並無確證。唯《說文》：「土，地之吐生萬物者也；二象地之上，地之中，｜物出形也。凡土之屬皆從土。」《釋名・釋地》：「地者，底也。其體底下，載萬物也；亦言諦也，五土所生，莫不信

圖3　陝西定邊漢墓壁畫裡的西王母　康蘭英提供照片

40　《抱朴子內篇》卷二論仙引（北京：中華書局，王明校釋增訂本，1985），頁20。
41　見〈內篇〉卷四金丹，頁76：「其經曰：『上士得道，昇為天官；中士得道，棲集崑崙』」。

諦也……土，吐也，吐萬物也。」地生、載萬物，五土亦生萬物，土、地或一而二，或二而一，從構詞含意看，土仙與地仙應可相通。

土仙、地仙當亦和陸仙通用。《抱朴子內篇·仙藥》：「昔仙人八公，各服一物，以得陸仙，各數百年。」《太平御覽》卷六六八引《上清列紀》曰：「胎閉靜息，內保百神，吞景咽液，飲食自然，必壽考，可得陸仙矣。」

再從葛洪《神仙傳》卷一彭祖、白石生、黃山君等人的故事看來，當時有不少人並不希望成為餐風飲露，飛昇在天，離群索居的天仙，而寧可成為繼續「食甘旨，服輕麗，通陰陽，處官秩，耳目聰明，骨節堅強，顏色和澤，老而不衰，延年久視，長在世間」的地仙（《神仙傳》彭祖條）。[42]「土仙者大伍公」不知是否即屬此類？

後記

民國 85 年 6 月 20 日初稿，85 年 11 月 25 日改稿。本文多承蕭璠；林素清、劉增貴、林清源諸君惠賜寶貴意見，謹致謝意。又拙文發表後，李訓祥先生在《大陸雜誌》95 卷第 6 期（1997），虞萬里在《中原文物》1997年第 4 期，張勛燎在《四川大學考古專業創建三十五周年紀念文集》（成都：四川大學出版社，1998），劉昭瑞在《中原文物》2002 年第 3 期，趙超在《中國典籍與文化》1999 年第 1 期及《古代墓志通論》（北京：紫禁城出版社，2003），黃展岳在《考古》2012 年第 5 期中都曾發表很好的意見，值得參考。為便讀者對照，拙文除稍有增補，主旨就不改了。

原刊，《大陸雜誌》94：2（1997），頁 1-13；96.3.27 增訂；105.2.7 再補

---

42 司馬相如早有西王母「皬然白首戴勝而穴處兮，亦幸有三足烏為之使。必長生若此而不死兮，雖濟萬世不足以喜」的想法，參《漢書·司馬相如傳》，〈大人賦〉。

《太平經》對善惡報應的再肯定
——承負說

一 積善之家必有餘慶

《易・坤卦》文言曰：「積善之家必有餘慶，積不善之家必有餘殃」，《尚書・湯誥》：「天道福善禍淫」，《老子・德經》：「夫天道无親，恆與善人。」善惡報應是中國起源甚早的一種道德信念，也一直是中國傳統社會道德價值體系維繫的重要力量。以漢代為例，當時的人會在天天使用的銅鏡上銘鑄「積善之家，天錫永昌」這樣的話（梁上椿，《巖窟藏鏡》2 上 42）。在漢人的言論裡，對此表示信心的話也非常多。《鹽鐵論・論菑》曰：

> 天菑之證，禎祥之應，猶施與之望報，各以其類及。故好行善者，天助以福，符瑞是也。易曰：自天祐之，吉无不利；好行惡者，天報以禍，妖菑是也。《春秋》曰：應是而有天菑……

《說苑・敬慎》：

> 人為善者，天報以福；人為不善者，天報以禍也。故曰：禍兮福所倚，福兮禍所伏。

《說苑・說叢》：

> 天地無親，常與善人。天道有常，不為堯存，不為桀亡。積善之家，必有餘慶；積惡之家，必有餘殃。

《論衡・禍虛》：

> 世謂受福祐者，既以為行善所致。又謂被禍害者，為惡所得，以為有沉惡伏過，天地罰之，鬼神報之。天地所罰，小大猶發，鬼神所報，遠近猶至。

《潛夫論・述赦》：

天道賞善而刑淫。

以上不過隨舉數例。在《漢書》〈張湯傳〉、〈丙吉傳〉、〈于定國傳〉、《後漢書》〈皇后紀〉和熹鄧皇后、順烈梁皇后條、〈獨行傳〉王忳條等實際的例子裡，可以看到這種道德信念曾成為漢代人行為的準則。

可是長久以來，也有太多的事例證明善人不一定得善報，惡人不一定得惡報。老天真的鼓勵善人，懲罰惡人嗎？它的公正或公平有時不禁令人起疑。一個較早懷疑的例子見於《荀子‧宥坐》：

> 孔子南適楚，厄於陳、蔡之間……子路進問之曰：由聞之，為善者天報之以福；為不善者，天報之以禍。今夫子累德積義，懷美行之日久矣，奚居之隱也？

在孔子弟子眼中，孔子之德善如此，卻厄於陳、蔡，不得不疑心上天是如何報答善人。這個故事又見於《韓詩外傳》、《說苑‧雜言》等漢人的記載。善人不得善報，惡人也不一定得惡報。古人又常舉盜跖為例。《莊子‧雜篇》說盜跖是惡人的典型：「橫行天下，侵暴諸侯，穴室樞戶，驅人牛馬，取人婦女，貪得忘親，不顧父母兄弟，不祭先祖，所過之邑，大國守城，小國入保，萬民苦之。」但是他卻未受惡報而享高壽善終。老天的公道到底何在？

二　漢人對天道的懷疑

到了漢代，司馬遷論伯夷、叔齊，不禁又提出相同的質疑：

> 或曰：天道無親，常與善人。若伯夷、叔齊，可謂善人者，非邪？積仁行絜如此而餓死。且七十子之徒，仲尼獨薦顏淵為好學，然回也屢空，糟糠不厭而卒早夭。天之報施善人，其何如哉？盜跖日殺不辜，肝人之肉，暴戾恣睢，聚黨數千人，橫行天下，竟以壽終，是遵何德哉？……余甚惑焉。儻所謂天道，是邪？非邪？（《史記‧伯夷列傳》）

東漢王充更徹底地否定善惡與命運的關係。《論衡‧幸偶》說：

凡人操行，有賢有愚。及遭禍福，有幸有不幸，舉事有是有非，及觸賞罰，有偶有不偶。並時遭兵，隱者不中，同日被霜，蔽者不傷；中傷未必惡，隱蔽未必善……人物受性有厚薄也，俱行道德，禍福不均，並為仁義，利害不同。晉文修文德，徐偃行仁義，文公以賞賜，偃王以破滅……

又〈命義〉篇說：

凡人受命，在父母施氣之時已得吉凶矣。夫性與命異，或性善而命凶，或性惡而命吉。操行善惡者性也，禍福吉凶者命也。或行善而得禍，是性善而命凶，或行惡而得福，是性惡而命吉也。性自有善惡，命自有吉凶。使命吉之人雖不行善，未必無福，凶命之人雖勉操行，未必無禍。……而盜跖、莊蹻橫行天下……無道甚矣，宜遇其禍，乃以壽終……顏淵、伯牛行善者也，當得隨命，福祐隨至，何故遭凶？……故人之在世，有吉凶之性命，有盛衰之禍福，重以遭遇幸偶之逢，獲從生死而卒其善惡之行，得其胸中之志，希矣。

依王充之說，人生在世，幸與不幸，有福或有禍，遇與不遇，長命或短壽，都是命中注定，與行為善惡沒有必然直接的關係。如果漢代的人多和司馬遷或王充一樣，對天道報應發生懷疑，自然會形成一種社會道德危機。

不過，司馬遷和王充的舉證可以說都是及身之報，並沒有真正摧毀「餘慶流殃」說的基礎。餘慶流殃說的一個重點在善惡之報不一定及身，而在影響後世子孫，所謂「不是不報，時候未到」。漢代另有「陰德」、「陰禍」之說。陰德或陰禍都是指積善或積惡沒有顯報本人於當世，而報應於子孫。司馬遷一方面懷疑天道報應，一方面卻也相信陰德之說：

太史公曰：韓厥之感晉景公，紹趙之孤子武，以成程嬰、公孫杵臼之義，此天下之陰德也。韓氏之功於晉未睹其大者也，然與趙、魏終為諸侯十餘世，宜乎哉！（《史記·韓世家》）

再如《漢書·丙吉傳》謂：

太子傅侯勝曰：此未死也。臣聞有陰德者，必饗其樂，以及子孫。今古未獲報而疾甚，非其死疾也。後病果癒。

又《漢書‧于定國傳》：

> 于公謂曰：少高大閭門，令容駟馬高蓋車，我治獄多陰德，未嘗有所冤，子孫必有興焉。至定國為丞相。

相反的如秦楚之際，王翦孫王離為秦將擊趙，客曰：

> 夫為將三世者必敗。必敗者何也？必其所殺伐多矣。其後受其不祥。今王離已三世將矣。居無何，項羽救趙，擊秦軍，果虜王離，王離軍遂降諸侯。（《史記‧白起王翦傳》）

為將三世，遺禍子孫之說亦見於《漢書‧李廣蘇建傳》贊：

> 然三代之將，道家所忌，自廣至陵，遂亡其宗，哀哉！

為將三世所以遺禍的原因，就是因為殺人太多。道家不但忌為將殺人，亦忌陰謀；多陰謀，則必有陰禍。《史記‧陳丞相世家》陳平曰：

> 我多陰謀，是道家之所禁。吾世即廢，亦已矣，終不能復起，以吾多陰禍也。

《論衡》〈雷虛〉、〈談天〉等篇也提到漢人對陰善、陰過的信念。〈雷虛〉篇說：

> 人有陰過，亦有陰善。有陰過，天怒殺之，如有陰善，天亦宜以善賞之。

〈談天〉篇說：

> 儒者曰：天，氣也，故其去人不遠。人有是非，陰為德害，天輒知之，又輒應之，近人之效也。

但是王充否定了上天有知，能知人善惡，並據以賞善罰惡的說法。在他看來，人的命運，在「父母施氣」或者說出生之前已經注定。後天的努力，並不能改變什麼。人的生死不過是氣之聚散，因此根本無所謂死後遺禍或餘慶惠及子孫的問題。這種虛無的命定論，在東漢中晚期，大概不是王充一個人獨特的見解。這時宦官、外戚和豪門大姓當道，懷才不遇者多，王充不過是其中之一。個人現世的挫折和社會普遍善惡標準的模糊（如東漢王符等士人普遍批評當世舉才不以賢），都足以使人懷疑善惡與報應之是否有必然關聯。

三 《太平經》的承負說

　　在東漢晚期這樣的時代環境裡，成於眾手的《太平經》卻極為一致地肯定主張「天道無親，唯善是與」（《太平經鈔》甲部，頁4），反覆宣揚天地不欺，「種禾得禾，種麥得麥，其用功力多者，其稼善，何況天哉？」（卷三十七〈試文書大信法〉，頁56），「比若人種刈，種善得善，種惡得惡」（《太平經鈔》丙部，頁149），「天者，至道之真也，不欺人也」（〈闕題〉，頁219），「善自命長，惡自命短，何可所疑所怨乎？」（卷一一〇〈大功益年書出歲月戒〉，頁525），「天之應人如影響，安得行惡而得善者乎？古今希有之也」（卷一一七〈天咎四人辱道誡〉，頁656），「天道無親無疏，付歸善人」（卷一一九〈道祐三人訣〉，頁682）。

　　可是為什麼明明有那麼多善人未見有善報，惡人沒有惡報呢？為回答這個問題，《太平經》提出了較陰德說，更細緻的承負之說。〈解承負訣〉有極重要的一段：

> 凡人之行，或有力行善，反常得惡，或有力行惡，反得善，因自言為賢者非也。力行善反得惡者，是承負先人之過，流災前後積來害此人也。其行惡反得善者，是先人深有積畜大功，來流及此人也。能行大功萬萬倍之，先人雖有餘殃，不能及此人也。因復過去，流其後世，成承五祖。一小周十世，而一反初。或有小行善不能厭，圉圉其先人流惡承負之災，中世滅絕無後，誠冤哉。承負者，天有三部，帝王三萬歲相流，臣承負三千歲，民三百歲。皆承負相及，一伏一起，隨人政衰盛不絕。……胞胎及未成人而死者，謂之無辜承負先人之過。（卷十八至三十四，頁22-23）

這一段明確解釋了為善不得善報，惡不得惡報是因為承負了先人之過或先人之功。其次，所謂的先人，其流澤遺禍的能力因身分地位高下而有不同：帝王不論流澤或遺禍可達三萬年，帝王之臣達三千年，一般凡民三百年。正因為承受擔負了先人遺禍，因此會有人尚在胞胎，不及出生，或未成年即不幸而死。〈解師策書訣〉對所謂的「承」或「負」有更進一步的

說明：

> 然，承者為前，負者為後；承者，迺謂先人本承天心而行，小小失之，不
> 自知，用日積久，相聚為多，今後生人反無辜蒙其過謫，連傳被其災，故
> 前為承，後為負也。負者，流災亦不由一人之治，比連不平，前後更相
> 負，故名之為負。負者，迺先人負於後生者也。（卷三十九，頁70）

這是說先人行事，不知不覺之中有違天意或天心，積久遂成承負之災。《太
平經》所說的「先人」可指三萬年前的帝王，三千年前的臣，也可指三百
年前的凡民。其中帝王地位最尊，能力最大，流澤餘殃所及的範圍最廣，
時間最長，責任也最重。

有趣的是《太平經》為了使對天地災變應該負最大責任的帝王脫罪，
有時矛盾地將承負之責，或上推給天地開闢以來所有的「後生」，或索性
推給造物的天地。例如〈妒道不傳處士助化訣〉說：

> 自天地開闢以來，後生日益薄妒道，小人斷絕天地之珍寶，以是為失，積
> 久故生承負，令天災不絕，常使天地內獨歲不平安，災變盜賊眾多，國家
> 為其愁苦，正起於是。（卷九十七，頁429-430）

如此說來，承負的造成可以回溯到天地開闢以來所有不知珍惜天地之道的
後生小人；這些後生小人也就是更後世子孫的「先人」。這些先人雖包括
帝王，卻不僅僅是帝王。有時則乾脆推給造物的天地。〈五事解承負法〉
說天地若無德，帝王即使有萬人之德，也無可奈何：

> 然，天地生凡物，無德而傷之，天下雲亂，家貧不足，老弱飢寒，縣官無
> 收，倉庫更空，此過迺本在地傷物，而人反承負之。……此即承負之厄
> 也，非後人之過明矣。後世不知其所由來者遠，反以責時人，故重相冤
> 也……本道常正，不邪偽欺人。人但座先人、君王、人師父教化，小小失
> 正，失正言，失自養之正道，遂相效學，後生者日益劇，其故為此。積久
> 傳相教，俱不得其實，天下悉邪，不能相禁止。故災變萬種興起，不可勝
> 紀，此所由來者積久復久。愚人無知，反以過時君，以責時人，曾不重被
> 冤結耶？天下悉邪，不能自知，帝王一人，雖有萬人之德，獨能如是何？
> （卷三十七，頁60）

對天地萬種災變本應負最大責任的帝王，由此獲得開脫。這一點極值得注意。《太平經》這種論調不僅見於一處。〈四行本末訣第五十八〉也說天咎地殃都是人們習焉不察，無意中長期累積而成，即使仁賢之君王也無可奈何：

> 行歲本興而末惡者，陰陽之極也。人後生者惡且薄，世之極也。萬物本興末無收者，物之極也。後生語多空欺無核實者，言之極也。文書多稸委積而無真者，文之極也。是皆失本就末，失實就華。故使天地生萬物，皆多本無末，實其咎在失本流就末，失真就偽，失厚就薄、因以為常。故習俗不知復相惡，獨與天法相違積久，後生者日輕事，更作欺偽，積習成神，不能復相禁，反言曉事，故致更相承負，成天咎地殃，四面橫行，不可禁防。**君王雖仁賢，安能中絕此萬萬世之流過？** 始失小小，各失若粟。天道失之若毫釐，其失千里，粟粟相從從聚，迺到滿太倉數萬億斛。夫雨一一相隨而下流不止，為百川，積成四海，水多不可。（卷四十二〈四行本末訣第五十八〉，頁 95）

因此《太平經》雖承認帝王會造成最長久的承負之災（三萬歲），責任最大，它也明白為帝王辯護：天下災亂，非帝王一人的過失，而應由天下萬民一體負責，所謂「王治不平，本非獨王者之過也。迺凡人失道輕事，共**為非。其得過非一也，乃萬端，故使治難平乖錯也**」（卷三十五〈分別貧富法〉，頁 34）、「**夫治不調，非獨天地人君之過也。咎在百姓人人自有過，更相承負，相益為多，皆悉坐不守實所致也**」（卷三十六〈事生到終本末當相應訣〉，頁 53）。《太平經》又謂：

> 下愚不自思過失，反復上共責歸過於帝王。天乃名此為大反逆之民，過在下傳欺其上，以惡為善，以善為惡，共致此災，反以上歸天。以歸天者，復上責其君，天下絕洞凶民臣無狀之人也。……夫父母生子，皆樂其賢且善，何時樂汝行為惡哉？反還罪其父母，是為大逆不孝子也。（卷九十六〈守一入室知神戒〉，頁 418）

《太平經》一貫將帝王比為父母。從以上這幾段可以看出《太平經》絕沒有站在人民百姓的立場，為百姓說話的意思，反而比儒生更明白地為帝王

開脫災亂異變之責。

　　大致說來，《太平經》中的承負觀念，或淵源於古來的餘慶流殃之說，顯然也有極大的不同：

　　第一，原來的善惡報應或陰德、陰過之說只限於一家一族之內，祖先的善惡只影響到家族內後世的子孫。《太平經》的承負範圍大為擴大，照〈五事解承負法〉所說，承負發生在皇天、后土、帝王、百姓和萬二千物之間（頁 57）。

　　第二，原來的報應有「積善之家慶有餘」善報部分，但《太平經》所說的承負，偏重天地開闢以來凡因先人、先世或先王過失而造成的災禍。

　　第三，原先的餘慶流殃說認為只會報應後世子孫，沒有說報應發生的時限，也不意味報應會因人的身分地位而有不同。《太平經》認為帝王、臣、民因身分地位不同，會有承負三萬歲、三千歲、三百歲時間長短的差異。

　　儘管有上述差異，《太平經》承負說與傳統善有善報、惡有惡報說以及「天道無親，常與善人」的信念，基本一致。東漢末年是一個「天下雲亂，家貧不足，老弱飢寒，縣官無收，倉庫更空」的亂世，也是一個對傳統價值和統治者喪失信心的時代。承負之說在很大程度上針對時代需要，可以說再度肯定了既有的價值，也極力開脫當世君主統治之無力。可是承負說在激勵道德善行的作用上，能較舊說高明多少，令人懷疑。因為依其說，個人命運的好壞或壽命的長短，並非完全由一己行為的善惡決定，如為盜跖之子孫或桀紂之後代，則無論如何行善，也要有三百，甚至三萬年不得翻身。

78.7.3 初草

後記

　　這是早年讀《太平經》王明合校本的札記。寫成之後約十年，才得讀民國 41 年 1 月 31 日胡適給楊聯陞談承負的書信。在這封信裡，胡適說：「我頗感覺這個思想不全是中國本位的思想。這似是中國的舊報應觀念，已受到

了印度『業報』觀念的打擊，起來補充自衛，自圓其說，乃成為『承負』之說。」又說：「承負之說，特別側重『前後積畜』，又側重『先人負於後生者』，這裡似很有『歸諸宿緣，推之來世』的影響。但此說又側重『能行大功萬萬倍倍，先人雖有餘殃，不能及此人』。兩說不同之點是三世業報之說的三世仍是一個『我』；而承負之說的『前後世』不是一人，乃是祖宗與子孫的前後相負，乃是後世替先人還冤債。請注意『負』在東漢人的《說文》裡是『受貸不償』，即是『欠債』。承負即是擔承『先人負于後生者』的債項。用這個『還債』的意思來說報應，我頗疑是佛教思想的影響，所以我說這不全是中國本位的思想。」（中央研究院胡適紀念館編，《論學談詩二十年——胡適楊聯陞往來書札》，聯經出版公司，1998，頁 129-130）「承負」之說是否因印度「業報」說，遂起而自衛，自愧不通佛學，不敢贊一詞。謹錄其說，以待識者。

96.1.26

再記

　　近日得讀劉昭瑞先生論承負，將承負解釋為鎮墓文中的「重復」，請參看劉昭瑞，〈《太平經》與考古發現的東漢鎮墓文〉，《世界宗教研究》，4（1992）和〈《太平經》「承負說」研究〉，《考古發現與早期道教研究》（北京：文物出版社，2007），頁 63-98。唯張勛燎先生不同意其說，參張勛燎、白彬，《中國道教考古（1）》（北京：線裝書局，2006），頁 49-53。

　　原刊《國文天地》，8：3（1992），頁 12-16；97.3.23 訂補；106.1.21 再訂

《太平經》裡的九等人和凡民、奴婢的地位

王明先生在討論《太平經》的成書時代和作者時，曾從漢代語言習慣、地理名稱、社會風尚和思想內容四方面論證此書應作於西元二世紀前期。在社會風尚一節引證揚雄《太玄》和班固《漢書・古今人表》證明《太平經》分人為九等，是「作者根據當時社會上流行的九等法拼湊而成的」。[1]或許因為王先生的目的在論證成書的時代，對九等人分法的來歷和意義並沒有進一步多說。

古來人而分等，有多說。例如春秋時有「天有十日，人有十等」說（《左傳》昭公七年），《文子》有二十五等說（隋・蕭吉《五行大義》卷五引《文子》，唐敦煌寫本《二十五等人圖》）。[2]自孔子說人有上智、下愚、中人（《論語》〈雍也〉、〈陽貨〉），由此再各分三等的九等說大概是眾說中勢力較大的一種。《逸周書・本典》說「士有九等，皆得其宜」。這是九等說比較早的記載。出土文獻已經證實今本《逸周書》有其來歷，應屬先秦舊籍無疑。湖

1　王明，《道家和道教思想研究》（北京：中國社會科學出版社，1984），頁 192。

2　1973 年河北定縣八角廊四十號漢墓出土《文子》殘簡後，已證實《文子》為先秦古籍。相關研究極多，可參河北省文物研究所定州漢簡整理小組，〈定州西漢中山懷王墓竹簡《文子》釋文〉、〈定州西漢中山懷王墓竹簡《文子》校勘記〉、〈定州西漢中山懷王墓竹簡《文子》的整理和意義〉，《文物》，12（1995），頁 27-40；較集中的相關研究見《道家文化研究》18 輯（北京：三聯書店，2000）、丁原植，《文子資料探索》（臺北：萬卷樓圖書公司，1999）等，不一一列舉。敦煌寫本《二十五等人圖》參王利器，〈敦煌唐寫本《二十五等人圖》跋〉，《王利器論學雜著》（北京：北京師範學院出版社，1990），頁 349-351。又可參凍國棟，〈讀敦煌所出唐寫本《二十五等人圖》論漢唐間社會觀念的某些變遷〉，收入張國剛編，《中國中古史論集》（天津：天津古籍出版社，2003），頁 27-38。

南長沙馬王堆帛書〈伊尹‧九主〉出土後，則證明《史記‧殷本紀》集解引劉向《別錄》所說伊尹《九主》有法君、專君等九品，圖畫其形之說確有所本（圖1）。[3]九品和九等說無疑曾流行於春秋戰國之時。《春秋繁露‧考功名》謂：「積其日，陳其實，計功量罪，以多除少……多少有率為第。九分三三列之，亦有上中下。」董仲舒以三三而九，分為等第，雖然是說考績之法，其說和孔子之言以及《逸周書》「士有九等」說無疑都是《漢書‧古今人表》分

圖1 《長沙馬王堆漢墓帛書集成（壹）》〈九主圖〉殘帛

人為上中下九等的張本。《太平經》所說九等應是長期以來九等成說的反映。

一 《太平經》裡的九等人

　　《太平經》的九等說大致上繼承了上述成說中的三種成分：（1）基本上以九等區分人的高下；（2）以「職」或智愚作為分等的標準；（3）列等者不限「士」或「君」，《太平經》上追《左傳》十等說（王、公、大夫、士、皁、輿、隸、僚、僕、臺），將較君、士低下的凡民和奴婢都納入。

　　《太平經》和傳統成說也有不同之處：第一，將《莊子》內外篇常提到的神人、仙人、真人、至人納入序列，所列兼及「凡人」與「非凡人」兩大類；第二，將九等人與元氣、四時、五行、陰陽、萬物等概念相比附。這樣的比附前所未見。《太平經》〈九天消先王災法〉說：

3　所謂圖畫其形，從馬王堆所出〈九主圖〉可知非具像之圖而屬數術類示意之圖。

夫人者，迺理萬物之長也。其**無形委氣之神人**，職在理元氣；**大神人**職在
理天；**真人**職在地；**仙人**職在理四時；**大道人**職在理五行；**聖人**職在理陰
陽；**賢人**職在理文書，皆授語；**凡民**職在理草木五穀；**奴婢**職在理財貨。
何乎？凡事各以類相理。無形委氣之神人與元氣相似，故理元氣。大神人
有形，而大神與天相似，故理天。真人專又信，與地相似，故理地。仙人
變化與四時相似，故理四時也。大道人長於占知吉凶，與五行相似，故理
五行。聖人主和氣，與陰陽相似，故理陰陽。賢人治文便言，與文相似，
故理文書。凡民亂憒無知，與萬物相似，故理萬物。奴婢致財，與財貨相
似，富則有，貧則無，可通往來，故理財貨也。夫皇天署職，不奪其心，
各從其類，不誤也……[4]

皇天對以上九種人，各署職責，雖未明言各種人地位之高下，但從各種相
似特質的描述，可知地位最尊者為與元氣相似之無形委氣神人，而後依序
而降，凡民與奴婢乃最低的兩類。所謂「上極無形，下極奴婢」，[5] 從上
極、下極之語可以看出他們的地位高下不同。其有高下的理由則和所比附
的元氣、四時、五行、陰陽、萬物之「職」有關。這九等分法亦見於《正
一法文太上外籙儀下人四夷受要籙》所引《太平經》。[6]《太平經》中另有
分為神人、真人、仙人、道人、聖人、賢人、民人、奴婢八等之說，[7] 也有
將奴、婢分列，而成神、真、仙、道、聖、賢、凡民、奴、婢九等，謂
「此九人有真信忠誠」云云。[8] 不論八或九等，相當於帝王的聖人之上，有
神、真、仙、道四等；其下則有助帝王治天下的賢人或臣，再下則是被統
治、無知而與「萬物相似」的凡民以及與「財貨相似」的奴婢。

4　王明，《太平經合校》（臺北：鼎文書局影印北京中華書局 1960 年版，1979），卷 42，〈九天
　　消先王災法〉第 56，頁 88。
5　同上，頁 90。
6　同上，〈闕題〉，頁 222。
7　同上，〈闕題〉，頁 221。
8　同上，〈守一入室知神戒〉第 152，頁 417。

二　《太平經》作者眼中的凡民和奴婢

在《太平經》作者的眼裡，平民與奴婢地位都很低，奴婢甚至可以說不是「人」，而僅與「財貨相似」。將奴婢視同財貨，不乏秦漢時代的例證。這一點論者已多，不再申說。[9]《太平經鈔》指出「奴婢者，衰世所生，象草木之弱服者，常居下流，因不伸也，奴婢常居下，故不伸也，故象草木」。[10] 這是對奴婢身分低下的解釋。《經鈔》又說：「凡民者象萬物，萬物者生處無高下，悉有民，故象萬物。」[11] 這大概是說凡民無處不在，有如世間不論山高水低，無處不有之萬物，處處有之，也就平凡無奇。

凡民不但無處不有，而且無知亂憤。凡民無知可以說是先秦諸子一貫的看法。先秦諸子雖然一再宣示為政須以民為本，卻從不承認凡民有足夠的知識和能力去管理自己，或者知道自己真正最大幸福之所在。這從《論語‧泰伯》子曰：「民可使由之，不可使知之」開始（相同的話又見約屬戰國中晚期郭店楚簡《尊德義》：「民可使道之，而不可使知之。」），《管子‧法法》謂：「故民未嘗可與慮始，而可與樂成」（又見《商君書‧更法》、《史記‧商君列傳》）。《墨子‧天志中》子墨子曰：「義不從愚且賤者出，必自貴且知者出……」；《荀子‧正名》曰：「夫民易一以道而不可與共故。故明君臨之以埶，道之以道，申之以命，章之以論，禁之以刑，故其民之化道也如神」；《韓非子‧顯學》曰：「民智不可用……夫民智之不足用亦明矣。」又〈忠孝篇〉謂：「古者黔首悗密蠢愚，故可以虛名取也；今民儇詗智慧，欲自用，不聽上，上必且勸之以賞，然後可進，又且畏之以罰，然後不敢

9　例如傅筑夫、王毓瑚編，《中國經濟史資料》（北京：中國社會科學出版社，1982），頁 269-272；李建民，〈由新出考古資料看漢代奴婢的發展與特質〉，《食貨》，15：11（1986），頁 61-65；傅舉有，〈從奴婢不入戶籍談到漢代的人口數〉、〈論漢代「民貲」的登記及有關問題──兼答楊作龍同志〉，《中國歷史暨文物考古研究》（長沙：岳麓書社，1999），頁 148-150、151-161。根據新出土資料，較新的研究結論是漢代奴婢既是「人」，也是主人的「資產」。參楊際平，〈秦漢戶籍管理制度研究〉，《中華文史論叢》，1（2007），頁 1-35。

10　《太平經合校》，〈闕題〉，頁 222。

11　同上。

退。」韓非承認當世之民有了智慧，但顯然並不認為就該實行「民主」，讓「蠢愚」又「欲自用」的一般百姓自己去管理自己。

在這方面，以《韓非子》為代表的法家和老子十分接近。《老子》下篇六十五章說：「古之善為道者，非以明民，將以愚之，民之難治，以其智多；故以智治國，國之賊；不以智治國，國之福。」這和《韓非子・說疑》所說：「太上禁其心，其次禁其言，其次禁其事」，後來秦始皇、李斯之行焚書，理路一貫。這是中國歷史上最可怕，危害極深的一個傳統。[12]《漢書・藝文志》說諸子出於王官，從上引諸子對凡民百姓的態度看，實為有理。儘管孔、孟、荀諸儒奮力為平民說話，尤其是孟子，但是基本上未能衝破封建貴族社會格局下，貴族是勞心治人者，平民是勞力和被治者的大框架。因為他們基本上都認為只有聖人才夠格為治人者，才有足夠的智慧並知道什麼是人民最大的幸福，而一般人民愚蠢無知，並不具備自治的能力。

先秦儒家這種態度為漢儒所繼承。例如賈誼《新書・大政下》說：「民之為言也，瞑也；萌之為言也，盲也……故民者，積愚也。」董仲舒也說：

> 民不能知而常反之，皆忘義而殉利，去理而走邪，以賊其身而禍其家，此非其自為計不忠也，則其知之所不能明也。（《春秋繁露・身之養重於義》）

> 民者，瞑也，士不及化，可使守事從上而已。（同上〈深察名號〉）

鄭玄注《論語・泰伯》「民可使由之」一句謂：「民，冥也。」即從賈、董。又劉歆〈移書讓太常博士〉亦謂：「夫可與樂成，難與慮始〔《文選》卷四十三李善注引〈太公金匱〉曰：『夫人可以樂成，難以慮始。』〕，此乃眾庶之所為耳，非所望於士君子也。」（《文選》卷四十三，〈書〉下）

由此可知，《太平經》的作者以民為無知，對平民的能力沒有較高的估計，有其來歷。無怪乎《太平經》提到一般凡民時，說他們是「愚賤小

12　參余英時，〈反智論與中國政治傳統〉，《歷史與思想》（臺北：聯經出版公司，1976），頁1-46。

民」、[13]「小愚民」，[14] 又說：「民臣暗昧，無知困窮」，[15]「人之三皇，優者君，中者臣，下者民」，[16]「民者，是王者居家不肖子也，為王者主脩田野治生」，[17]「臣民無君，亦亂，不能自治理，亦不能成善臣民也」，[18]「故萬民擾擾，不若一帝王，眾星億億，不若一日之明也」。[19]

不過《太平經》或因成於眾手，意見也似乎非完全一致。有些地方說臣民無君，「不能自治理」，有些篇章又說他們可以自治。最少有兩處認為治之上乘是讓凡民自治自理。如〈上善臣子弟子為君父師得仙方訣〉謂：

> 善哉，子之言也。教其無刑而自治者，即其上也；其出教令，其懼之小畏之者，即其中也；教其小刑治之者，即其大中下也……（《合校》，頁140）

又〈六極六竟孝順忠訣〉謂：

> 令人父慈、母愛、子孝、妻順、兄良、弟恭，鄰里悉思樂為善，無復陰賊好竊相災害。有人盡思樂忠順孝，欲思上及中賢、大賢，故民不知復為凶惡，家家人人，自勑自治，故可無刑罰而治也。（《合校》，頁409）

以上兩段提到凡民「自治」或「自勑自治」，但稍稍仔細一看，則知這是有前提的。兩段只是描述凡民經過君父或天師教誨後，思樂為善，效法賢人，才有了自治的能力，他們未經君父或天師教誨前，原本仍是愚昧無知之輩。換言之，《太平經》頂多是承認愚民因學習以及因君父或天師的教誨，可以改變。最明白的證據見於前引〈正一法文太上外籙儀下人四夷受要籙〉引《太平經》云：

> 奴婢順從君主，學善能賢，免為善人良民；良民善人學不止成賢人；賢人學不止成聖人；聖人學不止成道人；道人學不止成仙人，仙人學不止成真

13　《太平經合校》，〈真道九首得失文訣〉，頁281。

14　同上，〈王者賜下法〉，頁230。

15　同上，〈來善集三道文書訣〉，頁313。

16　同上，《太平經合校》卷66，〈三五優劣訣第一百二〉，頁235。

17　同上，〈王者賜下法〉，頁228。

18　同上，〈三合相通訣〉，頁150。

19　同上，〈核文壽長訣〉，頁448。

人，真人學不止成大神人，大神人學不止成委炁神人。（《合校》，頁222）
只要能順從君主，「學善」或「學不止」，理論上最低一級的奴婢都有可能
提升身分成為最高一級的委炁神人。《太平經鈔》丁部十三上有闕題一段，
意思相同（《合校》，頁222），說得較細，文字太長，不俱錄。

換言之，前述九種人的身分並不是固定不變，可因學而改變。地位低
的因學而上升，問題是地位高的是否會因過失或犯錯而下降？《太平經》
曾提到神仙也會有過失：「神仙尚有過失，民何得自在？」[20] 真人因此問天
師：「今若九人，上極為委氣神人，下極奴婢，下學得上行，上極亦得復
下行，不耶？」[21]「上極亦得復下行」一句應該是說像委氣神人這樣的上
極，也有可能因過失而墮落下行。真人問：有這樣的事嗎？天師對這個問
題並沒有真正回答，說了些不著邊際的話：「故無神亦死，無氣亦死，委
氣神人寧入人腹中不邪？」[22] 後世神仙因罪降謫人間，期滿重返紫府的說
法在《太平經》裡僅見到上下文意不很清楚的些許痕跡。[23]

關於身分地位的改變，《太平經》裡也有命定不變之說，並警覺到如
果採命定說，則會產生如何鼓勵凡民信道向善的問題。〈致善除邪令人受
道戒文〉有一段說：

> 神人言：「然，六人生各自有命，一為神人，二為真人，三為仙人，四為道
> 人，五為聖人，六為賢人，此皆助天治也。神人主天，真人主地，仙人主
> 風雨，道人主教化吉凶，聖人主治百姓，賢人輔助聖人，理萬民錄也，給
> 治六合之不足也。故人生各有命也。命貴不能為賤，命賤不能為貴也。子
> 欲知其審實，若魚雖乘水，而不因水氣而蜚。龍亦乘水，因水氣迺上青雲
> 為天使乎？貴賤實有命，愚者而妄語。……此比若教無道之人，令卒蜚，

---

20 同上，〈寫書不用徒自苦誡〉，頁572。
21 同上，〈四行本末訣〉，頁96。
22 同上。
23 林富士認為已經出現。請見所著，〈《太平經》的神仙觀念〉，《中央研究院歷史語言研究所
   集刊》，80：2（2009），頁230引卷112，〈寫書不用徒自苦誡〉，頁572。此誡文語意頗多
   模糊，不易明白。

安而蜚乎哉？能飛者，獨得道仙人耳。夫百姓相與游戲言，我能蜚，實不能蜚，此妄言者若此矣。」……真人言：「然此道亦可學耶？」神人言：「然，有天命者，可學之必得大度，中賢學之，亦可得大壽。下愚為之，可得小壽。子欲知其效，同若凡人學耳。大賢學可得大官，中賢學者可得中官，愚人學者可得小吏。夫小吏使於白衣之民乎？以是言之，猶當勉學耳。」真人唯唯，「吾為之，未嘗敢懈也。」神人言：「然，努力信道，天地之間，各取可宜，亦無妄也。」（《合校》，頁289）

這一段語意不易完全明白，似乎是說人生有命，貴賤不可改易，猶如仙人能飛，非無道之人所能致。人如果信道和學道，將自己的地位提升至某一程度，大賢可得大官，中賢可致中官，愚人學可為小吏。壽命長短亦如之，此所謂「各取可宜」。《太平經》認為凡人皆必死，壽命有上、中、下之別。行善增壽，行惡減壽。增壽也只能達到命中注定的壽數，謂之天年。行善者得竟天年罷了，最終仍不免一死。[24] 所謂「籍繫星宿，命在天曹……行善可盡年命，行惡失長就短，惡惡不止，禍及未生」。[25] 雖然說孝善可為仙或得真道，度世不死，但是這種情形似乎極少，「萬萬未有一人也」。[26]

　　總結來說，「壽命有期，直聖得聖，直賢得賢，是天常法，祿命自當」，[27] 人的貴賤也有一定。可是在注定的人生命運中，人仍有努力的餘地，使自己的地位提高到某一程度，或使壽命延長到最大注定的限度，或者說應勉學向善，才不致減壽或禍及子孫。

24　同上，〈不用大言無效訣〉，頁298；〈萬二千國始火始氣訣〉，頁372。

25　同上，〈有德人祿命訣〉，頁549。

26　同上，〈不用大言無效訣〉，頁298；〈不承天書言病當解謫誡〉，頁623。

27　同上，〈有德人祿命訣〉，頁548。

三 「夫民，合而聽之則聖，散而聽之則愚」？

在《太平經》裡，凡民和奴婢雖如萬物財貨，地位甚低，但他們只要善於學，得天師教誨，就能超凡入聖，甚至成為最高等級的無形委氣神人。這使得奴婢和凡民有希望在成仙一事上，衝破了一個現實世界中難以衝破的限制——超越帝王。

帝王在現實世界中，可以禁止凡民百姓超越或取代自己稱帝成王，但沒有帝王可以阻止凡民奴婢成仙成神。在成仙成神一事上，人間至尊的帝王不比凡民奴婢更有希望，或站在更有利的地位。因為帝王難捨人間的權位和富貴，凡民較易於割捨世間一切，而割捨世間一切在修仙者看來是成仙的必要前提。[28] 傳說中成仙的固有帝王將相（如張良、東方朔、漢武帝），更多的反而是市井凡夫（如見於《後漢書·神仙傳》、葛洪《神仙傳》者）。在幻想成仙一事上，市井凡夫與帝王將相可以不分高低，神仙思想和神仙故事在中國古代社會受到帝王歡迎，也為眾庶所喜愛，這或許是原因之一吧。但在現實世界裡又是如何呢？

這不禁使我聯想到先秦政治思想裡一個不曾突破的盲點。先秦雖然早有「天視自我民視，天聽自我民聽」，「防民之口甚於防川」，「民為重，社稷次之，君為輕」，「國人皆曰可殺而後殺之」這類話，畢竟沒有人認為凡民是國家或某種政治體的權力主體和來源，因而也就從來沒有人設想過一

---

28 升仙和世俗富貴、名位和權力的衝突可參王明，《抱朴子內篇校釋·論仙》（北京：中華書局，1985），頁 17-19：「夫求長生，修至道，訣在於志，不在於富貴也。苟非其人，則高位厚貨，乃所以為重累耳。何者？學仙之法，欲得恬愉澹泊，滌除嗜欲，內視反聽，尸居無心，而帝王任天下之重責，治軍掌之政務，思勞於萬幾，神馳於宇宙，一介失所，則王道為虧，百姓有過，則謂之在予。醇醪汩其和氣，艷容伐其根荄，所以翦精損慮削乎平粹者，不可曲盡而備論也。蚊噆膚則坐不得安，虱群攻則臥不得寧。四海之事，何祗若是。安得掩翳聰明，歷藏數息，長齋久潔，躬親爐火，夙興夜寐，以飛八石哉？」……「夫有道者，視爵位如湯鑊，見印綬如縗絰，視金玉如土糞，睹華堂如牢獄。豈當扼腕空言，以僥倖榮華，居丹楹之室，受不訾之賜，帶五利之印，尚公主之貴，耽淪勢利，不知止足，實不得道，斷可知矣。」葛洪甚至說「是以歷覽在昔，得仙道者，多貧賤之士，非勢位之人。」

套由人民授予統治者權力的人間機制。在一切期待聖君賢相的思維模式下，見識短淺又愚昧無知的人民只能是聖君賢相「教化」的對象，不可能翻身做國家的主人！

以最富民本思想的孟子來說，他沒有將太平盛世的希望寄託在眾庶百姓，而是寄託在五百年才一出的聖王身上。《太平經》認為在君父天師教誨之下，凡民奴婢可學為神仙或可自勑自治，這背後的思維模式仍是聖君賢相教化萬民這一套。人民的見識既然不及聖君賢相，聖君賢相為何又要以「民視」和「民聽」為據而施政呢？這是傳統民本理論上的一個矛盾。《韓非子・顯學》即曾尖銳地以民心不足據，民智不可用，強力反對民本說：

> 今不知治者必曰：「得民之心。」欲得民之心而可以為治，則是伊尹、管仲無所用也，將聽民而已矣。民智之不可用，猶嬰兒之心也。夫嬰兒不別首則腹痛，不揃痤則寖益，別首、揃痤必一人抱之，慈母治之，然猶啼呼不止，嬰兒子不知犯其所小苦致其所大利也。今上急耕田墾草以厚民產也，而以上為酷；修刑重罰以為禁邪也，而以上為嚴；徵賦錢粟以實倉庫、且以救饑饉備軍旅也，而以上為貪；境內必知介，而無私解，并力疾鬥所以禽虜也，而以上為暴。此四者所以治安也，而民不知悅也。夫求聖通之士者，為民知之不足師用。昔禹決江濬河而民聚瓦石，子產開畝樹桑鄭人謗訾。禹利天下，子產存鄭，皆以受謗，夫民智之不足用亦明矣。故舉士而求賢智，為政而期適民，皆亂之端，未可與為治也。

韓非口中「今不知治者」主要指儒墨。儒墨諸子既然和韓非一樣以為民智有限，「不足師用」，卻又主張「得民之心」，韓非強調「為政而期適民，皆亂之端，未可與為治也」。韓非強調民智既然不足取，討百姓歡心，以民之好惡為好惡反而是亂之端。其立論在邏輯上可以說完全站得住。

如何回應韓非提出的這一批評和挑戰？長期以來，儒生士大夫沒有真正面對，也沒能提出合理的解釋或解決之道。日本學者楠山春樹認為較早

試圖解釋的是北宋的張載和南宋的朱熹。[29] 余英時先生進一步指出唐代的陸贄更早。陸贄曾以愚民合則類於神為說，試圖化解矛盾，後由張載等所繼承。余先生據宋儒對於「民」的政治作用的看法，指出以下所引三條可以代表宋儒的共識：

1. 張載《經學理窟・詩書》篇云：

   民雖至愚無知，惟於私己然後昏而不明，至於事不干礙處則自是公明。大抵眾所向者必是理也。（《張載集》頁 256-7）

2. 程頤說：「夫民，合而聽之則聖，散而聽之則愚。」（《遺書》卷廿三，〈伊川先生語九〉）

3. 陸九淵說：「夫民，合而聽之則神，離而聽之則愚。」（《象山全集》卷三十四，〈語錄上〉）

余先生對張、程、陸三氏之說曾作如下的解說：

「個別的『民』在涉及一己利害時往往『昏而不明』，但就『民』之全體而言，他們對於公共事務的是非得失則看得十分清楚。這個看法雖流行於宋代理學家之間，卻不是從他們開始的，**儒家政治傳統早已察覺到這一點。**唐代陸贄說：『所謂眾庶者，至愚而神。蓋以蚩蚩之徒，或昏或鄙，此其似於愚也。然而上之得失靡不辯，上之好惡靡不知，上之所秘靡不傳，上之所為靡不效，此其類於神也。』（《陸宣公翰苑集》卷 13，〈奉天請數對群臣兼許令論事狀〉）陸贄的奏議極受宋代理學家的推重（見《朱子語類》卷 136，〈歷代三〉），張載、程頤、以至陸九淵都可能讀過此〈狀〉，九淵改『聖』為『神』，或即本此。正由於對『民』的**集體政治智慧**抱有極大的信念，所以他們論『君』和『民』的關係，才特別強調『為上而下離，必有凶變』，或

29　據楠山春樹的研究，較早對這一矛盾提出看法的是北宋的張載，其後朱子也企圖解釋。張、朱之後，直至近世，發表意見的甚多。詳參楠山春樹，〈禮記曾子問篇に見える老聃について〉，載池田末利博士古稀紀念事業會實行委員編，《東洋學論集：池田末利博士古稀紀念》（廣島：池田末利博士古稀紀念事業會，1980），頁 345-360。中譯有李今山譯〈《禮記・曾子問》篇中的老聃-論老子傳的形式-〉，載岡田武彥等著、辛冠潔等編，《日本學者論中國哲學史》（臺北：駱駝出版社，1987）。

『不求下民之附，則危亡至矣。』『君』在這裡當然不是單指君王個人或君位，而是整個政權的象徵。政治秩序安危最後繫於『民心』向背，這是理學家認識得最真切的一條儒家代代相傳的古訓。」[30]

余先生「遍檢文獻」[31]之後找到以上唐、宋儒家的解釋。所謂儒家傳統早已察覺到這一「代代相傳的古訓」，我無意中發現陸贄和張、程、陸三子所言實源出《管子》。《管子‧君臣上》說：

> 夫民別而聽之則愚，合而聽之則聖。雖有湯武之德，復合於市人之言，是以明君順人心，安情性，而發於眾心之所聚。是以令出而不稽，刑設而不用。先王善與民為一體。與民為一體。則是以國守國，以民守民也，然則民不便為非矣。（四部叢刊初編本）

《管子》說「明君順人心，安情性，而發於眾心之所聚」、「先王善與民為一體」云云應和余先生所說的「政治秩序安危最後繫於『民心』向背」的意蘊一貫。陸贄解釋「所謂眾庶者，至愚而神」即本之《管子》「夫民別而聽之則愚，合而聽之則聖」。《管子》此說不見於其他古籍，無疑乃陸贄、張載、程頤和陸九淵等人之所本。

《管子》一書在中國古代很流行，不論儒法都相當推重。司馬遷曾指出《管子》諸篇「世多有之」。漢世以後引據管仲之言的極多。例如較陸贄（754-805）稍後的翰林學士韋處厚於穆宗長慶四年（824）上疏中曾引：「管仲曰：『人離而聽之則愚，合而聽之則聖。』理亂之本，非有他術，順人則理，違人則亂。」[32]韋處厚引管仲言，因避太宗諱而改「民」為「人」，僅強調「順人則理，違人則亂」，沒有像陸贄那樣作出「蚩蚩之徒，或昏或鄙，此其似於愚也。然而上之得失靡不辯，上之好惡靡不知，上之所秘靡不傳，上之所為靡不效，此其類於神也」的發揮，也沒有像程頤那般將「夫民，合而聽之則聖，散而聽之則愚」一說解釋成「合而聽之，則大同

30　余英時，《朱熹的歷史世界》（臺北：允晨出版公司，2003），頁 234-236。

31　同上，頁 234。

32　《舊唐書‧裴度傳》，又見《新唐書‧裴度傳》和《資治通鑑》卷二四三，穆宗長慶四年六月條。

之中，有個秉彝在前，是是非非，無不當理，故聖。散而聽之則各任私意，是非顛倒，故愚。蓋公義在，私欲必不能勝也。」[33]

陸贄、張載和程頤的闡釋和所本的《管子》之說，如不細究，似乎合理。仔細一想，矛盾和不合邏輯之處仍然十分明顯。基本上正如亞里斯多德所說的「部分」或「個別」和「全體」之間的關係。如果「部分」或「個別」的人民是「至愚」和「昏鄙」的，這些「部分」或「個別」合成「全體」時，怎可能即有了「集體政治智慧」？人民在個別事務上如果自私愚昧，在「公共事務上」如何可能即放棄自私，由「至愚」轉為明智，如何可能棄去私欲以符公義？甚至能洞查君之好惡、得失、所隱和所為？所謂「合而聽之則聖」的君王又有什麼機會可以聽到或分辨「個別」和「全體」人民心聲的異同？如何能「合而聽之則聖」？問題並沒有真正解決，此其一。

陸贄說「上之失」、「上之好惡」、「上之所秘」、「上之所為」，人民無不一清二楚，故人民之智「類於神」。陸贄認為民智「類於神」，是就消極面相信人民有能力看透為政者的一切，但完全沒有從積極面進一步思考「類於神」的人民為了自己的利益，為何不可自行當家作主？為何不可由人民自行決定，自人民中產生最高領袖？一切仍待聖君賢相出現？此其二。

退一步說，即便我們承認個別的人民短視愚昧，合為一體即有了「集體政治智慧」，他們又有什麼常態性或制度化的管道或機制可以表達他們的集體政治智慧？中國古代的思想家或理學家又有何人曾設想過這類制度或機制？此其三。

此外不能不指出，先秦諸子議論凡民百姓，從來不見有區分「個別」人民與人民「全體」的。即便如《管子》，通觀書中各篇也是將「民」視為一體，沒有就個別和全體之民分別對待。本文前引《管子·法法》說：「故民未嘗可與慮始，而可與樂成」、《管子·君臣上》說：「發於眾心之所聚」、「先王善與民為一體」都是視「民」為一整體。「別、合」、「散、合」或「離、合」之說其實都有試圖彌縫，強作解釋之嫌。說到底，自商、周

---

33 這一段余先生未引，同見《遺書》卷廿三，〈伊川先生語九〉。

《太平經》裡的九等人和凡民、奴婢的地位 | 701

天命論和聖王論形成以後，先秦曾在某些方面或許有過所謂的「哲學上的突破」，在政治理論上並不曾真正突破天命和聖王二論的框架。

先秦一度流行禪讓論。禪讓論原本有可能打破舊框架，但很快即遭掌權者摒棄，最終淪為權力轉移的遮羞布。[34] 在天命和聖王論的框架內，雖也曾因春秋戰國以來的新局，有過「尊尊」、「親親」和「賢賢」原則之間的妥協，布衣從此可為卿相，天命卻仍舊在世襲君王之手。可憐眾庶百姓，完糧應役，仍是孟子口中的勞力者（圖 2.1-3）和治於人者，雖有「集體政治智慧」，卻沒有真正身分上的突破，也沒有制度化常態性的管道可以展現他們的「集體智慧」，參與或主掌大政決策。不論在事實或理論上，平民百姓在傳統中國從來沒有成為國家權力的來源和主體。

圖 2.1　持鉏農夫石雕　　圖 2.2　漢墓壁畫中的「侍者」　　圖 2.3　漢墓壁畫中的「小婢」某

四　《太平經》的「集議」不是為人民而是為帝王

關於以上第三點集體常態性或制度化的管道或機制，有人或許會想到

34　參拙著，〈中國皇帝制度的建立與發展〉，本書卷三，頁 11-65。

春秋時鄭國子產曾主張不廢的「鄉校」。鄉校據說是鄭國百姓聚而議政的地方。這可以說具有常態集體性，是制度化的機制，但其具體存在的形式，一無記載。或僅一度存在於小小的鄭國；鄭國一滅，鄉校隨之灰飛煙滅。或許也有人會想到漢代的臣民上書。這是制度性的，平民百姓都可依制上書郡縣或皇帝，文帝時緹縈上書救父就是著名的例子。漢代也有因冤遮道上書，甚至集體遮道喊冤的，奈何這是因冤情，迫不得已，不能說是常態或定期性的意見表達，不能算是「集體政治智慧」制度化的傳達管道。

然而如果承認賈誼《新書》大致可靠，《新書》中的主張或許值得注意。《新書·大政下》曾有如下一段：

> 故夫民雖愚也，明上選吏焉，必使民與焉。故士民譽之，則明上察之，見歸而舉之，故士民苦之，則民上察之，見非而去之。**故王者取吏不妄，必使民唱，然後和之。**故夫民者，吏之程也，察吏於民，然後隨之。夫民至卑也，使之取吏焉，必取其愛焉。故十人愛之有歸，則十人之吏也；百人愛之有歸，則百人之吏也，千人愛之有歸，則千人之吏也，萬人愛之有歸，則萬人之吏也。故萬人之吏，選卿相焉。[35]

看起來舉拔從十人之吏至萬人的吏或卿相，似乎都參考人民的意見，以民意為依歸。先秦儒家一向主張以民意為依歸，賈誼的新意事實上在於具體主張「十人愛之有歸，則十人之吏也；百人愛之有歸，則百人之吏也，千人愛之有歸，則千人之吏也，萬人愛之有歸，則萬人之吏也」，他甚至主張「王者取吏不妄，必使民唱，然後和之」。「民唱」二字似乎意味人民具有主動性，王者「和之」則意味著君王被動應和人民的讚揚稱頌或所喜和所苦的多少大小而任命或斥免大小的官吏。不過，他在同一篇裡又明確說「民愚」、「民至卑」，人民百姓「瞑也」、「盲也」、「積愚也」，「故惟上之所扶而以之，民無不化也」，賈誼應並不是真的認為積愚瞑盲的百姓有自主選吏的權力和能力。如果通觀《新書》，在賈誼的想像中，民有所與或所譽，必要先由君「察之」而後舉，選吏的權力毫無疑問仍在君王的手

35　吳云、李春台，《賈誼集校注》（鄭州：中州古籍出版社，1989），頁264-265。

上。他並沒有深一層思考如果百姓至卑、盲、愚，依其所譽而擇吏，所擇如果不理想，後果會如何？又應如何解決？這不是賈誼一個人的困境，而是孟子以降整個民本說不曾突破的盲點。

相對而言，《太平經》若干較細緻，似乎寓有民主意涵的提議就值得稍作分析。《太平經》有幾處提倡「集議」以集合眾人的智慧。例如在《太平經》作者看來，有病人待醫，「令眾賢圍而議其病，或有長於上，或有長於下，三百六十脈各有可觀，取其行事，常所長而治訣者以記之，十中十者是也，不中者皆非也，集眾行事，愈者以為經書」（〈刺炙訣第七十四〉，《合校》，頁180）。這是記述療病「經方」形成的一個方式。這雖和所謂的「政治智慧」無關，但如果將「集眾行事」、「眾賢圍而議」或集議的方式轉移用到選吏上，就有了啟示性。

換一個角度看，其實漢代朝堂之上本來就有集議之制，應曾為《太平經》作者帶來靈感。《太平經》〈來善集三道文書訣第一百二十七〉曾設想了一套州—郡—縣—鄉亭—里層層集議之制，以通上下之氣而致太平：

> 為畏其州郡長吏不敢言者，一州中諸善士賢明相索，共集議於他州上之，畏其郡，集議於他郡上之，畏其縣，集議於他縣上之，畏其鄉亭，集議於他鄉亭上之，畏其里，集議於他里上之（《合校》，頁317）。

「畏其縣」、「畏其鄉亭」、「畏其州郡長吏不敢言」是說下情為縣、鄉亭、州郡長吏所阻隔而不能上達，這時可由「善士賢明者」集議，經由其它里、鄉亭、縣、州郡而上書。天師這一說法明顯是產生在漢末地方統治腐敗，百姓畏於各級地方長吏，下情不能上達，必須設法輾轉經其它管道上達的特殊情況下。下情不能上達，不但帝王，連老天也不高興而增添災害：

> 比近各為其部長吏諱不言，共匿之，因使天地辭語斷絕、不得上通達其帝王，為害甚深，令天悒悒，災為之復增益，咎在此也。（同上，《合校》，頁324）

天師指出集議的一個好處是由眾人共議，無人敢欺瞞：「又大集議，無人敢欺者，一兩人欲欺，餘人會不從之也」（《合校》，頁319），下情層層上達才可以消解承負之厄而致太平。《太平經》〈校文邪正法第七十八〉進而主

張不僅州、郡、鄉、里，從帝王到庶人更要層層「相從合議」：

> 從帝王到于庶人，俱易其故行，而相從合議，小知自相與小聚之，歸於中
> 知，中知聚之，歸於上知，上知聚之，歸於帝王。然後眾賢共圍而平其
> 說，更安之，是為謀及下者，無遺算，無休言，無廢文也。小賢共校聚
> 之，付於中賢，中賢校聚之於大賢，大賢校聚之，付於帝王……如此天氣
> 得矣，太平到矣。(《合校》，頁192)

這樣的層層集議，看來似乎有反映民意的意味，也多少像是自天子以至庶
民全方位的設計。可是能參加集議的是所謂「善士賢明」或小賢、中賢和
大賢，而不是所有的人民。因為如前所引，在《太平經》作者眼中「凡民
亂憒無知，與萬物相似」。《太平經》作者和先秦思想家相比，對凡民並沒
有較高或不同的評價。

　　與萬物相似又無知的凡民，怎可能議論出什麼值得聽從的意見？因此
集議必要挑選民之「善士賢明」者，但善士賢明依據什麼標準？又由誰挑
選？或用什麼方式產生夠格參加集議的善士賢明者？不見有進一步具體的
主張。如果回到東漢中晚期的現實社會，能被選的賢明善士必然是那些掌
控鄉舉里選的地方官員和豪強大族。升斗小民幾乎不可能有機會。《太平
經》作者以上的說法明顯屬於空談。

　　不過還應一提天師曾另外設想過的制度——在州縣鄉里普遍「置封投
書」，萬民不分賢愚都可以投書言疾苦利害：

> 故天下州縣鄉里置封，仰萬民各隨材作書，直言疾苦利害可否。致書投於
> 封中，長吏更撰上天子，令知民好惡賢不肖利害，可集議而理之，即太平
> 之氣至矣，而福國君萬民，萬二千物各得其所矣。(〈太平經鈔辛部〉，《合
> 校》，頁687)

所謂置封投書，任人投書言利害疾苦，令天子知民好惡，立意未嘗不善。
《周禮‧大司寇》有以肺石達窮民之說，王莽附會古說而曾下詔於王路設
進善之旌，非謗之木，敢諫之鼓，以通下情。傳說中的這些方式都須公開
為之，另也有密而不宣者，即置所欲言者於密封之函或罐中。西漢酷吏如

王溫舒用「投缿購告言姦」之法，懸賞鼓勵人民告密，揪出「淫惡少年」。[36]《史記索隱》：「缿，器名。受投書之器，入不可出。」所謂「置封」，就是在容器上加封，任人投書其中。「購」為漢代習語，指購賞，也就是懸賞蒐集官府難以察知的民間情報。由此可知「置封投書」粗看似為一種申訴民怨的秘密管道，其實是天師為統治者設想，以全民為耳目，蒐集情報以打擊犯罪的老辦法。

　　不論集議或置封投書，從《太平經》的根本思維看來，天師是從協助帝王解厄致太平的角度看待問題，並沒有置人民百姓於真正主體的地位，或以百姓的福祉為依歸。就在前述〈來善集三道文書訣第一百二十七〉論集議的一篇裡，天師明確反覆地說臣民集議的功用是助於帝王達聰明，稱天心而得除厄，甚至延年益壽：

> 夫民臣，乃是帝王之使也，手足也，當主（主字疑衍）為君王達聰明，**使上得安而無憂，共稱天心，天喜說（悅）則使君延年**。（〈來善集三道文書訣第一百二十七〉，《合校》，頁 318）

> 如是則天地已悅矣，帝王承負之災厄，已大除去，天下太平矣。上皇氣來到，助德君治矣……六真人精已大進，為天除病矣，**為帝王除厄會矣**，功已明著於天矣，王者已日彊明矣。（同上，《合校》，頁 319）

> **吏亦畏民，民亦畏吏，兩相畏恐，所上皆得實、不失銖分之間，則令帝王安坐幽室無憂矣**。民臣百姓大小，盡忠信得達其情實矣。天下莫不歡喜，如有止者，即共記之，皆應奸臣不忠孝之民，無知天地，共欺其上，使上聰明斷絕，是大過也。故當共急記之，真人知之耶？（同上，《合校》，頁 322）

看似民主的集議其實是企圖使臣民相互告密，相互畏懼而不敢也不能欺上，以便帝王安坐無憂，除厄延壽。這和今天所說的以經常和制度性的手段反映人民智慧的民主制相去何其遙遠！今天的民主是以人民為主體，以人民的福祉為依歸，《太平經》所說的卻以為帝王除厄延壽為目的，二者

36　《漢書·酷吏傳》，王溫舒條。

相去實不可以道里計，根本不是一回事！

綜而言之，不信任平民百姓是從封建到秦漢帝國時代不曾突破的傳統。孟子說「無恆產者無恆心」，這七個字明確點出了平民不可信的關鍵。[37] 這也是傳統中國自先秦以降兩三千年精英階層論政不曾突破的盲點。

宋代理學家張載、程頤、陸九淵等人的幾句話並沒有建構出一種突破性或新的政治理論，也沒有為人民的身分或地位帶來光明。幾年前偶讀沈括《夢溪筆談》卷二〈官政〉得見一個故事，可以證明宋代官僚士大夫仍然認為「愚民無遠計」。沈括筆下有位海州父母官──孫伯純，他顯然無視或根本不知幾乎同時和較晚的張、程、陸等人之說，當著遮道上言的百姓，直斥他們為「愚民」。他口中的愚民是一竿子打翻一船人的概括詞，不分個別或集體。姑錄之，以旁證前說：

> 孫伯純史館知海州日，發運司議置洛要、板蒲、惠澤三鹽場（圖3.1-2）。孫以為非便……百姓遮孫自言置鹽場為便。孫曉之曰：「**汝愚民不知遠計**，官買鹽雖有所利，官鹽患在不售，不患鹽不足。鹽多而不售，遺患在三十年後。」至孫罷郡，卒置三場。[38]

想想宋元明清以降，甚至到民國，「汝愚民不知遠計」不正是一般官府老爺說話的口氣？[39] 在這樣的傳統裡，怎可能孕育出近代意義的民主？民國以後「人民作主」成為重要的政治口號，但到今天人民作主在中國仍然是一個神話。

---

37 古代希臘和羅馬主要的政治思想家從柏拉圖到西塞羅其實也都不信任一般無產的平民，而主張由城邦中有產的公民負起城邦公務的主要責任。這和孟子說「無恆產者無恆心」有相通之處。本文暫不細說。

38 胡道靜，《夢溪筆談校證》（上海：上海出版社，1957），頁946。

39 例如清康熙三十一至三十四年間（1692-1695）任臺廈道的高拱乾曾出告示〈禁飭插蔗并力種田示〉謂：「偶見上年糖價稍長，惟利是趨。舊歲種蔗，已三倍於往昔；今歲種蔗，竟十倍於舊年。蕞爾之區，力農止有此數。分一人之力於園，即少一人之力於田；多插一甲之蔗，即減收一甲之粟。……夫果有利爾民，本道豈不樂從。但爾民愚無遠慮，止知種蔗硤糖便可取利；殊不知人盡種蔗，地出糖倍多，糖多則價必賤，不比上年之糖少價長也明矣。」（高拱乾，《臺灣府志》卷十，〈藝文志〉）

圖 3.1　煮鹽用的鐵鹽鍪有北宋神宗「熙寧七年」銘題，2010.7.10 作者攝於連雲港市博物館。　　圖 3.2　鹽鍪煮鹽圖

原刊《燕京學報》，新 21 期（2006），頁 23-33
78.6.23 初草，96.7.4 訂補，105.2.7 再補，106.8.9 三補

後記

　　近日得讀李懷宇《余英時訪問記》（臺北：允晨出版公司，2022）頁 162 提到余先生 1955 年初到哈佛時，《太平經》被整理出來了（按：即本文所據王明本）。余先生認為「《太平經》是一部道家的經典，許多人當作農民革命的理論基礎，其實不是。是儒家、道家的思想從上層滲透到下面，下面寫這些東西的人叫天師……」這一想法和我不謀而合。從本文分析《太平經》作者對九種人地位的看法，即可證明農民被視為草芥，不可能成為農民革命的理論基礎。又上層滲透到下面一說，實獲我心。請參馬增榮《真

種花者：邢義田訪談錄》談古代社會的「上層」與「下層」（香港：三聯書店，2021），頁 62-66、70-73。

111.7.23 改訂

邢義田作品集

古月集：秦漢時代的簡牘、畫像與政治社會

卷三：皇帝、官僚與社會

2024年9月初版　　　　　　　　　　　　　　　　定價：新臺幣2000元
有著作權・翻印必究
Printed in Taiwan.

著　　者	邢	義	田
叢書主編	沙	淑	芬
內文排版	菩	薩	蠻
校　　對	吳	美	滿
封面設計	兒		日

出　版　者　聯經出版事業股份有限公司　　編務總監　陳　逸　華
地　　　址　新北市汐止區大同路一段369號1樓　　總編輯　涂　豐　恩
叢書主編電話　(02)86925588轉5310　　總經理　陳　芝　宇
台北聯經書房　台北市新生南路三段94號　　社　長　羅　國　俊
電　　　話　(02)23620308　　發行人　林　載　爵
郵政劃撥帳戶第0100559-3號
郵撥電話　(02)23620308
印　刷　者　文聯彩色製版印刷有限公司
總　經　銷　聯合發行股份有限公司
發　行　所　新北市新店區寶橋路235巷6弄6號2樓
電　　　話　(02)29178022

行政院新聞局出版事業登記證局版臺業字第0130號

國家圖書館出版品預行編目資料

古月集：秦漢時代的簡牘、畫像與政治社會
卷三：皇帝、官僚與社會/邢義田著. 初版.
新北市. 聯經. 2024年9月. 712面. 17×23公分
（邢義田作品集）
ISBN　978-957-08-7317-7（精裝）

1.CST：秦漢史　2.CST：文化史　3.CST：考古學
4.CST：美術考古

621.9　　　　　　　　　　　　　　113002946